Bodie und Brock Thoene

ALS DER KRIEG BEGANN

Band 1

Ein Buch,
das unvergeßlich bleibt,
über eine Zeit,
die unvergessen ist.

Bodie und Brock Thoene

Als der Krieg begann

Band 1

Projektion J Buch- und Musikverlag GmbH, Wiesbaden

Titel der Originalausgabe:
The Twilight of Courage

Published by Thomas Nelson Publishers
P. O. Box 141000, Nashville, TN 37214, USA

Rheingaustraße 132, 65203 Wiesbaden

ISBN 3-89490-061-X

Übersetzung: Christian Rendel
Umschlaggestaltung: Petra Louis
Satz: Projektion J Buch- und Musikverlag GmbH
Druck: Ebner, Eberhard-Finckh-Straße 61, 89007 Ulm

1 2 3 4 5 98 97 96 95

Für Rick Christian und Jan Dennis

DANK

Die Verfasser danken ...

… Jake Thoene, Luke Thoene, Seth Townsend und Nathan Dahlen für ihre Hilfe bei den Recherchen.

… Lowell Saunders vom Fachbereich Kommunikationswissenschaften am Master's College für seine Hilfe beim Arrangieren der Assistententätigkeit.

… für die wertvollen Informationen von:

Association of Dunkirk Little Ships
Christopher und Paulette Catherwood
Dunkirk Veterans Association
Imperial War Museum, London
National Army Museum, London
National Maritime Museum, Greenwich
Royal Air Force Museum, Hendon
Royal Geographical Society, London
Royal Naval Museum, Portsmouth
Musée de l'Armée, Paris
Musée de l'Ordre de la Libération, Paris
Bundesarchiv, Koblenz
Institut für Zeitgeschichte, München
National Archives, Washington, D. C.

Die ersten zehn Monate des Zweiten Weltkrieges

1939

1. September	Nazi-Deutschland marschiert in Polen ein.
17. September	Sowjets marschieren in Polen ein.
Oktober - April	»Scheinkrieg«
13. Dezember	Die *Graf Spee* wird im Südatlantik gestellt.

1940

16. Februar	*Altmark*-Zwischenfall
9. April	Deutschland marschiert in Norwegen ein.
10. Mai	Winston Churchill wird britischer Premierminister.
10. Mai	Deutschland marschiert in den Niederlanden, Belgien und Luxemburg ein.
12. Mai	Deutsche Panzer erreichen die Maas.
13. - 19. Mai	Der Blitzkrieg fegt über Nordfrankreich hinweg.
14. Mai	Die Niederlande kapitulieren.
16. Mai	Panik in der französischen Regierung.
18. Mai	Die Deutschen erobern Cambrai.
20. Mai	Die Wehrmacht erreicht die französische Küste.
21. Mai	Britischer Gegenangriff nahe Arras.
27. Mai - 4. Juni	»Wunder von Dünkirchen«
28. Mai	Belgien kapituliert.
14. Juni	Die Deutschen ziehen in Paris ein.
22. Juni	Ein Waffenstillstand beendet die Schlacht um Frankreich.
	Großbritannien steht allein gegen Nazi-Deutschland.

Personen der Handlung

Josephine Marlow, amerikanische Korrespondentin
Mac McGrath, amerikanischer Kameramann

André Chardon, französischer Oberst
Paul Chardon, sein Bruder

Elaine Snow, französische Künstlerin in Luxemburg
Juliette Snow, ihre Tochter

Horst von Böckmann, Major der deutschen Wehrmacht
Katrina von Böckmann, seine Frau

Trevor Galway, britischer Marineoffizier
Annie Galway, seine Schwester
David Meyer, amerikanischer Pilot bei der RAF

Richard Lewinski, polnischer Wissenschaftler

John Murphy, amerikanischer Journalist

Jardin, französischer Clochard
Jerôme und *Marie,* seine Kinder

Etta und *Aaron Lubetkin,* polnische Juden aus Warschau
Yacov Lubetkin, jüngster Sohn von Etta und Aaron
Schlomo Lebowitz, Rabbi, Vater von Etta in Jerusalem

Rose und *Betsy Smith*, amerikanische Schwestern, die in Paris ein Waisenhaus leiten.

PROLOG

1. September 1870

Der Ostwind roch nach Trockenheit, Staub und Einöde. Die Santa-Ana-Brise spendete keine Feuchtigkeit, sie saugte sie auf. Selbst auf See, zwanzig Meilen weit draußen in der Meerenge zwischen der Insel Santa Cruz und der kalifornischen Küste, fühlte sich die Luft an wie in der Wüste.

»Captain«, wandte sich Nicholas Smith an den neuen Befehlshaber des Handelsschiffs *Argosy*, »es braut sich was zusammen; ein richtiger Sturm im Osten. Am besten suchen wir hinter San Miguel Schutz und werfen Anker. Der Tag und die nächste Nacht werden rauh, glaube ich.«

Captain Reiss, der nicht älter war als der Maat Smith, war Herr der *Argosy*, seit er sie in Panama bei einem Kartenspiel gewonnen hatte. Da er gerade erst aus dem Osten gekommen war, verstand er wenig vom Segeln und noch weniger von den kalifornischen Gewässern. »Unsinn«, sagte er. »Es ist ein schöner, warmer Tag mit einem prächtigen Wind von achtern, der uns vorantreiben wird. Morgen um diese Zeit haben wir Point Conception hinter uns und sind auf halbem Weg nach San Francisco.«

»Sir«, gab Smith zurück und tippte sich an den Schirm seiner Mütze. Selbst wenn der Skipper völlig auf dem Holzweg war, durfte er nicht widersprechen. Die *Argosy* war ein solides Schiff; vielleicht würde alles gut gehen.

Doch das Gefühl der Spannung verging nicht. Es nahm zu, während die Insel Anacapa hinter ihnen größer zu werden schien. Die kleine Insel, die nur aus drei Felsen bestand, die einen schmalen Grat über der Wasserfläche bildeten, schwoll in der flimmernden Luft an, als wollte sie das Schiff überholen, anstatt dahinter zurückzubleiben. Ein böses Zeichen.

»Captain«, versuchte Smith es noch einmal. »Die alten Spanier sagen, wenn 'Capa so anschwillt, ist das ein sicheres Zeichen für einen starken Wind aus den Canyons.«

Reiss studierte die Aussicht mit seinem Fernrohr. »Dummer Aberglaube – das ist nur ein interessantes atmosphärisches Phänomen«, sagte er. »Mehr nicht. Machen Sie sich wieder an Ihre Arbeit.«

Smith machte sich an seine Arbeit, aber zusätzlich zu seinen üblichen Aufgaben bei der Schiffsführung verdoppelte er unauffällig die Takelung und überprüfte auf dem ganzen Schiff die Taue.

Gegen Mitte des Nachmittags befand sich die *Argosy* in einer rastlosen See. Die kurzen, unruhigen Wellen enthielten keinen Rhythmus, kein Muster. Sie klatschten aus allen Richtungen gegen die Schiffshülle, als ob unsichtbare Hände mit den Planken spielten.

Der Ostwind zog heran. Fünfundzwanzig Meilen entfernt konnte Nicholas zuerst einen Wirbel ausmachen und den Strom des Windes verfolgen, der von den Bergen herabjagte, um das Schiff zu ergreifen. Dann, so plötzlich, daß er seinen Sinnen nicht traute, wurden die Küste, die Ausläufer des Gebirges und schließlich die dunkelgrünen Berge selbst von einem Ozean aus Staub verdunkelt, der sich erhob und das Land einhüllte.

Fast schneller, als Nicholas den Befehl geben konnte, die Segel zu reffen, traf sie die volle Wut des Windes. Die ein Meter hohen Wellen schwollen an, bis sie anderthalb Meter, dann drei, dann sechs Meter hoch waren. Die *Argosy* balancierte zitternd auf dem Kamm eines Brechers. Dann stürzte sie hinab ins Wellental, während Nicholas nur voller Faszination und voller Grauen nach oben starren konnte, wo tausend Tonnen Seewasser über dem Schiff hingen. Captain Reiss war nicht zu sehen; er hatte sich seekrank und verängstigt unter Deck verkrochen.

Wenn sie vor dem Wind herjagten, hatten sie eine Chance zu entkommen. Doch bei einer der Talfahrten grub sich der Bugspriet in die schäumende grüne See. Das Focksegel riß sich mit einem Krachen los, und der Steuermann verlor die Nerven und ließ das Steuerrad fahren.

Die *Argosy* drehte sich quer zur herantosenden See und legte sich auf die Seite; die Mastspitzen verschwanden in den Wellenkämmen. Der Berg aus Wasser erhob sich achtern über der Schiffshülle, um Schiff und Mannschaft zu verschlingen. »Gott helfe uns!« schrie Nicholas.

Teil I

»Nicht durch Reden und Majoritätsbeschlüsse
werden die großen Fragen der Zeit entschieden
... sondern durch Eisen und Blut.«

Otto von Bismarck,
Rede vor dem preußischen
Abgeordnetenhaus
30. September 1862

1

Am Donnerstag, dem 31. August 1939, stieg der Vollmond langsam über Jerusalem auf. Britische Soldaten hielten Wacht auf den massiven Mauern, die die Altstadt umgaben. Innerhalb dieses steinernen Kreises lebten Moslem, Jude und Christ Seite an Seite in einem zerbrechlichen und oft zerbrechenden Frieden.

Heute abend warfen die spitzen Türme der Minarette, die sich über dem Moslemviertel erhoben, lange Schatten über die großen Kuppeldächer der Kirchen, die das Christenviertel markierten, und die Synagogen des Jüdischen Viertels. Rings um die Heiligtümer der drei Religionen drängten sich die gewölbten Marktlauben, winzigen Läden und schiefen Häuser der verschiedenen Gemeinschaften, nur durch gewundene Gassen oder ausgetretene Steintreppen voneinander getrennt. Aus der Sicht der britischen Wachen auf der Mauer sahen die Kuppeldächer aus wie ein Meer von Jarmulken auf den Häuptern der Frommen. Die Straßen lagen verlassen da, und eiserne Gitter versperrten die Eingänge der leeren Marktlauben, doch im Mondlicht und in den wandernden Schatten schienen selbst die Steine der Heiligen Stadt lebendig zu sein.

Rabbi Schlomo Lebowitz stellte die zischende Flamme seines Primuskochers ab, als sein Teewasser zu kochen begann. Im Winter diente der dreibeinige Kerosinbrenner sowohl dazu, die Mahlzeiten des alten Mannes zuzubereiten, als auch die winzige Einzimmerwohnung zu heizen, die er sein Zuhause nannte. Doch den ganzen August hindurch waren die Tage lang und heiß gewesen – zu heiß, als daß er auch nur eine Tasse Tee hätte erhitzen können, bevor die Sonne untergegangen war. Jetzt ist die beste Tageszeit, dachte der Rabbi, während er die Teeblätter eintauchte und zwei grobe Klumpen Zucker aus dem Krug auf dem Regal nahm. Eine gescheckte Katze, die bei dem alten Mann lebte, beobachtete ihn.

»So. Sind wir beide wach. Es ist die beste Zeit für einen alten Mann und eine Katze, um nachzudenken und zu studieren und zu beten. Nu.«

Die schweren Fensterläden standen weit offen. Endlich zog von der See her eine kühle Brise den Paß des Bab el Wad empor und glitt durch die eisernen Gitterstäbe im Fenster des steinernen Zimmers. Der blaue Widerschein des Mondlichts mischte sich mit dem Leuchten einer einzigen Bienenwachskerze, die auf einem groben Holztisch vor sich hin knisterte.

Der Tee war stark und süß. Vorsichtig nippte er an dem dampfenden Gebräu, während er sich hinsetzte, um noch einmal Ettas Brief vom 1. August zu lesen, der gerade heute nachmittag aus Warschau angekommen war.

An der steinernen Zimmerwand hing eine Galerie von Fotos, die die Gesichter der Familie seiner Tochter zeigten. Sie lächelten ihn über den Tisch hinweg an: die schöne Etta, ihr Mann Aaron, die Kinder – Rachel, David, Samuel und Yacov, das Baby.

Der alte Mann hatte seine Enkelkinder noch nie gesehen, doch heute abend, als er den Brief noch einmal las, erfüllte ihn eine zuversichtliche Hoffnung, daß sie bald alle bei ihm in Jerusalem sein würden! Er würde das Baby auf seinem Knie schaukeln. Er würde die Jungen umarmen und die Wange der kleinen Rachel berühren, die ein genaues Abbild von Etta mit zwölf Jahren war.

Mein liebster Vater,
ich weiß, die Nachrichten aus Polen müssen sich furchtbar anhören, aber Du darfst Dir keine Sorgen machen. Wir beten, daß es nicht zum Krieg kommt. Die polnische Regierung scheint dabei zu sein, ihre Differenzen mit Deutschland auszuräumen. All das betrifft uns nicht, außer daß jetzt viele jüdische Flüchtlinge aus der Tschechoslowakei nach Warschau kommen, um den Nazis dort zu entkommen. Wir haben eine Suppenküche eingerichtet, um sie alle ernähren zu können.
Uns geht es gut.
Wir sind voller Hoffnung, daß bald unsere Dokumente und Visa eintreffen werden und wir heim nach Jerusalem kommen können. Es wird mindestens noch einmal sechs Wochen dauern, sagt man uns. Genau dasselbe haben sie uns schon vor sechs Wochen gesagt. Aber wir lassen uns nicht entmutigen. Aaron sagt, daß er vielleicht die Kinder und mich vorausschickt und dann später nachkommt.
Ich habe neue Fotos machen lassen. Sie werden in einer oder zwei Wochen fertig sein. Ich werde sie Dir schicken, damit Du nicht überrascht bist, wie groß die Kinder geworden sind, wenn Du uns bald in Jerusalem siehst!

Es war ein guter Brief. Voller Hoffnung legte sich der alte Mann schließlich auf die ächzenden Federn seines eisernen Bettrahmens und träumte von seinen Enkelkindern.

Doch der süße Traum hielt nur bis zum Morgen, als die Nachricht vom deutschen Einmarsch in Polen die Tore Jerusalems erreichte.

* * *

Um vier Uhr fünfzig am Morgen des 1. September erreichte die Funkbotschaft vom deutschen Oberkommando 1 000 tragbare *Enigma*-Dechiffriermaschinen. An einer Front, die sich von der Ostsee bis zu dem Gebiet erstreckte, das bis vor kurzem noch tschechoslowakisch gewesen war, stürmten die Truppen der Nazi-Wehrmacht über die Grenzen Polens hinweg. Deutsche Kriegsschiffe beschossen den Hafen von Danzig, Warschau wurde im Morgengrauen von einem Luftangriff heimgesucht, und Stuka-Bomber demoralisierten die polnischen Streitkräfte, indem sie buchstäblich ungehindert und mit chirurgischer Präzision zuschlugen.

Doch nach sechs Tagen fast ungehinderten Vormarsches geriet ein Teil des deutschen Ansturms in Gefahr, stecken zu bleiben. Polnische Truppen leisteten auf der Straße nach Lodz unerwartet heftigen Widerstand. Hauptmann Horst von Böckmann, der den dritten Zug der Krad-Melder anführte, wurde vorausgeschickt, um die Situation zu begutachten und Bericht zu erstatten. Als er ins Lager der Kompanie zurückkehrte, fand er den Kommandanten des Panzerregiments, Oberst Förster, im Zelt des Kommandopostens, wo er ungeduldig auf und ab marschierte.

»Die Polen haben eine gute Stellung hinter den Steinmauern ihres Dorfes. Es liegt auf einem Hügel, von dem aus sie unser Anrücken beobachten können«, informierte Horst den Oberst. »Wir brauchen Panzer.«

»Wir haben unsere Panzer abgehängt«, erwiderte Förster. »Vor morgen können die nicht hier sein. Wir sind in so kurzer Zeit so weit vormarschiert, daß die Straßen die Panzerketten überstrapaziert haben und sie für Reparaturen haltmachen müssen.»

»Bei allem schuldigen Respekt, Herr Oberst«, gab Horst zurück, »dann sollten wir uns zurückziehen. Die Polen benutzen ihren momentanen Vorteil, um Artillerie hinzuzuziehen. Wir haben gesehen, wie sie in Stellung gebracht wurde.«

»Zurückziehen?!« schnaubte Förster. »Undenkbar! Die einzigen Feldgeschütze, die die Polen auftreiben können, waren schon vor zwanzig Jahren überholt. Wir werden den Angriff fortsetzen.«

»Vielleicht sollten wir wenigstens Luftunterstützung anfordern«, schaltete sich Horsts Kompanieführer ein.

»Einverstanden«, erwiderte der Oberst, und die drei Männer setzten sich in Bewegung, um das Funkgerät in dem gepanzerten Kettenwagen des Obersten zu benutzen. Plötzlich wurde Horst ohne Vorwarnung rückwärts durch das Zelt geschleudert, das teilweise über ihm zusammenbrach. Horst versuchte, sich von den schweren Planen zu befreien und preßte sich dicht an den Boden, während ein Regen aus polnischen Artilleriegeschossen ringsum auf dem Gelände niederging.

Als er unter dem Zelt hervorkroch, stieß Horst auf seinen Kompanieführer – tot. Daneben lag, mit dem Rücken gegen einen Baumstamm gelehnt, der bewußtlose Oberst Förster, dessen linker Arm zerschmettert war. Hinter Horst befand sich eine dichte Baumreihe und eine verlockende Vertiefung im Boden wie ein eigens für ihn angelegter Schützengraben. Zwanzig Meter über freies Gelände vor ihm stand das Kommandofahrzeug mit der Funkausrüstung.

Der Boden hörte nicht auf zu zittern, während die Geschosse auf das Lager niederhagelten, aber Horst bewegte sich stetig auf den Panzerwagen zu. Die Funker hatten sich aus dem offenen Fahrzeug davongemacht und kauerten nun darunter. »Sie!« rief Horst einem vor Angst zitternden Verbindungsoffizier zu. »Los, auf den Wagen mit Ihnen, rufen Sie die Stukas!«

Der Mann schüttelte mit vor Angst weit aufgerissenen Augen den Kopf. »Sind Sie verrückt?«

»Machen Sie schon!« befahl Horst, »bevor sie uns hier in Grund und Boden stampfen!« Er zog seine Luger aus dem Halfter und wedelte damit vor dem Gesicht des Mannes herum. »Los!«

Immer neue Salven hochexplosiver Geschosse gingen nieder, von denen jedes den Volltreffer bedeuten konnte, der allem ein Ende machen würde. Mit vorgehaltener Waffe zwang Horst den Mann unter dem Wagen hervor und zurück in dessen Inneres. Granatsplitter eines weiteren Beinahe-Treffers prasselten ringsum; fast sah es so aus, als würde der verängstigte Leutnant wieder unter den Wagen springen.

Horst befand sich dicht hinter dem Funker, als ihn plötzlich ein scharfer Schmerz durchzuckte. Aus dem Rücken seines Lederhandschuhs ragte ein etwa fünf Zentimeter langer Stahlsplitter hervor. Er winkte mit seiner Pistole auf die Armaturen des Funkgerätes und die Räder und Tasten einer *Enigma*-Dechiffriermaschine hin. Als der Mann widerwillig den Kopfhörer aufsetzte und sich vor seine Ausrüstung hockte, legte Horst die Luger zur Seite und riß die kantige Stahlspitze aus seiner Hand.

»Machen Sie schon«, befahl er durch zusammengebissene Zähne. »Hier sind die Koordinaten.«

Augenblicke später krochen Horst und der Funker zurück unter den Wagen. Weitere fünf Minuten vergingen unter ständigen Explosionen, von denen einige so nahe waren, daß der zwei Tonnen schwere Kommando-Panzerwagen vom Boden hochsprang. Endlich erschienen, ungesehen von den unter dem Fahrzeug kauernden Gestalten, drei winzige schwarze Punkte hoch über ihnen am Himmel. Die Stukas senkten ihre Nasen zur Erde und stürzten mit einem unheimlichen Heulen ihrer Sirenen, das selbst das Getöse der explodierenden Geschosse übertönte, auf ihr Ziel herab.

Nachdem sie ihre fünfhundert Kilo schweren Bomben abgeworfen hatten, schwenkten die Bomber ab, um zu ihrer Basis zurückzukehren. Aus der Ferne klangen die tiefen, grollenden Donnerschläge nicht sehr beeindrukkend im Vergleich zu den Artilleriesalven, aber sie erzielten ihre Wirkung und brachten zwei der polnischen Geschütze zum Schweigen. Die übrige Geschützmannschaft verließ ihre Stellung und floh.

2

Ein trüber Dunst verhüllte den Septemberhimmel mit dem Staub, der von der ungepflasterten Straße aufstieg. Die Karawane der Wagen aus der amerikanischen Botschaft in Warschau kroch hinter einem schier endlosen Strom von Flüchtlingen her die zweispurige Straße entlang, um die Sicherheit der rumänischen Grenze zu erreichen.

Von halb verhungerten Pferden gezogene Karren, Handwagen, selbst Kinderwagen schleppten sich unter dem Gewicht der Habseligkeiten ihrer Besitzer dahin. Polnische Soldaten, die Überlebenden der Divisionen, die unter dem ersten Ansturm der deutschen Kriegsmaschinerie niedergewalzt worden waren, warfen ihre Waffen weg und schlossen sich dem Rückzug der Zivilbevölkerung an. Hinter dem Zug lagen die schwelenden Überreste der Städte und Dörfer, die sie ihre Heimat genannt hatten.

Innerhalb weniger Stunden zerschmetterten 5 000 Flugzeuge der Luftwaffe den Kern der polnischen Luftstreitkräfte und begannen, die Zivilbevölkerung zu terrorisieren. In Nalencczow, Dubno, Kuty und Luck zogen deutsche *Messerschmitts* immer wieder im Tiefflug aus allen Rohren feuernd über die offenen Plätzen und Straßen hinweg. Stukas folgten mit infernalischem Heulen und warfen ungehindert ihre tödliche Last ab. Für die deutsche Strategie schienen militärische Ziele weniger wichtig zu sein als das Erzeugen von Panik.

Diese Taktik war am Planungstisch in der Berliner Reichskanzlei verordnet worden. Terror war die sicherste Waffe des Dritten Reiches, die eine rasche Niederlage Polens versprach. Die deutsche Wehrmacht rückte fast ungehindert vor, während Millionen von Flüchtlingen ihre Toten unbegraben zurückließen, die Straßen verstopften und so die Bewegungen der polnischen Armeedivisionen behinderten. Im Rücken der deutschen Armee begannen Einheiten der Waffen-SS, die Dörfer von Zivilisten zu säubern, die so arglos gewesen waren, zu Hause zu bleiben.

Die amerikanische Karawane bestand aus acht Dienstwagen. Auf den Dächern aller Fahrzeuge waren die Buchstaben »USA« deutlich aufgemalt. Am ersten Wagen, in dem Botschafter Anthony J. Biddle Jr. mit seiner Frau und seiner Tochter saß, wehte die amerikanische Fahne. Sekretäre, Verbindungsoffiziere, Assistenten und Nachrichtendienstpersonal folgten mit einer Anzahl amerikanischer und polnischer Bürger, die sich in jeden freien Quadratzentimeter ihrer Autos zwängten. Unter dem diplomatischen Schutz der Amerikaner saß der französische Botschafter in Polen, Leon Noël, zusammen mit Mac McGrath, dem amerikanischen Wochenschau-Kameramann für die *Movietone News*, im letzten Wagen. Auf dem Beifahrersitz saß ein polnischer Jude namens Richard Lewinski; Mac vermutete, daß er Beziehungen zum Botschaftspersonal hatte.

Das fliehende Diplomatische Corps war bereits zweimal aus der Luft beschossen worden. Die amerikanischen Flaggen und die deutlichen Erkennungszeichen schienen für die *Messerschmitt*-Piloten, die ihre Kampftechniken auf der Seite der Faschisten im spanischen Bürgerkrieg geschliffen hatten, keinen Unterschied auszumachen.

Bremsen ächzten, als die Fahrzeuge völlig zum Stillstand kamen. Der Fahrer des ersten Wagens stemmte sich auf die Hupe, als die Menschenmenge sich rückwärts gegen den Kühler des Wagens preßte. Es waren noch dreißig Meilen bis zur rumänischen Grenze. Russische Einheiten rückten von Norden her an. In der Ferne hörte Mac McGrath deutlich die in gleichmäßigem Rhythmus explodierenden Bomben.

Mac kurbelte seine Scheibe herunter. Sofort drang erstickender Staub in den Fond des Renaults. Amüsiert beobachtete Mac, wie Lewinski sich die Riemen einer Gasmaske über den ungebändigten Haarschopf streifte.

Direkt vor dem Fenster stand eine erschöpfte, junge Bauersfrau, die zwei kleine, schmutzige Kinder in einem hölzernen Schubkarren vor sich her schob. Das zornige, von einem hellroten Kopftuch umrahmte Gesicht der Frau wandte sich Mac verärgert zu.

»Warum sind wir stehengeblieben?« fragte Botschafter Noël die Frau.

Sie zuckte die Achseln, als ob sie keine Antwort geben wollte, gab dann jedoch die Frage an einen gebeugten alten Mann weiter, der sich an seinen Vordermann wandte. Als die Antwort fünf Minuten später zurückkam, hatte sich der Konvoi immer noch nicht weiterbewegt.

»Die Nazis haben die Straße beschossen. Es gibt viele Tote und Verwundete; ihre Habseligkeiten werden aus dem Weg geräumt«, berichtete die Frau mit ausdrucksloser Schicksalsergebenheit und bestätigte dann, daß die Verwundeten zusammen mit den Toten am Straßenrand zurückbleiben würden. »Zwei tote Pferde und ein umgestürzter Wagen versperren die Straße.«

Mac fieberte vor Ungeduld. Die Reise, die nur Stunden hätte dauern sollen, erstreckte sich nun schon über Tage. Der Fahrer schaltete den Motor des Wagens ab, um kostbares Benzin zu sparen.

»Nur dreißig Meilen«, bemerkte Mac. »Zu Fuß kämen wir schneller voran.«

Der französische Botschafter sah ihn herablassend an. »Diese ungeduldigen Amerikaner.« Er deutete mit dem Daumen auf das Gedränge der Fußgänger. »Keiner kommt vom Fleck, Monsieur. Wenn Sie über die Köpfe der Leute hinweggehen, werden Sie vielleicht vor mir an der rumänischen Grenze sein, aber einen anderen Weg sehe ich nicht.« Mac sah nach vorn, um sich bei den anderen Insassen Unterstützung zu holen, doch der Fahrer zuckte nur die Achseln. Lewinski, der immer noch die Gasmaske trug, nahm überhaupt keine Notiz von der Diskussion. Ohne sich im geringsten dafür zu interessieren, was draußen vor sich ging, spielte er mit einem Stück Schnur herum.

Mac hob resignierend die Hände, dann holte er seine *DeVry*-Filmkamera hervor und zog die Mechanik auf. Einen Augenblick später schwang er sich aus dem Seitenfenster und kletterte auf das von Kugeln durchlöcherte Dach des Renaults, während der Franzose amüsiert den Kopf schüttelte.

Oben, wo er meilenweit sehen konnte, richtete Mac die Kamera auf das rastlose Meer von Köpfen, das sich jenseits der acht Botschaftsfahrzeuge erstreckte. Er filmte ein paar Sekunden lang und ging dann vorwärts, stieg von Kühlerhaube zu Kofferraumdeckel, bis er den ersten Wagen, der Botschafter Biddle gehörte, erreicht hatte.

Biddle, hager und unrasiert, setzte sich auf den Fensterrahmen, um zu sehen, was Mac auf dem Dach des Wagens trieb.

»Sie werden das hier sicherlich dokumentiert haben wollen, Herr Botschafter.« Mac richtete die Kamera auf die toten Pferde, die gerade in den Straßengraben gezerrt wurden, und auf die fünfzig Leichen, die wie Stoffpuppen in einem Durcheinander aus verstreutem Gepäck lagen.

Dreißig Meter Film konnten nur sechzig Sekunden Aktion einfangen. Während der ersten fünf Sekunden seiner Einstellung hörte Mac das ferne Summen eines Flugzeugmotors. Er nahm sich nicht die Zeit, darüber nachzudenken, ob die nahende Maschine Freund oder Feind war. Die Menge der Flüchtlinge stolperte von der Straße weg, ließ ihre Bündel zurück und stürzte sich in die Felder und Gräben.

Mac trat mit dem Fuß hart auf das Metalldach auf. »Flugzeug!« brüllte er.

Die Türen der Fahrzeuge flogen auf, und die Männer und Frauen des Botschaftspersonals sprangen heraus und schlossen sich der kopflosen Flucht von der Straße an.

»Kommen Sie!« Biddle schlug mit der flachen Hand auf den stählernen Kotflügel. »Runter mit Ihnen!« Er wartete nicht ab, ob Mac ihm folgte.

Mac blieb unerschütterlich auf der Motorhaube stehen und verfolgte die wenig würdevolle Flucht des schlaksigen Botschafters mit der Kamera, während die einzelne *Messerschmitt* kreiste und eine Maschinengewehrsalve abgab. Einige Handwagen zersplitterten. Ein halbes Dutzend Nachzügler stürzte zu Boden.

Vom Graben aus schrie Biddle Macs Namen, während die Spur der Kugeleinschläge sich in zwei geraden Nähten auf den Kameramann zubewegte. Durch das Objektiv sah Mac, wie Gepäckstücke aufplatzten und Kleider und Habseligkeiten durch die Luft wirbelten. Die Schreie von Männern und Frauen mischten sich mit dem Gebrüll des Motors.

Das Flugzeug zog in nur wenigen Metern Höhe über der Straße entlang.

»Runter mit Ihnen!« schrie Biddle.

Mac fing durch den Wirbel des Propellers hindurch deutlich das Gesicht des Piloten und das Hakenkreuz ein. Die Maschinengewehre verstummten, aber es bestand kein Zweifel, daß Mac immer noch im Visier war. Der Pilot hob nur leicht die Nase an, offenbar mit dem Ziel, Mac mit dem Propeller den Kopf abzutrennen.

Mac hechtete kopfüber in den Graben, nur einen Sekundenbruchteil bevor das Flugzeug an ihm vorbeidonnerte. Dann stieg es auf und verschwand jenseits einer Hügelkuppe.

Die *DeVry*, die er mit beiden Armen gegen seine Brust gedrückt hatte, verschlug ihm den Atem, blieb aber selbst unbeschädigt. Mac hatte zwanzig Sekunden neues Material im Kasten. Die amerikanische Flagge des Wagens und der rechte vordere Kotflügel wiesen frische Kugellöcher auf.

Mac setzte sich langsam auf, während die Leute ringsum sich aufrappelten. Frauen suchten nach ihren Kindern, die sie im allgemeinen Durcheinander verloren hatten. Kinder schrien nach ihren Müttern.

Ein halbes Dutzend Flüchtlinge lag tot auf der Straße, einschließlich der Bauersfrau und ihrer zwei Kinder, die immer noch in dem Schubkarren saßen. Sie wurden aus dem Weg getragen. Mac kehrte zu seinem Platz im letzten Wagen gegenüber dem bleichen und zitternden französischen Botschafter zurück. Einige Männer machten sich daran, die Pferde vollends von der Straße zu entfernen. Allmählich setzte sich der Konvoi wieder in Bewegung, während ein alter Mann am Straßenrand seine Hände erhob und weinend die Heilige Jungfrau beschwor, seine Familie und Polen zu retten.

Vielleicht würde es der alte Mann schaffen, nach Rumänien zu kommen, wenn er sich beeilte, dachte Mac, aber er bezweifelte, daß selbst die Heilige Jungfrau Polen jetzt retten konnte.

* * *

Es war der dritte Morgen, seit die deutsche Armee über die polnischen Grenzen gestürmt war. Bisher war weder aus England noch aus Frankreich Hilfe gekommen.

Am Sonntag, dem 3. September 1939, saß Korvettenkapitän Trevor Galway zwischen seiner Schwester Annie und seinem Vater John Galway in der Westminster-Kapelle am Buckingham Gate in London.

Am Abend zuvor, als Premierminister Neville Chamberlain sich im Unterhaus erhoben hatte, um die Abgeordneten angesichts der Aggression der Nazis zur Geduld zu drängen, stießen seine Beschwörungen auf empörte Zwischenrufe.

»Sprechen Sie für England!« rief Mr. Amery von der Bank der Konservativen.

Die Stimmung des Hauses war deutlich für den Krieg. Dennoch versammelte sich England an diesem Morgen noch einmal, um für den Frieden zu beten.

Selbst die Empore der Westminster-Kapelle, der Pfarrkirche des Reverend Martin Lloyd-Jones, war dicht besetzt. Nicht ein einziger Sitzplatz war auf den langen Bankreihen mehr zu finden. Männer und Frauen standen in den Gängen rund um den Chorraum. Kinder, voller Aufregung über die Aussicht auf einen Krieg, saßen im Mittelgang und vor der Kanzel auf dem Boden.

Die Gesangbücher wurden geöffnet, und das Gotteshaus erbebte unter der geistlichen Hymne Martin Luthers:

»Ein feste Burg ist unser Gott, ein gute Wehr und Waffen …«

Beim Singen fiel Trevor ein, daß dieser Choral aus Deutschland stammte. Er fragte sich, wie viele Stimmen in Deutschland sich in diesem Augenblick zu derselben Melodie erhoben. Die Vorstellung von Männern und Frauen, die mit Hakenkreuzbinden an den Armen Luthers Worte hinausschmetterten, ließ ihn verstummen und machte ihn wütend.

Trevors plötzliche Mißstimmung blieb offensichtlich nicht verborgen. Annie, die mit ihren neunzehn Jahren unmittelbar nach dem großen Krieg gegen Deutschland geboren war, ergriff seine Hand und warf ihm einen aufmunternden Blick zu. Wie alle, die zu jung waren, um sich an 1918 zu erinnern, hatte sie seit zwei Tagen innerlich gekocht und sich gefragt, warum dieser Waschlappen Chamberlain eine formelle Kriegserklärung immer weiter hinauszögerte. Heute morgen saßen viele Angehörige der Pazifistenpartei in der Westminster-Kapelle. Trevor erkannte sie daran, wie selbstgefällig und innig sie den Choral trällerten. Daß sie jetzt hier waren, angesichts des Schadens, den sie den Bemühungen, Hitlers Kapriolen Einhalt zu gebieten, zugefügt hatten, steigerte Trevors Empörung. Die Nazis hätten schon vor langer Zeit aufgehalten werden können, bevor es mit der Welt so weit gekommen war. Dadurch, daß man zugelassen hatte, daß das Böse sich in Mitteleuropa ungehindert ausbreitete, würde der Schatten nun auch über Frankreich und England fallen.

Während die Orgel dröhnte, schob sich ein kleinwüchsiger Mann mit schütterem Haar, dessen Tweedjackett für diesen Vormittag viel zu warm war, durch das Gedränge und wedelte mit einem gelben Zettel, ganz wie Chamberlain seinerzeit mit dem kleinen, von Hitler unterzeichneten Dokument gewedelt hatte, das, wie er erklärte, »Frieden für unsere Zeit!« versprach.

Der Küster erklomm die Stufen zur Kanzel und reichte die Nachricht dem Reverend Lloyd-Jones. Der Gesang ging weiter. Die zweite und dritte Strophe hallten durch die Kapelle, während der Geistliche schweigend die Nachricht las und die Gemeinde an seinem Gesicht ihren Inhalt zu erraten versuchte.

Er stand auf, als die Musik verklang. Als er ans Pult trat, hob er die Hand und sagte mit hartem, durchdringendem Blick: »Aus der No. 10 Downing Street ist soeben die folgende Botschaft von Premierminister Chamberlain überbracht worden ...« Er holte tief Luft und begann:

»Falls wir nicht bis elf Uhr heute vormittag Nachricht von den Deutschen erhielten, daß sie bereit seien, ihre Truppen sofort aus Polen abzuziehen, würde zwischen uns der Kriegszustand eintreten.«

John Galway klopfte auf das Glas seiner Armbanduhr. Es war zwanzig nach elf.

»Nun muß ich Ihnen mitteilen, daß eine solche Verlautbarung nicht hier eingegangen ist und daß unser Land sich infolgedessen im Krieg mit Deutschland befindet.«

Ein Murmeln ging durch die Menge. Hier und da neigten sich einige Köpfe, und die Schultern der Mütter von Söhnen im kriegsdienstfähigen Alter erzitterten unter Schluchzen.

John Galway ergriff Trevors Hand. Annie legte ihren Arm um seine Hüfte und hob trotzig ihr Kinn. Wenn Hitler es wagte, ihr gegenüberzutreten, würde sie ihm ins Gesicht spucken!

»Sie können sich vorstellen, was für ein herber Schlag es für mich ist, daß mein langes Bemühen, den Frieden zu erringen, gescheitert ist. Deutschland wird der Gewalt niemals entsagen und kann nur durch Gewalt aufgehalten werden. ... Möge Gott Sie alle segnen, und möge er das Recht verteidigen, denn es ist das Böse, gegen das wir kämpfen werden – brutale Gewalt, gebrochene Versprechen ... Ich bin sicher, daß das Recht siegen wird.«

Als die Botschaft zu Ende war, erfüllte das langgezogene, unheimliche Heulen einer Alarmsirene die Luft. Köpfe ruckten empor in der plötzlichen Erkenntnis, daß vielleicht jetzt schon deutsche Bomber auf die englische Küste zuflogen.

Die Gemeinde wurde entlassen. Befehlsgemäß meldeten sich alle Männer in Uniform sofort auf ihren Posten. Eltern eilten, um ihre Kinder im Gedränge zu finden, und alle wurden aufgefordert, den Keller unterhalb der Kirche aufzusuchen.

Trevor verabschiedete sich mit einem Kuß von Annie und drückte seinem Vater die Hand. Dann verließ er ohne einen Blick zurückzuwerfen die Kirche. Im selben Augenblick verstummte die Sirene.

Draußen schien sich nichts verändert zu haben. Er blieb lange auf den Stufen stehen und lauschte in die Stille, als ob er sie zum ersten Mal hörte. Über ihm auf dem Gesims der Kapelle flatterten Tauben gurrend herum. Er wollte sich diesen ersten Moment des Konflikts einprägen, um ihn nie mehr zu vergessen. Nichts schien anders zu sein als noch vor einer Stunde, als noch Frieden geherrscht hatte, und doch spürte er, daß von dieser Stunde an sein Leben eine unwiderruflich andere Bahn nehmen würde. Er schloß für einen Moment seine Augen und stellte sich vor, wie Bomben pfeifend auf London herabfielen, sah Bilder von Schutt und Zerstörung und hörte die Schreie der Verwundeten. Doch als er die Augen wieder öffnete, lag da nur London vor ihm mit seinen Ziegeln und Steinen und seiner ungebrochenen Tradition.

Rechts von ihm erhoben sich die Türme des Parlamentsgebäudes in der kühlen, hellen Luft des Septembermorgens. Er ging einen Häuserblock weit und wandte sich dann dem *Victoria Embankment* zu. Er mußte noch seinen Seesack, seine Ersatzuniform und seinen dicken Mantel holen. Er würde sich von seinem Hund Duffy verabschieden und mit dem Wassertaxi flußabwärts fahren, um sein Schiff zu besteigen, die HMS *Fortitude*. Wer konnte ahnen, wohin es von dort aus gehen würde?

Keine deutschen Bomber flogen über ihn hinweg, während er unterwegs zum Themse-Ufer war. Als er auf der Uferstraße entlangschritt, stiegen dreißig oder vierzig silberne Hindernisballons langsam über der Stadt auf wie ein Schwarm von Fischen, die durch die Luft über London schwammen.

Dies war also der Krieg.

* * *

Die Glocken des Uhrenturms schlugen zwölf, während aus dem Lautsprecher die *Marseillaise* drang. Nach einem Moment respektvoller Stille sprangen die Türen zu dem riesigen Speisesaal der höheren Klassen der *École de Cavalerie* auf, und 1 500 junge Kadetten im Alter von zwölf bis siebzehn Jahren strömten zu ihren Plätzen an den langen Tischen.

Leutnant Paul Chardon stand in militärischer Haltung mit einem halben Dutzend Ausbilderkollegen hinter dem Präsidiumstisch, während der Kommandant der Schule, Oberst Michel Larousse, gemessen durch eine Seitentür eintrat. Sein aufgesteckter linker Ärmel verriet, daß er im letzten Krieg gegen Deutschland einen Arm verloren hatte. In der Rechten hielt er ein Kommuniqué. Bevor er auf die Bühne zum Präsidiumstisch stieg, blieb der Oberst lange stehen und betrachtete seine jungen Schützlinge mit den müden Augen eines Mannes, der wußte, was der Krieg der Jugend seiner Nation antun würde.

Von den hohen Wänden blickten auch Porträts der großen Soldaten Frankreichs auf die Jungen herab. Kaiser Napoleon und sein Kavalleriekommandant Marschall Ney starrten quer durch den Saal zu Marschall Pétain hinüber, der im großen Krieg die französischen Truppen zum Sieg geführt hatte.

Viele der besten und tapfersten Führer der Republik hatten ihre Ausbildung mit fünf Jahren hier in der Grundschule begonnen. Sie waren durch die Klassen aufgestiegen und hatten in diesem Saal an denselben langen

Tischen gegessen. Auf vielerlei unterschiedliche Weise waren tapfere Kameraden von hier hinausgegangen, um für Frankreich zu sterben, bevor sie die Chance hatten, erwachsen zu werden. Wer erinnerte sich jetzt noch an ihre Namen?

Heute war der Saal von Gelächter und ausgelassenen Gesprächen erfüllt, wie es seit hundertfünfzig Jahren nicht anders gewesen war. Paul Chardon sah Oberst Larousse und dann die Kadetten in ihren dunkelblauen Uniformen des *Cadre Bleu* an. Es war, als ob die Gesichter vergangener Jahrhunderte seinen Blick erwiderten. Frankreich befand sich wieder im Krieg.

Die Tradition der Militärschule war nur einmal während des Krieges von 1914 bis 1918 unterbrochen worden, als deutsche Truppen Armentières und das riesige Gelände, auf dem Napoleon die Schule 1805 gegründet hatte, zu überrennen drohten.

In jener schrecklichen Zeit hatte sich der Ruf erhoben: »École de Cavalerie! France éternelle! Keinen Zoll Boden werden wir preisgeben! Ils ne passeront pas!«

Doch nun war die *École de Cavalerie* wieder einmal nahe den Frontlinien des Krieges – nur Minuten von der belgischen Grenze entfernt. Auf halbem Wege zwischen Arras und Dünkirchen stand die Schule im Zentrum der Truppenmobilisation. Die Entscheidung war bereits getroffen, daß die Juniorenakademie evakuiert werden würde – was würde nun aus diesen selbstbewußten, stolzen jungen Franzosen werden?

Oberst Larousse räusperte sich und nickte dem Bläser zu. Der scharfe Stoß der Fanfare rief die Jungen zur Aufmerksamkeit: Augen geradeaus, Brust ’raus, Schultern zurück.

»Rührt euch.« Der Oberst stand vor einem übersteuerten Mikrofon. Er räusperte sich. Schweigen. Hier kam die Nachricht, auf die sie alle gewartet hatten, um die sie gebetet hatten! Vielleicht durften sie kämpfen! Er begann: »Ich halte hier ein Kommuniqué aus Paris in der Hand.« Er hielt das Blatt hinauf ins Licht. Das Bildnis von Marschall Pétain schien über seine Schulter hinweg mitzulesen. »Es ist bekanntzugeben … Die kürzlichen Angriffe gegen unseren Verbündeten, das souveräne, demokratische Volk von Polen, durch die Truppen Nazi-Deutschlands, verletzen alle internationalen Gesetze und Abkommen. Angesichts dieser Tatsache stellt dieser Akt der Aggression einen kriegerischen Akt gegen die Republik Frankreich dar. Daher befindet sich die Republik Frankreich nun mit Deutschland im Kriegszustand.«

Eine aufgeregte Bewegung zog durch die Reihen der Kadetten. Paul Chardon sah ihr halbes Lächeln, ihr Augenzwinkern, ihre Freude über die Aussicht, in die Praxis umzusetzen, was sie in der Theorie in der Schule gelernt hatten. Die Verteidigungslinie am Fluß Lys gegen Angriffe zu schützen.

Auch Oberst Larousse spürte ihre Freude über die Erklärung.

»Alle Kadetten unter dreizehn Jahren werden nach Süden evakuiert ...«

Ein allgemeines Stöhnen der Enttäuschung erhob sich unter den Zwölfjährigen, während die älteren Jungen sich zuzwinkerten und grinsten und Rippenstöße austauschten. Larousse hob die Hand, um für Ruhe zu sorgen.

»Diejenigen vom *Cadre Bleu*, die dreizehn und älter sind, werden vorläufig in der Schule bleiben. Wir haben neunhundert gute Kavalleriepferde in unseren Ställen, die sicherlich in die Schlacht gerufen werden. Unsere Pflicht wird es sein, daß sie in vorzüglicher Verfassung und ausgezeichneter Trainingsform in die Hände der Großen Armee gelangen. Das wird unsere Aufgabe als Soldaten der Republik und zukünftige Führer Frankreichs sein.«

Seine Rede war zu Ende, und unter den älteren Jungen brach lauter Jubel aus. Die zwölfjährigen Kadetten setzten sich niedergeschlagen und den Tränen nahe hin. Wie kleine Jungen wollte man sie aus dem Weg schaffen. Sie würden alles Aufregende verpassen!

Eine Gruppe von Kadetten, die im Frühjahr auf die Offiziersschule übergehen würden, sprang auf den Tisch und dirigierte die jubelnden Sprechchöre.

»Vive l'École de Cavalerie! Vive la France! France éternelle! Sie werden nicht durchkommen!«

Dann sangen sie die *Marseillaise* und setzten sich fröhlich zum Essen hin. So begann der Krieg für die *École de Cavalerie*.

3

Rauch stieg von dem Inferno von Warschau auf und verdunkelte im Umkreis von hundert Meilen die Sonne. Seit drei Wochen lag der deutsche Ring aus Feuer und Stahl um die Stadt. Obwohl ganz Polen gefallen war, wollte sich Warschau nicht ergeben. Der Donner aus hundert schweren Kanonen gab die Antwort der Nazis auf diesen letzten Widerstand. Eine Welle von Luftwaffenbombern nach der anderen ließ ihre Ladung aus Brandbomben auf Kirchen und Krankenhäuser voller Verwundeter fallen. Tausende von Toten und Sterbenden lagen auf den Straßen. Die Hitze der Brände brachte die Fensterscheiben zum Platzen. Nicht ein Gebäude in der Stadt blieb unter dem unaufhörlichen Beschuß unbeschädigt.

Um acht Uhr dreißig morgens traf eine verzweifelte Funknachricht in Budapest ein:

»In diesem Augenblick wird Warschau von schwerer, deutscher Artillerie beschossen ... erst vor wenigen Minuten bombardierten deutsche Flugzeuge das Herz-Jesu-Krankenhaus ... Grab für Hunderte verwundeter Soldaten, Frauen und Kinder ... Das Opernhaus, das Nationaltheater und die Polytechnische Schule stehen jetzt in Flammen ... Die deutsche Artillerie konzentriert ihr Feuer jetzt auf die Stadtmitte ... Siebzehn Tage Belagerung ... schwierig, in einer Stadt von anderthalb Millionen Menschen angesichts von Tod und Zerstörung die Ordnung aufrechtzuerhalten ... Wer noch etwas hat, versucht, so gut es geht, den Hungernden zu helfen ... Verwundete ... sterben in den Straßen ... Der Funkspruch endete mit einem verzweifelten Flehen um Hilfe: *Wir halten an der Hoffnung fest ... erwarten rasche Hilfe von unseren britischen und französischen Verbündeten!«*

Zur selben Stunde waren sich Frankreich und England, die Deutschland den Krieg erklärt hatten, noch nicht schlüssig, welche Art von Hilfe sie senden sollten.

Am Spätnachmittag rückten Truppen der sowjetischen Roten Armee von Osten auf Warschau vor und näherten sich der neuen Hitler-Stalin-Linie, die Polen in zwei Teile schnitt. Russische Vorhuteinheiten waren nur noch weniger als hundert Kilometer von der Stadt entfernt, als der britische Premierminister Chamberlain erklärte, die Zerstörung Polens sei ein »Fait accompli«.

Es würde keine militärische Hilfe aus dem Westen kommen. Dennoch kämpfte die letzte polnische Armee in Warschau weiter. Soldaten gaben die Waffen ihrer gefallenen Kameraden in die Hände von Zivilisten – Frauen, alte Männer und Jungen, die die Barrikaden verteidigten. Unter dem Feuer der fernen deutschen Artillerie und der Stuka-Bomber bekamen die Verteidiger nie den Feind zu Gesicht, der sie dahinmetzelte. Sie starben einfach, immer noch in dem Glauben, daß ihre Verbündeten bald kommen mußten. Ein Held nach dem anderen ging unter, und mit ihnen Polen, während Frankreich und England entsetzt taten und nichts Konkreteres zu bieten wußten als ihr Mitgefühl.

Am Nachmittag des 26. September bedeckte Josephine Marlow, die letzte verbliebene Mitarbeiterin der *Associated Press* in Warschau, ihren Kopf, als wieder eine Explosion das riesige Bauwerk der *Sankt Johannes*-Kathedrale über ihr erschütterte. Jahrhundertealter Staub und Mörtelbrocken regneten auf den Teppich aus Verwundeten herab, die den Boden der gewölbten Krypta bedeckten.

Die Schmerzenslaute der vierhundert Menschen klangen wie ein einziges, unaufhörliches Stöhnen. Morphium gegen die Schmerzen gab es keines mehr. Die letzten Desinfektionsmittel waren am Tag zuvor verbraucht worden. Nun diente Wodka gleichzeitig als Antiseptikum und als Betäubungsmittel. Die am schwersten Verwundeten warteten in der Haupthalle der Kathedrale, wo der Priester von einem zum anderen ging und ihnen die Sterbesakramente reichte. Hier in der Krypta lagen die Frauen und Kinder, die vielleicht überleben würden … falls sie rechtzeitig die notwendigen Medikamente bekamen.

Josephine begleitete Schwester Angeline, die ihren Patienten Hoffnung zusprach, die Wunden reinigte und die Verbände wechselte. Josie trug einen Eimer kostbaren, abgekochten Wassers, das sie mit einer Kelle in die ausgetrockneten Münder schöpfte.

Sie kniete sich hin, um einer jungen jüdischen Frau von ungefähr achtzehn Jahren zu trinken zu geben, die im Artilleriefeuer den rechten Unterschenkel verloren hatte. Sie klammerte sich an Josies blutverschmierten Ärmel. Mit Verzweiflung in den dunklen Augen redete sie auf jiddisch auf Josie ein und wollte sie nicht wieder loslassen.

»Schwester Angeline«, rief Josie auf französisch um Hilfe. Es war der gemeinsame Boden zwischen Englisch und Polnisch, auf dem sich die beiden Frauen treffen konnten. »Was sagt sie? Was will sie von mir?«

Die junge Frau redete beschwörend auf die Nonne ein, die für Josie übersetzte.

»Sie denkt, Sie seien eine Französin«, erklärte die Schwester. »Sie will wissen, wann Ihre französischen Soldaten kommen, um uns vor den Nazis zu retten.«

Josie setzte sich zurück auf ihre Fersen und legte ihre Hand ratlos auf die der jungen Frau. Sie sah Schwester Angeline ins Gesicht. »Was soll ich ihr sagen, Schwester? Was? Daß ich nicht glaube, daß die Franzosen oder Engländer kommen werden? Soll ich ihr sagen, daß ich Amerikanerin bin? Daß wir nicht einmal Krieg mit den Leuten haben, die ihr das Bein weggebombt haben? Daß ich als Angehörige der Presse, falls ich das Bombardement überlebe, wahrscheinlich mit dem Segen des deutschen Oberkommandos einfach von hier in die Freiheit verschwinden kann, während alle anderen ...« Ihre Stimme versagte. Die Augen brannten ihr vor Hilflosigkeit und Zorn. Zwei Dutzend Berichte hatte sie während der Belagerung nach draußen gedrahtet, einer verzweifelter als der vorige. Sie wußte nicht einmal, ob ihre Texte bis zur *AP* in Paris durchdrangen.

Sie war zu lange in Warschau geblieben und saß nun in der Falle wie alle anderen auch, wenn ihr auch nicht, wie dieser jungen Jüdin mit einem halben Bein, der sichere Tod drohte. Die SS hatte Zehntausende von Verwundeten erschossen. Welche Hoffnung auf Barmherzigkeit durften diejenigen hegen, die hier in der Krypta von Josie Antworten erflehten, die sie nicht geben konnte?

Voll Zorn und Scham bedeckte Josie ihr Gesicht mit den Händen. Mit jeder Bombe, die fiel, spürte sie, wie sie innerlich mehr gegen die Sinnlosigkeit dieses Gemetzels tobte. So zornig sie über die Brutalität der Nazis war, so zornig war sie auch über den nutzlosen Mut der Polen. Konnte das polnische Oberkommando tatsächlich immer noch glauben, daß Chamberlain und Daladier herbeireiten und die Belagerung Warschaus durchbrechen würden wie die Kavallerie in einem schlechten Western? Mit einem einzigen Wort, Kapitulation, ließ sich die Vernichtung aufhalten! Warum versuchte das polnische Oberkommando, angesichts der unausweichlichen Niederlage, weiterhin durchzuhalten?

Schwester Angeline legte ihr die Hand auf die Schulter. »Josephine? Ma chérie«, sagte sie sanft, »für uns hier in Warschau muß bald das Ende kommen. Wir werden bleiben und mit Gottes Hilfe tragen, was wir tragen müssen. Jeder von uns wird auf seine eigene Weise weiterkämpfen. Aber Sie müssen überleben. Sie müssen hier herauskommen und berichten, was Sie gesehen haben. Sagen Sie den Leuten – ja – wir hatten Angst. Aber trotzdem haben wir bis zum Ende durchgehalten. Vielleicht wird es ihnen beim Kämpfen helfen, wenn sie wissen, daß Polen allein, aber mutig gestorben ist.«

»Oh, Schwester!« rief Josie, als ein Artilleriegeschoß mit schrecklichem Brüllen über sie hinwegjagte und irgendwo jenseits der Kirche explodierte. Donner folgte auf Donner und übertönte die Schreie, als dem ersten Schlag ein Dutzend weitere Explosionen folgten. Der Boden zitterte. Schwester Angeline warf sich über eine Patientin, als ein Teil der Wand über ihnen beiden zusammenstürzte. Die Luft in der Krypta wurde von erstickendem Staub durchdrungen. Josie kauerte sich nieder und versuchte, ihren Kopf zu schützen, als Steine aus den Säulen brachen und am anderen Ende die Decke über fünfzig Verwundeten einstürzte.

Dann herrschte Stille. Josie setzte sich langsam auf. Sie war unverletzt. Schutt bedeckte die Stelle, an der Schwester Angeline gewesen war. Josephine kroch auf den Haufen zu und rief den Namen der Schwester. Ihre Stimme hallte in der zerstörten Krypta wider. Draußen verstummte plötzlich das ferne Grollen der Artillerie, so daß nur noch Josies Stimme zu hören war.

Die Kirche hatte einen Volltreffer erhalten. Bis in die Nacht hinein arbeitete Josephine benommen an der Seite eines Priesters und einiger zerlumpter Soldaten, um die Opfer aus dem Schutthaufen auszugraben. Die scharfen Kanten der Ziegelsteine scheuerten ihr die Hände wund. Ihre Kleidung war zerrissen und mit Schweiß und Blut durchtränkt. Zum ersten Mal seit über einer Woche ging Josephine in die Nacht hinaus. Sie blickte hinauf und suchte nach Worten, um zu beschreiben, was sie an diesem Ort gesehen hatte. Aber sie fand keine, die angemessen gewesen wären. Sie versuchte einfach zu beobachten, sich innerlich von dem Anblick zu distanzieren und nur mit dem Verstand die Bilder des Krieges aufzuzeichnen. Nutzlos. Sinnlos. Verschwendung. Das waren die einzigen Worte, die ihr in den Sinn kamen.

Zwei Soldaten trugen Schwester Angeline hinaus aufs Pflaster. Sie hatte bei dem Treffer ihren Schleier verloren, so daß ihr kurzes, schon grau werdendes Haar zum Vorschein kam. Ihr staubbedecktes Gesicht sah im Tode gelassen, beinahe heiter aus. Josephine – einen Moment lang über ihr – wurde sich bewußt, daß sie der Schwester während der letzten zwei Wochen alles über sich selbst erzählt hatte. Aber was wußte Josephine über Schwester Angeline? Nur daß sie eine andere Art Kampf geführt hatte als die Soldaten hinter den Barrikaden.

Am Himmel über Warschau spiegelten sich orange glühend die Flammen, die die wichtigsten Gebäude der Stadt einhüllten. Josie schirmte ihre Augen gegen die gleißende Helligkeit ab, als sie das Hotel *Bristol*, die Stadthalle und die gotische Konstruktion des alten Schlosses brennen sah. Ätzender Rauch stieg auf, als ob sich die Erde öffnete und die Hölle aufstieg, um Warschau zu verschlingen.

Sie legten die Toten auf das zerschmetterte Steinpflaster vor der Kirche. Eine Reihe nach der anderen. So viele. So still. Die Brände der gefallenen Stadt spiegelten sich in den leblosen Augen der Tapferen.

Niemand sprach. Nur das Geräusch einstürzender Gebäude durchbrach die Stille. Die deutsche Artillerie war verstummt. Hieß das, daß es vorbei war? War die Belagerung vorüber? War das letzte polnische Kind bei der Verteidigung der letzten Barrikade gefallen?

Josephine ließ sich zu Boden sinken, die knisternden Feuer im Rücken. Sie hatte Durst. Irgendwo hatte sie den Eimer mit kühlem Wasser verloren, mit dem sie die Verdammten getröstet hatte.

4

Weniger als ein Monat war vergangen, seit die deutsche Wehrmacht die Grenzen Polens überschritten hatte. Abgesehen von dem letzten Widerstand in Warschau betrachtete das deutsche Oberkommando den Krieg als Erfolg. Truppen der Wehrmacht verließen bereits das besetzte polnische Territorium, um die Westfront gegen die mobilisierten Armeen Frankreichs zu verstärken. Die Waffen-SS, Hitlers persönliche Elitetruppe, füllte rasch die Lücke, welche die reguläre Armee hinterließ.

Polnische Kriegsgefangene, die schlurfend gegen den Strom der Wehrmachtspanzer, der mobilen Artillerie und der Truppentransporter dahinzogen, füllten die Straße von Lodz nach Warschau. Abgerissen, blutig und verdreckt bildeten die gefangenen Polen einen krassen Gegensatz zu den siegreichen deutschen Truppen.

Hauptmann Horst von Böckmann, der inzwischen Kompaniechef des 8. gepanzerten Aufklärungsregiments in General Stummes 2. Division war, beobachtete, wie sich die Flut der besiegten Männer teilte und in die Straßengräben auswich, um die schwere Maschinerie der Wehrmacht durchzulassen. Das Bild war eine gute Zusammenfassung des Krieges, dachte er. Die Polen kämpften mit den Taktiken des letzten Jahrhunderts. Die antiquierten polnischen Divisionen hatten sich entlang einer 2 400 Kilometer langen Grenze eingegraben. Während die deutsche Luftwaffe als Artillerie eingesetzt wurde und sowohl Flugplätze als auch Wohngebiete bombardierte, waren die hochmobilen Corps aus Panzern und motorisierter Infanterie durch die Front gebrochen und hatten die polnischen Einheiten in Stücke zerhackt. Innerhalb von zehn Tagen hatten General Guderians Panzer dreihundert Kilometer zurückgelegt. Erst in Zabinka stießen sie endlich auf eine der wenigen mechanisierten Einheiten. Polnische Panzer, die man gerade an einer Bahnstation entlud, wurden zerstört, bevor sie auch nur einen einzigen Schuß erwidern konnten. Nun, nachdem die polnische Regierung nach Rumänien geflohen war, blieb kein Repräsentant mehr, der die Kapitulation hätte unterzeichnen können.

Horst von Böckmann war stolz auf die Leistung der Männer in seiner Einheit. Als Chef einer Kradmelder-Kompanie hatte er sie durch die polnischen Linien geführt und war oft auf feindlichen Widerstand gestoßen, bevor der Hauptanteil der deutschen Truppen die Front erreichte. Im Gegensatz zu den Soldaten der Luftwaffe, die ihre Feuertaufe im spanischen Bürgerkrieg bereits hinter sich hatten, war dies für ihn der erste echte Kampfeinsatz. Vier Jahre harter Arbeit und Aufopferung zahlten sich endlich aus. Obwohl es ein erhebendes Gefühl war, seinen ersten Sieg errungen zu haben, empfand er heute, als er sah, wie die polnischen Gefangenen von der SS vorangetrieben wurden, ein gewisses Unbehagen.

Seit einer Woche wartete von Böckmann begierig darauf, Polen zu verlassen und zur Siegfried-Linie abzurücken. Zuerst deutete er seine Bedenken einfach als Ungeduld, an die Westfront zu kommen, den Franzosen gegenüberzutreten und zu beenden, was 1918 unvollendet geblieben war. Gerüchte über Massengräber – in denen die Opfer der SS-Hinrichtungskommandos bestattet wurden – wurden stündlich als Tatsachen bestätigt, und mit jeder Stunde wuchs von Böckmanns Wunsch, hier zu verschwinden.

Eine Kradmelder-Gruppe stieß auf ein offenes Grab voller polnischer Offiziere. Nachdem von Böckmann den Bericht erhalten und an seine Vorgesetzten weitergereicht hatte, wurde die grausige Entdeckung als Begräbnisstätte für polnische Soldaten abgetan, die ehrenhaft im Kampf gefallen seien. Auf den ersten Blick schien diese Antwort alle zufriedenzustellen – alle, außer den beiden Männern, die den Ort gesehen hatten. Es konnte nicht sein, erklärten sie; jeder einzelne polnische Offizier in dem Erdloch war durch eine einzige Kugel in den Hinterkopf hingerichtet worden!

Als ihr Kommandant ermahnte von Böckmann sie, ihren Mund zu halten. Sie würden nur in Schwierigkeiten geraten, wenn sie darüber sprachen. Sie hatten ihre Pflicht getan, indem sie über den Vorfall Bericht erstattet hatten; nun sollten sie ihn vergessen. Da die Angelegenheit nun in den Händen einer höheren Autorität lag, konnte er sich nicht weiter darum kümmern.

Doch jetzt, als er das ferne Knattern von Maschinengewehrfeuer in den sonst stillen Wäldern widerhallen hörte, konnte von Böckmann nicht vergessen. Für ihn und andere in der deutschen Wehrmacht löste sich der Glorienschein ihres patriotischen Krieges rasch in ein sinnloses Gemetzel durch Hitlers Waffen-SS auf.

»Vor Weihnachten kommen wir hier nicht weg«, murmelte er zu dem jungen Fahrer seines Panzerwagens, der mit seinem frischen Gesicht fast noch wie ein Kind aussah.

»Weihnachten sind wir in Paris«, widersprach ihm Oberleutnant Fitz, der Panzerkommandant, und reichte von Böckmann einen gerade eingetroffenen Funkspruch mit dem Befehl, zum General-Hauptquartier vor Warschau vorzurücken.

Die Reihe der abziehenden Wehrmachtstruppen zog sich endlos hin und verschwand hinter dem östlichen Horizont, wo dunstige Rauchschwaden den Ort des fortgesetzten Bombardements der belagerten Stadt markierten.

»Wenn die ganze Wehrmacht an die Westfront marschiert, schätze ich, daß Polen der SS gehören wird«, bemerkte von Böckmann bitter, als eine Gruppe von sechs Soldaten mit dem Totenkopf-Emblem auf ihren Mützen allein aus dem Waldrand hervortrat. Er verzichtete darauf, seinen Eindruck zu äußern, daß die SS-Supermänner es offenbar darauf anlegten, die einzigen zweibeinigen Geschöpfe zu sein, die in dem besetzten Land am Leben blieben.

Oberleutnant Fitz wiegte den Kopf angesichts der rauhen Wirklichkeit, der die besiegte Nation nun entgegenging. Er rutschte unbehaglich auf seinem Sitz herum, dasselbe unausgesprochene Bild des Gemetzels vor Augen. Mit gespieltem Desinteresse wechselte er das Thema.

»Vielleicht haben Sie recht, Herr Hauptmann. Wir haben den Krieg in wenigen Tagen gewonnen. Aber vielleicht werden wir bis Weihnachten brauchen, um die Armee wieder abzuziehen, um gegen die Franzosen zu kämpfen. Sie sind der Aufklärungsexperte. Gibt es noch eine andere Straße nach Warschau?«

Zwei Kilometer weiter zweigte ein schmaler Feldweg von der Straße ab und wand sich durch eine Reihe verlassener und zerstörter Dörfer, um schließlich nach Warschau zu führen. Niedergebrannte Häuser und eingestürzte Dächer markierten die willkürlichen Ziele von Hermann Görings Piloten. Sechs Milchkühe lagen aufgebläht auf einer Weide, auf der sie von Maschinengewehren niedergemäht worden waren, zweifellos aus Lust und Laune. Von flüchtenden Zivilisten zurückgelassene Habseligkeiten lagen auf der Straße verstreut. Von Böckmann sah weg und bedeckte Nase und Mund gegen den fauligen Geruch, der in der Luft lag. Dieser Geruch war es, der ihm von Polen am stärksten in Erinnerung bleiben würde. Bei den Übungsmanövern hatte er nie darüber nachgedacht, wie es auf einem Schlachtfeld nach einem warmen Sonnentag riechen würde. Polen würde 1 000 Jahre lang stinken, stellte er sich vor; zumindest solange das Tausendjährige Reich Bestand hatte.

Sie kamen an den verkohlten Überresten eines spitzgiebeligen Bauernhauses vorbei. Die schöne, gemauerte Scheune auf der anderen Seite des Hofes war unbeschädigt geblieben. Ein totes Ackerpferd lag, immer noch an den Pflug geschirrt, auf dem Feld, auf dem es gefallen war. Kein Lebenszeichen war zu sehen. Von Böckmann fragte sich, was aus der Familie geworden war, die hier gelebt hatte. Möbel- und Kleidungsstücke lagen um die ausgebrannte Ruine verstreut: ein Küchenstuhl neben einer umgestürzten Wiege; auf den Stufen ein gelbes, baumwollenes Frauenkleid; über einem Gatter die Hosen eines kleinen Jungen; im Staub zertreten eine Puppe mit zerbrochenem Porzellankopf. Vor solchen Anblicken hatte man ihn nicht gewarnt, als er ein Kadett und begierig auf seinen ersten Einsatz gewesen war.

Jetzt wollte er nur noch mit Katrina in dem lieblichen Kiefernwald spazierengehen, der an das Gut seiner Familie in Preußen grenzte. Er schloß für einen Moment seine Augen und rief sich ihr Gesicht ins Gedächtnis. Sie war fünfundzwanzig und entsprach eigentlich nicht dem derzeit modischen Schönheitsideal. Mit ihren dunklen Haaren und haselnußbraunen Augen war sie das Gegenteil der herrschenden Vorstellung von vollkommener arischer Fraulichkeit. Sie war nur einen Meter fünfundfünfzig groß, einen vollen Kopf kleiner als er selbst. Ihre feinen Gliedmaßen und ihre helle Haut hoben sich reizvoll von seiner sonnengebräunten Farbe, seiner Falkennase, seinen tiefliegenden, blauen Augen, seiner breiten Stirn und seinem vorspringenden Kinn ab. Reithosen waren ihr lieber als Kleider und Gummistiefel lieber als hohe Absätze. Wenn sie durch den Wald wanderten, hielt sie ohne Schwierigkeiten mit ihm Schritt. Als vorzügliche Reiterin ließ sie sich beim Querfeldeinritt von ihm keinen Sprung vormachen. Ihr Vater besaß eines der besten Arabergestüte der Welt. Reiten war Katrina lieber als alles andere auf der Welt, sagte sie, außer lieben. Dies tat sie mit derselben Leidenschaft wie über die Felder zu reiten.

Anfangs hatte Katrina eine gefährliche Ablehnung gegen Hitler und die nationalsozialistische Bewegung gezeigt. Sie hatte aus ihrer Verachtung keinen Hehl gemacht, als Hermann Göring ein großes Schwarzwild-Jagdgebiet in der Schönheide gekauft hatte, nördlich von Berlin und angrenzend an das Gut ihres Vaters. Auf einer Weihnachtsfeier hatte sie gesagt, am liebsten würde sie den Kopf des dicken Hermann ausgestopft zusammen mit den anderen Nazischweinen an der Wand des Trophäenzimmers hängen sehen. Jemand erzählte die Bemerkung weiter, und Nachbar Göring war alles andere als amüsiert.

Horst war unter der Hand gewarnt worden. Man legte ihm dringend nahe, sich um seiner Karriere willen an eine Frau zu halten, deren politische Ansichten korrekt waren. »Gefährlich« war das Wort, auf das man besonderen Nachdruck legte. Etwa um diese Zeit begannen Verhaftungen von Dissidenten, Demokraten, Kommunisten und Kirchenführern zur Tagesordnung zu gehören. Danach hatte Katrina ihre Empörung und ihren Sinn für Humor für sich behalten.

Er hatte sie im Sommer 1937 geheiratet, trotz der offiziellen Warnung, sie sei ein politisches Handikap. Doch der Schritt hatte seiner Karriere nicht geschadet. Horst hielt es für durchaus möglich, daß der Grund dafür darin lag, daß die Hälfte der Generäle in der Wehrmacht insgeheim ihre Ansicht über den dicken Hermann und das Nazipack teilte. Was würde sie sagen, fragte er sich jetzt, wenn sie Polen sehen könnte?

Katrina beschäftigte seine Gedanken noch eine staubige Stunde lang, bis sie auf eine Hauptstraße einbogen. In Richtung Warschau war nur wenig Verkehr unterwegs. Sie schlossen sich einem Konvoi aus einem halben Dutzend militärischer Fahrzeuge an und wurden an einer SS-Straßensperre am Rand eines kleinen, immer noch schwelenden Dorfes angehalten.

»Befehl von General Guderian«, sagte Oberleutnant Fitz und reichte die Papiere dem arroganten SS-Soldaten, der ihnen den Weg versperrte.

»Sie werden umkehren müssen.« Der Mann sah die offiziellen Dokumente kaum an und gab sie durchs Fenster des Fahrzeugs zurück, während von jenseits der Blockade das Stakkato von Maschinengewehren zu hören war.

»Wir haben Befehl, nach Warschau zu fahren.« Erregt spähte Fitz an dem SS-Offizier vorbei, noch während er mit ihm debattierte. »Das sehen Sie doch. Der General selbst ...«

Der SS-Offizier hob ungeduldig eine Augenbraue. »Wir erhalten unsere Befehle von SS-Obergruppenführer Heydrich. Und unsere Befehle lauten, daß niemand durch das Sperrgebiet darf, bis die Säuberung beendet ist.«

Von Böckmann beugte sich vor. »Säuberung? Guderians Panzerkorps hat dieses Gebiet schon letzte Woche eingenommen. 50 000 Polen wurden gefangen genommen. Ich war dabei. Was gibt es hier noch zu säubern?«

»Wir erhalten unsere Befehle ausschließlich von Heydrich ...«

»Dann sollten Sie SS-Obergruppenführer Heydrich und den General ihre Differenzen erörtern lassen. Inzwischen bin ich allerdings ranghöher als Sie. Die Belagerung Warschaus ist noch im Gang, und Sie versperren Offizieren den Weg, die Befehl haben, sich an der Front zum Kampf zu melden.« Ein leichtes Lächeln. »Oberleutnant Fitz, überprüfen Sie die Ausweispapiere dieses SS-Grünschnabels. Vielleicht ist er überhaupt kein Deutscher. Er behindert vorsätzlich unser Vorankommen.«

Fitz zog seine Pistole und öffnete die Tür des Fahrzeugs; der SS-Mann trat zurück. Seine Augen verengten sich ob der Beleidigung. Er gab sich geschlagen und hob die Hand. »Heil Hitler!«

Sie erwiderten den obligatorischen Gruß, durchquerten die Straßensperre und fuhren in das Dorf ein.

An jeder Ecke bewachten SS-Leute in schwarzen Hemden Gruppen verängstigter Zivilisten: schluchzende Frauen, Kinder und alte Männer. Ein paar Straßen weiter drang dichter schwarzer Rauch aus einem klaffenden Loch in der Zwiebelkuppel der Dorfsynagoge und erregte von Böckmanns Aufmerksamkeit.

Er spähte durch die Fensterschlitze des Fahrzeugs. Was war hier los? Dieses Dorf hatte sich Guderian ergeben, ohne daß ein Schuß abgefeuert worden war.

»Fahren Sie hier rechts ran«, befahl er dem Fahrer, als sie sich einer Gruppe lachender SS-Männer an einem Springbrunnen vor der Synagoge näherten.

Rauchwolken drangen heraus. Flammen leckten an den Rahmen der zerbrochenen Buntglasfenster. Der Wind erfaßte den Rauch und gab den Blick auf die offenen Vordertüren frei.

Fitz riß den Mund auf. »Mein Gott! Horst! Sieh dir das an!«

Von Böckmann folgte Fitz' Blick und sah etwas, das ihn zurücktaumeln ließ.

Drei Männer hingen gekreuzigt an den schweren Holztüren des brennenden Gebäudes. Sie waren zunächst durch den Rauch verborgen gewesen, bis der Windhauch den Anblick freigab. Man hatte ihnen bis zur Hüfte die Kleider vom Leib gerissen und sie schwer gefoltert. Glücklicherweise waren sie schon tot, als die Flammen nach ihnen leckten. Das Wort »Jude« war mit Blut an die gemauerte Außenwand geschmiert: Es war ein Bild der Hölle.

Von Böckmann und Fitz sprangen von dem Panzerwagen und unterbrachen die Unterhaltung der zwölf SS-Wachen, die dort standen, als wäre nichts Ungewöhnliches an der Szene.

»Sie!« Von Böckmann stürmte auf einen Unteroffizier zu, dessen Lächeln gefror, als er das wütende Gesicht des Hauptmanns sah. »Was hat das hier zu bedeuten?«

Der Feldwebel salutierte, und die anderen folgten seinem Beispiel. »Juden, Herr Hauptmann. Wurden dabei erwischt, daß sie polnische Soldaten versteckten.«

Von Böckmann packte den Mann an der Hemdbrust und zerrte ihn auf die Zehenspitzen hoch. Bittere Galle ließ seine Stimme ersticken. »Wer … hat … das … getan?«

»Wir haben auf Befehl gehandelt. Von ganz oben. Solche Vergehen gegen das Reich sind mit dem Tod zu bestrafen. Und die Todesart muß als abschreckendes Beispiel für andere in der Bevölkerung dienen, für die ein solches Beispiel heilsam sein könnte.«

Der Tonfall des SS-Feldwebels machte deutlich, daß er die Kreuzigung als Strafe für ein solches Verbrechen vollkommen angemessen fand.

»Wessen Befehl?« fragte von Böckmann und schüttelte den SS-Soldaten.

Eine belustigte Stimme hinter ihm erwiderte: »Der meine. Obergruppenführer Reinhard Heydrich. Und Sie sind?«

Von Böckmann schleuderte den Feldwebel zurück und wirbelte herum zu der hochgewachsenen, schlanken, breitschultrigen Gestalt des SS-Generals Reinhard Heydrich. In Heydrichs durchdringenden, blauen Augen glühte die Verachtung über von Böckmanns Empörung. Die dünnen Lippen dehnten sich zu einem Lächeln, als von Böckmanns Gesicht die Farbe verlor. Horst begriff, daß er dem Mann gegenüberstand, der als der »Schlächter« bekannt war.

»Heil Hitler?« intonierte Heydrich.

»Heil Hitler«, kam die gehorsame Erwiderung wie aus einem Mund von Fitz und von Böckmann.

Heydrich nickte und musterte die beiden mit neuem Interesse. »Schon besser.« Langsam ging er um die beiden Männer herum wie ein Metzger, der eine Rinderseite begutachtet. »Was machen Sie hier?«

Fitz fummelte nach den Papieren. Ein Rumpeln war zu hören, als ein Teil des Synagogendaches einstürzte. Flammen knisterten. Rauch wehte über den Platz und hüllte sie ein, bis ihre Augen brannten. »Wir versuchen, nach Warschau zu gelangen, Obergruppenführer. Wir haben Befehl. Sehen Sie hier.«

»Dies ist Sperrgebiet. Man hat Sie durch die Sperren gelassen?«

»Ja, Obergruppenführer.«

Heydrich warf einen scharfen Blick in die Richtung der Straßensperre und schickte dann mit einer Kopfbewegung und einem Fingerschnippen zwei seiner Häscher los, um den Wachmann festzunehmen.

»Schlampig. Nachlässig. Ein solches Verhalten ist in den Einsatztruppen nicht annehmbar«, sagte er kühl. »So. Sie haben sich also verfahren.« Er wippte auf den Zehen auf und ab und nahm sie entlang seiner langen Nase ins Visier. »Ein solcher Fehler kann leicht passieren, nehme ich an.« Er lachte und versetzte von Böckmann einen freundschaftlichen Klaps auf den Rücken. »Es wäre am besten, wenn Sie jetzt wieder in Ihren Wagen steigen und sich eine andere Route zu General Guderian suchen, meine Herren. Ich werde Ihnen Ihren Irrtum nachsehen – dieses Mal.« Er betrachtete die Papiere. »Kompaniechef von Böckmann, richtig? Und Oberleutnant Fitz? Seien Sie versichert, daß ich mich daran erinnern werde.«

Als der Panzerwagen davonrollte, blickte Horst von Böckmann nicht zu der Synagoge zurück, deren Türen endlich von den Flammen verzehrt wurden.

5

Am 24. September war *Jom Kippur*, der Versöhnungstag. Der letzte Brief von Etta lag immer noch ungeöffnet auf dem Tisch von Rabbi Schlomo Lebowitz. Der alte Rabbi fastete. Er würde sich jetzt auch nicht die geistige Nahrung gönnen, den vielleicht letzten Brief von seiner Tochter zu lesen.

Vor zehn Tagen, als der Neumond über Jerusalem aufging, hatte der *Schofar* das *Rosch Ha-Schana* verkündet. Das jüdische Viertel der Altstadt hatte den Neujahrstag mit der Hoffnung gefeiert, daß die polnische Armee die Flut der deutschen Eindringlinge würde zurückhalten können.

Doch während der Tage der Ehrfurcht, die darauf folgten, waren die von Anfang an schlechten Nachrichten aus Polen, die bis nach Jerusalem drangen, immer hoffnungsloser geworden.

Und nun, am Jahrestag der Belagerung und Zerstörung des Tempels im alten Jerusalem, stand Warschau in Flammen.

An diesem heiligen Versöhnungstag wurden 2 000 Jahre jüdischer Kultur in Europa unwiederbringlich zu Staub zerbombt.

Und was war mit Etta und Aaron und den Kindern? Verglichen mit der Sorge um ihr Leben schien selbst die Zerstörung einer großen Stadt für Rabbi Schlomo Lebowitz nur von geringer Bedeutung zu sein. Waren sie noch am Leben?

Der alte Mann machte sich auf den Weg durch die schmalen Gassen der Altstadt zur Westmauer des Tempels Salomos. Es hieß, dieser Teil der Mauer sei von den Bettlern im Jerusalem Salomos erbaut worden. Am Tag der Zerstörung des Tempels hätten Engel ihre Flügel rund um die Mauer verschränkt und den Befehl gegeben: »Dies, das Werk der Armen, soll niemals zerstört werden!«

Die Herrlichkeit Gottes blieb an diesem Ort gegenwärtig, und zu gewissen Zeiten weinten sogar die Steine selbst über die Zerstörung des Tempels. Würden sie heute auch um diese neue Verwüstung weinen?, fragte sich der alte Mann.

Ein schmaler Zwischenraum von nur dreieinhalb Metern trennte die Klagemauer von den schäbigen Häusern der Moslems aus dem marokkanischen Viertel. Heute war dieser Raum gedrängt voll mit Betenden. Sie hatten ihre Köpfe mit Gebetsschals verhüllt und erhoben ihre Hände und Augen zu der kahlen Oberfläche aus handbehauenen Felsen.

Aus respektvoller Entfernung überwachten bewaffnete britische Soldaten die Versammlung. In den vergangenen Jahren war es mehr als einmal vorgekommen, daß ein frommer Jude sich der Mauer zuwandte und sich dank eines gut gezielten Steines, der von einem der moslemischen Dächer heruntergeschleudert worden war, unversehens dem Ewigen gegenübersah.

Rabbi Lebowitz begrüßte die Gegenwart der Engländer, obwohl er sich nie Sorgen um die Steine seiner unversöhnlichen arabischen Nachbarn machte. Schon früh in seinem Leben war er zu dem Schluß gekommen, daß es für einen Juden keinen besseren Ort zum Sterben geben konnte als in der Haltung innigen Gebets vor der Heiligen Mauer.

Er wandte sein Gesicht empor zu dem schmalen blauen Streifen über ihm und bedeckte seinen Kopf mit dem Gebetsschal. Er kannte die Gebete auswendig, doch er schlug trotzdem in seinem *Siddur* die Seiten für die hohen Festtage auf. Seine Stimme mischte sich mit den anderen zu einem dissonanten Gesang, der irgendwie zu einer Harmonie einer einzigen Stimme und eines einzigen Gebets zum Himmel verschmolz.

Die *Amida* wurde rezitiert: »Gesegnet bist du, unser Gott und der Gott unserer Väter … der um seines Namens willen ihren Kindeskindern einen Erlöser bringen wird …«

Der *Schofar* erklang und erinnerte den Rabbi und die Gemeinde, daß trotz ihrer Not der Ewige in der Welt regierte, daß er sich der Taten aller Menschen und des Bundes mit Abraham erinnerte und daß er eines Tages den Erlöser senden würde.

War die Zeit nicht jetzt gekommen, betete der Rabbi leise. Wäre es nicht am besten, wenn der Messias jetzt erschiene und die Kinder des Bundes heim nach Jerusalem bringen würde? Und auch die Kinder und Enkelkinder von Rabbi Lebowitz?

Wo war Etta in all dieser Verwüstung? Wo waren ihr Mann Aaron und die Kinder?

Sie sind in den Händen des Ewigen, rief sich der alte Mann ins Gedächtnis. Und er sieht sie, so wie er mich sieht.

Gab es einen besseren Ort für Rabbi Lebowitz, um den Ewigen zu drängen, sie nicht zu vergessen? Auf der ganzen Erde war dies der einzige Ort, an dem ein kleiner Spalt zum Thronsaal des Allmächtigen offen geblieben war. Der alte Mann hatte seine Petition auf einen Zettel geschrieben und mitgebracht. Er hob die Hand und stopfte seine Bitte zwischen die Steine.

Wie immer war er sicher, das Schlagen von Engelsflügeln über sich zu hören. Vielleicht trugen die Bewegungen ihrer Flügel das Gebet des alten Mannes nahe an das Ohr des Allmächtigen. Warteten sie jeden Tag darauf, daß ein alter Mann immer dasselbe Gebet sprach? Er spürte den Atemhauch von Engeln im Wind.

»Mit deiner mächtigen Hand bringe deine Kinder heim an diesen Ort, zu diesem kleinen Flecken Erde, der deinem Thron so nahe ist. Um deines Namens willen. Um deines Bundes willen rufe in den Norden und bringe sie heim, damit das Reich des Messias errichtet werden und sein Thron für immer in Jerusalem stehen möge! Amen.«

Die *Jom-Kippur*-Versammlung verlief dieses Jahr ernster als gewöhnlich. Jeder, der hier war, hatte irgendwelche Verbindungen zu denen, die in Warschau in der Falle saßen. Der Reichtum Polens hatte zur Gründung und zum Unterhalt etlicher der Talmudschulen und Synagogen hier in Jerusalem beigetragen. Welche Hilfe konnten sie nun zurücksenden?

Im Laufe des Heiligen Tages fanden sich viele Juden im Hauptquartier der britischen Mandatsregierung ein und meldeten sich freiwillig, um in den britischen Streitkräften auf polnischem Boden gegen die Nazis zu kämpfen. Man wies sie höflich ab und sagte ihnen, daß keine britischen Truppen nach Polen marschieren würden.

* * *

Josephine schlief mit dem Rücken an die Sandsäcke gelehnt, die die zerstörte *Sankt Johannes*-Kathedrale umgaben. Die immer noch tobenden Brände erleuchteten Warschau mit einem höllischen Licht. Kurz nach Mitternacht am 27. September 1939 wurde sie von der sanften Stimme des Priesters geweckt.

»Josephine? Kind?«

Widerwillig öffnete sie die Augen. Einen Moment lang konnte sie sich nicht erinnern, wo sie war oder wie sie hierherkam. Träumte sie? Das Gesicht des Priesters war bleich und ausgemergelt. Er lächelte traurig. »Der Major ist gekommen, um Sie hier wegzubringen.«

Sie blinzelte verwirrt und rieb sich die brennenden Augen mit dem Rükken ihrer Hand, die innen voller Blasen war. Vor dem Feuerschein sah sie die Umrisse eines Pferdes und eines polnischen Offiziers. Das Pferd war groß und an den Flanken abgemagert. Flecken von schaumigem Schweiß hoben sich von seiner dunklen Seite ab. Es schnaubte und riß die Augen auf vor Widerwillen gegen den Rauch und das Feuer und den Todesgeruch. Der polnische Offizier klopfte dem Tier an den Hals und sprach beruhigend auf es ein.

Der Priester streckte seine Hand aus und half Josephine auf die Beine. »Die Deutschen werden bei Sonnenaufgang an den Toren der Modlin-Zitadelle sein. Der Major ist vom polnischen Oberkommando hergeschickt worden, um Sie dorthin zu bringen. Die Straßen sind für Autos unpassierbar. Sie werden reiten müssen.«

Josephine nickte langsam, als sie verstand, und wankte wortlos auf den Offizier und sein Pferd zu.

Der Offizier verbeugte sich leicht und schlug die Hacken zusammen. Er begrüßte sie in perfektem Französisch. Seine Züge waren unter dem Schatten seiner Mütze halb verborgen. Doch an seinem angelaufenen Säbel, seinen hohen Stiefeln und seinen schlammverkrusteten Sporen erkannte Josephine ihn als Angehörigen der aristokratischen polnischen Kavallerie, die in den ersten Stunden des Krieges den deutschen Panzerdivisionen entgegengeritten war.

»Ihr Pferd«, sagte sie mit fragendem Blick. »Ich dachte, sie wären alle getötet worden.«

Die Tiere, die die mörderischen Kavallerieangriffe überlebt hatten, waren in den letzten Tagen der Belagerung geschlachtet worden, um die hungernde Stadt mit Nahrung zu versorgen.

»Nicht alle, Mademoiselle.« Er verbeugte sich noch einmal. »Wenn Sie gestatten, wir haben einen langen Weg vor uns. Es ist gefährlich.«

Sie umarmte den Priester, der sie mit einem Segen entließ. »Vergessen Sie uns nicht«, sagte er heiser. »Erzählen Sie, was Sie gesehen haben.«

Der Major stieg auf und reichte ihr die Hand, um ihr hinter sich in den Sattel zu helfen. Das Pferd tänzelte nervös und schlug mit seinen beschlagenen Hufen Funken aus dem Kopfsteinpflaster. Irgendwie erschien es Josephine passend, daß sie ihren letzten Weg durch die alte Stadt auf dem Rücken eines Pferdes zurücklegen würde. Warschau war für sie immer ein Traum aus einer anderen Zeit gewesen. Straßenbahnen und Autos hatten wie Fremdkörper gegenüber der Anmut und Ritterlichkeit der Stadt gewirkt. Diese Anmut und Ritterlichkeit waren es, die der mechanisierten Brutalität der nationalsozialistischen Armeen gegenübergetreten waren, nur um für immer unterzugehen.

»Halten Sie sich gut an mir fest, Mademoiselle«, warnte sie der Offizier. »Legen Sie Ihr Gesicht gegen meinen Rücken und schließen Sie die Augen. Sie dürfen nicht hinsehen!«

Sie dankte ihm, lehnte sich gegen ihn und schloß die Augen. Die rauhe Wolle seiner Jacke roch nach Schweiß und Pulver und Rauch. Dann erinnerte sie sich an die Ermahnung des Priesters: Erzählen Sie! Sie riß die Augen auf, um sich die Ruinen der Stadt einzuprägen, die sie mehr geliebt hatte als jede andere – außer Paris.

Jetzt war sie kaum mehr wiederzuerkennen. Riesige Haufen von Ziegelsteinen ergossen sich über die Straßen und behinderten das Vorankommen des Pferdes. Einst prächtige Häuserzeilen sahen nun aus wie ein Kamm, dessen Zähne in unregelmäßigen Abständen ausgebrochen waren. Glassplitter ragten aus den Stämmen von zerschossenen, laublosen Bäumen in den Stadtparks hervor, und überall lagen Leichen, um die sich niemand kümmerte.

Bombeneinschläge hatten die mächtige Steinzitadelle oberhalb der Weichsel durchlöchert. Eine zerrissene polnische Flagge flatterte noch an dem zersplitterten Mast, an dem sie aufgezogen war.

Als Josephine vor erst einem Monat in Warschau eingetroffen war, waren die Boulevards von Neonschildern hell erleuchtet und die Straßencafés voller Menschen gewesen. Schlangen an den Theaterkassen zogen sich durch ganze Straßenzüge. Nun war alles still, bis auf einen abgemagerten Hund, der zwischen den Trümmern herumschnüffelte. Ansonsten schien es entlang des Weges zur Modlin-Festung kein lebendes Wesen zu geben. Keine Stimmen. Kein Lebenszeichen. Kein Licht in den zertrümmerten Theaterfoyers. Nur Flammen waren geblieben – und Rauch, der emporwirbelte und den Vollmond mit einem roten Schleier überzog.

Männer und Frauen lagen auf den Barrikaden aus Möbeln und Sandsäcken. Schliefen sie nur?

Sie bogen von der Hauptverkehrsader ab und suchten sich vorsichtig ihren Weg durch eine Wohngegend, die weniger zerstört war als die Stadtmitte. Die Brände lagen jetzt hinter ihnen. Über das Brüllen des Infernos hinweg kam ein so überraschendes Geräusch, daß der Major das Pferd zum Stehen brachte.

Aus den dunklen Umrissen einer Synagoge drangen die leisen, traurigen Stimmen singender Männer. Die Melodie schwebte durch die leeren Fensterrahmen des Kuppelgebäudes heraus.

»Was singen sie?« wandte sich Josephine zum ersten Mal seit ihrem Aufbruch an den Soldaten.

»Es ist ein altes Lied«, erwiderte er, und dann übersetzte er die Worte für sie:

»Die Priester, die Diener des Herrn,
sollen zwischen Tor und Altar weinen
und sagen ...
Verschone dein Volk, oh Herr, verschone es.«

Es schien Josephine, als ob sie hier, mitten auf der verlassenen Straße, lange Zeit verharrten, obwohl es nur wenige Sekunden waren. Der Major sprach leise. »Gott ist zu weit oben, um zu hören, und Frankreich zu weit weg – dies ist das Ende für sie. Wir Polen können vielleicht überleben und wieder bessere Tage sehen, aber für die Juden wird der Morgen der Anfang vom Ende sein.« Er neigte seinen Kopf, und Josephine spürte, wie er schauderte. Dann trieb er das Pferd weiter, am Schatten der Synagoge vorbei.

Das erste Licht der nahen Dämmerung drang durch den Rauch, als sie an der Modlin-Zitadelle am Rande von Warschau ankamen.

Nachdem ein junger Soldat sie angerufen und überprüft hatte, ritten sie durch den Torbogen in den Hof, in dem der klägliche Rest der polnischen Armee darauf wartete, sich zu ergeben.

Josephine stellte sich einen Becher heißen Tee vor. Vielleicht nur eine Scheibe Brot. Wie lange war es her, daß sie gegessen hatte? Mindestens drei Tage, rechnete sie sich aus. Und seit vierzehn Stunden hatte sie keinen Tropfen Wasser mehr getrunken. Sie leckte sich über die ausgedörrten Lippen und bat um Wasser. Man reichte ihr einen Becher mit einer trüben Flüssigkeit. Sie überlegte es sich anders und gab ihn zurück.

»Wir haben nichts mehr, Mademoiselle«, entschuldigte sich der polnische Major. Dann erklärte er ihr, daß ihnen die Verpflegung und die Munition gleichzeitig ausgegangen waren. Der letzte Ausfall gegen den Feind war mit aufgesteckten Bajonetten geführt worden. Ihnen blieb keine Wahl außer sich zu ergeben oder zu sterben. Vielleicht würden die Deutschen ihr ein Frühstück geben, wenn sie auf der anderen Seite bei all den anderen Auslandskorrespondenten war, die zweifellos zu diesem Anlaß mitgebracht worden waren.

»Zu Ihrer Sicherheit ist es am besten, wenn Ihre amerikanischen Landsleute von der Presse Zeugen sind, daß Sie am Leben und unverletzt sind, wenn Sie uns verlassen. Die Nazis werden Sie anständig behandeln und Sie unbelästigt an Ihre Landsleute übergeben, wenn es Zeugen gibt. Zweifellos werden sie sogar Tee für Sie haben, Mademoiselle.«

Er hatte die Bemerkung nicht als Vorwurf gemeint, aber Josephine spürte einen Stich des Schuldbewußtseins. Wer würde die Behandlung der polnischen Kriegsgefangenen durch die Nazis bezeugen, nachdem die internationale Presse zurück nach Berlin geschickt worden war? Und was war mit der polnischen *Intelligenzija*: Professoren, Ärzte, Juristen und Politiker, die nun entbehrlich geworden waren für einen Staat, der nicht mehr existierte? Und wer würde über die polnischen Juden berichten, die in der Nacht ihre hoffnungslosen Gebete sangen?

Im sanften Morgenlicht sah Josie, daß ihr Begleiter Anfang Zwanzig war. Er hatte graue Augen, ein schüchternes, jungenhaftes Lächeln, blondes Haar und eine helle Hautfarbe.

»Ich habe Sie nicht einmal nach Ihrem Namen gefragt.«

»Ich bin Graf Alexander Riznow, Mademoiselle.« Er küßte ihr die Hand. »Meine Familie ist nach London geflohen. Falls Sie sie finden könnten ... meine Mutter. Meine Schwestern. Sagen Sie ihnen, daß Sie mich gesehen haben und daß ich ihnen Grüße schicke.«

»Das werde ich«, versprach sie und nahm das abgerissene Stück Papier entgegen, auf das er hastig einige Namen und eine Londoner Adresse gekritzelt hatte. Auf diese Weise konnte sie vielleicht ihrerseits Zeugin dafür sein, daß Graf Alexander Riznow, als sie ihn sah, am Leben und wohlauf war.

Die deutsche Kapitulationsforderung sollte um sechs Uhr durch eine weiße Fahne über der *Modlin*-Zitadelle beantwortet werden. Die Frontlinie der Deutschen verlief in zweihundertfünfzig Metern Entfernung von den

Toren. Um genau sechs Uhr standen die Polen mit der weißen Flagge bereit. Sie waren Sekunden zu spät für die ungeduldigen Deutschen, die eine letzte Salve in die Mauern feuerten, so daß alle im Fort sich auf den Boden warfen und ein letzter polnischer Verteidiger getötet wurde.

Rufe und wütende Schreie erhoben sich. Als der Staub sich gelegt hatte und Josephine endlich ihren Kopf zu heben wagte, war die Flagge gehißt. Die Belagerung Warschaus war zu Ende.

Josephine ging auf unsicheren Beinen auf die Reihe der deutschen Offiziere zu. Alles drehte sich um sie, als sie hörte, wie der Offizier, der sie eskortierte, ihren Namen nannte.

General von Blaskowitz, der makellos sauber und von dem ganzen Konflikt völlig unbeeinträchtigt wirkte, sah sie an. »Fräulein Marlow.«

»Associated Press«, brachte sie noch heraus, bevor sich der Anblick vor ihr gelb färbte und ihr Gesichtsfeld von einer dunklen Umrandung eingeengt wurde.

»Sie dürfen sich zusammen mit ganz Polen als befreit betrachten.« Sie sah, wie der Anflug eines Lächelns um seinen Mund spielte, bevor sie das Bewußtsein verlor.

6

Natürlich ist das Richard Lewinski! Könnte durchaus sein, daß er die wichtigste Persönlichkeit ist, die aus Polen entkommen ist! Auf jeden Fall ist er der wichtigste Mann in Paris! Sie eingeschlossen, Bertrand!« Oberst André Chardon beobachtete die eigentümliche, rothaarige Gestalt Lewinskis durch das Spiegelfenster im Pariser Hauptquartier des französischen militärischen Geheimdienstes in der Avenue de Tourville 2 im Siebten Arrondissement von Paris.

Oberst Gustave Bertrand kratzte sich bei Chardons Worten erstaunt am Kopf. »Ich habe ja nichts anderes behauptet, André. Ich habe nur gefragt, ob dieser komische Vogel wirklich unser Richard Lewinski ist. Der Richard Lewinski.«

André nickte. »Das ist er.«

»Es ist schwer, sich vorzustellen, André, daß das Schicksal Frankreichs, wie Sie so deutlich betont haben, in den Händen eines so … ungewöhnlichen Mannes ruhen soll.«

Schweigend betrachteten die beiden Männer das ungebändigte, rote Haar, den leeren Blick in dem bleichen, schmalen Gesicht, das schief geknöpfte Flanellhemd, die offenen Schnürsenkel und die Gasmaske, die der Mann in der Rechten umklammert hielt.

»Er ist tief in Gedanken versunken«, bemerkte André.

»Ich würde eher sagen, er ist katatonisch. Oder Schlimmeres. Vielleicht ein Untoter. Wenn wir ihm sein Essen bringen, beäugt er es, als ob es vergiftet wäre, knabbert ein bißchen daran und verschlingt es dann mit dem Enthusiasmus eines Schweins am Trog. Doch die übrige Zeit ist er so, wie Sie ihn jetzt sehen, eine einzige, lethargische Null. Er hat zu niemandem ein Wort gesprochen, seit er die polnische Grenze überquert und die Obhut des amerikanischen Botschafters Biddle in Bukarest verlassen hat. Er weinte lautlose Tränen hinter seiner Gasmaske, als ich ins Flugzeug stieg, um ihn hierher nach Paris zu bringen. Er hat nur diesen Zettel geschrieben.« Bertrand reichte André ein Stück Papier.

André las das kindliche Gekritzel laut vor: »Achtung! Ihr Nazischweine habt mich nicht reingelegt! Ich rede mit niemandem außer Oberst André Chardon.« André lachte über die Wut hinter diesen Zeilen.

»Geschmeichelt, André?«

»Ein tapferer Soldat, unser Richard. Hier haben wir den Beweis, an welche Sache er glaubt.«

»Ihr alter Freund glaubt aus tiefstem Herzen, daß wir Nazi-Agenten seien; Handlanger von Reinhard Heydrich in den Diensten der deutschen Geheimpolizei. Sehen Sie – da haben Sie's«, sagte Bertrand achselzuckend. »Ich halte ihn für völlig übergeschnappt, André. Aber ich überlasse das Ihnen.«

»Sein Argwohn ist verständlich, Gustave; er muß vorsichtig sein. Erstens hat er seine Eltern in Deutschland verloren. Dann wurden seine Frau und sein Kind in Polen von einer deutschen Bombe getötet. Er kämpft auf die einzige Weise, die er kennt: indem er sich weigert, mit irgend jemandem zu sprechen. Was wäre, wenn er mit seinem Argwohn gegen Sie recht hätte und dennoch seine Arbeit fortgesetzt hätte?«

»Wenn Richard Lewinski mit seiner Hypothese recht hätte, dann wäre er jetzt tot.«

»Stimmt.«

»Also.« Bertrand breitete in einer Geste der Hilflosigkeit die Hände aus. »Das Schicksal des militärischen Geheimdienstes könnte in den Händen eines Verrückten liegen, und das Schicksal des Verrückten muß völlig in unseren Händen liegen. Soll ich ihn in Geschenkpapier einwickeln, bevor Sie ihn mit nach Hause nehmen, Monsieur? Oder ist er so schon bunt genug?«

* * *

Die militärische Siegesparade der Deutschen fand am 5. Oktober in einer der wenigen relativ unbeschädigten Gegenden von Warschau statt. Der Führer verfolgte die Stechschrittparade der 15 000 Soldaten von einer hastig errichteten Tribüne in der Ujazdowski-Allee, an der die ausländischen Botschaften und Gesandtschaften lagen. An dieser Straße trugen die Bäume auf den Rasenflächen vor den großen, georgianischen Villen immer noch bunte Blätter. Die Fenster, erschüttert von den Druckwellen der Bomben, waren von Ruß geschwärzt, aber nicht zerbrochen.

Horst von Böckmann stand an diesem kühlen Herbstnachmittag in militärischer Haltung neben seinen Soldaten, als Hitler zu ihnen sprach.

»Am 1. September gingen Sie auf meinen Befehl in Stellung, um unser Reich gegen die polnische Attacke zu verteidigen. Heute grüße ich die Soldaten, die gegen das befestigte Warschau gesandt wurden. Mit dem heutigen Tag endet eine Schlacht, in der sich das deutsche Soldatentum von seiner besten Seite gezeigt hat. Wir stehen enger zusammen als je zuvor, und wir haben unsere Helmriemen enger geschnallt. Ich weiß, daß Sie, die unserem Glauben an Deutschland treu sind, zu jedem Opfer bereit sind!«

Seine Worte wurden von den Tausenden von handverlesenen Soldaten, die gekommen waren, um ihn zu empfangen, mit tosendem Jubel aufgenommen. Ob sie wohl noch einmal würden kämpfen müssen? Der deutsche Reichskanzler hatte dem Westen immer wieder Winke zukommen lassen, daß nun, da das Reich Polen eingesackt hatte, vielleicht eine Einigung zu erreichen sein würde. Manche meinten, daß der britische Premierminister Chamberlain wieder einmal in die andere Richtung schauen und daß Frankreich einfach über die ganze Angelegenheit hinweggehen und somit der Krieg ausfallen würde. Schon jetzt waren die Theater und Nachtclubs von Paris wieder eröffnet, und die Kriegsbeschränkungen waren gelockert worden. Die Bürger dieser alliierten Nationen bemühten sich, ihre tägliche Routine weiterzuführen wie in Friedenszeiten. In Deutschland lebte jeder Mann, jede Frau und jedes Kind mit der Realität des Krieges. Den Westalliierten fehlte die Entschlossenheit, wegen der Verheerung einer feudalistischen Nation wie Polen einen Krieg zu erzwingen, hieß es. Nachdem er das grausige Gesicht des Krieges gesehen hatte, hoffte Horst nun, daß Polen die letzte Schlacht bleiben würde. Er fragte sich, was die Bürger von Warschau dachten, als sie den Jubel ihrer Eroberer hörten.

Wahrscheinlich wußte selbst während der Parade kein einziger Pole, daß der deutsche Führer in ihrer eroberten Stadt zugegen war. Kordons aus deutschen Soldaten mit aufgesetzten Bajonetten versperrten allen Polen den Zugang zu den Gebäuden entlang der Route vom Flugplatz zum Botschaftsviertel. Die Häuser und Gebäude waren von allen »verdächtigen Elementen« gesäubert worden.

Die Route führte Hitler und Himmler vorbei am zerstörten Nationalmuseum, am polnischen Außenministerium und am Hotel *Europjeski*. Das Einkaufsviertel in der Innenstadt lag in Trümmern; riesige Krater klafften mitten auf den wichtigsten Straßen, und Straßenbahnschienen ragten verdreht wie Brezeln in die Luft. Sowohl in den Vororten als auch in der Stadtmitte waren immer noch tiefe Gräben und Panzersperren aus umgestürzten Handkarren, Autos, Pflastersteinen und Sandsäcken zu sehen.

Horst von Böckmann gehörte zu den auserwählten Kompanie-Führern, die Hitler und Heinrich Himmler zu dem Flugzeug begleiteten, das sie zurück nach Berlin bringen würde. Beeindruckt von der Verwüstung, die er gesehen hatte, wandte sich Hitler an das internationale Pressekorps und gab seine Warnung weiter. Es war nicht zu überhören, daß seine Worte für die Veröffentlichung bestimmt waren.

»Meine Herren, Sie haben selbst gesehen, was für eine kriminelle Torheit der Versuch war, diese Stadt zu verteidigen. Ich wünschte nur, daß gewisse Staatsmänner in anderen Ländern, die offenbar vorhaben, ganz Europa in eine solche Trümmerlandschaft wie Warschau zu verwandeln, die Gelegenheit hätten, wie Sie sie hatten, mit eigenen Augen zu sehen, was Krieg in Wahrheit bedeutet.«

Sodann wandte Hitler seine Aufmerksamkeit einer hübschen Frau mit kastanienbraunem Haar zu, die vorn in der Gruppe der amerikanischen Reporter stand.

Leutnant Fitz beugte sich näher zu Horst und flüsterte: »Die Amerikanerin saß während der Belagerung in Warschau fest – ein Fräulein wie sie, allein mit 85 000 polnischen Soldaten. Nicht schlecht, was?«

Die Erschöpfung in ihren klaren, blauen Augen erinnerte Horst an die Gesichter der besiegten Polen, die er gesehen hatte. Sie begegnete dem Blick des Führers furchtlos und ohne eine Spur von Bewunderung für den Herrscher des Deutschen Reiches.

Er wies sie zurecht, als stünde sie irgendwie an Stelle all derer, die sich seinem Willen in Warschau widersetzt hatten. »Nun sehen Sie also, wie unklug es war, sich der deutschen Macht entgegenzustellen. Es war dumm. Und es war dumm von Ihnen, hierzubleiben.«

Sie antwortete nicht, sah ihm aber weiterhin voll ins Gesicht. Der stille Trotz in ihrem Gesicht brachte die Reihen der Soldaten und die Journalisten um sie her dazu, unbehaglich von einem Bein aufs andere zu treten. Horst vermutete, daß die Amerikanerin nach dieser Begegnung ins nächste Flugzeug aus dem Reichsgebiet heraus gesetzt werden würde. Hitler war stolz auf die Verehrung, die ihm Frauen entgegenbrachten, und auf seine Fähigkeit, sie zu bezaubern. Diese Journalistin jedoch war offensichtlich völlig unberührt von seiner Aufmerksamkeit und ungebrochen. Vielleicht hatte sie auf der Warschauer Seite der Front zu vieles gesehen.

Der Führer fuhr mit erhobener Stimme fort und kehrte der jungen Frau den Rücken zu. »Diese Ruinen stehen als ein Mahnmal für alle, die nach Krieg mit dem Deutschen Reich trachten. Jene polnischen Führer, die ihr Volk zur Gewalt anstachelten, haben diese Vernichtung über sich selbst gebracht. Dem Willen Deutschlands zu trotzen ist Selbstmord.«

Diese Aussage war eine buchstäbliche Wahrheit für jene, die den vergeblichen polnischen Widerstand geführt hatten, in der Hoffnung, daß Frankreich und England ihnen zu Hilfe kommen würden. Angeblich hatte der Bürgermeister von Warschau, Stefan Starzynski, nun nach dem Fall seiner Stadt Selbstmord begangen. Es war seine zitternde Stimme gewesen, die Botschaften der Hoffnung und Ermutigung und zuletzt verzweifelte Bitten um Rettung über den Rundfunk gesandt hatte. Nach seiner Zurückweisung des deutschen Ultimatums »Stefan der Starrsinnige« genannt, hatte er zivile Brigaden organisiert und die Bevölkerung veranlaßt, Widerstand zu leisten. Die Selbstmordbehauptung war die offizielle Erklärung für sein Verschwinden. Doch Starzynski war ein gläubiger Katholik gewesen, was einen Selbstmord unwahrscheinlich machte. Horst hatte gehört, daß der Bürgermeister unter den Händen der SS ein anderes Ende gefunden hatte.

Nachdem die silberne, dreimotorige Maschine abgehoben hatte, um den Führer und seinen Gefolgsmann zurück nach Berlin zu tragen, ließ sich Horst zurück zum *Pilsudski*-Platz mitnehmen. Das Hotel *Centrale*, in dem man jüngere Offiziere einquartiert hatte, war von den Bomben nur leicht beschädigt worden. Die Fenster seines Zimmers hatten Sprünge, und die Ziegelsteinfassade war mit Granatsplittern übersät. Es sah fast so aus, als hätten die Artillerieschützen dieses Hotel bewußt als eine Art sichere Zone behandelt, damit deutsche Offiziere nach dem Fall Warschaus einen Platz zum Schlafen haben würden. Lieber eine Kathedrale zerbomben als ein Hotel.

Vor dem Krieg hatte Horst Warschau ein Dutzend Male aus purem Vergnügen besucht. Stolze, fröhliche Menschen hatten die breiten, hell erleuchteten Boulevards und die stattlichen Villen bevölkert. Was er jetzt sah, machte ihn krank.

Horst schickte ein Telegramm an Katrina und teilte ihr mit, er werde in wenigen Tagen zu einem Kurzurlaub nach Preußen kommen. Er sah das Gesicht vor sich, das sie machen würde, wenn sie die Nachricht bekam: voller Ausgelassenheit. Doch er selbst fühlte keine Emotion, nicht einmal beim Gedanken an zu Hause. Er verzehrte eine nach nichts schmeckende Mahlzeit in der Gesellschaft von Offizieren, die zu laut lachten und zuviel tranken; dann ging er an den bewaffneten Wachen im Foyer vorbei und hinaus durch die Warschauer Dämmerung in Richtung Weichsel.

Die Sperrstunde war nicht mehr fern, so daß nur wenige Polen sich auf den Straßen zu zeigen wagten. Hier und da stocherten kleine Grüppchen von Leuten unter den wachsamen Augen deutscher Soldaten in den Trümmern herum und versuchten, persönliche Habseligkeiten zu retten. Ausnahmslos jeder polnische Ärmel war mit der schwarzen Binde der Trauer geschmückt. Horst fragte nicht, ob sie um den Verlust von Angehörigen trauerten oder um den Verlust ihrer Nation. Ihre traurigen, erschöpften Gesichter spiegelten deutlich die Entbehrungen wider, die sie während dieses Abstiegs in die Hölle erduldet hatten. Mit Augen voller Haß und Bitterkeit blickten sie zu ihm auf. Er war für sie kein Mensch mehr; er war der Feind.

Horst ging rasch weiter zum Flußufer und setzte sich auf einen Haufen zerbrochener Ziegelsteine. Zu Hause hatte ihn der Anblick des Flusses immer getröstet – irgend etwas an diesem langsamen Dahinfließen –, aber hier fand er keinen Trost. Auf dem Wasser schwamm der Schutt. Ein kleines Fischerboot trieb kieloben vorbei wie ein toter Fisch. Die Lagerhäuser am anderen Ufer waren nur noch verkohlte Ruinen.

Er beschloß, Katrina nichts von Warschau zu erzählen. Es war eine ihrer Lieblingsstädte gewesen. Sie teilte mit den Polen die Liebe zu den herrlichsten Araberpferden der Welt. Wie oft hatte sie in einem Warschauer Café ein Gespräch angefangen und dann bis in den frühen Morgen über Zuchtlinien gefachsimpelt? Wenn Katrina dies hier sehen könnte, würde sie zweifellos auch eine schwarze Armbinde tragen.

Sein Kopf schmerzte. Es pochte schon seit Tagen darin, bis er sich daran gewöhnt hatte. Dies war der erste Moment, in dem er entspannt genug war, um sich den Schmerz bewußt zu machen. Er dachte an Katrinas starke, sanfte Finger, wie sie ihm über die Stirn strichen. Sie würde den Schmerz, den er fühlte, vertreiben und ihn vergessen lassen, was er gesehen hatte. Katrinas Hände würden seine inneren Wunden heilen, und er würde wieder heil sein, wieder stolz sein, ein Soldat für sein Vaterland, der wieder ohne Reue zum Kämpfen bereit war.

Er schob seine Mütze zurück und blickte zum Himmel auf. Er war das einzig Schöne, das in Warschau verblieben war. Pastellfarbene Streifen, die sich im Osten zu einem von Sternen durchsetzten Violett verdunkelten, strichen über den westlichen Horizont.

Schweigend sah er zu, wie das letzte Licht verschwand und die Nacht hereinbrach. Von den nahenden Schritten merkte er nichts, bis ihn eine Frau von hinten ansprach.

»Aufstehen!« befahl sie in gebrochenem Deutsch. »Langsam bitte, Herr Nazi. Herr Schlächter. Ich habe eine Waffe.«

Er tat es und öffnete dabei den Verschluß seiner Pistolentasche.

Sie hörte das Klicken und warnte ihn. »Versuchen Sie es, und ich schieße. Ich habe nichts zu verlieren. Werfen Sie Ihre Waffe weg. Jetzt sofort.«

Er gehorchte.

»So ist's brav, kleiner Nazi.« Sie kam näher. »Stoßen Sie sie mit dem Fuß zu mir herüber.«

Er stieß die Waffe mit der Fußspitze auf sie zu, so daß sie gerade außerhalb ihrer Reichweite liegenblieb. Ihre Stimme klang jung. Horst hörte ihre Furcht, wenn sie sprach, obwohl er ihr Gesicht nicht sehen konnte. Ihre schattenhafte Form wiegte sich ein wenig hin und her, während sie sich zu überlegen schien, wie sie am besten an die Luger herankommen sollte.

»Was wollen Sie?« fragte er.

»Mund halten!« fuhr sie ihn an.

»Es kann Ihnen doch nichts nützen, wenn Sie mich ermorden. Sie werden nur erschossen.«

»Nach der Sperrstunde überhaupt hier zu sein, reicht schon aus, um erschossen zu werden, Herr Nazi. Was können sie mir noch Schlimmeres dafür antun, daß ich Sie erschieße?«

»Guter Gedanke.« Er lachte laut über die wahnsinnige Logik ihrer mißlichen Lage. »So. Dann schleichen Sie also in der Dunkelheit herum, um Deutsche zu überfallen? Wie heißen Sie?«

»Sophia«, antwortete sie, ohne nachzudenken, entwaffnet von dem harmlosen Ton der Frage. Schweigend musterte sie von Böckmann einen Moment lang. »Ich habe drei Meilen von hier in der Nähe von Muranow ein Kind. Ich hatte gehört, daß in der Nähe der *Sankt Johannes*-Kathedrale Brot verteilt wird. Wegen des Brotes bin ich gekommen. Es wurde dunkel, bevor ich zurück konnte.«

»Haben Sie Ihr Brot bekommen?«

»Ja.« Zum Beweis hielt sie einen halben Laib hoch.

»Dann können wir uns vielleicht gegenseitig von Nutzen sein. Ich bringe Sie sicher nach Hause, wenn Sie mich nicht erschießen.«

Wieder das lange, nachdenkliche Schweigen. »Warum sollten Sie …«

In diesem Moment durchbohrte ein starker Lichtstrahl die Dunkelheit. Die junge Frau schrie auf und beschirmte ihre Augen vor der blendenden Helligkeit. Sie hatte keine Waffe. Ihr kostbares Brot fiel zu Boden. Sie ließ sich auf die Knie fallen und griff danach, um es aufzuheben.

»Halt, oder wir schießen«, befahl eine Stimme von jenseits des Scheinwerfers.

Kauernd wie ein in die Enge getriebenes Tier, bedeckte sie ihren Kopf mit den Armen. Horst hörte sie flüstern: »Armer Jules! Oh, Jules«, und dann wurden ihre Worte in einem Schluchzen erstickt.

»Alles in Ordnung, Herr Hauptmann?«

»Natürlich. Hier ist nichts passiert. Gar nichts«, erwiderte Horst empört. »Sie ist gekommen, um Brot für ihr Kind zu holen, und wurde von der Sperrstunde überrascht. Sie ist nicht …«

Zwei patrouillierende SS-Männer traten näher, die Maschinenpistolen auf die polnische Frau angelegt, als wäre sie ein tollwütiger Hund. »Danke, Herr Hauptmann«, sagte einer von ihnen aalglatt. »*Wir* kümmern uns von jetzt an darum.«

»Ich … warten Sie einen Moment«, sagte Horst. »Sie können Sie doch sicher bis zum Tagesanbruch einsperren und dann nach Hause gehen lassen?«

»Natürlich, Herr Hauptmann, natürlich. Wenn Sie bitte zur Seite treten wollen.«

Horst stand immer noch zwischen den SS-Leuten und der Frau. Die Gesichter der Männer schienen ohne Regung zu sein; weder Zorn noch Drohung waren in ihren Augen zu sehen.

»Kommen Sie, Herr Hauptmann, wofür halten Sie uns? Treten Sie doch bitte zur Seite. Wir werden uns schon um die Frau kümmern.«

Horst nickte knapp und sah dann hinab in ihr emporgewandtes Gesicht. Ein Anflug von Hoffnung schimmerte darin.

»Haben Sie gehört? Sie werden Ihnen nichts tun«, sagte er.

»Danke, Herr Hauptmann.«

Sophia erhob sich auf die Knie, während Horst widerwillig aus dem Scheinwerferkegel trat.

Im selben Augenblick wurde die polnische Frau von einer Maschinenpistolensalve zerrissen und die Böschung hinab in die Weichsel geschleudert.

Stille. Horst stand mit geweiteten Augen keuchend da, unfähig, den plötzlichen Ausbruch roher Gewalt zu fassen. Die schwarze Wasserfläche schloß sich über der Leiche. Der Laib Brot lag blutgetränkt neben seiner *Luger*.

Zwei schwarzuniformierte SS-Männer traten vor. Einer, ein Junge von achtzehn Jahren, stieß das Brot mit dem Fuß zur Seite und hob Horsts Waffe auf.

»Scheint, als wären wir gerade rechtzeitig gekommen, Herr Hauptmann«, kommentierte der junge Mann. Rauch aus dem Lauf seiner Waffe kräuselte sich vor seinem grinsenden Gesicht empor. »Es ist gefährlich, nach Einbruch der Dunkelheit draußen zu sein. Gestern nacht wurden zwei unserer Kameraden von Huren ermordet. Die polnischen Frauen sind ebenso gefährlich wie die Männer, wissen Sie. Genauso fanatisch. Übrigens, danke für Ihre Geistesgegenwart. Sie haben ihren Argwohn völlig zerstreut. Es ist viel leichter, wenn sie nicht versuchen, davonzulaufen.«

»Das reicht«, schnitt ihm Horst das Wort ab und hob seine Mütze von dem Haufen zerbrochener Ziegel auf. »Sie wollte nur etwas zu essen für ihr Kind.« Er deutete auf den Beweis für ihre Absichten und schob sich dann an dem SS-Mann vorbei.

»Sie hätte es sich bei Tageslicht besorgen sollen.«

»Ich finde selbst zurück«, knurrte Horst wütend, als sie ihm anboten, ihn sicher ins Hotel zu geleiten.

7

Josephine Marlow hatte ein Vergehen gegen das Reich und den Führer begangen. Aus diesem Grund wurde sie auf dem Berliner Hauptbahnhof festgehalten. In einem kleinen, klinisch weißen Raum durchsuchte sie eine Gestapo-Aufseherin und nahm ihr alles geschriebene Material ab. Zusammen mit ihren Notizen wurde auch ein kostbarer Fetzen Papier konfisziert, der den Namen und die Londoner Adresse von Graf Alexander Riznows Mutter enthielt.

Danach wurde sie in den ersten Zug gesetzt, der aus Deutschland heraus in die neutralen Niederlande führte. Nach zwei Tagen dringend benötigten Schlafes in Amsterdam ging sie an Bord eines holländischen Luxusdampfers, um nach Southampton in England überzusetzen. Der Dampfer würde seine Reise nach New York fortsetzen. So weit würde Josie nicht mitfahren, trotz des verzweifelten Telegramms ihrer Mutter, die sie beschwor, nach Hause zu kommen und in ein normales Leben zurückzukehren.

Das Schiff war bereits doppelt besetzt mit ernst blickenden Amerikanern, die auf jede nur mögliche Weise Europa zu verlassen suchten. Wie viele weitere würden in Southampton darauf warten, an Bord zu gehen?

»Ströme von Amerikanern«, so beschrieb die *Daily Mail* die Völkerwanderung. Und sie alle hatten zuviel Gepäck bei sich.

»Wo wollen Sie die ganzen Leute unterbringen?« fragte Josie einen Steward.

»Sie werden auf dem Fußboden schlafen müssen. Wir haben unten Matratzen gelagert.« Noch war er ganz zuversichtlich, aber das Schiff hatte noch nicht einmal den Hafen verlassen.

Amerikaner beschwerten sich nörgelnd bei den Stewards über das Gepäck anderer Passagiere. Sie klagten über die rauhe See auf dem Kanal.

In Hörweite entsetzter Mütter und gereizter Kinder erörterten vier britische Geschäftsleute lautstark die Gefährlichkeit magnetischer Treibminen. Eine Mine konnte schließlich nicht unterscheiden, ob ein Schiff neutral war oder nicht. Josie hatte den Verdacht, daß die Engländer das Thema absichtlich aufgegriffen hatten, wie ungezogene Jungen, die auf einen Ameisenhaufen treten, um sich zu belustigen.

Derartige unbedachte, pessimistische Gespräche führten dazu, daß in Panik geratene Eltern jede verfügbare Rettungsweste an Bord an sich zu raffen versuchten. Jede Größe war ihnen recht. Winzige Gliedmaßen und halbe Köpfe ragten aus den riesigen Westen heraus. Sie watschelten herum wie Kartoffelsäcke auf Beinen. Ältere Jungen und Mädchen jammerten über die engen Riemen, die sie im Schritt unbehaglich drückten. Mußten sie diese Dinger den ganzen Weg bis Amerika tragen? Darin schlafen? Darin essen? Darin aufs Klo gehen? Vom Abenteuer des Krieges war nichts mehr zu spüren. Es war alles so demütigend.

Schon bald nach dem Auslaufen gab es die ersten Seekranken, und die Reise bekam zunehmend Ähnlichkeit mit einem Marx-Brothers-Film; sie wurde zum Alptraum eines jeden Schiffsstewards. Wer würde das Schiff sauber machen müssen, wenn die Amerikaner von Bord gingen? Sich übergebende, hysterische Kinder und schimpfende, amerikanische Eltern auf der Flucht vor dem europäischen Krieg; es war ein neues Kapitel in der maritimen Hölle. Josie war froh, daß sie in England von Bord gehen würde.

Im Aufenthaltsraum gab es keinen Sitzplatz mehr. Alle Deckstühle waren besetzt. Sich an die Reling zu stellen, war riskant angesichts des Windes und der vielen Leute, die sich erbrechen mußten.

Josie hatte kein Gepäck. Sie besaß nichts als ein häßliches blaues Sergekleid und einen Herrenmantel, den ihr Bill Cooper, der *AP*-Korrespondent in Berlin, gegeben hatte. Da sie sich nicht umziehen konnte, hielt sie sich lieber von der Reling fern.

Verärgert über die endlosen banalen Beschwerlichkeiten, die ihre Landsleute schier zur Verzweiflung zu treiben schienen, wünschte sie sich plötzlich, sich auf den Kapitänstisch zu stellen wie ein Seifenkistenprediger und zu rufen: »Was soll das ganze Gejammer? Idioten! Ihr hättet in Warschau sein sollen!«

Aber sie hatten Warschau nicht gesehen. Sie wollten auch nicht an Warschau denken. Genausowenig würden sie zuhören wollen, wenn ihnen die selbstgerechte Josephine Marlow von dem wirklichen Grauen in Warschau erzählte. Das kleine Grauen bei diesem Versuch, nach Hause zu kommen, reichte fürs erste völlig, vielen Dank. Nichts an dieser Überfahrt war angenehm.

Josie hielt den Mund. Wenn sie sprach, tat sie es nur auf französisch. Sie wollte nicht von der Schiffsbesatzung oder den britischen Passagieren für eine von diesen Yankees gehalten werden …

Nach einer Stunde auf See machte sie sich auf den Weg in den Funkraum, um der Londoner *AP* ihre Ankunft telegrafisch anzukündigen.

»Madame«, sagte der Funker freundlich, »wir können natürlich nicht die tatsächliche Zeit Ihrer Ankunft senden.« Er deutete auf eine Bekanntmachung an der Wand, die in roten Lettern die neuen Regeln auflistete, was alles nicht in einem Telegramm übermittelt werden durfte. Es war ungeschickt von ihr; als sie das letzte Mal mit einem Schiff gefahren war, hatte noch kein Krieg geherrscht. Offensichtlich hatte sich manches geändert. Wer jetzt solche Einzelheiten weitergab, konnte als *Agent provocateur* ins Schiffsgefängnis gesteckt werden.

Was für eine unverfängliche Botschaft konnte sie senden, ohne zu viele Wörter und Buchstaben zu brauchen?

AP Miss komme Lond 2Tag. Jo.

Das würde reichen müssen. Sie schob das Formular über den Tresen und zählte die wenigen Schillinge ab, die Bill Cooper in der Tasche seines Mantels gelassen hatte. Wenn Alma von der *AP* sie nicht in Southampton abholte, würde sie nach London laufen müssen. So stand es um ihre Finanzen.

* * *

Die Überfahrt von Hoek van Holland nach Southampton war denkwürdig. Josie hoffte, sie vergessen zu können.

Der Himmel über Southampton leuchtete heute besonders hell, und die Luft war angenehm warm. Zwei Schlepper manövrierten das Schiff ans Dock, während Josie hinabspähte und nach einem bekannten Gesicht Ausschau hielt.

Sie entdeckte Alma Dodge auf der anderen Seite der Sperrkette vor der Gangway. Die rundgesichtige, auch sonst rundliche kleine Alma! In den Dreißigern, brauner Haarschopf, dicke Brille und eine Persönlichkeit wie Zitronensäure. Alma sagte gerade einem jungen Mann in der Menge der Amerikaner, die auf dem Kai warteten, ihre Meinung. Die Worte konnte Josie nicht hören, aber die Gesichter waren nicht mißzuverstehen. Niemand konnte ein Gespräch mit Alma anfangen und dabei den Standpunkt vertreten, man solle sich politisch aus den Konflikten anderer Länder heraushalten, ohne von ihr zusammengestaucht zu werden.

Almas Diskussionsgegner kam Josie bekannt vor. Erstaunlich! Alma stritt sich mit dem ältesten Sohn des amerikanischen Botschafters in Großbritannien. Ja, der ganze Kennedy-Clan stand dort neben wahren Bergen von Gepäck und wartete darauf, in die guten alten USA zurückzusegeln. Es waren so viele Kinder, daß Josie nie den Überblick behalten konnte. Aber wie auch immer; entweder hatte der junge Mann die pazifistischen Träume seines Vaters verteidigt, oder er hatte versucht, sich an die Spitze der Schlange zu drängeln. Was auch der Grund für den Wortwechsel war, Josie sah, wie Alma ihm den Kopf zurechtrückte. Sie hatte keinerlei Respekt vor hochstehenden Persönlichkeiten. Auch von dem amerikanischen Botschafter hielt sie nicht allzu viel; für Henry Ford oder Charles Lindbergh hatte sie ebenso wenig übrig. Das Schöne an Alma war, daß sie solchen Leuten ihre Meinung ins Gesicht sagte, wann immer sie die Gelegenheit dazu hatte. Da stand sie nun also, Nase an Nase mit dem Kennedy-Jungen, und ließ es sich völlig egal sein, wer sein Vater war. Die Debatte nahm ein abruptes Ende. Aschfahl trat der jugendliche Kennedy einen Schritt zurück und murmelte etwas zu seinen Geschwistern. Sie tauschten spöttische Bemerkungen aus und lachten dann. Eines der mittleren Kinder machte hinter Almas Rücken eine lange Nase. Josie fragte sich, wie großspurig und anmaßend die Brut noch sein würde, wenn sie sich erst mit dem Rest ihrer fliehenden Landsleute auf dem Schiff drängten.

Josie rief nach Alma, aber ihre Stimme ging in dem kehligen Heulen der Schiffssirene unter. Alma blickte auf, blickte suchend an der Reling entlang und entdeckte Josie.

Da sie nicht durch Gepäck belastet war, kam Josie als erste die Gangway hinunter und ebenso als erste durch den Zoll und auf die andere Seite der Absperrung.

»Josie!« Alma umarmte sie. »Sieh dich an! Grauenhaft!«

»Diesem Kennedy-Jungen hast du es ja ganz schön gegeben.«

»Ach, der war das? Isolationistischer Mistkerl, wenn du mich fragst! Aber schließlich ist uns allen in letzter Zeit zuviel von Chamberlains Honigbrei um den Mund geschmiert worden. Bringt mich auf die Palme. Er ist korrupt, wenn du mich fragst.« Sie wechselte das Thema. »Wo ist dein Gepäck?«

»In Warschau.«

Ein Achselzucken, als ob es keine Rolle spielte. Das war gut. Alma würde nicht zulassen, daß Josie in Selbstmitleid verfiel, selbst wenn sie ein bißchen Mitgefühl durchaus hätte gebrauchen können.

»Na ja, Josephine, ich schätze, wenn du Kleider bei dir gehabt hättest, hätte die Gestapo dir sowieso nur jeden Saum und jede Naht aufgetrennt. Die kämmen einen ja komplett durch, heißt es. Haben sie das mit dir auch gemacht? Sie haben es mit allen so gemacht. Oh, Liebes! Was ich in der Redaktion für Geschichten gehört habe!« Sie holte Luft und plapperte ganz nach Alma-Art weiter. »Erzähl mir keine Geschichten aus Polen! Die habe ich alle schon gehört. Sie langweilen mich zu Tode. Ich weiß, es war schrecklich für dich, aber wirklich – es ist nun einmal schrecklich, nicht wahr? Das alles. Ich bin nur froh, daß du nicht verprügelt oder erschossen worden bist oder so etwas.«

Josie war sicher, daß Alma ihr am Ende doch noch jede Einzelheit ihrer schweren Prüfung aus der Nase ziehen würde. Es war ein Trick, den Alma benutzte, um Leute dazu zu bringen, daß sie von sich aus reden wollten. Sie sagte ihnen, sie wolle überhaupt nicht wissen, was immer sie zu sagen hatten. Meistens wirkte das.

»Hast du mein Telegramm bekommen?«

»Himmel, nein! Du hast ein Telegramm geschickt? Zur Zeit kommt überhaupt nichts mehr durch die Zensur. Sie sind alle verrückt geworden. Charlie hat in deinem Hotel in Amsterdam angerufen. Die wußten dort, wann du ankommen würdest. Sie wußten genau, wer du bist. Diese Amerikanerin, die während der Belagerung in Warschau war. Du brauchst nur irgend etwas

Grauenhaftes zu überleben, und schon bist du eine Berühmtheit. Sie haben zu Charlie gesagt, du hättest zwei Tage lang geschlafen und dann wie ein Gaul gefressen, als du aufgewacht warst.« Ein rascher Atemzug. »Du wirst nie erraten, wer jeden Tag hier im Büro angerufen hat.«

»Meine Mutter?«

»Nein! Mac McGrath! Du hast den Mann mit dieser ganzen Geschichte beinahe umgebracht, weißt du. Er sagte, er hätte gedacht, du hättest Warschau schon in der Nacht zuvor allein verlassen. Dann ist er mit seiner Kamera losgerannt, um Biddles Flucht und so zu filmen, und hat dich dort zurückgelassen! Du weißt doch, er ist verrückt nach dir. Charlie sagt, wir werden ihn in die Irrenanstalt einweisen lassen müssen, wenn du ihn nicht gleich anrufst, sobald wir dich zurückhaben, und ihm sagst, daß du gesund und munter bist.«

Da war es also: armer Mac. Josie hatte nicht erwartet, sich schon so bald mit ihm beschäftigen zu müssen.

»Erst einmal brauche ich ein richtiges Bad. Und etwas Anständiges zum Anziehen.«

»Mac wäre es auch egal, wenn du gar nichts zum Anziehen hättest. Er will dich nur sehen, das ist alles.«

»Er wird noch ein paar Tage warten müssen, Alma. Wirklich. Ich bin nicht am Boden zerstört von dieser ganzen Sache ... aber ... ich bin wirklich sehr müde. Und ich muß nachdenken.«

»Aber Liebes! Mein liebes Kind ...«

»Hör mal für eine Minute auf zu reden. Nur eine Minute.«

Alma verstummte und zog einen Schmollmund.

Josie sah sich staunend um. Sandsäcke umsäumten die Gebäude und Docks. Männer und Frauen trugen Gasmasken in kleinen Beuteln über den Schultern, als ob sie eine vage Ahnung hätten, daß ihr schönes Dasein in die Brüche gehen könnte. Aber ihre Gesichter und ihre Gespräche waren so leblos! Sie gingen durch diesen Augenblick, als ob sie nichts um sich her wahrnahmen. Sie ergingen sich in ihren inneren Monologen und sorgten sich um eine Million nutzloser Dinge.

Almas gedankenloses Geplapper quietschte wie Fingernägel auf einer Schiefertafel. Josie hörte wieder die Worte von Schwester Angeline. Niemand hinkt, weil ein anderer sich den Fuß verletzt hat. England wird uns nicht zu Hilfe kommen, Josephine. Die werden nie wieder an uns denken, wenn wir erst einmal begraben sind. Wenn sie es täten, würde es sie nur beschämen. Aber Sie? Sie können diesen Ort mit Freude im Herzen verlassen, Tochter. Sie werden die Welt nie wieder sehen, wie Sie sie zuvor gesehen haben. Sie werden Gottes Gegenwart auf eine Weise erfahren, wie Sie es sich noch nie träumen ließen.

Sie traten hinaus ins Sonnenlicht. Zum ersten Mal spürte Josie die Herrlichkeit aller gewöhnlichen Dinge: der Kirchturmspitzen und Schieferdächer, die immer noch standen wie seit Hunderten von Jahren, das Gewirr der Schornsteine.

Die ungebrochene Silhouette der Stadt schimmerte in rostbraunen Tönen: braune Ziegel, rote Ziegel, schwarze Ziegel. Der Tag pulsierte vor Farben. Eine Möwe zog kreischend über sie hinweg. Die Luft roch nach Meer und nach dem modrigen Duft von Blättern, die bald von den Bäumen fallen würden. Bald würde der Herbst in England einziehen. Ein wunderbares, lebendiges Aroma lag in der Luft. Hatte Josie es schon je zuvor bemerkt? Und wenn sie es bemerkt hatte, hatte sie versucht, dahinterzukommen, was es so großartig machte? Plötzlich machte sich eine überwältigende Freude in ihr breit.

»Was stimmt nicht mit dir?« brummte Alma.

»Es ist herrlich hier. So gewöhnlich.«

»Herrliche Lagerhäuser? Herrlicher Möwenkot? Herrliche schreiende amerikanische Touristen, die aus Taxis hervorquellen?«

»Ja, ich glaube schon.«

Alma konnte es nicht begreifen. Sie hatte noch nicht miterlebt, wie die Welt auf den Kopf gestellt worden war. Sie hatte nicht die Luft in Warschau eingeatmet und konnte darum nicht wissen, daß die süße Luft von England, selbst im unansehnlichen Southampton, etwas Heiliges war. Wie hätte sie begreifen können, was mit Josephine geschehen war? Schon ein Atemzug, ohne Gefahr fürchten zu müssen, war für sie zu einem Akt der Anbetung geworden.

»Ich bin wirklich dankbar, am Leben zu sein, Alma«, sagte Josie in so ernsthaftem Ton, daß Alma lachen mußte. Ihr Lachen spielte keine Rolle.

»Nun, ich auch!«

Josie hielt sie auf dem Bürgersteig am Ende der Taxischlange auf. »Nein. Ich meine … ich bin wirklich froh, daß ich in Warschau gewesen bin. Froh, daß ich zurückbleiben mußte. Daß ich all diesen Leuten begegnet bin. Ich muß es dem armen Mac erzählen. Es ist schon okay. Ich habe mich verändert, weißt du? Nichts, worüber du dir Sorgen machen müßtest. Ich meine … ich bin dankbar.«

»Schön. Ein neues Wort. Kannst du es für mich buchstabieren? Ich schlage es im *Oxford English Dictionary* nach, während du deinen Rausch ausschläfst.«

Es wurde eine schweigsame Fahrt zurück nach London.

8

Während das Herbstwetter kühler wurde, erhitzte sich der Seekrieg gegen die Handelsschiffe. Kein Tag verging, an dem nicht ein deutsches U-Boot einen oder zwei Torpedos in irgendein unbewaffnetes Schiff jagte, das Güter nach Frankreich oder England transportierte. Als der schottische Frachter *Coulmore* nur zweihundert Meilen östlich von Boston unter Beschuß eines U-Boots geriet, eilte ein Schiff der US-Küstenwache zu seiner Rettung herbei.

Selbst Schiffe, die britische Kinder nach Kanada oder in die Vereinigten Staaten trugen, wurden versenkt. Dies brachte einen solch tragischen Verlust an Menschenleben, daß die britische Regierung ihre Evakuierungsbemühungen »mit Bedauern« einstellte.

Im Senat der Vereinigten Staaten schleppte sich die Debatte über die Änderung des Neutralitätsgesetzes dahin. Welche Arten von Hilfe konnte man den Westalliierten zur Verfügung stellen? Wie sollten die Materialien bezahlt werden? Sollte das Waffenembargo zurückgenommen werden? Oberst Charles A. Lindbergh, für Millionen ein Held, lieh dem isolationistischen Standpunkt seine Stimme: »Ich möchte nicht erleben, wie amerikanische Bomber amerikanische Bomben abwerfen, die dann europäische Kinder töten und verstümmeln.« Seiner Ansicht nach sollten nicht einmal Kanadier, geschweige denn Amerikaner in einem europäischen Krieg kämpfen.

Trotz der Berühmtheit des Kritikers und der Hitzigkeit der Debatte wurden Flugzeuge und Versorgungsgüter, die noch vor dem Krieg bestellt worden waren, aus den USA nach Kanada geliefert, wo sie in Schiffe nach England verladen wurden.

Gleichzeitig machte sich auch eine Handvoll junger amerikanischer Flieger auf den Weg nach Kanada. Dort schlossen sie sich unter Verlust ihrer amerikanischen Staatsbürgerschaft der britischen *Royal Air Force* an. Einige taten es in der idealistischen Tradition des amerikanischen *LaFayette*-Geschwaders, das im Ersten Weltkrieg nach Frankreich geflogen war. Andere schlossen sich nur deswegen der *RAF* an, weil sie darauf aus waren, die schnellsten Flugzeuge der Welt zu fliegen. Innerhalb weniger Tage war jeder der Männer auf dem Weg über den Nordatlantik und mitten in einem echten Krieg.

Heute stürzten schäumende grüne Brecher über den Bug des Dampfschiffs *Duchess of Windsor* und ergossen sich über die Vertäuungen, mit denen die mit Zeltuch abgedeckten *Hurricane*-Kampfflugzeuge auf dem Vordeck gesichert waren. Als der amerikanische Pilot David Meyer von seinem

Aussichtspunkt auf dem darüberliegenden Deck Ausschau hielt, erklomm die *Duchess* gerade den Kamm einer weiteren sieben Meter hohen Welle und sank wie ein Fahrstuhl in das Wellental dahinter hinab. Jeder Brecher drohte die Flugzeuge von dem Transportschiff loszureißen und im Atlantik zu versenken, lange bevor sie zum Kampfeinsatz kamen.

Trotz des eiskalten Sturmes war es hier oben immer noch angenehmer als unter Deck. Eine Woche nach dem Auslaufen von Halifax in Neuschottland schien England noch immer nicht nähergerückt zu sein. David wußte, daß ihr Kurs sie weit nach Norden führte, um den lauernden U-Booten auszuweichen, aber manchmal schien ihm, daß diese ausgedehnte Überquerung sie in Wirklichkeit einer noch größeren Gefahr aussetzte.

Am Abend zuvor war auf dem Meer rund um die *Duchess* weit und breit kein anderes Schiff zu sehen gewesen, so daß es eine Überraschung war, als am frühen Morgen zwei Dutzend Frachter gezählt wurden, die sich durch die aufgewühlte See kämpften. Vor und zu beiden Seiten des Konvois kreuzte je ein Paar Zerstörer hin und her wie Jagdhunde auf einer Fährte.

In der ersten Nacht an Bord der *Duchess* hatten die kanadischen und amerikanischen Piloten wegen der Wahrscheinlichkeit eines U-Boot-Angriffs in ihren Kleidern und Rettungswesten geschlafen. Sie blieben angezogen, doch niemand schlief. Am zweiten Tag auf See fragte David einen der Seeleute nach der Fracht, die die *Duchess* außer den Flugzeugen und Männern trug. Als er hörte, daß die Frachträume des Schiffs mit scharfer Munition gefüllt waren, hatte David gegrinst, die Achseln gezuckt, sich ausgezogen und fest geschlafen.

Eine gewaltige Welle hob den Bug des Frachters an und ließ ihn wieder sinken. Fünfzehn Meter stieg das Schiff in drei Sekunden in die Höhe, und ebenso schnell wieder hinunter. Ein glänzender Überzug aus gefrorener Gischt bedeckte die Reling und die Sicherheitsleinen und verwandelte die Decks in Eislaufflächen. Die frische Luft tat gut nach dem langen Aufenthalt in dem engen Quartier, aber es war an der Zeit, wieder unter Deck zu gehen.

Ein heller Blitz südlich von der *Duchess* sprang David ins Auge. Von der schwarzen Silhouette eines Schiffs in einer Meile Entfernung schoß ein dunkelrotes Lodern in den Himmel hinauf. Ein paar Sekunden später kam das gedämpfte Donnern einer gewaltigen Explosion über die See gerollt. Es war, als ob eine riesige Hand den Unglücksfrachter unter dem stählernen Bauch packte und hochhob, während Bug und Heck sich herabsenkten. Zu Davids Entsetzen brach das getroffene Schiff in zwei Hälften. Der vordere Teil sackte fast senkrecht in das eiskalte Wasser hinab, während das Heckteil elend dahinschwamm, halb auf der Seite liegend, wie ein kaputtes Spielzeug, das ein launenhaftes Kind weggeworfen hatte.

Voraus stieg eine Wolke schwarzen Rauches von einem der Zerstörer auf; er legte sich hart in den Wind, als er wendete. Auf der *Duchess* ertönten schrille Alarmsirenen. Unter Davids Füßen ächzte und erzitterte der Frachter, als ihm plötzlich mehr Geschwindigkeit abverlangt wurde. Schwerfällig und widerstrebend änderte die *Duchess* ihren Kurs nach Norden und beschleunigte kaum wahrnehmbar.

Nur einen Augenblick lang waren die winzigen, auf den Wellen hüpfenden orangen Rettungsflöße von dem angeschossenen Schiff zu sehen, dann verschwand die tragische Szene achtern hinter den Wellen, die sich dazwischen auftürmten.

Rings um die *Duchess* kämpften sich andere Schiffe des Konvois nach Norden, mit tosenden Bugwellen, die von ihrer panischen Flucht zeugten. Doch wie Wölfe wartete der Rest des U-Boot-Rudels quer zur Linie der fliehenden Schiffe. Die Kanonen des zweiten Zerstörers krachten, als die dolchähnliche Form eines U-Boot-Buges voraus auf den Wellen erschien. Ein weiterer Frachter explodierte mit einem markerschütternden Schlag, der David die Hände von der Reling riß und ihn vorübergehend taub machte.

Zwei fliehende Schiffe, die beide dem Pfad eines Torpedos zu entkommen suchten, kehrten sich gegeneinander und stießen zusammen. Der ankommende Torpedo riß dem einen den Bug ab und hinterließ ein klaffendes Loch in der Seite des anderen.

Dann wandte das U-Boot seine Aufmerksamkeit der *Duchess* zu. Die drei Posten im Ausguck schrien schrill auf. »Torpedo im Wasser! Torpedo von backbord!«

David beobachtete mit fasziniertem Entsetzen, wie sich die *Duchess* quälend langsam dem Pfad des Torpedos zukehrte.

»Weiter backbord!« schrie einer der Posten. »Komm schon, Duchess, beweg deinen Arsch!«

Der Torpedo kam in Sicht, ein tödlicher Fisch, der danach trachtete, den Frachter samt Ladung und Besatzung zu vernichten. Die *Duchess* schob sich so langsam zur Seite, daß die Bewegung kaum wahrnehmbar war.

David machte sich bereit, duckte sich hinter die Reling und rechnete jeden Moment mit dem Hammerschlag auf der anderen Seite des Frachters. Als ein paar Sekunden, lang wie Stunden, vergangen waren, ohne daß eine Explosion das Schiff erschüttert hatte, hob David vorsichtig den Kopf.

Achtern raste die Blasenspur des Torpedos davon wie ein Ausrufungszeichen, das von der unbeschädigten *Duchess* ausging.

Drei Stunden und achtzehn Kursänderungen später befand sich der Frachter wieder in dem Gebiet des Meeres, wo der erste Angriff stattgefunden hatte. Auf einen Ruf des Ausgucks hin änderte die *Duchess* ihren Kurs ein weiteres Mal, um ein schwimmendes Rettungsfloß abzufangen.

An Bord der kleinen Rettungsinsel befanden sich vier Männer. Zwei waren fast unverletzt, wenn auch zitternd vor Kälte und fast bewußtlos vor Unterkühlung. Ein weiterer war verblutet, und der letzte hatte bei der Explosion das Augenlicht verloren.

Es war dieser eine Moment, mehr als jeder andere, der David bewußt machte, daß er sich in diesem Krieg, der ihn angeblich überhaupt nichts anging, tatsächlich den Tod holen konnte.

* * *

Für den Piloten David Meyer und die Handvoll weiterer Amerikaner, die in Southampton von Bord des Transportschiffes gingen, wurde die *RAF* durch die Ankunft in der Einsatzausbildungseinheit in Aston Down zur Realität. Doch auch der *RAF* stand ein Schock bevor an jenem ersten, wolkenverhangenen Abend nach Davids Ankunft, als sie dem Yankee zum ersten Mal von Angesicht zu Angesicht begegnete.

Während der Rest der Männer an den Tischen in der Messe sitzen blieb, schlenderte David allein hinaus auf den grasbewachsenen Flugplatz, um den Gegenstand seiner Besessenheit zu betrachten. Die *Hawker Hurricane* war größer, als er sie sich vorgestellt hatte. Sie hatte eine Spannweite von zwölf Metern und war knapp zehn Meter lang. Er streckte die Hand empor, um die Markierungen zu berühren. Die roten, weißen und blauen konzentrischen Kreise sahen einer Zielscheibe beunruhigend ähnlich.

Die *Hurricane* war nicht ganz aus Metall gebaut. Der vordere Teil des Rumpfes und die Flügel waren mit Metallplatten abgedeckt, während das Heck und die Schwanzflossen aus Leinwand bestanden. Die *Hurricane* stand in dem Ruf, leicht und sehr manövrierfähig zu sein, ohne schlimme Macken zu haben. Die dicken Tragflächen waren der Grund für die relativ geringe Höchstgeschwindigkeit von 550 km pro Stunde, trotz der starken Rolls-Royce-»Merlin«-Zwölfzylindermaschine, die es auf 1 280 PS brachte.

Dennoch verlieh ihr die Tragflächenkonstruktion einen erstaunlich engen Wendekreis von etwa zweihundertvierzig Metern bei dreihundert Meilen pro Stunde. Diese Tatsache allein machte das Flugzeug wendiger als jede deutsche Maschine. Nach drei Sommern, in denen er als Kunstflieger bei einem Flugzirkus gearbeitet hatte, war David begierig, diese Maschine auszuprobieren.

Er kletterte hinauf, um die Armaturen zu betrachten. Innen war sie ein Einsitzer mit einem nüchternen, ungepolsterten Cockpit. Mit seinen eins fünfundachtzig würde David knapp hineinpassen. Er war froh, daß er wenigstens schlank war. In der Messe hatte er heute abend zwei Piloten entdeckt, die viel breiter gebaut waren als er und Schwierigkeiten haben würden, sich hineinzuzwängen. Das konnte auch ernsthafte Probleme mit sich bringen, falls sie es jemals eilig haben sollten, aus ihrer Maschine herauszukommen.

David öffnete die Kabinenhaube, und um zu testen, wie er hineinpaßte, ließ er sich auf den Sitz gleiten wie ein Mann, der Gefühl für ein neues Auto bekommen will. Er kam leicht hinein und verschmolz mit dem Flugzeug. Augenblicklich hatte er sich verliebt.

Die *Hurricane* wurde mit einem Spatengriffknüppel gesteuert, der sich ungefähr in halber Höhe seitwärts bewegte. Das reduzierte Spiel im Vergleich zu einem geraden Knüppel bot eine bessere Kontrolle über das Querruder, als David es von den alten *Jenny*-Doppeldeckern her gewohnt war. Er packte den Spatengriff, der ein kreisförmiger Ring von etwa zwanzig Zentimetern Umfang und zweieinhalb Zentimetern Dicke war. Auf dem Griff befand sich ein großer Feuerknopf und ein Ring, mit dem der Pilot die Bordwaffen entsichern konnte. Es waren acht *Browning*-Maschinengewehre vom Kaliber 303 mit vierzehn Sekunden Munition pro Gewehr und einer präzisen Feuerkonzentration.

David setzte seine Füße auf die Ruderpedale. Er spähte durch das Visier und bewegte den Spatengriff, bis eine imaginäre ME-109 genau in der Mitte vor ihm war. Und dann drückte er auf den Messingknopf auf dem Spatengriff.

Was dann passierte, war nicht imaginär. Die Stille des Abends von Aston Down wurde zerrissen, als eine Maschinengewehrsalve das Heck der *Hurricane* zerfetzte, die direkt vor dem Flugzeug, in dem David saß, geparkt war! Die Kaliber .303-Geschosse durchschlugen die Leinwand und bohrten ein Muster in die Wand des Wartungshangars hundert Meter weiter voraus.

Die zwei Sekunden lange Salve ließ die Männer voller Entsetzen aus den Gebäuden stürmen. Köpfe wandten sich empor auf der Suche nach dem Feind in der Luft, der ihr Abendessen gestört hatte. Sie eilten auf die Schlitzgräben zu, und dann dröhnte eine Stimme voller Zorn: »Es ist der Yankee! Es ist der neue Junge!«

Eine Serie von Flüchen kam aus dem Mund von Arthur Cross, genannt »der Dachs«, der der größte und furchterregendste unter den Ausbildern in der Einheit war. »Seht euch an, was dieser Wahnsinnige mit meiner Hurry gemacht hat! Ich bringe ihn um!«

9

Verrostete Eisenringe hingen an den mit Algen bedeckten Brückenpfeilern in der Seine und den gemauerten Befestigungen an den Böschungen. Eine Flotte von Booten und Lastkähnen war an den alten Ringen und miteinander vertäut. Hier, im Schatten des *Louvre* und der *Nôtre Dame* und der Luxusvillen der reichen Pariser, wohnten die anderen Bürger der französischen Republik. Prostituierte, Diebe, Unzufriedene und verarmte Künstler bevölkerten altersschwache Kähne, die nahe bei den Motorjachten der Reichen im Wasser lagen.

Unterhalb der *Pont Neuf*, zwischen einem Müllfrachter und einem uralten Schlepper, lag ein schmaler, holländischer Lastkahn, der fünfzig Jahre lang Frachten durch die Kanäle von Holland getragen hatte. Niemand konnte sich erinnern, wie oder wann er rätselhafterweise auf der Seine aufgetaucht war. Er schien schon immer dort gewesen zu sein. Die Masten und Segel waren schon lange abgelassen und auf dem fünfundzwanzig Meter langen Deck vertäut worden. Das riesige Ruder war an der Steuerbordseite gesichert. Wenn er, was selten vorkam, sich noch einmal über den Fluß bewegte, dann geschah es mit der Kraft einer keuchenden Dieselmaschine. Der Ruß aus dem Auspuff hatte den einst in heller Farbe aufgemalten Namen der Herzdame irgendeines holländischen Kapitäns fast überdeckt. Nun schimmerten nur noch die Buchstaben AIL durch den Dreck. Auf französisch heißt *ail Knoblauch.* Darum war der Kahn am linken Seineufer unter dem Namen »Stinkender Knoblauch« bekannt. Auch die englische Deutung des Wortes *ail* (»krank sein«) paßte sehr gut zu dem Aussehen des Gefährts. Die *Ail* schien in der Tat sehr krank zu sein. Der endgültige Absturz war gekommen, als sie im Verlauf eines Kartenspiels zum Heim eines berüchtigten,q kommunistischen Clochards namens Jardin und seiner zwei verwahrlosten Kinder wurde. Kaum ein Tag verging, ohne daß von dem »Stinkenden Knoblauch« irgendein Gezeter zu hören war. Heute war keine Ausnahme.

»Jerôme! Jerôme, wo steckst du? Komm sofort her. Du auch, Marie. Es ist Zeit für eure Lektionen.«

»Ja, Papa«, kam von unter Deck die piepsige Stimme eines kleinen Mädchens. Die sechsjährige Marie tauchte durch die Luke in der Nähe des Ruders auf.

»Komme schon«, rief der zehnjährige Jerôme, während er seine Angelrute gegen die Heckreling der *Ail* lehnte Und über Haufen von abgelegter Takelage kletterte, um sich auf den Maststumpf zu setzen.

Monsieur Jardin sah mit seinen alten Latzhosen, die er mit einem Stück Seil umgürtet trug, seinem fadenscheinigen Pullover und seiner schwarzen Baskenmütze nicht wie ein berühmter Philosoph aus. Weder diese Belanglosigkeit noch sein alkoholumnebeltes Gehirn hielten ihn jedoch davon ab, sehr hoch von seinem Vorrat an angehäufter Weisheit zu denken. Nicht im geringsten.

Jardin streckte sich ausgiebig, furzte laut und verkündete, er sei nun bereit, mit der heutigen Lektion zu beginnen. Zu seinen Füßen stand eine Flasche mit essigsaurem Rotwein, von dem er sagte, er habe Temperament, und den er für sieben Centimes den Liter bekommen konnte.

»Also«, sagte er und hob belehrend seinen Zeigefinger, der so schmutzig war, daß man den Nagel vom Rest nicht unterscheiden konnte. »Wer weiß noch den Namen der übelsten und gewissenhaftesten aller irdischen Schurken?«

Jerôme kannte die Antwort, aber er ließ Marie gerne den Vortritt. Es machte ihr Spaß, wenn sie richtig antwortete, und seinem Stand bei seinem Vater schadete es nicht, wenn er aufgerufen wurde, um ihr zu helfen.

»Die Kannibalisten«, sagte sie mit einem leichten Lispeln.

Jardin legte sein Gesicht auf die Handfläche und starrte nachdenklich in den grauen Pariser Himmel hinauf. »Fast richtig«, räumte er ein. »Jerôme?«

»Die Kapitalisten«, korrigierte Jerôme.

»Bon! Ihr habt beide das Zeug zu Gelehrten. Aber der Schein trügt, wie man so sagt, also müssen wir unsere Lektion fortsetzen. Jerôme, was ist der größte, großzügigste Fehler, den ein Mensch haben kann?«

Jerôme antwortete sofort: »Habgier, Papa.«

»Sehr richtig. Habgier ist die Quelle vieler Mysterien in der Welt. Sie ist das Demosthenesschwert über dem Haupt der Armen und Überbrückten, vergeßt das nicht.« Nach derlei tiefsinnigen Bemerkungen genehmigte sich Jardin oft einen Schluck aus seiner Flasche. Manchmal hing die Länge der Lektion davon ab, wie ausgiebig er sich der Selbstbeglückwünschung hingab. Inzwischen nahm die Lautstärke des Unterrichts immer mehr zu. Jardin nahm einen Schluck, wischte sich den Mund durch ein Loch im Ärmel hindurch am Arm ab und wandte sich wieder an Marie. »Hier ist eine schwere Frage für dich, ma chérie. Wie nennt man noch die bösen Leute, die wollen, daß die Armen immer arm bleiben, damit sie sie in ihre Kriege schicken können?«

»Missionare?«

»Nun, das ist eine sehr gute Antwort, Marie. Aber ich wollte auf etwas anderes hinaus«, erklärte Jardin großspurig und nahm noch einen Schluck Wein.

»Re-akt ... Reakt-sowieso«, meldete sich Jerôme zu Wort.

Jardin schnippte mit den Fingern. »Bravo, Jerôme. Auch Kriegshetzer genannt. Sie sind so damit beschäftigt, zurückzuschauen, daß sie die Zukunft nicht einmal sehen, wenn sie ihnen ins Gesicht springt.«

Jerôme war immer noch damit beschäftigt, sich diese Metapher zusammenzusetzen, als sein Vater schon zur nächsten Frage ausholte. Solche Unaufmerksamkeit war, gelinde gesagt, gefährlich, denn sie konnte zu einer schallenden Ohrfeige führen.

»… der jemals gelebt hat?« beendete Jardin seine Frage.

Jerôme atmete innerlich erleichtert auf. Er wußte nicht nur, wie die Frage gelautet hatte, sondern er kannte auch die Antwort. »Stalin«, sagte er prompt.

Jardin nahm respektvoll seine Baskenmütze ab, als der Name des sowjetischen Führers fiel. »Der Führer der prozessivsten Nation der Erde«, verkündete er laut.

»Sie meinen progressiv«, rief ein Passant vom Kai herunter, »oder richtiger: repressiv.«

Jardin vollführte eine obszöne Geste in die Richtung des Sprechers und lächelte stolz, als Jerôme und Marie dieselbe Handbewegung nachahmten.

»Papa«, fragte Jerôme mit erhobener Hand, »auf der Straße sagen alle, daß Monsieur Stalin einen Pakt mit Hitler geschlossen hat. Hast du uns nicht gesagt, daß Hitler der portionifizierte Erzfeind ist?«

Jardin kratzte sich den zottigen Bart und strahlte dann, als ihm die richtige Antwort einfiel. »Monsieur Stalin weiß, was das Beste ist«, sagte er. »Vielleicht hat er diesen Hitler bekehrt, daß er seine Fehler eingesehen hat.« Diese letzte Bemerkung ließ Jardin nachdenklich werden. Ein Streifen Sonnenschein drang durch die Wolken. Gerade genug für Jardin, sich hinzusetzen und sich zu wärmen. »Schön, für heute machen wir Schluß mit der Lektion, denke ich.«

»Was sollen wir zum Abendbrot machen, Papa?« fragte Marie. »Wir haben nichts mehr im Schrank.«

»Jerôme wird an die üblichen Stellen gehen – wie üblich – und etwas auffangen, was vielleicht einem Kapitalisten aus der Tasche fällt. Oder vielleicht fange ich einen Tintenfisch.« Jardin gab Jerôme mit einem Fingerschnippen den stummen Befehl, ihm die Angelrute zu holen. »Los, Marie, geh hinunter und mach deine Arbeit zu Ende. Jerôme, ich habe etwas mit dir zu besprechen.«

Jerôme fragte sich, in was für einen Schlamassel er geraten war, oder ob die Gendarmen wegen der vielen Handtaschen, die auf dem Boulevard geheimnisvoll verschwanden, Erkundigungen eingezogen hatten. Doch diesmal war es sein Vater, der in Schwierigkeiten war.

»Jerôme«, sagte Jardin und hauchte ihn mit seiner essigsauren Fahne an, »ich muß dir etwas höchst Geheimliches sagen. Die Gendarmen sind sehr wütend, daß Hitler und Monsieur Stalin ihren Streit beigelegt haben. Es könnte sein, daß ich für eine Weile verschwinden muß, ohne Adieu zu sagen. Du brauchst dir keine Sorgen machen, aber du mußt mir versprechen, dich um Marie zu kümmern.«

»Natürlich, Papa.«

Jardin hielt seinen Finger empor, um die Wichtigkeit seiner Anweisung zu unterstreichen. »Hüte dich vor den Gendarmen und den Priestern. Wenn ich je weg sein sollte, darfst du nicht zugeben, daß ich weg bin und du ohne mich hier bist.« Er hielt inne, um Luft zu holen, und blinzelte zum Wasser der Seine hin. »Sonst bringen sie dich in ein Waisenhaus. Denk dir nur die Schande, wenn deine Schwester zu einer Nonne heranwachsen würde.«

Jerôme schüttelte voller Entsetzen über diese Vorstellung ernst den Kopf. »Das werde ich nicht zulassen, Papa.«

»Das ist mein Sohn. Ich wußte, daß ich mich auf dich verlassen kann.«

* * *

Sie bekamen ein wunderbares Abendessen. Jerôme stahl einen schönen Aal, der auf einem Eisblock auf dem Fischmarkt ausgestellt gewesen war. Er hatte das Ding in seinem Hosenbein versteckt. Es war ein schleimiges, kaltes Gefühl, als er davonlief, aber der Gedanke an ein solches Festmahl ließ ihn das in Kauf nehmen. Papa erwischte beim Angeln auf dem Kai gegenüber vom *Louvre* einen Katzenwels. Der alte Onkel Jambonneau brachte dazu Kartoffeln und Zwiebeln aus der Küche des *Hôtel des Invalides*, in dem er mit den anderen alten, verwundeten Soldaten wohnte.

An diesem Abend roch es auf dem »Stinkenden Knoblauch« vom Kochen nach Fett und Fisch und Knoblauch. Jerôme fand, daß es herrlich duftete. Marie hatte so viel gegessen, daß sie Bauchweh bekommen und sich in ihre winzige Koje gelegt hatte.

Jerôme war allein auf Deck und schrubbte die verkrustete schwarze Pfanne, während Papa und Onkel Jambonneau sich unter Deck über wichtige Dinge unterhielten. Selbst während der Verdunkelung wegen der Luftangriffe war es in Paris nicht völlig dunkel. Hier und da drangen schmale Lichtstreifen durch Spalten zwischen den Verdunkelungsvorhängen. Die Gendarmen schienen sich nicht sehr an den Verstößen zu stören. Jerôme sah deutlich die Umrisse der Gebäude auf der *Ile de la Cité*. Ein schwacher Schimmer drang durch die Spalten rund um die Ladeluke. Die Stimmen von Papa und Onkel Jambonneau waren für Jerôme deutlich zu hören.

Jerôme wunderte sich, daß Papa die Laterne angezündet hatte, da der Onkel doch blind war. Seine Augen waren im großen Krieg durch Giftgas verätzt worden. Nun war er nur noch ein ergrautes, altes Relikt, das sich mit einem Stock und einem Rucksack aus Leinwand über der rechten Schulter durch die Stadt der Lichter tastete. Auf der linken Schulter saß eine riesige weiße Ratte, die dem Onkel Sachen ins Ohr flüsterte.

Jerôme war gewarnt worden, daß Onkel Jambonneau nicht wußte, daß die Ratte eine Ratte war. Er glaubte, es sei ein kleiner Hund mit einem langen, haarlosen Schwanz. Wenn irgendein törichter Tourist oder ein Fremder vom rechten Ufer erschrak und schrie und die Ratte eine Ratte nannte, war Onkel Jambonneau sofort beleidigt. Er dachte immer, man meinte ihn, nicht das Ding auf seiner Schulter. Onkel Jambonneau nannte seinen Hund, der kein Hund war, *Petit Papillon*, »kleiner Schmetterling«. Für Nichteingeweihte konnte das alles sehr verwirrend sein.

Der Junge spähte durch die Spalten auf die Fläche des Holztisches hinab, auf der Papillon gerade geschickt ein Stück Aal in seinen kleinen Pfoten hielt und daran knabberte.

»Kein Zweifel, meine Mutter hat einen Idioten großgezogen«, sagte Onkel Jambonneau zu Papa. »Warum mußtest du nur Marxist werden?«

»Ich bin zufrieden mit dem, was ich bin«, erwiderte Papa.

Meinte Papa, zufrieden damit, ein Idiot zu sein, oder zufrieden damit, ein Marxist zu sein? rätselte Jerôme.

»Warum nicht Buddhist? Buddhisten sperrt die französische Regierung nicht ein. Nur Kommunisten.«

»Das stimmt. Aber von solchen Dingen verstehe ich nichts.«

Onkel Jambonneau schnippte mit den Fingern, und Papillon huschte an seinem Arm hinauf, um ihm etwas ins Ohr zu flüstern. »Tja, kleiner Bruder. Du hast nur eine Chance, nicht eingelocht zu werden, schätze ich.«

»Und die wäre?«

»Vielleicht halten sie dich für harmlos. Nicht einmal die Kommunisten von Paris wollen sich mit dir abgeben. Sie sagen, daß du ein Idiot bist.«

»Das mag stimmen. Aber sie sind eifersüchtig.«

»Worauf?«

Darauf wußte Papa nichts zu antworten. Er stützte seinen Kopf auf die Handfläche und sah sich in der mit Unrat vollgestopften Kabine des Bootes um. »Sie sind eifersüchtig auf mein Eigentum.«

»Ja. Das leuchtet mir ein.« Onkel Jambonneau nickte und kratzte Papillon unter dem Kinn. »Indem du dieses Boot besitzt – hast du einen der Grundsätze des Kommunismus verletzt.«

»Was gibt ihnen das Recht, mir das zu verbieten? Ich habe die ›Knoblauch‹ in einem fairen Kartenspiel gewonnen. Sie gehört mir.«

»Wenn Stalin in Frankreich einmarschiert, wirst du ihm die ›Knoblauch‹ geben müssen.«

»Wenn's soweit ist, bei meiner Ehre, dann kann er sie haben.«

Onkel Jambonneau erhob einen knorrigen Finger in einer Geste, die ihn ganz wie eine ältere Version von Papa aussehen ließ. »Aber wird er sie auch wollen?«

10

Niemand hätte geglaubt, daß die beiden alten Schwestern nicht schon immer in Paris in dem großen Haus hinter dem Tor *Rue de la Huchette* in No. 5 gewohnt hatten. Sie sahen aus wie alle Großmütter am linken Seineufer: das graue Haar hinten zu Knoten zusammengebunden, die Schürzen mit Mehl eingestäubt, die Schuhe abgetreten und die marineblauen Kleider vom vielen Waschen verblaßt.

Sie waren alte Jungfern: Rose und Betsy Smith von den Smiths aus Santa Barbara. Gemeint ist Santa Barbara in Kalifornien, USA. Rose war stämmig, kantig gebaut, kräftig und fünfundfünfzig Jahre alt. Betsy, zierlich und zerbrechlich wirkend, ging auf die sechzig zu.

Sie waren die Töchter eines Fischers, der als junger Seemann 1870 bei einem Sturm vor *Point Conception* fast ertrunken wäre. Er hatte zu Gott geschrien, als die grünen Wogen über das Deck des Schoners hereinbrachen. Die Masten waren umgeknickt wie Zweige. Der zweite Maat war über Bord gespült worden, und die Situation erschien hoffnungslos. Als der junge Seemann aufblickte, sah er silberne Engel, die sich zwischen den von der Sonne durchbrochenen Wolken bewegten. Eine Stimme dröhnte im Donner, und die See beruhigte sich binnen Sekunden!

Wie die Fischer im antiken Galiläa hatte er die Stimme des Herrn gehört, und er liebte ihren gewaltigen Klang! Jeden Tag sang er von nun an die Worte Gottes, als er vor den Kanalinseln seine Netze auswarf.

Als seine Töchter aufwuchsen, sagte er ihnen, daß sie nie geboren worden wären, wenn jenes Wunder im Sturm nicht geschehen wäre. So hatten auch Rose und Betsy an dem Wunder teil. Durch die Ohren ihres Vaters hörten auch sie die Stimme im Donner. Durch seine Augen sahen sie die silbernen Engel, die in der Dämmerung über Santa Cruz und den Anacapa-Inseln auf den Wolken dahinfuhren.

Sie glaubten, daß es einen Grund dafür geben mußte, daß ihr Vater verschont geblieben war; irgendeinen Grund, warum sie geboren worden waren. Sie wuchsen zu Frauen heran, stets in der Gewißheit, daß hinter ihrem Leben ein größerer Sinn stand, den sie noch nicht erkennen konnten.

Und so waren sie nicht überrascht, als sie im Sommer 1913 während einer Zeltversammlung in Ventura die Stimme hörten, die sie rief, Santa Barbara zu verlassen und Kindern in Not zu helfen.

Aber wo sollten sie diesen Dienst tun? Der dunkle Kontinent Afrika war in Mode. Die Stimme gab keine konkreten Anweisungen. Rose kaufte eine Landkarte von Afrika und entrollte sie auf dem Küchentisch. Sie schloß die Augen und ließ ihren Finger auf das Papier sinken.

»Betsy«, rief sie ihrer Schwester zu, die im Garten Limonade trank und betete, während sie den Sonnenuntergang beobachtete. »Gott will, daß wir nach Algerien gehen.«

Sie hatten die Absicht, es zu tun. Aber der große Krieg von 1914 kam ihnen in die Quere. Paris, die Stadt der Lichter, war weit weg von Afrika. Ihr Schiff wurde vor den Kanarischen Inseln versenkt, und sie wurden nach Paris gebracht. Sie wußten nicht einmal mehr genau, warum das geschehen war, aber so war es nun einmal; eine wahre Geschichte.

Auch in Paris gab es Kinder in Not. Viele kleine Würmchen, deren Papas in den Schützengräben umgekommen waren. Die jungen Väter von Paris versanken in der Erde von Verdun und der Somme. Viele Mütter waren an der Grippeepidemie gestorben oder einfach innerlich tot.

Die Schwestern begannen mit einem Baby, dann drei, dann sieben, bis sie dreißig hatten – so viele waren in Not in jenen ersten Tagen! Die Not hörte nie auf.

Eine Generation wuchs auf. Immer mehr kamen nach, um die freigewordenen Betten einzunehmen und nachts angekrabbelt zu kommen, um sich wiegen und sich etwas vorsingen zu lassen – ein Kind nach dem anderen, mit verschiedenen Gesichtern, verschiedenen Namen. Fünfundzwanzig Jahre kamen und gingen ohne Jubiläumsfeier; ohne daß irgend jemand jenseits des linken Seineufers ihre Arbeit anerkannte. Tag für Tag wurden Bedürfnisse durch kleine Wunder gestillt. Stunde um Stunde gaben sie Liebe in großzügigen Portionen an die Kleinen, deren Seelen in Gefahr waren zu verhungern.

Zwei alte Jungfern: Rose und Betsy Smith. Sie waren ein ungewöhnliches Pärchen im *Quartier Latin*. Nach fünfundzwanzig Jahren sprachen sie wie eingeborene Pariser. Fast jeder dachte gut von ihnen.

Die Juden, die dicht gedrängt in kleinen Häusern über den Schneidereien am St. Germaine wohnten, hielten sie für Gerechte und vermuteten heimliche Jüdinnen in ihnen.

Die Katholiken glaubten, sie seien vielleicht auf einem theologischen Irrweg, aber dennoch wertvolle Arbeiterinnen für das Reich Gottes, möglicherweise sogar heimliche Katholikinnen.

Protestanten gab es in Paris nur wenige. Die, die dort waren, wußten entweder nicht, daß die Schwestern Amerikanerinnen waren, oder sie wußten nicht einmal etwas von ihrer Existenz. Das Paar diente keiner Kirche und keiner Ideologie. Sie verließen sich ganz darauf, daß Gott für ihre Bedürfnisse sorgen würde. Außerdem nahmen sie Wäsche an.

Im Lauf der Jahre hatte Rose muskulöse Waschbrett-Unterarme wie ein Kraftprotz auf dem Jahrmarkt entwickelt. Die kleine Betsy bügelte. Sie blieb zierlich, und anders als die breitschultrige Rose schien sie im Lauf der Jahre immer kleiner zu werden.

Ihre ersten Kinder, die jetzt alle erwachsen waren, kamen noch oft zu Besuch. Einige, die weit gekommen waren, brachten nun ihre Wäsche und ihre Spenden zu den Schwestern.

Ernest Hemingway war mit ihnen befreundet. Er kam regelmäßig vorbei, um seine Hemden abzuholen oder abzugeben. Niemand konnte Hemden stärken wie Rose. Als sein erster Roman veröffentlicht wurde und er nach Afrika reiste, kehrte er Monate später zurück und erzählte den Schwestern von den Wundern des dunklen Erdteils! Nachdem er gegangen war, bekannte Betsy, sie sei immer noch bereit, nach Afrika zu gehen, falls die Stimme es ihnen befehlen sollte. Doch in der Zwischenzeit war sie sehr froh, daß sie wie der Apostel Paulus schiffbrüchig geworden und in einer Stadt wie Paris gestrandet waren!

Es waren die Kinder, die sie in den hungrigen zwanziger und bis in die dreißiger Jahre dort festhielten. Und nun, da ein neuer Krieg begann, sah es so aus, als ob der Kreislauf wieder einmal von neuem beginnen würde.

Jene ersten Waisen, die die Schwestern aufgezogen hatten, wurden nun zum Dienst in der *Grande Armée* einberufen, genau wie ihre Väter 1914. Rose und Betsy beteten namentlich für jeden einzelnen. Sie beteten für Frankreich. Sie beteten sogar für Deutschland, den neuen dunklen Erdteil.

Am meisten beteten sie für die neue Generation von Kindern, die aus all den Ländern, die die Nazis zermalmten, nach Paris strömten. Es waren immer die Kleinen, die Unschuldigen, die unter den Fehlern von Politikern und Völkern zu leiden hatten, war es nicht so?

Inzwischen zu alten Damen geworden, waren die Schwestern zu der Überzeugung gelangt, daß Gott ihren Vater 1870 im Sturm verschont habe, damit sie 1939 hier in Paris sein könnten. Es war ein Wunder mit sehr langfristiger Wirkung. Und es war noch nicht zu Ende.

* * *

Die französische Trikolore wehte stolz über dem großen, kopfsteingepflasterten Platz vor dem Hauptgebäude der *École de Cavalerie*.

Die Sonne brannte heiß auf die schwarze Uniform und die zweieckige Lampion-Mütze des Ausbilders des *Cadre Noir*, Hauptmann Paul Chardon. Der dunkelhaarige, gutaussehende Siebenundzwanzigjährige mit der durchtrainierten, sportlichen Figur hatte seine Ausbildung hier als kleines Kind begonnen und war schließlich auf die Reitschule in Saumur gekommen. Dort war er zu einem international berühmten Reitsportler geworden und hatte bei olympischen Wettkämpfen 1932 und 1936 Goldmedaillen gewonnen.

Nun war er *Écuyer-en-Chef*; Chefreitlehrer an der Schule am Lys. Wegen seiner olympischen Siege wurde er von den Schülern insgeheim Apollon genannt. Außerdem verfügte er über eine Autorität, die man nicht ignorieren konnte. Es war Hauptmann Chardon, der die Macht hatte, die Aufnahme in die große Kavallerieschule in Saumur zu empfehlen, eine Ehre, die jedes Jahr nur einer Handvoll Schülern zuteil wurde. Sein Traum war es, eines Tages als Chefausbilder nach Saumur zurückzukehren. Doch seine Jugend und seine Fähigkeit, mit Jungen umzugehen, hielt ihn fürs erste hier fest. Heute inspizierte er die langen, geraden Linien der Miniatursoldaten zum letzten Mal.

2 000 grau uniformierte Jungen im Alter von fünf bis zwölf Jahren standen mit dem Rücken zum linken Flügel des massiven, vierstöckigen Gebäudes, das einst ein Sommerpalast für Louis XV. gewesen war. Ihnen gegenüber auf der rechten Seite standen neunhundertundneun ältere Schüler in den dunkelblauen Uniformen des *Cadre Bleu*. Jene älteren Kadetten würden in der *École de Cavalerie* bleiben.

Ganz Nordfrankreich war in Bewegung. Eine halbe Million Zivilisten waren bereits aus den militärischen Zonen evakuiert worden. Auf den Bahnhöfen von Arras, Lille und Straßburg drängten sich Massen von Kindern, die umgesiedelt wurden. Einige dieser 2 000 jungen Kadetten würden zurück in ihre Heimatorte in Südfrankreich, der Schweiz oder Monaco reisen. Die anderen würden in einer weitaus weniger geräumigen Schule in der Nähe von Marseilles untergebracht werden, in der es weder Pferde noch Reitunterricht gab. Auch der größte Teil der Belegschaft wurde evakuiert, so daß Paul mit neun Ausbildungsoffizieren zurückblieb, um mit neunhundert Kadetten fertig zu werden. Niemand schien besonders glücklich über die Auflösung der Schule zu sein.

Mit hoch erhobenem Kopf, die Stiefel auf Hochglanz poliert, die Sporen in der Sonne glitzernd, ging Paul Chardon zwischen den Kleinen umher – ein Gulliver inmitten der Armee der Liliputaner.

Am Ende der Reihe zitterte das Kinn eines kleinen, rotwangigen Jungen vor Bewegung. »Kopf hoch, Jean-Claude.« Paul klopfte ihm auf die Schulter. »Das wird alles sehr bald vorbei sein. Die Deutschen werden sich eine Abreibung holen, und wir werden bald wieder alle hier zusammen sein.

Zwei Reihen dahinter konnte ein Achtjähriger namens Pieter, der tiefe Zuneigung zu einer braunen Zuchtstute namens Germain gefaßt hatte, sein Schluchzen nicht zurückhalten.

»Sei tapfer, Pieter«, ermahnte ihn Paul.

»Es ist wegen Germain, Herr Hauptmann. Arme Germain. Ich habe gehört, was sie im letzten Krieg mit den Pferden gemacht haben. Wird sie einen Wagen ziehen müssen? Wird man sie schlachten?«

»Sie ist trächtig, Pieter. Wenn du wiederkommst, wird sie ein Fohlen haben. Die Zuchtstuten der *École de Cavalerie* ziehen keine Wagen. Niemals.«

Das Gesicht des Jungen hellte sich auf. Und so ging es weiter, die ganze Reihe entlang. Oberst Larousse hielt eine aufrüttelnde Ansprache, in der er jeden Kadetten aufrief, seine Tränen abzuwischen und Frankreich in Würde zu dienen, indem sie gute Schüler und somit gute Soldaten seien.

Aber sie mußten die Pferde zurücklassen, und das war schwer zu verkraften. In ihrer ersten Woche in der Schule hatten sie die Worte auswendig gelernt, die Marschall Soult 1840 in seiner Botschaft an die Schule gesagt hatte: »Die Reiterei ist nicht alles in der Kavallerie, aber alles ist nichts ohne sie.«

Hundert Jahre später beruhte die *École de Cavalerie* immer noch auf diesem Prinzip. Darum erschien ohne Pferde alles als nichts für die 2 000 Kinder mit Soldatenherzen, die in die wartenden Busse stiegen, um die Reise zum Bahnhof in Arras anzutreten. Plötzlich waren sie nur noch Fußsoldaten.

Trotz des strahlend blauen Himmels und der Herbstfarben in den Bäumen war es ein trüber Tag. Der Krieg war nicht mehr aufregend, es sei denn, man war mindestens dreizehn und trug die dunkelblaue Uniform des *Cadre Bleu*.

11

Die Evakuierung von 200 000 Zivilisten aus Nordfrankreich fand innerhalb der ersten achtundvierzig Stunden nach der Kriegserklärung statt. In Straßburg im Elsaß wurden jeder Person nur vierzig Kilogramm persönlicher Habe zugestanden.

Was sollte man mitnehmen? Alte Fotos oder Decken? Ein kostbares Erbstück oder ein zusätzliches Paar Schuhe? Es war eine schreckliche Prüfung, und doch wußten alle noch aus dem letzten Krieg, daß die Möglichkeit einer Besetzung durch die Deutschen eine viel schrecklichere Aussicht war. Nicht alle zogen ab, doch in der Nähe der Grenze standen nun ganze Dörfer geisterhaft und verlassen im herbstlichen Nebel.

Die Mehrzahl der Evakuierten wurde in winzigen Bauerndörfern wie Perigueux untergebracht. Der elsässische Dialekt war dem Deutschen sehr nahe. Dieses Problem wurde durch doppeltes Personal in jedem Laden und öffentlichen Gebäude gelöst. Auf dem Postamt gab es zwei Schalterbeamte. Der eine sprach Elsässisch, der andere den örtlichen Dialekt. Auf dem Polizeirevier gab es sowohl elsässische Polizisten als auch französische Landgendarmen. Ebenso war es in den Schulen und sogar in den Kirchen.

Doch die doppelte Besetzung verhinderte nicht, daß man den elsässischen Eindringlingen mit Verärgerung begegnete. Die bäuerlichen Ortschaften waren nicht gefragt worden, wie viele Evakuierte sie aufnehmen könnten; sie waren lediglich angewiesen worden, sich auf ihre Ankunft vorzubereiten.

So war es auch bei den öffentlichen und privaten Hilfswerken in Paris. Die Schwestern von St. Vincent de Paul erhielten eine Namensliste von Kindern, die am *Gare du Nord* ankommen würden. Sie wurden angewiesen, in ihrem Waisenhaus Platz für zweihundert deutschsprachige Knirpse aus dem Elsaß zu machen. Öffentliche Einrichtungen und Privatpersonen wurden aufgefordert, ihre Türen für den Strom aus Nordfrankreich zu öffnen.

Rose und Betsy Smith erhielten sogar Besuch von Monsieur Comperot persönlich, dem Staatssekretär, der für die Umsiedlung der Bevölkerung zuständig war. An einem kühlen Herbstnachmittag kam er in die *Rue de la Huchette* No. 5.

Er inspizierte das Erdgeschoß des dreistöckigen Gebäudes, das den Speisesaal, die Küche, das Klassenzimmer und die Waschküche enthielt. Er lächelte Madame Rose nervös an, als sie ihm erzählte, daß die dreißig Kinder in ihrer Obhut in Schlafsälen in den oberen zwei Stockwerken hausten.

»Madame«, fing er an. »Es ist sehr schwierig. Sie sind zwar Amerikanerin, aber was ich Ihnen zu sagen habe, ist von Mensch zu Mensch. Comprenez-vous?«

Rose unterhielt sich immer gern von Mensch zu Mensch. Oft bedeutete das jedoch nur, daß der eine Mensch sich vom anderen eine Gefälligkeit erhoffte.

»Aber natürlich, Monsieur. Wir betrachten uns als Bürger von Paris und Frankreich. Wie können wir helfen?«

»Da sind einige Kinder unter den Evakuierten … schwierige Fälle, Madame. Wir können sie einfach nicht unterbringen.«

»Schwierig?«

»Es handelt sich um sieben Kinder, die im Elsaß in einem Sanatorium gelebt haben.«

Rose machte eine Handbewegung zum Fenster ihres überfüllten kleinen Büros hin, durch das die fröhlichen Schreie der draußen auf dem Kopfsteinpflaster spielenden Kinder hereindrangen. »Unsere Kinder sind völlig gesund …«

»Die Kinder, um die es hier geht, sind auch nicht krank, Madame. Nicht mehr.« Er schluckte schwer. »Sie sind verkrüppelt. Kinderlähmung. Polio, wie man es auch nennt. Sie alle sind mehr oder weniger schwer davon betroffen. Fünf sitzen in Rollstühlen. Zwei können sich mit Krücken fortbewegen. Sie kamen zuerst ins Dorfgemeinschaftshaus in Perigueux. Die Bauern kamen dorthin und suchten sich die Kinder aus, die sie mit nach Hause nehmen wollten. Aber ein Kind, das nicht in der Lage ist, Wasser zu schleppen oder die Milchkuh zu füttern, will kein Bauer haben. Es war überall dasselbe. Schließlich brachten wir sie mit dem Zug nach Paris. Doch hier waren inzwischen alle Plätze besetzt. Es ist noch etwas Platz in der Nervenheilanstalt. Aber sie in eine solche Einrichtung zu stecken, erschiene mir höchst grausam, Madame. Sie können keine Treppen steigen, was ihre Unterbringung fast überall unmöglich macht. Aber Sie sehen sicherlich, daß Ihre Räumlichkeiten ideal wären. Könnten Sie sie wohl hier im Erdgeschoß unterbringen?«

Rose und Betsy warfen sich einen Blick zu und lächelten hilfsbereit. »Aber natürlich, Monsieur. Wir werden Platz für sie machen. Die anderen Kinder werden uns mit ihnen helfen.«

Er fuhr sich erleichtert mit der Hand über die Stirn. »Es gibt noch Hunderte solcher Kinder, die nicht soviel Glück haben. Sie werden einstweilen in Krankenhäusern untergebracht.« Er holte tief Luft. »Natürlich werden die Deutschen nicht über die Maginotlinie kommen. Es ist lediglich eine Vorsichtsmaßnahme. Aber wir wissen alle, wie sie mit den unglücklichen körperbehinderten Kindern in Polen umgegangen sind.« Er zog sich den gestreckten Zeigefinger über die Kehle. »Sie haben die Krankenhäuser von unnützen Essern befreit. Steckten sie einfach in einen Lastwagen und leiteten die Abgase hinein. Sie kennen kein Erbarmen, diese Deutschen.«

»Seien Sie beruhigt, Monsieur Comperot.« Die Empörung schien Betsys winzige Gestalt anwachsen zu lassen. »Selbst wenn sie über die Maginotlinie kämen! Selbst wenn sie nach Paris kämen ... falls sie je an die Rue de la Huchette No. 5 gelangten, so kämen sie doch nicht über diese Schwelle!« Sie schüttelte ihre Faust wie eine kleine, zerbrechliche Waffe vor den Gesichtern imaginärer Nazis.

Dennoch war es eine wackere Geste. Monsieur Comperot schien beruhigt. »Ah. Ihr Amerikaner! Sie müssen an Ihren Präsidenten Roosevelt schreiben und ihn auffordern, wieder an die Seite Frankreichs zu treten. Gemeinsam werden wir die Angelegenheit ein für allemal regeln. Sie sind in Wirklichkeit nicht neutral. Nicht im tiefsten Herzen.« Er bedankte sich bei ihnen und leerte seine Tasse Kaffee mit einer schwungvollen Bewegung.

»Und wieviel Zeit haben wir, um uns auf die Ankunft unserer neuen Kinder vorzubereiten, Monsieur?«

Er sah auf seine Uhr und erhob sich abrupt. »Sie treffen noch in dieser Stunde ein, Mesdames.« Er zuckte auf gallische Art die Achseln und setzte seine Melone auf. »Die Nonnen von St. Vincent de Paul haben mir versichert, daß Sie nicht ablehnen würden.«

12

Cross, der Dachs, hatte es David Meyer nicht verziehen, daß er ihm seine *Hurricane* zerschossen hatte. Der Ausbilder machte es sich zur Aufgabe, dem jungen Amerikaner seine drei Wochen in der Einsatzausbildungseinheit in Aston Down zur Hölle zu machen. Bei jeder Gelegenheit und jedem Neuankömmling stellte er David als den besten Schützen in der *RAF* vor.

»Herzlos ist er. Nerven aus Stahl hinter dem Zielfenster! Oder zumindest Nerven aus Blech! Die Nazis lieben diesen Burschen. Er schießt uns unsere eigenen Maschinen schon auf dem Flugplatz ab!«

Die Kombination aus blechernen Nerven und Herzlosigkeit trug David den Spitznamen »Blechmann« ein. Der Dachs, der mit seinem Jähzorn seinem Namen alle Ehre machte, hatte das als Beleidigung gedacht. Doch gegen Ende der kurzen Ausbildungszeit war David dazu übergegangen, sich mit ausgestreckter Hand fröhlich als der »Blechmann« vorzustellen. Er nahm den Spott mit unerschütterlicher Gutmütigkeit hin. Doch das verstärkte den Haß des Dachses nur. Schließlich faßte David den festen Entschluß, daß der Moment kommen würde, in dem er es seinem Peiniger heimzahlen würde. Cross, der Dachs, der zwanzig Kilo schwerer war als der Amerikaner, schien sich auf die Gelegenheit zu freuen, dem Yankee, der ihm sein Flugzeug durchlöchert hatte, den Rest zu geben.

Die drei Wochen Ausbildung waren vollgepackt mit Formationsübungen, kunstvollen Flugmanövern und Nachtflügen, die samt und sonders bewiesen, daß der Blechmann ein vorzüglicher Pilot war. Diese Tatsache ärgerte den Dachs, dem es lieber gewesen wäre, wenn der »großkotzige Yankee« sich als elender Versager herausgestellt hätte. Doch die Feindschaft des Dachses verstärkte nur Davids Freundschaft mit den anderen Piloten wie Hewitt und Simpson, die zu dem arroganten, scharfzüngigen Dachs ebenfalls keine große Liebe verspürten.

An ihrem ersten freien Tag in London vor der Zuweisung zu den Kampfschwadronen verließ David jedoch die Gruppe der von Pub zu Pub ziehenden Offiziere. Er machte sich allein aus dem Staub, nachdem der Dachs sich drei Halbe Guinness hinter die Binde gekippt und erklärt hatte: »Ich kann jeden Mann hier zu Brei schlagen! Ob er nun aus Stahl oder …« Er wandte seinen hitzigen Blick David zu, »… aus Blech ist!«

David hatte keine Lust, seine erste Nacht in London hinter Gittern zu verbringen. Nach der nächsten Halben würde der Dachs imstande sein, sie beide ins Gefängnis zu bringen.

Wie es schien, gab es in der ganzen Stadt kein bezahlbares Hotelzimmer. Als er sich im *Savoy* erkundigte, war der Preis für ein Einzelzimmer zu hoch nach dem Bündel Scheine, das er bei Moss Brothers für seine neue *RAF*-Uniform hatte bezahlen müssen. Also verbrachte David die Nacht in dem luxuriösen Vorraum der Herrentoilette des *Savoy*-Hotels.

Ein dösender *RAF*-Pilot in einem gepolsterten Sessel in Hörweite der Urinale störte den alten Toilettenwärter, der selbst im letzten Krieg in Frankreich gekämpft hatte, nicht im geringsten. Man mußte schon ein vaterlandsloser Geselle sein, um einen Offizier in die kalten, dunklen Straßen von London hinauszujagen, erklärte er. So schlief David sehr behaglich, bis ihn kurz vor dem Morgengrauen das Geklapper der Eimer und Schrubber einer Putzfrau weckte.

* * *

»Sir, die Funkabteilung meldet einen Kontakt mit dem Handelsschiff *Collingwood*. Es wurde vor ungefähr zwei Stunden von einem U-Boot angegriffen.«

»Braucht es Unterstützung?« fragte Korvettenkapitän Trevor Galway.

»Negativ, Sir. Sie wurden mit Torpedos beschossen, konnten aber entkommen. Sie schaffen es bis zum Hafen. Sie bitten darum, daß wir andere Schiffe in dem Gebiet warnen.«

»Wir werden noch mehr tun als das. Mr. Fry, geben sie uns einen Kurs zur angegebenen Position der Sichtung. Volle Kraft voraus, bitte.«

Südlich der Kanarischen Inseln herrschte selbst Mitte November eine angenehme, sommerliche Atmosphäre. Berichte wie der eben eingegangene unterbrachen einen ansonsten ruhig verlaufenden Vormittag. Der Zerstörer HMS *Fortitude* kreuzte vor der Küste Afrikas und patrouillierte auf den Seewegen, um britische Schiffe zu schützen. Und dieser Schutz war dringend notwendig, trotz der friedlichen Morgenluft. Seit Ausbruch des Krieges vor zwei Monaten waren über zweihundert Handelsschiffe von deutschen U-Booten, Kriegsschiffen oder Minen zerstört worden. Die Hälfte davon waren britischer Herkunft.

Nach einer Stunde Fahrt mit voller Geschwindigkeit erreichte die *Fortitude* die Position des Frachters. Von diesem Punkt an wurde der Zerstörer zu einem Jagdhund, der die Fläche des Atlantiks nach Anzeichen des U-Bootes absuchte.

Am Horizont zog ein Fischerboot nach Nordwesten. »Versuchen Sie, Kontakt zu diesem Schiff zu bekommen«, befahl Galway. »Fragen Sie, ob man dort noch andere Schiffe in dieser Gegend gesichtet hat.«

Der junge Offizier musterte das Schiff durchs Fernglas, während er auf eine Antwort wartete. Der Fischkutter hatte zwei kurze Masten und ein

Gewirr von Netzen, die auf dem Achterdeck aufgehäuft waren. »Keine Antwort, Sir«, kam die Meldung.

»Nun, der Kahn muß lange nach dem U-Boot durchgekommen sein«, überlegte Galway laut. »Er macht nur fünf Knoten.«

»Sollen wir ihn warnen?« fragte Fry.

»Ich kann mir nicht vorstellen, daß ein U-Boot-Kapitän einen Torpedo für einen Fischkutter verschwenden würde«, sagte Galway, immer noch durchs Fernglas spähend. »Er liegt so tief im Wasser, und … Mr. Fry, alle Mann auf Gefechtsstation!«

Fry gehorchte sofort, und das Schrillen der Alarmglocke durchdrang die Stille des Morgens, als die Seeleute aus ihren Kojen sprangen und ihre Kampfausrüstung anlegten.

Kapitän Pickering erschien mit schief zugeknöpfter Uniformjacke und Rasierschaum hinter einem Ohr an Galways Seite. »Was soll das heißen, Mr. Galway? Wollen Sie etwa ein Fischerboot angreifen?« fragte er ungläubig.

»Werfen Sie einen Blick darauf, Sir«, erwiderte Trevor und reichte ihm das Fernglas. »Mir fiel auf, wie lang und niedrig der Rumpf war, aber als ich mir die Kabine mittschiffs näher angesehen habe, wurde mir alles klar.«

»Es ist ein U-Boot!« rief Pickering. »Mr. Galway, geben Sie Befehl zum Feuern, sobald wir in Schußweite sind.«

Die *Fortitude* verfügte über vier Batterien von Fünf-Zoll-Kanonen, jeweils zwei vorn und achtern. Die Geschützmannschaften ließen sich nicht lange zu dem Angriff bitten; viele von ihnen hatten Freunde oder Verwandte unter den fünfhundert Briten, die seit Kriegsbeginn auf See umgekommen waren.

Die beiden vorderen Geschütze ließen ihre ersten Salven im Abstand von einer Sekunde krachen, im Wettstreit um die Ehre, den Treffer für sich verbuchen zu können. Die Schüsse gingen fehl, doch sie schlugen auf beiden Seiten dicht neben dem getarnten U-Boot ein.

»Was bezwecken die mit dieser Täuschung?« fragte Trevor. »Wollen sie sich an ihre Opfer anschleichen?«

»Warum sollte ein Schiff, das von unter Wasser aus angreifen kann, zu einer solchen List greifen?« erwiderte Pickering. »Nein, es muß irgendwie beschädigt sein, so daß es nicht tauchen kann. Sie hoffen, sich mit diesem Trick bei Tageslicht an der Oberfläche retten zu können. Gut gemacht, Mr. Galway. Ihre scharfen Augen haben die Tarnung durchschaut.«

Der nächste Schuß aus der ersten Kanone schlug direkt hinter der angeblichen Fischerbootskabine ein. Die Explosion riß einen der falschen Masten in zwei Stücke und legte das graue Metall des Kommandoturms frei. Auf dem Deck des Schiffes waren Bewegungen zu erkennen; Seeleute rannten nach achtern zu dem Haufen von Netzen.

Der Haufen wurde beiseite geworfen, und die Bordkanone des U-Bootes kam zum Vorschein. Doch bevor das deutsche Gefährt auch nur zu einem einzigen Schuß kam, landete eine weitere Salve der *Fortitude* einen Volltreffer, zerfetzte die Kanone und katapultierte die Mannschaft ins Wasser. Der Jubel vom Geschütz Nummer zwei war deutlich bis auf die Brücke hinauf zu hören.

»Sie sinken tiefer, Sir«, meldete Trevor. Das U-Boot sank unter die Wellen, doch es war nicht klar zu erkennen, ob der Schaden durch den Beschuß die Ursache war oder ein Fluchtversuch unternommen werden sollte.

Eine weitere Salve aus der ersten Kanone riß die Spitze des untertauchenden Kommandoturms weg, und dann markierten nur noch kreisförmige Wellen die Position des U-Bootes. »Feuer einstellen«, befahl Pickering. »Wasserbomben bereit machen!«

Der Offizier am Heck der *Fortitude* stand mit der Stoppuhr in der Hand und maß die Fahrt des Zerstörers bis zu der exakten Stelle, an der das U-Boot verschwunden war. Als der Zeiger den genauen Augenblick erreichte, rief er: »Erste abwerfen! Zweite abwerfen! Dritte abwerfen!«

Augenblicke nachdem das Kriegsschiff vorbeigezogen war, brachen Wasserfontänen aus dem Ozean empor und stiegen dreimal so hoch auf wie die Funkmasten. Viermal zog es über die Stelle dahin und beschrieb jedesmal eine Acht wie ein Jagdhund, der seine Beute in die Enge getrieben hat. Nach der zehnten Explosion war die Meeresoberfläche mit Tausenden von toten Makrelen bedeckt, die von den Druckwellen unter Wasser erwischt worden waren – und von einem ovalen Ölfleck, der von unten heraufbrodelte. »Wasserbombenbeschuß einstellen«, kam der Befehl. »Erledigt. Gut gemacht, Jungs, gute Arbeit, alle Mann. Steuermann, machen Sie kehrt, damit wir nach Überlebenden der deutschen Geschützmannschaft suchen.«

13

Es war der Hund, den Fliegerleutnant David Meyer zuerst bemerkte, als er in der Morgendämmerung allein durch den St. James Park in London schlenderte.

Ein riesiger Bernhardiner mit geschwungenem, weißem, buschigem Schwanz, schwarzem Gesicht und hängenden Wangen schnüffelte und hob sein Bein an den weißen Stämmen der Platanen, als ob es sein Lebensziel sei, jeden Baum im Park zu markieren. Der Hund war allein. Er zog seine braune Lederleine hinter sich her, als er hinter einem Eichhörnchen herjagte und sich dann neben einem Haufen von Sandsäcken erleichterte, die rings um ein Flakgeschütz aufgeschichtet waren. Die Flüche der diensthabenden Geschützmannschaft richteten sich gegen David.

»Schaff diesen Mistköter hier weg, Mann! Sieh dir das an! Der hat hier einen stinkenden Haufen abgesetzt, so groß wie ein Kavalleriegaul!«

David wollte gerade erklären, daß der Hund ihm nicht gehörte, als das Vieh kehrtmachte und bellend und schwanzwedelnd auf ihn zustürmte. Es sprang an seiner nagelneuen *RAF*-Fliegerleutnantsuniform empor. David drückte das Tier hinab. Zu spät. Eine Spur schmutziger Pfotenabdrücke besudelte seine Hose, und weiße Speichelfäden klebten an seiner Jacke. David wehrte eine weitere freudige Begrüßung ab, packte die Leine und befahl dem Bernhardiner mit einem kräftigen Ruck, sich zu setzen. Seltsamerweise gehorchte das Tier. Seine lange, triefende Zunge hing ihm zur Seite aus dem Maul, während er David anbetend anstarrte.

»Braver Hund.« David tätschelte den großen, kantigen Kopf und sah sich auf der weiten Fläche des Parks nach jemandem um, der so aussah, als ob er einen Bernhardiner vermißte.

Und dann sah er sie. Das rote Haar, hinten zu einem dicken Zopf zusammengebunden, glänzte in der Morgensonne. Sie war zierlich und hübsch, und ihr Gesicht sah aus wie frisch mit kaltem Wasser abgerieben. Sie war Anfang zwanzig. Halb rennend, halb gehend eilte sie über den Kiesweg hinweg auf David zu und hielt sich die Seite. Sie trug einen Herrenmantel, der ihr fast bis zu den Knöcheln reichte. Der Saum eines weißen, baumwollenen Nachthemdes schaute über den Spitzen ihrer großen, schwarzen Pantoffeln hervor.

»Duffy! Du fängst dir gleich ein Paar!« rief sie wütend mit weichem irischem Akzent.

Der Hund spitzte die Ohren. Er blickte kurz in ihre Richtung, blieb aber zufrieden und unbekümmert an der Seite des *RAF*-Piloten, der immer noch seine Leine hielt.

David lächelte und befahl seinem Gefangenen, bei Fuß zu gehen. Duffy gehorchte, und die beiden gingen gelassen der keuchenden und wütenden Verfolgerin entgegen.

»Suchen Sie etwas?« David lächelte und reichte der jungen Frau, die rot im Gesicht war und so schwer atmete, daß sie kaum sprechen konnte, die Leine.

»Dieses Biest!« brachte sie heraus.

»Er ist ein Heiliger.«

»Ein Heiliger, daß ich nicht lache!« Sie versetzte dem nicht sonderlich interessierten Duffy einen Hieb aufs Hinterteil. »Ein Teufel ist er.« Sie raffte ihren Mantel zusammen und entdeckte die Pfotenabdrücke auf Davids Uniform. Ihre Augen waren braun und warm und voller Bedauern. Sie zog erschrocken die Luft ein und ergriff eine Handvoll Blätter, mit denen Sie den Speichel von seiner Jacke zu wischen versuchte. »Haben Sie gelegen, als er das mit Ihnen gemacht hat?«

»Nein, ich habe gestanden.« David genoß die Zuwendung.

»Oh nein. Du bist eine wahre Bestie, Duffy! Sieh mal, was du mit der Uniform des Offiziers angestellt hast!« Sie warf die Blätter weg und legte ihre Hand an die Stirn. »Ich kann Ihnen gar nicht sagen, wie leid …«

»Mein Name ist David Meyer.« Sie schüttelten sich die Hände. Ihre Hand fühlte sich klein und weich an.

»Annie Galway … Duffy haben Sie ja schon kennengelernt, fürchte ich. Es tut mir so leid, Herr Leutnant.«

»David.«

»David. *RAF*, nicht wahr? Aber Sie sind doch ein Yankee, oder nicht?«

Er blickte hinauf zu den laublosen Bäumen von St. James, als ob die Antwort am Himmel zu lesen wäre. »Ich bekenne mich schuldig.« Er lächelte zu ihr hinab. Sie war schön. Sie hatte ein ovales Gesicht, große Augen und eine vorwitzige Nase. Ihre Haut war hell und seidig glatt, und ein Anflug von Röte lag auf ihren Wangen. David dachte daran, wie wunderbar es wäre, neben jemandem aufzuwachen, der mit so wenig Anstrengung so gut aussehen konnte. »Hat Duffy schon gefrühstückt?«

»Nein. Ich war gerade vor die Tür gegangen, um die Milch hereinzuholen, als …«

»Ich wette, er hat Hunger.« Duffy wedelte dankbar mit dem Schwanz, als David ihm den Kopf tätschelte. »Haben Sie schon gefrühstückt, Miss Galway?«

»Noch nicht. Das Biest hat mich davon abgehalten.«

Kein Ehering. Wessen Mantel hatte sie an? Ein großer Mann, wer immer es war.

»Ich auch noch nicht. Ich kenne ein kleines Café im East End. Alle Taxifahrer essen dort. Der einzige Ort in London, an dem man Bagels mit Räucherlachs bekommt. Mein Vater hat mir davon erzählt.«

Sie schien nicht zu bemerken, worauf er hinauswollte, da sie immer noch mit den Pfotenabdrücken beschäftigt war. »Ich muß mich um Ihre Jacke kümmern. Sie hat eine gründliche Reinigung nötig, fürchte ich.«

»Wohnen Sie weit von hier?«

»Auf der Wairakei. Am *Victoria Embankment.* Wissen Sie, wo das ist?«

Er wußte es nicht, aber er gab einen Schuß ins Blaue ab. »In der Nähe des Flusses?«

»Erraten.«

»Ich bringe Duffy für Sie nach Hause, wenn Sie möchten.«

Sie gab ihm dankbar die Leine. »Wenn es Ihnen nichts ausmacht. Er ist Trevors Hund. Auf einen Mann hört er, aber für mich hat er nur Verachtung übrig. Ich war gerade vor die Tür gegangen, um die Milch zu holen ... habe ich das schon erzählt?« Sie setzten sich quer über den weiten, laubbedeckten Rasen in Bewegung.

»Und weg war er.«

»Genau. Ich wußte schon, wo ich ihn finden würde. Trevor hat ihn immer hier ausgeführt. St. James Park. Jeden Morgen. Ich dagegen lasse mich nur am Ende seiner Leine hinterherziehen, während er mich hin und her zerrt und die königlichen Sträucher bewässert. Ich glaube, er sucht nach Trevor.«

»Trevor?«

»Mein Bruder. Er ist in der *Royal Navy.*«

Sehr gut. Der Hund des Bruders. Annie wohnte offensichtlich noch unter einem Dach mit dem Haustier der Familie.

»Ist das Trevors Mantel?«

»Nein, er gehört meinem Vater. Ich habe ihn einfach vom Haken genommen und bin Duffy hinterhergerannt. Und ich sollte ihn lieber schleunigst zurückbringen.« Sie lächelte, als ihr eine Idee in den Sinn kam. »Haben Sie nicht eben gesagt, Sie hätten noch nicht gefrühstückt?«

»Noch nicht. Aber ich kenne dieses Café, in das wir gehen könnten.«

»Die Wairakei. Das ist genau das Richtige. Wir haben Milch, und wir haben noch ein paar Eier. Hätten Sie nicht Lust, mit mir und Dad zu essen? Das ist das Wenigste, was ich tun kann. Wirklich. Ich bin eine schreckliche Köchin, aber Dad vollbringt wahre Wunder, wenn es darum geht, Eier zu strecken. Diese Tricks hat er alle in der Navy gelernt. Sie können sich Sachen von Trevor anziehen, und wir bringen Ihre Uniform wieder in Ordnung. Falls Sie nichts anderes vorhaben? Was meinen Sie?«

»Bei mir zu Hause ist jetzt Essenszeit. Das ist das beste Angebot, das ich bekommen habe, seit ich die Staaten verlassen habe.« Er ließ sie in dem Glauben, es sei alles ihre Idee gewesen. Er sah zu dem Hund hinab, der sich neben ihm dahinschleppte. »Danke, Duffy.«

Der Lauf der Themse war von Sperrballons unterbrochen, die über dem Fluß schwebten wie ein Schwarm großer silberner Fische, um die deutsche

Luftwaffe daran zu hindern, den Wasserweg zu verminen. Duffy führte sie aus dem Park hinaus den *Birdcage Walk* entlang, über den *Parliament Square* hinweg, an der *Westminster Abbey* und den *Houses of Parliament* vorbei, bis sie schließlich an der *Westminster Bridge* links abbogen und am Flußufer entlang weitergingen.

Als sie das *Victoria Embankment* erreichten, wußte Annie schon alles über den Neufundländer, den David als Kind gehabt hatte, und darüber, daß er seinen zehnten Sommer als Kajütenjunge auf einem Schnapsschmugglerschiff namens *Jazz Baby* vor der Küste von New York verbracht hatte. Dann erzählte er von dem Konvoi über den Nordatlantik und der U-Boot-Attacke und davon, daß auf See mehr vom Krieg zu spüren war als in ganz England, Frankreich und Deutschland zusammen.

Gleichzeitig erfuhr David, daß Annie in Ulster geboren und aufgewachsen war, bis ihr Vater nach Schottland gegangen war, um zusammen mit seinem Schwager ins Schiffsbaugeschäft einzusteigen. Die *Wairakei* war kein Apartmenthaus oder Hotel, sondern ein Boot, das im Schatten des ägyptischen Obelisken, der »Kleopatras Nadel« genannt wurde, vor Anker lag. Selbst an diesem berühmten Relikt hatte Duffy seine Duftmarke hinterlassen, berichtete Annie.

Die *Wairakei* war ein schnittiger, zwölf Meter langer Zweimaster der *Brown-Owl*-Klasse mit Motor. Sie war von Annies Vater und einem Onkel in Rosneath auf dem Clyde in Schottland gebaut worden.

»Als Junge ist Dad rund um die Welt gesegelt. Er sagte immer, er hätte nie einen schöneren Ort gefunden als Waikiki, und als er sein eigenes Schiff baute, wollte er es Waikiki nennen. Tja, aber der Maler, ein betrunkener Ire, hat alles falsch gemacht.«

Annie hielt inne, lehnte sich gegen die steinerne Einfassung der Uferstraße und deutete hinab auf den gut in Schuß gehaltenen Zweimaster, der hinter einer Reihe verlassener Wassertaxis vor Anker lag. Die Flut kam herein, und es blies ein kräftiger Wind. Die Metallfassungen an der Takelage klirrten melodisch gegen die Masten.

»Warum hat Ihr Vater den Maler nicht dazu gebracht, den Namen noch einmal richtig daraufzuschreiben?«

»Ooooh! Das bringt Unglück, wissen Sie das nicht, Yankee?« Diese Worte sprach sie mit kräftigem irischen Akzent, als ob sie besondere Aufmerksamkeit verdienten. »Wer den Namen eines Schiffes ändert, wird nie wieder auch nur einen Fingerhut voll Glück haben. Das wäre so, als ob … als ob Sie Ihren eigenen Namen ändern! Jemand würde Sie bei dem neuen Namen rufen, und Sie würden nicht darauf reagieren!«

Er sah sie in dem weichen Morgenlicht an und dachte, daß er, wenn er ein Schiff hätte, es *Annie* nennen würde. Er würde den Namen in feuerroten Buchstaben mit goldenem Rand aufs Heck malen. Und dann platzten die

Worte aus ihm heraus. »Wenn ich ein Schiff hätte, würde ich es *Annie* nennen.«

Sie sah ihn ungläubig amüsiert an. »Seid ihr Yankees alle so direkt? Oder ist das nur bei Fliegern so?« Sie zuckte die Achseln. Er wurde rot. Sie schien es nicht zu bemerken. »Dad, Trevor, Duffy und ich fuhren mit dem Schiff von Schottland herab durch den Forth-Clyde-Kanal, dann an der Ostküste herunter nach Chelsea und auf die Themse. Dad hat gerade von der Admiralität einen Vertrag bekommen, um Freizeitboote umzurüsten. Für den Patrouillendienst. Kleine Boote mit Holzrumpf gehen nicht so leicht auf diesen Magnetminen hoch, die die Nazis in der Mündung verteilt haben. Wir werden nach Dover gehen, sobald ich mit der Schule fertig bin.« Sie drehte sich um und blickte zurück zum Parlament. »Ich werde es vermissen. London, meine ich. Es ist eine großartige Stadt, trotz Verdunklung und Luftschutzwarten und so. Nachts liege ich in meiner Koje und spüre, wie die Gezeiten kommen und gehen. Das Boot schaukelt ein wenig, und die Takelung klingelt wie kleine Glöckchen. Durchs Bullauge kann ich gerade noch *Big Ben* erkennen. Und dann denke ich darüber nach, wie es wohl in alten Zeiten gewesen sein mag. Bevor es elektrische Lampen gab. Zu Charles Dickens' Zeiten oder so. Es ist wirklich schön hier, glaube ich, wenn man nicht gerade im Dunkeln von einem Taxi überfahren wird.«

David erholte sich soweit, daß er sein Gehirn zügeln konnte, um sich passende Fragen einfallen zu lassen. »Was machen Sie, während Ihr Vater Patrouillenboote ausrüstet?«

»Ich mache eine Ausbildung für die ›Zivile Krankenpflegereserve‹. Letztes Jahr war ich auf der Universität von Edinburgh. Trevor sollte eigentlich als Dads Assistent arbeiten, aber er ist zur Royal Navy gegangen. Dasselbe hätte ich auch getan, wenn ich ein Mann wäre. Trevor hat's gut. Er ist auf der HMS *Fortitude*. Ich liebe das Meer. Das liegt bei uns wohl in der Familie.« Sie lächelte Duffy an. »Ich wollte die Welt sehen. Zumindest habe ich London gesehen. Und wie ist es mit Ihnen, David Meyer? Ein Yankee. Was machen Sie in einem Krieg, der Sie überhaupt nichts angeht? Sie wollten wohl auch die Welt sehen, was?«

Am liebsten hätte er ihr gesagt, daß er um die ganze Welt gereist wäre, um jemandem wie ihr zu begegnen, aber er hatte ohnehin schon eine Spitze geerntet, indem er den ungestümen Amerikaner gespielt hatte.

»Ich bin zwischen den Trimestern an der UCLA (Universität von Los Angeles) mit einer Kunstflugtruppe herumgezogen.«

»Sprechen Sie Englisch, bitte«, warnte sie ihn, als ein riesenhafter Mann mit kahlem Schädel auf das Deck der *Wairakei* hinaustrat. Sie winkte ihm einen spielerischen Gruß zu, den er erwiderte. Es schien ihn nicht zu überraschen, daß seine Tochter sich mit einem Soldaten unterhielt. »Wir haben einen Gast zum Frühstück, Dad!« rief sie ihrem Vater zu. Der Riese nickte und grinste zu ihr hinauf. Dann lehnte sie sich zu David hinüber. »Dad hält nicht viel von Yankees. Er sagt, sie reden Kauderwelsch und trinken zuviel.«

»Winston Churchill ist ein halber Amerikaner.«

»Genau. Dad kann nicht verstehen, wieso man ihn zum 1. Lord der Admiralität gemacht hat. Er meint, ein Mann, der so viel redet, sollte Premierminister sein.«

David versuchte es noch einmal. »Ich war Student an der Universität von Kalifornien in Los Angeles. Im Sommer trat ich mit einer Kunstflugtruppe auf. Dann fing der Krieg an. Ich hatte gehört, daß dabei *Spitfires* und *Hurricanes* zum Einsatz kämen, und da bin ich nach Norden gegangen, um Verwandte in Montreal zu besuchen, und habe mich dort freiwillig gemeldet. Die *RAF* schien erfreut zu sein, mich zu bekommen.«

Sie sah ihn erstaunt an. »Soll das heißen, Sie sind den ganzen Weg gekommen – wollen Ihr Leben aufs Spiel setzen –, nur um ein bestimmtes Flugzeug fliegen zu können?«

Er zuckte die Achseln. »Das war mein ursprünglicher Beweggrund, ja.«

»Und jetzt?«

»Jetzt sind die Aussichten nicht gerade vielversprechend. Der einzige Zweck, zu dem die *RAF* über Deutschland fliegt, ist, um Flugblätter abzuwerfen. Nichts als Klopapier; die Deutschen werden darauf ermahnt, brave kleine Nazis zu sein und mit diesem bösen Streit aufzuhören. Ich glaube, der Krieg könnte vorbei sein, bevor ich nach Frankreich komme.«

»Was würden Sie dann tun?«

»Ich weiß nicht. Was ist mit Ihnen?«

»Ich schätze, ich würde zurück nach Edinburgh auf die Universität gehen.«

»Ist das eine schöne Stadt, Edinburgh?«

»Ich denke schon. Wenn man etwas für alte Schlösser, Dudelsäcke und die Lebensgeschichte von John Knox übrig hat.«

»Ich würde sie mir gerne ansehen. Vielleicht einen Blick auf Ihre Universität werfen.«

Sie schüttelte den Kopf. »Das alles nur, weil mein Hund Sie umgerannt hat?«

Am Ende des Frühstücks war David überzeugt, daß er, selbst wenn er nie in einer *Hurricane* zum Einsatz kommen sollte, doch aus einem Grund nach England gekommen war. Und dieser Grund saß ihm direkt gegenüber im teakvertäfelten Salon der *Wairakei*. Annie war in leuchtend roter, golden umrandeter Schrift in seine Gedanken eingebrannt.

14

Eine Zeitlang trug Josie geliehene Kleider von einer Kollegin aus der Redaktion. Aber damit fiel sie im London der Kriegszeit völlig aus der Mode.

An den Londoner Zeitungsständen erschien eine Karikatur aus dem Magazin *Punch*, die mit der herbstlichen Modebesessenheit der Briten abrechnete.

Ein großer Schotte aus den Highlands, angetan mit seinem Kilt, musterte eine Engländerin, die ihre neue Khaki-Uniform trug. Unter der Zeichnung stand im tiefsten Schottisch:

»Mein Gott, Frau, Sie seh'n schrrrrecklich aus!«

Der Krieg hatte eine seltsam nivellierende Wirkung auf die Damenmode in London. Khaki wurde plötzlich zum letzten Schrei für Frauen. Josephine Marlow hatte alles außer den Kleidern, die sie am Leib hatte, in Polen verloren. Durch die Umstände war sie von einer Auslandskorrespondentin zu einer Kriegsberichterstatterin befördert worden. Und Kriegsberichterstatter trugen, selbst wenn sie aus neutralen Ländern kamen, allesamt militärähnliche Uniformen von den Schneidern in der Saville Row.

Doch im Gegensatz zu ihren männlichen Kollegen hatte Josie nicht die Mittel für solchen Luxus. Goldtressen und Epauletten mit Quasten konnte sie sich nicht leisten. Der Mussolini-Look stand ihr nicht. Also ging sie zu *Moss Bros. & Co. Ltd.*, 20 King Street in London, wo die *Associated Press* günstige Preise für Uniformen ausgehandelt hatte. Dort wurde sie auf Spesenrechnung der *AP* »vernünftig« eingekleidet.

Für die Summe von neununddreißig Pfund, sieben Schilling und drei Pence maß man ihr zwei Jacken, zwei Röcke, eine Uniformmütze, einen Mantel, vier Blusen, vier Paar Strümpfe sowie vorschriftsmäßige Schuhe, Krawatte und Handschuhe an.

Unterwäsche kostete extra. Da sie nicht wollte, daß irgendein Buchhalter bei der *AP* wußte, wie viele BH's und Schlüpfer sie besaß, bezahlte sie für diese Dinge aus eigener Tasche.

Das ersparte ihr das Problem, sich eine komplett neue Tagesgarderobe auszusuchen, sagte sich Josie. Und das Packen würde es auch vereinfachen, nicht wahr? Und wenn die Nachricht von dieser europäischen Modekatastrophe in die Staaten drang, würden sich gewiß alle Frauen mit einer Stimme erheben und fordern, daß Amerika in den Krieg eintrat! Die militärische Macht der USA mußte die Welt wieder zu einem sicheren Ort für die Kollektionen von *Schiaparelli* machen!

Es war in der Tat denkbar, daß ein Mann eher dazu zu bewegen war, für eine Frau in *Schiaparelli*-Kleidern zu kämpfen, als für eine, die von *Moss Brothers* eingekleidet worden war!

Na ja. Die ganze Welt stand ohnehin Kopf. Sie starrte in den Spiegel des Schneiderladens und murmelte die Worte des Schotten in seinem Kilt: »Josephine, du siehst schrrrecklich aus!« Sie sah nun allen anderen jungen Frauen im dienstfähigen Alter in London zum Verwechseln ähnlich. Ob groß oder klein, üppig oder flachbrüstig, hübsch oder häßlich, in einem schlecht beleuchteten Raum konnte man sie kaum voneinander unterscheiden. Josie nähte die Presseabzeichen auf die Schultern der Jacken, der Blusen und des Mantels. Endlich war sie offiziell akkreditiert. Sie gab die geliehenen Kleider der kanadischen Reporterin Rhonda Grafton zurück, die sich inzwischen ebenfalls bei *Moss Brothers* eingekleidet hatte. Rhonda, die zugenommen hatte, seit sie nach England gekommen war, ließ Josie ihr kobaltblaues Abendkleid behalten: eng, tief ausgeschnitten und sexy. Sie müsse es in Paris tragen, sagte Rhonda, falls sich je die Gelegenheit ergäbe und falls die Franzosen nicht wie die Engländer »vernünftig« geworden seien.

Damit war also Josies Garderobe komplett: die Uniform, die Unterwäsche, das kobaltblaue Abendkleid. Wahrhaft erbärmlich.

Ein Mann mußte schon Phantasie haben, um die Khakihülle zu durchschauen, die da die *Fleet Street* hinauf und den Oxford Circus hinab und durch die Drehtüren bei *Harrods* flanierte.

Reiche Mädchen kauften ihre Uniformen bei *Harrods.* Sie bezahlten viel mehr dafür, aber die zusätzlichen Ausgaben waren vergeudet. Das Endergebnis war immer noch Khaki. Selbst das Wort schien zu der Trostlosigkeit der Farbe zu passen. Khaki. Khaki. Khaki. Wenn man es schnell genug sagte, klang es, als ob jemand sich erbrach.

Abgesehen von dem Khaki, den Sandsäcken auf dem *Piccadilly Circus* und den Luftschutzbunkern, den Verdunkelungen und den Gasmasken in den Handtaschen schien der Krieg keinerlei Auswirkungen auf London zu haben.

Der Salon des Londoner *Langham* Hotels gegenüber der *BBC* war angefüllt mit Rundfunkmitarbeitern, die ihren Nachmittagstee einnahmen. Josephine Marlow vergrub ihre zitternden Hände tiefer in die Taschen ihres Mantels, als der Oberkellner sie bemerkte.

»Sie hatten reserviert, Madame?«

»Nein. Ich bin mit jemandem verabredet. Mac McGrath.« Sie sah an ihm vorbei und sah sich suchend in dem üppig ausgestatteten Saal um, der vom Stimmengewirr der Gäste und dem Klappern des Teegeschirrs erfüllt war.

Als sie Macs Namen nannte, verfinsterte sich das Gesicht des Oberkellners. »Ja«, schniefte er. »Mr. McGrath. Sehr wohl.« Ohne ein weiteres Wort führte er Josie gemessenen Schrittes durch das Meer der Tische, an denen ältere Männer in nadelgestreiften Geschäftsanzügen und ältere, dem dienstfähigen Alter entwachsene Frauen mit Fuchsstolen um die Schultern saßen.

Im hintersten Winkel des ovalen Raumes saß Mac an einem kleinen Tisch hinter einer Topfpalme. Teekanne und Tassen standen bereits auf dem Tisch. Für die eleganten Gäste war er außer Sicht, doch offensichtlich nicht aus dem Sinn der Angestellten des *Langham* Hotels.

Angetan mit braunen Kordhosen, einem blauen Tweedjackett und einem Rollkragenpullover mit einem komischen Querbinder wirkte Mac hier entschieden fehl am Platze. Josie vermutete zu Recht, daß er ohne die Fliege gekommen war und aus der Garderobe des *Langham* mit dem obligatorischen Kleidungsstück ausgestattet worden war.

Ungeschickt mit der Topfpalme hantierend, erhob er sich, als sie auf ihn zukam. Er hatte den Körperbau und die Züge eines Preisboxers, aber sein sonst großspuriges Gesicht war voller Reue, als er ihr den Stuhl zurückzog und ihren Namen nannte.

»Schön, dich zu sehen, Jo. Ich meine – ich bin froh – wirklich froh, daß du ...«

»Schon gut, Mac.« Sie versuchte, ihn mit einem Lächeln zu beschwichtigen, doch sie behielt ihren Mantel an und die Hände in den Taschen. Es konnte keine Hilfe für sein angeschlagenes Gewissen sein, wenn er sah, daß ihre Hände zitterten.

»Siehst du«, sagte er mit gesenkter Stimme und beugte sich zu ihr hinüber, »ich wußte nicht, daß du noch nicht fort warst, sonst wäre ich niemals ...«

»Bitte, Mac. Niemand macht dir einen Vorwurf. Und wie du siehst, ist mir nichts passiert.« Sie nahm ihre Serviette, schüttelte sie aus und legte sie sich auf den Schoß. Doch unter dem Tisch klammerte sie ihre Hände zusammen.

Er mußte es sagen. »Du hattest mir gesagt, du wolltest fort. Ich habe Mike bei der Warschauer *AP* angerufen. Er meinte, du wärst mit dem Nachtzug abgereist. Verstehst du? Ich meine, Mike dachte, du wärst längst weg, bevor die ersten Bomben fielen. Dann tauchte er in der Botschaft auf, und wir konnten uns alle gemeinsam durchschlagen. Außer dir. Was ist passiert? Wohin bist du gegangen?«

»Es spielt keine Rolle. Ich bin einfach zurückgeblieben.« Sollte sie ihm sagen, daß sie beschlossen hatte, noch einen Tag länger in Warschau zu bleiben? Daß sie vorgehabt hatte, ihn am Morgen anzurufen und ihm zu sagen, daß sie all das, was sie ihm gesagt hatte, nicht so gemeint habe?

»Nun, sieh mal.« Er schenkte den dampfenden Tee ein und griff mit seiner großen, kantigen Hand nach der zierlichen Tasse. »Ich möchte, daß du weißt ... Josie ... daß ich dir keine Vorwürfe mache. Ich weiß, was ich an diesem Abend alles geredet habe. Ich war verletzt – zornig – ich hatte kein Recht dazu, aber es war nun einmal so. Jedenfalls habe ich auf dem ganzen Weg zur rumänischen Grenze darüber nachgedacht. Während die Naziflugzeuge ihre Kugeln nach uns schleuderten wie wahnsinnige Hornissen … wie auch immer, du hattest recht. Ein solches Leben darf ich jemandem wie dir nicht zumuten.«

»Mac, bitte nicht …«

Er hob seine Hand. »Nein. Laß mich zu Ende reden. Du bist eine tolle Frau – Mädchen, meine ich – du bist schön und hast Klasse. Du verdienst etwas Besseres als das, was du bisher hattest. Danny hat das auch gesagt. In Barcelona, am Abend, bevor er … na ja, an jenem Abend, als wir uns besoffen haben. Das war der Abend, als er dein Bild hervorzog und mir von dir erzählte. Er sagte, sollte ihm je etwas passieren, solle ich dir sagen, daß du dir einen Banker oder Versicherungsvertreter angeln sollst. Alles, nur nicht wieder einen Journalisten. Er hatte recht. Doch als ich dir von Angesicht zu Angesicht begegnete, konnte ich nicht anders, als mir zu wünschen, ich wäre nicht das, was ich bin, sondern ein Banker.« Er zupfte an seiner Fliege. »Aber das bin ich nicht – und ich habe mich in dich verliebt.« Sein Gesicht war schmerzlich verzogen. »Als ich dann hörte, daß du noch in Warschau warst, bin ich fast verrückt geworden. Wenn ich dich nicht gebeten hätte, dorthin zu kommen …«

»Dann wäre ich trotzdem dort gewesen. Ich hatte meine eigene Story zu schreiben, oder nicht?« Sie wagte es nicht, die Tasse anzurühren. Sie zitterte so stark, daß sie nur alles verschüttet hätte. Josie blickte weg und versuchte, an etwas anderes als Danny und Spanien und Mac und Warschau zu denken.

»Ich glaube, du solltest nach Hause gehen.«

»Das werde ich. Zurück nach Paris. Aber ich habe einen Auftrag hier. Die evakuierten Kinder. Noch einen Monat in England, sagt Morris, dann kann ich heim nach Paris.«

»Nicht Paris. Ich meine nach Hause. Zurück in die Staaten. Zurück zu deiner Dozentenstelle in englischer Literatur und einem ruhigen, normalen Leben. Raus aus dieser Kluft …« Er deutete auf ihre Uniform.

»Wie ich sehe, bist du nicht gerade beeindruckt von der neuesten Mode«, lachte sie. Natürlich konnte Mac nur hassen, was eine Uniform aus einer Frau machte. Und nach dem Aussehen seiner Kleidung zu schließen, würde er der letzte Journalist in Europa sein, der einen Schneider aufsuchte.

Er ignorierte ihren Versuch, das Thema zu wechseln. »Ein Mädchen wie du … sollte einen netten Mann kennenlernen und Kinder bekommen.«

Josie blickte weg. Sie lächelte und hoffte, er würde nicht sehen, was für einen Dolch er mit seinen Worten in ihr Herz getrieben hatte. »Ich habe mich an diese Kluft gewöhnt, wie du es nennst. Und Paris ist mein Zuhause. Und ich … ich bin nicht daran interessiert, einen netten, normalen Mann kennenzulernen und Kinder zu bekommen.«

»Warum nicht?«

»Ich war glücklich mit Danny. Niemand kann mir das je ersetzen.«

Er holte tief Luft. Nun hatte sie ihm einen Dolchstoß versetzt. »Nein. Wahrscheinlich nicht. Ich hatte gehofft, vielleicht … eine Zeitlang dachte ich, daß vielleicht ich dich so glücklich machen könnte wie er.« Er zuckte die Achseln.

Sie wollte ihm die Hand auf den Arm legen, ihn irgendwie trösten, ihn wissen lassen, daß mit der Zeit vielleicht aus ihren Gefühlen für ihn etwas werden könnte. Aber sie wollte ihm nicht mit einer Hoffnung antworten, die sie in sich selbst nicht finden konnte.

»Vielleicht eines Tages, aber es ist einfach noch zu früh, Mac. Das habe ich dir schon gesagt.«

»Nun, wir sind wieder da, wo wir angefangen haben, nicht wahr? Ich rede hier wie ein erstklassiger Trottel. Sitze hier und tue so, als ob ich Tee mag, wenn ich dich eigentlich eher im »Grünen Mann« mit einem Guinness in der Hand treffen sollte.«

Sie lachte. »Das hier scheint wirklich etwas unpassend.«

»Für mich vielleicht. Nicht für dich. Zu dir paßt es. Das weißt du. Und ich hatte nicht vor, mich wieder in dein Leben zu drängen. Du hattest recht und warst vom ersten Tag an ehrlich zu mir. Das weiß ich jetzt alles, und ich werde dich nicht mehr damit behelligen. Ich schätze, das ist es, was ich dir sagen wollte. Das und … daß ich froh bin, daß du dort herausgekommen bist.«

»Ich auch.«

Er schaute auf seine Uhr und zog sich den Querbinder vom Hals. »Tja. Das war's. Ich muß mich sputen. Ein Termin gegenüber bei der *BBC*. Der Zensor sieht sich meinen Film an. Die schneiden immer das Beste heraus. Jack wollte sehen, ob ich dem Kerl ein Schmiergeld unterschieben kann. Also, vielleicht sehen wir uns irgendwann. Wer weiß, hm?«

Damit war er auf den Beinen und kämpfte sich an der Palme vorbei. Er gab ihr einen leichten Kuß auf die Wange, durchquerte mit langen Schritten den Raum und warf dem Maître d' die Fliege zu, ohne sich noch einmal umzuschauen.

15

Die winterliche Dämmerung sank rasch zu völliger Dunkelheit herab, während der verbeulte Renault den langen Hang hinab der Hauptstadt der Provinz Lothringen entgegenrollte. Mac McGrath blinzelte mürrisch durch die trübe Windschutzscheibe auf die undeutlichen Formen in der pechschwarzen Dunkelheit. Seine Scheinwerfer waren schwarz übermalt worden, bis nur noch durch schmale Schlitze ein schwacher Schimmer drang.

Hundertfünfundsiebzig Meilen östlich von Macs ständiger Unterkunft im Hotel *Ritz* in Paris gelegen, war die mittelalterliche Stadt Nancy ein Labyrinth schiefer Häuser, verschlungener Straßen und schmaler Gassen, die sich in steilen Serpentinen beinahe senkrecht emporschlängelten. Bei Tage bezaubernd, war die Stadt seit Beginn des Krieges nachts zu einem tückischen Ort geworden. Als Hauptquartier der aus der dritten, vierten und fünften Armee Frankreichs bestehenden Einsatzgruppe machte Nancy ernst mit der Verdunkelung.

Mac verfluchte die Nacht, verfluchte die Kälte und verfluchte die Pariser Bürokratie, die seinen Aufbruch gerade so lange hinausgezögert hatte, daß er nach Sonnenuntergang hier eintraf.

Er hatte nach seiner Rückkehr aus Polen von *Movietone News* den Auftrag erhalten, über die französische Armee zu berichten und hatte Wochen damit verbracht, sich durch das papierene Minenfeld aus Formularen und Behördenterminen zu manövrieren, um die Genehmigung zum Betreten der Frontbereiche zu erhalten.

Charakterzeugnisse, die für eine Heiligsprechung ausgereicht hätten, waren verlangt worden. Detektive der Pariser *Sureté* und Offiziere des französischen Generalstabs wußten inzwischen ebensoviel über Robert »Mac« McGrath wie seine eigene Mutter … Einunddreißig Jahre alt. Absolvent der USC. B.A. Fotojournalist. Spezialgebiet: Cinematographie.

Seine hart erkämpften *Cartes d'identité* enthielten die folgenden Fakten: 1,80 m groß; 82,5 kg schwer; Haarfarbe braun; Augenfarbe braun. Unter dem Amtsstempel zeigte sein finster dreinblickendes Paßbild rauhe Züge – nun ja, eigentlich ramponierte Züge. Die zweieinhalb Zentimeter lange Narbe über seiner rechten Augenbraue war die Folge eines Footballspiels auf dem Sandsportplatz seiner High School. Seine Nase war leicht nach links verbogen; ein Souvenir von einem Faustkampf.

Dies waren nur die oberflächlichsten Einzelheiten. Die französischen Behörden hatten nun eine dicke Akte über ihn, in der von seinen Noten in der

Grundschule bis zur genauen Länge seiner Blinddarmnarbe alles enthalten war.

Schlimmer noch: Er war dem Gemetzel in Polen gemeinsam mit Botschafter Biddle entkommen, mit nichts als den Kleidern auf seinem Leib, seiner *DeVry*-Filmkamera und einem Rucksack voll belichteter Filme, die den Krieg nach Hause zu hundert Millionen amerikanischen Kinobesuchern gebracht hatten. Und nun war er, nur weil ein stempelnder Beamter ihn dreißig Minuten zu lang in Paris aufgehalten hatte, im Begriff, in der Tintenschwärze einer mittelalterlichen Stadt vor die Hunde zu gehen, ohne je die Westfront gefilmt zu haben! Der ganze Papierkram für nichts!

Er schaltete den Renault in den ersten Gang herunter und kroch die schneeglatte Straße entlang. Von irgendwo vor ihm drangen der Geruch von Dieselabgasen und das rumpelnde Vibrieren eines Lastwagens zu ihm. Er streckte Kopf und Schultern aus dem Seitenfenster, spähte suchend durch die Dunkelheit und entdeckte die schwachen Rücklichter eines Armeelasters. Vorausgesetzt, der Laster hatte sich nicht verirrt, kam nicht aus Deutschland und wollte nach Nancy, hatte Mac Glück.

Der Laster führte ihn zu einer schattigen Masse, die sich als der Bahnhof erwies. Von dort erinnerte er sich ohne Schwierigkeiten an seinen Weg zum *Hôtel Thiers*. Obwohl es nur auf der anderen Seite des Platzes lag, brauchte er noch zehn Minuten, um die Einfahrt zur Hotelgarage zu finden.

Hinter den Verdunkelungsvorhängen war das Foyer des *Hôtel Thiers* überraschend hell erleuchtet und behaglich warm nach sechs durchfrorenen Stunden auf der Straße von Paris. Eine Parade französischer und britischer Uniformen stampfte über den grünen Marmorboden, während ein alter Franzose mit Schrubber und Besen etwas von Pfotenabdrücken vor sich hin murmelte und sich endlos Mühe gab, ihre Spuren wegzuwischen. Der alte Mann hielt mitten in der Bewegung inne und warf einen zweifelnden Blick auf das Abzeichen des *American Press Corps*, das auf die Schulter von Macs abgetragenem Burberry-Mantel aufgenäht war. Mit einem scharfen, mißtrauischen Blick starrte der Hausmeister auf Macs braune Kordhosen, den blauen Rollkragenpullover, das Revers eines grauen Tweedjacketts und schließlich auf den Schlamm an den Schuhen des Neuankömmlings. Er wartete einen Moment, bis Mac an den Rezeptionstresen getreten war, bevor er mit seiner Arbeit fortfuhr.

Hinter Mac drangen Männerlachen und der Duft von Knoblauch und heißem Brot durch einen Türbogen aus der Brasserie. Mac knurrte der Magen. Er war ebenso hungrig wie müde. Hinter dem Rezeptionstresen war kein Angestellter zu sehen. Aus einem Büro dahinter schrillte die wütende Stimme einer Frau, die sich gerade am Telefon über den Butterpreis ausließ. Ungeduldig betätigte Mac einmal, dann noch einmal die Glocke.

Eine dunkeläugige, schwere Frau mittleren Alters in schwarzem Pullover und Rock trat durch die Tür. Ihr müdes Gesicht verriet tiefste Verachtung für das Emblem des *American Press Corps*.

»Sie sind Amerikaner«, sagte sie in demselben Ton, mit dem sie eben noch den Butterpreis für unmoralisch und den Milchmann für einen Räuber erklärt hatte. In einer herausfordernden Geste stemmte sie die Hände in ihre breiten Hüften und sagte ohne Umschweife: »Amerikaner steigen gegenüber im *Hôtel d'Angleterre* ab, Monsieur.«

»Das mag sein. Aber ich bin mehrere Stunden durch die Verdunkelung gefahren. Unterwegs habe ich drei Kühe und einen deutschen Saboteur überfahren. Es ist mir zu gefährlich, im Dunkeln über die Straße zu gehen, Madame, selbst um eine bessere Hotelunterkunft zu finden. Ich hätte gern ein Zimmer mit eigenem Bad. Wären Sie so nett?«

»Wir haben Zimmer mit Bad für französische Patrioten auf Urlaub von der Front, Monsieur.«

Mac zog seine vernarbte Augenbraue hoch. »Haben Sie ein solches Zimmer zur Verfügung? Frei? Heute nacht?«

»Oui, aber ...«

»Ich nehme es. Da es verfügbar ist.«

Sie seufzte. »Da es heute nacht nicht besetzt ist – aber es kostet zehn Francs extra.«

Er wußte nur zu gut, daß das *Hôtel d'Angleterre* auf der anderen Straßenseite nur über Etagenbäder und -toiletten verfügte. Zu jeder Tages- und Nachtzeit standen amerikanische und britische Journalisten in den düsteren Fluren Schlange, um die Einrichtungen zu benutzen. Manche ließen sich in ihrer Not dazu herbei, um drei Uhr morgens zu baden, um den Andrang zu vermeiden. Andere gaben das Baden ganz auf und rieben sich nur einmal am Tag mit Scotch ein, um die Keime abzutöten.

Mac lächelte geduldig und reichte ihr eine Zehn-Franc-Note.

»Und wann werden Sie abreisen, Monsieur?«

»Gegen Mittag – in einem oder zwei Monaten.« Er wußte, daß er bis dahin ein Dutzend mal zwischen Nancy und Paris hin und her pendeln würde, aber er wollte die Registrierung nicht mehr als einmal über sich ergehen lassen. Er würde das Zimmer langfristig behalten.

Die Frau schürzte ihre Lippen und sah den alten Mann mit dem Schrubber an, der eine Pause eingelegt hatte, um die interessante Unterhaltung zu verfolgen. Mit einem angewiderten Achselzucken schob sie ein Registrierformular und einen polizeilichen Fragebogen über den Walnußholztresen und nahm dann einen Zimmerschlüssel von seinem Haken an einer Reihe von Ablagefächern. Sie warf ihn auf den Tresen. Nach einem letzten verächtlichen Blick auf das amerikanische Abzeichen klingelte sie mit hoheitsvoller Geste nach dem Hoteldiener und verschwand ohne ein weiteres Wort in ihrem Büro.

Die oberen Flure des *Hôtel Thiers* waren so schwarz wie die dunkelste Straße in Nancy. Ob dies einem Plan des sparsamen Besitzers entsprang, um Stromkosten zu sparen, oder verhindern sollte, daß deutsche Flugzeuge das Hotel ausmachten und in Fetzen zerbombten, vermochte Mac nicht zu entscheiden. Während er sich zu seinem Zimmer vortastete, stellte er sich vor, daß mehr Hotelgäste umkamen, indem sie über Geländer stürzten oder Treppen hinunterfielen, als jemals von der Luftwaffe getötet werden würden. Auch Herzanfälle aufgrund des Schreckens, auf dem stockfinsteren Korridor mit anderen Gästen zusammenzustoßen, mochten auf der Liste der Todesursachen stehen. Darüber hinaus schien die Atmosphäre auf den oberen Stockwerken des *Thiers* die perfekte Kulisse für einen Mord in einem Charlie-Chan-Film abzugeben.

In seinem Zimmer war der schwarze Vorhang zugezogen und das Licht eingeschaltet. Sein Zimmer, das im zweiten Stock lag und zum Platz hinausblickte, war tatsächlich mit Toilette, Wanne und Becken ausgestattet, in einem winzigen Alkoven, der früher einmal ein Kleiderschrank gewesen sein mußte. Zumindest konnte es ihm nicht passieren, daß er während einer Verdunkelung mit einem wildfremden Menschen vom anderen Ende des Flurs zusammen in die Badewanne stieg. Freilich mußte er über die Toilette hinwegsteigen, um ans Waschbecken zu gelangen, und die Badewanne war für einen der sieben Zwerge bemessen, aber immerhin gehörte sie ihm allein.

Der hellblau gestrichene Schlafraum war klein. Sehr klein. Nicht dazu geeignet, Gäste zu empfangen. Unter dem Fenster stand ein kleiner Schreibtisch mit einer Leselampe und einem Stuhl mit senkrechter Lehne. Auf der Schreibunterlage lag Papier mit dem Briefkopf des Hotels säuberlich ausgebreitet, daneben ein Füllfederhalter. An der rechten Wand stand ein kleines, schmales Bett mit dunkelblauer Decke und ohne Kissen. Über dem Bett hing ein dilettantisch ausgeführtes Ölgemälde eines Bergmotivs aus den Alpen. An der gegenüberliegenden Wand ragte ein monströser viktorianischer Kleiderschrank aus Wurzelahorn auf. Zu dem Furnier aus tausend kleinen Ahornaugen hatte er geschnitzte Klauenfüße, die das Ding aussehen ließen, als ob es jederzeit aus dem Zimmer wandern und nach Menschenfleisch suchen könnte, um es zu verschlingen. Mac empfahl ihm in Gedanken die Frau am Empfang als ersten Gang.

»Genau wie ich es gern habe«, murmelte Mac und warf seinen Leinensack in den Bauch des Kleiderschrankes. »Ein Zimmer mit Persönlichkeit.« Müde fuhr er sich mit der Hand über die rauhen Stoppeln auf seiner Wange. »Es macht nicht viel her, aber es ist ein Zuhause.«

Natürlich war es alles andere als ein Zuhause. Er war nirgendwo zu Hause. Auf der Ladefläche von Armeelastern oder mitten im Gewitter unter Brücken zu schlafen war kein Leben, aber es gehörte zu seinem Lebensunterhalt.

Nancy würde bald voller Journalisten aus New York und der *Fleet Street* und von einem Dutzend anderer Wochenschauredaktionen sein. Die meisten Mitglieder des Presse-Corps waren alte Freunde. Selbst die Neuankömmlinge waren sich bewußt, daß er von Anfang an hier gewesen war.

Die Liste der politischen Fehler, die in Tausenden von amerikanischen Kinos über die Leinwände geflackert waren, schien endlos. Erschreckend!

Er hatte mit der Hingabe eines Mannes, der glaubte, eine Mission zu haben, über den Erdrutsch in Richtung Krieg berichtet. »Zeigt ihnen nur die Fakten auf Film. Sie werden sich wie ein Mann erheben und dem ein Ende machen!«

Heute war ihm sein naiver Idealismus peinlich.

Ja. Durch seine Objektive hatten sie die deutsche Luftwaffe während des spanischen Bürgerkrieges in Aktion gesehen. Hatte Mac nicht nach der Bombardierung die toten Zivilisten in den Straßen von Barcelona gefilmt? Jene lange, reglose Reihe hingeschlachteter spanischer Kinder, die seltsam verrenkt auf dem Bürgersteig aufgereiht lagen … Hatte er nicht das Gesicht der Mutter eingefangen, die ihren toten Sohn in den Armen hielt? Hatten die Zuschauer gedacht, ihre Tränen wären nicht echt? Bildeten sie sich ein, das tote Kind würde die Augen öffnen und wieder zum Leben erwachen?

Amerika und die freie Welt waren bestens informiert, und doch hatte ihr Wissen, daß andere litten, nicht zu einer Linderung dieses Leidens geführt. Vielleicht hatte es die Leute nur abgestumpft, es so in Schwarzweiß vor sich zu sehen, eingezwängt zwischen dem Zeichentrickfilm und den Vorankündigungen neuer Filme. Vielleicht beobachteten sie Tod und Tyrannei mit distanziertem Interesse, als ob diese Dinge ihnen niemals nahe kommen und ihr Leben mit einem persönlichen Grauen berühren könnten.

Nur wieder einmal eine Vorankündigung …

Spanien war eine Vorankündigung dessen, was in Polen geschehen war. Polen war eine Vorankündigung für die Vorführung, die demnächst in Frankreich beginnen würde. Nun konnte nichts mehr verhindern, daß der Blitzkrieg Millionen Menschen in Mitleidenschaft zog. Es war zu spät.

Der Tod wartete geduldig darauf, auf die andere Seite der französischen Maginotlinie hinüberzuspringen. Und so war Mac hergekommen, um ebenfalls zu warten.

Er hatte den Untergang Polens überlebt – es war wie eine Art persönliches Wunder gewesen. Doch heute abend hatte er das Gefühl, daß alles, was er dort gesehen hatte, Kinderkram war verglichen mit dem, was sich unweigerlich bald hier auf der Türschwelle des *Hôtel Thiers* ereignen würde.

In der Zwischenzeit würde dies sein Zuhause sein. Zumindest so lange, bis die deutsche Offensive ernsthaft begann.

Mac würde sich in diesem kleinen Zimmer mit eigenem Bad häuslich einrichten, bis irgendein Stuka-Bomber seine Ladung auf dem Dach abladen würde – so, wie es ein Stuka-Bomber mit dem Hotel *Bristol* in Warschau getan hatte. Dann würde Mac McGrath seine Kamera einpacken und abreisen.

* * *

Sporen klirrten auf dem Fußboden des Berliner Gestapo-Hauptquartiers, als SS-General Reinhard Heydrich in Richtung Filmvorführraum schlenderte.

Mausgrau und harmlos wirkend, saß der Chef der Gestapo, Heinrich Himmler, auf seinem hölzernen Schaukelstuhl und putzte sich seine Brille.

»Heil Hitler, Heydrich.« Himmler machte sich nicht die Mühe aufzublicken, als Heydrich den spartanisch eingerichteten Raum betrat. »Mein Gott, Heydrich, nehmen Sie Ihre Sporen ab. Halten Sie sich für einen Cowboy?«

Heydrich ließ sich auf einen Stuhl fallen und hob die Beine, um seine Sporen in der Armlehne von Himmlers Sessel zu vergraben. »Was wollen Sie von mir, Herr Reichsführer?« fragte Heydrich in gelangweiltem Ton. »Ich hoffe, es lohnt sich! Ich habe heute abend eine Verabredung mit einem hübschen Mädchen, das zu großen Leistungen in Ihrem Zuchtprogramm bestimmt ist.« Er warf seine Handschuhe in Himmlers Richtung. »Sie verstehen? Hoffentlich ist es wichtig. Ich hatte vor, heute abend einen bedeutenden Beitrag zum Lebensborn zu leisten. Vielleicht einen zweiten kleinen Reinhard zu zeugen, wer weiß?«

Himmler sah ihn amüsiert an. Muskulös, sportlich und roh wirkte Reinhard Heydrich wie das genaue Gegenteil seines weich aussehenden früheren Lehrers, der nun an der Spitze der deutschen Geheimpolizei stand. Doch Heydrich stellte auch das deutsche Männlichkeitsideal dar.

»Ihr Eifer, das Vaterland zu bevölkern, ist erfreulich, Heydrich. Aber hier habe ich etwas, das Sie vielleicht fast ebenso interessant wie die Kopulation finden werden.«

»Unmöglich.«

Daraufhin hob Himmler seine Hand und schnippte mit den Fingern. Sofort wurde der Raum verdunkelt. Das Ticken des Projektors drang aus dem Vorführraum wie eine Zeitbombe. Auf der Leinwand erschienen die stummen Bilder einer amerikanischen Wochenschau.

»Das ist der amerikanische Botschafter in Polen, Herr Biddle. Er verließ Warschau mit einer Karawane von Automobilen, vollgestopft mit verängstigten Leuten …« kommentierte Himmler leichthin die Szene, die Biddle zeigte, wie er seinen Mantel ablegte und half, »USA« auf das Dach eines Fahrzeugs zu malen. Die nächste Einstellung schnitt zu dem niedrigen Anflug einer *Messerschmitt*, die ihre Salve auf die Straße abschoß und die Flüchtlinge in alle Richtungen auseinanderspritzen ließ.

»Und?« Heydrich verschränkte seine Arme und seufzte. »Die Luftwaffe hat also Jagd auf den amerikanischen Botschafter gemacht. Amüsant, aber mein Fräulein wartet, Himmler. Kommen Sie zur Sache.«

Himmler hob einen Finger, um anzudeuten, daß das Entscheidende gleich kommen würde. Die Kamera schwenkte über den Staub der Straße und blieb an den zerschossenen Leibern hingemetzelter Flüchtlinge hängen. Sie fing die verblüfften und erschrockenen Gesichter der Überlebenden ein und holte schließlich eine bizarre Gestalt mit einer Gasmaske heran. Für einen winzigen Augenblick wurde die Gasmaske gelüftet, so daß die angespannten Züge eines Mannes zum Vorschein kamen.

In diesem Moment rief Himmler dem unsichtbaren Filmvorführer zu: »Halt!«

Die Augen des eingefrorenen Bildes schienen voller Grauen direkt zu Himmler und Heydrich zu schauen.

»Wo haben Sie das her?« Heydrich setzte sich abrupt auf, und seine Sporen klirrten auf dem Fußboden.

»Kann Ihr Fräulein jetzt warten, Heydrich?«

»Richard Lewinski!«

»Ganz richtig.« Himmler lehnte sich befriedigt zurück. »Unter dem Schutz der Amerikaner aus Polen entkommen.«

»Aber ... seine Kollegen von der Warschauer Universität haben meine Mitarbeiter informiert ...«

»Es ist allgemein bekannt, daß Menschen unter Folter alles sagen und sich jede Lüge einfallen lassen, von der sie glauben, daß ihre Peiniger sie hören wollen. Seine Kollegen in Warschau wußten, daß Sie seinen Tod wünschten. Also sagten sie, er sei ums Leben gekommen. Das verschaffte ihnen einen rascheren Tod. Sie werden Ihren Männern feinfühligere Methoden der Informationsbeschaffung beibringen müssen. Es ist die Hoffnung auf Überleben, die einen Gefangenen, dem Schmerzen zugefügt werden, dazu bringt, die Wahrheit zu sagen.«

»Dann ist Lewinski also am Leben«, flüsterte Heydrich fassungslos.

»Zuletzt wurde er in Budapest gesehen.«

»Wie sind Sie an diesen Film gekommen? Erstaunlich!«

»Diese Wochenschau wurde in jedem Kino in Amerika gezeigt, mein lieber Reinhard. Unzensiert. Aufgenommen von einem amerikanischen Wochenschau-Kameramann. Ein Mitglied unseres Bundes in New York betreibt dort ein Filmtheater. Er hatte den glänzenden Einfall, daß dieser Film für uns von Nutzen sein könnte. Es erschien ihm lohnend, zu wissen, wer wohl wichtig genug war, um bei der Flucht aus Polen vom amerikanischen Botschafter mitgenommen zu werden. Ihr Lewinski war das einzige Mitglied in Biddles Gefolge, das ein *Enigma* blieb, wenn Sie den Doppelsinn verzeihen wollen. Ich erkannte ihn sofort, als ich den Film sah.«

»Ist er immer noch in Budapest?«

»Wir haben einige Agenten darauf angesetzt, das herauszufinden. Meine Vermutung ist, daß er inzwischen wieder in Amerika bei seinem alten Freund Albert Einstein ist. Möglicherweise ist er, wie Sie sagten, keine Bedrohung für unser Projekt. Aber wer kann das sagen? Ich nehme an, sein Potential ist schlimm genug – angesichts seiner unverhohlenen Abneigung gegen das Reich.«

Heydrichs Mund war eine harte Linie der Entschlossenheit. »Er muß liquidiert werden.«

»Falls er in Amerika ist, läßt sich das bei einem solchen brillanten Idioten wie Lewinski leicht bewerkstelligen. Er wird auf die Straße treten und unter die Räder eines Busses geraten. Oder in seiner Badewanne ertrinken. Oder sich vielleicht die Pulsadern aufschneiden?«

»Das wäre am besten. Selbstmord. Seine Frau und seine Tochter sind in Warschau ums Leben gekommen. Das wurde überprüft. Sonst hatte er nichts in seinem Leben außer der Mathematik. Grund genug, sich umzubringen. Wir haben doch Agenten in Amerika, die in der Lage sind, diese Aktion durchzuführen?«

»Wenn Lewinski auf der Schwelle seiner amerikanischen Kollegen aus Princeton auftaucht – wenn er ihnen ein Telegramm schickt oder sie anruft und seinen Aufenthaltsort nennt –, ist er ein toter Mann. Es gibt drei Männer – amerikanische Juden –, mit denen Lewinski während seiner Studienzeit in Princeton eng zusammengearbeitet hat. Jeder von ihnen wird sorgfältig beobachtet. Ihre Telefone werden abgehört. Was getan werden kann, wird getan. Eines Tages wird Lewinski zu einem seiner alten amerikanischen Freunde Kontakt aufnehmen, und dann ...« Himmler berührte den Griff seines Dolches.

»Halten Sie mich auf dem laufenden.«

»Das hatte ich vor.« Himmler lächelte dünn. »So! Viel Spaß heute abend, Heydrich. Meine Empfehlungen an das Fräulein. Heil Hitler.«

16

Heute war Besuchstag. Jerôme und Marie warteten geduldig neben dem steinernen Torbogen, durch den man in den Innenhof des *Hôtel des Invalides* gelangte, auf Onkel Jambonneau.

Der *Invalidendom* war ein riesiges Gebäude, in dem die alten Soldaten der französischen Republik untergebracht waren. Napoleon selbst war über dieses Kopfsteinpflaster gegangen, um seine Truppen zu mustern, hatte Onkel Jambonneau ihnen erklärt. Dieser Ort war angefüllt mit stolzer Geschichte.

Die goldene Kuppel von Napoleons Mausoleum leuchtete über die Dächer der Gebäude hinweg. Letzten Monat waren Jerôme und Marie mit ihrem Onkel hinaufgegangen, um die Grabstätte des Kaisers zu besuchen. Sie war ein beeindruckendes Denkmal aus grünem und schwarzem Marmor, das von einem runden, polierten Steinsockel zwei Stockwerke hoch aufragte. Jerôme dachte sich, daß Napoleon Bonaparte ein wahrer Riese von einem Mann gewesen sein mußte, wenn er ein so großes Grab brauchte.

In dem Gebäude war es still und feierlich gewesen. Jerôme hatte sich entsprechend beeindruckt gezeigt. Onkel Jambonneau hatte ihm von dem großen Napoleon erzählt und davon, wie gegenwärtig die Ehre Frankreichs durch Hitler und seine Deutschen bedroht war, und Jerôme hatte fast geweint.

Es war ein sehr guter Tag gewesen, bis Papillon von Onkel Jambonneaus Schulter auf den Hut einer Engländerin gesprungen war. Wer konnte einer Ratte einen Vorwurf daraus machen, daß sie Lust auf Weintrauben und Erdbeeren hatte? Selbst Jerôme konnte sehen, daß der Kopfputz wie ein Obstkorb aussah.

Leider gehörte die Frau nicht zu den Leuten, die wußten, daß die Ratte Onkel Jambonneaus Schoßhündchen war. Ihr ungehobelter englischer Ehemann versuchte, den armen Papillon mit einem Regenschirm zu erlegen. Es war eine sehr laute und unangenehme Szene. Nachdem die Frau davongetragen worden war, eskortierte man Onkel Jambonneau, Marie, Jerôme und Papillon hinaus und bat sie, niemals wiederzukommen. Aber das war egal. Sie hatten alles gesehen, was es dort zu sehen gab, und noch eine Menge mehr.

Der Vorfall verschaffte Onkel Jambonneau viele vergnügliche Stunden, in denen er sich gegenüber den anderen alten Soldaten auf seiner Station wütend über die dumme und arrogante Rasse der Engländer ausließ. Es waren die Engländer, sagten die alten Soldaten, die Frankreich in den gegenwärtigen Krieg mit den Deutschen getrieben hätten.

»Jetzt stehen wir da. Wir haben bereits das große Opfer gebracht, und nun müssen wir Franzosen wieder einmal für England kämpfen und sterben. Die haben keine Selbstachtung!«

Jerôme konnte sich nicht vorstellen, wie Papillons Sprung auf den Hut der Engländerin eine so ausgedehnte Diskussion über den Krieg mit den Nazis hatte hervorrufen können, doch Onkel Jambonneau machte einen sehr angeregten Eindruck, als es für Marie und Jerôme Zeit war, nach Hause zu gehen. Seither war Onkel Jambonneau nicht mehr auf die *Knoblauch* zu Besuch gekommen, vielleicht wegen des bitterkalten Wetters. Jerôme hatte ihn vermißt, und Papillon auch.

Diese Besuche einmal im Monat waren vielleicht das Wunderbarste am *Invalidendom*. An diesem Tag hatten die Pensionäre die Erlaubnis, zwei Gäste zum Mittagessen einzuladen. Manche der alten Soldaten hatten niemanden, den sie einladen konnten, und so teilte Onkel Jambonneau Jerôme und Marie mit ihnen. Da waren alte Soldaten, die keine Beine mehr hatten oder denen vielleicht eine Hand oder ein Arm fehlte. Doch sie alle konnten noch lächeln, wenn Jerôme und Marie zu Besuch kamen. Dies war vielleicht der einzige Ort in Paris, an dem sie ohne Argwohn willkommen waren.

In dem riesigen Speisesaal saßen sie an langen Tischen und aßen köstliches heißes Essen und soviel Brot, wie sie wollten. Jerôme stopfte sich immer die Taschen mit Brötchen voll, die dann noch für mehrere Tage reichten. Außerdem erhielten sie freien Eintritt in die Museen und sogar zum Eiffelturm. Natürlich konnte Onkel Jambonneau eigentlich nichts sehen, aber er hatte dennoch über alles noch allerhand zu sagen. Papa nannte das monatliche Zusammensein mit dem Onkel einen »Bildungsausflug«. Zudem fand Papa es sehr gut, daß der ganze Spaß nichts kostete. Dieses Ereignis ließen sich Jerôme und Marie niemals entgehen.

Gestern abend hatten sie in der großen Kupferwanne unter Deck auf der *Knoblauch* gebadet. Papa hatte ihre Kleider gekocht und nahe bei dem Kerosinofen zum Trocknen aufgehängt. Die dünne Baumwolle von Maries Kleid trocknete rasch. Jerômes Hosen waren noch feucht am Bund, doch er hatte sie ohne Klagen angezogen. Er wollte keinen Augenblick des Tages versäumen.

Doch heute war es Onkel Jambonneau, der zu spät kam. Die meisten anderen Gäste waren bereits in den Hof eingelassen und dann durch die Säulengänge in die Empfangshallen geführt worden. Es war kalt hier draußen. Marie zitterte schon, und bald würde das Essen beginnen. Wo war Onkel Jambonneau?

Der uniformierte Soldat in dem kleinen Wachhäuschen sah durch seine Fensterscheibe Jerôme und Marie an. Er war neu hier, jung, mit einem spitzen Gesicht und einem dünnen Schnurrbart.

Er lehnte sich halb aus der Tür, weil es zu kalt war, um ganz herauszukommen. »Worauf wartet ihr Gören?« Ein unangenehmer Mensch, entschied Jerôme.

»Mein Onkel Jambonneau kommt gleich. Er wohnt hier. Meine Schwester und ich sind zum Essen eingeladen.«

Als er das Wort »Essen« hörte, fuhr sich der Soldat mit der Zunge über die Zähne und duckte sich wieder hinein. Er öffnete eine Blechdose und brachte drei Sorten Käse, ein dick mit Schinken und Hühnchen belegtes Brot, zwei Orangen und eine Flasche Milch zum Vorschein.

»Hoffentlich kommt Onkel bald«, sagte Marie mit klappernden Zähnen.

Jerôme sah zu, wie der Soldat das Brot mit beiden Händen packte und den Mund weit aufsperrte, um Brot samt Fleisch hineinzubefördern. Jerôme knurrte der Magen. Wenn Onkel Jambonneau nicht bald kam, würden sie das Mittagessen vielleicht ganz verpassen.

Der Soldat verzehrte das Brot und leckte sich Senf von den Fingern. Dann schüttete er die Milch in sich hinein. Er aß seinen Käse und schälte dann die Orangen – eine nach der anderen.

Der Hof hinter dem Tor lag still und verlassen da. Keine Besucher waren zu sehen, die herumgingen und alte Kanonen bewunderten oder sich über Napoleon oder die alten Kriege unterhielten.

Wo war Onkel Jambonneau?

Der Wachmann beendete sein Mittagessen und wischte sich die Hände an einer Serviette ab.

Jerôme ging auf das Wachhäuschen zu. Er klopfte an die Fensterscheibe. Der Soldat sah ihn verärgert an und rief dann durch die Scheibe hindurch: »Was ist los? Siehst du nicht, daß ich beschäftigt bin?«

Jerôme rief zurück: »Mein Onkel wohnt hier. Meine Schwester und ich …«

Der Soldat hob ungeduldig die Hand. Er öffnete die Tür einen Spalt. Jerôme spürte die Wärme des kleinen Wachraums nach draußen strömen.

»Also, was willst du?«

»Mein Onkel Jambonneau ist Pensionär hier. Wir waren zum Mittagessen eingeladen.«

»Na, das habt ihr verpaßt, soviel steht fest. Inzwischen ist alles aufgegessen, und die Knochen sind abgenagt, kleiner Bettler.«

»Ich bin kein Bettler«, empörte sich Jerôme. »Mein Onkel wohnt hier. Meine Schwester und ich haben gewartet, und er hat uns nicht abgeholt.«

»Und was soll ich da machen?«

»Er ist ein Patriot, der im großen Krieg durch Giftgas blind geworden ist. Vielleicht ist er gestürzt oder hat sich verirrt.« Doch das bezweifelte Jerôme, denn der kleine Papillon flüsterte Onkel Jambonneau ständig ein, wo entlang er gehen und wo er seine Füße hinsetzen sollte.

»Nun«, sagte der Soldat, ein wenig gedemütigt durch den Umstand, daß der Onkel ein alter Soldat und auch noch blind war. »Ich werde an der Rezeption anrufen. Seinen Name und euren, bitte.«

»Corporal Jambonneau Jardin. Und ich bin sein Neffe Jerôme, und meine Schwester, die Sie da zitternd stehen sehen, heißt Marie.«

Der Soldat nickte und schloß die Tür und unter Jerômes wachsamen Augen wiederholte er mit gedämpft klingender Stimme die Namen aller Beteiligten und die Situation. Während er auf eine Antwort wartete, musterte er seine Fingernägel.

»Oui. Ich werde es ihnen sagen.« Er legte den Hörer auf. Die Tür öffnete sich einen Spalt. »Kein kostenloses Mittagessen heute. Euer Onkel Jambonneau ist schwer krank. Lungenentzündung.« Das sagte er so ungerührt, als ob er Jerôme nur die Ankunftszeit des nächsten Busses nennen wollte. »Er ist in Quarantäne. Da ihr noch Kinder seid, werdet ihr ihn nicht besuchen dürfen. Lauft jetzt nach Hause und sagt allen, die es etwas angeht, daß der alte Mann vielleicht sehr bald stirbt.«

* * *

»Wie sehe ich aus, Jerôme?« Papa rückte sich vor dem trüben Spiegel, der unter der Luke der *Knoblauch* hing, seine blaue Baskenmütze zurecht.

»Gut«, sagte Jerôme und kratzte sich staunend am Kinn.

»Sehr gut!« zwitscherte Marie. Sie hatte die Verwandlung nicht beobachtet und wußte daher nicht, wer der Fremde war, der da vor ihrem Spiegel stand. »Aber wer sind Sie, Monsieur?«

»Papa«, erwiderte der Mann.

Er hatte Papas Stimme, sah aber gar nicht wie Papa aus.

Es war ein erstaunlicher Anblick. Papa war sauber. Nicht nur Hände und Gesicht hatte er sich gewaschen, sondern den ganzen Körper in der Kupferwanne. Außerdem hatte er sich seinen struppigen Bart abrasiert, bis nur noch ein schwarzes Spitzbärtchen sein Kinn zierte. Jerôme hatte ihm die Haare im Nacken geschnitten. Er roch nach Seife und Mottenkugeln. Die ausgefransten weißen Manschetten seines Hemdes ragten unter den zu kurzen Ärmeln seines alten blauen Anzugs hervor, und zwischen dem Saum seiner Hosen und dem oberen Rand seiner Schuhe klaffte eine Lücke. Dennoch war es lange her, daß Jerôme und Marie Papa so gutaussehend erlebt hatten. Vielleicht seit Mamas Beerdigung nicht mehr. Wahrlich eine lange Zeit.

»Jetzt werden sie dich hineinlassen, um Onkel Jambonneau zu besuchen«, sagte Jerôme zuversichtlich. »Sie werden nicht einmal auf den Gedanken kommen, du könntest derselbe Mann sein.«

Marie, die auf einer Taurolle saß, stimmte zu. »Sie können dem Soldaten am Tor sagen, daß Sie der andere Bruder von Onkel Jambonneau sind.«

»Jambonneau hat keinen anderen Bruder außer mir«, sagte Papa streng.

»Aber Sie sehen nicht so aus wie dieser Bruder.« Marie musterte das Gesicht ihres Vaters. Sie entdeckte kaum eine Ähnlichkeit mit Papa. »Monsieur, Sie sehen ganz anders aus als unser anderer Papa, der Onkel Jambonneaus anderer Bruder ist. Ich glaube, für Onkel Jambonneau macht es gar keinen Unterschied, wem Sie nicht ähnlich sehen, denn er ist blind.«

»Aber Marie! Onkel Jambonneau hat nur einen Bruder! Wir haben nur einen Papa«, erklärte Jerôme aufgebracht.

»Oui, Jerôme!« erwiderte sie in hochmütigem Ton. »Das sehe ich, ich habe ja Augen. Da ist er – der Monsieur – nur eine Person. Trotzdem werde ich den anderen Papa vermissen, jetzt, wo er weg ist. Er war sehr lieb, obwohl er schlecht roch und uns manchmal geschlagen hat.«

Jerôme und Papa starrten finster zu ihr hinab. Papa legte eine Hand an die Wange und seufzte. »Sie ist zu jung, um sich an mich zu erinnern, Jerôme. Es ist wohl zu lange her, seit sie mich gesehen hat, wie ich war.« Er kniete neben Marie nieder und lächelte sie an. »Ich werde dir eine Geschichte erzählen, die dir verstehen hilft, daß ich derselbe bin.« Er blickte nach oben, als stünde die Geschichte an der Frachtluke geschrieben. »Als dein Papa ein kleiner Junge auf einem Bauernhof war, hatte er ein Schwein. Es war ein sehr schmutziges Schwein. Von Kopf bis Fuß mit Schlamm bedeckt. Bevor wir es zum Markt brachten, hat Papas Vater das Tier gewaschen. Unter all dem Schmutz hatte das Schwein eine weiße Haut, und plötzlich erkannte dein Papa es nicht mehr, weil es sauber war. Aber voilà! Es war dasselbe Schwein! Soooooo.« Papa ließ langsam den Kopf wieder sinken. Er hob die Hände, wie um zu sagen, daß die Geschichte zu Ende sei.

»Oui«, sagte Marie nachdenklich. »Und?«

»Nichts ›und‹, ma chérie! Denk nach! Ich, ich selbst, genau ich … bin dieses Schwein!«

Marie drehte sich langsam auf der Taurolle hin und her und beäugte Papa mit tiefem Argwohn. »Wenn Sie es sagen, Monsieur.«

Papa lächelte befriedigt, klatschte einmal in die Hände und stand auf. »Da. Nimm dir ein Beispiel daran, Jerôme. Sprich klar und deutlich, und jeder wird dich verstehen.«

17

Josephine hatte Wochen gebraucht, um die Londoner Adresse der Mutter und der Schwestern des polnischen Grafen ausfindig zu machen. Alexander Riznow war der Major, der Josie in der letzten Nacht der Warschauer Belagerung zu Pferd aus der untergehenden Stadt gebracht hatte.

Sie hatte dem jungen Offizier das Versprechen gegeben, seine Familie ausfindig zu machen, doch Josephine schien es, als ob die Gräfin vielleicht nicht gefunden werden wollte. Josie hatte sich mehrmals in Whitehall nach dem Aufenthaltsort der polnischen Gräfin Riznow erkundigt und war jedesmal verhört und angestarrt worden, als wäre sie eine Spionin.

Endlich setzte Josie auf Almas Vorschlag hin eine Anzeige in die *Times.*

»Suche Gräfin Riznow. Sohn sendet Grüße. Bitte um Antwort. Vertraulich. The Times. Box 240.«

Nach zwei Tagen traf die Antwort auf schwerem Briefpapier mit Monogramm und Wasserzeichen ein. Die Gräfin und ihre beiden jugendlichen Töchter hatten eine kleine Wohnung unweit des *Sloane Square* bezogen, in Nummer 3 *Cadogan Gardens*, Apartment G. Eine Telefonnummer enthielt die Mitteilung nicht, dafür aber eine Einladung zum Tee am Donnerstag nachmittag.

Es regnete, als Josie aus der U-Bahn-Station am *Sloane Square* stieg. Da sie zwanzig Minuten zu früh dran war, schlenderte sie noch ein wenig an den Schaufenstern des Kaufhauses *Peter Jones* entlang, bevor sie in das Straßengewirr eintauchte, um nach der Wohnung zu suchen.

Cadogan Gardens war eine hübsche, viktorianische Wohngegend; stattliche Häuser aus roten Ziegeln mit steilen Schieferdächern und einem Wald von Schornsteinen.

Nummer drei, nahe an der Straßenecke, blickte direkt über die laublosen Bäume der Parkanlage hinweg. Die Wohnung der Riznows befand sich im dritten Stock des Gebäudes, und der Lift war aufgrund irgendeiner Kriegsvorschrift außer Betrieb.

Josie schüttelte im Treppenhaus das Regenwasser aus ihrem Schirm und drückte den Klingelknopf für Apartment G.

Augenblicke später, als sie gerade ihre Hand hob, um an die Tür zu klopfen, wurde geöffnet. Eine junge Frau von ungefähr achtzehn Jahren mit roten, geschwollenen Augen begrüßte sie in stockendem Englisch.

»Ich spreche Französisch«, erwiderte Josie, die wußte, daß die meisten polnischen Aristokraten sich vorwiegend auf Französisch verständigten. Dann stellte sie sich als die Frau vor, die die Anzeige in der *Times* aufgegeben hatte.

Das Mädchen schien erleichtert zu sein. Es trat zur Seite und eskortierte Josie in ein blasses, cremefarbenes Wohnzimmer, das von einem kleinen Kohlenfeuer erwärmt wurde. Drei regennasse Doppelfenster blickten auf die benachbarten Dächer hinaus. Obwohl die Vorhänge zurückgezogen waren, um so viel Licht wie möglich hereinzulassen, war die Atmosphäre düster.

»Mutter«, sagte das Mädchen vorsichtig, »dies ist Madame Marlow. Sie hat die Anzeige aufgegeben. Wegen Alexander.«

Gräfin Riznow, eine silberhaarige Frau in einem langen schwarzen Kleid von vergangener Eleganz, saß am Fenster und blickte mit unendlicher Müdigkeit in die Welt hinaus. Sie drehte leicht den Kopf, als ob sie Josies Gegenwart nur undeutlich bemerkte. Dann streckte sie mit hoheitsvoller Geste ihre Hand aus.

»How do you do?« Ihr Englisch war erheblich besser als das ihrer Tochter. »Wollen Sie sich nicht setzen, Madame Marlow? Wir haben leider im Moment kein Personal. Aber Danielle wird uns den Tee servieren.«

Josie nahm Platz. Sie kam sich unbeholfen und nicht sonderlich willkommen vor. »Ich versuche schon seit einiger Zeit, Sie zu erreichen, Gräfin. Ich bin bereits seit einigen Wochen wieder in London.«

Die Frau nickte einmal langsam zur Bestätigung, als ob diese Unterredung eine reine Formsache wäre.

Josie fuhr fort. »Ihr Sohn Alexander hat mir Ihre Londoner Adresse gegeben, aber die Nazis haben sie mir abgenommen, als ich Warschau verließ.«

»Natürlich.« Sie winkte mit der Hand, und ihre Tochter zog sich in die Küche zurück.

»Es ging ihm sehr gut, als ich ihn zuletzt sah.« Josie versuchte, heiter und enthusiastisch zu klingen. Würde sie den Schleier der Verzweiflung lüften können, der über dem kleinen Zimmer lag?

»Es ging ihm gut.« Das war keine Frage, sondern eine knappe, emotionslose Bemerkung, als ob die Erinnerung ihre eigene sei. »Alexander … ging es gut …«

»Ja. Ich war während der Belagerung in der *Sankt Johannes*-Kathedrale. Er kam in der letzten Nacht vor der Kapitulation, um mich aus der Stadt zu bringen. Er bat mich, Ihnen eine Nachricht nach London zu bringen. Er wollte, daß ich Ihnen sage, daß er Sie alle liebt und daß es ihm gut geht.«

»Ist das alles?«

»Für mehr war keine Zeit, Gräfin. Außer …« Sie biß sich auf die Lippen und blickte auf die Spitzen ihrer schwarzen Militärstiefel hinab. »Ihr Sohn ist ein wunderbar tapferer junger Mann. Er … und die anderen, die Warschau verteidigten … nun, ich kann nicht genug Lobendes über sie sagen. Ich war dort, und sie haben Außergewöhnliches geleistet. Sie haben die Stadt bis zur letzten Kugel verteidigt, Madame. Ich weiß, daß Gott einen Mann wie Ihren Sohn nicht im Stich lassen wird. Er wird überleben. Ich weiß es einfach.«

Zum ersten Mal wandte Gräfin Riznow Josie ihr Gesicht zu. Ihre Augen waren voller Trauer und Verlegenheit. »Madame. Es ist nett von Ihnen, daß Sie hergekommen sind. Aber – ich kann Sie nicht fortfahren lassen. Mein Sohn – mein tapferer Alexander – ist tot.«

Josie blinzelte sie sprachlos an. In der Küche kam das Teewasser brodelnd zum Kochen. Sie hörte die Tochter der Frau gedämpft schluchzen. »Ich … ich weiß nicht, was ich sagen soll. Es tut mir leid.«

»Sie haben es gut gemeint. Aber haben Sie es nicht gehört? Sie haben alle umgebracht. All die Professoren. Ärzte. Sie haben alle Krankenhäuser von Kranken und Verwundeten gesäubert. Dann alle Offiziere. Den gesamten Adel. Restlos, Madame.«

»Wie können Sie sicher sein?« fragte Josie in einem entsetzten Flüstern.

»Ein Freund, Jan Franciszkanska, entging dem Tod mit einer Kugel durch den Arm. Mein Sohn stand neben ihm in einem Graben, als sie der Hinrichtung entgegensahen. Es ging alles ganz schnell. Die Männer warteten. Die SS feuerte mit Maschinenpistolen. Alexanders Körper fiel über Jan. Er blieb dort unter den Leichen liegen, bis die SS verschwunden war. Die ganze Nacht über wartete er. Dann … kroch er hinaus. Er entkam aus Polen.« Sie zuckte die Achseln. »Ich kann sicher sein, Madame. Mein Sohn ist tot. Mein Heimatland ist tot. Dennoch danke ich Ihnen, daß Sie gekommen sind.«

* * *

In den Tagen nach Horst von Böckmanns Rückkehr aus Warschau ging ihm ständig das Gesicht der ermordeten Polin durch den Kopf.

In seinem Quartier im angesehenen Berliner Hotel *Adlon*, in dem er mit zwei Dutzend weiteren jungen Offizieren untergebracht war, die sich in der Schlacht ausgezeichnet hatten, hielt sich Horst meist abseits. An diesem Morgen nahm er seinen Offizierskameraden Putzi Dietrich beiseite. Putzi war seit der Kinderzeit ein alter Freund. Sie hatten gemeinsam die Offiziersschule durchlaufen, standen nun im selben Rang und kommandierten unterschiedliche Kompanien. Wenn irgendein Mensch Horsts Gefühl der Desillusionierung verstehen konnte, dann sein alter Freund.

Die beiden Männer wanderten langsam unter dem laublosen Dach aus Zweigen durch den Tiergarten. Horst begann, Putzi von den drei gekreuzigten Juden in dem Dorf und dann von der jungen Polin am Fluß zu erzählen.

»Genug.« Putzi hob die Hand, um Horst zum Schweigen zu bringen. »Ich will nichts davon hören, und du solltest nicht darüber reden. Zu niemandem, Horst. Verstehst du? Der Krieg in Polen ist für uns vorbei. Wir haben ehrenvoll gekämpft und gewonnen. Was darüber hinaus geschieht, ist nicht unsere Sache. Wir haben an unsere Karrieren zu denken. An unsere Familien.«

Er warf Horst einen eiskalten Blick zu, als ob schon die bloße Erwähnung eines Zweifels einen Verrat darstellte. »Du hast es gehört. General Stumme hat Belobigungen für uns geschickt. Darum sind wir in die Reichskanzlei gerufen. Bedeutet dir das gar nichts? Willst du das alles aufs Spiel setzen, nur weil ein übereifriger SS-Mann eine Frau erschossen hat? Es geht dich nichts an, Horst. Mitleid war schon immer deine Schwäche. Du bist zu weichherzig. Doch in dieser Situation ist Mitleid unangebracht, sogar gefährlich. Haß ist die Medizin des Soldaten. Er läßt uns leben; er treibt uns zur Rache! Bemitleide den Feind, und du verrätst Deutschland.«

Das war die vernünftige Antwort, Horst wußte es. Er bedankte sich bei Putzi, als ob dessen Ratschlag irgendwie sein Gewissen erleichtert hätte. Doch die Worte seines Freundes waren ihm kein Trost.

An diesem Nachmittag stand Horst unbehaglich zwischen den vierundzwanzig frisch beförderten Majoren in der Eingangshalle der Reichskanzlei. Kostbare Teppiche zierten den dunklen Marmorfußboden, und an den Wänden hingen Wandbehänge mit Jagdszenen aus dem vierzehnten Jahrhundert.

Die Eingangshalle war der einzige Raum in der Kanzlei, in dem das Rauchen erlaubt war, was sie zum beliebtesten Raum im Gebäude für Diplomaten und Regierungsbeamte machte, um sich zu treffen. Da Horst jedoch nicht rauchte, tröstete ihn das wenig. Zumindest hatte er seine Nerven ebenso gut im Griff wie die anderen Panzertruppen-Kommandeure; sie rauchten Kette.

Die frisch beförderten Offiziere, die sich demnächst General von Rundstedts Heeresgruppe A anschließen sollten, waren nach Berlin gerufen worden, um vom Führer persönlich empfangen zu werden, bevor sie in Urlaub gingen und dann zu ihrem nächsten Einsatz ausrückten.

Der Oberkommandierende der Westfront, General von Rundstedt, betrat die Eingangshalle vom Diplomatensalon her durch einen Durchgang, der von einem Vorhang verdeckt war. Blitzlichter von einem halben Dutzend Kameras flammten auf, als die jungen Männer Haltung annahmen und dann von Rundstedt durch den Salon in das private Wohnzimmer des Reichskanzlers folgten.

Auf einem dunklen Ledersofa saßen Joseph Goebbels, der Propagandaminister, und der hochstehende Nazifunktionär Martin Bormann. Ein Dutzend weiterer hoher Würdenträger des Reiches standen im Raum verteilt. Unter ihnen war auch der SS-General Reinhard Heydrich, der sich leise mit dem dicken Hermann Göring über die Kunst des Fechtens unterhielt. Horst wandte rasch seinen Blick von dem SS-General ab und hoffte, daß Heydrich sich nicht an ihre Begegnung auf der Straße nach Warschau erinnern würde. Heydrich und Göring ignorierten die Ankunft der Majore, die in unbehaglichem Schweigen warteten, unterstrichen von dem dumpfen Ticken der Uhr über dem Renaissance-Wappenschild, das über dem Kamin hing.

Horst schwitzte, als sich die Tür zu den Privaträumen Adolf Hitlers öffnete. Der Führer trat ein. Alle Gespräche verstummten. Goebbels und Bormann erhoben sich ehrerbietig. General von Rundstedt und die anderen salutierten schneidig. Begleitet von der forschenden Linse des Fotografen stellte der General die Majore der Reihe nach vor.

Schweißperlen bildeten sich auf Horsts Stirn, als Hitler langsam an der Reihe entlang auf ihn zu ging. Wie ein stolzer Vater sprach der Führer mit jedem der Männer, während Heydrich die Heldentaten der einzelnen aufzählte. Doch Horst hörte weder die Lobreden noch die Antworten des deutschen Führers. Die Stimmen gingen im Pochen des Herzschlags in Horsts Ohren unter. Sein Uniformkragen schien ihn erdrosseln zu wollen. Er starrte vor sich hin und sah aus dem Augenwinkel die Gestalt Hitlers näherkommen. Dann trat Reinhard Heydrich direkt in Horsts Gesichtsfeld. Heydrich zog eine Augenbraue hoch und gab ein dünnes, verschwiegenes Lächeln von sich. Lautlos formte er mit den Lippen die Worte: Glückwunsch, Major von Böckmann. Horst schluckte schwer und blinzelte den Schweiß weg, der ihm in die Augen rann. Heydrich erinnerte sich also an ihre Begegnung; er erinnerte sich an Horsts Protest.

»Gestatten Sie, daß ich Ihnen Major Horst von Böckmann vorstelle, mein Führer«, ergriff von Rundstedt das Wort. »Er zeichnete sich mehrere Male in den ersten Tagen des Kampfes aus …«

Hitler musterte Horst. Er nickte und lächelte, während die Leistungen des jungen Majors aufgezählt wurden. Doch während er lächelte, schienen seine kalten Augen tief in die Zweifel und die Furcht in Horsts geheimsten Gedanken einzudringen. Hitler klopfte ihm auf die Schulter. »Entspannen Sie sich, Major. Sie haben doch sicher nicht so gezittert, als Sie dem Feind gegenüberstanden.« Er lachte, und alle im Raum lachten mit.

Horst zwang sich zu einem schwachen Lächeln. »Nein, mein Führer.«

»Nun denn. Wir können uns darauf verlassen, daß Sie auch weiterhin Ihre Pflicht fürs Vaterland tun werden.«

»Ja, mein Führer.«

Damit war die persönliche Vorstellung beendet. Nun blieb nur noch, die Veranstaltung abzurunden, über die in den Propagandablättern berichtet werden würde.

Hitler trat zurück an den Kamin und wandte sich an die Runde. Mit den Flammen im Rücken begann er zu sprechen. »Ich habe Sie hergerufen, um Ihnen eindringlich die Wichtigkeit der Mission ins Gedächtnis zu rufen, die Ihnen anvertraut ist. Sie werden bald nach Westen ziehen, um die unaussprechlichen Ungerechtigkeiten zu beseitigen, die dem deutschen Volk durch den Versailler Vertrag angetan worden sind. Jeder von Ihnen hat in dem hinter uns liegenden Polen-Feldzug bewiesen, daß Sie die Erfordernisse der modernen Kriegführung begriffen haben: Geschwindigkeit und rücksichtsloser

Angriff! Wir dürfen uns nicht in einen Zermürbungskrieg verwickeln lassen. Wenn wir zuschlagen, schlagen wir hart zu! Sie als Panzerkommandeure und andere von den Panzerkorps Hoth, Reinhardt und Guderian werden in der vordersten Front des Blitzkrieges stehen. Wir werden nicht nur eine alte Rechnung begleichen; wir werden der Welt eine Lektion über das Kriegführen erteilen, wie sie sie noch nie erlebt hat.«

Von Rundstedt dankte Hitler im Namen der Anwesenden für den Empfang und dafür, daß er sie an seinen Einsichten hatte teilhaben lassen. »Vielleicht, mein Führer, würden Sie gern selbst eine Panzerdivision kommandieren.«

»Wenn es nur sein könnte«, stimmte Hitler ohne eine Spur von Zweifel an seiner Befähigung zu. »Leider muß ich an einem Ort bleiben, von dem aus ich einen Überblick über das Gesamtbild des Krieges behalten kann. Aber eines sollen Sie wissen«, wandte er sich wieder an die Panzeroffiziere. »Ich werde Ihre Fortschritte mit dem größten Interesse verfolgen. Sie sind die zukünftigen Generäle unseres Tausendjährigen Reiches. Eines Tages werden Sie Ihren Protegés von diesem Treffen erzählen. Und da Sie bald den Franzosen gegenüberstehen werden, möchte ich Ihnen empfehlen, das beste Werk über den Einsatz motorisierter Einheiten in der modernen Kriegführung zu studieren.«

»Das dürfte das Buch von General Guderian sein?« erkundigte sich von Rundstedt.

»Nein«, korrigierte Hitler den General mit einer ungeduldigen Handbewegung. »Es wurde von einem französischen Oberst geschrieben – sein Name ist de Gaulle. Kenne deinen Feind gut, und du wirst ihn besiegen.« Er wandte sich wieder an die jungen Majore. »Hat jemand von Ihnen dieses Buch gelesen?«

Horst hob scheu die Hand, ebenso wie Putzi Dietrich und zwei weitere, die Schüler von Erwin Rommel gewesen waren. Das Werk des Franzosen bewies seine Genialität, doch Horst wußte auch, daß es in Frankreich weitgehend ignoriert worden war. Weniger als fünfhundert Exemplare waren verkauft worden. Fünfzig davon waren an Offiziersanwärter in Deutschland gegangen, die von Erwin Rommel ausgebildet wurden.

»Dann werden Sie weiterhin an der Spitze des Rudels stehen«, endete Hitler. »Und nun habe ich noch eine Rede für mein Treffen mit den alten Kämpfern in München vorzubereiten. Bitte entschuldigen Sie mich.« Verfolgt von donnernden »Heil«-Rufen verließ er den Raum. Erst dann zog Horst sein Taschentuch hervor und wischte sich die Stirn ab.

»Nun, du hast es überlebt, Gott von Angesicht zu Angesicht zu begegnen«, sagte Putzi Dietrich.

Reinhard Heydrich stand direkt hinter Putzi. »Major von Böckmann ist ein Überlebenskünstler, glaube ich. Stimmt's, Major von Böckmann?«

»Obergruppenführer Heydrich«, stammelte Horst. »Schön, Sie wiederzusehen.«

»In etwas angenehmerer Umgebung als beim letzten Mal, was, von Böckmann?« lachte er. »Obwohl es immer angenehm ist, seine Pflicht fürs Vaterland zu tun, nicht wahr? Man kann nachts ruhig schlafen, wenn man weiß, daß die Pflicht zuerst kommt. Sie ist alles.«

Putzi wurde bleich. Zweifellos wünschte er sich, Horsts Geschichte von dem SS-Einsatz in dem polnischen Dorf nicht gehört zu haben.

»Ja, Herr General«, stimmte Horst zu, obwohl die Nähe Heydrichs Übelkeit in ihm erregte.

»Ich habe mein Versprechen Ihnen gegenüber gehalten«, lächelte Heydrich kalt. »Ich habe Sie nicht vergessen. Sie interessieren mich, Herr Major Böckmann. Ein Mann von solch zartem Gewissen und doch von solcher Tapferkeit. Eine seltsame Mischung für einen Soldaten. Vielleicht wären Sie als Priester besser geeignet.« Er lachte. »Freilich haben Sie kein Interesse daran, das zölibatäre Leben eines Priesters zu führen. Sie sind verheiratet, wie ich höre. Ja. Mit einer wunderschönen Frau. Sagen Sie, teilt sie Ihre Hingabe an die Pflicht? Oder nur Ihr zartes Gewissen?«

Frage folgte auf Frage, ohne daß Horst Gelegenheit zum Antworten bekam, und als Heydrich sich genug nach Katrina erkundigt hatte, ließ er Horst mit der Gewißheit zurück, daß jede dieser Fragen beantwortet werden würde. Und hoffentlich würde jede dieser Antworten mit Reinhard Heydrichs Vorstellung von Pflichterfüllung für das Vaterland übereinstimmen.

18

Georg Elser spähte in beiden Richtungen die Gasse hinter dem Münchner Bürgerbräukeller entlang, wie er es während des letzten Monats jeden Abend getan hatte. Als er niemanden sah, steckte er den sorgfältig abgefeilten und geölten Schlüssel in das Schloß des Lieferanteneingangs und glitt hindurch ins dunkle Innere. Elser war schon so oft durch die Lagerräume zur Treppe gegangen, daß er inzwischen nicht mehr die Hilfe seiner Taschenlampe brauchte, um den Weg zu finden.

Als er ein leises Knurren hörte, blieb Elser einen Augenblick lang stehen und fummelte in seiner Manteltasche herum. »Hier, Ajax. Guter Junge«, rief er leise. Das warnende Grollen des Wachhundes verwandelte sich in ein freundliches Schwanzwedeln, als der Schäferhund Elsers Stimme erkannte. Einen Augenblick später machte sich Ajax fröhlich über eine Wurst her, und Elser sprang, immer zwei Stufen auf einmal nehmend, die Treppe zur Empore hinauf.

Der schwache Schimmer, der durch die hohen Fenster in den Versammlungssaal des Bierlokals drang, fiel auf die Reihe gedrechselter Pfosten in dem niedrigen Geländer des Balkons. Direkt vor ihm, in der Mitte der Balustrade, ragte die gemauerte Säule auf, die sowohl die Empore als auch das Dach abstützte.

Nun schaltete Elser seine Taschenlampe ein. Da er die Linse mit einem blauen Taschentuch abgedeckt hatte, schien ihr schwaches Leuchten kaum mehr zu sein als ein verirrter Mondstrahl in dem widerhallenden Saal. Mit seinem Taschenmesser löste Elser einen Streifen Füllmasse ab und öffnete dann eine geschickt getarnte Klappe an der Rückseite der Säule.

Der bleiche Schein seiner Taschenlampe drang ins hohle Innere der vermeintlich massiven Säule, als Elser sich vorbeugte, um seine Arbeit zu begutachten. Der ehemalige Uhrmacher musterte die Drähte, die von den Batterien zu den Weckuhren und von den Weckern zu der matt schimmernden Messinghülle des Artilleriegeschosses führten, die Elser mit fünfundzwanzig Kilo hochexplosiven Sprengstoffs gefüllt hatte.

Er las die Ziffern von der Hauptuhr und der Reserveuhr ab und verglich die Position der Zeiger mit seiner Armbanduhr. »Gehen ein bißchen vor«, murmelte er vor sich hin. Er stellte eine kurze Berechnung an und atmete dann erleichtert auf. »Macht nichts«, flüsterte er. »Bis neun Uhr morgen abend werden sie nur eine Viertelstunde vorgehen … vielleicht ist das sogar noch besser.«

Nachdem er sich überzeugt hatte, daß alles in Ordnung war, verschloß Elser sorgfältig die geheime Klappe und brachte die Füllmasse wieder an. Auf einen plötzlichen Impuls hin beugte er sich noch einmal vor und legte sein Ohr an die Säule. Das schwache Ticken, das an sein Ohr drang, war leiser als sein eigener, erregter Pulsschlag.

* * *

Das sechzehnte Jahrestreffen der alten Kämpfer von Hitlers Braunhemden versprach eine rauhe Angelegenheit zu werden. In der Gesellschaft seiner Kameraden vom Bierhallenputsch von 1923 konnte sich der mächtige Führer entspannen, Geschichten austauschen und in der Erinnerung an die guten alten Zeiten schwelgen. Keine ausländischen Würdenträger waren zu beeindrucken, keine mißbilligenden Generäle, die im Hintergrund finster dreinblickten, nichts als pure Verehrung von diesem Kader der frühesten Parteigänger Hitlers.

Natürlich geschah im November 1939 nichts ohne politischen Beiklang, und jedes öffentliche Auftreten hatte seinen propagandistischen Wert. Heute abend würde Hitlers Ansprache vor seinen alten Kumpanen per Rundfunk ins ganze Reich und in den Rest der Welt ausgestrahlt werden.

Die bis auf den letzten Platz besetzte Bierhalle war mit einem dichten blauen Nebel aus Zigarrenrauch gesättigt und mit Bierpfützen übersät. Die alten Kämpfer wußten, wie man feiert, und mehrere schäumende Krüge goldgelben Bieres waren bereits die Kehlen der Parteigetreuen hinabgeronnen, bevor Reichskanzler Hitler erschien.

Als um acht Uhr Hitler in hohen Stiefeln den Raum betrat, wurden alle Stühle eilends zurückgeschoben, und ein wild sprießender Wald aus braunen Ärmeln schoß zu einem abrupten Gruß empor. Sein Eintritt, zwanzig Minuten früher als erwartet, überraschte das Publikum. Die Kapelle auf der Bühne stimmte hastig das Horst-Wessel-Lied an, während alles militärische Haltung annahm. Der Führer durchquerte den Saal und ging auf das Rednerpult direkt unterhalb der Empore zu, die ebenfalls mit Zuschauern dicht besetzt war.

Hitler nahm seinen Platz unmittelbar vor dem Nazibanner ein, das an einer massiven, gemauerten Säule hing, trat an das Dickicht der Mikrofone und begann zu sprechen. Er erinnerte die Menge an die denkwürdigen Tage, bevor die Nazipartei an die Macht gekommen war, und rühmte die Geduld und Treue der alten Kämpfer. Schon bald rannen vielen von ihnen die Tränen übers Gesicht.

Er hatte ihre volle Aufmerksamkeit, als er begann, die Beschwerden aufzuzählen, die Deutschland gegen die westlichen Demokratien vorzubringen hatte. »Dem deutschen Volk ist Schmach und schändliches Unrecht angetan worden. Keine Wiedergutmachung wurde für unsere Leiden angeboten, kein Unrecht rückgängig gemacht. Die Briten und Franzosen attackieren unsere Einheit des Stolzes und der Zielstrebigkeit im Namen der Freiheit. Welche Heuchelei! Wo ist die Gerechtigkeit in jenem verhaßten Dokument, das als Versailler Vertrag bekannt ist? Was ist aus der Freiheit des deutschen Volkes geworden, unsere Geschicke zu lenken?«

Er machte eine Pause, um das Ausmaß der Ungerechtigkeit einsinken zu lassen. »England und Frankreich tragen eine schwere Last daran, daß sie Polen provozierten, uns anzugreifen – nun müssen sie mit voller Aufmerksamkeit die Konsequenzen erleben!«

Ein zustimmendes Gebrüll erhob sich in der Menge, und fünf Minuten lang ließen Sieg-Heil-Rufe aus qualmenden und nach Bier riechenden Mündern die Kronleuchter erzittern. Selbst der Führer schien von der Reaktion überwältigt zu sein, denn er kam schon nach fünfundfünfzig Minuten statt wie üblich nach anderthalb Stunden zum Schluß seiner Rede.

Seine geliebten Waffenkameraden baten ihn eindringlich, zu bleiben, mit ihnen zu trinken und noch weiter in der Erinnerung an alte Zeiten zu schwelgen, aber er ließ sich nicht erweichen. Um zehn Minuten nach neun war der letzte Gruß entboten und das letzte »Sieg Heil!« zu den Dachbalken emporgeschrien. Kanzler Hitler saß, sehr zur Enttäuschung der alten Kämpfer, in seinem gepanzerten Mercedes und war unterwegs zurück zum Münchener Hauptbahnhof.

* * *

Elaine Snow betrat das Foyer des Hotels *Insel* auf der deutschen Seite des Bodensees um acht Uhr dreißig. Ihr Auftrag war einfach. Sie hatte einen Goethe-Band bei sich, unter dessen Einband ein schweizerischer Paß für einen gewissen Georg Elser eingeklebt war. Sie war darauf vorbereitet worden, daß Elser ein seltsamer, kleiner Mann sei. Das Foto in seinem gefälschten Paß zeigte ein dunkelhaariges, finster blickendes Gesicht. An seiner linken Hand fehlte der kleine Finger, falls sie noch weitere Merkmale brauchte, um ihn zu erkennen. Er seinerseits würde sie an dem roten Cape und der dazu passenden Baskenmütze erkennen, die sie trug. Sie sollten sich hier treffen, als wären sie alte Freunde. Das Gespräch würde größtenteils sie bestreiten, wie üblich. Die Flüchtlinge waren fast immer zu nervös, um etwas zu essen oder sich mit ihr zu unterhalten, so daß sie immer unermüdlich von ihrer Tochter Juliette und ihrem Haus in Luxemburg erzählte. Es war wie ein einziges, langes Gespräch, das sich nun schon über drei Jahre erstreckte. Wenn all ihre Klienten sich durch ein Wunder einmal in ein und demselben Raum versammeln sollten, so könnte jeder von ihnen einen kleinen Teil der Lebensgeschichte ihrer Tochter vom zweiten Lebensjahr an beisteuern.

Sobald sie das Abendessen und ihren eigenen Monolog in dem umgebauten Säulengang des alten Dominikanerklosters genossen hatte, würde Elaine Georg Elser das Buch geben, in dem sein Paß versteckt war. Sie würde ihm eine gute Nacht wünschen und dann über die Grenze zurück in die Schweiz reisen. Von da an war der Mann auf sich allein gestellt. Wahrscheinlich würde sie ihn nie wieder zu Gesicht bekommen.

Eine Zugfahrt zurück nach Luxemburg-Stadt, und morgen abend würde Elaine wieder zu Hause sein. So einfach war das. Dasselbe hatte sie in den letzten drei Jahren schon hundertmal gemacht und jedesmal deutschen und österreichischen Juden mit Hilfe neuer Identitäten die Flucht in das neutrale Gebiet der Schweiz ermöglicht.

Mit ihrer hohen Gestalt und ihrem blonden Haar sah sie aus wie eine Arierin reinsten Wassers. Die Grenzbeamten auf beiden Seiten der Grenze sahen sie gerne kommen und gehen. Vor langer Zeit hatte sie einmal eine Erklärung für ihre häufigen Besuche in Konstanz abgegeben. »Ich habe Verwandte dort.« Niemand ahnte, daß zu ihrer »Familie« jeder gehörte, der vor den Nazis auf der Flucht war. Noch wären sie auf den Gedanken gekommen, daß Elaine Snow als Jüdin in der französischen Provinz Elsaß geboren war, kurz bevor Kaiser Wilhelm den letzten Krieg mit Frankreich angefangen hatte. Ihre Großväter und zwei ihrer Onkel waren in dieser Auseinandersetzung getötet worden. Als Hitler an die Macht kam, beschloß Elaine, jeden Feind der Nazis als ihren Freund zu betrachten. Ihre gegenwärtige Kuriertätigkeit zahlte sich sehr gut aus, doch sie sah ihre Motive lieber in Gewissensgründen statt in dem Geld.

Seit der Invasion in Polen und der Kriegserklärung war die Arbeit schwierig geworden. Heute nachmittag hatte Friedrich, der alte deutsche Grenzbeamte, der bei der Einreise immer ihren Paß abstempelte, sie gewarnt, daß schon bald die Gestapo einen Mann schicken würde, der ihm über die Schulter sah. Er war nicht froh über diese Überwachung. Bisher war das Leben angenehm für ihn gewesen. Vielleicht würde er sogar um seine Versetzung zur normalen Armee bitten, falls die Geheimpolizei zu einer festen Einrichtung an dem kleinen Außenposten wurde, den er nun seit zweiundzwanzig Jahren bemannte.

Vielleicht wußte der Grenzbeamte nicht, daß das gesamte Ufer des Bodensees bereits von General Reinhard Heydrichs brutalen Häschern wimmelte. Die neutrale schweizerische Seite war schon ebenso infiziert wie die deutsche Seite.

Elaine nippte an ihrem Wein und lächelte zu dem Tisch hinüber, an dem zwei Männer in dunklen Anzügen ihren Sauerbraten verzehrten, ohne miteinander zu sprechen. Gestapo. Unverkennbar. Sie merkte es an der Art, wie sie ihr Seitenblicke zuwarfen. Sauergesichtige Schweine, die ihre ungeschliffenen Tischmanieren in einer Bierhalle in München gelernt hatten.

Im Foyer spielte das Radio. Die rauhe Stimme des Herrn Hitler durchschnitt die angenehme Atmosphäre des Säulengangrestaurants, als der Führer auf dem Jahrestreffen der alten Kämpfer seinen Haß gegen den Westen hinausspie. Hitlers Rundfunkansprachen gehörten heutzutage zum Pflichtprogramm auf der deutschen Seite der Grenze. Jeder mußte zuhören oder zumindest so tun, als ob er zuhörte. Elaine hob ihren Kopf, als ob ihr jedes Wort kostbar wäre. Als er das Ende erreichte, nickte sie zustimmend zu den widerhallenden Heil-Rufen.

Der Führer hatte seine jährliche Tirade dieses Jahr früh beendet, sagte der Radiosprecher. Er verließ die Münchener Bierhalle erheblich früher als geplant. Elaine war sicher, daß dies eine schwere Enttäuschung für die Parteigetreuen war, doch sie war erleichtert, als die Musik Bachs statt des Lärms des Veteranentreffens erklang. So würde sie ihren pochierten Lachs in Frieden genießen können, sobald der noch abwesende Georg Elser erschien.

Zwanzig Minuten später schenkte ihr der Kellner ein weiteres Glas Wein ein und fragte, ob sie mit ihrer Bestellung immer noch warten wolle.

»Er wird schon noch kommen«, erwiderte sie freundlich. »Er kommt immer zu spät. Ich werde für uns beide bestellen. Ich muß um zehn meinen Zug erwischen.« Sie bestellte Forelle für Elser und Lachs für sich selbst und nippte gerade wieder an ihrem Wein, als das Radiokonzert plötzlich von einer zitternden Stimme unterbrochen wurde.

»Vor wenigen Augenblicken, als unser geliebter Führer gerade den Bürgerbräukeller in München verlassen hatte, erschütterte eine schreckliche Explosion die Halle, in der Hunderte sich versammelt hatten, um ihm die Ehre zu erweisen. Die Anzahl der Toten und Verwundeten ist noch ungewiß. Durch die Gunst des Schicksals blieb der Führer bei dem Anschlag, der offensichtlich seinem Leben galt, völlig unverletzt! Wir werden weiterhin berichten. Heil Hitler!«

Die Gestapo-Agenten setzten sich erschrocken auf. Hektisch flüsterten sie über den Tisch hinweg miteinander. Dann stand der Kleinere der beiden, der ein wenig wie ein Neandertaler aussah, plötzlich auf, grub in seiner Hosentasche nach Kleingeld und eilte davon, um ein Telefon zu suchen.

Elaine winkte dem Kellner.

»Mein Freund ist offensichtlich aufgehalten worden. Ich werde ohne ihn essen. Ich muß meinen Zug erreichen«, erklärte sie noch einmal.

Bei ihren Worten spitzte der zurückgebliebene Gestapo-Agent die Ohren. Elaine seufzte schwer. Es lag auf der Hand, daß dieser mißlungene Versuch, den deutschen Führer zu töten, ihre Arbeit als Kurierin erschweren würde. Heute abend würde der Bahnhof von Staats-Schnüfflern überlaufen, und sie würden das Futter aus allen Mänteln reißen und alle Zahnpastatuben aufschlitzen, um nach Diamanten und geheimen Botschaften zu suchen. Niemand würde der Durchsuchung entgehen. Wäre Hitler bei der Explosion ums Leben gekommen, so hätten sich die Unannehmlichkeiten aus ihrer Sicht vielleicht gelohnt. Doch bestenfalls lagen ein paar Dutzend betrunkener Nazis zerschmettert im Schutt, und Hitler konnte ungehindert seiner Rache nachgehen. Nun würde Elaine eine Leibesvisitation durch irgendeine Nazi-Matrone mit Haaren auf den Zähnen über sich ergehen lassen müssen. Höchst unangenehm.

Sie aß ihren Lachs. Die Sauce Bearnaise, die hier vorzüglich gewesen war, bevor man in Deutschland alles rationierte, schmeckte nur mittelmäßig.

Der affenähnliche Gestapo-Agent kehrte an den Tisch zurück, setzte sich jedoch nicht hin. Er beugte sich zu seinem Begleiter hinab und sprach eindringlich flüsternd auf ihn ein. Dann wandte er sich in Elaines Richtung und kam zu ihrem Tisch herüberstolziert.

»Darf ich mich zu Ihnen gesellen, Fräulein Snow?«

Der Lachs zog sich in ihrem Magen zu einem Knoten zusammen. Nun ging es also los. Schon so bald? Sie hatte ja noch nicht einmal versucht, über die Grenze in die Schweiz zu kommen.

»Mir scheint, Sie kennen meinen Namen, aber ich nicht den Ihren.«

»Gestatten«, lächelte er. Auf seinen Zähnen waren Tabakflecken. »Wachter.«

»Ich erwarte einen Freund, Herr Wachter.«

»Ja?« Er setzte sich, ohne auf ihren höflichen Protest zu achten.

»Er ist offenbar aufgehalten worden.«

»Das haben wir gehört.« Jetzt spielte er mit ihr. Hatte er die Information von dem Kellner, oder steckte noch mehr dahinter? Er streckte seine kleine, kantige Hand aus und legte sie auf den roten Ledereinband des Goethe-Bändchens. »Wie ich sehe, haben Sie Freude an schöner Literatur.«

»Also wirklich, Herr Wachter.« Sie tupfte ihren Mund mit der leinenen Serviette ab und legte sie neben den halb leergegessenen Teller mit dem Lachs. »Wenn mein Freund mich hier mit einem anderen Mann sehen sollte …«

»Oh, das wird er nicht, Fräulein Snow.« Er nahm das Buch und blätterte die Seiten durch.

Ihr Herz schlug schneller. Sie versuchte zu schlucken, aber es gelang ihr nicht. Wo war Elser? Was war mit ihm geschehen?

»Ich muß meinen Zug erreichen.«

»Ich glaube nicht, Fräulein. Jedenfalls keinen Zug aus Deutschland hinaus.« Er nahm ein Buttermesser und begann, das Papier auf der Innenseite des Umschlages abzulösen.

Der Raum verschwamm vor Elaines Augen. Sie täuschte Empörung vor. »Was tun Sie da? Ein Freund hat mich gebeten, dieses Buch Herrn Elser zu geben. Was machen Sie …«

»Herrn Georg Elser, Fräulein Snow?«

»Georg. Ja. Das Buch ist ein Geschenk von …«

Der abgenutzte schweizerische Paß fiel auf den Tisch. »Sieh da! Genau da, wo Herr Elser sagte, daß er zu finden sei, Fräulein Snow.« Er kniff die Augen zusammen und musterte sie amüsiert. »Wir haben ihn vor ein paar Minuten auf dem Bahnhof geschnappt. Ängstlicher kleiner Bursche. Er hatte ein paar Uhrenteile in seiner Tasche und eine Postkarte von der Bierhalle in München, die gerade in die Luft geflogen ist. Natürlich sind wir angewiesen worden, jeden im Auge zu behalten, der heute abend die Grenze zu überqueren versucht.«

»Ich weiß nicht, wovon Sie reden.« Sie stand auf und warf ein paar Scheine auf den Tisch, um ihre Rechnung zu begleichen. Jeder Kopf in dem Speisesaal drehte sich zu ihr herum. Der zweite Agent näherte sich und baute sich mit verschränkten Armen so auf, daß ihr der Weg nach draußen abgeschnitten war.

»Wir beobachten Sie schon seit einiger Zeit in der Hoffnung, Sie würden uns auf die Spur von Verrätern führen. Wie lange sind Sie schon am Werk? Sie sind doch Jüdin, nicht wahr?«

»Ich bin luxemburgische Staatsbürgerin. Ich protestiere gegen diese arrogante …«

»Aber jetzt befinden Sie sich im deutschen Reich, Fräulein. Am besten kommen Sie leise mit« flüsterte er. »Ich fürchte, Sie sind verhaftet. Der Zug wartet … er wird uns alle zurück nach München bringen.«

19

Nach einer Woche hörte es in Paris endlich wieder zu regnen auf. Eine dünne Eisschicht umhüllte die kahlen Zweige der Bäume entlang der Seine. Vom Wasser stieg Nebel auf und verschleierte die beiden Inseln im Fluß, die den ältesten Teil von Paris bildeten.

Die *Ile de la Cité,* gekrönt von der Kathedrale *Nôtre Dame* und den Zinnentürmen der Regierungsgebäude, ähnelte einem großen Schiff, das durch Brücken zwischen dem linken und rechten Seine-Ufer festgemacht war. Die *Ile St. Louis,* die eine ruhige Wohngegend für wohlhabende Pariser beherbergte, wirkte wie ein kleineres Schiff im Schlepptau der *Nôtre Dame.* Die beiden Inseln waren durch eine Brücke miteinander verbunden, die *Pont St. Louis* genannt wurde. Und gemeinsam verbanden die Inseln, die kurz *Cité* und *l'Ile* genannt wurden, die ferne Vergangenheit mit der Gegenwart.

Nummer 19 *Quai d'Anjou* war ein großes, vierstöckiges Haus auf der *Ile St. Louis*, das dem rechten Seineufer zugewandt war. 1658 für die Geliebte eines Bischofs erbaut, hatten später eine Reihe von Generälen und Dichtern und der amerikanische Staatsmann Benjamin Franklin darin gewohnt. 1849 war das Haus zur Pariser Wohnung eines reichen Weinhändlers namens Chardon geworden.

An diesem Nachmittag, neunzig Jahre später, blickte sein Ururenkel Oberst André Chardon durchs Fenster des Arbeitszimmers hinaus. Gerade rollte ein Wagen voller Polizisten durch die Einfahrt hinaus, mit dem Andrés Gast zurückgebracht worden war. André drehte sich zu der schmächtigen Gestalt Richard Lewinskis um, der auf einem Sofa nahe am Kamin saß.

Der blaßgesichtige Mann mit der wirren, roten Mähne saß vorgebeugt da und spielte mit einem Stück Schnur. Er sah aus wie ein Specht, der an einem Stück Bindfaden herumzupft, das er erbeutet hat. Die Gasmaske, die er getragen hatte, während er über den *Boulevard St. Michel* gegangen war, lag neben ihm auf der Couch.

Wenigstens hatte sich Lewinski an Andrés Namen erinnert, als der Gendarm ihn angehalten hatte, um ihn zu befragen. Die Polizei hatte Lewinski in das Haus am *Quai d'Anjou* zurückgebracht, wo André sie überzeugen konnte, daß der exzentrische Mathematiker tatsächlich an Allergien litt und die Maske wegen der Abgase der Pariser Autos trug, nicht weil er irgend etwas Übles im Schilde führte.

»Richard, du mußt auf mich warten, wenn du das Haus verlassen willst«, bat André, »oder ich werde meinem Fahrer sagen, daß er dich mitnehmen soll. Du mußt an deine eigene Sicherheit denken.«

Lewinski blickte von der komplizierten achtseitigen Figur auf, die er gerade mit der Schnur konstruiert hatte. »Sicherheit, André? Bei dir hier in Paris habe ich mich schon immer sicher gefühlt. Das weißt du doch. Damals in unserer Zeit auf der Sorbonne hast du …«

André unterbrach ihn in seinen Erinnerungen. »Genau das versuche ich dir ja zu sagen, Richard. Ich werde für deinen Schutz sorgen, wenn du mir nicht wegläufst.«

An dem halbherzigen Nicken, das Lewinskis einzige Antwort war, erkannte André, daß seine Botschaft nicht durchgekommen war. Er seufzte schwer. Was für eine Verantwortung; und alles nur, weil Lewinski ausdrücklich nach André verlangt hatte, als er sich an die französische Botschaft in Polen gewandt hatte, um Asyl zu beantragen.

André sinnierte immer noch über seine Freundschaft mit dem begabten Ingenieur, als die Haushälterin verkündete, Oberst Gustave Bertrand sei eingetroffen. Minuten später saßen André und sein Freund mit Oberst Bertrand in Lewinskis Wohnung im Keller.

Auf einer Werkbank stand ein Gehäuse aus Holz, oben und vorn geöffnet. Mit all den bunten Drähten und schwarzen Stromkabeln, glänzenden Metallscheiben und der Handkurbel sah das Gerät aus, als hätte jemand in einem Leierkasten eine Bombe gezündet.

»Geht die Arbeit gut voran?« erkundigte sich Bertrand. »Machen Sie Fortschritte?«

Lewinski ließ nicht erkennen, ob er die Frage gehört hatte. Ein unbehagliches Schweigen erstreckte sich über mehrere Minuten und endete schließlich mit einem durchdringenden Auflachen des Wissenschaftlers. »Es sind fünf! Ich wußte, daß sie sich nicht mit drei oder vier begnügen würden. Die zwei zusätzlichen Räder verschaffen ihnen fast zwölf Millionen Kombinationen anstatt nur 18 000. Können Sie sich das vorstellen?«

»Bedeutet das, daß Ihre Arbeit Fortschritte macht?« fragte Bertrand. »Ja oder nein?«

»Was? Ach so, ja, ja, sicher geht es voran.« Lewinski fegte die Frage mit einer wedelnden Handbewegung beiseite und war sofort wieder in seine Untersuchung einer Handvoll Drähte vertieft.

»Wie funktioniert dieses Ding überhaupt?« fragte Bertrand und streckte seine Hand nach dem Gehäuse aus.

Lewinski blickte von seinem Gewirr von Drähten auf. »Ich würde das nicht berühren, wenn ich Sie wäre«, sagte er. »Neugier kann tödlich sein.«

»Macht er Witze?« fragte Bertrand.

André konnte nur die Achseln zucken. »Wir wollen ihn nicht aufregen«, sagte er. Die beiden Männer zogen sich in Richtung Treppe zurück und ließen Lewinski weiter an seinem Projekt basteln, das nicht mehr zu sein schien als eine kolossal vergrößerte Version seiner Schnurschlinge.

»Sind Sie sicher, daß er nicht nur ein verrückter, sondern auch ein genialer Wissenschaftler ist?« fragte Bertrand André.

»Vergessen Sie nicht, daß SS-General Heydrich Richards Tod will. Er hofft, daß er schon tot ist. Richard war ein Angestellter auf höchster Ebene bei der Firma, die die *Enigma*-Chiffriermaschinen für die Wehrmacht gebaut hat. Daran sehen wir den Wert, den man ihm in Deutschland beigemessen hat. Wenn Heydrich wüßte, daß Richard hier ist …«

»Und ziellos durch Paris irrt …«

»Wie der Anschein auch immer aussehen mag, Richard Lewinski ist auf seinem Gebiet der beste Kopf der Welt«, beschwichtigte ihn André. »Bedenken Sie, er hat in Princeton mit Einstein zusammengearbeitet.«

»Das beruhigt mich nicht«, erwiderte Bertrand. »Haben Sie jemals versucht, aus Professor Einsteins Schriften schlau zu werden? Aber genug davon, André. Heute führt mich etwas anderes hierher. Es hat sich die Notwendigkeit ergeben, daß Sie nach England reisen.«

»Nach England? Aber wie soll das gehen, Gustave? Ich kann Lewinski nicht länger als eine Stunde allein lassen, ohne daß er mir davonläuft. Erst heute ist er …«

»Ich weiß, ich weiß. Ich werde einige Männer abstellen, die das Haus rund um die Uhr bewachen. Wenn er herauskommt, werden sie ihm folgen und ihn sicher wieder zurückbringen.«

»Unter einer solchen Bewachung kann Richard nicht arbeiten. Er ist wie ein Kind. Er sagt, daß ihm die besten Ideen kommen, wenn er auf den Tuillerien im Riesenrad sitzt. Einen solchen Geist kann man nicht mit Wächtern umgeben. Richard würde sich das nicht gefallen lassen. Sie werden meinen Bruder Paul herrufen müssen.«

»Er wird es sich nicht gefallen lassen?«

»Es geht nicht an, daß er sich hier wie ein Gefangener fühlt. Wir haben unsere Kindheit zusammen verbracht. Sein Vater und meiner lehrten an der Sorbonne.«

»Richtig.« Bertrand wischte sich ein paar Schweißtropfen von der Stirn.

»Was gibt es so Wichtiges in England?« wechselte André das Thema, als sie sein Arbeitszimmer betraten.

»Sie wissen, daß der britische Geheimdienst ebenfalls an der *Enigma* arbeitet. Oberst Menzies von der MI 6 möchte über die Fortschritte unseres Freundes unterrichtet werden und uns dafür mitteilen, was man dort herausgefunden hat. Wenn Ihr verrückter Wissenschaftler das Wunder vollbringt, auf das wir hoffen, werden wir in der Lage sein, alle deutschen Übermittlungen zu lesen … jeden Schlachtplan ihres Oberkommandos, jede Anordnung der Luftwaffe, jede U-Boot-Anweisung … aber wir müssen herausfinden, wie die Maschine modifiziert worden ist.«

»Und die Briten?«

»Sie haben zwei Maschinen und versuchen, die Modifikationen herauszufinden, indem sie die Geräte auseinandernehmen. Darüber wollen sie mit uns konferieren.«

»Das wollen sie immer.«

Bertrand räusperte sich nervös. »Und da ist noch etwas, André ... setzen Sie sich.«

André gehorchte und ließ sich in dem gepolsterten Ledersessel gegenüber von Bertrand nieder. »Was gibt es, Bertrand? Werde ich degradiert?« versuchte er zu scherzen, doch er spürte, daß irgend etwas Schlimmes in der Luft lag.

»Nein.« Bertrand klopfte auf der Suche nach Zigaretten seine Taschen ab. »Ich weiß, es ist lange her, seit Sie und Elaine ...«

»Elaine Snow?«

Bertrand nickte und biß sich auf die Lippen, hilflos nach Worten suchend. »Sie ist verhaftet worden.«

»Elaine?«

»Von der Gestapo. In Konstanz, auf der deutschen Seite der Grenze. Eigentlich war die Sache nicht der Rede wert. Sie war als Kurierin dort. Brachte einem Deutschen einen Paß. Nun ja, und dabei hat die Gestapo sie erwischt. Man wirft ihr vor, in den Münchener Bierhallenanschlag verwikkelt zu sein.«

»Lächerlich. Sie würde keiner Fliege etwas zuleide tun.«

»Hitler ist keine Fliege.«

»Was ist passiert? Wozu wurde sie nach Deutschland geschickt?«

»Es war nur ein Paß. So wie tausend andere, mehr oder weniger.«

»Wir müssen an sie herantreten. Ein Lösegeld zahlen oder so etwas.«

»Und dann?«

»Vielleicht gibt es noch eine Chance.«

»Sie hat ein Geständnis abgelegt.«

»Ein Geständnis!« fuhr André auf. »Was haben die mit ihr gemacht?«

»Wenn wir in dieser Sache an die Nazis herantreten, wird ganz Frankreich hineingezogen. Herr Hitler hat ein dringendes Interesse an diesem Fall. Er will, daß sie erschossen wird. Er braucht für sein Ego die Überzeugung, daß hinter dem Anschlag eine Verschwörung steckte. Und sie hat genau den richtigen Hintergrund, um den Sündenbock zu spielen: eine französische Jüdin. Verstehen Sie?«

André konnte kaum atmen. »Wollen Sie damit sagen, daß sie hingerichtet wird? Einfach so? Sie hat ... ein Kind.«

»Ja. Das wissen wir. Aber wir können nichts unternehmen. Ich wollte es Ihnen selbst mitteilen.«

André vergrub das Gesicht in den Händen. »Nun, Sie haben Ihre Pflicht getan. Jetzt lassen Sie mich meine tun. Gehen Sie, Bertrand. Gehen Sie bitte.«

Von seinem Fenster im zweiten Stock aus überblickte Paul Chardon den Sportplatz und die Ställe hinter der *École de Cavalerie*. Es war keine besonders spektakuläre Aussicht wie die aus dem Büro des Kommandanten über den repräsentativen, kopfsteingepflasterten Platz vor dem Gelände. Pauls Panorama enthielt weniger von der Tradition und dem Zeremoniell der Schule, dafür aber mehr von dem jungenhaften Treiben der Schüler.

Im Augenblick zum Beispiel war ein turbulentes Geländespiel im Gang. Ein Haufen Pferdemist, der mit einer reinigenden Schneedecke verhüllt war, stellte die belagerte Festung dar. Ziel des Kampfes war es, eine improvisierte Flagge zu erobern, die aus einem Handtuch bestand, auf der das blaue Kreuz von Lothringen aufgemalt war. Eine Mannschaft, gekennzeichnet durch die Fetzen eines blauen Hemdes, die aus den Gesäßtaschen hingen, verteidigte den Hügel gegen die rote Mannschaft.

Der Anführer der Blauen, der siebzehnjährige Gaston, der über den Körperbau und die Persönlichkeit eines Preisringers verfügte, hatte seine Truppen geschickt in konzentrischen Kreisen rund um den Hügel angeordnet. Jeder der Verteidigerkreise war mit vier Haufen Schneebällen ausgerüstet, so daß der Munitionsvorrat jederzeit leicht zu erreichen war.

Ihm gegenüber stand als Anführer der Roten ein anderer Kadettenkapitän, der sich einen zottigen Bart stehen ließ, um älter zu wirken: Gastons bester Freund Sepp. Sepps Streitkräfte führten ihren Angriff massiert über das freie Feld gegen die Südseite der Böschung und ignorierten die anderen Seiten des Hügels.

Von Pauls Aussichtspunkt aus gesehen schien es, als wären Gastons Verteidiger dem Gegner zahlenmäßig zwei zu eins überlegen. Warum war Sepps rote Mannschaft so klein? Er öffnete das Fenster, um nicht nur sehen, sondern auch hören zu können.

Es gab tollkühne Schlachtrufe und enttäuschte Aufschreie. Drei von den Roten gingen zu Boden, nachdem eine Lawine von Schneebällen von der höheren Position auf sie niedergeprasselt war, doch dann durchbrach Sepps Vorstoß die unterste Verteidigungslinie Gastons und tötete drei der Blauen durch Entreißen ihrer Erkennungstücher.

Als Kommandant Gaston seine Front bedroht sah, lenkte er seine unbeschäftigten Verteidiger zur Südseite des Haufens, um bei der Abwehr des Feindes zu helfen. Paul bemerkte, daß Sepp seinen Angriff nur mit halber Kraft führte und offenbar damit zufrieden war, am äußersten Rand der Verteidigungslinien zu bleiben und der blauen Mannschaft zu tun zu geben.

Eine Minute später erlebte Paul die volle Entfaltung von Sepps Strategie. Von jenseits eines wirren Dickichts aus Wagen und landwirtschaftlichen Geräten weit hinter dem Hügel kam der Ansturm der übrigen Roten. Angeführt von dem gutmütigen Raymond, dem schnellsten und mit seinen sechzehn Jahren jüngsten der Kadettenkapitäne, hatte die Welle neuer Angreifer den Hügel halb erstürmt, bevor Gaston die Gefahr erkannte.

Eine wilde Schlacht entwickelte sich. Die Blauen, eingeschlossen zwischen zwei Gegnern, mußten an zwei Fronten gleichzeitig kämpfen. Gaston brüllte seinen Truppen Mut zu und forderte sie auf, nicht zurückzuweichen, aber sie wurden rückwärts gezwungen. Bald behinderten sie sich gegenseitig und konnten ihre Schneeballvorräte tiefer am Hang nicht mehr erreichen, und sie fielen gut gezielten Würfen und der Geschwindigkeit des Angriffs zum Opfer.

Raymond sprintete an dem letzten Ring der Verteidiger vorbei, ergriff die Fahne und rannte zurück den Hang hinab und außer Reichweite des wütenden Gaston. Das Spiel zerfaserte ins Chaos, und jeder schleuderte Geschosse gegen jeden. Gaston bot seine letzte Kraft auf, um hinter dem grinsenden Raymond herzujagen, der ihn mit der Fahne lockte und stets nur wenige Meter vor ihm herrannte.

* * *

Die eichenholzgetäfelte, hohe Messe war mit unzähligen Hirschgeweihen geschmückt, die sie einer alten Jagdhütte ähneln ließ. Paul Chardon versammelte die Kadettenkapitäne am Eßtisch um sich. »Was haben Sie aus dem Spiel heute nachmittag gelernt?«

Die drei Jungen sahen einander an. »Sollten wir etwas daraus lernen?« platzte Gaston heraus. »Wir dachten, es wäre nur Spaß.«

»Stimmt«, nickte Paul, »aber es kommt vor, daß man selbst beim Spielen wertvolle Dinge lernt. Sepp?«

»Ich schätze, ich habe gelernt, daß Strategie ebenso wichtig ist wie Stärke«, sagte er. »Gaston erwartete meinen Angriff da, wo das Gelände am ebensten und das Vorrücken am leichtesten war. Er sah das, was er zu sehen erwartete, und deshalb hat die Überraschung funktioniert.«

»Raymond?«

Der lächelnde junge Kadettenkapitän wählte seine Worte sorgfältig, um seinen älteren und leicht erzürnbaren Freund nicht vor den Kopf zu stoßen. »Obwohl wir Hindernisse umgehen mußten und aus größerer Entfernung starteten, haben wir durch unsere Geschwindigkeit die Vorteile des Hügels wettgemacht.«

»Gaston?«

Mißmutig antwortete der junge Mann mit den blaßgrünen Augen und der Hakennase eines Kämpfers: »Ich habe gelernt, daß eine gute Verteidigung nicht ausreicht, wenn der Gegner einen überrascht«, sagte er.

Paul bedeutete den Jungen, ihre Teller aufzustapeln. Als genügend Platz auf dem Tisch war, entrollte er eine Karte von Nordfrankreich, die den Standort der Schule an der belgischen Grenze entlang dem Lys und einen Teil der deutschen Grenze zeigte. »Schauen wir uns an, wie wir die heutige

Auseinandersetzung etwas allgemeiner anwenden können. Hier ist die Maginotlinie«, sagte er und deutete auf die wohlbekannten Wälle, die an der Ostgrenze Frankreichs verliefen. »Hier ist das belgische Flachland. Schön, Gaston, Sie sind der deutsche Kommandeur. Wo greifen Sie an?«

Gaston studierte die Karte. »Da ich einen frontalen Angriff gegen die Maginotlinie nicht riskieren kann, ziehe ich nach Westen gegen Belgien, wobei ich natürlich seine Neutralität ignoriere, und schwenke dann nach Süden in Richtung Frankreich um.«

»Und wie wird Frankreich auf diesen Vorstoß reagieren?«

»Es wird alle Kräfte von dieser Seite her nach Belgien verschieben.«

»Sind alle mit beiden Aussagen einverstanden?« fragte Paul.

Sepp runzelte die Stirn und beugte sich nach vorn über die Mitte der Karte. »Was ist mit dieser Gegend hier?« sagte er. »Zwischen den Befestigungen der Maginotlinie und der Ebene von Brüssel?«

»Der Ardennenwald?« wandte Gaston ein. »Dort könnte keine nennenswerte Streitmacht hindurch. Jeder weiß, daß dieses Gebiet für schweres Gerät unpassierbar ist.«

Die Diskussion wurde durch die Ankunft eines Boten mit einem Telegramm für Paul unterbrochen. »Entschuldigen Sie mich, meine Herren«, sagte er und öffnete den Umschlag. Die Debatte ging weiter und drehte sich darum, ob man einen Angriff durch die Ardennen mit dem Überraschungsvorstoß während des Geländespiels vergleichen könne. »Ich muß mich entschuldigen«, sagte Paul bedauernd. Die Kadettenkapitäne erhoben sich gleichzeitig mit ihm und nahmen Haltung an. »Ich bin wegen militärischer Angelegenheiten nach Paris gerufen worden und muß sofort aufbrechen.«

»Ich wette, er wird befördert und zum aktiven Dienst in einer Kavalleriedivision versetzt«, sagte Raymond.

Gaston blickte unglücklich drein. »Das können die uns nicht antun«, sagte er. »Jetzt werden sie uns wieder irgend so einen alten Opa vorsetzen wie diesen pensionierten Oberst, den wir vor Hauptmann Chardon hatten.«

Sepp schlug seinem Freund auf die Schulter. »Du wirst dich damit abfinden müssen, Gaston. Kann es sein, daß du der einzige bist, der noch nicht bemerkt hat, daß Hauptmann Chardon sich nichts in der Welt sehnlicher wünscht als aktiven Einsatz?«

* * *

Man war sich in der *Fleet Street* allgemein einig darüber, daß Josephine Marlow, die Witwe des guten alten Danny, als meinungsloses Lamm nach Warschau gegangen und als Löwin zurückgekehrt war. Sie war, im politischen Sinn, »wiedergeboren« worden. Für die schwer geprüften Journalisten in London war das unendlich irritierend: Gerade jetzt, wo Amerikas Isolationismus einen fieberhaften Höhepunkt erreichte, ließ die kleine Josie Dampf ab wie Winston Churchill. Dabei fragten sich selbst die Engländer, ob es wirklich eine so gute Idee sei, sich wegen Polen in einen Krieg zu stürzen.

Die große Debatte zwischen der jungen Witwe und Konrad Lock vom *Hearst*-Konzern fand nach dem gescheiterten Attentat auf den Führer in München statt. Die Bombenexplosion war ebenso in aller Munde wie der Film »Vom Winde verweht«. Jeder in Europa sprach darüber. Auch die Verhaftung der französischen Unterhaltungskünstlerin Elaine Snow unter dem Vorwurf der Verschwörung machte Schlagzeilen. An diesem Nachmittag wurde die ganze Sache von einer Truppe Korrespondenten durchgekaut, die sich zu einem sehr ausgedehnten Mittagessen im *Savoy Grill* versammelt hatten. Sonst geschah nichts Berichtenswertes, warum also nicht essen und reden?

Mit voll Hoffnung glitzernden Augen fing Josephine an: »Früher oder später erwischen sie Hitler. Selbst die Deutschen verachten ihn insgeheim.«

Konrad ereiferte sich dagegen. »Sie beten ihn an. Er ist für die Deutschen wie ein neuer Caesar.«

»Warum versuchen sie dann, ihn umzubringen?« beharrte Josie. »Sie wissen, wofür er steht. Sie sind im Grunde anständige Leute.«

Konrad betrachtete sie mit einem zynischen Funkeln in den Augen. »Haben Sie die Kristallnacht schon vergessen, meine Liebe?«

Darauf gab es nichts zu antworten. Sie gab den Stab an Ernest Ward vom *New Yorker* weiter. Er ergriff ihn, rannte aber in die entgegengesetzte Richtung von Josies Meinung. »Sie lieben dieses Monster geradezu. Er hat aus einer bankrotten, hungernden, erbärmlichen Demokratie eine blühende, nationalistische Diktatur gemacht. Die Züge fahren pünktlich. Sie haben die Gammler von den Straßen gekehrt, die Irren beseitigt, die Kranken euthanasiert und die Irrenhäuser in Wochenstationen für schwangere SS-Flittchen, die für den Nachwuchs der Herrenrasse sorgen, umgewandelt. Was sind schon ein paar Juden angesichts dessen? Was gilt da schon die Moral angesichts dessen?«

Josie beugte sich vor und reckte empört das Kinn vor. »Aber dieser Elser … die Bombe?«

Konrad zuckte die Achseln. »Nur ein kleiner Psychopath, der gerne Sachen in die Luft sprengt. Das ist alles. Die Deutschen lieben ihren Führer. Sie sind ebenso überzeugt davon, die Herrenrasse zu sein, wie wir Amerikaner davon überzeugt sind, eine Nation unter Gottes Schirmherrschaft zu sein. In God We Trust – auf Gott vertrauen wir.«

»Nun, und stimmt denn das nicht?« schoß Josie zurück. »Wir haben im letzten Krieg für die Demokratie, für die Freiheit, für ein Ideal gekämpft.«

Rund um den Tisch wurden Blicke getauscht, die sich mit höflichem Schmunzeln und ein paar aufstöhnenden Seufzern mischten.

Konrad, der offensichtlich Papst und oberster Apostel der Lehre des Zynismus war, korrigierte sie.

»Wir haben den letzten Krieg geführt, weil die Deutschen unsere Schiffe versenkten und wir darauf beharrten, daß die Seewege frei bleiben sollten. Wir haben den letzten Krieg geführt, um unsere Investitionen zu schützen. Dieser Werbegag, wir wollten die Welt für die Demokratie und für Gott sicher machen, ist nur Propaganda, die die Amerikaner einsetzen, um die Hinterwäldler, denen freie Seewege und Investitionen schnurzpiepegal sind, in die Armee zu bekommen. Wie die Kreuzritter brauchten die Jungs in den Schützengräben irgendeinen moralischen Grund, ihre Heimat zu verlassen und zu sterben. Und ihre Mütter brauchten eine edle Sache, um den Schmerz zu lindern, wenn die Telegramme aus dem Kriegsministerium kamen.«

»Das ist das Abscheulichste, was ich je gehört habe«, sagte Josie selbstgerecht. »Junge Männer werden nicht für das Geld anderer Leute in den Tod geschickt! Alles, woran wir glauben; alles, was wahr und anständig ist: Das ist es, wofür wir im letzten Krieg eingetreten sind, und dafür müssen wir auch in diesem eintreten!«

Doch Konrad war sich seiner Sache sicher. Er fuhr fort, als hätte sie kein Wort eingewandt. »Die Sache mit der Demokratie ist eine fürchterliche Finte; voller Fußangeln. Glauben Sie wirklich, Amerika könne den Rest der Welt mit Gott und der Demokratie beglücken? Der Rest der Welt will von allem beidem nichts wissen, es sei denn, es sind irgendwelche wirtschaftlichen Vorteile damit verbunden. Sie wollen ihren Hitler und ihren Mussolini und ihren Stalin und jetzt ihren Franco in Spanien. Solange die Züge pünktlich fahren und in jedem Kochtopf ein Huhn steckt, scheren sich die Leute keinen Deut um Ideale, moralische Gerechtigkeit oder Gott.«

Die freundschaftliche Debatte löste sich für Josie Marlow zusehends in einen hitzigen Streit auf. Sie funkelte Konrad an. »Sie irren sich gewaltig. Ich war dabei, wissen Sie. Ich habe die Gesichter der Leute in Polen gesehen. Ich habe sie an den Barrikaden beobachtet. Ich habe ihre Gebete gehört. Ich habe mit ihnen um Befreiung gebetet.«

»Und sind Ihre Gebete erhört worden?« fragte Konrad selbstgefällig lächelnd.

»Noch nicht. Aber noch ist es nicht vorbei, nicht wahr? Gott wird zugunsten der Gerechtigkeit eingreifen. Die Alliierten sind wegen Polen in den Krieg eingetreten.«

»Lassen Sie doch mal einen Augenblick lang Gott aus dem Spiel. Der arme Gott wird ständig in alle möglichen Streitigkeiten hineingezogen – ihm wird alles in die Schuhe geschoben. Fragen Sie sich doch einmal selbst: Meinen Sie wirklich, daß sich irgend jemand für Polen interessiert, Josephine? Hier geht es nicht um Polen. Es geht nur darum, daß diese Idioten Chamberlain und Daladier endlich eine Grenze ziehen, damit nicht der ganze wirtschaftliche Reichtum Europas Hitler in die Hände fällt.«

»Und die Menschen? Was ist mit denen?«

»Die Juden, meinen Sie«, lachte er. »Als ob irgend jemand sich für die Juden von Europa interessieren würde. Ich meine, genug, um mehr zu tun als nur über sie zu labern, zu labern und noch einmal zu labern. Die armen Juden. Nicht einmal die Polen mögen ihre Juden. England hat die Einwanderung nach Palästina unterbunden. Die Briten stecken immer noch illegale jüdische Einwanderer in Konzentrationslager, sowohl im Nahen Osten als auch hier in England. Fahren Sie doch nach Kent und schauen Sie selbst nach, wenn Sie mir nicht glauben. Da sitzen sie hinter Stacheldraht, die Flüchtlinge aus Nazi-Europa. Und unser gutes altes Amerika hat die Schleusen geschlossen, mit einem lauten Knall. Alles, was Roosevelt interessiert, ist, für eine dritte Amtsperiode gewählt zu werden. Amerika wird sich an dieser Sache beteiligen, sobald seine wirtschaftlichen Interessen ernsthaft bedroht sind, vorher nicht, und auf keinen Fall um der Unterdrückten willen. Es gibt in Amerika keinen Gott außer dem Mammon. Das bedeutet der Slogan auf unseren Banknoten wirklich: Auf Geld vertrauen wir; für Geld kämpfen wir; für Geld begraben wir unsere Söhne. Falls Gott sich überhaupt für die ganze Sache interessiert, glaube ich kaum, daß menschliche Motive bei seinen Erwägungen eine Rolle spielen.«

Das war es. Konrad gewann den Kampf durch K.O. Josephine, die geglaubt hatte, auf alles eine Antwort zu haben, zog sich in ihre Ecke zurück. Sie hörte dem Rest des Gesprächs, in dem es um die Durchsuchung amerikanischer Post durch die britischen Behörden und um die lausige Pressezensur ging, höflich weiter zu.

Hatte Konrad recht?

Sie war erschüttert über die Logik seiner Argumente. Sie spürte das Flüstern hinter ihrem Rücken, als sie das Savoy verließ. Sie sah, wie die anderen sich anstießen und zuzwinkerten, und ihr Idealismus war ihr peinlich. War es töricht von ihr zu hoffen, daß irgendwo in dem Grauen dieses Krieges immer noch Gott existierte, daß er immer noch seine Hand ausstreckte, immer noch den Lauf der menschlichen Ereignisse um der Gerechtigkeit und der Kostbarkeit des menschlichen Lebens willen veränderte?

Sie trat hinaus in den grauen Nachmittag und dachte an den jungen Grafen Riznow. Als sie sich an den banalen Optimismus erinnerte, den sie gegenüber seiner trauernden Mutter ausgedrückt hatte, wurde sie wieder rot.

Einen so tapferen jungen Mann wird Gott gewiß verschonen!

Offensichtlich hatte Gott es nicht getan. Alexander Riznow war gestorben – wofür? Und die anderen? All die jungen Deutschen an der Siegfried-Linie und die Franzosen an der Maginotlinie? Und beide Seiten behaupteten, daß Gott mit ihnen sei.

Gott mit uns! Vielleicht war das tatsächlich, wie Konrad behauptete, nur ein Propagandatrick, um den Leuten das Sterben zu erleichtern?

20

Es schneite wieder. Horst fuhr vorsichtig auf dem schmalen Grat entlang, der zu der Kieseinfahrt des Araber-Gestüts »Tausendundeine Nacht« führte. Die schneebedeckten Weiden lagen verlassen da, eine schier unendliche, makellos weiße Fläche. Die niedrigen Zäune, die in wärmeren Monaten die Jährlinge von den frisch entwöhnten Fohlen und die frisch entwöhnten Fohlen von den Zuchtstuten trennten, waren fast im Schnee begraben.

In einem solchen Winter bewegte Katrina, wie Horst wußte, die Pferde jeden Tag im Schutz einer kleinen überdachten Arena und ließ sie an der Longe durch den Parcours laufen.

Wie die Pferde, die sie züchtete und trainierte, haßte sie die trüben Wintermonate in Norddeutschland. Ihr Vater war ein Preuße reinsten Blutes, so hart und unnachgiebig wie ein Eisblock. Doch ihre Mutter war Italienerin und hatte das heißblütige Temperament und die Liebe zum Mittelmeerklima an Katrina weitergegeben. Oft schob Katrina ihre grenzenlose Liebe zu Araberpferden auf ihr italienisches Erbe. Horst stimmte inzwischen Katrina zu, daß ihre Persönlichkeit viele der Merkmale, die die besten Tiere dieser Rasse kennzeichneten, mit ihnen gemeinsam hatte: den schlanken Knochenbau, die feinen Züge, die intelligenten Augen, ein leidenschaftliches Temperament und eine schier unerschöpfliche Energie. Und eine Liebe zum warmen Klima.

Rauch stieg aus den Schornsteinen an beiden Enden der gemauerten Ställe, die an die mit einer Kuppel überdachten Reitarena angrenzten. Horst folgte den frischen Spuren eines großen, doppelachsigen Lastwagens, der mit dem Heck zur Tür der Arena stand.

Es hatte keinen Sinn, an den Scheunen und Ställen vorbei zu der riesigen Villa aus roten Ziegeln zu fahren, die auf einem flachen Hügel das Gestüt überragte. Katrina würde zweifellos bei den Pferden sein.

Er parkte neben dem mit Leinwand abgedeckten Lastwagen. Es war ein Truppentransporter der Wehrmacht, aus dem die Bänke herausgenommen worden waren und Pferdemist die Planken der leeren Ladefläche bedeckte. Eine abgeschabte Holzrampe, die von dem Lastwagen ins dunkle Innere des Stalles führte, wies darauf hin, daß heute Pferde entweder angeliefert oder abgeholt wurden.

Horst bereute es fast, daß er Katrina nicht wegen seiner Ankunft vorgewarnt hatte. Sie war mitten in irgendeiner Transaktion. Nun, da er hier war, blieb ihm nichts übrig als zu hoffen, daß sie sich über seine überraschende Rückkehr freuen würde.

Ein unglückliches Wiehern ertönte vom anderen Ende des Gebäudes. Er trat ein, dankbar für die plötzliche Wärme und dem süßen, vertrauten Duft von Heu und Pferden. Reihen hellwacher Araber betrachteten ihn von ihren schweren Holzboxen aus. Die kleinen, spitzen Ohren zuckten erwartungsvoll, und jedes Pferdegesicht wandte sich ihm zu. Plakate mit den Namen von griechischen Göttern, antiken Helden und Sternbildern hingen über jedem der Ställe, doch Horst kannte ihre Namen auch ohne diese Hilfe. Othello, schwarz wie ein Krähenflügel, wieherte leise, als er an ihm vorbeikam. Venus, grau gesprenkelt und elegant, schlug mit dem Huf auf den Boden und schüttelte ungeduldig den Kopf, als er weiterging, ohne stehenzubleiben. Prometheus, muskulös und ungeduldig, reckte seinen langen Hals, um ein Streicheln zu erhaschen.

Vieles war vertraut, doch vieles hatte sich auch seit dem letzten August verändert.

Er kam an dem Raum vorbei, in dem früher das Reitzeug aufbewahrt worden war. Wo waren die Sättel und das Zaumzeug? Statt dessen standen ein Bett und eine kleine Schubladenkommode darin. Ein schwerer, blauer Wollmantel hing an einem Haken, an dem früher die Longen gehangen hatten.

Von oben, wo sich früher die Unterkunft von zwei Stallknechten befunden hatte, drang das Gelächter von kleinen Kindern durch die Planken. Kinder? Die Stallknechte waren unverheiratete Jungmänner gewesen. Vielleicht kamen die Laute von den Enkelkindern der Köchin, spekulierte er, während das fröhliche Gequietsche ihn durch die hohe Doppeltür in die Arena verfolgte.

In der ovalen Halle liefen zwanzig schlammverkrustete, ungestriegelte Araberpferde in rastloser Erregung durcheinander. Katrina, die am anderen Ende der Arena stand, musterte die Tiere über den Zaun hinweg. Horst blieb im Schatten des Türrahmens stehen und beobachtete, wie sie sich hochzog und auf das Geländer setzte. Sie trug einen schwarzen Blazer über hellbraunen Reithosen und hohen schwarzen Stiefeln. Ihr Gesicht verriet Unzufriedenheit mit dem Zustand der Pferde. Hinter ihr im tiefen Schatten standen ein weißhaariger alter Mann, ein hochgewachsener, schlanker junger Mann und eine mausgraue junge Frau etwa in Katrinas Alter. Alle drei schienen erschöpft zu sein. Die drei standen grimmig schweigend dabei, während ein SS-Leutnant auf die Tiere deutete und in leisem, eindringlichem Ton zu Katrina sprach. Ein Viertel des Weges um die Arena herum standen Hans und Adam, die beiden Stallknechte. Ein dunkeläugiges Mädchen von etwa siebzehn Jahren stand zwischen ihnen.

»Vorzügliche Zuchtstuten …« sagte der Offizier gerade. »General Göring ist sehr daran gelegen …«

Katrina ließ sich lange Zeit mit ihrer Antwort. »Als ich diese Stuten letzten Sommer in Polen gesehen habe, waren sie …« Sie drehte ihren Kopf weg, so daß Horst ihre Worte nicht verstehen konnte, aber er merkte, daß sie wütend war. »Nun … nur … Kriegsgefangene … sagen Sie dem Herrn General, daß er meinen Bankwechsel erhalten wird und daß ich Herrn Brezinski, seinen Sohn und seine Schwiegertochter in meinen Diensten behalten muß, damit sie mir helfen, die Tiere wieder in einen guten Zustand zu bringen.«

Bei diesen Worten blickte der alte Mann zu Boden. Erst in diesem Augenblick erkannte Horst Walther Brezinski, den Cheftrainer der besten Araberpferde in Polen. Außerdem war er Jude. Seit sein Land überrannt worden war, war Brezinski so sehr gealtert, daß man ihn kaum wiedererkannte.

»Der General … nicht autorisiert … diesen Juden … Brezinski sollte die Tiere nur bis zur Ablieferung betreuen.«

»Ich kann die Tiere nicht erwerben, wenn Herr Brezinski und seine Familienangehörigen nicht Teil der Abmachung bleiben. Sie sehen ja, daß meine Ställe voll sind. Drei Stuten sind trächtig. Das Reich hat meine besten Helfer eingezogen, einschließlich meines Tierarztes. Ich habe bereits so viele Tiere, wie ich bewältigen kann. Die Abmachung meines Vaters mit General Göring betraf die Pferde und Brezinski … oder gar nichts. Die Rüstungsindustrie des Vaterlandes beschäftigt mittlerweile sechshunderttausend polnische Kriegsgefangene in Fabriken auf deutschem Boden. Da wird das Vaterland mir doch drei erübrigen können, damit das erlesenste Zuchtprogramm der Welt erhalten bleiben kann. Entweder das, oder Sie riskieren, daß Araberpferde gezüchtet werden, die gegenüber denen in Polen vor dem Krieg minderwertig sind.«

Horst verschränkte die Arme und lehnte sich gegen den Türrahmen, um abzuwarten, bis die Szene vorüber war. Bravo, Katrina. Wenn diese SS-Idioten von irgend etwas besessen waren, dann von Zuchtprogrammen.

»Frau von Böckmann, ich habe nicht die Vollmacht …«

»Dann sollten Sie besser den General anrufen. Wie ich höre, hält er sich nur fünfzehn Kilometer von hier auf Gut *Karin* auf. Es wird ihm sicherlich nicht gefallen, wenn Sie aus eigener Vollmacht sein Ehrenwort verletzen, das er meinem Vater bei dieser Transaktion gegeben hat. Das Telefon steht im Büro.« Sie schnippte mit den Fingern und rief einen der Stallknechte, um den Offizier zum Telefon zu führen. »Adam!«

Der Junge rannte an die Seite des Leutnants und führte ihn ins Büro, während Katrina auf dem Geländer sitzen blieb. Bis auf das Schnauben der Pferde und das Scharren der Hufe auf dem Boden herrschte Stille. Brezinski sagte nichts und rührte sich nicht. Horst wagte es nicht, Katrina in ihrer Entschlossenheit zu unterbrechen, indem er plötzlich auf dem Schauplatz erschien. Sie kam gut ohne ihn zurecht. Sie war stark und gewitzt. Ohne ihre langjährige Freundschaft mit Walther Brezinski, seinem Sohn Jan und seiner Schwiegertochter Nadja zu verraten, tat sie so, als interessiere sie sich lediglich für das Wohlergehen der Tiere. Wenn sie dem Nazi bewies, daß ein Jude entscheidend für das Wohlergehen der Stuten war, dann hatte der Jude vielleicht einen Wert. Schließlich waren die Nazis stolz auf ihre Tierliebe.

Einige Minuten vergingen. Der Offizier kehrte aus dem Büro zurück. »Reichsführer Göring ist einverstanden, daß Herr Brezinski und seine Assistenten in Ihren Diensten bleiben. Er macht Sie allerdings persönlich für ihre Beaufsichtigung verantwortlich. Den Bankwechsel wünscht er sofort zu erhalten.«

»Was denn sonst?« erwiderte Katrina mit eisiger Stimme. Dann wandte sie sich an Brezinski und rief ihm einen barschen Befehl zu. »Also gut. Sehen Sie zu, daß die Pferde gestriegelt und gefüttert werden, während ich mich um das Geschäftliche kümmere. Sie werden in der Scheune einquartiert.«

Das schien dem SS-Leutnant zu gefallen.

Walther Brezinski, der oft mit Katrina und Horst auf der Veranda seines herrlichen Anwesens in Polen Tee getrunken hatte, nickte schweigend, ohne seiner Retterin ins Auge zu sehen.

Horst zog sich in die Ställe zurück. Er streichelte gerade Othellos weiches Maul, als der SS-Leutnant allein an ihm vorbeischlenderte. Der Mann warf Horst, der ihn mit einem lautstarken »Heil!« grüßte, einen erschrockenen Blick zu. Der SS-Leutnant ging ohne ein weiteres Wort. Horst kehrte in die Arena zurück und trat diesmal in das Flutlicht hinaus.

Brezinski weinte, während er eine fuchsrote Stute aus der kleinen Herde führte. Auf französisch sprach er auf das Tier ein, nannte es »ma chérie« und versprach ihm, daß es hier auf dem Gut seiner lieben Freunde keine weiteren Mißhandlungen mehr würde erdulden müssen.

Katrina unterhielt sich leise mit Jan und Nadja, deutete auf die Pferde und lächelte voller Erleichterung. Nadja blickte auf und entdeckte Horst am anderen Ende der Arena. Beim ersten Anblick seiner Uniform verblaßte ihr Lächeln, und sie wurde bleich.

»Keine Angst, Nadja. Ich bin es nur«, rief Horst und nahm seine Mütze ab.

Beim Klang seiner Stimme wirbelte Katrina herum. Mit einem kleinen Aufschrei rannte sie auf ihn zu und rief seinen Namen.

»Oh, mein Liebling!« Sie warf sich in seine Arme. »Du bist hier! Oh, Horst! Du würdest nicht glauben … kannst dir nicht vorstellen, wie es hier zugegangen ist, seit du weg bist.«

* * *

Die stille Eleganz des Gestüts »Tausendundeine Nacht« wurde durch das Geschrei der im Schnee spielenden Kinder gestört. Horst war irritiert über die Anwesenheit so vieler Fremder in seinem Zuhause. Katrina erklärte ihm, daß es sich um Kinder handelte, die aus Berlin evakuiert worden waren, doch Horst hatte noch gar nicht gewußt, daß die Panik vor möglichen Luftangriffen Deutschland bereits ebenso erfaßt hatte wie England und Frankreich. Er sah zu, wie sie sich mit Schneebällen bewarfen und dann auf den Ruf einer Betreuerin hin zu ihrem Abendessen liefen, das jeden Abend in den Ställen serviert wurde.

Er war froh, als es dunkel wurde und Katrina zu ihm hinaufrief, daß seine Gäste zum Abendessen eingetroffen seien.

Das ovale Eßzimmer war so groß, daß fünfzig Gäste bequem darin Platz finden konnten, doch heute abend war nur für vier Personen gedeckt. Ein weißes, leinenes Tischtuch, umsäumt mit Battenburger Spitze, bedeckte den langen Tisch. Hundert Jahre altes Meißner Porzellan schimmerte auf silbernen Tabletts, flankiert von dem Sheffielder Besteck, das Katrina auf ihrer Hochzeitsreise in England gekauft hatte. Fingerschalen und Kelchgläser für Wein und Wasser glitzerten im Kerzenschein.

Trotz all dieser Pracht bestand das Abendessen zur Feier von Horsts sicherer Rückkehr aus schlichter deutscher Hausmannskost, wie Horst es sich erbeten hatte. Es gab Schweinebraten mit Kartoffeln, Spätzle, Apfelsoße aus Äpfeln aus dem eigenen Garten und importierten französischen Burgunderwein.

Statt einer großen Feier mit wenig vertrauten Bekannten und Parteifunktionären hatte Horst darauf bestanden, nur Katrinas Schwester und Schwager einzuladen.

»Kurt und Gretchen Hulse sind Gesellschaft genug. Freuen wir uns einfach daran, zusammenzusein, ohne Theater spielen zu müssen«, sagte er müde.

Der Krieg und die Tatsache, daß beide Männer bald wieder zu ihren Einheiten würden ausrücken müssen, lauerten an den Grenzen ihres Gesprächsstoffes. Dadurch war die Atmosphäre zwar freundlich, aber gedämpft.

Horst stand auf und hob sein Glas, um einen Trinkspruch für Kurt auszubringen, der als Aufklärungspilot diente. »Auf meinen Freund Kurt, das Auge der Wehrmacht. Und auf den Ruhm Deutschlands. Mögest du weiterhin mit Ehre und Mut kämpfen und sicher von deinem Dienst in unser Vaterland zurückkehren.«

Plötzlich hatte die Atmosphäre in dem formellen Speisezimmer des Zuchtgutes »Tausendundeine Nacht« mehr Ähnlichkeit mit den Eiszapfen, die wie Bajonette vor dem Buntglasfenster hingen, als mit Märchen und glücklichen Ausgängen.

Als er mit erhobenem Glas neben seinem Stuhl stand, hatte Horst das Gefühl, als hätte er versehentlich in einer unbekannten Sprache gesprochen. Katrina, Gretchen und Kurt blieben sitzen und starrten ihn an.

Katrina ergriff das Wort, um abzuwenden, was sie kommen sah. »Trinken wir auf deine sichere Rückkehr, Horst, deine und Kurts, und darauf, daß ihr weiterhin bewahrt bleiben mögt.«

Doch niemand erhob sein Glas.

»Was ist los?« Horst setzte sich langsam wieder. »Ist etwas passiert?«

»Das ist richtig, Horst«, sagte Kurt. »Du solltest dich dazu lieber setzen.« Er sah Katrina an. »Es hat keinen Sinn, Katrina. Die Sache muß auf den Tisch. Die einzigen drei Menschen auf der ganzen Welt, denen ich vollkommen vertraue, sitzen in diesem Zimmer, und ich muß reden.«

Kurt trug zivile Kleidung, obwohl er ein Flieger bei der militärischen Aufklärung war. Im Gegensatz zu ihm trug Horst seine volle Uniform mitsamt den frisch angebrachten Majorsinsignien. Horst hatte geglaubt, daß es seinen Eifer für den Kampf wiederbeleben würde, wenn er nach Hause kam und man ihn als Held empfangen und zu seiner Beförderung beglückwünschen würde. Doch jetzt war er sich nicht mehr so sicher.

»Ich habe die Kämpfe nur aus der Höhe von meinem Henschel-Aufklärungsflugzeug aus gesehen, aber das hat mir gereicht! Es war nicht so, wie ich es mir vorgestellt hatte, nicht die heldenhafte Verteidigung des Vaterlandes, zu der ich mich freiwillig gemeldet habe«, fuhr Kurt fort.

Bilder von dem, was er selbst in Polen erlebt hatte, stiegen vor Horst auf, doch er konnte so eine Bemerkung nicht unwidersprochen hinnehmen. Krieg war nie eine schöne Sache, aber von einem Wehrmachtsoffizier konnte man erwarten, daß er sich dagegen wappnete, oder nicht? Was sollte dieses Gerede?

»Nun komm, Kurt! Ich weiß, was du sagen willst, mein Freund. Auch ich habe einiges erlebt, das mich beunruhigt hat. Aber wenn wir vor den Frauen offen darüber sprechen, erscheinen wir nur als Schwächlinge, oder schlimmer noch, als Feiglinge. Sieh es einmal so: Die überwältigende Durchschlagskraft unserer Streitkräfte hat dazu geführt, daß der Krieg schneller zu Ende war. Wahrscheinlich sind durch dieses rasche Zuschlagen sogar Menschenleben gerettet worden.«

Kurts Stimme sank fast zu einem Flüstern herab. »Mir scheint, du hast zuviel von Joseph Goebbels' Propaganda gelesen, Horst. Der König der Lügen. Aber die Wahrheit ist, daß der Krieg in Polen schnell war, aber nicht schmerzlos. Die Qual dauert an und wird für die Besiegten mit jedem Tag schlimmer. Selbst die geschickteste Propaganda kann Mord nicht rechtfertigen.«

Horst versuchte, Kurts ernsthafte Stimmung abzuschütteln. »Der Krieg ist nun einmal keine Kreuzfahrt auf dem Rhein.«

»Ich spreche nicht vom Krieg. Ich spreche von Mord.«

»Dann solltest du vielleicht überhaupt nicht mehr sprechen.« Plötzlicher Ärger stieg in Horst auf.

»Seit wann haben wir Angst vor der Wahrheit bekommen?« Kurt lachte bitter auf. »Die Antwort darauf kann ich selbst geben. Seit Hitler Kanzler geworden ist.«

»Dies ist nicht der Ort dafür«, fuhr Horst auf.

»Wo stehst du?« Kurt beugte sich vor und blickte forschend in das Gesicht seines Freundes. »Horst von Böckmann ist ... war ... ein Ehrenmann. Möchtest du mit dem Mord an unschuldigen Frauen und Kindern in Verbindung gebracht werden?«

Gretchen legte ihre Hand auf den Arm ihres Mannes. Sie war ein älteres Ebenbild von Katrina, nur stiller und zurückhaltender. »Bitte, Kurt«, bat sie. »Wir dürfen nicht so mit Menschen reden, die uns lieb und teuer sind.«

»Das hier ist wichtig«, entgegnete Kurt.

»Dem stimme ich zu«, erwiderte Horst. »Es ist lebenswichtig, die wahren Gefühle derer zu kennen, die man in der Schlacht an seiner Seite hat. Wie könnte jemand sich darauf verlassen, daß du dich für ihn einsetzt, wenn er weiß, daß dein Pflichtbewußtsein halbherzig ist, um es vorsichtig auszudrücken. Pflicht hat nichts mit Politik zu tun.«

»Oh ja, versteck dich nur hinter deinem kostbaren Glauben an die Pflicht«, sagte Kurt höhnisch. »Hitler weiß genau, was er tut mit seinen Blutschwüren und Voodoozeremonien. Du redest gerade wie einer von denen!«

»Von welchen?«

»Du weißt schon, wen ich meine – die SS! Diese unwissenden, wilden, mörderischen Bestien, die sich hinter ihren Schwüren der Pflichterfüllung und Treue verstecken, während sie Greueltaten begehen wie ein Rudel wilder Hunde!«

Horst und Kurt erhoben sich von ihren Stühlen. Sie starrten einander über den Tisch hinweg wütend an. Horst ballte und öffnete die Fäuste, als wolle er Kurt jeden Moment an die Kehle springen.

»Bitte, bitte«, flehte Katrina. »Setzt euch wieder hin, ihr beiden. Kurt, ich bin sicher, du wolltest Horst nicht mit diesen gräßlichen Ungeheuern vergleichen, nicht wahr?«

Kurt fuhr sich mit den Händen durch sein dunkles, schwarz glänzendes Haar und ließ sich schwer auf seinen Stuhl fallen. »Nein ... ich ... nein. Es tut mir leid, Horst. Es ist nur, daß ... ich über zu viele polnische Dörfer geflogen bin, in denen die SS gewesen war.«

»Und?« hakte Horst nach, obwohl er die Antwort bereits kannte. Es war, als ob alles das, was er in seinem Innern verschlossen hatte, nun aus Kurt herausgesprudelt kam.

»Du hast recht. Genug davon. Ich habe einen wunderschönen Abend ruiniert. Man kann nicht um die ganze Welt weinen. Selbst Polen ist zu groß dafür. In Zeiten wie diesen muß man sorgfältig auswählen, für wen oder was man Tränen vergießt. Alles andere wäre zu gefährlich.«

Horst öffnete den obersten Knopf seiner Uniformjacke, um besser atmen zu können. Er fühlte sich ausgedörrt, griff nach seinem Weinglas und stieß es um. Rote Flüssigkeit ergoß sich über das weiße Tischtuch, und einige Tropfen davon spritzten auf Katrinas weiße Bluse.

Die Diskussion kam noch nicht zur Ruhe. »Es hätte nicht passieren dürfen«, brachte Horst heraus. »Aber im Westen wird es anders sein. Das wird ein richtiger Krieg, Mann gegen Mann, gegen einen Feind, der auf uns vorbereitet ist. Was ist ein Mann wert, wenn er seinen Eid nicht erfüllt, Kurt? Denk darüber nach.«

Kurt hob seinen Blick von der langsam erkaltenden Soße auf seinem Teller. »Und was ist ein Land wert, das seine Versprechen nicht einhält, Horst? Glaubst du etwa, daß all die Verpflichtungen und Garantien und Versicherungen aus der Reichskanzlei verhindern werden, daß unsere Panzer durch Belgien und Holland rollen? Neutrale Länder, Horst! Neutrale Länder! Unschuldige Menschen, die glauben, sie könnten sich in Sicherheit bringen, indem sie keine Partei ergreifen! Glaubst du wirklich, daß Hitler sein heiliges Ehrenwort halten wird, Horst? Glaubt das überhaupt noch irgend jemand?«

»Und was willst du tun?« fragte Horst. »Den Dienst verweigern? Gretchen dem Gutdünken der Gestapo überlassen, während du im Gefängnis verfaulst?«

»Nein«, sagte Kurt leise. »Ich schicke sie zuerst außer Landes, in die Schweiz.« Kurt sah Katrina scharf an. »Hast du ihm noch nicht gesagt, daß deine Mutter und dein Vater nicht aus der Schweiz zurückkehren werden?«

Sprachlos lehnte Horst sich zurück. Stammelnd sagte er zu Katrina: »Sie kommen nicht zurück?«

Sie nickte, ohne ihn anzusehen. »Es ist besser so. Vater hat Freunde … Leute, die Bescheid wissen. Die Gestapo hat eine dicke Akte über Vater angelegt. Es war nur eine Frage der Zeit.«

Horst blinzelte sie erstaunt an und wandte sich dann wieder Kurt zu. »Und was hast du vor?«

»Ich werde in der Schweiz zu ihnen stoßen, wenn ich kann. Aber da ist noch etwas, das ich zuerst tun muß. Ich und ein Freund … wir wollen die Belgier überzeugen, daß sie in den Zukunftsplänen des Führers ganz und gar nicht neutral sind.«

»Aber wie kannst du das?«

»Ich fliege jeden Tag über Belgien, Horst.«

»Das habe ich nicht gemeint. Ich meine …« Horst tippte sich mit dem Finger aufs Herz. »Hier! Dein Land zu verraten, deine Ehre.«

»Mein Land habe ich schon vor langer Zeit verloren. Meine Ehre versuche ich jetzt zu bewahren«, erwiderte Kurt schlicht. »Selbst wenn mein bester Freund mich anzeigen sollte. Ich mußte es dir sagen, Horst. Wir werden uns wahrscheinlich nicht so bald wiedersehen. Ich hatte gehofft, du würdest mich verstehen.«

Mehr gab es nicht zu sagen. Horst konnte Kurt nicht wegen seiner Illoyalität verraten, denn damit hätte er auch Gretchen in Gefahr gebracht. Doch indem er schwieg, nachdem er Zeuge eines solchen Verrats geworden war, wurde auch er selbst zum Verräter, und Katrina mit ihm. Und während diese Gedanken in seinem Kopf umherschwirrten, starrte er auf den Tropfen Wein auf Katrinas Bluse, der ganz wie eine Schußwunde aussah, direkt über ihrem Herzen.

* * *

Als Hauptmann Paul Chardon Paris erreicht hatte, begab er sich unverzüglich ins Hauptquartier. Wie man ihm sagte, wünschte der Oberbefehlshaber General Gamelin, daß er an einem Abendessen im *Hôtel Edouard* am rechten Ufer teilnahm.

Paul war voller Erwartung. Der einzige Grund, ihn zu einer Soirée für den Generalstab einzuladen, konnte sein, daß er befördert und mit einem aktiven Einsatz beauftragt werden sollte. Endlich, so schien es, waren all jene Briefe über strategische Fragen, die er geschrieben hatte, einer wichtigen Persönlichkeit vor Augen gekommen.

Die Befehlshaber der *Grande Armée* hatten für ihre Versammlung das feinste Restaurant in Paris mit Beschlag belegt. Das *Delmonico*, gelegen im Erdgeschoß des Hotels in der Nummer 39 *Avenue de l'Opéra*, war weltberühmt für seine Austern, seinen Kaviar und seine Ente auf Orangen.

Als Paul eintraf, hatte sich die Gruppe bereits zum Aperitif versammelt. Sofort entdeckte er die hoch aufragende Gestalt Oberst de Gaulles, der nicht zu übersehen war. Paul schloß sich der Gruppe um de Gaulle an und entdeckte, daß auch General Gamelin und dessen Adjutant Oberst Pucelle darunter waren.

De Gaulle erläuterte seine Theorie der modernen gepanzerten Kriegsführung. »Es ist absolut wesentlich«, sagte er, »daß gepanzerte Streitkräfte als unabhängige Einheiten operieren, um das Maximum aus ihrer Feuerkraft zu machen.«

»Aber Ihnen ist doch sicherlich bewußt, Oberst de Gaulle«, sagte Pucelle, daß Panzer und andere gepanzerte Fahrzeuge am wirksamsten sind, wenn sie das Vorrücken der Infanterie abschirmen. Wenn man sie in getrennten Sektoren konzentrieren würde, könnte man sie nicht zur Aufklärung und zum Schutz der Fußsoldaten von vorn einsetzen.«

De Gaulle schnaubte. »Daß wir die Panzer zur Kavallerie zählen, heißt noch lange nicht, daß wir sie wie Pferde einsetzen können«, sagte er. »Die Deutschen …«

Pucelle richtete sich zu seiner ganzen Größe auf, schaffte es aber gerade, de Gaulle auf die Brust zu starren. Mit hochfahrender Stimme sagte er: »Sie wollen sich auf die Deutschen berufen, um den Ansichten Ihres eigenen Oberbefehlshabers zu widersprechen?«

De Gaulle senkte den Kopf und starrte über seine große Hakennase hinweg auf Pucelle hinab. »Es lag nicht in meiner Absicht, Respektlosigkeit gegenüber General Gamelin zu zeigen«, sagte er und verbeugte sich vor dem General. »Mein einziges Motiv ist, dafür zu sorgen, daß die *Grande Armée* die modernste und angesehenste Streitmacht der Welt bleibt.«

»Und das ist wohl nicht zu erreichen, indem man der Leitung *der* Kommandeure folgt, die den großen Krieg gewonnen haben?«

Paul bemerkte, daß de Gaulle unter den zuhörenden Offizieren ohne Unterstützung dastand. Gamelins Protégé Pucelle übernahm das Reden, während der betagte Oberbefehlshaber immer wieder zustimmend nickte.

De Gaulle hatte gegen die Etikette verstoßen, indem er sich in einem Buch kritisch über die gesamte Ausbildung und Organisation in der französischen Armee geäußert hatte. Trotz aller Arroganz des hochgewachsenen Mannes glaubte Paul, daß er recht hatte. »Entschuldigen Sie«, sagte er, »aber ich stimme Oberst de Gaulle zu. Die Rolle von Panzern in der modernen Kriegführung hat sich verändert, seit sie 1918 als mobile Festungen eingesetzt wurden.«

Pucelle musterte ihn mit eisigem Blick. »Und wer sind Sie, Hauptmann?«

»Hauptmann Paul Chardon, Chefausbilder an der *École de Cavalerie* in Lys. Ich wurde hierher beordert, um Befehle vom Herrn Oberbefehlshaber entgegenzunehmen.«

»Ja, Hauptmann. Diese Befehle sind mir bekannt«, sagte Pucelle, nahm Paul zur Seite und führte ihn von den hochrangigen Offizieren weg. »Ihr Bruder, Oberst Chardon, wurde von Paris fortgerufen. Sie werden gebraucht, um … nun, ich weiß nicht genau, wozu, aber Oberst Bertrand vom militärischen Geheimdienst hat darum gebeten, daß Sie in Ihrer Familienresidenz verweilen, solange Ihr Bruder fort ist. Sie können jetzt gehen, Herr Hauptmann.«

Paul stand wie vom Donner gerührt. »Das ist alles? Nichts weiter?«

»Es war nicht genug Zeit, um den Befehl vor diesem Abendessen schriftlich abzufassen; darum habe ich Sie herkommen lassen. Guten Abend, Herr Hauptmann.«

Paul salutierte korrekt und biß sich auf die Unterlippe. Dann verbeugte er sich vor General Gamelin und Oberst de Gaulle und verließ mit einem bitteren Gefühl das Restaurant.

Gamelin sah Paul nach und rief dann Pucelle zu einem Wort unter vier Augen zu sich. »Sorgen Sie dafür«, sagte er, »daß der junge Chardon niemals einen aktiven Einsatzbefehl bekommt. Wir wollen radikalen Ideen wie denen von de Gaulle keinen Vorschub leisten. Halten Sie diesen Hauptmann hinten bei den Pferden, wo er hingehört.«

»Ganz meine Meinung, Herr General«, nickte Pucelle.

21

Monsieur Pierre Mazur war kein religiöser Jude. Er war ein aktiver politischer Parteigänger gewesen, damals, als französische Sozialisten wie Leon Blum an der Macht gewesen waren.

Wie rasch Macht vergeht!

In Frankreich kamen diverse populäre politische Dogmen ebenso schnell in Mode und aus der Mode, wie in der Ritz-Einkaufspassage die Kleider an den Schaufensterpuppen gewechselt wurden.

Mazur war mit Sicherheit »aus der Mode«. Er wandte seine Aufmerksamkeit anderen Dingen zu.

Er war ein Zionist. Nach Aussehen, Überzeugungen und Gewohnheiten wirkte er ungefähr ebenso jüdisch wie ein Brötchen mit gebratenem Speck. Die Rabbiner hielten nicht viel von ihm, doch als das jüdische Viertel kurz davor war, vor lauter neu ankommenden Flüchtlingen aus den Nähten zu platzen, fanden sie sich widerwillig damit ab, mit ihm zusammenzuarbeiten.

Die jüdischen Waisenhäuser, sowohl die religiösen als auch die nichtreligiösen, waren gefährlich überfüllt. Die Suppenküchen hatten Tausende von Kostgängern mehr, als sie vernünftig versorgen konnten. Gelegentlich gerieten die Franzosen in Zorn und drohten, um der alten Zeiten willen eine Synagoge niederzubrennen oder einen Juden zu erschießen. In solchen Momenten wurde ein Mann wie Monsieur Mazur zu einem wichtigen Vermittler zwischen den religiösen und den nichtreligiösen Juden – und ebenso zwischen den Juden insgesamt und der feindseligen französischen Bevölkerung.

Heute herrschte in der *Beth-el*-Suppenküche für Kinder ein großer Aufruhr. Ein Streit braute sich zusammen zwischen den religiösen Kindern und der nichtreligiösen Gruppe der fünf Wiener Goldblatt-Brüder, die gerade auf dem Weg über Warschau und Bukarest hier eingetroffen waren.

Für all die religiösen Jungen war es offensichtlich, daß die Kinder aus Wien mehr Österreicher als Juden waren, wie auch immer sie mit Nachnamen heißen mochten. Sie sahen österreichisch aus. Sie sprachen ein rollendes Deutsch und waren in Lederhosen und Kniestrümpfen in Paris eingetroffen.

Mitten während des streng koscheren Mittagessens brachte ein siebenjähriger Goldblatt etwas zu lautstark zum Ausdruck, was er am meisten vermißte und sich wünschte: die gute Bratwurst seiner Mutter, Sauerkraut, Brot und Butter und ein großes Glas Milch. Gab es so etwas je in der Suppenküche? wollte er wissen.

Ein Wort ergab das andere auf der religiösen Seite des Tisches. Ausdrücke wie »schinkenfressender Goi« steigerten sich bis zu hitzigen Beleidigungen wie »schweineküssender Nazi«.

Eine Essensschlacht brach aus. Die koschere Suppenküche wurde völlig verwüstet. Die nichtreligiösen Übeltäter, die von vornherein nie hätten hierhergebracht werden dürfen, wurden im Zionistischen Wohlfahrtsamt abgeliefert.

So gerieten sie in die Obhut des Monsieur Mazur. Da standen sie nun, besudelt mit angetrockneter Linsensuppe, und warteten darauf, daß ein geeigneterer Platz für sie gefunden würde – ein Ort, an dem es keine Sünde gegen den Ewigen und keine Beleidigung der Mitjuden war, in ein und derselben Mahlzeit Bratwurst zu essen und Milch zu trinken.

Monsieur Mazur verbrachte lange Zeit am Telefon. Wer mochte in der jüdischen Wohngegend wenigstens noch einen Quadratzoll Platz für fünf kleine Jungen übrig haben?

Niemand. Kein Raum in der Herberge, wie es schien. Die Türen der Gastfreundschaft blieben allenthalben verschlossen für diese wilden, Deutsch sprechenden Rangen, nachdem sich einmal herumgesprochen hatte, daß sie sich mit der ganzen Wildheit kleiner Wehrmachtsoldaten mit ihren Mitjuden geprügelt hatten. Löffel und Blechteller waren auf kleine jüdische Köpfe gekracht. Nicht einmal den anwesenden Talmudstudenten war die Schande erspart geblieben, daß ihre dunklen Röcke mit Suppe bespritzt worden waren.

»Was soll ich nur mit euch machen?« Mazur starrte die Jungen finster an.

Die fünf Brüder zeigten keine Reue. Sie starrten zurück. Mazur dachte daran, was für prächtige Pioniere sie in Palästina abgeben würden. Was für wunderbare Soldaten gegen die Nazis sie wären, wenn sie nur älter wären.

In ihre Papiere war ein großes J für Jude gestempelt. Sie gehörten zu denen, die Österreich gerade noch rechtzeitig verlassen hatten. Vorübergehend waren sie in Warschau in Sicherheit gebracht worden und hatten es dann geschafft, auch dort der Belagerung zu entkommen. Von Polen waren sie nach Rumänien gereist. Warum hatte man sie dann hierher nach Paris geschickt?

Mazur stellte die Frage laut. Sie zuckten die Achseln. »Wo sollen wir denn hin?« erwiderte der Älteste, der mit seinen elf Jahren bereits regelrecht verbittert war.

Mazur stützte seinen Kopf auf die Hand. Er starrte die Dokumente an, die diesen staatenlosen Personen den vorübergehenden Aufenthalt in Paris gestatteten. Sein Kopf schmerzte. Zu den Katholiken konnte er sie nicht schicken. Jungs wie diese hier würden dort alles auf den Kopf stellen – oder würden es wenigstens leidenschaftlich versuchen. Ein solcher Schritt wäre schlechte Politik: jüdische Delinquenten zu den Priestern zu schicken.

Wer war stark genug, mit dieser Rasselbande fertigzuwerden? Und doch weichherzig genug, die tiefen Wunden in der Seele jedes dieser Jungen zu sehen?

Ein Lichtfunke sprang in Mazurs Gedanken empor. Er hielt seinen Finger empor wie ein gedankliches Ausrufezeichen.

»Die amerikanischen Schwestern! Madame Rose und Madame Betsy!«

Er grinste, während fünf Augenpaare sich skeptisch verengten.

Mazur nahm den Hörer ab und wählte. Während bei Rose und Betsy Smith das Telefon klingelte, sprach er zu den trotzig dreinblickenden Jungen.

»Madame Rose ist eine interessante Frau. Sie hat Arme wie ein Titan. Einmal habe ich gesehen, wie sie einen Dieb einfing, der gerade versuchte, die Mona Lisa im Louvre zu stehlen. Sie warf ihn zu Boden und setzte sich auf ihn, bis er blau anlief. Ich glaube, er ist daran gestorben. Bei der Olympiade 1924 ist sie beim Kugelstoßen angetreten. Danach hat sie sich ihren Lebensunterhalt damit verdient, im Zirkus gegen einen russischen Bären zu boxen. Sie mag keine kleinen Jungen, aber vielleicht wird sie euch aufnehmen, damit ihr nicht verhungert.«

* * *

Onkel Jambonneau war tatsächlich sehr krank. Er war so krank, daß Papa Papillon, die weiße Ratte, in einer Schachtel mit nach Hause brachte und ihn Jerôme gab, damit er sich um ihn kümmerte.

»Es ist Onkel Jambonneaus letzte Bitte, daß du dich um seinen Hund kümmerst. Wenn Onkel Jambonneau allerdings nicht sterben sollte, sagt er, dann wirst du ihm natürlich Papillon zurückgeben müssen.«

Jerôme akzeptierte die schwere Verantwortung. Nun hockte Papillon auf seiner linken Schulter und kitzelte ihn mit seinen Schnurrhaaren am Ohr. Doch Jerôme verstand kein Wort, das Papillon zu ihm sagte. Trotzdem war dieser Hund, der eine Ratte war, ein sehr angenehmer Begleiter für einen kleinen Jungen.

Marie gewöhnte sich allmählich an den neuen Papa, wenn sie auch noch manchmal wehmütig von dem alten sprach. Dieser Papa war sehr ernst, und er war nicht oft betrunken und lustig. Er kämmte sich die Haare und starrte oft lange in den Spiegel, als ob er dort jemanden sähe, den er nicht kannte. Er erinnerte Marie an das Selbstporträt eines Malers namens Rembrandt, von dem Onkel Jambonneau sagte, er hätte sich die Haare abgeschnitten und sie einer Dame geschenkt. Als Marie eine Bemerkung darüber zu Jerôme machte, erwiderte der, Papa sehe Rembrandt überhaupt nicht ähnlich. Rembrandt hatte rote Haare, und seine Haut war gelb und grün. Papa hatte schwarze Haare, weiße Haut und zwei Ohren. Marie erwiderte, Jerôme wisse einfach nicht, welchen Teil von Papa sie anschaue.

Nach jedem Besuch an Onkel Jambonneaus Krankenbett kam Papa nach Hause und redete von Dingen, die er früher nie erwähnt hatte.

»Wißt ihr, daß euer Onkel, mein Bruder, im *Invalidendom* sehr gut versorgt wird? Und es ist kostenlos.«

Jerôme und Marie wußten das schon lange. Sie vermißten ihre Einladungen zum Mittagessen.

Und dann fuhr Papa fort: »Wußtet ihr, daß, wenn ein französischer Soldat in der Schlacht getötet wird, auch seine Witwe und seine Kinder eine Pension bekommen?«

Das wußten Jerôme und Marie noch nicht.

»Also«, sagte Papa, als Onkel Jambonneau allmählich wieder zu Kräften kam, »ein französischer Soldat bekommt fünfzig Centimes am Tag. Und dann sitzen sie da. Warme Kleidung, neue Stiefel, Socken, heißes Essen und jeden Tag Grog. Und was tun sie dafür, frage ich euch?«

Jerôme dachte an Onkel Jambonneau und seine ausgebrannten Augen und an all die anderen alten Soldaten, denen Arme und Beine und andere Körperteile fehlten. »Ein Soldat kämpft, Papa. Soldaten ziehen in den Krieg und werden verwundet oder getötet.«

Papa wedelte mit dem Finger und schüttelte den Kopf. »Das tun sie nur, wenn der Krieg echt ist, Jerôme. Ich habe zwei Ohren, weißt du.«

Jerôme nickte und sah dann Marie an, um sie daran zu erinnern, wie töricht es von ihr gewesen war, Papa mit dem verrückten Maler Rembrandt zu vergleichen. »Ja, Papa. Marie und ich haben deine Ohren bemerkt.«

»Und diese Ohren haben etwas sehr Interessantes über den komischen Krieg gehört, Jerôme. Im *Invalidendom* sagen sie, daß es keinen Krieg geben wird. Niemand tötet tatsächlich andere an der Front. Eine ziemlich langweilige Angelegenheit für einen Krieg. Vielleicht werden schon bald alle, die einberufen wurden, wieder nach Hause geschickt, und dann ist alles vorbei.« Er sah sein Bild im Spiegel an. »Es wird vorbei sein, und alle anderen werden Pensionen bekommen. Alle anderen werden zurückkommen und neue Stiefel und warme Mäntel anhaben. Und wenn sie dann alt und krank sind wie Onkel Jambonneau, werden sie im Überfluß im *Invalidendom* wohnen und kostenlose Zigaretten und Wein bekommen und jeden Tag etwas zu essen, während ich hier auf der ›Knoblauch‹ sitze und versuche, irgendeinen im Müll gründelnden Fisch für mein Abendessen zu fangen.«

Bei diesem Gedanken sah Papa sehr traurig aus. Jerôme hatte Papa noch nie so abfällig über den Fisch reden hören, den er zum Abendessen in der Seine fing.

»Aber Marie und ich werden doch hier sein, Papa«, versuchte Jerôme ihn zu trösten.

»Nein. Ihr werdet erwachsen und irgendwo anders sein. So ist nun einmal der Lauf des Lebens. Man muß an seine alten Tage denken. Ich werde bald fünfzig.«

»Wann?«

»In zwanzig Jahren, wenn ich so lange lebe.«

»Aber dann bist du ja jetzt erst dreißig.«

»Alle Möglichkeiten gehen an mir vorüber«, seufzte Papa. »Nicht einmal die Gendarmen halten mich für einen ausreichend guten Kommunisten, um mich zu verhaften. Jeder anständige Kommunist sitzt entweder wegen Subvention gegen die Regierung im Gefängnis oder ist geflohen. Ich habe keine Anstellung. Meine Kinder gehen in Lumpen und haben Hunger. Wenn ich jetzt umkäme, wo wärt ihr dann?«

Papillon spürte die Ernsthaftigkeit der Diskussion. Er rannte an Jerômes Arm hinauf und kitzelte ihn am Ohr. »Genau da, wo wir jetzt auch sind.«

»Genau das meine ich«, sagte Papa und kratzte sich am Kopf. »Ich könnte mich zur Armee melden und euch meinen Sold schicken. Und wenn die Armee dann in ein paar Monaten ausgemustert wird, komme ich nach Hause und habe dieselben Rechte wie mein Bruder. Verstehst du, wie das funktioniert, Jerôme?«

»Aber was ist mit Stalin?« Marie war über dieses verrückte Gerede jetzt sehr beunruhigt.

»Er würde uns höchstens unser Boot abnehmen«, sagte Papa voller Überzeugung. »Wir leben in einer sehr schwierigen Welt, Marie. Manchmal muß sich ein Mann einer Armee anschließen und für wichtige Dinge kämpfen. Für Sicherheit.«

»Wie Onkel Jambonneau«, sagte Jerôme. »Und die alten Männer im *Invalidendom*.«

Papa warf einen letzten Blick auf sein Spiegelbild. »Sie werden mich nicht ablehnen, wenn ich mich melde.« Er leckte sich über die Handfläche und strich sich die Haare glatt. »Ich werde gut aussehen in einer Soldatenuniform.«

Marie runzelte verwirrt die Stirn. »Aber wer soll sich um uns kümmern, wenn du dich zur Armee meldest?«

»Tja, wer!« lachte Papa. »Ich habe viel darüber nachgedacht. Madame Hilaire ist gerade aus ihrer Wohnung geworfen worden.«

»Madame Hilaire!« platzten Jerôme und Marie gleichzeitig heraus.

»Wieso, was stimmt denn nicht mit ihr?« fragte Papa mit finsterem Gesicht, obwohl er die Wahrheit kannte.

Es gab eine Million Dinge, die mit Madame Hilaire nicht stimmten. Sie war eine ehemalige Artistin, die in ihrer Jugend als menschliche Kanonenkugel aufgetreten und bereits stocktaub gewesen war, als sie dreißig wurde. Da sie selbst taub war, ging sie davon aus, daß auch der Rest der Welt schwerhörig sei, und brüllte jedes Wort, das sie sagte, so laut, daß einem bald der Kopf davon weh tat. Ihr Haar, das von der ständigen Berührung mit Schwarzpulver ganz versengt war, stand in alle Richtungen von ihrem Kopf ab. Mit sechsunddreißig war sie zu dick geworden, um in die Kanone zu passen. Danach hatte sie versucht, an der Eingangs-Kasse zu arbeiten, aber ihr lautes Schreien brachte kleine Kinder zum Weinen, und das war schlecht fürs Geschäft. Nachdem sie den Zirkus verlassen hatte, war sie dem ältesten Gewerbe der Welt nachgegangen. Doch leider war sie durch ihr Alter, das Trinken und ihre ohrenbetäubende Stimme höchstens für einen Blinden attraktiv. Darum war Onkel Jambonneau ihr einziger Freund und Kunde.

Jerôme und Marie saßen grimmig da und stellten sich vor, wie sie mit Madame Hilaire in den engen Kabinen der *Knoblauch* wohnen würden.

»So schlimm wird es schon nicht werden«, sagte Papa. »Ich werde euch von der Armee Geld nach Hause schicken, und ihr werdet alle gut zu essen haben. Onkel Jambonneau sagt, sie sei eine exzellente Köchin, und sie ist die einzige Frau, die ich kenne, die Papillon gern hat. Es ist ja nicht für lange, meine Küken. Ihr dürft nicht vergessen, daß dies eigentlich gar kein richtiger Krieg ist. Uns wird es hinterher allen besser gehen.«

* * *

Nur wenige der amerikanischen Kriegskorrespondenten waren heute morgen schon wach und in der Lobby des *Hôtel Thiers* zu sehen. Bei dem Journalistentreffen in der Brasserie gestern abend war genügend Champagner und Cognac getrunken worden, daß Mac nicht daran zweifelte, daß viele seiner Kollegen voll bekleidet in ihren eindrucksvollen Uniformen ins Bett gegangen waren. Die Besitzer dieser Kleidungsstücke würden natürlich kaum vor irgendwann heute nachmittag wieder erwachen. Diese Verdunkelungsvorhänge konnten einem Mann, der einen Kater hatte, leicht weismachen, es sei noch mitten in der Nacht, während es in Wirklichkeit schon Mittag war. Mac sah voraus, daß das eine Menge Ärger für den Hoteldiener mit sich bringen würde, von dem man verlangen würde, Dutzende zerknitterter Hosen im Nu zu bügeln und Uniformjacken, in denen geschlafen worden war, wieder in ihren ursprünglichen, makellosen Zustand zu bringen. Zweifellos würden eine Menge ebenso verknittert aussehender Journalisten in Nancy herumlaufen, bevor der Tag endete.

Nur Ted Munroe, ein Radiojournalist bei *Mutual*, hatte daran gedacht, sich mehr als eine Ausstattung machen zu lassen. Seine Klamotten hätten selbst Mussolinis Schneider vor Neid erblassen lassen. Als er zuletzt gesehen worden war, hatte Lou Frankovitch einen Teller Spaghetti über Munroes Uniformjacke gekippt, oder vielleicht auch geworfen, und Munroe war zu benebelt gewesen, um es noch zu bemerken. Es war eine interessante Versammlung für die Adler der Nachrichtenwelt.

Um sieben Uhr morgens, als auf dem langen Büfett in der Lobby Croissants, frische Butter und dampfender Kaffee für die Presseoffiziere der französischen Armee und die internationalen Journalisten aufgetragen wurden, gab es noch etwa zwei Dutzend Überlebende.

Er biß gerade in ein Croissant, da entdeckte Mac zu seiner Erleichterung noch einen anderen Amerikaner unter all den verschiedenen Nationalitäten, der völlig bei Bewußtsein, geduscht, rasiert und in schlichte Jagdkleidung aus Tweed gekleidet war.

John Murphy, der Chef des *Trump European News Service* (TENS) in London, blickte von seiner lebhaften Unterhaltung mit einem französischen Offizier auf. Er winkte Mac zu, zupfte an seinem Tweedrevers, nickte anerkennend über Macs Zivilkleidung und hob zum Gruß seine Kaffeetasse.

Murphy, wie er von allen genannt wurde, war sogar schon länger als Mac in Europa unterwegs. Er war ein angenehmer Bursche von Mitte dreißig, der ein Talent besaß, sich Schwierigkeiten einzuhandeln und mit einem jüdischen Mädchen verheiratet war, das er während eines Einsatzes in Berlin kennengelernt hatte. Diese Verbindung hatte seiner Tätigkeit als Korrespondent in Berlin ein Ende gemacht. Neben einem eigenen Baby hatte das Paar die beiden kleinen Söhne des Hamburger Journalisten Walter Kronnenberger adoptiert, nachdem Walter 1938 von den Nazis umgebracht worden war. Murphy gehörte nicht zu der Sorte Reporter, für die Hitler etwas übrig hatte; er besaß ein Herz.

Kürzlich hatte Murphy die Leitung der TENS-Zentrale in der *Fleet Street* übernommen. Es war eine wichtige Verwaltungsposition, die man Murphy wohl gegeben hatte, um ihn von Schwierigkeiten fernzuhalten, vermutete Mac.

»Was machen Sie hier, Murphy?« fragte Mac. »Ich dachte, ihr mächtigen Bürochefs schickt nur die kleinen Indianer hinaus in die Schützengräben.«

Murphy zog seine Brieftasche hervor. Er zeigte Schnappschüsse von seiner Frau Elisa mit dem Baby auf dem Arm, den beiden Kronnenberger-Jungen, einer hübschen Nichte namens Lori mit einem kleinen Kind, einer Schwiegermutter und verschiedenen anderen seiner Lieben. Dazu erklärte er:

»Sie sind alle drüben in Wales. Auf einer Farm. Beim ersten Alarm aus London evakuiert. Dort bleiben sie, bis ich sie in die Staaten bringen kann. Ich bin in London geblieben, solange ich es ausgehalten habe. Aber es ist scheußlich dunkel und einsam dort, wenn man einen Schreibtischjob hat. Es ging mir fürchterlich auf die Nerven.« Er zuckte die Achseln. »Nebel. Kohlenrauch. Da dachte ich mir, ein bißchen frische Luft an der Front tut mir vielleicht gut.«

»Sie haben Ihre Uniform vergessen.«

»Ja. Sie auch.«

»Ted Munroe hat zwei mitgebracht.«

Eine lange Pause. »Wir könnten uns eine leihen.«

»Die ohne Fleischklößchen. Wir teilen sie uns. Epauletten, goldene Tressen und Messingknöpfe. Das reicht dicke für uns beide.«

»Ich weiß nicht recht. Wenn ich darüber nachdenke … wenn die Heinis uns mit dem Zeug an der Front sehen, dann schießen sie uns ab, als wären wir Generäle.«

Ein französischer Presseoffizier, der auffallende Ähnlichkeit mit der dicken Hälfte von Laurel und Hardy hatte, verkündete freundlich, die Korrespondenten müßten sich in Zweiergruppen aufteilen, von denen jede an einen anderen Teil der Westfront eskortiert werden würde. Das ganze erinnerte sehr an einen Pfadfinderausflug.

Da sie die einzigen beiden Amerikaner waren, die für den Anlaß nicht passend gekleidet waren, lag es für Mac und John nahe, sich zusammenzutun. Nachdem sie einem Verbindungsoffizier der französischen Kavallerie zugeteilt worden waren, einigten sich Murphy und Mac freundschaftlich darauf, daß es keinen Konkurrenzkampf zwischen ihnen geben würde um die Story, die sie entdecken würden. Falls es eine Story gab …

Murphy musterte den jungen, ernsten französischen Hauptmann, der in ehrerbietigem Ton mit seinem vorgesetzten Offizier sprach.

»Unser Wachhund«, bemerkte Murphy.

»Dieser ganze Ausflug ist eine vorgekaute Sache. Eine Fabrikbesichtigung.«

Der Franzose kratzte sich am Kopf und überflog ein Blatt Papier, auf dem das Ziel des Ausfluges verzeichnet war.

»Wir sind ein Häufchen alter Damen auf einer Stadtrundfahrt durch Atlantic City, mehr nicht.«

»Wo wollen Sie sonst hin?«

»Irgendwo anders.«

»Wir könnten verhaftet werden … oder beschossen.« Murphy lächelte leicht, als hielte er das für einen angenehmen Gedanken.

»Das wäre immerhin eine Story. Solange wir uns an unseren eleganten Freund hier halten, könnten wir genausogut auf den Eiffelturm klettern. Wie wär's?«

Augenblicke später schlenderten die beiden, die Taschen vollgestopft mit Croissants und Käse, unbekümmert einen Korridor entlang zur Küche und dann durch die Hintertür hinaus. Sie erreichten die Garage auf einem Umweg, gerade als eine Karawane offizieller Regierungs-Citroëns voller offizieller Regierungsgäste im Konvoi in Richtung der großen Betonbauten der Maginotlinie davonratterte. Der verbeulte Renault folgte dem langsamen Zug in einiger Entfernung und bog dann in eine Seitenstraße ein, die zu einem Dorf in dem Tal führte, das zur Saar hin abfiel.

Die schmale Straße verlief durch eine Reihe schneebedeckter Hopfenfelder, umrandet von Bündeln langer Pfähle, die in der Form indianischer Tipis zusammengestellt waren. Sonnenlicht brach durch die Wolken und schien auf die hohen Gipfel der Alpen, die die Ostgrenze Frankreichs schützten. Auf den ersten Blick wirkte die Landschaft wie aus einer Postkarte ausgeschnitten, ländlich und unberührt von der Nähe des Krieges.

Es war zu still. Kein Rauch stieg aus den Schornsteinen von St. Wendel auf. Keine Hunde bellten, als sie die Ortschaft erreichten. Auf den Straßen war kein Mensch zu sehen. Die schwarzen Überreste des Herbstlaubes, das niemand weggekehrt hatte, blockierten die Stufen und Eingänge der Häuser und Geschäfte.

»Niemand zu Hause«, flüsterte Mac, als der vorbeifahrende Renault sich in den Schaufenstern spiegelte, in denen sich immer noch ausgestellte Waren befanden. »Evakuiert.«

Mac fuhr vor dem *Hôtel St. Wendel* rechts heran und stieg aus. Von Bombenschäden war nichts zu sehen. Nichts deutete darauf hin, daß dieses winzige Stück Frankreich irgendwie beschädigt worden wäre. Doch eine grauenhafte Furcht durchdrang jeden Mauerziegel und Pflasterstein des Geisterdorfes. Ein Blick durch das Fenster des Hotelrestaurants zeigte ihnen Tassen und Teller auf den rotkarierten Tischtüchern, auf denen halb verzehrte Speisen verrotteten.

Irgendwo vor ihnen in der Ferne ertönte das Donnern von Artillerie und das dünne, hohe Heulen einer Granate.

»Schätze, wir bewegen uns in der richtigen Richtung«, sagte Murphy trocken, während er durch das Fenster zu den staubigen Weinflaschen und vertrockneten Salamis hin spähte, die wie Stalaktiten über der Theke hingen. »Nur gut, daß wir uns unser Mittagessen selbst mitgebracht haben.« Dann versuchte er, eine Erklärung für die unheimliche Entdeckung zu finden. »Es sind die deutschen Flugzeuge, vor denen sie Angst haben, nicht die deutsche Artillerie, nicht die Panzer oder die Infanterie. Das kleine St. Wendel ist sicher hinter der Maginotlinie verstaut. Und jeder weiß, daß die Panzer nicht über die Maginotlinie kommen.«

»Nein. Sie werden sie umgehen. Und sie werden darüber hinwegfliegen«, fügte Mac mit der Gewißheit eines Mannes hinzu, der das alles schon erlebt hatte. »Zu dumm, daß die französischen Generäle das noch nicht kapiert haben.«

Murphy blickte auf. Eine dichte Formation von Wolken glitt über den Himmel. Weiter westlich zogen die winzigen Punkte einer Schwadron Kampfflugzeuge irgendwo nahe der Maginotlinie vorbei. »Aber die Leute – die haben von den Stukas über Polen gehört, und darum sind sie davongelaufen. Die armen Kerle. Sie können nicht weit genug davonlaufen, nicht wahr, Mac?«

Mac schüttelte kurz den Kopf. »Nein. Nicht weit genug. Oder schnell genug. Sie hätten genausogut zu Hause bleiben und zu Ende essen können.«

»Frankreich hat die Maginotlinie, und England hat den Kanal.« Sie stiegen wieder in den Renault. »Es wäre besser, die Nazis hier aufzuhalten, denn für die Engländer gibt es keinen Fluchtweg. Und in der Luft braucht man zwanzig Minuten über den Kanal … Sandsäcke und Gräben rings um London. Wissen Sie, wir haben Sperrballons über der Themse, extra für die Luftwaffe. Wenn man die Ballons mit Gesichtern bemalen würde, würde die Themse aussehen wie die *Fifth Avenue* mit den Festwagen von *Macy's* bei der Weihnachtsparade. Was gäbe ich nicht dafür, meine Kinder dort zu haben und das sehen zu lassen. Die Weihnachtsparade, meine ich.«

Er seufzte, und Mac verspürte eine Aufwallung von Mitleid für Murphy. »Ich bin froh, daß ich nicht …« Mac überlegte, was er sagen wollte, und wählte seine Worte vorsichtiger. »Diese ganze Sache ist schwerer zu verkraften, wenn man eine Familie hat, um die man sich sorgt, schätze ich.«

John Murphy fiel in ein beunruhigtes Schweigen. Zweifellos dachte er an seine Frau und seine Kinder, die alle in Wales untergebracht waren, was schließlich doch nicht weit genug weg oder sicher genug war. Er wünschte, sie wären auf der anderen Seite des Atlantischen Ozeans. Vielleicht war das der letzte sichere Ort, an den man sich flüchten konnte.

22

Der Befehlsstand der Admiralität war hinter einem vier Meter hohen Dickicht aus entrolltem Stacheldraht versteckt. Die Stacheln waren so lang wie eine Männerhand und sahen eher wie Lanzenspitzen als wie Dornen aus. Andrés Papiere und die schriftlichen Befehle, die ihn zu einer Besprechung mit dem Ersten Lord der britischen Admiralität beorderten, wurden dreimal in Augenschein genommen, bevor er nach oben gehen durfte.

Nachdem eine Sekretärin ihn zu Winston Churchills Kriegsbesprechungszimmer geführt hatte, wurde André gebeten, draußen zu warten, während Churchill seine allmorgendlich um sechs Uhr stattfindende Besprechung mit seinem Einsatzoffizier Hauptmann Richard Pim beendete. Als Pim herauskam, trug er einen Stapel Pappordner bei sich, auf denen jeweils ein rotes Etikett mit der Aufschrift »Aktionen heute« klebte.

Pim zuckte die Achseln, als er André auf den Aktenstapel starren sah. »Gehen Sie nur hinein«, sagte er mit einem fröhlichen Grinsen. »Ich glaube, er hat jetzt das Deck für Sie gesäubert.«

Winston Churchill studierte eine Wandkarte des Nordatlantik, die rundliche Gestalt in einen Morgenmantel gehüllt. Auf der Karte markierten Nadeln die Standorte britischer Kriegs- und Handelsschiffe sowie die letzten berichteten Sichtungen deutscher U-Boote. »André, Sohn meines alten Freundes«, sagte er, während er einen schwarzen Vorhang vor die Wand zog, »wie schön, Sie wiederzusehen.«

André sah sich im Zimmer um. Alle Wände waren von dunklen Vorhängen verhüllt, hinter denen sich vermutlich noch weitere Karten und Diagramme verbargen. Das verlieh dem Büro ein sehr düsteres Aussehen. »Auch mir ist es ein Vergnügen, Erster Lord.«

»Bitte kein Zeremoniell«, entgegnete Churchill und fügte dann voll Mitgefühl hinzu: »Ich habe von der Situation mit Elaine gehört. Es tut mir sehr leid.«

Doch Elaine war nicht das Anliegen, das André in Churchills Büro geführt hatte, und André sagte nichts dazu außer einem gedämpften »Danke«. »Ich bin angewiesen worden, Ihnen mitzuteilen, ohne Einzelheiten anzugeben, daß die Arbeit an dem deutschen Code Fortschritte macht, wenn auch nur langsam. Wir hoffen auf einen Durchbruch, aber rechnen Sie nicht zu bald damit.«

Churchill reckte nachdenklich die Unterlippe nach vorn, ging hinüber zum einzigen Fenster des Zimmers und starrte hinab auf die Parade der berittenen Wache. »Die Sache ist von höchster Wichtigkeit«, sagte er schließlich. »Jene Täuschung, die Ihr Volk *Drôle de Guerre* und unseres den Langweilerkrieg nennt, ist in Wirklichkeit ein heimtückischer Dämmerschlaf! Das Schicksal Hollands und Belgiens, wie das der Tschechoslowakei und Polens, entscheidet sich beim nächsten Schritt. Wir müssen konkrete Informationen über das bekommen, was in dem infamen Plan der Deutschen als nächstes kommt.«

André hätte gern mehr positive Informationen anzubieten gehabt. Er hätte gern die Zuversicht dieses Mannes gestärkt, der das Rückgrat der britischen Kampfbereitschaft war.

Als Churchill weitersprach, war es fast ein lautes Nachdenken. »Die Nazis versuchen, uns mit ihrer unermüdlichen Propagandamaschinerie Angst einzujagen. Aber wir haben keine Angst. Hitler versucht, die Neutralen mit feierlichen Versprechen und Garantien zu beschwichtigen – und genau darum haben sie Angst! Sie erinnern sich noch, wie er seine bisherigen Versprechen eingehalten hat! Ich sage Ihnen, André, entweder werden Hitler und seine Schergen vernichtet, oder alles, wofür Großbritannien und Frankreich stehen, wird untergehen. Und wenn das geschieht, werden die Vereinigten Staaten allein als Hüter der Menschenrechte zurückbleiben.«

»Sie glauben doch nicht, daß es so weit kommen wird?«

Der mächtige Kopf wiegte sich nachdenklich hin und her. »Nur Tyrannen und Feiglinge unterstützen Hitler. Der Rest der ganzen Welt haßt dieses monströse Nazi-Gespenst. Sobald den Alliierten die ganze Gefahr bewußt wird, werden wir nicht nachlassen, bis diese Angelegenheit ein für allemal erledigt ist.«

»Dann«, erwiderte André, »müssen wir hoffen, daß es mit dem Schlummer bald ein Ende hat!«

»Sie und ich und andere sind bereits wach. Wenn wir in unserer Pflicht nicht versagen, werden sich bald noch weitere erheben, um mit an der Last zu tragen«, schloß Churchill. »Aber kommen Sie jetzt; Clemmie würde es mir nie verzeihen, wenn ich Sie nicht zu einem Besuch mit nach oben nehmen würde. Wir erinnern uns sehr gern an die Zeiten, die wir in der Villa Ihrer Familie in Südfrankreich zugebracht haben.«

»Wie geht es Ihrer Frau, Sir? Ich habe von ihrem Autounfall gehört. Ist sie wieder gesund?«

»Ein paar Schrammen und ein heiliger Schrecken, aber sie ist bei Kräften und bereit, sich wieder ins Getümmel zu stürzen. Es ist ein wenig wie mit der nationalen Ehre unserer beiden Länder, was, André?«

Clementine Churchill saß an ihrem Schreibtisch in dem blaßgelben Morgenzimmer und beantwortete ihre Korrespondenz. In ihrem weiß gesäumten marineblauen Kleid sah sie aus wie das weibliche Gegenstück des Ersten Lords der Admiralität. Ihre gerade, griechische Nase und ihre klassischen Züge waren trotz ihrer über fünfzig Jahre immer noch schön.

Ein freudiges Lächeln legte sich über ihr Gesicht, als André mit Winston das Zimmer betrat. Sie erhob sich steif, und erst jetzt zeigten sich die Nachwirkungen ihres Unfalls.

»André! Ich habe gehofft, daß du nicht gehen würdest, ohne hereinzuschauen.«

Er umarmte sie behutsam und küßte sie auf beide Wangen. »Ich habe mir Sorgen um dich gemacht, Clemmie«, sagte er. »Ich habe gelesen, daß du mit deinem Automobil eine Hauswand attackiert hast!«

»Der Fahrer schwor, er hätte diesen gräßlichen Hitler in Surrey an der Ecke stehen sehen«, lachte sie. »Er versuchte, ihn wie eine Wanze zu zerquetschen, und ich fand mich wie eine ausgestellte Ware im Schaufenster wieder.«

»Setz dich, Clemmie«, brummte Winston.

Sie ignorierte ihren Mann und führte André zu einem Sofa neben dem nach außen gewölbten Fenster. Immer noch seine Hände haltend wie eine Tante mit ihrem heißgeliebten Neffen sah sie ihn von oben bis unten an, wie sie es immer getan hatte, als er noch ein Kind war. Halb rechnete er damit, daß sie gleich verkünden würde, er sei gewachsen.

»Immer, wenn ich dich sehe, bist du deinem stattlichen Vater ähnlicher, als er so alt war wie du. Er wäre stolz auf dich, André. Und deine Mutter ebenfalls.« Sie tätschelte seine Wange. »Es ist viel zu lange her, daß wir uns zuletzt gesehen haben. Der Sommer scheint schon ein Jahrhundert zurückzuliegen. Als Winston mir sagte, daß du kommst, habe ich von der Köchin extra für dich Mohrenköpfe machen lassen.«

»Eine Köstlichkeit, die in den Konditoreien von Paris nicht leicht zu bekommen ist, Clemmie. Merci.«

Churchill räusperte sich und nahm ein herumschleichendes graues Kätzchen auf den Arm, das ihm um die Beine gestrichen war. »Nun, ihr beide braucht mich sicher nicht für eure Teeparty. Ich mache mich wieder an die Arbeit.«

Mit der Katze unter dem Arm zog sich Churchill zurück und ging die Treppe hinab. Vielleicht, dachte sich André, hatte Clemmie ihn bereits vorgewarnt, daß sie mit ihrem Patensohn ein Wort unter vier Augen wechseln wollte.

Tee und Mohrenköpfe wurden serviert. In Gegenwart von Clementine Churchill fühlte sich André mehr wie ein Kind als in Gegenwart irgendeiner anderen Frau.

»Fällt dir eine Veränderung an London auf, seit du zuletzt hier gewesen bist?« begann sie.

»Abgesehen von den Geschützen, die auf dem Dach von Harrods aufgebaut sind, den Sperrballons, Gasmasken und Sandsäcken überall?« lächelte er. »In Paris sieht es genauso aus, ma chérie.«

»Horch.« Sie hob majestätisch das Kinn. »Hörst du es?«

Er lauschte aufmerksam, um herauszufinden, was für ein Geräusch sie meinte, doch er hörte nur Stille und das Ticken der Uhr auf dem Kaminsims.

»Was meinst du?«

»Die Stille«, lächelte sie. »In London ist es so still wie in Chartwell. Keine Kirchenglocken. Keine hupenden Taxis oder pfeifenden Züge. Keine Sirenen. Kein unnötiger Lärm. Winston sagt, es sei seine Idee gewesen. Draußen hat man verbreitet, die Stille sei angeordnet, damit die Luftschutzwarte die Flugzeuge hören können. Aber ich glaube, der wirkliche Grund ist, damit Winston es in London aushält nach all den stillen Jahren in Chartwell.«

»Ich würde ihm ein solches Motiv zutrauen«, erwiderte André lachend.

Während der nächsten dreißig Minuten unterhielten sie sich über die Churchill-Kinder und über Andrés Bruder Paul. Und schließlich kam Clementine auf den Anlaß für den Tee und das Gebäck zu sprechen.

Ihr Gesicht wurde plötzlich ernst. »Wir waren schockiert, als wir die Nachricht über Elaine hörten.«

»Luxemburg hat um ihre Freilassung ersucht«, André versuchte seine Fassung zu wahren. »Man hat angeboten, ein großes Lösegeld auf einem Schweizer Konto zu hinterlegen, wenn sie entlassen wird. Doch Hitler will davon nichts hören. Er ist überzeugt, daß der Anschlag auf sein Leben entweder britischen oder französischen Ursprungs ist. Und daß Elaine – die arme Elaine – etwas damit zu tun hat.«

Clemmie nickte langsam. Sie ergriff Andrés Hand. »Was ist mit ihrer Tochter, André? Hast du an sie gedacht?«

»Ich denke kaum an etwas anderes. An den Krieg – ja. Der ist jetzt fast eine willkommene Ablenkung von meinen Sorgen.« Er lächelte grimmig und schüttelte den Kopf. »Sie ist bei Elaines Vater. Ein alter, bitterer Mann … ich bin ratlos, was ich tun soll.«

»Du wirst das Richtige tun, da bin ich sicher«, erwiderte sie freundlich. »Wie alt warst du, als du deine Eltern verlorst, André?«

»Ich war neun. Paul war fünf.«

»Ja. Ich erinnere mich. Ein zartes Alter, mein Liebling. Du warst sehr einsam damals. Aber immerhin hattest du noch deinen Bruder und deinen Großvater.« Sie ließ die Erinnerung an diese Zeit auf ihn einwirken.

»Großvater. Wäre er nicht gewesen, wäre vielleicht alles ganz anders gekommen für Elaine und mich. Für das Kind.«

Clemmie stand auf und bedeutete André mit erhobenem Zeigefinger zu warten. Sie verschwand durch eine Tür und kehrte einen Augenblick später mit einer zierlichen Porzellankopfpuppe und einem dünnen, in grünes Leder gebundenen Buch zurück.

»Diese Dinge haben deiner Mutter gehört. Die Puppe gab sie mir, als sie nach Frankreich ging, um deinen Vater zu heiraten. Sie sagte mir, ich könne sie vielleicht eines Tages weitergeben, falls sie ein kleines Mädchen bekäme. Bis heute dachte ich, ich würde niemals in der Lage sein, mein Versprechen ihr gegenüber zu erfüllen. Natürlich hatte sie Söhne, und so hielten wir die Sachen zurück für den Fall, daß eines Tages Enkelkinder kommen würden. Dies hier …« Sie legte ihm das Buch in die Hände. »Milton. ›Das verlorene Paradies‹. Wir haben uns zusammen durch die Literaturklasse gekämpft, sie und ich. Die Notizen an den Rändern stammen alle von ihr. Es sind sehr gute Gedanken darunter. Ich dachte mir, du würdest diese Dinge vielleicht gerne haben. Vielleicht möchtest du die Puppe auch gerne weitergeben. Sie heißt Clementine.«

Unfähig, zu antworten, nickte er und hielt die Puppe in den Händen. Endlich sprach er. »Nun, sie hat deine Augen, Clemmie. Sie sehen einem direkt ins Herz, nicht wahr?«

»Vielleicht, André, mein lieber Junge. Aber in dieser Sache trägst du dein Herz offen vor dir her. Leicht zu sehen. So war es schon immer.«

* * *

Die Wilhelmstraße war glatt wie eine Eislaufbahn, als der Dienstwagen des Gestapochefs Himmler sich vor der Reichskanzlei in Bewegung setzte.

Neben Himmler saß Reinhard Heydrich und starrte hinaus in den farblosen Tag. Die einzige Unterbrechung der Monotonie waren die roten Flaggen, die an den Gesimsen des Gebäudes hingen und die Anwesenheit des Führers verrieten.

»Er war in einer üblen Stimmung«, sagte Himmler ohne Heiterkeit.

Heydrich entgegnete mürrisch: »Hatten Sie nicht gesagt, daß er von Lewinski nichts zu wissen brauche? Wir hätten besser nicht davon reden sollen, bis die Sache erledigt gewesen wäre.«

»Vor dem Führer bleibt nichts lange geheim. Nicht einmal innere Angelegenheiten der Gestapo.«

Heydrich nickte. Er fuhr mit dem Finger über die beschlagene Fensterscheibe. »Manchmal denke ich, er hat Augen im Hinterkopf.« Er malte eine Augenbraue an die Scheibe. »Wie meine Mutter, als ich klein war. Sie wußte alles, was ich tat. Alles, was ich sagte.«

»Das hat nichts mit schwarzer Magie zu tun, Heydrich. Ist Ihnen noch nicht klar, daß wir mit allen anderen in einem Wettstreit um seine Aufmerksamkeit stehen? Meine Vermutung ist, daß der dicke Hermann einen Spitzel in meiner Abteilung hat, der ihm Informationen zuspielt …«

»Göring hat einen gesunden Appetit, soviel ist sicher.«

»Und von Görings Mund ist es nicht weit bis zum Ohr des Führers.«

Heydrich zerrte an seinem Kragen. »Es ist zum Verzweifeln. Lewinski ist nichts. Er hat nicht die geringste Bedeutung. Ich wußte nicht, daß er ein Jude war, als er in der *Enigma*-Fabrik arbeitete. Ich habe überhaupt nichts von ihm gewußt. Er war nur einer von vielen Ingenieuren, die Variationen zu ein und demselben Thema entwarfen. Und als ich es herausfand, jagte ich ihn davon wie jeden anderen Juden. Ab nach Polen. Setzte ihn mit 12 000 anderen Ratten hinter der polnischen Grenze ab. Woher sollte ich wissen, daß diese Ratte in den Untergrund gehen würde?«

»Sie hätten ihn töten sollen.«

»Damals gingen wir noch vorsichtiger vor. Die Weltmeinung spielte noch eine Rolle. Lewinski hat gute Verbindungen nach Amerika. Damals hielten wir immer noch den Anschein von Freundschaft mit den Amerikanern aufrecht, Himmler.« Er lachte. »Bevor der Führer anfing, von Roosevelt als dem ›Gelähmten‹ zu sprechen.«

Himmler ließ den Verschluß seiner ledernen Aktenmappe aufschnappen und zog ein sauberes Taschentuch hervor. Er reinigte seine Brille und putzte sich dann lautstark die Nase.

»Ich habe mir eine Erkältung geholt«, klagte er. »Lewinski ist nicht in Amerika. Soviel steht fest. Auch nicht in Rumänien. Jeder seiner Bekannten ist observiert worden.«

»Aber Sie werden die amerikanischen Agenten nicht abberufen, oder? Ich glaube immer noch, daß er dort auftauchen wird.«

»Unsere besten Leute arbeiten an der Sache. Unser Mann im amerikanischen Außenministerium hat Zugang zu Akten, aus denen ein Wechsel der Identität ersichtlich wäre.« Er sog die Luft durch die Zähne ein. »Wie ich dem Führer schon sagte, es ist lediglich eine Frage der Geduld.«

»Es ist eine Frage des kalten Wetters. Die Armee steht still, und er langweilt sich, und deshalb müssen wir uns und ihn damit amüsieren, einem nutzlosen kleinen Juden auf die Spur zu kommen, der unter unwahrscheinlichen Umständen in der Lage sein könnte, unsere *Enigma* zu rekonstruieren.« Er schlug sich mit der flachen Hand aufs Knie. »Selbst wenn der Kode ohne die exakte, vollkommene Kombination nicht zu dechiffrieren ist.«

»Wir werden ihn finden. Göring wird enttäuscht sein, wenn es uns gelingt. Dem Führer wird es gefallen. Wir werden den Russen an die Angel bekommen.« Himmler zuckte die Achseln, als ob sich die Angelegenheit bald von selbst regeln würde. »Ein Mann wie Lewinski kann nicht lange verborgen bleiben.«

Heydrich nickte und wischte wieder über die beschlagene Scheibe, während sie an der Spree entlang fuhren. »Er muß in der Hand einer der alliierten Regierungen sein. Oder zumindest einer neutralen Regierung. Unsere Feinde würden auf einen solchen Geist nicht verzichten. Sie werden ihm Honig ums Maul schmieren und ihm die Ohren vollsäuseln, in der Hoffnung, er könnte in der Lage sein, uns zu schaden. Aber es ist unmöglich. Die *Enigma* ist nicht zu knacken.«

* * *

Josie saß dem Londoner *AP*-Chef Charlie Morris gegenüber.

Mit seinem herabhängenden Schnurrbart erinnerte der untersetzte, weißhaarige Mann Josie an Mark Twain. Charlie, ein waschechter Südstaaten-Gentleman, war 1880 in Valdosta, Georgia, als Sohn der Enkelin des Konföderierten-Generals Stonewall Jackson geboren worden. 1898 hatte er über den spanisch-amerikanischen Krieg berichtet und war dann gerade rechtzeitig nach London gekommen, um die Reportage über die Beerdigung von Königin Victoria zu schreiben. Nun war er seit fast vierzig Jahren hier, und während des letzten Krieges war er der wichtigste Europa-Korrespondent gewesen.

Für die jüngeren Angehörigen der Presse war Charlie eine Vaterfigur. Er hatte sie schiffsladungsweise kommen und gehen sehen. In einem Haus in Chelsea pflegte er stets den hohen Standard südstaatlicher Gastfreundschaft.

An diesem Nachmittag stieß er mit dem Fuß seine Bürotür zu und lehnte sich in seinem abgewetzten Ledersessel zurück. Dann legte er die Fingerspitzen aneinander und wartete, als ob er hoffte, daß Josie zuerst sprechen würde.

Sie tat es nicht. Schließlich war es Charlie, der sie in sein Büro bestellt hatte. War sie in Schwierigkeiten?

Er räusperte sich. »Ich habe gehört, Sie hatten ein kleines Problem mit den Jungs im Savoy.«

Sie spürte, wie die Farbe vom Kragen ihrer Uniformbluse bis hinauf zum Haaransatz stieg. »Eigentlich nicht. Ich meine … nicht der Rede wert.«

»Ich habe gehört, Konrad hat Sie in Stücke geschnitten, durchgekaut und wieder ausgespuckt wie einen Tabakpriem.«

»Er ist ein Zyniker.«

»Mag sein. Sicher. Aber er hat recht.«

Josie stützte ihren Kopf auf die Hand. »Ich gebe es auf, Charlie. Ich kann das nicht noch einmal durchexerzieren.«

»Kann ich Ihnen nicht verübeln, Kleines«, sagte er freundlich. Er holte tief Luft und fuhr fort. »Möchten Sie darüber reden, was da drüben mit Ihnen passiert ist? In Polen?«

»Etwas Wichtiges.« Wie sollte sie es ihm erklären? »Ich bin aufgewacht, gewissermaßen.«

Er nickte und lächelte. »Dachte ich mir. Ich sage Ihnen was, Kleines: Ich habe gesehen, wie Leute aufgewacht sind. Ich weiß noch, als ich ein kleiner Junge in Valdosta war, da starb einmal ein junger Mann an Typhus. Damals mußte man solche Leute sofort in der Erde verscharren. Nun, es war schon dunkel, als wir alle hinunter zum Friedhof zum Begräbnisgottesdienst marschierten. Da standen wir dann im Laternenschein um die Grabsteine herum. Es gab Gebete, eine Predigt, Choräle und so. Gerade in dem Augenblick kam oben an der Straße der schlimmste Säufer der Stadt vorbei. Einen widerlicheren Säufer haben Sie noch nie gesehen! Er sah uns unten auf dem Friedhof im Laternenschein stehen und dachte, der Herr wäre wiedergekommen und die Toten würden aus den Gräbern aufstehen!« Er lachte und schlug sich mit der flachen Hand aufs Knie. Josie lachte mit ihm.

Dann fuhr er fort. »Der Mann kriegte einen so fürchterlichen Schrecken, daß er nie wieder einen Tropfen anrührte! Er wurde ein anderer Mensch! Und wissen Sie was? Er fing an, jeden anzupredigen, der ihm zuhören wollte. Und dann predigte er jeden an, der ihm nicht zuhören wollte. Er machte sich überall unbeliebt und stritt sich mit allen über alles.« Er zuckte die Achseln. »Die Leute in Valdosta hatten ihn als Säufer lieber gemocht.«

»Vielen Dank, Charlie.« Josie sah ihn wütend an. »Die Moral ist nicht zu übersehen. Kann ich jetzt gehen?«

»Nicht doch, nicht doch, Mädchen. Ich glaube nicht, daß Sie mich richtig verstehen. Ich will nicht sagen, daß Sie so wie dieser Bursche sind. Aber die Sache ist die: Konrad hatte recht mit all den miesen, zynischen Sachen, die er gesagt hat.«

»Ich habe von Idealen gesprochen, von moralischen Verpflichtungen.«

»Wenn Sie solche Dinge gegenüber Reportern erwähnen, werden Sie bei lebendigem Leibe gesteinigt. Wenn Sie denken, es sei schlimm hier, dann warten Sie ab, bis Sie zurück zu diesem Mädchenhändler Frank Blake im Pariser Büro kommen.«

»Aber ich muß zurück, Charlie. Danke für die Anteilnahme.«

Er betrachtete seine Hände, als müsse er seine Worte sorgfältig wählen. »Danny wird nicht dort sein.«

»Das weiß ich.«

»Er hätte dasselbe Zeug wie Konrad von sich gegeben, wissen Sie. Ihr Mann war ein erstklassiger Zyniker. Er starb nicht für eine Sache. Er starb, weil er seine Arbeit tat und dabei unter eine Bombe geriet.«

»Ich mache mir wenig Illusionen über Dannys Edelmut. Aber ich habe ihn geliebt.«

»Paris könnte für Sie im Augenblick ein rauhes Pflaster sein.«

»Ich werde meinen Mund halten.«

Er wischte sich über die Stirn und nippte an seinem Tee. »Gott sollte jeden Menschen in dem Augenblick, in dem innen das Licht angeht, stumm werden lassen. Dann käme niemand in Versuchung, es zu erklären. Kein Streit darüber, was moralisch richtig oder falsch ist oder ob Gott existiert. Keine Chance, Taten durch Slogans zu ersetzen. Wenn nur die Christen nicht endlos predigen könnten wie dieser Säufer in Valdosta! Dann könnten wir anderen Leuten von der Liebe Gottes nur erzählen, indem wir sie zeigen, indem wir sie leben. Indem wir einem Durstigen einen Becher kühles Wasser geben. Indem wir ein Kind trösten. Es ist keine Kirche oder Religion, sondern eine Lebensweise. Es ist eine andere Art von Krieg, der niemals endet.«

Josie nickte, dankbar dafür, daß er sie zu verstehen schien. »Genau das ist es, was ich tun will, Charlie.«

»Es wird eine Menge Kinder geben, die Trost brauchen, bevor das alles vorbei ist, Josephine. Das ist jetzt nicht mehr aufzuhalten. Aus all den Gründen, die Konrad genannt hat, wird dies wahrscheinlich ein langer, gemeiner, häßlicher Krieg werden. Wer immer am Ende noch auf zwei Beinen stehen kann, ist der Sieger. Und wenn Sie sich mitten hineinstellen und das Licht ausleben, so wie Sie es sehen, dann wird vielleicht niemand Ihnen je dafür danken. Vielleicht wird nur Gott je wissen, was Sie Gutes getan haben. Sind Sie bereit, das auf sich zu nehmen?«

»Ich möchte etwas bewirken, Charlie. Ich will nicht einfach sterben, ohne daß irgend etwas dadurch besser geworden ist, daß ich gelebt habe. Ist nicht dies die Zeit … und was für eine Zeit … in der die Welt Leute braucht, die ihre Überzeugungen an Gottes Liebe messen und dann nach den besten Impulsen handeln, die sie haben? In Warschau habe ich Leute erlebt, die bis zum Ende so lebten und starben. Und da habe ich plötzlich begriffen, wie klein und blind meine eigene Seele gewesen ist. Was habe ich verändert? Mir scheint, ich muß aus irgendeinem Grund leben, den ich noch nicht kenne.«

»Ich dachte mir, daß Sie das sagen würden. Aber es werden Schwierigkeiten kommen, wenn Sie Ihre Überzeugungen ausleben. Sie sind jung und voller Hoffnung, und Sie sollten sich warnen lassen. Ich habe schon manchmal Seelen aufwachen sehen, Josephine. Sie könnten zu Schaden kommen.« Der alte Gentleman streckte ihr die Hand entgegen. »Wenn Sie nach London zurückkommen müssen, habe ich einen Platz für Sie.«

23

Als Mac und Murphy die Front erreichten, waren deutsche Artilleriegeschütze auf der anderen Seite des trüben Wassers der Saar hart an der Arbeit. Oberhalb der Schützengräben flogen 155-Millimeter-Geschosse mit ohrenbetäubendem Krachen dahin.

Mac duckte sich tiefer und dachte an die Informationen, die der französische Artillerie-Hauptmann an der Sperre ihm eine Stunde zuvor gegeben hatte. Der Hauptmann hatte mit heimlicher Heiterkeit gelächelt, als er die rosa Presseausweise studiert hatte, die Murphy, Mac und seiner Kamera einen Platz in der ersten Reihe im Kampfgebiet zugestanden. Hatte er die Überraschung in Macs Gesicht bemerkt, als eine halbe Meile weit entfernt auf einem Hügel eine Granate explodiert war?

»Hier oben wird nicht richtig Krieg geführt, Messieurs. Es gibt nur nachmittägliche Zielübungen. Wir schicken den Deutschen ein Geschenk, und sie erwidern die Geste entsprechend. Nicht der Rede wert. Wirklich. Wir sind hier nicht in Polen.«

Dann schlug der Hauptmann mit den Knöcheln gegen den altmodischen amerikanischen Soldatenhelm, der linkisch auf Macs Zivilistenschädel saß. Dies war eine ernste Sache. »Ihr Blechhut, Monsieur. Er sieht britisch aus. Halten Sie Ihren Kopf unten, sonst schießen die Deutschen ihn Ihnen ab.« Er lächelte entschuldigend. »Wenn sie auf die Idee kommen, hier säßen britische Soldaten in den Schützengräben, könnten sie leicht nervös werden und sich tatsächlich ins Zeug legen.« Mit diesem Ratschlag schickte er die Journalisten los wie Ratten in ein Labyrinth, damit sie die Realität des Lebens in den Schützengräben kennenlernten.

Diese Realität war 1939 nicht anders als 1918. Kalt, schmutzig und widerwärtig war das Grabensystem durch den gelben Lehm der Uferböschung getrieben worden, die sich wenige Fuß über die Wasserfläche der Saar erhob. Die Wände waren mit Flechtwerk aus Weidenzweigen verkleidet. Es war ein harter, scheußlicher Winter gewesen. Die Verkleidung war nach innen gedrückt, und an manchen Stellen war der Schlamm durchgebrochen.

Mac und Murphy gingen durch einen unbesetzten Verbindungsgraben, der sich im Zickzack an die Hauptlinien annäherte. Mac hätte von jeder beliebigen Stelle aus das ganze Gelände filmen können, sowohl die deutsche als auch die französische Seite, indem er auf einen Feuerstand gestiegen wäre und über die Brüstung gespäht hätte. Murphy redete es ihm aus, indem er den posthumen Kommentar zu seinen Wochenschaufilmen improvisierte, wie er in Tausenden von amerikanischen Kinos zu hören sein würde.

»… Sie sehen jetzt die letzten Aufnahmen des sogenannten Scheinkrieges entlang der französischen Front, die der wagemutige *Movietone*-Kameramann, der verstorbene Mac McGrath, filmte …«

Mac lächelte dankbar und verharrte dann einen Moment, um auf ein knatterndes Maschinengewehr und das ständige Knallen von Gewehren auf der anderen Seite zu lauschen. Dann erinnerte er sich an die deutsche Abneigung gegen britisch aussehende Helme, widerstand der Versuchung, seinen Kopf hochzurecken, und marschierte weiter.

Die Planken auf dem Boden des Grabens waren mit Schlamm überzogen und abgewetzt, nachdem sie monatelang mit Stiefelsohlen und Gewehrkolben bearbeitet worden waren. Blutflecken waren nicht zu sehen. Eine Granate zog dicht über ihren Köpfen heulend hinweg. Mac und Murphy duckten sich gegen die Sandsäcke, bis nicht weit hinter den Linien ein lautes Krachen ertönte. »Zu nahe«, murmelte Mac, als der säuerliche Geruch von Kordit die Luft erfüllte.

Als sie um die nächste Ecke kamen, mündete der Versorgungsgraben in die Frontlinie. Mac nahm seine *DeVry*-Kamera aus der Hülle und zog das Getriebe auf.

Es befanden sich zehn französische Soldaten in diesem Abschnitt, die mit Gewehren und Maschinenpistolen feuerten. Sie standen auf dem Feuerstand und zielten durch Lücken in der mit Sandsäcken abgedeckten Brüstung. Ihre Mäntel waren mit Schlamm überkrustet. Nach der Häufigkeit der Schüsse entlang der Linie zu urteilen, war der Graben voll besetzt. Als Mac seine Kamera hob, warf eine Maschinenpistole eine Patronenhülse aus, die ihm beinahe ins Ohr flog. Seine zitternden Knie ruinierten die Aufnahme. Er stützte sich gegen die Sandsäcke und begann von vorn.

Durch den Sucher sah er, wie ein Leutnant sich aus dem Gewühl bespritzter Uniformen löste und einen verdutzten Blick in Richtung der Kamera und der beiden Journalisten warf. Er ließ sein Gewehr sinken und kam rasch auf sie zu.

»Bonjour, Messieurs?« Der Tonfall klang deutlich fragend, als ob zwei Touristen sich auf dem Weg zum Eiffelturm verirrt hätten und dabei irgendwie an die Westfront geraten wären. Schließlich war dies ein Kampfgebiet.

»Guten Tag«, gab Murphy fröhlich zurück, während eine ohrenbetäubende Salve über sie hinwegdonnerte und seine Stimme übertönte.

Mac deutete mit der Kamera nach oben und fügte in seinem besten Französisch hinzu: »Die Heinis legen sich ganz schön ins Zeug!«

Wie um seine Aussage zu unterstreichen, explodierte die Granate an die hundert Meter hinter ihrer Position, und der Leutnant vergaß, die beiden Männer nach ihren Papieren zu fragen. Welcher Idiot würde auch schon freiwillig hierherkommen, wenn er nicht mußte?

»Was ist hier los?« rief Murphy. Die Luft war voller Lärm, der an- und abschwoll, sobald die französischen Gewehre knallend auf ihre deutschen Gegenstücke antworteten.

Als es vorübergehend ruhiger wurde, erklärte der Leutnant zwischen Salven aus kleinen Waffen: »Die Nazis nehmen uns schon seit einigen Tagen unter Beschuß. Letzten Donnerstag ist ein deutscher Hauptmann hinunter an den Fluß gegangen, um eine Zigarre zu rauchen und unterwegs Beleidigungen gegen die französische Armee herüberzurufen, wie er es jeden Morgen tat – um unsere Geduld auf die Probe zu stellen und vor seinen Männern anzugeben, nehme ich an. Unser Hauptmann hatte genug von dem elenden Deutschen. Er ging an den Lautsprecher und sagte diesem Burschen, er solle mit seinen Obszönitäten aufhören und sofort zurück in seinen Nazibunker gehen. Dann wurden weitere Beleidigungen ausgetauscht. Der Nazi hat unseren Jungs eine Nase gedreht! Aber er ist zu weit gegangen, dieser Nazi. Was kann man erwarten? Unser Hauptmann erschoß den Deutschen, der als höchst überraschter toter Mann umfiel.«

Er warf einen genervten Blick zum Himmel, als eine weitere Salve über sie hinwegheulte und nach einer raschen Serie von Explosionen verstummte. »Wir waren alle nicht gerade froh darüber, daß unser Hauptmann den Nazi-Hauptmann erschoß. Es war, als hätte er das Maskottchen umgebracht, wenn Sie verstehen, was ich meine. Jeden Morgen hat uns das deutsche Schwein beleidigt, aber es ist nichts passiert – jetzt ist er tot, und die Beleidigungen sind erheblich tödlicher geworden. Die Deutschen sind sogar ein wenig auf unser Gebiet vorgerückt. Da, sehen Sie, sie haben die Spichernhöhe eingenommen. Französischen Boden besetzt. Obwohl er im Niemandsland liegt, wird er in den Reiseführern als französischer Boden geführt. Im Baedeker und im Michelin. Es ist zum Verzweifeln. Wir haben ein Denkmal für all die alten Schlachten dort oben.«

Mac legte einen neuen Film ein und sagte nichts über die Dutzende von Geisterstädten entlang der Front, die in den Reiseführern ebenfalls als französisch geführt wurden und in denen dennoch kein Mensch mehr lebte. Das Gesicht Lothringens hatte sich seit September verändert und würde sich im Lauf der Zeit wahrscheinlich noch mehr verändern.

Der Offizier schlug Mac und Murphy vor, sich auf den Feuerstand zu stellen, durch die Öffnung in der Brüstung zu schauen und das Desaster mit eigenen Augen zu sehen. Der Franzose reichte Mac einen Feldstecher.

Der schwarze Fluß wand sich durch die Mitte einer flachen, schneebedeckten Grasfläche, die sich sanft zu einem spärlich bewaldeten Hügel hin erhob, der von Stacheldraht umgeben war und auf dessen Kuppe ein Bunker thronte. Der Beton war hellrot gestrichen und mit einigen schwarzen Hakenkreuzen geschmückt.

Der Hauptmann war sichtlich unzufrieden. »Dieser Hügel war im Lauf der Jahrhunderte der reinste Fußball, Messieurs. Französisch. Deutsch. Französisch. Deutsch. Französisch. Und jetzt, wie Sie sehen …«

Die Spichernhöhe war unübersehbar wieder deutsch. Da er weit außerhalb der schweren Betonbefestigungen und Panzersperren der Maginotlinie lag, hatte der Verlust keine große strategische Bedeutung für die Verteidigung französischen Bodens. Für die Deutschen war es mehr wie der Sieg in einem Geländespiel.

Die französischen Generäle glaubten unerschütterlich daran, daß die großen Forts an der Maginotlinie die deutsche Wehrmacht für immer auf ihrer eigenen Seite zurückhalten würden. Die Nazis konnten auf der Spichernhöhe sitzen und Obszönitäten herüberschreien, soviel sie wollten, aber die Maginotlinie würden sie nicht überqueren. Sie konnten Artilleriesalven abfeuern bis ans Ende der Zeit, aber die Maginotlinie würden sie nicht überqueren! Schließlich stand dieses Motto sogar auf den schwarzen Baskenmützen der Maginot-Verteidiger, oder nicht?

Ils ne passeront pas!

Für die französischen Soldaten in den vorderen Schützengräben des Niemandslandes jedoch war der Verlust der Spichernhöhe eine persönliche Beleidigung. Ihre Väter und Großväter und Urgroßväter waren gefallen, als sie gegen die gefürchteten Hunnen um diesen Hügel kämpften.

Die riesigen schwarzen Hakenkreuze auf rotem Grund, die auf dem ehemals französischen Beton des Bunkers prangten, waren wie der Geist des toten deutschen Hauptmanns, der sich erhoben hatte, um jedem Patrioten an der Linie eine Nase zu drehen, und ihren Vorfahren gleich mit! Aus diesem Grund feuerten die Franzosen aus ihren Gewehren, wann immer ein Artilleriegeschoß über ihre Köpfe hinwegpfiff, obwohl nicht viel zu sehen war und niemand sich in Schußweite befand.

»Warum schießen Ihre Männer?« Mac stellte den Feldstecher auf den Spichern-Bunker scharf.

»Um die Deutschen dazu zu bringen, ihre Köpfe einzuziehen. Natürlich wissen wir, daß sie nicht angreifen werden! Wir wissen, daß wir weiterhin hier sitzen und an Langeweile sterben werden. Wir werden weiterhin mit unseren Maschinenpistolen auf Soldaten feuern, die uns nicht mehr Schaden zufügen können, als ob sie aus Stroh wären! Wir sind hier nicht in Polen … Wir sind keine Soldaten mehr, Monsieur. Wir sind Nachtwächter. Im Dienst, bis wir an Altersschwäche sterben, so wie dieser Krieg läuft. Wir sind wie die Leute, die man als Wachen vor einem Banktresorgewölbe aufstellt.« Er deutete mit einem Daumen in Richtung der Maginotlinie. »Hinter uns ist das große Maginot-Gewölbe. Ils ne passeront pas!«

»Sie werden nicht herüberkommen.« Murphy erbleichte und wiederholte die berühmten Worte Feldmarschall Pétains auf englisch, als ein Zug von

Bahrenträgern sich näherte. Die beiden Amerikaner stiegen auf den Feuerstand und preßten sich gegen die Grabenwand, als sie vorüberkamen.

Mac ließ seine Kamera laufen und beobachtete den Zug aus der sicheren Entfernung seines Suchers. Neun junge Männer lagen auf den Bahren. Zwei davon waren noch am Leben. Ihre Haut hatte eine wächserne, gelbliche Farbe. Mit grauen Zungen fuhren sie sich über die blauen Lippen. Die Farben würden auf dem schwarz-weiß-grauen Filmmaterial nicht zu sehen sein. Vielleicht lebten auch einige der anderen noch. Es war schwer zu sagen. Blut tropfte von den Enden der Bahren auf die Stiefel der Träger und hinab auf die schlammüberzogenen Planken des Grabens. Zwei Leichen waren eingesammelt und stückweise auf die Bahren geladen worden.

Mac widmete der grausigen Parade 25 Sekunden Filmmaterial.

Keine Soldaten mehr … Nachtwächter … im Dienst, bis wir an Altersschwäche sterben …

Mac ließ die Kamera laufen. Er hatte das alles schon früher gesehen. Diese neun zerrissenen französischen Jungen waren nicht besser dran, als wenn sie in den Frontgräben Polens gewesen wären.

Wie alt mochten sie sein? Achtzehn? Neunzehn? Das beste Alter für Kanonenfutter. Genausogut hätten sie sich mit bloßen Händen den Panzerdivisionen entgegenstellen und mit dem Ruf »Vive la France« als Helden untergehen können! Oder auf Schlachtrossen hinaus aufs Feld reiten können wie die alten Ritter, um im Zweikampf gegen deutsche Panzer anzutreten!

Sie waren genauso tot, obwohl sie geduldig mit ihren Gewehren hier an der Maginotlinie gewartet hatten. Sie hatten sich gewünscht, sie wären zu Hause. Sie hatten sich über die Dinge unterhalten, über die sich junge Männer unterhalten – die Zukunft!

Die Maginotlinie hatte ihnen nicht das Leben gerettet. Zuversicht und Langeweile und Träume vom Ruhm, all das hatte jetzt ein Ende. Wer würde jetzt ihren Familien sagen, dieser Krieg sei der Scheinkrieg, der Zwielichtkrieg, der Sitzkrieg, der *Drôle du Guerre* – ein Witz?

Die Berichte über geringe Verluste waren kein Trost für den, dem eine Granate um die Ohren flog. Für einen solchen Mann war dieser Krieg ein Krieg, egal, welchen Titel man ihm gab. Jeder Mann konnte nur einmal sterben, und danach würde es ihm egal sein, wer auf der Spichernhöhe saß. Und die, die er zurückließ, würden sich um den Verlust des Hügels nicht scheren, aber sie würden ihr ganzes Leben lang um den Verlust des Mannes trauern.

Mac gab sich große Mühe, nicht an solche Dinge zu denken. Wie hätte er sonst in diesem blutigen Graben stehen und filmen können, um die Zivilisten zu Hause zu erleuchten? Er hatte diesen Toten und Sterbenden fünfundzwanzig Sekunden seines Lebens gewidmet, und mehr würden sie nicht bekommen. Mit einer entschlossenen Bewegung schaltete er die *DeVry*-Filmkamera und seine Gedanken ab.

»Ich habe meine Schlagzeile«, bemerkte Murphy grimmig. »Grüße vom Scheinkrieg. Dein Sohn ist tot.«

Mac und Murphy blieben lange genug, um mit den Soldaten, die auf Neuigkeiten aus Paris erpicht waren, zu Mittag zu essen. Drei Stunden lang unterhielten sie sich über Theater und Frauen und Philosophie und gutes Essen. Über den Krieg fiel kein weiteres Wort. Niemand fragte sie je nach ihren Presseausweisen. Sie hätten deutsche Spione sein können, die der Führer geschickt hatte, um alle Soldaten niederzumähen, ohne daß die je wußten, wie ihnen geschah.

* * *

Die schreckliche Nachricht war am Abend zuvor eingetroffen.

Das Telegramm aus dem Kriegsministerium traf kurz nach neun Uhr abends in der winzigen Wohnung über der Buchhandlung in der No. 26 *Rue St. Severin* ein.

Michelle Fain hatte gerade die beiden Kleinen, Claude und Jean, ins Bett gebracht. Dann setzte sie sich hin, um ihren wöchentlichen Brief an ihren Mann Jean-Paul zu schreiben, der Frankreich an der Maginotlinie diente.

Ein kräftiges, dienstbeflissenes Klopfen ertönte an der Tür. Sie rief hinaus und fragte, wer dort sei. Bei der Antwort überkam sie ein kalter Schauder.

»Telegramm aus dem Kriegsministerium für Madame Michelle Fain.«

Das Telegramm klang wie ein Formblatt.

»Sehr geehrte Madame Fain, wir bedauern zutiefst, Ihnen mitteilen zu müssen, daß Soldat Jean-Paul Fain bei einem Artillerieangriff ums Leben gekommen ist …«

Und so endete das Leben ihres geliebten Jean-Paul, und mit ihm Michelles ganze Hoffnung auf Glück. Sie hatte Jean-Paul, einen jungen Witwer mit zwei kleinen Söhnen, erst im letzten Herbst geheiratet. Es waren gute Jungen, aber sie waren nicht ihre eigenen Kinder. Was sollte sie jetzt tun?

An diesem Nachmittag packte sie die Kleider der Kinder in einen kleinen Weidenkorb. In denselben Korb hatten sie im letzten Sommer das Essen gepackt, wenn sie zum Picknick an die Seine gingen.

Ob sie zu einem Picknick gingen, wollte der kleine Claude wissen.

Michelle antwortete nicht sofort. Was sollte sie zu Claude sagen, der jetzt fünf war, und zu dem kleinen Jean, der mit seinen drei Jahren seinem Papa schon so ähnlich sah?

»Ich gehe euren Papa besuchen«, erwiderte sie endlich. »Für euch wird gut gesorgt werden.«

Claude kämpfte gegen die Tränen an. Er war schon zu groß zum Weinen, oder nicht? Und der kleine Jean verstand nicht; er spielte weiter mit seinen Bauklötzen auf dem Fußboden und bekam nichts mit.

Nach Sonnenuntergang führte Michelle die Jungen an der mittelalterlichen Kirche St. Severin, dem alten Pilgerbrunnen und dem knorrigen Baum im Hof vorbei. Es war sehr dunkel, aber sie hatten es nicht weit bis zur Rue de la Huchette, eine schmale Gasse hinauf und die nächste hinab, bis sie schließlich vor dem schweren Bogentor des Hauses Nummer fünf standen.

»Was wollen wir hier, Mama?« fragte Claude und blickte zu dem schwarzen Holz des Tores hinauf. Er nannte sie stets Mama, weil Papa es so wollte.

»Hier wohnen ganz viele Kinder«, antwortete sie mit gleichgültiger Stimme, als ob sie schon woanders wäre. »Hier werdet ihr euch wohl fühlen.«

Sie legte ihre Hand auf Claudes Schulter und ihren anderen Arm um den kleinen Jean.

»Wann holst du uns wieder ab, Mama?« fragte Claude.

Sie berührte seine Wange. »Ich gehe zu eurem Papa.« Sie stellte den Korb auf den Boden. »Stell dich auf den Korb, Claude.« Sie half ihm auf den Deckel des Korbes. »Kommst du an das Seil?«

Er streckte sich und ergriff das zerfaserte Ende des Klingelzuges. »Oui, Mama.«

Sie küßte ihn und umarmte den kleinen Jean. »Kümmere dich um den kleinen Jean. Die Leute hier werden euch helfen.« Sie legte die Hand des kleinen Jean in die größere Hand von Claude. »Zähl bis hundert, und dann klingle. Klingle so lange, bis sie das Tor öffnen. Hier wird es euch gut gehen. Das ist besser für euch, als wenn ihr bei jemandem wäret, der kein Geld und keine Stellung hat. Adieu, chéri.«

Claude begann zu zählen: »Un, deux, trois, quatre …«

Sie ließ die beiden dort und zog sich durch die dunkle Straße zurück bis zu einer schmalen Lücke zwischen zwei Gebäuden. Dort versteckte sie sich und beobachtete, wie Claude langsam zählte. Sie hätte ihm sagen sollen, er solle bis fünfzig zählen. Das wäre schneller gegangen.

»Quatre-vingt-dix … cent!«

»Guter Junge!« flüsterte sie erleichtert, als er ungeduldig von neunzig auf hundert sprang.

Die Glocke begann zu klingeln, laut und beharrlich. Getreu ihren Anweisungen hörte er nicht auf zu klingeln, bis der Riegel des massiven Tores zurückgeschoben wurde und durch einen Spalt ein schmaler Lichtschein auf die beiden Jungen auf der Straße fiel.

»Was ist denn los? Herr im Himmel!«

Eine massige Frau trat aus dem Hof heraus und spähte die pechschwarze Gasse hinauf und hinab, in der Hoffnung, irgendeine Bewegung zu entdecken. Dann beugte sie sich dicht zu Claude herab.

»Hast du dich verirrt, kleiner Mann?«

»Nein, Madame. Wir sind zu Ihnen gebracht worden.«

»Wo ist euer Papa?«

»Im Krieg.«

»Wo ist eure Mama?«

»Unsere erste Mama ist im Himmel. Die andere geht jetzt zu Papa. Sie kann uns nicht behalten, Madame, sie hat kein Geld.«

Guter Junge! Michelle feuerte ihn von ihrem Versteck aus an. Die dicke Frau schüttelte mitleidig den Kopf, fragte sie nach ihren Namen und erkundigte sich, ob sie Hunger hätten. Und dann, nach einem letzten Blick hinaus in die Finsternis, drehte sie sich um und führte die beiden hinein in die Sicherheit hinter dem Tor.

»Wir werden uns gut um dich kümmern, Claude. Und um dich auch, kleiner Jean.« Es war eine freundliche Stimme, gerade laut genug, daß Michelle sie deutlich hören konnte.

Das Tor fiel ins Schloß. Der eiserne Riegel wurde wieder vorgeschoben. Michelle entfernte sich allein durch die Huchette, auf demselben Weg, auf dem sie gekommen war.

* * *

Trevor Galway kreuzte mit seinem Schiff, der HMS *Fortitude*, immer noch vor der Küste Südafrikas. Nachdem der Zerstörer erfolgreich einen Schiffskonvoi am Kap der Guten Hoffnung vorbei in den Indischen Ozean geleitet hatte, hatte er nun wieder einen nördlichen Kurs eingeschlagen. Er begleitete einen Frachter namens *Doric Star*. Seit Monaten kursierten Berichte über ein deutsches Kampfboot, das im Südatlantik operierte, aber das kleine Schiff war noch nicht gesichtet worden.

Kapitän Pickering war entspannt. Ein Küstendampfer hatte dem Zerstörer gerade gemeldet, er habe hundert Meilen weiter nördlich das britische Kriegsschiff *Renown* gesehen. Die *Renown* war jedem deutschen Schiff mehr als gewachsen.

Die britische Präsenz im Südatlantik wurde stärker, und infolgedessen wurden die Verluste an Handelsschiffen geringer. Mochte der Landkrieg sich auch in einem hoffnungslosen Patt befinden, auf See hatten die Alliierten die Nase vorn. Eine Kampfgruppe, zu der auch der Kreuzer *Essex* gehörte, operierte vor Südamerika; bald würde der Ozean von Brasilien bis zur Elfenbeinküste so sicher sein wie ein Gartenteich daheim.

Als am Horizont der Umriß eines anderen Schiffes auftauchte, studierte Korvettenkapitän Galway ebenso wie der Kapitän ihn aufmerksam. »Es ist die *Renown*«, verkündete Pickering. »Nehmen Sie Funkkontakt auf.«

»Sir«, meldete der Steuermann. »Da hat irgendeine Explosion stattgefunden.« Pickering und Galway hoben die Ferngläser wieder an die Augen.

Auf dem anderen Schiff flammte ein heller Lichtblitz auf. Eine graue Rauchwolke trieb empor, aus der der Bug des Schiffes rasch herausdrang wie die Schnauze eines Drachen, der aus seiner Höhle kommt. Ein weiterer Lichtblitz, dann noch einer. »Wo bleibt der Funkkontakt?« fragte Pickering. »Mr. Galway, gehen Sie unter Deck und kümmern Sie sich persönlich darum.«

Trevor war gerade von der Brücke in den Durchgang getreten, der zum Heck führte, als sich ein Geschoß in die *Fortitude* bohrte. Es traf den Zerstörer zwischen den beiden vorderen Geschütztürmen, zerriß Nummer eins und ließ nur den drehbaren Ring dort übrig, wo der zweite Geschützstand gewesen war. Die Erschütterung riß Trevor von den Beinen und schleuderte ihn gegen ein Schott. Von hinten hörte er Pickering nach den Signalflaggen brüllen; die *Renown* mußte auf ihren schrecklichen Irrtum aufmerksam gemacht werden.

Auch der Frachter, der hinter der *Fortitude* folgte, wurde beschossen. Trevor erhaschte einen Blick auf die *Doric Star*, als gerade ein Geschoß mittschiffs ein klaffendes Loch in ihre Seite riß. Der Dampfer verlor abrupt Fahrt, und eine dichte, schwarze Rauchsäule stieg von ihm auf.

Kaum war Trevor wieder auf die Beine gekommen, als eine weitere Explosion das Schiff erschütterte. Dieses Geschoß durchdrang die Panzerung der Hülle gegenüber der Basis des ersten Schornsteins. Wie ein Dolch, der zwischen den Rippen herumgedreht wird, drang die Granate in das Innenleben des Zerstörers ein, wo sie mit verheerender Gewalt explodierte.

Das Deck unter Trevors Füßen sackte unter ihm weg, als die *Fortitude* in der Mitte einknickte. Das Heck des Kriegsschiffes erhob sich aus dem Wasser, als ob eine riesige Hand sie zwischen den Schornsteinen hinabdrückte und zu einem U verböge.

Scheppernde Gongs und heulende Sirenen mischten sich mit den Schreien der Männer. Eine Explosion folgte der anderen, als der Zerstörer sich zusammenfaltete. Weit achtern fielen die Kanister der Wasserbomben von ihren Gestellen und zermalmten Männer unter sich. Die Heckgeschütze zielten nutzlos in den Himmel hinauf, und ihre Mannschaften versuchten fieberhaft, aus den Stahlkäfigen herauszukommen.

Trevor wußte, daß das Schiff verloren war. Er rollte sich durch den Durchgang hinab und stieß gegen die Zwischenwand, die nun eher eine Luke unter ihm als eine Tür war. Die Lautsprecher gellten: »Schiff verlassen! Schiff verlassen!« Die *Fortitude* sank. Noch eine Minute, dann würde sie auf den Grund hinabsinken und den größten Teil ihrer Mannschaft in ihrer Hülle gefangen mitnehmen. Trevor drehte an der Mechanik, mit der die Luke verschlossen war. Er versuchte, sie nach oben zu ziehen und das schwere Gewicht anzuheben, während er mühsam auf der schmalen Umrahmung stand, doch plötzlich glitt sie ihm aus den Händen und fiel in die andere Richtung.

Schwankend über einem Abgrund, wo früher die Schiffsmitte gewesen war, sah Trevor wirbelndes blaues Wasser über die Hülle hereinbrechen. Während er zögerte, drang ein weiteres Geschoß in das Schiff ein und ließ ihn durch die Öffnung ins Meer stürzen.

Er sah die Brücke und den Bug des Schiffes über sich schweben wie einen riesigen Hai, der sich auf ihn stürzte, um ihn zu verschlingen, und begann, in panischem Schrecken zu schwimmen. Das Wasser um ihn her war voller Männer; einige schwammen, andere trieben leblos dahin. Ein Matrose auf einem kleinen Rettungsfloß winkte ihm. »Kommen Sie, Sir, Sie schaffen es!« Der junge Seemann zog Trevor über den Rand der Schlauchinsel. Es war noch keine drei Minuten her, daß er die Brücke verlassen hatte.

Gemeinsam paddelten die beiden von dem sterbenden Zerstörer fort. Nach all dem Getöse des Angriffs kam das Ende fast lautlos. Bug und Heck der *Fortitude* schienen voreinander zu salutieren, berührten sich fast, und dann versank das Kriegsschiff in den Wellen.

Dreißig Minuten später wurden Trevor und der Seemann, dessen Namen Trevor nie erfuhr, von einem Beiboot des angreifenden Schiffes aus dem Wasser gefischt. Erst jetzt sah Trevor, daß einer seiner Schornsteine eine Attrappe und Teile seiner Aufbauten getarnt waren, um es wie die Renown aussehen zu lassen.

»Was ist das für ein Schiff?« fragte Trevor auf deutsch den offensichtlich deutschen Offizier, der ihn an Bord hievte.

Mit starkem Akzent und voller Stolz antwortete der Oberleutnant der Kriegsmarine auf englisch: »Die Graf Spee, der größte Handelsschiffjäger der Welt.«

24

Stürmisches Wetter hielt die Flugzeugpatrouille über der Küste von Kent am Boden fest. Wenn britische Flugzeuge nicht fliegen konnten, sagte man sich, würde sich die deutsche Luftwaffe auch nicht in die böigen Winde hinaus wagen.

David Meyer spannte seinen Schirm auf, als er am Westbahnhof von Canterbury aus dem Zug stieg. Sofort zerriß der Wind das schwarze Gewebe und verbog das Gestänge zu einer Art Staubwedel. Als er den Mantelkragen hochschlug, sah er Annie und Duffy, die ihn aus der warmen Behaglichkeit des Wartesaales heraus anlachten. Er zog den Kopf ein und rannte ins Innere. Der Wind erfaßte die Tür und drückte sie weit auf, und sie schloß sich erst wieder, als David sich mit seinem vollen Gewicht dagegenstemmte.

»Herrliches Wetter, was?« neckte ihn Annie, als er erleichtert in der Wärme des Bahnhofs die Luft aus den Lungen strömen ließ. Duffy schoß an ihr vorbei und sprang an David hoch, um ihm seine enormen Pfoten auf die Schultern zu legen und ihn Auge in Auge zu begrüßen.

»Und ob es herrlich ist.« David drückte den Hund hinab und wischte sich den Regen vom Mantel. »Ich muß heute nicht fliegen, und du bist hier. Das Wetter ist wirklich herrlich, wenn du mich fragst. Danke, daß du gekommen bist.«

Sie küßte ihn leicht und ließ ihre Hand auf seiner Wange liegen. »Gestern mußten wir Schwesternschülerinnen alle den Keller des University College Hospitals ausräumen, weil dort eine Wochenstation eingerichtet werden soll. Eine Anordnung der Luftschutzbehörde. Sie sagen, Frauen bringen auch während Luftangriffen Babys zur Welt, und wir müßten darauf vorbereitet sein. Aber in Wirklichkeit denken wir alle, daß der Krieg bis Weihnachten vorüber ist. Dann bleibt dem Krankenhaus immerhin ein ausgesprochen ordentlicher Keller.«

»Ich bin froh, daß ihr alles gestern geschafft habt.«

»Ich habe sofort den nächsten Zug nach Canterbury genommen, nachdem dein Telegramm gekommen war. Ich habe dich vermißt, Davey«, flüsterte sie leise. Sie waren nicht allein in dem Wartesaal. Zwei alte Damen beobachteten die Begegnung interessiert, während sie sich an dem Kohlenofen am anderen Ende des kleinen Raumes wärmten.

Annies Anblick reichte aus, um ihn die schneidende Kälte des heulenden Sturms draußen und die Neugier der alten Frauen hier drinnen vergessen zu lassen. »Du bist berühmt. Ich habe meine Hurricane nach dir benannt. Annie. In leuchtend roten Buchstaben aufgemalt. Golden umrandet.«

Annie wurde plötzlich schüchtern und deutete mit einer Kopfbewegung auf ihr Publikum hin. »Laß uns hier verschwinden, was meinst du?«

Der strömende Regen ließ gerade lange genug nach, damit das Paar die St. Dunstan Street hinauf zu dem winzigen *Falstaff Inn* im Schatten des alten Westtors von Canterbury gehen konnte. Das Schild über der schweren Holztür der Gastwirtschaft schaukelte wild im Wind und drohte sich von der Eisenstange, an der es hing, zu lösen.

Der Wirt hob überrascht den Kopf, als David, Annie und Duffy eintraten. Die Balken über der Theke hingen niedrig, so daß der hochgewachsene Barkeeper sich unter jedem Balken hinwegducken mußte, während er liebevoll den zinkverkleideten Tresen mit einem Tuch abwischte. Nach Jahren des Dienstes auf seinem Posten ging er ständig krumm. Bei jedem Schritt ruckte sein Kopf auf dem langen, dünnen Hals nach vorn, was ihn wie einen Truthahn aussehen ließ, der in seinem Gehege dahinstolzierte. Der dunkle, eichenholzgetäfelte Schankraum war fast leer, bis auf einen englischen Geistlichen, der an einem gemütlichen kleinen Tisch in der Ecke die Times las und hin und wieder an seinem Tee nippte. Welcher Narr würde sich auch bei solchem Wetter hinauswagen?

»Wir sind auf einem Tagesausflug«, erklärte Annie, während sie sich an den Tisch vor dem Kamin setzten und Duffy sich zufrieden zu ihren Füßen zusammenrollte.

»Lausiges Wetter für einen Ausflug«, grinste der Wirt. »Sind Sie Pilger, die sich die Kathedrale ansehen wollen, oder wollten Sie sich nur ein bißchen sonnen?«

»Ein Picknick«, erwiderte Annie.

»Na, dann sind Sie hier richtig. Meine Missus macht den besten *Kidney Pie* in England. Stimmt's, Gov'?« Er wandte sich an den Geistlichen, der ihn entweder nicht gehört hatte oder nicht antworten wollte. »Der alte Padre ist taub wie ein Stock. Sie können sagen, was Sie wollen, er wird kein Wort verstehen. Kann ich Ihnen einen Bissen zu essen bringen? Heute ist wenig los, und ich habe im Keller ein bißchen zu arbeiten.«

Sie bestellten heißen Tee und einen Landarbeiterimbiß: schweres Brot, Stilton-Käse und Chutney. Nachdem er sie bedient hatte, verschwand der Barkeeper über die schmale Treppe in den Keller und ließ David und Annie allein vor dem Kamin zurück. Aus einem riesigen Radio drang durch die statischen Störungen hindurch leise Tanzmusik. Die Wände des Raumes waren ringsum mit Stichen von Falstaff und Szenen aus Shakespeares Stück Henry IV geschmückt.

David beugte sich näher an die Wand, um die dicke, betrunkene Gestalt des Falstaff näher zu betrachten. »Ist dir je aufgefallen, wie ähnlich dieser Falstaff Hermann Göring sieht?« witzelte er. »Es ist ein tröstlicher Gedanke, daß jemand, der so aussieht, Chef der deutschen Luftwaffe ist. Ein paar

Spitfires haben gestern vor der Küste einen deutschen Bomber abgeschossen. Er wollte höchstwahrscheinlich Minen legen.«

Annie machte ein trauriges und ernstes Gesicht, während sie ihm zuhörte. »Du bist doch nicht in Gefahr ... ich meine, nicht in ernster Gefahr, oder?«

»Soll das heißen, du liegst nachts wach und machst dir Sorgen um mich?«

»Natürlich. Ich kann nichts dagegen machen. Du bist der einzige Pilot, den ich kenne.«

»Gibt es noch andere Burschen, die dich nachts wachhalten, weil du an sie denken mußt?«

»Ja. Hauptsächlich Seeleute.« Auf sein enttäuschtes Gesicht hin fügte sie hinzu: »Mein Bruder Trevor und die Mannschaft der *Fortitude*.«

»In dem Fall verrate ich dir ein Geheimnis, damit du dich nur noch um einen von uns sorgen mußt – ich habe noch keinen Jerry zu sehen bekommen. Näher, als hier zu sitzen, mir Falstaff anzuschauen und mir zu wünschen, ich würde einmal ein so großes Ziel vors Visier bekommen, bin ich bisher noch nicht gekommen.«

Sie beugte sich über den Tisch und ergriff seine Hand. »Darüber bin ich froh. Ich hoffe, daß du nie einem deutschen Flugzeug begegnest. Ich hoffe, du bleibst hier in England, und die Dinge bleiben für immer so, wie sie sind.«

»Ich auch.« Die Stunde verging rasch. Als Duffy nieste, legte David auf dem Feuer Kohlen nach. Dann wurde die Musik im Radio von den Westminsterglocken unterbrochen, dem Erkennungszeichen der *BBC*. Der Wirt tauchte wieder aus dem Keller auf. Plötzlich brach die Realität des Krieges in den zeitlosen Frieden dieses verregneten Nachmittages in Canterbury ein.

»Soeben erhält die *BBC* die Nachricht, daß die HMS *Fortitude* von einem deutschen Kriegsschiff angegriffen und mit allen Mann versenkt worden ist. Der Notruf des Schiffes wurde gestern um ...«

Annie wurde aschfahl. »Ich muß Dad anrufen. Muß die Admiralität kontaktieren. Die müssen doch wissen, was mit Trevor ist«, brachte sie heraus und sah sich im Raum nach einem Telefon um.

»Was ist los, Miss?« Der Wirt hatte ihr Erschrecken sofort bemerkt.

David antwortete für sie. »Ihr Bruder war auf der *Fortitude*.«

Der Barkeeper führte sie nach oben in seine Wohnung und zeigte ihnen das Telefon, während im Hintergrund die Nachrichten weiterliefen.

»Die HMS *Fortitude* ist das zweite britische Schiff, das innerhalb einer Woche versenkt wurde, und das siebzehnte Schiff insgesamt, das seit Samstag im Atlantik untergegangen ist.«

Annie drehte die Kurbel des altmodischen Telefons, verlangte ein Amt und bat darum, mit den Büros der Admiralität verbunden zu werden.

»Wie berichtet wird, ist das Schiff im Südatlantik gesunken. Daher wird davon ausgegangen, daß es von dem deutschen ›Westentaschen-Panzerschiff‹ Admiral Graf Spee angegriffen wurde, das in diesem Gebiet gesichtet wurde.«

Das Warten auf die Verbindung nach London schien unendlich lange zu dauern. Annie wischte sich mit dem Handrücken die Tränen ab und weigerte sich hartnäckig, sich zu setzen, als die Frau des Wirtes ihr einen Stuhl brachte. David stand neben ihr, als die Sekretärin in der Admiralität sie weiterverband.

»Mein Name ist Annie Galway. Mein Bruder Trevor Galway war Korvettenkapitän auf der HMS *Fortitude*. Ja. Ja. Ich werde warten.« Sie schloß ihre Augen, und ihre Lippen bewegten sich in einem stummen Gebet der Hoffnung. Einen Moment später riß sie entsetzt die Augen auf, und ihr aschfahles Gesicht wurde noch grauer. »Ich verstehe.« Ihre Stimme war ein kaum hörbares Flüstern. »Ja. Danke. Mein Vater … das Telegramm wurde bereits abgeschickt, sagen Sie? Ja. Danke …« Sie hängte den Hörer auf und ließ sich auf den Stuhl sinken. Niemand im Zimmer brauchte nach dem Ergebnis zu fragen. Sie verbarg ihr Gesicht in den Händen. »Ach, Trev«, seufzte sie.

»Ich mache Ihnen einen Tee«, erbot sich die Frau des Wirtes.

»Ein Schuß Brandy wäre besser«, meinte der Barkeeper.

Annie blickte flehend zu David auf. »Dad wird mich in London brauchen. Kannst du mitkommen?«

David nickte. »Für zwei Tage.«

»Sie haben gerade noch Zeit, den Zug zu erwischen, Junge«, sagte der Wirt. Er schüttelte Annie ernst die Hand, als stünde er in der Schlange der Kondolierenden bei der Beerdigung eines alten Freundes. Die Missus weinte und wischte sich die Tränen mit ihrer Schürze ab. Sie kannten nicht einmal Annies Namen. »Unsere guten tapferen Jungs. Es tut mir schrecklich leid, Miss. Kommen Sie an einem besseren Tag wieder, ja?«

* * *

Die Pflichten der Patrouillenflüge und des verstärkten Luftkampftrainings ließen David keine Zeit für Annie.

Nur einmal hatte er sie noch besuchen können, am Tag des Gedenkgottesdienstes in *St. Paul's* für die Seeleute der zwanzig Schiffe, die deutschen Panzerkreuzern zum Opfer gefallen waren. Sie klammerte sich an die Hoffnung, Trevor habe irgendwie überlebt, er sei möglicherweise gerettet worden. Es kam keine Nachricht, die diese Hoffnung gerechtfertigt hätte, doch sie ließ sich nicht von ihrem Glauben abbringen.

Doch nun war sie ganz allein auf der *Wairakei*. Ihr Vater begrub seine eigenen Sorgen unter einem Hügel aus Vierundzwanzig-Stunden-Arbeitstagen in Dover, während Annie an Bord des Schiffes blieb, das immer noch auf der Themse vor Anker lag, und sich auf den Abschluß ihrer Schwesternausbildung vorbereitete. Mehr als alles andere schien sie David zu vermissen. Ihre Briefe, wie der, den er in der Innentasche seiner Fliegerjacke trug, waren voller tapferer Gefühle; dennoch spürte David, daß sie schrecklich einsam war.

Als er von seinem Rundflug zurückkehrte, blickte David aus einer Höhe von 3 200 m hinab auf die Eisenbahnstrecke zwischen Ashford und Tonbridge. Er befand sich auf einem Übungsflug für Überland-Navigation, und der nächste Wegweiser, den er finden mußte, war die zweite Abzweigung auf der rechten Seite. Sobald er sie gefunden hatte, würde die *Hurricane* auf die letzte Gerade der »Iron Dog« Route einschwenken, die direkt zum Flugplatz Croydon führen würde, dem Ziel dieser Übung. Wenn er den Abzweig verpaßte, konnte er über die Küstenabwehr geraten, wo vielleicht eine übereifrige Flak-Mannschaft peinliche Löcher in seine Hurricane schießen konnte. Vielleicht würden sie sogar die golden umrandeten roten Buchstaben verkratzen, mit denen der Name »Annie« auf die Motorabdeckung aufgemalt war.

Dort war die Abzweigung, genau da, wo sie sein sollte. David lenkte die Hurricane in eine weitere Kurve, nahm Schub zurück und glich ein leichtes Schwanken aus, indem er das rechte Ruder antippte. Dieser Flug war so gut gelaufen, daß David eine Menge Zeit hatte, an Annie zu denken, und er merkte, daß er sie schrecklich vermißte. Er wußte auch, daß dagegen nichts zu machen war. Die jungen Piloten hatten fast keinen freien Augenblick. Wenn sie nicht gerade über dem Kanal Patrouille flogen, war es der endlose Drill: Formationsflüge, Attacken, Ausweichmanöver, Schießübungen. So ging es immer weiter, und David zog sich aus lauter Kummer um Annie immer mehr in sich zurück. Er war so gereizt, daß er sich sogar mit seinen Kameraden Simpson und Hewitt gestritten hatte, und das war nicht gut für ein Einsatzteam. David hatte gehofft, der lange Überlandflug würde ihm die Gelegenheit verschaffen, alles zu durchdenken, doch nun, da das Ende in Sicht war, schienen seine Gedanken nicht klarer geworden zu sein.

David rüttelte sich auf, um innerlich die Checkliste für die Landung durchzugehen: Landeklappen, Trimmung, Propellerdrehzahl, Gas – alles, wie es sein sollte. Er nahm die linke Hand vom Gashebel, um das Fahrgestell auszufahren. Sein Blick streifte die Kontrolleuchten und blieb daran hängen. Statt zwei grüner Lämpchen blinkte eines davon rot.

Davids erste Reaktion war, Höhe zu gewinnen. Er stieg zurück auf 4 000 Meter, um sich Zeit zu verschaffen, die Situation zu durchdenken. Sonst gab es kein Problem mit seinem Flugzeug, und Treibstoff war reichlich vorhanden, aber dieser eine Haken war schlimm genug. Nachdem er mehrmals erfolglos den Kontrollhebel auf und ab bewegt hatte, meldete sich David über Funk.

»Croydon«, sagte er ins Funkgerät, »ich habe hier ein kleines Problem.«

»Greifen Sie hinter den Fahrgestellhebel«, wies ihn Croydon an. »Dort finden Sie einen T-förmigen Griff. Pumpen Sie damit kräftig und sehen Sie, ob der gestiegene hydraulische Druck das Fahrgestell freisetzt.«

»Negativ. Das habe ich schon versucht, Croydon.«

»Versuchen Sie es noch einmal. Es kann mehrere Minuten dauern, aber das müßte das Problem beseitigen.«

Das tat es auch. Weniger als fünf Minuten später rollte Davids Maschine neben dem Hangar in Croydon aus. Als er ausstieg, bemerkte er eine Anzahl Flieger, die ihn neugierig beäugten, doch niemand sagte etwas, als er ins Büro des Hauptquartiers ging, um sich zurückzumelden. Er reichte eine Vorfallsmeldung ein und mußte sich einen Vortrag anhören, er solle sich besser mit dem Gerät vertraut machen. Es dauerte zwei Stunden, bis er wieder nach draußen kam. Seine Stimmung hatte sich noch mehr verfinstert.

Da die zweite Hälfte der Mission darin bestand, bei Nacht zurück zu seiner Basis zu navigieren, verließ David den Flugplatz und machte sich auf den Weg zum nahegelegenen *King's Arms Pub*, um einen Bissen zu essen. Als er ankam, waren einige der Umstehenden, die seine Landung beobachtet hatten, bereits dort, und die Lautstärke ihrer Stimmen verriet deutlich, daß sie ihm im Trinken zwei Stunden voraus waren. Und unter ihnen befand sich auch Cross, der Dachs.

Der bullige Mann kam auf David zu. »Na, Attentäter ... Blechmann«, sagte er mit etwas schwerfälliger Zunge. »Habe gehört, Sie hatten heute ein wenig Ärger.«

»Nein, nicht der Rede wert«, erwiderte David.

Der Dachs machte ein finsteres Gesicht. »Überrascht mich nicht, daß Sie damit nicht richtig fertig geworden sind«, sagte er höhnisch. »Haben Sie nichts gelernt? Warum gehen Sie nicht wieder nach Hause, wo Sie hingehören? Wir kommen auch ohne Ihre Hilfe zurecht. Stimmt's nicht?« rief er über die Schulter seinen Kumpanen an der Theke zu.

»Ach, reg dich ab, Dachs«, antwortete einer von ihnen. »Beachten Sie ihn gar nicht, Yankee. Er ist knülle.«

»Das Fahrgestell hing fest«, sagte David hitzig. »Das kann jedem passieren. Und jetzt lassen Sie mich bitte vorbei, ich möchte etwas essen.« David zog seine Fliegerjacke aus, und dabei flatterte Annies Brief zu Boden.

Cross war schneller als David, riß ihn vom Boden hoch und hielt ihn empor, so daß David ihn nicht erreichen konnte. »Ooh-la-la«, sagte er höhnisch grinsend und wedelte mit dem Brief, so daß alle ihn sehen konnten. »Flieder und Lavendel für den Yankee. Wo ist sie her, Yankee? In London abgestempelt«, verkündete er seinem Publikum. »Ihr Yankees kommt hier herüber und wedelt nur mit einem Stapel Knete, und schon lassen alle Frauen die Höschen für euch fallen. Und irgendwo in einem Schützengraben verzehrt sich so ein armes Schwein vor Sehnsucht, während sein Mädchen sich von Kerlen wie dir flachlegen läßt.«

»Geben Sie mir meinen Brief zurück«, sagte David. Er spürte das Prickeln im Nacken, das er immer unmittelbar vor einer Schlägerei verspürt hatte, seit er ein kleiner Junge gewesen war.

»Sag hübsch ›bitte, bitte‹«, spottete der Dachs und feixte zu seinen Freunden hinüber.

»Hübsch bitte bitte«, erwiderte David, und dann schleuderte er dem Dachs seine Jacke ins Gesicht. Während Cross nach der Jacke griff, um sich freie Sicht zu verschaffen, schlug David ihn auf den Mund, so kräftig er konnte.

Der Dachs machte eine halbe Drehung, stolperte über einen Barhocker und versuchte dann, mit einer harten Rechten zu kontern, die einen Ochsen umgehauen hätte, wenn sie getroffen hätte. Doch David duckte sich unter dem Schlag weg, landete zwei kräftige Hiebe in Cross' Rippen und tänzelte wieder zurück.

»Schnapp ihn dir, Dachs«, rief einer der Umstehenden. »Laß ihn das nicht mit dir machen!«

Der Dachs nickte und kam auf David zu. Ein dünnes, rotes Rinnsal rann aus seiner Nase und über die Lippen. David versuchte ein paar weitere Schläge, die harmlos von den Unterarmen des schwereren Mannes abprallten. »Hast mich erwischt, als ich nicht hingesehen habe«, sagte Cross keuchend. »Warum versuchst du's nicht nochmal, Yankee?«

David kreiste nach links und sorgte dafür, daß der andere Mann immer aus dem Gleichgewicht blieb. Als er das Spiel leid war, verlegte sich Cross vom Boxen aufs Ringen und stürmte geradewegs los, um David um die Hüfte zu packen.

David brachte zwei Schläge auf Cross' Augen an, bevor er zurück gegen die Kante der Theke gedrängt wurde. David prallte heftig auf, und sein Kopf krachte hart auf den Walnußholztresen. Cross hob beide Fäuste gleichzeitig hoch empor, um sie auf Davids Gesicht hinabsausen zu lassen.

Ohne einen Augenblick zu verlieren, rammte David Cross seine Rechte in die Kehle. Der Dachs gab einen gurgelnden Laut von sich und rollte zur Seite. Draußen ertönte ein schrilles Pfeifen, als die örtliche Polizei eintraf, um dem Aufruhr Einhalt zu gebieten.

»Was ist hier los?« fragte der Polizist und schlug sich mit sichtlichem Genuß den Gummiknüppel auf die Handfläche. »Betrunken und zuchtlos, was? Eine Schlägerei?«

»Nein, Herr Wachtmeister«, ergriff einer der Flieger das Wort. »Der Yankee hier hat nur dem Dachs ein paar neue Boxtechniken gezeigt, die er aus den Staaten mitgebracht hat.«

»Hm«, machte der Polizist und musterte das Blut, das dem Dachs aus der Nase lief, und die Beule an Davids Hinterkopf. »Und ich nehme an, sie sind beide ausgerutscht und einander in die Arme gefallen?«

»Genauso war es, Herr Wachtmeister«, schwor Cross. »Eine freundschaftliche kleine Rauferei im Interesse der Verbesserung unserer zwischenstaatlichen Beziehungen.«

»Aha. Na, dann sehen Sie zu, daß Sie Ihre diplomatischen Bemühungen damit beenden, sonst hole ich die Wache, und Sie können Ihre Rauferei im Bau fortsetzen.«

Als der Polizist gegangen war, riß David dem Dachs seinen zerknitterten Brief aus der Hand. Cross machte Bewegungen, als wollte er den Kampf fortsetzen, doch der strenge Blick des Wirtes überzeugte ihn davon, daß jetzt nicht der rechte Augenblick dafür war. »Ich werde dich nicht vergessen, Yankee«, sagte er. »Das zahle ich dir heim.«

25

Regen fiel auf die Hügel, in die Jerusalem gebettet lag. Rinnsale verwandelten sich in Wildbäche, die durch die trockenen Schluchten sprudelten und die leeren Senken des Wüstenwadis füllten.

Es war Nacht in der Stadt. Die Fensterläden des Rabbi Schlomo Lebowitz waren dicht gegen das kalte Wetter verschlossen. Dennoch sickerte die Feuchtigkeit durch die Spalten in den dicken Steinmauern herein. Der Regen fand seinen Weg durch ein Loch im Dach und spielte mit seinen Tropfen eine Melodie in dem Blechnapf, der auf dem Fußboden des Zimmers von Rabbi Lebowitz stand.

Er streckte seine Hände dem Primuskocher entgegen, um sie zu wärmen, und lauschte dem trommelnden Rhythmus über seinem Kopf.

»Ein tanzender Engel«, sinnierte er. »Dann hast du also wieder einen Engel zu diesem alten Mann geschickt, Herr?«

Wie zur Antwort landete ein Tropfen auf seiner Wange und rann hinab in seinen dichten, grauen Bart. »So. Vielleicht doch kein Engel. Schade. Ich hätte heute nacht gern etwas Gesellschaft gehabt.«

Zwei Monate waren seit Ettas letztem Brief vergangen. Seither keine Nachricht. Einsamkeit drang in die Lücke ein, die das Schwinden der Hoffnung in seinem Herzen hinterließ.

Wie schon hundertmal betrachtete er die Fotografien, die er auf seinem Tisch ausgelegt hatte wie ein Kartenspiel bei einer Patience. Die stummen Gesichter seiner Angehörigen lächelten ihn an.

»Heute nacht, meine Engel, denke ich wieder an euch.« Er hielt jedes der Fotos der Reihe nach in den Lampenschein. Wie ein heiliges Gebet in einem immer wiederkehrenden Ritual rezitierte er jeden Namen … Etta, Aaron, Rachel, David, Samuel, Yacov.

»Etta. Wo immer du heute nacht bist … lausche auf den Wind. Dein Papa sendet dir seinen Segen.« Er schloß die Augen und drückte das Foto an sein Herz. Dann sprach er ein Gebet für die kleine Etta, als wäre sie immer noch ein Kind und keine Erwachsene, die ihre eigene Familie hatte.

»Es ist ja nur ein Bild«, rief er sich in Erinnerung und warnte sein Herz, nicht zu sehr auf ein Wunder zu hoffen. Dennoch schienen ihre klaren, blauen Augen lebendig zu sein. Aus ihnen strahlte Wärme in die winzige Wohnung hinein, und sie ließen ihn darüber nachdenken, was sie wohl in diesem Augenblick sahen. Stand ihr irgendeine Winterlandschaft in Polen vor Augen? Oder war sie irgendwo weit weg von dieser Welt … jenseits der Not des Krieges, der sie von ihm ferngehalten hatte?

Ein Kuß, dann steckte er das Foto zurück an die Galerie an der Wand und griff nach dem Hochzeitsbild von Etta und Aaron.

»Wie jung ihr wart. Nu! Wie glücklich. Jener Abend, an dem ihr hier in Jerusalem unter dem Hochzeitsbaldachin standet. Hätte ich nur gewußt … es ist gut, daß ich nicht in die Zukunft schauen konnte. Es ist besser, immer nur einen Tag auf einmal mit dem Segen des Ewigen zu leben, als das Ende der Segnungen zu sehen.«

Er lächelte, als er sich an die Musik und das Fest jenes Abends vor langer Zeit erinnerte. Dort in der Gruppe war auch ein jüngeres Abbild seiner selbst, neben seiner Frau Rachel.

»Ein schönes Paar waren wir, nicht wahr, mein Engel?« Er berührte ihr Gesicht mit einer Fingerspitze. »Gut, daß wir nicht wußten, wie bald du schon diese Erde verlassen würdest. Die Mischung aus Freude und Trauer hätte uns das Herz gebrochen, wenn wir es gewußt hätten.« Und wieder sagte er: »Nu. Es ist besser, das Morgen nicht zu sehen.«

Lange Zeit hielt er das Foto seiner Frau in der Hand. »Meine Rachel«, sprach er ihren Namen zärtlich aus. »Du bist im Himmel. Nu. Vielleicht kannst du herabschauen und unsere Etta und Aaron und die Kleinen sehen.« Er runzelte die Stirn und blickte auf. »Wie ist das dort? Kannst du nach Polen fliegen und sie finden? Hörst du sie miteinander reden? Hörst du die Kinder lachen? Ich beneide dich. Weißt du, daß ich ihre Stimmen noch nie gehört habe? Die der Kinder, meine ich. Manchmal, wenn ich schlafe, glaube ich sie zu hören. Sie lachen – leicht und klar – wie Wasser in einem Bach, der über Felsen fließt. Es ist ein guter Traum, und ich erwache nicht gerne daraus.«

Tränen traten in seine Augen. »Oder vielleicht seid ihr schon alle zusammen? Nicht mehr in Warschau.« Er blickte auf zu dem trommelnden Geräusch auf dem Dach. »Sind sie schon heimgekehrt, um bei dir zu sein? Und seid ihr alle heute abend gekommen, um über meinem Kopf zu tanzen?« Er stützte seinen Kopf auf die Hände. »Ich hätte gern einen solchen Besuch, Herr. Oder ich würde gern davonfliegen. Mit dir vom Wind davongetragen werden und nach Warschau fliegen. Um bei meiner Familie zu sein. Um wieder mit ihnen zu tanzen.«

Er stellte sich vor, wie sie beisammen waren, während er allein in dem winzigen Zimmer im Schatten der Klagemauer saß.

»Kannst du mich hören, mein Engel?« Nur die Wassertropfen, die in den Blechnapf fielen, durchbrachen die Stille. »Wenn sie noch am Leben sind …« Er senkte den Kopf. »Herr? Eine kleine Bitte für einen, der so stark ist wie du, Herr … meine Familie, siehst du. Nur ein kleines Wunder, mehr will ich nicht. Bring sie her zu mir. Zeig ihnen, wie sie entkommen können! Und sag ihnen, daß ich immer noch hier in Jerusalem darauf warte, daß sie nach Hause kommen.«

* * *

Die Nachricht wurde am Nachmittag unter der Tür der Wohnung der Lubetkins im von den Nazis besetzten Warschau hindurchgeschoben. Der Brief, adressiert an Rabbi Aaron Lubetkin, Niska-Straße 30, war in zittriger Handschrift auf deutsch abgefaßt.

»Verstecken Sie sich heute abend!«

Den ganzen Tag über fiel Schnee, der die rußgeschwärzten Straßen von Warschau mit einem feinen, weißen Puder überzog. Gegen Abend war der Schmutz der vielen Millionen Kohlenfeuer überdeckt, und es schneite immer noch. Steile Schieferdächer, Schornsteine und schmiedeeiserne Balkongeländer nahmen das Aussehen eines winzigen Abbildes der Alpen an. Weiße Flecken auf den Giebeln wuchsen zu Haufen an und glitten dann in kleinen Lawinen hinab aufs Kopfsteinpflaster der Straßen. Verkohlter Schutt von den Bombenangriffen im September und die erst kürzlich aufgewühlte Erde der Massengräber versanken unter den weichen Konturen des frisch gefallenen Schnees. Der alles durchdringende Gestank des Todes, der drei Monate lang über der Stadt gehangen hatte, verschwand plötzlich. Warschau, einst das Paris des Ostens genannt, war wieder schön.

Der schwerste Schneefall seit einem halben Jahrhundert überdeckte die Narben der Landschaft und weckte den Übermut der deutschen Soldaten.

Es war keine Überraschung für Rabbi Aaron Lubetkin, daß es notwendig sein würde, seine Frau Etta und ihre vier Kinder vor einer bevorstehenden Naziaktion gegen die jüdische Gemeinschaft zu schützen. Während der ersten Woche des Blitzkrieges hatte sich die Familie Lubetkin dem Strom der Flüchtlinge angeschlossen. Sie hatten die Verheerungen der polnischen Landgebiete gesehen. Sie waren vor den Flugzeugen der Luftwaffe davongelaufen, als Zivilisten auf den Straßen beschossen wurden. Doch Aaron hatte Freunde in Warschau unter den Heiden; darum wählte er das geringere von zwei Übeln und kehrte zurück in die Stadt. Seine Entscheidung hatte sie davor bewahrt, unter den anderthalb Millionen Juden zu sein, die überall in Polen und der Tschechoslowakei aus den Städten verjagt worden waren und nun auf den Feldern lebten, eingekeilt zwischen dem Ansturm der Nazis und der sowjetischen Eindringlinge.

Im September war ihr Warschauer Haus zerstört worden, doch sie hatten eine Zweizimmerwohnung gegenüber dem jüdischen Friedhof gefunden. Von ihrem Fenster aus konnte Aaron Hunderte von Gräbern alter Freunde sehen. Die Synagoge war verbrannt. Seine Gemeinde war zerstreut; dezimiert.

Seit Wochen hielten Aaron und Etta neben der Tür fertig gepackte Bündel für sich und jedes der vier Kinder bereit. Sie schliefen in ihren Kleidern, um auf alles gefaßt zu sein, was während der Nacht kommen mochte. Sie beteten und warteten auf eine Nachricht von dem Priester, der ihnen gefälschte Pässe versprochen hatte. Doch heute abend war ihnen der Absender der Warnung ein Rätsel.

Verstecken Sie sich heute abend!

Etta wiegte Yacov, das Baby, in den Armen und starrte trübsinnig auf den Brief in der Hand ihres Mannes. »Es könnte ein Trick sein. Du kennst den Erlaß. Wenn wir versuchen, ohne Erlaubnis die Stadt zu verlassen ... wenn wir nach der Sperrstunde draußen erwischt werden ... Und wenn nun unsere neuen Papiere noch nicht fertig sind? Der Priester weiß es vielleicht. Ruf ihn an, Aaron. Er weiß vielleicht Bescheid.«

Aaron ließ Pater Kopeckys Telefon zwölfmal klingeln, bevor er auflegte. Der Priester war nicht da, doch irgendwie tröstete es Aaron, daß das Telefon noch funktionierte – ein seltsames Stück Normalität in einer Welt, die auf dem Kopf stand. Sie waren nicht völlig abgeschnitten. Noch nicht.

Im Oktober war der zweiundvierzigjährige Aaron wie alle anderen jüdischen Männer zwischen vierzehn und sechzig Jahren gezwungen worden, sich zur Zwangsarbeit zu melden. Als er nach seinem Beruf gefragt wurde, hatte Aaron wahrheitsgemäß geantwortet: »Mosaischer Handwerker.« Der knopfäugige Beamte hinter dem Schreibtisch stellte in seiner Erklärung keine Gedankenverbindung zu den Gesetzen des Mose oder der mosaischen Lehre her. Er führte Aaron einfach als Kachelarbeiter auf und winkte ihn weiter.

Schon jetzt hatte die deutsche Verwaltung achtundzwanzig Arbeitslager im Bezirk Lublin eingerichtet, einundzwanzig in Kielce, zwölf in der Gegend von Krakow und vierzehn in der Umgebung von Warschau. Täglich wurden Männer von der Straße weg verpflichtet, unter Bedingungen zu arbeiten, die schlimmer waren als in der Sklaverei. Sie verschwanden, ohne eine Spur zu hinterlassen, und zurück blieben Familien, die um sie trauerten und über ihr Schicksal rätselten.

Aaron studierte den Zettel und blickte dann in den Spiegel auf seine semitischen Züge. Dunkle Augen. Hohe Wangenknochen über einem schwarzen Bart.

Verstecken Sie sich heute nacht!

Es gab keinen Ort auf der Welt, an dem sich Aaron verstecken konnte, ohne als das erkannt zu werden, was er war. »Gut Schabbes, Rabbi!«

Aber Etta? Wer würde eine solche Schönheit verdächtigen? Adlernase, kobaltblaue Augen, glänzendes schwarzes Haar. Solange Etta nichts sagte, hatte ihm der Priester gesagt, könne sie als eine Heidin und Katholikin durchgehen. Gefälschte Pässe für sie und auch für die Kinder waren in Arbeit. Es gab immer noch Möglichkeiten, herauszukommen, selbst jetzt noch. Man konnte Leute bestechen. Es gab Beamte, die, wenn man ihnen genug Geld dafür gab, wegschauen würden, wenn eine Frau und vier Kinder nach Süden durch Ungarn und Jugoslawien reisten, und dann vielleicht per Schiff den ganzen Weg bis zum Haus ihres Vaters in Jerusalem.

Verstecken Sie sich heute nacht!

Aaron hatte Etta nie von den Bedenken des Priesters erzählt. Kein gefälschtes Dokument konnte Aarons Züge verändern. Kein Schmiergeld ließ sich weit genug durch die Ränge nach unten verteilen, um zu verhindern, daß irgendein kleinlicher Nazibeamter an irgendeinem verlassenen Außenposten beim Anblick von Aarons Gesicht berechtigten Argwohn schöpfte und ihn an seinen Augen als Jude erkannte. Und dann würden sie alle mitgehangen werden, nicht wahr?

Er blickte hinaus auf den schneebedeckten Friedhof. So friedlich …

»Du mußt heute abend mit den Kindern zu Pater Kopecky gehen.«

»Nicht ohne dich, Aaron.« Sie zitterte.

Er wurde wütend. Sie durfte seine Entscheidung nicht in Frage stellen! »Doch! Ohne mich, Etta! Denk daran, du bist eine polnische Witwe, die mit ihren Kindern auf dem Weg zur Messe ist. Nu! Genau, wie wir es besprochen haben. Ich komme nach. Hinterher. Immer hinterher. Nie zusammen! Versteh doch, Etta. Wir müssen jetzt an die Kinder denken!«

Die Kinder.

Rachel war mit ihren dreizehn Jahren die Älteste. Sie war schön wie ihre Mutter, doch es war Monate her, daß sie ein Kleid getragen hatte. Heute abend wurde sie in ein Paar Kniebundhosen für Jungen, ein Hemd mit gestärktem Kragen, Krawatte und Jacke, Wollsocken und abgestoßene Stiefel gesteckt. Ihr langes schwarzes Haar wurde geflochten und unter einer Wollmütze festgesteckt. Etta wollte es um der Sicherheit willen lieber abschneiden. Wenn nun die Mütze davongeweht wurde? Doch Rachel weinte, und Aaron gab nach. Ein wenig verschmierter Ruß aus dem Kamin verdeckte ihre feine Gesichtshaut. Dennoch gab sie immer noch einen auffallend hübschen Jungen ab. Zu hübsch. Sie hatte gelernt, niemals jemandem ins Gesicht zu schauen, damit man nicht ihre blauen Augen und langen Wimpern bemerkte und die Wahrheit ahnte. In letzter Zeit waren zu viele junge Mädchen auf den Straßen von Warschau vergewaltigt worden. Es war ein langer Weg von hier in die Sicherheit Jerusalems.

»Behalte immer die Hände in den Hosentaschen«, ermahnte Aaron seine Tochter. Ihre Handschuhe waren letzte Woche gestohlen worden. Eine Katastrophe. Ihren zierlichen Fingern fehlte die Kantigkeit einer männlichen Hand. Gewiß konnte selbst ein so kleines Detail auffallen. »Und richte deinen Blick immer nur auf deine Stiefelspitzen. Verstehst du mich, Kind?«

»Ja, Papa.« Sie vergrub ihre Fäuste tief in den Taschen und senkte sofort den Blick.

Es tat Aaron weh, daß sie den Grund für diese Verstellung so völlig durchschaute. Sie war erst dreizehn, und doch hatte sie schon so viel gesehen.

Auch der zehnjährige David verstand. Er hob sein Kinn und verspottete seine Schwester. »Ich habe dir doch gesagt, wie du stehen sollst. Stell die Füße nicht so dicht zusammen!« Er führte ihr vor, wie man als Mann zu stehen hatte. Den Kopf schiefgelegt, die Füße auseinander, die Zehen leicht nach außen gedreht, einen Zahnstocher im Mundwinkel.

Der sechsjährige Samuel vervollständigte den Unterricht. »Und gehen mußt du so!« Mit schwingenden Armen wie ein Miniatursoldat, der in den Krieg marschiert, schritt er vor ihr her. »Siehst du? Wenn du mit deinem Mädchengang gehst, dann werden unsere eigenen Jungs aus der Nachbarschaft dich als erste verprügeln.«

»Aber Papa hat gesagt, ich soll die Hände in den Taschen behalten«, protestierte Rachel. »Wie kann ich mit den Armen schwingen und ...«

Aaron reichte ihr seine grauen Wollhandschuhe. »Zieh die hier an.« Ihre Hände verschwanden fast darin. Der Daumen fehlte, aber Samuel hatte recht. Es wirkte maskuliner, wenn sie die Arme schwang, längere Schritte machte und ein bißchen marschierte.

Während dieser letzten Probe schlief der kleine Yacov, genannt Yani, friedlich in Ettas Armen. Etta saß schweigend da und schaute mal das schlafende Kind an und mal den Schnee, der sich auf der Fensterbank sammelte. Die Szene, die sich hinter ihr abspielte, spiegelte sich in der Fensterscheibe, aber sie sah nicht hin. Sie wollte nicht, daß sich diese Bilder in ihre Erinnerung eingruben. Ihre Augen waren voll von anderen Erinnerungen; als ob sie andere Stimmen hörte und weit zurückliegende Momente ihres gemeinsamen Lebens vor sich sähe. Argwöhnte sie, daß Aaron ihr und den Kindern nicht folgen würde – nicht folgen konnte?

Er versuchte, sie nicht anzusehen. Er trat nahe an sie heran und berührte die winzige Hand von Yacov. Dann küßte er Etta auf die Wange und beugte sich herab, um mit den Lippen über die weiche Stirn des Babys zu streichen. Aber er sah Etta nicht in die Augen.

»Er ist noch zu klein, um sich an all dies zu erinnern«, seufzte Etta.

»Wenigstens darüber bin ich froh.« Aaron wußte, daß sich das Kind auch an ihn nicht erinnern würde, und diese Seite der Sache machte ihn weniger froh.

»Wirklich?«

»Ja«, log er. »Eines Tages wird er im Haus deines Vaters aufwachen und glauben, es hätte nie einen anderen Ort als Jerusalem gegeben. Nur Frieden und Freude. Sicherheit.« Er stockte. »Ich hätte euch nie hierherbringen dürfen. Oder ich hätte euch letztes Jahr nach Hause schicken sollen. Ich hätte irgendwie einen Weg finden müssen.«

»Ich bin froh, daß die anderen Kinder noch wissen werden, wie es für uns in Warschau war – ich meine vorher.« Sie sah forschend in Aarons Gesicht. »Du wirst doch nachkommen, Aaron?«

»Ja«, log er wieder. Er durfte sie nicht in seine Augen sehen lassen. Sie kannte ihn zu gut.

»Aaron, sieh mich an!« Ihre Stimme zitterte. Hinter ihnen marschierte Rachel unter Anleitung ihrer Brüder in dem stickigen kleinen Zimmer auf und ab. »Aaron! Du mußt ... du mußt ... mich ansehen!« flüsterte Etta heiser.

Er sah die Fensterscheibe an, und dort in dem dunklen Spiegelbild begegneten sich ihre Augen. Im selben Moment wußte er, daß sie seine Absicht durchschaut hatte. Seit wann wußte sie schon, daß er nicht nachkommen würde? Was für ein trauriges Wissen! Wieviel besser wäre es gewesen ... wieviel leichter ... wenn sie weiter so getan hätten, als ob!

Sie stand auf, wandte sich zu ihm und strich über seine Wange. Er streichelte ihr Gesicht, während das Baby in ihrem linken Arm zwischen ihnen schlief.

»Sie werden sich alle erinnern ... das verspreche ich ... daß es uns hier gut gegangen ist. Sie werden sich erinnern! Und eines Tages, wenn das hier vorbei ist ...« Sie ließ ihren Kopf gegen seine Brust sinken, und ihre Worte wurden leiser und verstummten angesichts der Wahrheit. Dieser Tag würde für sie niemals kommen.

26

Die Kanalüberquerung von Dover nach Frankreich war wie eine Heimkehr für Josephine. Jetzt schien die Welt wieder fast im Lot zu sein. Der Alptraum von Warschau verblaßte allmählich zu einer undeutlichen Erinnerung. Josephines persönlicher Schmerz begann zu heilen. In London waren keine deutschen Bomben gefallen, und die evakuierten Kinder kehrten allmählich wieder in die Stadt zurück, in der Hoffnung, daß vielleicht niemals eine Bombe auf Großbritannien fallen würde. Die Presse hatte ihre Aufmerksamkeit wieder Frankreich zugewandt. Amerikanische Frauen wollten wissen, welche Auswirkungen der Krieg auf die Mode, die Kunst, die Musik und die Kultur haben würde, meinte die AP beharrlich. Dazu ein paar anrührende Berichte über die Arbeit des Roten Kreuzes, und es ergab sich die Art Auftrag, die fast keinerlei emotionale Beteiligung verlangte. Größere Anforderungen wollte Josephine nicht haben. Gemeinsam mit ihrer alten Freundin Alma Dodge, die gerade von der *Fleet Street* in die Pariser Redaktion der *Associated Press* versetzt worden war, freute sich Josephine begierig auf die Rückkehr nach Paris.

Das dunkle Wasser ging in den niedrigen, schiefergrauen Himmel des späten Nachmittags über. Die windgepeitschte Küste Englands wirkte friedlich; die weißen Kreideklippen von Dover sahen aus wie Bettücher, die zum Trocknen aufgehängt worden waren.

Weniger als dreißig Meilen entfernt über den Kanal hinweg bot sich ein anderes Bild. Hunderte von Möwen kreisten über dem französischen Hafen Boulogne-sur-Mer und schrien den menschlichen Eindringlingen auf den Docks Beleidigungen zu. Verschwunden waren die Heringfangboote und die Fähren-Ladungen von Touristen, die stets Tüten mit Brotkrümeln mitgebracht hatten, um die Vögel von Boulogne zu füttern. Von den Tausenden in Khaki gehüllte Männer, die über die Gangways der großen Schiffe hinab gingen, blickte nicht ein einziger zu den Möwen auf oder schien sie auch nur zu hören.

Der Lärm, das Geschrei und die Flüche der Offiziere mischten sich mit dem Dröhnen von Motoren. Am Kai wurden Schiffsladungen von Militärlastwagen, Panzern und Truppen entladen, um die anschwellenden Reihen der *British Expeditionary Force* (BEF) in Frankreich zu verstärken.

Es war nicht das erste Mal, daß die Engländer in Boulogne Einzug hielten. Heinrich VIII hatte den Hafen 1544 eingenommen. Sein Sohn hatte ihn 1550 an Frankreich zurückgegeben. Im achtzehnten Jahrhundert war der Ort zu einem günstigen Treffpunkt für englische Duellisten geworden, die die

Absicht hatten, sich gegenseitig im Zweikampf umzubringen. Dann kamen die Touristen, die flüchtigen Schuldner und die desillusionierten britischen Literaten. Die uniformierten Horden erschienen 1914 wieder, als die Briten eintrafen, um ihren französischen Verbündeten in dem Krieg, der allen Kriegen ein Ende machen sollte, gegen den Kaiser und seine Hunnen beizustehen.

Fünfundzwanzig Jahre später kehrte die *BEF* zu fast demselben Zweck wieder nach Boulogne zurück. Wenn man Winston Churchill reden hörte, so hätte sich die Angelegenheit regeln lassen, ohne die Möwen von Boulogne in Aufregung zu versetzen, wenn Herr Hitler ihm im Zweikampf gegenübertreten würde. »Jeder Tyrann ist unter der Schale ein Feigling. Und der Führer ist ein Tyrann ersten Grades. Zwicken wir den kleinen Hochstapler in die Nase, dann werden wir sehen!«

Doch leider war das Problem Hitler zu groß geworden, als daß ein Mann allein es hätte aus der Welt schaffen können. Nun würden Millionen von Männern und die Armeen vieler Völker dazu notwendig sein.

Wie Admiral Nelson in Trafalgar zu seinen Truppen gesagt hatte, erwartete England von jedem Mann, daß er seine Pflicht tat. Den Hochstapler in die Nase zu zwicken war die oberste Priorität für jeden Soldaten, der über den Hafen Boulogne nach Europa kam. Der zweite Punkt auf der Liste war, lebendig nach England zurückzukehren. In der Zwischenzeit bestand die angenehme Aussicht, schöne französische Frauen kennenzulernen und Paris zu sehen.

Der kleine Franzose hinter den Gitterstäben des Fahrkartenschalters am Bahnhof wußte all das über die Soldaten, die sich in die Züge von Boulogne-sur-Mer nach Paris drängten. Genau das versuchte er den beiden jungen Amerikanerinnen zu erklären, die an der Spitze der Schlange standen.

»Mesdemoiselles! Sie dürfen nicht dritter Klasse fahren! Die ist voll mit den Soldaten der britischen Armee!«

»Merci. Aber wir haben unsere Fahrkartengutscheine vom Reisebüro Thomas Cook in London, sehen Sie.« Josephine hantierte mit ihrem ledernen Fahrkartenetui herum. Bei einem Gehalt von zwanzig Dollar pro Woche konnte sie es sich nicht leisten, in die zweite Klasse umzusteigen. Sie zog den Fahrplan hervor. »Sehen Sie, Monsieur …« Sie deutete mit dem Finger auf eine Zeile, in der es hieß: Nachtzug. Boulogne nach Paris. 3. Klasse. Ankunft *Gare du Nord* 5.15 Uhr.

»Mademoiselle.« Frustriert fuhr er sich mit der Hand über sein faltiges Gesicht. »So viele Soldaten, Mademoiselle! Gewöhnliche Soldaten. Unterwegs nach Paris, um … sich eine schöne Zeit zu machen …«

Hinter Josie ergriff Alma Dodge das Wort. »Sag ihm, es ist uns egal. Sag ihm, es stört uns nicht. Sag ihm, wir wollen nur morgen früh in Paris sein!« Alma war seit drei Jahren bei der *AP* in England, und sie war noch nie in

Paris gewesen. Die Heirat einer unentbehrlichen Textredakteurin in der Pariser Redaktion hatte die Lücke hinterlassen, auf die Alma gewartet hatte. Sie wollte keinen Augenblick länger warten als unbedingt notwendig.

Josie holte tief Luft und legte sich ihre Antwort in ihrem besten Französisch zurecht. »Monsieur. Wir haben nicht die Mittel, um unsere Fahrkarten gegen ein Schlafwagenabteil erster Klasse einzutauschen. Ich habe diese Reise schon zwei Dutzend mal gemacht. Die dritte Klasse macht mir nichts aus. Wir haben nicht die Mittel …«

»Was denken Sie sich eigentlich? Jetzt ist Krieg, nicht die Hochsaison für Touristen. Mir ist egal, wie oft Sie schon mit diesem Zug gefahren sind. Es ist nicht mehr so, wie es vor dem Krieg war. Sind Sie schon einmal nach Paris gefahren, seit der Krieg begonnen hat?«

»Ich war vier Monate lang weg, Monsieur.«

Er verzog das Gesicht und versuchte es noch einmal. »Ich selbst bin Vater von acht Mädchen, Mademoiselle. Ich sage Ihnen, in der dritten Klasse geht es heutzutage zu wie im Viehwagen. Sie sind zwei schöne junge Kühe, die noch nicht gekalbt haben. Die anderen sind alle Bullen. Die Fahrt dauert jetzt doppelt so lange. Neun Stunden bis Paris, eingepfercht mit den jungen Bullen … verstehen Sie?«

Josephine tat so, als studiere sie den Fahrplan. »Oh.«

»Oui. Ja«, sagte er erleichtert. »Sie sind mitten im Krieg gekommen. Ich begreife nicht, warum zwei junge amerikanische Damen in einer solchen Zeit hierherkommen. Sie hätten letzten Sommer kommen sollen, bevor dieser Hitler nach Polen gezogen ist und mit dem ganzen Ärger angefangen hat.«

»Ich gehöre zur Presse, sehen Sie. Ich bin hier, um über die Auswirkungen des Krieges zu berichten«, sagte Josie ärgerlich.

»Eine amerikanische Frau als Journalistin? In Frankreich?«

»Für die *Associated Press* … ach, was spielt das für eine Rolle? Das löst nicht unser Problem. Ich bin jedenfalls nicht sehr gut bei Kasse. Wir haben kein Geld für eine Reservierung in einem Privatabteil, und …«

»Heilige Mutter!« Der Mann hob seine Augen zum Himmel empor. »Ich könnte nicht mit gutem Gewissen nach Hause gehen.« Er legte sein Gesicht in zornige Falten, schloß die Augen und hob seine Hand, um Ruhe zu gebieten.

Vom Ende der Schlange her ertönte eine englische Stimme: »Was will denn der alte Frosch? Will der sich etwa selber mit diesen Bienen verabreden? Dabei habe ich doch extra für so eine Gelegenheit Französisch geübt!« Fünfzig Soldaten in der Schlange johlten über die Bemerkung. Eine Reihe französischer Sprüche über die Liebe folgte mit scheußlichem Londoner Akzent.

Der Schalterbeamte erschauderte. So einen Alptraum hatte es nicht gegeben, seit Heinrich VIII in Boulogne gelandet war! Zwei Frauen neun Stunden lang in einer solchen Umgebung ... Er nahm die Dritte-Klasse-Gutscheine, drückte seinen Stempel aufs Kissen und stempelte die Scheine mit einem donnernden UNGÜLTIG! ab. Dann holte er zwei neue Karten aus dem Fach für die zweite Klasse und füllte sie sorgfältig aus.

»In der ersten Klasse fahren in Frankreich nur senile Generäle und hirnlose Politiker. Das wäre der sicherste Platz für junge Damen. Die Abteile der zweiten Klasse sind größtenteils für Offiziere in niedrigeren Rängen reserviert. Sie werden im Sitzen schlafen müssen, aber wenigstens werden Sie vor dem Gesindel sicher sein. Ich weise Ihnen das Abteil eines französischen Obersten zu. Ich habe seinen Fahrschein gerade erst ausgestellt«, sagte er in väterlichem Ton. »Er ist älter als die Fußsoldaten, aber Sie müssen dennoch auf der Hut sein. Sie sind eine Frau ... zwei Frauen ... ich muß an meine Töchter denken. Wenn sie hier wären ... Aber der Oberst ist Franzose, Mademoiselle. Und in Sachen Liebe ist ein französischer Bulle einer Wagenladung dieser jungen englischen Bullen sicher ebenbürtig. Nur werden Sie nicht gleich von der Herde niedergetrampelt.« Er schniefte.

Josephine lächelte. »Merci, Monsieur. *Einen* Franzosen werden wir leichter im Auge behalten können.«

Er schob ihr die Fahrkarten über den Tresen. »Keine Gebühr. Vive la France! Der nächste bitte.«

Ein Meer britischer Khaki-Uniformen teilte sich, als Josie und Alma ihr Gepäck zum Zug auf Bahnsteig drei schleppten. Mehrere Dutzend der jungen britischen Bullen boten ihre Hilfe an. Josie dachte an die Warnung des Schalterbeamten, tat so, als verstünde sie kein Wort Englisch und ging weiter, ohne stehenzubleiben. Sie sprach auf französisch mit Alma und warnte sie, die Soldaten nicht anzusehen oder anzulächeln oder mit ihnen zu reden. Trotz Josies Anweisungen schaute Alma hin und lächelte.

Der französische Oberst hatte bereits im Abteil F Platz genommen. Er schlief ausgestreckt und nahm eine ganze Sitzbank ein. Ein Exemplar der Pariser Zeitung *Le Journal* bedeckte sein Gesicht. Die Schlagzeilen auf der dünnen Ausgabe verkündeten die Hinrichtung einer früheren französischen Sängerin in München, die mit dem Anschlag auf Hitlers Leben im November in Zusammenhang gebracht worden war. Das Foto zeigte eine auffallend schöne blonde Frau in einem schwarzen Kleid, die neben Maurice Chevalier auf dem Deckel eines Flügels hockte. Es war ein altes Foto. Josie warf einen Blick auf den Bericht. Wie seltsam, daß eine einzige Frau mit fast einer ganzen Seite rationierten Zeitungspapiers gewürdigt wurde, während so viele andere in völliger Vergessenheit untergegangen waren. Die Franzosen hatten eine Schwäche fürs Dramatische. Doch als die beiden Frauen sich in dem Abteil niederließen, waren sie dankbar dafür, daß die Realität des Krieges sich nicht stärker bemerkbar machte als durch eine Schlagzeile über dem Gesicht eines schlummernden Franzosen.

Josie bemerkte die teuren Reitstiefel, den Mantel und die Mütze des französischen Offiziers, die über ihm im Gepäcknetz verstaut waren. Seine Kleidung zeigte keine Anzeichen von den Strapazen des Lebens in den Schützengräben. Auf der Lehne seines Sitzes hockte eine Porzellanpuppe in einem weißen Spitzenkleidchen und blickte mit ihren heiteren blauen Augen zu Josie und Alma herüber.

Alma zuckte die Achseln und deutete auf die Puppe, als ob sie damit die Sorge des Schalterbeamten bezüglich des einsamen französischen Bullen beiseite fegen wollte.

Josie nickte amüsiert und öffnete dann das Fenster, um in die Bahnhofshalle hinauszuschauen, in der das Getöse immer mehr anschwoll. Was die Reisenden in der dritten Klasse anging, hatte der alte Mann immerhin recht behalten.

Es waren noch zwölf Minuten bis zur Abfahrt, doch der lange, waldgrüne Zug nach Paris schnaufte ungeduldig. Das rote Lichtsignal funkelte über der Szene im Bahnhof wie ein mißbilligendes Auge. Am Ende des Bahnsteiges drängten sich ungeduldig fluchend Schwärme von Soldaten, um in die Wagen der dritten Klasse einzusteigen. Das Blechdach erbebte unter den wütenden Rufen. Diejenigen, die als erste »an Bord« gegangen waren, zogen ihre Kameraden durch die offenen Fenster in die Wagen. Ein Schaffner kämpfte sich aus dem Gedränge heraus und eilte nach vorn zur Spitze des Zuges. Seine Mütze hatte er verloren. Sein Mantel war am Ärmel eingerissen.

»Wir müssen sofort abfahren!« rief er. »Es ist kein Platz mehr in der dritten Klasse!«

»Stampede«, flüsterte Alma.

Hinter ihr antwortete eine kräftige, volltönende Männerstimme von unterhalb der Zeitung: »Aufruhr, Mademoiselle. Das Fenster, bitte. Machen Sie es zu. Ziehen Sie die Jalousien herunter. Und verschließen Sie die Tür.«

Doch der Oberst rührte sich nicht vom Fleck. Josie gehorchte und mühte sich ab, das Fenster zu schließen, als die erste Gruppe von Soldaten sich aus dem Gedränge löste und auf die noch nicht überfüllten Wagen der zweiten Klasse zurannte.

»He, Jungs! Da vorne ist noch Platz!«

Plötzlich wandten sich dreihundert Mann dem vorderen Teil des Zuges zu, schwärmten ihnen entgegen und sprangen in die Wagen zweiter Klasse, während die Pfeife gellte und der Zug anruckte.

Josie verschloß die Tür, hatte aber noch nicht die Jalousien zugezogen, als fünf Männer neben dem Wagen herrannten und gestikulierend riefen, sie sollten sie hineinlassen. Voll Entsetzen beobachteten sie und Alma, wie zwei der Männer bei diesem wahnsinnigen Wettlauf aufs Pflaster stürzten. Die anderen drei rannten weiter, als ob sie glaubten, mit dem Zug Schritt halten und ihn irgendwie einholen zu können.

»Kommt schon! Nehmt uns mit, Mädchen!«

»Die armen Kerle.« Alma legte ihre Hand auf die Glasscheibe.

Sie sahen so hoffnungsvoll und kindlich aus. Josie hatte schon ihre Finger auf der Klinke. Einen Augenblick lang dachte sie daran, die Tür zu öffnen. Konnte es schaden? Drei heimwehkranke Jungs, die nur einmal nach Paris wollten?

»Genug!« rief der Oberst. Er sprang auf, warf die Zeitung zu Boden und griff dann mit einem kleinen Winken zu ihren Verfolgern an Josie vorbei und zog die Jalousien herunter.

Er blieb in der Mitte des kleinen Raumes stehen, bis die Stimmen allmählich verklangen. Josie blickte zu ihm auf, irgendwie verlegen, daß sie seiner Anweisung nicht gehorcht hatte, und dennoch wütend, daß sie nicht die Tür für die jungen Engländer geöffnet hatte.

Ein gar so alter Bulle war der Oberst doch nicht. Anfang dreißig vielleicht, dunkel und gutaussehend und selbst ohne seine Stiefel einiges über einen Meter achtzig groß. Eine kleine, in grünes Leder gebundene Ausgabe von Miltons »Das verlorene Paradies« ragte aus der rechten Tasche seiner aufgeknöpften Jacke hervor.

Er grinste Josie an und verbeugte sich unbeholfen mit einer Geste, als ob er einen imaginären Hut lüftete. Daß Alma neben ihr stand, schien er gar nicht zu bemerken. Er schwankte leicht. War er betrunken. Die Puppe hinter ihm lächelte teilnahmslos.

»Die armen Kerle haben ihren Zug verpaßt. Tja, der Krieg ist die Hölle, sagt man.« Er setzte sich abrupt auf die gepolsterte Sitzbank nieder und schloß die Augen. »So sagt man.« Mit einer Ledermappe als Kissen streckte er sich auf der Sitzbank aus und griff nach dem Bein der Puppe, wie um sicherzugehen, daß sie noch da war. Dann tastete er nach seiner Zeitung.

Mit unverhohlener Heiterkeit hob Alma die zerknitterten Blätter des Journals vom Boden auf und breitete sie über das Gesicht des Obersten, während der Nachtzug nach Paris schaukelnd zu einem gleichmäßigen Rhythmus fand.

* * *

Heute abend hatte sich Kälte in London breit gemacht, doch Annies Nähe erwärmte David. Im Mondschein schimmerte die Themse wie ein Band aus Silberfolie, das sich an den Kais und unter der Tower Bridge entlang schlängelte. David hatte nicht beabsichtigt, so weit zu gehen, als sie die *Wairakei* verlassen hatten, um Duffy an der Uferstraße spazieren zu führen, aber er war froh darüber. David hatte es Annie noch nicht gesagt, aber er wußte, daß dies für vielleicht sehr lange Zeit ihr letzter gemeinsamer Abend sein würde.

Morgen früh würde er schon fast in Tangmere sein, dem Flugplatz fünfundzwanzig Meilen westlich von Brighton, zwischen den South Downs und dem Kanal. Doch dort würde er sich nicht lange aufhalten. *»Abkommandiert nach Frankreich«*, hieß es in seinem Befehl. In Tangmere hatte er sich zu einer Formation von Ersatzpiloten zu melden, die *Hurricanes* zur *BEF* überführen würden. Sobald er dort war, würde er mit Leib und Seele zur dreiundsiebzigsten Schwadron gehören. David wußte, wenn sie heute abend den Rückweg zur *Wairakei* antraten, bedeutete das, daß ihr endgültiger Abschied nahe war.

Duffy zerrte David weiter bis zum nächsten Laternenpfahl und dann zu einer schmiedeeisernen, mit Kamelfiguren verzierten Bank. Der Pilot gab sich keine Mühe, den Hund zu bremsen oder zum Umkehren zu bringen. Je weiter Duffy sie von zu Hause fort zog, desto länger würde der Rückweg dauern.

Wortlos nahm Annie seine Hand und verschränkte ihre Finger mit seinen. Es war ein ganz natürliches Gefühl, als ob ihre Hände dazu bestimmt waren, zusammenzupassen. Diese Geste, die ihm während ihrer gemeinsamen Tage so vertraut geworden war, ließ ihn innerlich vor Kummer zusammenzucken. Wie sehr er sich danach sehnte, ihr zu sagen, daß er fort mußte und daß er sie liebte. Sein Sehnen war zu groß für Worte. All seine Gedanken waren nur winzige Schatten seiner Gefühle.

»Du bist so still heute abend, Davey.« Sie blieb stehen und lehnte sich gegen seinen Arm. Er spürte die Rundung ihrer Brüste durch seinen Ärmel. »Stimmt etwas nicht?«

Er konnte kaum atmen. Er konnte ihre Frage, warum er so still war, nicht beantworten. Sie selbst war der Grund. Er nahm nur noch den Fluß, das Mondlicht und Annie war. Sie zupfte an seinem Arm und zog ihn auf die Bank herab.

»Wie ein silbernes Band«, murmelte David und starrte auf den schimmernden Fluß, als merke er gar nicht, daß sie in seinen Armen lag und sich an ihn schmiegte. Er war sicher, daß er sie liebte. Er begehrte sie, wie er noch nie eine Frau begehrt hatte. Doch wenn er sie liebte, wie konnte er sie heute abend nehmen und dann vor der Morgendämmerung verschwinden, vielleicht für immer? Sie kannte all die Sprüche, die Soldaten über die »letzte Nacht, bevor ich in den Krieg muß« klopften. Was konnte David sagen, das nicht wie einer dieser Sprüche klingen würde?

Hilflos angesichts der Wirklichkeit, machte er Bemerkungen über das Wasser, die Schatten, die die *London Bridge* auf die Themse warf und die glänzende Kuppel der *St. Paul's Cathedral*. Als ihm schließlich die Reiseführertexte ausgingen und er fieberhaft überlegte, was er sonst noch über den Mondschein sagen könnte, ohne sich zu wiederholen, fiel sein Blick zufällig hinab auf Annie, die sich neben ihm auf der Bank zusammengerollt hatte. Sie grinste zu ihm empor.

Er begriff sofort. »Ich schwafele wie ein Idiot, was?«

»Wie ein komplett Schwachsinniger«, nickte sie, doch mit einem strahlenden Lächeln, das ihren Worten die Schärfe nahm. »Warum sagst du es nicht einfach?«

»Annie, ich – «, fing David an und hielt dann inne. »Ich würde dich gerne bitten … mich zu heiraten. Ich hätte nie geglaubt, daß ich mich je so sehr verlieben könnte, und so schnell. Du hast mich umgehauen wie ein Dampfhammer.«

Sie lächelte wieder. »So gut ist das? Der Dampfhammer, meine ich?«

»So weh hat mir schon lange nichts mehr getan … aber wie ich sagte, ich würde dich gerne bitten, aber ich kann nicht, jetzt noch nicht. Dich zu bitten, auf mich zu warten, ohne zu wissen, wann oder ob überhaupt …«

Ihr Lächeln verblaßte. Sie begriff. »Dann mußt du also fort. Du bist nach Frankreich abkommandiert?«

»Annie, weißt du, wie sehr ich …« Er sprach nicht zu Ende. Annies Vater war in Dover. Sie konnten heute nacht auf dem kleinen Segler allein sein. Das Steigen und Fallen der Gezeiten. Die Takelung, die melodisch an die Masten schlug. Ihr weicher Körper unter ihm. Er hatte sich das alles vorgestellt. Er wagte nicht, es auszusprechen. Würde sie ja sagen? »Ich liebe dich, Annie. Ich will von dir kein Versprechen erbitten, das ich vielleicht selbst nicht einhalten kann. Wenn irgend etwas passieren sollte …«

»Psst!« unterbrach sie ihn rasch und legte ihm ihre kleine Hand über die Lippen. »Das darfst du nicht einmal denken, Davey Meyer, nicht eine Sekunde lang!«

Schweigend saßen sie zusammen und dachten beide an die Worte, die unausgesprochen geblieben waren. Die Verlustliste der *RAF* für die ersten drei Kriegsmonate war kürzlich in der Londoner *Times* veröffentlicht worden: Dreihundertachtzig Piloten waren seit September ums Leben gekommen; dabei waren sich alle einig, daß die Kämpfe noch gar nicht richtig im Gang waren.

»Es ist einfach besser, wenn du dich jetzt nicht mit mir einläßt«, sagte David.

»David Meyer«, sagte Annie lebhaft, »hör auf, mir zu sagen, was besser für mich ist, ohne mich auch nur zu fragen, wie ich darüber denke!«

Duffy mischte sich mitten in die Auseinandersetzung und legte seinen großen, traurigen Kopf auf Annies Schoß.

»Das ist hart für mich, weißt du. Im Augenblick wünschte ich, ich könnte mit Duffy die Plätze tauschen.«

»Derselbe Gedanke kam mir auch.« Sie lachte, und er lachte, bis ihm etwas leichter ums Herz war. »Ich müßte lügen, wenn ich dir nicht sagte, daß ich Appetit bekomme, wenn ich an dich denke. Ich spüre ihn jetzt. Ich bin noch nie … mit einem Mann zusammen gewesen, Davey.«

Er wollte sie küssen, aber sie wandte ihr Gesicht ab.

»Nur gut, daß wir so weit von der *Wairakei* weggegangen sind«, meinte er. »Sonst würde ich …«

»Ich weiß. Ich auch.« Annie schwieg und starrte dem schimmernden Fluß nach, wie er unter der *Tower Bridge* hindurchfloß, als könnte sie bis zum Kanal sehen, bis nach Frankreich. »Siehst du diesen Fluß, Davey?« fragte sie. »An dieser Stelle haben sich vielleicht schon seit tausend Jahren Männer und Frauen voneinander verabschiedet. Es ist schon immer schlimm gewesen, darauf warten zu müssen, daß jemand, den man liebt, nach Hause zurückkehrt. Aber daß es schwer ist, heißt nicht, daß man aufhören könnte, ihn zu lieben, selbst wenn man wollte. Sind denn Gefühle wie ein Zapfhahn, den man zudrehen kann, wenn man genug hat? Oder sind sie wie dieser Fluß, der so stark dahinströmt, daß man ihn nicht zurückhalten kann? Ich kann warten. Und du kannst gehen und wissen, daß ich dir treu sein werde, weil ich mir selbst treu bin. Der Fluß wird noch hier sein, wenn du zurückkommst.«

David betrachtete ihre Augen, ihre Nase, ihre Lippen, prägte sich ihre Züge im Mondlicht ein. Er nahm ihr Gesicht zwischen die Hände, zog es nahe an sich heran und küßte sie. Sie steckte ihre Arme unter seinen Mantel und vergrub ihr Gesicht in dem groben Stoff seiner Uniformjacke. David strich ihr über das federzarte Haar. Er preßte sein Gesicht in ihren Nacken und sog ihren süßen Duft ein. Sein Puls begann zu rasen, als sie sich an ihn preßte. Er wollte sich ihre Gegenwart mit allen Sinnen unauslöschlich ins Gedächtnis einprägen.

»Ich liebe dich«, flüsterte er ihr zu. »Willst du auf mich warten? Willst du mich heiraten, wenn ich zurückkomme?«

Sie antwortete mit einem stummen Nicken.

Sie wagte es nicht, sich von ihm zurück zum Ankerplatz begleiten zu lassen. Und so verabschiedeten sie sich dort am Fluß, wie es zehntausend andere seit tausend Jahren getan hatten.

* * *

Im Nachtzug nach Paris war es still geworden, seit vor einigen Stunden der Speisewagen geschlossen hatte. Die Verdunkelungsvorschriften erforderten, daß die Reise in völliger Dunkelheit verlief, für den unwahrscheinlichen Fall, daß eine deutsche Heinkel auf den Gedanken kam, die Eisenbahnlinien zu bombardieren. Die Jalousien waren offen, darum mußte das Licht im Abteil F aus bleiben.

Der Mond brach durch die Wolken und tauchte die schneebedeckten Weiden in ein blaßblaues Licht. Josephine lehnte ihre Stirn gegen die kühle Glasscheibe und sah die Landschaft vorbeiziehen, während Alma und der französische Offizier dösten.

Die Welt außerhalb des Zuges wirkte friedlich. Winzige Dörfer lagen im Tal verstreut. Häuser mit Spitzdächern und dunklen Fenstern drängten sich um hohe, gotische Kirchtürme. Reihen laubloser Pappeln trennten die Felder voneinander und zogen die Grenzen zwischen Straßen und Höfen und Lebensbereichen.

Im Mondlicht, unter der Decke aus Schnee, wirkte die Welt vollkommen; fast heilig. *Die schwieligen Hände des alten Mannes tasteten in der Dunkelheit nach seiner Frau, und sie legte sich dicht neben ihn, wie sie es seit fünfzig Jahren jede Nacht getan hatte.*

In jenen kleinen Häusern zogen Männer und Frauen gemeinsam ihre Kinder auf ... aßen gemeinsam ihre Mahlzeiten ... lachten und weinten gemeinsam. *Der erschöpfte Bauer seufzte vor Zufriedenheit, als seine Frau ihre Hände über seinen Rücken gleiten ließ und seinen Namen sagte.*

Unsichtbar für diejenigen in dem dahinrasenden Zug flüsterten sich Paare Geheimnisse zu und liebten sich in warmen Federbetten. *Die Uhr auf dem Nachttisch hämmerte die Sekunden, als der ungeduldige junge Ehemann seine Braut an sich zog und sie ihm begierig nachgab.*

Jeden Tag und jede Nacht wurde unter jenen spitzen Dächern das Sakrament des einfachen Lebens gefeiert, während der Zug nach Paris daran vorbeirollte, ohne etwas zu verändern.

Wie Josie die Leute beneidete, die sie sich hinter jenen verdunkelten Fenstern vorstellte! Wieder einmal stieg der Schmerz der Einsamkeit in ihr auf und schnürte ihr die Kehle zu, bis sie kaum noch atmen konnte. Jenseits der wohlgeordneten Pappelreihen war das Leben, wie sie es sich mit Daniel immer erträumt hatte. Sie hatte sich nichts gewünscht außer Daniel. Sein Bett zu teilen und seine Kinder zur Welt zu bringen, gemeinsam jung zu sein und dann alt zu werden, einen gewöhnlichen Tag nach dem anderen. Doch er hatte ihre Träume nicht geteilt. In den ersten sechs Jahren ihrer Ehe hatten sie insgesamt sechzehn Monate zusammen verbracht. Während er im Auftrag von *Associated Press* rund um die Welt gereist war, war sie zu Hause geblieben, um in der Schule zu unterrichten. Sie hatte sich ihr eigenes gewöhnliches Leben ohne ihn aufgebaut. Im Sommer 1936 war sie zu ihm nach Paris gekommen, und sie hatten sich ganz neu ineinander verliebt.

Weniger als ein Jahr später war er bei der Berichterstattung über den spanischen Bürgerkrieg ums Leben gekommen. Mit ihm war etwas in ihrem Innern gestorben.

Mit siebenundzwanzig Jahren verwitwet, hatte sie keinen Job und keine Bleibe gehabt. Sie sehnte sich nur danach, in Paris zu bleiben, wo sie und Danny die schönste Zeit miteinander verbracht hatten.

Man war gut zu ihr bei der *AP*. Sie bekam eine Anstellung als Reporterin. Manche sagten, sie könne sogar besser schreiben, als Danny es gekonnt hatte. Mehr Herz und Seele, sagten sie, ohne zu ahnen, daß alle Leidenschaft, die Josephine in ihre Texte legte, aus ihrer eigenen persönlichen Trauer stammte. Und so hatte sie sich am Ende doch ein Leben ohne Danny aufgebaut.

Der Schatten einer Wolke zog über das schiefe Gesicht des Mondes und versperrte seinem Licht den Weg. Die Welt war wieder dunkel, doch das Bild von Dannys Gesicht stand klar und hell vor ihr. Die Erinnerung an den Toten hatte alle Gedanken an die Lebenden verdrängt. Sie wollte wieder lieben. Es gab Momente, in denen sie dachte, sie hätte in Mac das gefunden, was sie suchte, doch auch dies hatte sie sterben lassen.

»Es ist schön, nicht wahr, Mademoiselle?«

Die leise Stimme des Obersten erschreckte sie, doch sie reagierte nicht. Statt dessen schloß sie die Augen und tat, als schliefe sie. Sie wollte nur an das denken, was sie verloren hatte. Einen Eindringling in ihre Trauer konnte sie nicht gebrauchen.

»Verzeihen Sie mir, Mademoiselle. Ich fürchte, ich habe Ihnen heute nachmittag einen schlechten Eindruck vermittelt.« Er versuchte es noch einmal. »Ich wollte nicht grob sein.«

Mit einem Seufzen hob Josie den Kopf und setzte sich zurecht, weiter weg von seinen ausgestreckten Beinen. Sie war froh, daß er ihr Gesicht nicht sehen konnte. »Wir dachten, Sie wären vielleicht … krank.« Sie verriet ihm nicht, daß sie ihn in Wirklichkeit für betrunken gehalten hatte.

»Ich hatte nur Schlaf nötig.«

»Sie haben das Abendessen verpaßt.«

»Sie sind … Amerikanerin. Es kommen doch seit September keine Touristen mehr her.«

»Meine Freundin und ich sind bei der Redaktion der *Associated Press* in Paris.«

»Ja? Die kenne ich. P. J. Phillip ist ein Freund von mir.«

»P. J. ist von der *New York Times*, aber das ist nahe dran. Wir essen im selben Café und gehen zu denselben Pressekonferenzen.«

Er runzelte konsterniert die Stirn und versuchte, seinen Irrtum zu berichtigen. »Warten Sie. *Associated Press* … da war einmal ein Mann, den ich vor einiger Zeit kannte. Daniel Marlow.«

»Mein Mann.«

Er wurde bleich. »Tut mir leid, Madame. Ungeschickt von mir.«

»Schon gut. Danny hatte eine Million Freunde. Jeder kannte ihn.«

»Arbeiten Sie für einige Zeit in Paris?«

»Für einige Zeit, ja.«

»Und Sie haben keine Angst vor den Nazis, Mademoiselle? Daß sie Paris bombardieren werden?«

Sie verriet ihm nicht, daß sie in Warschau gewesen war. Daß ihre Träume voll waren von Stuka-Bombern, dem Donnern der Artilleriegeschütze und den Schreien der Sterbenden. »Ich hoffe, so weit kommt es nicht, Monsieur. Ich hoffe, Frankreich wird es nicht so weit kommen lassen.«

»Jeder wehrtaugliche Mann ist einberufen, Mademoiselle. Überall sind Sandsäcke aufgeschichtet. An der *Nôtre Dame*. An der *Opéra*. Am *Louvre*. Überall. Eine Vorsichtsmaßnahme, sagen sie. Aber wir alle haben die neuen Filme gesehen. Was sie in Warschau angerichtet haben. Paris ist voll von Flüchtlingen aus Polen. Juden aus Deutschland. Österreich. Aus der Tschechoslowakei. Sie würden sagen, daß wir allen Grund haben, uns zu fürchten.«

»Haben Sie eine Familie in Paris? Ein kleines Mädchen?« Josie konnte die Silhouette der Puppe hinter dem Oberst gerade noch erkennen.

Er antwortete nicht. Hatte er die Augen wieder geschlossen? War er eingeschlafen? Oder war sie irgendwie in seine Privatsphäre eingedrungen, ebenso wie er es unwissentlich bei ihr getan hatte?

»Die Pflicht ruft mich zurück nach Paris«, erwiderte er nach einer langen Pause. Dann legte sich Schweigen zwischen sie. Sie fragte ihn nicht, welcher Pflicht er sich stellen mußte. Sie fragte nicht nach der Puppe oder seinen Weihnachtsplänen oder seiner Familie. Irgendwie spürte sie, daß sie zu nahe an eine schmerzende Stelle in den Gedanken des französischen Obersten gekommen war.

Auch er stellte ihr keine Fragen mehr. Das einzige unverfängliche Thema, so schien es, war der Krieg gewesen – die Nazis. Würden sie versuchen, mit Paris so umzuspringen wie mit Warschau? Wer konnte das sagen? Für zwei Fremde in einem Zug gab es nichts mehr zu erörtern.

Alma rührte sich und setzte sich auf. »Wie weit ist es noch bis Paris?« stöhnte sie.

»Vier Stunden, Mademoiselle«, erwiderte der Oberst mit so schwermütiger Stimme, daß Josie sicher war, daß er sich wünschte, es bliebe ihm noch mehr Zeit, bis der Zug in den *Gare du Nord* einfuhr.

»Merci«, nuschelte Alma. »Bis dahin werde ich einen Rücken haben wie der Glöckner von *Nôtre Dame.*« Damit versank sie prompt wieder in Schlaf.

Eine Zeitlang saß der Oberst Josie schweigend gegenüber. War sein Gesicht ihr zugewandt? Sie wußte, daß er wach war. Ob er wohl wieder etwas zu ihr sagen würde? Er tat es nicht.

Eine halbe Stunde verging; dann fuhr er in seine Stiefel, stand auf und verließ wortlos das Abteil. Einen kurzen Augenblick lang brach der Mond durch die Wolken. Licht fiel auf das hübsche Gesicht der Porzellanpuppe in dem weißen Spitzenkleid.

Endlich wurde Josie von dem sanften Ruckeln des Zuges schläfrig. Sie benutzte ihren Pullover als Kissen, lehnte sich in die Ecke und fiel in einen traumlosen Schlaf.

27

Katrina lag schlafend neben Horst in dem riesigen Himmelbett. Sie lag von ihm abgewandt, zur Hälfte von einem silbernen Lichtstrahl beschienen, der auf die geschwungene Linie ihres Rückens fiel. Ihre Haut leuchtete mit einem so schönen Schimmer, daß der Anblick ihn traf wie ein Stich. Er wollte noch einmal von vorne anfangen und sie an sich ziehen, sie mit einer Leidenschaft erwecken, die ihn alles außer ihr vergessen lassen konnte.

Und genau das war sein Problem, sinnierte er. Indem er versucht hatte, Vergessen zu finden, hatte er irgendwie vergessen, sie glücklich zu machen.

Heute nacht hatte ihrem Liebesspiel die freudige Selbstvergessenheit gefehlt, die sie sonst stets empfanden, wenn sie sich einander hingaben. Er war fordernd und ungeduldig gewesen. Wieder hatte er an dem verwirrten Ausdruck in ihren Augen gesehen, daß sie über die Veränderung in ihm beunruhigt war. Seither hatte er wach neben ihr gelegen, ohne einschlafen zu können, bis ihr Atem tiefer wurde.

Nun, verloren in hoffnungslosen Gedanken, stand er auf, hüllte sich in eine Steppdecke und ging ins Zimmer, um am Fenster weiterzugrübeln.

Ihre gemeinsame Zeit war ein einziger Reinfall gewesen. Vielleicht hatte sein Heimataufenthalt mehr geschadet als genützt. Vielleicht war es besser für einen Soldaten, sich für das Grauen des Kampfes zu stählen, Entschlossenheit aufzubauen auf dem Fundament des Hasses gegen den Feind, und sich die zarteren Gefühle zu versagen. Er sollte seine Liebe und Barmherzigkeit verkorken und auf dem Regal lagern, bis alles vorbei ist und er endgültig nach Hause kommen konnte.

Aber das war auch nicht die Antwort. Er haßte die Polen nicht, geschweige denn die Franzosen, gegen die er als nächstes eingesetzt werden würde. Horst seufzte schwer und zog den hauchdünnen Vorhang zur Seite, um in die Nacht hinauszustarren. Er schüttelte den Kopf, als er erkannte, daß der einzige Haß, den er empfand, sich gegen die mörderischen Schweine von der SS richtete. Und er verspürte Ekel vor sich selbst. Er verabscheute den Umstand, daß er in den Tod der polnischen Frau am Fluß verwickelt war. Was ihm am schwersten auf der Seele lag, war die Tatsache, daß er im Grunde gewußt hatte, daß die SS sie nicht laufen lassen würde. Es war eine angenehme Selbsttäuschung gewesen, die ihm geholfen hatte, sein Gesicht zu wahren und sein zartes Gewissen zu schützen. Doch tief in seinem Innern, dachte er, war er doch ein Feigling, denn indem er tatenlos dabeigestanden hatte, hatte er zugelassen, daß die Kerle sie umbrachten.

Katrina hatte mehr Mut als er, und dieses Wissen stand zwischen ihm und ihr. Es gab Augenblicke, in denen er glaubte, Verachtung in ihren Augen zu sehen, wenn er von seiner Pflicht sprach. Oft fragte er sich, ob sie nicht gern ins Gefängnis gegangen wäre, wenn sie nicht geglaubt hätte, den Nazis wirksamer widerstehen zu können, indem sie frei blieb. Ihr Mut machte ihm Angst.

Dünne Rauchfähnchen stiegen im Mondlicht von den Schornsteinen der Ställe auf. Ein plötzlicher Ärger über Katrina wallte in Horst auf. Zweiundzwanzig kleine Mädchen, beaufsichtigt von zwei Damen mittleren Alters, wohnten nun im Obergeschoß des Stallgebäudes.

»Evakuierte aus Berlin«, hatte Katrina erklärt.

Horst hatte sie nicht wegen Einzelheiten bedrängt, aber er hatte seine Vermutungen.

Die Kohlen auf dem Rost des Kamins glühten in tiefem Orange. Horst warf noch eine Schaufel voll Kohlen aufs Feuer und schürte sie.

»Horst?« rief Katrina leise, als sie ins Wohnzimmer trat. Sie zog einen seidenen Morgenmantel über, der sich an die Konturen ihres Körpers schmiegte. »Warum schläfst du nicht?«

»Ich konnte nicht.« Er stocherte noch einmal in den Kohlen herum und ließ dann den Schürhaken mit einem Klappern fallen.

Sie setzte sich auf einen Sessel am Fenster. Als sie die Beine bis unters Kinn anzog und hinaus auf ihr Gut blickte, sah sie fast kindlich aus.

»Möchtest du reden?« fragte sie.

»Worüber?« Seine Verärgerung war nicht zu überhören.

»Über das, was da draußen passiert ist.«

Er richtete sich zu voller Höhe auf und streckte seine Hände der Wärme des Feuers entgegen. »Mir wäre es lieber, du würdest mir die Wahrheit über die Kinder da unten sagen.«

»Was ist mit ihnen?« erwiderte sie leichthin.

»Sind sie Juden?«

»Woher soll ich das wissen?«

»Du solltest es wissen!« Sein Zorn flammte auf. »Du spielst mit dem Feuer, Katrina! Der alte Brezinski ist eine Sache. Diese Karte hast du geschickt ausgespielt. Ja, er ist entscheidend für das Wohlergehen der Pferde. Wenn du die Erlaubnis von Göring selbst hast … dann kann Göring seine Meinung ändern und die Gestapo herschicken, um den alten Juden abzuholen, wann immer es ihm gefällt. Und du wirst es geschehen lassen müssen! Aber diese Kinder und Frauen. Nonnen, nicht wahr? Sie bekreuzigen sich auf Schritt und Tritt. Sie sehen wie Nonnen aus, selbst ohne ihre Tracht. Alte Schachteln mit frommen Gesichtern. Sind sie aus ihrem Konvent verwiesen worden? Mit Verhaftung bedroht worden? Wie willst du sie im Ernstfall schützen? Weißt du, was für eine Strafe dir droht, wenn du erwischt wirst?«

Sie sprang auf und antwortete ihm mit einer Empörung, die seinem Ärger nicht nachstand. »Ich habe es dir doch gesagt! Ich weiß nichts, außer daß Pater Johann mich gefragt hat, ob ich Platz für Kinder aus der Stadt hätte.«

»Das war, kurz bevor sie den guten Priester ab nach Dachau geschleppt haben, nicht wahr?«

»Ich weiß nicht mehr als das, was ich dir gesagt habe, Horst. Ich will auch nicht mehr wissen. Ich stelle keine Fragen.«

»Ist dir klar, welche Strafe darauf steht, eine Ansammlung von Juden unter deinem Dach zu beherbergen? Auch wenn es nur kleine Juden sind. Selbst in deinem Stall? Deine Strafe wird die gleiche sein wie ihre! Dachau! Sachsenhausen! Wie lange wird es dauern, bis einer von deinen Stalljungen dich anzeigt?«

»Du bist nicht besser als jeder andere Feigling in Deutschland!«

»Ich will nur nicht, daß dir Leid geschieht.«

»Nur du hast die Macht, mir Leid anzutun, und du machst sehr wirksam davon Gebrauch.«

»Ich tue meine Pflicht.«

»Du tust deine Pflicht?« Sie lachte bitter. »Dann tu sie. Diene, welchem verbogenen, bösen Gott du auch dienen mußt, und nenne es Pflicht. Aber ich habe auch eine Pflicht!«

»Sie werden dich umbringen.«

»Mein Leben ist die einzige Waffe, die ich habe. Wenn ich mich fürchte, es zu verlieren, dann habe ich den Kampf bereits verloren. Du … Major! … Du müßtest das doch am besten wissen!« Die Worte waren voller Hohn.

»Ich habe mich mutig dem Tod gestellt!« rief er.

»Du stellst dich dem Tod in Schlachten gegen Männer, die nie deine Feinde waren, nicht wahr? Was ist es denn dann, das du mehr fürchtest als das Sterben, Horst? Du fürchtest die Mißbilligung dieser Nazi-Bestien, die dich tapfer und Bruder und Genosse nennen! Ihre gute Meinung von dir ist dir wichtiger als deine eigene Meinung darüber, was wahr und gut ist! Du fürchtest den Vorwurf der Feigheit von denen mehr als den Tod. Und das kennzeichnet das Zwielicht, in dem dein Mut steht. Du hast denen deine Seele verkauft, Horst, für eine lästerliche Lüge, die sie heilige Ehre nennen. Du gehörst ihnen.«

»Ich habe dich verloren«, sagte er unglücklich.

Für einen langen Augenblick stand sie schweigend vor ihm. »Nein. Du bist es, der verloren ist. Was ist in Polen mit dir geschehen, Horst?«

»Ich … Katrina … ich bin … vergib mir.« Er sank auf die Knie.

»Du solltest dich von mir scheiden lassen, bevor ich dir Unehre mache und deiner Karriere schade. Ich will, daß du mich verläßt, Horst.« Ihre Stimme war ohne Barmherzigkeit. »Du bist kein Offiziersschüler mehr, der Krieg spielt. Polen war keine militärische Übung.«

»Denkst du, ich weiß das nicht?«

»Was tust du denn dann?«

»Was ich tun muß! Ich habe keine Wahl. Wo ist der Ausweg?«

Auf die tiefere Ebene seiner Frage wußte sie keine Antwort, doch sie hob ihren Arm und deutete auf die schneebedeckte Auffahrt, die zur Straße führte. »Dort.« Dann ging sie zurück ins Schlafzimmer und verschloß die Tür vor ihm.

* * *

Aus dem Stall drang ein leises Wiehern zu Horst heraus, als er seine Reisetasche auf den Rücksitz des Wagens warf.

Horst, der noch einen letzten Blick auf die Pferde werfen wollte, trat durch den einen Meter tiefen Durchgang aus zwei Bahnen schwarzer Zeltleinwand, die verhinderten, daß Licht nach draußen drang.

Der alte Brezinski stand im Schein der Lampe und streichelte die Nüstern einer Stute, die hoch trächtig war. Für einen kurzen Augenblick erschrak er, als er Horsts Uniform sah, doch dann sackten seine Schultern vor Erleichterung herab.

»Sie sind früh auf den Beinen, Brezinski.« Horst trat an die Boxentür und strich über die weiche Schnauze des Schützlings des alten Mannes.

»Nein, noch spät, Herr von Böckmann.« Der alte Mann sah die Wehrmachtsuniform nicht an. Bisher hatte er Horst immer mit dem Vornamen angeredet. Brezinski wandte seinen Blick nicht von den weichen, intelligenten Augen der Stute ab.

»Ich fahre jetzt.«

»Schon so bald?«

»Katrina hat mich darum gebeten.«

»Ah. Sie hat vergessen, daß Politik nichts mit Krieg zu tun hat. Ist es so?«

»So ähnlich.«

Brezinski zuckte die Achseln, wie um anzudeuten, die Gedanken einer Frau seien unergründlich. »Schade, daß Sie schon so früh fort müssen. Sie werden das Fohlen verpassen. Es kann jeden Augenblick kommen. Ich konnte nicht schlafen. Sie ist schön, nicht wahr?« sagte er mit zärtlicher Zuneigung. »Ihr Zuchthengst ist in Ihrem Krieg getötet worden. Ein polnisches Kavalleriepferd.«

Ihr Krieg. Die Worte waren keine Anklage, sondern eine schlichte Tatsache in den Augen des alten Mannes. Es war Deutschlands Krieg. Horsts Krieg. Als ob die ganze Angelegenheit etwas Weitabliegendes war, ein Spiel, das von nur einer Mannschaft gespielt wurde und an dem die polnischen Zuschauer am Ende doch teilzunehmen gezwungen gewesen waren.

»Das tut mir leid«, sagte Horst, der es bedauerte, daß solch ein edles Tier sich der eisernen Haut eines deutschen Panzers hatte entgegenstellen müssen.

»Das muß Ihnen nicht leid tun.« Der alte Mann sah ihn immer noch nicht an. »Er war für die Schlacht gezüchtet. Tapfere Pferde, die tapfere Männer in ihren Tod tragen. Ein ehrenvolles Ende. Wir werden dergleichen nicht wieder sehen.«

Schweigen. Das Scharren der Hufe in den Boxen. Der Duft von Heu und Dung und Pferden. All diese vertrauten Dinge, die seit Tausenden von Jahren aus keiner Armee wegzudenken gewesen waren, hatten nun alle Bedeutung verloren. Mit den letzten heroischen Kavallerieangriffen in Polen war eine Geschichte, die so alt war wie der Krieg selbst, zu Ende gegangen. Horst hatte die aufgeblähten Kadaver auf den Feldern gesehen, auf denen sie gefallen waren. Brezinskis Pferde waren einfach mit Polen untergegangen und von Panzerketten zu Staub zermahlen worden.

Horst durchbrach die Stille mit einem Räuspern. »Als Junge habe ich Geschichten von der Kavallerie geliebt. Alexanders Armee in Issos. Napoleon in Austerlitz. Waterloo. Um welche Schlacht auch immer es ging, es war immer die Kavallerie, die mich fasziniert hat. Ich hätte mich der Kavallerie jeder Nation angeschlossen, nur um reiten und kämpfen zu können.«

Erst jetzt drehte Brezinski den Kopf und sah Horst direkt in die Augen. »Es war ein edler Beruf. Die Kavallerie. Es war … da war so etwas wie Liebe; eine Leidenschaft zwischen dem Soldaten und seinem Reittier. Sie kennen das. Deswegen habe ich Sie immer gemocht, Horst.«

»Es war ein Spiel, gespielt auf einem ebenen Spielfeld. Mann gegen Mann. Pferd gegen Pferd. Es waren die edelsten Tiere, die ihre Reiter ins dichteste Getümmel trugen.«

Der alte Mann nickte. »Nicht immer die stärksten, aber diejenigen mit dem größten Herzen. Es war der tapferste Mann, der die Gezeiten wendete und den Krieg gewann. Ich habe es mit eigenen Augen gesehen. Es hatte eine schreckliche Schönheit an sich. Der Tod war nicht schön, aber das Sterben! Aber nun ist das alles anders. Alles ist anders.« Er blickte an der Reihe der Boxen entlang. »Ich habe mir immer gedacht, daß Sie wie einer von denen hier sind; wie meine Araber. Geboren für das Wetteifern in der Schlacht. Als wir Freunde waren, bevor dieser Krieg uns zu Feinden machte, sagte ich mir immer: ›Dieser Junge ist dazu geschaffen, auf Orions Rücken mitten in die Reihen der wartenden Infanterie hineinzupreschen!‹ Es spielte keine Rolle, gegen wen oder wofür Sie kämpften, solange Sie nur an der Spitze des Angriffs ritten.«

»Ich bin hundert Jahre zu spät geboren.«

»Sie sind unter der falschen Fahne geboren«, schmunzelte Brezinski. »Selbst in dieser modernen Zeit hätte es anders für Sie kommen können.

Wären Sie nur ein paar Stunden östlich von hier zur Welt gekommen … dann wären Sie auf Orion mit der polnischen Kavallerie in Ihre letzte Schlacht geritten. Nur ein paar Kilometer, ein Zufall der Geburt, verhinderten, daß Sie zu Polen gehörten. Und dann hätten Sie vielleicht im September mit den letzten tapferen Männern gekämpft und wären mit ihnen gefallen.«

Einige Zeit antwortete Horst nichts. Er lächelte bei dem Gedanken daran, was hätte sein können. Im letzten Jahrhundert wäre er mit der preußischen Kavallerie ausgeritten, um Napoleons Armee bei Waterloo entgegenzutreten. Und dort wäre noch so etwas wie Ehre in dem schrecklichen Sieg über die Franzosen gewesen. »Ich kann immer noch ehrenvoll gegen Frankreich kämpfen, alter Mann.«

»Können Sie das, Horst?«

»Ich muß. Trotz der Fahne, unter der ich stehe.«

Brezinski nickte. »Ich vermute, Sie haben recht. Ein gut gezüchtetes Schlachtpferd versteht nichts von Politik. Oder davon, wer recht oder unrecht hat. Es kennt nur die Schlacht. Es lebt nur für die Herausforderung.« Er streckte seine Hand aus. »Sie sind ein Mann aus einer anderen Zeit, Horst von Böckmann. Ein Anachronismus. Hitler haßt Sie, aber er wird Sie benutzen. Ich glaube, es könnte gut sein, daß Sie noch vor mir den Tod finden. Ich wünsche Ihnen … was? Was kann ich einem Mann wünschen, der das Unglück hat, auf der falschen Seite zu kämpfen?«

»Wünschen Sie mir edle Männer, gegen die ich kämpfen kann, Brezinski. Gegner mit Mut und Geschicklichkeit. Sonst gibt es nichts mehr, worauf ein deutscher Soldat hoffen könnte.«

* * *

Aaron Lubetkin stand vor dem verdunkelten Fenster und ließ seinen Blick über den Friedhof auf der anderen Straßenseite wandern. Hinter der hohen Backsteinmauer standen uralte, schiefe Grabsteine und zerbrochene Denkmäler. Die Tafeln aus Marmor und Granit hatten einst eingemeißelte Inschriften getragen … Geliebter Vater … Getreue Ehefrau … Unser Kind. Nun waren diese kostbaren Worte von Einschüssen verunstaltet. Die Steine waren während der kürzlichen Entweihungen jüdischer Gräber durch die Nazis mit Maschinenpistolen beschossen worden. Heute nacht markierten diese unheimlichen Wächter den Weg in die Freiheit für Etta und die Kinder. Einen anderen Weg aus dem jüdischen Ghetto gab es nicht. Seit November war das Gebiet mit Stacheldraht abgeriegelt. Nur das Feld der Gräber blieb auf beiden Seiten offen.

Innerhalb von drei Tagen hatte sich die Bevölkerung auf über 300 000 verdoppelt, als Juden aus anderen Teilen der Stadt gesammelt und in diese ohnehin schon überfüllte Wohngegend getrieben worden waren. Zu der

Gruppe der schwarz bemäntelten Orthodoxen kamen Tausende, die nie in ihrem Leben ein Wort Hebräisch gelesen hatten. Bankangestellte, Verkäuferinnen, Nachtclubsängerinnen und Taxifahrer wurden plötzlich aus ihren Wohnungen gezerrt und auf Lastwagen quer durch die Stadt transportiert und mußten nun versuchen, ein paar Quadratmeter Platz zum Wohnen zu ergattern. Seit Jahren hatten sie sich angepaßt und ihre Kleidung in denselben Kaufhäusern wie die nichtjüdischen Polen von der Stange gekauft.

Im Ghettobezirk herrschte jetzt ein heilloses Durcheinander. Verwirrte Nazis suchten sich zuerst diejenigen als Zielscheibe ihrer Verfolgungen aus, die sich nach der Art der religiösen Juden kleideten. Wer sich modern kleidete, wurde übergangen. Dann wurden die Eindringlinge von ihren Vorgesetzten an die arische Maxime erinnert, daß »nicht alles, was wie ein Mensch aussieht, auch ein Mensch ist ...« Gelbe Armbinden mit dem Davidsstern wurden vorgeschrieben. Auf diese Weise waren die »Untermenschen« leicht zu identifizieren, wie auch immer sie sich kleideten oder welche Stellung sie in Polen vor dem Einmarsch der Nazis eingenommen hatten. Wer als Jude nicht die vorgeschriebenen Abzeichen trug und erwischt wurde, erlitt schwerste Strafen.

Auf ein Nicken von Aaron hin streifte Etta ihre Armbinde ab und entfernte dann auch die Abzeichen von der Kleidung der Kinder. Ihre Hände waren kalt wie Eis. Der Stoff der gelben Binden zitterte in ihren Händen. Bemerkten die Kinder etwas?

»Es ist ein kurzer Weg. Nur über den Friedhof hinweg. Auf der anderen Seite sind wir Katholiken auf dem Weg zur Messe. Ihr wißt ja noch, wie wir es besprochen haben.« Sie bemühte sich um eine feste Stimme.

Ein knappes Nicken von allen. Ihre Augen waren geweitet, die Gesichter bleich, als sie an die Strafe dachten, die darauf stand, ohne die gelbe Armbinde auszugehen und zu versuchen, das Ghetto ohne Papiere zu verlassen. Sie hatten die Geschichten gehört und mit eigenen Augen gesehen, wie der Feind mit Zuwiderhandelnden umging.

»Hast du Angst?« flüsterte der kleine Samuel seinem großen Bruder zu.

David antwortete mit einem einzigen bejahenden Nicken.

»Hast du Angst vor dem Friedhof?« hakte Samuel nach. »Vor Geistern?«

David sah Samuel an. »Nein. Nicht vor Geistern.«

Es war nicht die Furcht vor dem körperlosen Bösen, die sie alle erzittern ließ, sondern das Wissen, daß rings umher das finsterste, grausamste Böse irgendwie Besitz vom Fleisch lebendiger Menschen ergriffen hatte.

Die SS. Jene menschlichen Hüllen wurden von unmenschlicher Brutalität getrieben, und sie hatten unbegrenzte Macht über diejenigen, die die entlarvenden Armbinden trugen. Die Hölle war nach Warschau gekommen, um alle Juden aufzuspüren und so schnell wie möglich zu vernichten. Selbst kleine Jungen wie David und Samuel. Selbst Babys wie Yacov.

David hatte keine Angst vor dem Gang über den finsteren Friedhof. Er fürchtete jene lebenden Toten – die seelenlose arische Horde, die sich in schicke Uniformen mit Blitzen auf dem Kragen kleidete. Er fürchtete den Aufschlag ihrer marschierenden Schaftstiefel auf dem Kopfsteinpflaster und ihre stolzen Stimmen, die sich gemeinsam zum Lied erhoben:

»Schlagt den Juden die Schädel ein,
und die Zukunft wird unser sein.
Stolz weht die Fahne in dem Wind,
wenn Judenblut von der Klinge rinnt.«

Auch jetzt warteten diese Soldaten auf der anderen Seite und beobachteten. Ja. Der Junge hatte Angst. Die hatten sie alle – bis auf das Baby.

Aaron hob seine Hand und murmelte: »Rasch jetzt. Geht.« Er wandte sich wieder dem Fenster zu, wie um zu versprechen, daß er auf ihrem Weg über sie wachen wolle.

Ein letzter Abschiedsblick. Dann den Flur hinab und auf den Treppenabsatz, schnell die zwei Treppen hinunter und an der verschlossenen Tür der Concierge vorbei hinaus. Die plötzliche Kälte der Luft war wie ein Schlag ins Gesicht, der Etta aus der Unwirklichkeit dieses Abschieds erwachen ließ. Sie keuchte, preßte das Baby fester an sich und trat dann aus dem überschatteten Alkoven des Eingangs heraus.

Zuerst wirkte die Straße verlassen, doch dann hörte Etta die flüsternden Stimmen des Entsetzens in den Schatten. Wie viele waren wie sie selbst gewarnt worden?

Verstecken Sie sich heute nacht!

Dicke, träge Schneeflocken sanken herab, landeten auf ihrem dunklen Schal und blieben als weiße Flecken auf den Mänteln der Kinder liegen.

Drei Schritte durch den knirschenden Schnee, dann sprach Samuel. »Mama, ich habe vergessen …«

Sofort brachte ihn ein kräftiger Rippenstoß von David zum Schweigen. Was spielte es für eine Rolle, wenn Samuel etwas vergessen hatte? Was konnte das jetzt schon ausmachen? Sie hatten ihre ganze Welt hinter sich gelassen. Was konnte Samuel vergessen haben, das noch irgendeinen Wert hatte?

Doch Samuel ließ nicht locker und sagte mit vor Kummer erstickter Stimme: »Ich … habe vergessen … Papa … einen Gutenachtkuß zu geben.«

Ja. Papa. Papa. Zurückgelassen.

»Du kannst ihn küssen, wenn wir wieder zusammen sind«, sagte Rachel beschwichtigend.

Wir werden nie wieder zusammen sein! Kein Gutenachtkuß, kein Abschiedskuß mehr für Papa, wollte Etta schreien! Sie kämpfte gegen den

Drang an, zurück zu Aaron zu rennen, ihn zu fragen, ob es denn so schrecklich wäre, wenn sie alle zusammen stürben? Konnten sie sich nicht gemeinsam dem Ende stellen? Sie wollte ihn anflehen ... wie sollte sie ohne ihn weiterleben?

Das schlafende Baby holte zitternd Atem und wandte sein Gesicht ihrer Brust zu. Sie schüttelte den Kopf, wie um klar sehen zu können, was vor ihr lag. Für diese Kinder mußte sie leben!

Sie raffte sich auf, trat von der Bordsteinkante herunter und widerstand der Versuchung, einen letzten Blick zum Fenster hinauf zu werfen. Die Kinder folgten ihr. Als sie über die Straße ging, spürte Etta Aarons Blick in ihrem Rücken. Er beobachtete ihre Flucht – er wollte, daß sie gingen, und sehnte sich doch danach, daß sie blieben.

Der kleine Samuel jammerte darüber, daß er den Kuß vergessen hatte. Rachel legte ihre Hand auf seine Schulter. »Er steht immer noch oben am Fenster. Dann blase ihm eben einen Kuß zu, Samuel. So ...« Sie drehte sich um und zeigte es ihm. »Siehst du? Da ist er. Am Fenster. Gute Nacht, Papa.«

Samuel tat es seiner Schwester nach, obwohl er Papa nicht sehen konnte. Nachdem er nun endlich zufrieden war, eilten sie durch den verrosteten, eisernen Torbogen auf den jüdischen Friedhof.

Dann stockte David einen Moment, drehte sich im Schnee herum und rannte zurück zum Tor. Auch er winkte noch ein letztes Mal in der Hoffnung, daß sein Vater ihn sah. Nach einem suchenden Blick in das dunkle Auge des Fensterrahmens rannte er widerstrebend hinter den anderen her.

Sie gingen rasch einen schmalen, gewundenen Pfad entlang, gesäumt von schneebedeckten Grabsteinen. Über ihnen reckte ein uralter Baum seine knorrigen Äste aus. Erst jetzt, hier im Schatten, wo sie sicher war, daß Aaron sie nicht mehr sehen konnte, erlaubte sich Etta einen Blick zurück auf die dunkle Backsteinfassade des Wohnhauses.

Jede Wohnung und jedes Haus in Warschau war vor dem Ausbruch des Krieges mit Verdunkelungsvorhängen ausgestattet worden. Eine Vorsichtsmaßnahme gegen deutsche Bomber. Von was für einer armseligen, törichten Hoffnung dieser schwarze Stoff zeugte! Vor den Stukas hatte es kein Verstecken gegeben.

Auch heute abend noch waren überall in Warschau die Verdunkelungsvorhänge angebracht wie die schwarzen Kleider einer Familie, die um ihre Toten trauert. Kein Licht drang aus dem Fenster. Kein Lebenszeichen war zu sehen. Doch Aaron stand dort in dem unbeleuchteten Zimmer, das wußte sie, und versuchte immer noch, einen letzten Blick auf seine Familie zu werfen.

Nur ein Fenster von vielen, sagte sie sich, erneut gegen den Drang ankämpfend, zu ihm zurückzukehren. Es ist niemand da. Er ist nicht wirklich dort. Es gibt nichts, wohin ich zurückkehren könnte. Sie raffte sich auf. Denk an die Kinder! An das Leben!

Etta verhüllte ihren Kopf gegen den scharfen Wind, der von der höchsten Erhebung des Friedhofsgeländes herabfegte. Am Fuß des Hanges, den sie hinabstiegen, hatte sich der Schnee gefährlich hoch aufgehäuft. Die Wege waren seit dem ersten Schneefall nicht geräumt worden. Schwere Verwehungen zerrten an Ettas Säumen, hielten sie zurück wie der angsterfüllte, erstickende Klammergriff in einem schrecklichen Alptraum.

Hinter ihr kämpfte sich der kleine Samuel vorwärts. Er stolperte, fiel, erhob sich langsam und stolperte wieder. Rachel, die nicht durch Röcke und Unterröcke behindert war, bewegte sich leichter als ihre Mutter durch die Verwehungen über den Gräbern. Sie nahm Samuel an der Hand, zerrte ihn hoch und marschierte dann mit weit ausholenden Schritten hinter Etta her. David trottete hinterdrein.

Keuchend deutete Rachel hinauf zu der Kuppe des Hügels, den sie als nächstes erklimmen mußten. Durch den Wind rief sie ihrer Mutter zu: »Hier entlang, Mama. Da oben. Über den Kamm. Am Levy-Grab vorbei und dann durchs Tor hinaus auf die arische Seite!«

Etta nickte und sparte ihren Atem, anstatt zu antworten. Während der letzten Monate hatte Rachel ein Dutzend mal auf diesem Weg Botschaften an den Priester hinausgeschmuggelt. Das hatte ihr die Fragen und die Passierscheinkontrolle an den Barrikaden erspart, die an allen Zugängen zum jüdischen Ghetto errichtet worden waren. Es kam ihr immer noch wie ein seltsames Versehen vor, daß nur selten Naziwachen an den Toren des Friedhofs postiert waren. Heute abend würden sie und die Kinder von der jüdischen Seite dieses Todestals hinaus auf die Straßen treten, auf denen immer noch Straßenbahnen ratterten und Taxis hupten.

Pater Kopeckys Kirche war nur ein paar Häuserblocks weit vom Portal des jüdischen Friedhofs entfernt. Die Glocken, die die Abendmesse ankündigten, hallten über die Stadt. Heute abend klangen sie gehetzt; sie schienen wild zu schellen, ohne ihren sonstigen gleichmäßigen Rhythmus.

Ettas Magen verkrampfte sich bei dem Klang.

Waren die Glocken ein Ruf zum Gebet? Oder eine Warnung?

Das Geläut verklang. Einen Augenblick lang war außer ihren knirschenden Schritten nur das Kreischen des Windes zu hören, als sie begannen, den Hang hinaufzusteigen. Da drang ein anderes, drohenderes Geräusch durch den wirbelnden Schnee.

Fünfzig Meter unterhalb der Kuppe blieb Etta neben einem enthaupteten steinernen Engel stehen. Sie lehnte sich gegen das Denkmal und streckte ihre Hand aus, um Rachel, Samuel und David aufzuhalten.

»Was ist, Mama?« fragte David und lauschte mit schiefgelegtem Kopf auf das Murmeln, das mit dem Wind an- und abschwoll.

Etta schüttelte den Kopf und legte den Finger an die Lippen. Sie hob die Augen zur Kuppe des Hügels, von wo ein graues Licht durch den Schleier der Schneeflocken drang und die Umrisse der Grabsteine sichtbar werden ließ. Der Schein flackerte. Die Schatten der Grabsteine und Säulen wurden länger und tiefer. Das Licht wurde heller und kam näher! Es breitete sich aus und erleuchtete die ganze Breite des Kammes über ihnen. Ein Hund bellte, dann noch einer. Das Murmeln wurde erkennbar als Männerstimmen und erwartungsvolles Lachen!

Entsetzen und Begreifen erfüllte die Gesichter der Kinder und ihrer Mutter. Die Soldaten durchsuchten den Friedhof! Männer mit Taschenlampen und Hunden drangen von der anderen Seite in den Friedhof ein! Sie suchten nach fliehenden Juden; sie blockierten den Weg in die Freiheit!

»Lauft!« rief Etta. »Schaut nicht zurück! Lauft!«

Es war keine Zeit zu verlieren. Zu spät, um an die tiefen Spuren zu denken, die sie im Schnee hinterließen. Sie hasteten auf das Tor zu, das zurück ins Ghetto führte.

Hinter ihnen war ein Ausruf zu hören: »Fußspuren! Hier drüben!« Hunde bellten, als wären sie hinter einem Kaninchen her.

Rachel, die Samuel hinter sich her zerrte, war als erste den Pfad hinauf. Dann David. Etta und das Baby kamen fünfundzwanzig Meter weiter hinten.

»Da ist Papa!« rief Samuel und schoß in einem plötzlichen Freudenausbruch vorwärts.

Ohne Mantel war Aaron von seinem Posten am Fenster heruntergelaufen. Aschgrau und mit vor Furcht verkniffenem Mund kam er ihnen am Tor entgegen. »Wo ist eure Mutter?!« rief er und schüttelte David. In diesem Augenblick tauchte Etta aus dem Schatten auf. Sie hatte nicht genug Luft, um etwas über seine wundersame Gegenwart zu sagen. Ihr schoß der Gedanke durch den Kopf, daß ihr Wunsch in Erfüllung ging. Vielleicht sollten sie am Ende doch gemeinsam sterben.

Aaron wartete nicht auf sie. »Die Taschenlampen! Beeil dich, Etta!« Er nahm die beiden Jungen auf die Arme und rannte zurück auf das Wohnhaus zu. Rachel, die vor ihm herlief, stürmte die Treppe hinauf, immer zwei Stufen auf einmal. Etta, atemlos vor Erschöpfung, erreichte die Wohnung nur wenige Augenblicke, bevor ihre Verfolger das Foyer erreichten.

Die Tür war verschlossen und verriegelt, als zwei Dutzend Männer ihren nassen Fußabdrücken nach die Treppe hinaufstürmten.

Am Ende war es sinnlos gewesen, davonzulaufen. Genausogut hätten sie am Tor des jüdischen Friedhofs warten und sich dort den Soldaten ergeben können. Die warnende Nachricht, die scheppernden Kirchenglocken, der Schmerz des Abschieds, der Wettlauf der Freiheit entgegen und der Schrekken der Verfolgungsjagd änderten nichts am letztlichen Ausgang.

Schließlich verbreitete der Schneefall Feierstimmung, und den deutschen Soldaten war nach einer Belustigung zumute. Sie waren es gewesen, die den Brief geschickt hatten. Das Gerücht ging auf sie selbst zurück. Sie hatten im Ghetto die Nachricht verbreitet, daß eine Aktion bevorstand.

Verstecken Sie sich heute abend!

Wie Jäger, die ihre Beute aus dem Unterholz aufscheuchen, hatten sie bereitgestanden für die Hunderte, die in Panik gerieten und davonliefen.

Schloß und Riegel wurden zerbrochen. Die Tür wurde von Gewehrkolben in Stücke geschlagen und aus den Angeln gerissen.

Und so wurden sie trotz alledem mitgenommen, diese sechsköpfige Familie, um mit fünfzehnhundert anderen auf dem Umschlagplatz auf den Zug zu warten. Gemeinsam. Sie alle gingen schweigend mit den Feinden … bis auf das Baby in den Armen seiner Mutter, das endlich erwachte und aus Empörung, daß sein Schlaf gestört worden war, zu schreien begann.

28

Nächster Bahnhof Gare du Nord! Alle Passagiere aussteigen! Paris! Zehn Minuten! Gare du Nord!« Josie erwachte, als die Knöchel des Schaffners hart gegen die Abteiltür schlugen. Das graue Dämmerlicht drang unter den halb zugezogenen Jalousien herein. Es regnete. Tropfen rannen über die Scheibe und trommelten auf das dünne Metalldach des Zuges. In ihre Decken gehüllt, saß Alma einen Moment lang in benommenem Schweigen da. Der Platz, auf dem der französische Offizier gesessen hatte, war leer. Stiefel, Mütze, Mantel, Mappe und Puppe waren verschwunden. Die Zeitung lag zerknittert auf dem Boden, und der kleine grüne Milton-Band lag zwischen den Kissen eingekeilt.

Josie nahm das Buch an sich, blätterte durch die eselsohrigen Seiten und fand ganze Passagen unterstrichen, die über den Eroberer Warschaus hätten geschrieben sein können.

»Lebt wohl, ihr seligen Gefilde, wo
Die Freude ewig wohnt: willkommen Schrecknis
Der Unterwelt, willkommen tiefste Hölle,
Empfange deinen neuen Eigentümer,
Dem Ort und Zeit den Geist nie werden ändern.
Der Geist ist selbst sein eigner Ort und macht
Aus Himmel Hölle sich, aus Hölle Himmel.«

Sie las die Worte Miltons nun in einem neuen Licht. Wer außer jemandem, der jene Tage in Warschau erlebt hatte, konnte die Bedeutung erfassen?

Josie verspürte eine frische Neugier über den französischen Oberst. Wie viele Franzosen gab es wohl, die die Werke des englischen Dichters lasen? Ein vages Gefühl der Enttäuschung machte sich in ihr breit. Er war gegangen, ohne zu wissen, daß auch sie eine Leidenschaft für Miltons Werk hatte. Er war gegangen, ohne sich zu verabschieden.

Josie schloß das Buch und steckte es in ihre Jackentasche.

»Wann ist denn unser großer, dunkler, waagerechter Freund ausgestiegen?« fragte Alma, während sie ihre Sachen zusammensuchte.

»Ich habe es nicht bemerkt«, sagte Josie mit gespielter Teilnahmslosigkeit.

»Wirklich?« Alma betrachtete sich im Spiegel ihrer Puderdose und schnitt eine Grimasse. »Ich erinnere mich dunkel, daß ihr euch unterhalten habt. Hast du ihm deine Lebensgeschichte erzählt?«

»Du hast geträumt.«

»Es würde dir nichts schaden, weißt du. Ein bißchen männliche Wärme und Gesellschaft.«

»Ich bin noch nicht so weit.« Aus Gewohnheit verteidigte Josie ihr Recht, einsam zu bleiben, in ihrer eigenen kleinen Hölle zu leben.

»Das sagst du jedem interessanten Mann, der in deine Nähe kommt.«

»Alles Journalisten. *Ein* Zeitungsmensch ist genug fürs ganze Leben, vielen Dank, und ein Mann in Uniform ist genauso gefährlich.«

»Damit hast du soeben jedes männliche Wesen unter sechzig Jahren in Europa ausgeschlossen.«

»Womit die Beweisführung abgeschlossen wäre.«

»Deine Beweisführung ist schon zu lange abgeschlossen, Schätzchen. Du hast ihn nicht einmal nach seinem Namen gefragt? Er trug keinen Ehering, wie ich bemerkt habe. Trotzdem bringt er irgendeinem Kind eine Puppe mit. Süß. Er kam mir ein wenig wie eine tragische Gestalt vor.«

Josephine fuhr sich mit einer Bürste durch ihr zerzaustes Haar. »Vielleicht war es seine Puppe. Stellt dir das einmal vor.«

»Oh nein. Nicht dieser Bursche.«

»Du begegnest deinem ersten Franzosen auf französischem Boden … einem betrunkenen Franzosen … unter einer Zeitung in einem Zug nach Paris, und schon verwandelst du ihn in den Helden eines romantischen Schauerromans. Wuthering Heights oder so etwas. Wäre er alt und häßlich gewesen, hättest du kein zweites Mal hingeschaut.«

»Gib noch ›reich‹ dazu und stell mich auf die Probe.«

»*Someday My Prince Will Come*«, summte Josephine schief in bester Schneewittchen-Manier.

»Genug«, warnte Alma, als der Zug sich verlangsamte und unter die riesige Kuppel der Bahnhofshalle des *Gare du Nord* rollte.

Doch Josie ließ sich nicht bremsen. »Es spielt keine Rolle, wie groß sie sind. Unter der Haut ist jeder Prinz in Wirklichkeit nur einer von den sieben Zwergen in Verkleidung! Wenn du mich fragst, war unser französischer Oberst Grumpy, der auf Sleepys Schultern stand.«

»Zynikerin.«

»Ich sage ja nur … alles, was ich sage, Alma … ist, daß du an die Zwerge denken mußt, wenn du Männern begegnest. Besonders hier. Dann wirst du nie enttäuscht werden.«

»Aber auch nicht *happy*.«

»Mit Happy habe ich es auch schon versucht. Das ist auch nur einer von den Zwergen. Steckt nicht viel dahinter.« Josies Blick fiel auf ihr Spiegelbild in der Fensterscheibe. Sie log. Es war wunderbar gewesen, glücklich zu sein. Es hatte nur keinen Bestand gehabt. Und das, was jetzt hinterher kam, war schlimmer, als wenn sie Danny nie begegnet wäre.

»Was mich betrifft, so bin ich Realistin. Ich bin mit jedem der sieben zufrieden, solange er nur größer ist als ich und sich nicht in einen Frosch verwandelt, sobald ich ihn küsse.« Alma bemerkte, daß ihre Metapher irgendwo hinkte und runzelte die Stirn.

»Du bringst mal wieder die Märchen durcheinander«, korrigierte Josie sie hoch erhobenen Hauptes.

»Du hast hier schließlich Literatur studiert, Schätzchen.« Alma klopfte auf den Einband von Miltons Epos. »Das verlorene Paradies, was?«

Ja. Das verlorene Paradies, dachte Josie.

* * *

Die frostige Morgenluft in Warschau kroch den jüdischen Gefangenen wie auch den SS-Soldaten, die sie auf dem Umschlagplatz unter freiem Himmel bewachten, in die Knochen. Es war keine Barmherzigkeit, die die Wachen veranlaßte, die Gefangenen unter das eiserne Dach der Bahnhofshalle zu führen, sondern ihr eigenes Bedürfnis nach Wärme. Ölfässer wurden mit Holzsplittern vollgestopft und ringsum in Brand gesetzt. SS-Soldaten wärmten sich, rauchten, lachten und unterhielten sich rund um die behelfsmäßigen Öfen. Die fünfzehnhundert Juden innerhalb des Ringes durften sich den Fässern nicht nähern. Ein Junge, kaum über zehn Jahre alt, wurde erschossen, weil er es gewagt hatte, zu nahe an das Feuer heranzugehen und seine Hände auszustrecken, um arische Wärme zu stehlen. Als der Vater des Jungen zu seinem sterbenden Sohn rannte, wurde er ebenfalls erschossen. Nun lagen die beiden da, einander im Tode umarmend, als Warnung an die anderen, daß keine Übertretung der Vorschriften der SS geduldet wurde.

Dies war die Hölle, in der sich Aaron und Etta Lubetkin mit ihren Kindern gegen Mitte des Vormittags nach ihrer Festnahme wiederfanden. Für eines waren sie dankbar: Die SS hatte die Familien nicht auseinandergerissen. Ehemänner standen neben ihren Frauen. Mütter und Kinder drängten sich immer noch zusammen, um sich zu wärmen.

Der Zug, der sie fortbringen sollte, steckte immer noch wegen hoher Schneeverwehungen auf den Gleisen vor der Stadt fest. Die Verzögerung erschien Etta wie ein Wunder. Sie hielt das Baby fest, stillte es umringt von ihrer Familie und betete, daß jemand kommen und ihnen helfen würde, daß die Nazis ihr Spiel leid werden und sie nach Hause schicken würden. Gewiß wollten doch auch die Nazis nicht noch mehr klirrend kalte Tage damit verbringen, auf dem Umschlagplatz Juden zu bewachen. Sie mußten dessen ebenso überdrüssig sein wie ihre Opfer.

»Der Priester muß inzwischen davon gehört haben«, flüsterte Etta Aaron zu, als der Bewacher wegschaute. »Er muß Bescheid wissen. Er wird kommen, Aaron. Ich weiß, daß er kommen wird.«

Jenseits der rauchenden Fässer gingen Polen vorsichtig an der Gruppe vorbei. Ein rascher, schuldbewußter Blick, dann beschleunigten sie ihre Schritte. Es war gefährlich, zu lange hinzuschauen oder sich von einer der Wachen bei einem mitleidigen Blick erwischen zu lassen.

Ein wohlhabender Mann in einem schweren Wintermantel blieb neben einem der Wachmänner stehen und fragte: »Was haben die angestellt?«

»Sie haben versucht, trotz Ausgehverbot ohne die erforderliche Erlaubnis ihre Wohngegend zu verlassen und sich der Verhaftung widersetzt«, kam die Antwort. »Das ist ausdrücklich verboten. Ein solches Verhalten macht sie zu Saboteuren gegen das Reich und die Besatzungsmacht.«

»Aber die Kinder?« fragte der Mann.

»Ihre Eltern sind Kriminelle. Kinder erleiden dieselbe Strafe wie ihre Eltern. Sie kennen die Strafe. So lautet das Gesetz. Das Gesetz gilt überall. Wie sollten wir sonst die Ordnung aufrechterhalten? Wenn sie so wenig Rücksicht auf ihre eigenen Kinder nehmen, dann verdienen sie es nicht besser. Mir würde es in Deutschland genauso gehen.«

Das stimmte, wie Etta wußte. In Deutschland, Österreich, der Tschechoslowakei und nun im besetzten Polen bestimmte das nationalsozialistische Gesetz, daß alle Mitglieder einer Familie darunter zu leiden hatten, wenn eines von ihnen gegen ein Gesetz des Reiches verstieß. Dieser grausame Erlaß hatte den Widerstand gegen den Nazistaat gebremst.

Angeklagte Saboteure? Gesetzesbrecher? Was auch immer der SS-Offizier dem Mann im Geschäftsanzug sagte, in Wirklichkeit war ihr einziges Verbrechen, daß sie Juden waren. Rachel, David, Samuel und der kleine Yacov waren Juden. Für dieses Verbrechen gab es im Reich keine Gnade. Es gab nur eine einzige Hoffnung …

Etta betrachtete das Kind, das in ihren Armen schlief. Sie strich mit ihren Lippen über seine Stirn. Liebte sie ihn genug, um ihn loszulassen? Konnte sie ihn wie die Mutter des Mose der Strömung anvertrauen, in dem Wissen, daß sie ihn nie wiedersehen würde? Daß sie sterben würde, ohne zu erfahren, was aus ihm geworden war?

Gab es keine Hoffnung, Rachel oder David oder Samuel zu retten? Ältere jüdische Kinder wurden selten von Polen aufgenommen. Wenn der Priester nicht bald kam; wenn die SS kein Lösegeld akzeptierte … dann würden sie sich aneinander klammern und gemeinsam mit Tausenden anderen in irgendeinem offenen Graben in den Wäldern sterben.

Aber Yacov war noch so winzig … Etta legte ihre Wange an seine. Sie schloß die Augen und stellte sich vor, wie die Tochter des Pharao ein jüdisches Baby aus dem Fluß gerettet und so vor dem sicheren Tod bewahrt hatte, der ihm durch den Erlaß ihres Vaters gegen alle neugeborenen Söhne Israels drohte. Der Junge war unter den Feinden seines Volkes zu einem Prinzen herangewachsen, bis Gott ihn zurückrief, um sein Volk in die Freiheit zu führen.

Die Welt hatte sich in 3 000 Jahren nicht verändert. Waren solche Wunder heute noch möglich? Etta blieb nichts als diese schreckliche, uralte Hoffnung. Dies war das Wunder, um das sie jetzt betete! Oh, Gott! Daß jemand, irgend jemand, ihr Baby nehmen und für immer von ihr wegbringen würde!

* * *

Tagelang saß Trevor Galway in dem feuchten Frachtraum der *Admiral Graf Spee* gefangen, bevor er auf das Gefängnisschiff *Altmark* verlegt wurde, dessen einzige Bestimmung darin bestand, das menschliche Treibgut der versenkten britischen Schiffe einzusammeln und als Gefangene heim ins Vaterland zu bringen.

Als höherer britischer Offizier war Trevor zunächst höflich über die Mission und den Zielort der HMS *Fortitude* befragt worden. Als er die Antwort verweigerte, hatte man ihn mit fünfundvierzig anderen Männern in den Frachtraum gesperrt und die Luke verschlossen.

Es war noch eine Stunde bis zur Dämmerung, und doch hatte die tropische Hitze das Gefängnis bereits in ein Dampfbad verwandelt. Trevor rechnete sich aus, daß die *Graf Spee* und die *Altmark* sich irgendwo in der Nähe des Äquators befanden, möglicherweise vor der Küste Südamerikas. Er hatte die Hoffnung noch nicht aufgegeben, daß die britische Marine den deutschen Zerstörer mit dem Eifer eines Hunderudels auf der Fährte eines Fuchses verfolgte.

Neben ihm auf der kahlen Holzpalette, die als »Koje« für acht Mann diente, stöhnte Frankie Thomas, ein siebzehnjähriger Junge aus Liverpool, der nach der Versenkung der britischen *Trevanian* gefangen genommen worden war, und hob seine Hand zur Luke empor. Schon vor seiner Gefangenschaft war Frankie von seiner ersten Reise auf einem Handelsschiff dünn und ausgemergelt gewesen. Die Gefangenenrationen auf der *Altmark* bestanden aus zweimal täglich je drei dünnen Scheiben Schwarzbrot und ein paar Dosenkartoffeln. Jetzt konnte man durch Frankies blasse, gespannte Haut alle Knochen zählen. Er war wie ein gerade geschlüpfter Vogel, dachte Trevor; er bestand nur aus Augen und einem weit offenen, hungrigen Schnabel. Im Gegensatz zu den anderen Gefangenen hatte Frankie keinen Bart.

Der Junge keuchte und hustete bei dem Gestank von Urin und menschlichen Exkrementen, die aus dem Aborteimer in die Bilge überflossen. »Ich muß heute frische Luft atmen, sonst überlebe ich es nicht, Commander Galway …«

»Halt durch, Junge.« Trevor versuchte, ihn zu beschwichtigen, obwohl auch er spürte, wie ihm der Schmutz, die Hitze und die Feuchtigkeit zentnerschwer auf die Brust drückten. »So darfst du nicht reden.«

»Klar darf er«, bellte die bittere Stimme von John Dykes von der dunklen Palette gegenüber. »Und er darf auch sterben, wenn er will. Wahrscheinlich wird er es auch. Man sollte meinen, die Jüngsten sind die Stärksten, aber das stimmt nicht.« Dykes war schon länger auf der Altmark als irgendein anderer Gefangener in diesem Loch. Sein Frachter war Ende September vor dem Kap der Guten Hoffnung versenkt worden, als der Krieg gerade einmal drei Wochen alt gewesen war.

»Halt's Maul, Dykes«, drohte Nob Jenkins, der über sechzig und mit der Handelsmarine zur See gefahren war, seit er so alt gewesen war wie der junge Frankie. »Laß ihn in Ruhe.«

Dykes schnaubte abwehrend. »Ich sage nur, was ich weiß. Die Jungen sterben immer.«

»Macht doch mal ein Fenster auf«, stöhnte Frankie. »Ich muß atmen.«

»Ein Fenster!« höhnte Dykes. »Er hat den Verstand verloren. Er meint, er wäre bei seiner Mama in Liverpool! Habe ich alles schon erlebt. Der ist schon so gut wie tot!«

»Nein, das ist er nicht, noch nicht«, fuhr ihn Trevor an.

Trevor legte seine Hand auf Frankies Stirn. Der Junge glühte vor Fieber.

»Warum erwischt es immer die Jungen?« fragte der Australier. »Meine Mutter sagte immer, nur die Guten sterben jung. Vielleicht, weil sie noch keine Zeit hatten, so böse zu sein, daß sie den Tod fürchten?«

»Kein Wort mehr!« fuhr Trevor auf. »Das ist ein Befehl.«

Mindestens zwei Stunden lang war es still, bevor sich die Luke öffnete und frisches Wasser und Rationen herabgelassen wurden. Frankie Thomas mußte sofort aus dem Laderaum herausgeschafft und von einem Arzt betreut werden, sonst würde Dykes' Voraussage gewiß eintreffen.

Trevor kroch aus dem Gedränge der Leiber heraus und tastete in der Dunkelheit nach dem Ölfaß, in dem die leeren Blechdosen von den Kartoffelrationen aufbewahrt wurden. Als er das Faß gefunden hatte, nahm er sich eine leere Dose.

George Daly war ein Handelsmatrose, der neben einem halben Dutzend anderer Sprachen, die er in den Häfen rund um die Welt aufgeschnappt hatte, auch recht gut Deutsch sprach. Trevor weckte ihn aus dem Schlaf.

»Wir müssen Frankie nach oben schaffen. Sie müssen für mich übersetzen.«

George stöhnte auf. »Ich habe gerade geträumt, Commander. Und es war sogar ein schöner Traum.«

»Bewahren Sie ihn sich für später auf.«

»Sie wissen doch, die Hunnen können uns hier unten nicht hören.« Daraufhin ließ er aus Leibeskräften eine Flut von Beleidigungen auf deutsch los. »Sehen Sie? Wenn wir sie damit nicht herunterholen, womit dann?« Außer einem Chor von Flüchen der anderen, aus dem Schlaf gerissenen Männer geschah nichts. »Sehen Sie? Nichts.«

»Suchen Sie sich das Schlimmste davon aus und wiederholen Sie es noch einmal, George. Langsam und deutlich, bitte. Denken Sie an den Führer und buchstabieren Sie jedes Wort auf deutsch.«

Trevor fragte nicht nach der Bedeutung von George Dalys Mitteilung. Er stellte sich auf die Palette und schlug mit der Büchse laut gegen die Luke, wobei er jeden Buchstaben im Morse-Code wiedergab. Einmal, zweimal, dreimal wurde die Botschaft gegen die Luke geklopft und oben gehört.

Innerhalb von zwei Minuten wurde die Luke geöffnet, und ein frischer Luftzug drang in die erstickende Düsternis.

Nob Jenkins berührte den kranken Jungen am Kopf. »Schau, Frankie. Der Himmel.«

Frankie schlug die Augen auf und blinzelte zu dem Quadrat aus sternenübersätem Himmel empor. »Danke«, hauchte er.

Eine Schar deutscher Gesichter spähte wütend in den Frachtraum hinab. Die Soldaten hatten ihre Pistolen gezogen.

»Was hast du zu denen gesagt, George?« zischte Dykes. »Du solltest sie doch nur ein bißchen wütend machen.«

George machte ein zufriedenes Gesicht. »Ich habe nur ein Gerücht weitergegeben, nach dem Hitlers Mutter Schickelgruber hieß. Dafür erschießen sie uns garantiert.«

Dykes, ein wilder Bursche mit langem Bart und verfilztem Haar, starrte ihn mit Augen an, die wie zwei eingebrannte Löcher in seinem schmutzigen Gesicht wirkten. »Hitlers Mutter?«

George wollte gerade zu einer Erklärung ansetzen, als das finstere Gesicht von Kapitän Thun in der Öffnung erschien. Ein greller Lichtstrahl stach durch die Dunkelheit, so daß die Männer ihre Augen abschirmen mußten.

»Wer war das?«

Trevor bekannte sich schuldig, indem er die Blechdose emporhielt. »Wir haben einen schwerkranken Mann hier.«

»Was hat das mit dieser Sache zu tun? Solche Verunglimpfungen des reinen arischen Blutes des Führers werden im Reich mit dem Tode bestraft. Streng verboten. Da Sie jedoch mit den nationalsozialistischen Gepflogenheiten nicht vertraut sind, werden wir Ihr Leben schonen.«

»Wir wußten keinen anderen Weg, Ihre Aufmerksamkeit zu erlangen. Wenn dieser Junge nicht bald Hilfe bekommt …« Aber es war bereits zu spät.

Frankie streckte beide spindeldürren Arme dem Himmel entgegen, als wolle er nach den Sternen greifen und sich an ihren Lichtstrahlen emporziehen. »Schaut nur!« Er lächelte. »Schaut sie euch an!«

Nob umklammerte die Schulter des Jungen, wie um ihn am Boden zu halten. »Bleib hier, Frankie. Wir sind bald wieder zu Hause in England!«

»Zu Hause«, murmelte Frankie, und die Arme fielen ihm schlaff übereinander auf die Brust. Das Licht verschwand aus seinen Augen und segelte an dem deutschen Kapitän vorbei in die Freiheit.

»Tot«, sagte Dykes. »Immer die Jungen.«

»So, Mr. Galway. Jetzt haben Sie die Aufmerksamkeit des Reiches.« Damit wandte sich der Kapitän um und befahl, Trevor aus dem Frachtraum zu holen, um ihn noch vor der Seebestattung des jungen Frankie Thomas einer öffentlichen Prügelstrafe zu unterziehen.

* * *

Hunderte von Passagieren, die in dem Zug eingezwängt gewesen waren, ergossen sich auf die riesige, hallende *Salle des pas perdus* des *Gare du Nord*. Der Bahnhof wirkte fast wie eine Grabkammer. Im Gegensatz zu der wimmelnden, lärmenden Atmosphäre vor dem Krieg war nun die Stille beinahe greifbar. Erschreckend. Verschwunden waren die Gepäckträger in ihren blauen Hemden. Jetzt waren alle Bahnhofsbediensteten alte Männer in abgetragenen, schäbigen Uniformen, die nach Mottenkugeln rochen. Erschöpfte Frauen in schwarzen Kleidern schoben Besen durch die riesige Halle. Vieles hatte sich verändert, bemerkte Josie, und sie hoffte, daß die trostlose Atmosphäre wenigstens zum Teil auf die frühe Morgenstunde zurückzuführen war.

Die zuvor so übermütigen britischen Soldaten verließen den Zug wie zerzauste kleine Pfadfinder, die der Morgenappell zu früh aus den Betten gerissen hatte. In wirren Häuflein stolperten sie auf die Ausgänge zu, blieben stehen, um blinzelnd auf Schilder und Wegweiser zu starren, machten kehrt und gingen in die andere Richtung, bis sie schließlich ihren Weg zum Taxistand oder hinaus auf die Straße fanden.

Am anderen Ende der Bahnhofshalle bemerkte Josie einen französischen Offizier, der mit zielsicherem Schritt mitten durch eine Gruppe verwirrter Engländer eilte. War es der Oberst? Vielleicht war er doch nicht schon früher ausgestiegen. Wer immer er war, er wußte jedenfalls, wie man im *Gare du Nord* zum Ausgang gelangte. Josie dirigierte Alma in dieselbe Richtung. Vielleicht konnte sie ihm nahe genug kommen, um ihm sein Buch zurückzugeben …

Doch als sie hinaus auf den *Boulevard de Magenta* traten, war er bereits fort. Regen prasselte auf das Kopfsteinpflaster hinab, so daß das Wasser über die Bordsteine schwappte und die Dachrinnen überflossen. Die Luft roch frisch und rein. Die Boulevards waren fast menschenleer. Straßenlampen brannten in dem sanften Licht des Morgengrauens. Paris lag noch im Schlummer.

Josephine trat hinaus in den Regen und blickte sich auf der Straße um nach einem Anzeichen des winzigen orangenen Citroën ihrer Freundin Delfina Periguex. Ob Delfina Josies Telegramm bekommen hatte, in dem sie sie gebeten hatte, zwei Zimmer im *American House* für ihre Ankunft heute morgen zu reservieren?

»Bist du sicher, daß sie kommt?« fragte Alma, als der Regen stärker wurde und die Minuten zu einer halben Stunde wurden.

»Nein«, antwortete Josephine aufrichtig, da sie insgeheim vermutete, daß das Telegramm nicht angekommen war. Zum ersten Mal machte sie sich Gedanken, ob sie eine Unterkunft finden würde.

Die Reihe der Taxis schwand dahin, und der Bus kam und entfernte sich wieder über den Boulevard. Alma warf Josie tadelnde Blicke zu und erkundigte sich in stockendem Französisch beim Türsteher nach dem Fahrpreis zum *American House*.

»Das *American House*, Mam'selle?« Er schien überrascht zu sein. »Das ist jetzt eine Kaserne. Auch die Wohnheime sind alle für die Armee requiriert.«

Josie hatte das Telegramm an das Doktorandenwohnheim der Universität geschickt, in dem Delfina die Forschungen für ihre Doktorarbeit in Kinderpsychologie betrieb. »Auch die *Cité Universitaire*?« erkundigte sie sich.

»Für die Soldaten requiriert, Mam'selle.«

Josie winkte einem Taxi in der Hoffnung, im *AP*-Büro würde man ihnen helfen können, ein Dach über dem Kopf zu finden.

In diesem Augenblick tauchte Delfina aus dem Eingang der Pariser U-Bahn, der Metro, auf. Ihr sonst perfekt frisiertes blondes Haar war unter einem Kopftuch verborgen. Sie trug kein Make-up auf ihrem frisch geschrubbten Gesicht, was sie jünger als ihre fünfundzwanzig Jahre aussehen ließ. Sie sah aus, als wäre sie gerade aus dem Bett gesprungen. Trotzdem war sie der hellste Lichtblick an diesem sonst so trüben Morgen.

»Da seid ihr ja!« sprudelte sie heraus, umarmte Josephine und stellte sich Alma vor. »Ich habe gerade erst dein Telegramm bekommen. Mehrere Tage zu spät. Sie haben uns alle aus unseren Zimmern in der Universität ausquartiert, um Platz für die Soldaten zu schaffen, und ich habe die Nacht in einem Luftschutzbunker verbracht. Falscher Alarm natürlich, wie immer. Aber dadurch habe ich heute morgen keine Zeit gehabt, mich in Schuß zu bringen.«

»Wo ist deine Orangenkiste?« erkundigte sich Josie nach dem Auto.

»Kaputt. Wir nehmen die Metro.« Sie ergriff Josies Koffer, so daß Josie nichts mehr zu tragen blieb außer ihrer tragbaren *Olivetti*-Schreibmaschine.

»Aber wohin fahren wir denn?« fragte Alma, während sie ihr Gepäck die steile Treppe hinab schleppte.

Delfina lachte, als sie merkte, daß sie den beiden die gute Neuigkeit vorenthalten hatte. »Ich habe euch Zimmer im *Foyer International* am *Boule-*

vard St. Michel besorgt. Dort wohne ich. Hélène auch. Wir werden unseren Spaß haben, trotz des Krieges.« Dann wandte sie sich an Alma, der es offenbar Unbehagen bereitete, ihr Leben von einer Fremden organisieren zu lassen: »Es wird Ihnen gefallen, das verspreche ich. Nur ein Spaziergang bis zur *Nôtre Dame*. Eine kurze Fahrt mit der Metro bis zum *AP*-Büro. Es ist perfekt. Jedenfalls fast perfekt, abgesehen davon, daß die Fahrstühle außer Betrieb sind, um Strom zu sparen.«

»Wir werden's überleben«, erwiderte Josie fröhlich.

»Ihr wohnt im siebten Stock«, grinste Delfina. »Aber Madame Watson hat versprochen, auf halber Strecke einen Stuhl auf den Treppenabsatz zu stellen, damit ihr euch ausruhen könnt. Bei Luftalarm hinunter in den Keller zu rennen ist leicht. Wieder zurück ins Bett zu kommen ist da schon schwieriger. Heute morgen habe ich es einfach nicht gepackt, dabei wohne ich nur im vierten Stock. Hier fallen keine Bomben. Keine einzige. Ich würde mir nicht einmal die Mühe machen, hinunterzugehen, aber Madame Watson ist eine Despotin. Jedesmal, wenn die Sirene ertönt, zwingt sie uns alle zu gehen.«

Josie kannte Adelle Watson nur vom Hörensagen. Sie war eine Amerikanerin, die vor dem letzten Krieg zum Studium nach Paris gekommen war, und nun war sie schon fünfundzwanzig Jahre hier und betrieb ein Hotel ausschließlich für amerikanische Studentinnen. Josie war überrascht, daß Delfina als Russin und Hélène als Französin dort wohnen durften. Als hätte sie ihre Gedanken gelesen, antwortete Delfina:

»Fast alle Amerikaner sind nach Hause abgereist, so daß Madame Watson international geworden ist. Das *Foyer* ist zu einem regelrechten Turm von Babel geworden. Die arme Madame Watson. Sie kann kaum jemanden verstehen: österreichische Juden, Tschechen, Rumänen, Polen, Bulgaren und Franzosen. Die Hausordnung hängt in acht Sprachen an der Wand. Sie wird froh sein, euch beide zu sehen.«

Den Rest der Fahrt verbrachten sie damit, Delfina zuzuhören, wie sie von den Einzelheiten ihres Lebens erzählte. Da sie nicht mehr mit Kindern arbeitete, wirkte sie jetzt an einem Projekt mit, das die psychischen Auswirkungen von Streß bei Kampfpiloten untersuchte. Delfina endete mit der Bemerkung, sie fände ihre gegenwärtigen Patienten viel interessanter als Zweijährige. Das einzige, was die beiden Gruppen gemeinsam hatten, war, daß sie nicht verheiratet waren.

* * *

Der Rücksitz des schimmernden, schwarzen Citroën, der André Chardon am *Gare du Nord* abholte, war bereits mit Oberst Gustave Bertrand besetzt. Als sie sich von dem Bahnhof entfernten, sagte Bertrand leise: »Es tut mir sehr leid, André. Sie wissen, daß ...«

»Ich möchte nicht darüber reden«, erwiderte André abrupt.

»Selbstverständlich, wie Sie wünschen«, nickte Bertrand. »Wie steht es denn mit dem Projekt? Gibt es Fortschritte zu vermelden?«

André schüttelte den Kopf, jedoch nicht als Antwort auf die Frage. Er deutete auf die wachsamen Augen des Fahrers im Rückspiegel.

Die Unmöglichkeit, über Andrés Mission in England zu reden, und seine Weigerung, seine persönlichen Angelegenheiten zu erörtern, führten zu einem peinlichen Schweigen auf dem ganzen Weg zum *Château de Vignolles,* fünfzig Kilometer außerhalb von Paris.

Das große Gutshaus, umgeben von einem parkähnlichen Gelände mit Rasenflächen und Bäumen, war kein Schloß im mittelalterlichen Sinn. Es war im späten neunzehnten Jahrhundert für eine wohlhabende Pariser Familie und ein Heer von Dienstboten erbaut worden. Heute wurde es von einer völlig anderen Art von Familie bewohnt, die samt und sonders im Dienst der Geheimhaltung stand.

Die Operation, die in Vignolles vor sich ging, war einigen wenigen Offizieren im französischen militärischen Geheimdienst als »P. C. Bruno« bekannt. Siebzig Dechiffrierungsspezialisten waren in dem Château versammelt, darunter ein Dutzend polnischer Flüchtlinge und eine Handvoll Spanier, die dem Gemetzel unter Franco entkommen waren. Der Rest waren französische Armeeoffiziere.

Obwohl sie alle auf dasselbe Ziel hinarbeiteten, wußte keiner von den Codespezialisten von der Arbeit Lewinskis. Sicherheitserwägungen machten es notwendig, daß jeder einzelne Mann nur das absolut Notwendigste wußte. Innerhalb des französischen militärischen Geheimdienstes waren nur Bertrand und André tatsächlich über alle drei Versuche, den Code der Deutschen zu knacken, informiert.

Als Vertreter aller drei Nationen sich in Bertrands Büro versammelt hatten, informierte André sie über die Fortschritte der Bemühungen in England. »MI 6 ist davon überzeugt, daß die Deutschen zwei zusätzliche Alphabeträder zu den dreien hinzugefügt haben, die in der herkömmlichen *Enigma*-Maschine enthalten sind. Dadurch kann nicht nur die Anordnung und Reihenfolge verändert werden, sondern es können auch ein oder zwei Räder durch die zusätzlichen Räder ersetzt werden. Wir, äh, das heißt, wir haben diese Schlußfolgerung aus einer unabhängigen Quelle bestätigt bekommen.«

Ein polnischer Major lehnte sich zurück und stöhnte laut. »Das ist es also! Es ist hoffnungslos! Wie können wir einen Weg finden, vorauszusagen, welche drei Räder an einem gegebenen Tag verwendet werden und in welcher Reihenfolge sie angeordnet sind? Mit sechsundzwanzig Buchstaben an jedem Rad – es ist absurd!«

»Die Briten sind ebenfalls der Ansicht, daß der Umfang der Aufgabe dadurch erheblich zunimmt, aber sie sind noch nicht bereit, aufzugeben«, sagte

André ernst. »Sie haben sogar eine Anregung für Ihre Abteilung, Major.«

»Ja, und zwar?«

»Da ihnen klar ist, daß Sie über abgefangene Funksprüche verfügen, die bis zum September oder noch weiter zurückgehen, schlagen sie Ihnen vor, die erste Sendung eines jeden Tages zu analysieren. Wir sind informiert worden, daß die Deutschen Testbotschaften senden. Es könnte möglich sein, daß sie so unvorsichtig waren, ein und dieselbe Formulierung mehrfach zu verwenden. Wenn das so ist, könnten Sie es vielleicht schaffen, ein Muster in der Wiederholung zu erkennen.«

Das Gesicht des polnischen Majors hellte sich sichtlich auf. »Das ist wahr!« rief er. »Wir werden uns sofort an die Arbeit machen.«

»Da ist noch eine Sache«, fügte André hinzu und hob warnend die Hand. »Die Notwendigkeit der Geheimhaltung war noch nie so groß wie jetzt. Die Deutschen halten ihre Chiffrierung offensichtlich für unentschlüsselbar, denn sie benutzen sie für alle Nachrichten, von den höchsten Ebenen des Oberkommandos der Wehrmacht bis hinab zu Befehlen auf Divisionsebene. Das bedeutet, daß die Nazis, wenn Sie einem Durchbruch näherkommen, nie auch nur ahnen dürfen, was wir erreicht haben, sonst werden sie ihre Methoden völlig ändern, und all Ihre Arbeit wäre umsonst gewesen. Schon jetzt könnte das wenige, das wir wissen, sie so erschrecken, daß sie eine erhebliche Veränderung vornehmen.«

»Verstanden«, erwiderte der polnische Offizier. »Aber wem könnten wir es auch sagen? Wir sind ohnehin praktisch Gefangene hier.« Dann fügte er mit einer Verbeugung zu Oberst Bertrand hinzu: »Wenn es auch eine äußerst bezaubernde Umgebung für eine Gefangenschaft ist.«

Auf dem Weg hinaus zu dem wartenden Citroën nahm Bertrand André zur Seite. »Ich weiß, Sie sind enttäuscht, daß Sie denen nicht mehr zu bieten hatten«, sagte er. »Aber denken Sie daran, daß sie bisher nicht das Geringste über das Projekt wissen, das in Ihrem Keller im Gang ist. Vielleicht wird unser Freund Lewinski auf eine wirksame Lösung stoßen. Vielleicht warten zu Hause jetzt schon gute Neuigkeiten auf Sie.«

André sah Bertrand ausdruckslos an. »Das bezweifle ich«, sagte er.

* * *

Der Weißrusse Nicholi Federov hatte allen Grund, seine Verbindungen zur Gestapo zu verleugnen, jetzt, wo Hitler und Stalin »ein Herz und eine Seele« waren. Und die Gestapo hätte Federov für eine beträchtliche Summe an Stalins kommunistisches Regime ausliefern können, da Federov ein so eifriger und entschlossener Kämpfer im weißrussischen Widerstand gegen die Bolschewiken gewesen war. Doch sowohl Federov als auch Heinrich Himmler wußten, daß ein solcher Schritt ihnen letztlich nichts gebracht hätte.

Da er über einen Nansen-Paß verfügte, konnte der Russe sich relativ leicht durch die neutralen Nationen Europas bewegen. Er war ein wohlbekannter Weinhändler mit Verbindungen in die Schweiz und nach Frankreich. Federov hatte begonnen, für das Nazi-Regime zu arbeiten, nachdem er in England von Hitlers Außenminister Ribbentrop angeworben worden war. Auch Ribbentrop war Weinhändler gewesen, bevor er seinen Aufstieg in die oberste Riege der Nazimacht begonnen hatte.

Der Anfang war Federov durchaus harmlos erschienen. Er interessierte sich nicht sonderlich für Politik oder für das Chaos der deutschen Nation. Auch den prahlerischen Braunhemden von der SA konnte er nicht viel abgewinnen, außer daß sie die Bolschewiken haßten. Die Nazis fürchteten und verachteten Lenin und Trotzki und die anderen Zarenmörder, die die russischen Städte nach sich selbst umbenannt hatten. Leningrad. Stalingrad. Abscheulich.

Und so hatte Hitler einige ähnliche Vorlieben mit dem russische Weinhändler gemeinsam, wenn er auch kein Weintrinker war. Damals hatte Hitler Stalin und alle Kommunisten mit einer Leidenschaft gehaßt, daß ihm der Schaum vor den Mund trat wie einem tollwütigen Hund. Dies schien dem Russen eine lobenswerte Eigenschaft des Naziführers zu sein, als er ihn zum ersten Mal beobachtete. Federov hielt sich an die alte Maxime: »Der Feind meines Feindes ist mein Freund.« Als Hitler dann an die Macht gekommen war, hatte er sich daran gemacht, die deutschen kommunistischen Zellen ohne Rücksicht auf Verluste zu zerschlagen. So war es zu einem Bündnis zwischen Federov und den Feinden seines großen Feindes gekommen.

Federov kannte jeden, der in Europa Wein trank oder verkaufte. Da es nur sehr wenige Leute gab, die nicht zu einer dieser Gruppen gehörten, konnte er der Gestapo eine beträchtliche Menge an Informationen liefern, die er aus diversen gesprächigen Quellen bezog. Welche hochstehenden deutschen Diplomaten waren gegen Hitler eingestellt? Wer hatte Verbindungen zu gewissen Organisationen, die den Führer gerne tot sehen wollten? Es war Federov gewesen, der eine Schlüsselrolle bei der Verhaftung von Elaine Snow gespielt hatte, als sie versucht hatte, dem Attentäter und mutmaßlichen Bolschewiken Georg Elser nach seinem Versuch, Hitler im Münchner Bürgerbräukeller in die Luft zu sprengen, zu helfen. Der Führer hatte eine Zuneigung zu dem Russen gefaßt. Er war erfreut zu hören, daß Himmler und Heydrich ihn persönlich beauftragt hatten, sich um die Lewinski-Angelegenheit zu kümmern.

Federov war informiert worden, daß der Jude Lewinski ein berüchtigter Kommunist sei, der gewiß die gesamte Zivilisation zusammen mit Rußland in den Abgrund stürzen würde, wenn man ihn gewähren ließ.

Da Stalin und Hitler nun Verbündete waren, hätte das eigentlich auf den ersten Blick den Nazis nichts ausmachen dürfen. Doch Federov verstand die komplexen Kräfte, die hinter diesem außergewöhnlichen Bündnis am Werk waren.

Angesichts des unliebsamen Paktes zwischen Hitler und Stalin würde niemand auf den Gedanken kommen, daß Federov Verbindungen zur deutschen Geheimpolizei haben könnte. Doch das Weingeschäft lief schlecht, und Federov hatte sich an einen üppigen Lebensstil gewöhnt. Abgesehen von der Geldfrage rechtfertigte er seine perfide Existenz mit der Gewißheit, daß der Pakt zwischen den Nazis und Stalin nur eine Vernunftehe war. Schon bald würden diese beiden seltsamen Bettgenossen aufwachen und feststellen, daß der andere stank. Nach und nach, da war sich Federov sicher, würde es den deutschen Truppen gelingen, Leningrad wieder nach dem heiligen Petrus zu benennen. Die Kommunisten, die seine Heimat zerstört hatten, würden wie die Schweine abgeschlachtet werden, und das kaiserliche Rußland würde wiedererstehen. Nachdem man sich mit den Deutschen geeinigt hatte, versteht sich.

Selbst jetzt, nachdem der Krieg begonnen hatte, war der Russe in Brüssel, Amsterdam, Genf, London und Paris willkommen. Er war wie kein anderer geeignet, den Aufenthaltsort eines gewissen brillanten jüdischen Mathematikers auszukundschaften, der für eine dieser Regierungen arbeitete. Irgend jemand, der Wein trank, würde ihn kennen. Und nach einem Glas zuviel auf irgendeinem Botschaftsempfang würde er seine Kenntnis preisgeben. Dann brauchte Federov nur noch die Häscher der örtlichen Fünften Kolonne anzurufen, und das Thema Richard Lewinski würde ein für allemal erledigt sein.

Dieses Spiel hing ganz und gar davon ab, wen man kannte. Da Federov jeden kannte und bei den meisten beliebt war, war er genau der richtige Mann für diesen Beruf.

29

Es war für jedermann offensichtlich, daß die SS beabsichtigte, irgendeine Strafe an den kriminellen Juden und ihren Familien, die auf dem Umschlagplatz zusammengetrieben worden waren, zu vollziehen. Unter den Wachen und dann auch unter den Gefangenen ging das Gerücht um, daß der Warschauer Judenrat Tag und Nacht mit den Regierungsbehörden verhandelte, um Milde für die Frauen und Kinder zu erreichen. Die Behörden gaben nicht nach. Um ein Exempel zu statuieren, hatte der Ausgang schon festgestanden, als der erste flüchtige Jude versucht hatte, ohne Erlaubnis oder Papiere das arische Warschau zu betreten. Der gesamten Bevölkerung von Warschau sollten diese Gesetzesbrecher und ihr Schicksal vor Augen geführt werden.

Im Interesse der deutschen Barmherzigkeit jedoch sowie mit Rücksicht auf die Kinder gaben die Behörden die Erlaubnis, daß die Gefangenen von der jüdischen Gemeinde mit einer Ration Brot versorgt wurden. Der Judenrat schickte ein Komitee auf den Umschlagplatz, um dort Brot aus den ohnehin nur mager bestückten Geschäften des Ghettos zu verteilen. Milch gab es nicht, aber die Suppenküche des Ghettos stellte schwachen Tee in Blechtassen zur Verfügung. Das Reden mit den Gefangenen war dem Komitee des Judenrates verboten. Dieser Anordnung wurde Folge geleistet, selbst als ein Angehöriger des Komitees seinen eigenen Sohn unter den Verdammten entdeckte. Der Vater gab seinem Sohn den ihm zustehenden Viertellaib Brot und berührte zum Abschied seine Hand. Die beiden Männer sprachen nur mit ihren Augen, umarmten sich mit einem Blick und gingen nach ein paar Sekunden für immer auseinander.

Als die Verteiler gingen, durften sie die beiden Leichen der am Morgen Erschossenen mitnehmen.

Am Nachmittag waren neue SS-Wachen eingetroffen. Der Zug war immer noch nicht gekommen. Ein verbeulter Kessel, durch eine zwischen zwei Pfosten aufgespannte Decke vor den Blicken verborgen, diente als einzige Toilette. Die Erlaubnis, sie zu benutzen, war von der Laune der Soldaten abhängig. Man bekam sie nicht immer. Das schien ein Teil der Belustigung zu sein.

Gegen Abend schliefen die kleinen Kinder in den Armen ihrer Eltern. Die älteren Kinder und Frauen ließen sich auf das Kopfsteinpflaster sinken. Männer durften sich nicht setzen. Sie schliefen stehend aneinander gelehnt.

Etta, die zu Aarons Füßen gedöst hatte, ließ ihn sich nun schwer gegen ihren Rücken lehnen. Seine Arme waren über ihre Schultern geschlungen, und er schlief. Rachel, die immer noch wie ein Junge angezogen war, hielt das Baby. David und Samuel lagen in barmherzigem Schlaf mit den Köpfen auf Rachels Schoß.

Etta blickte sich suchend um, ob sie irgendwo ein Zeichen des Priesters entdecken könnte. Wenn er kam, dann würden doch gewiß auch die Wachen auf ihn hören. Waren sie nicht alle Christen wie der Priester? Würden sie nicht auf einen Priester hören, wenn er ihnen erklärte, daß bei der Familie Lubetkin ein Irrtum vorliegen mußte? Die Lubetkins waren gute Leute, würde er ihnen sagen. Ein Irrtum. Sie waren Juden, aber auch seine Freunde. Etta hielt diese winzige Hoffnung wach, während die Stunden vergingen.

Es begann wieder zu schneien. Die Fassaden der vertrauten Geschäfte und Häuser rings um den Platz waren hinter dem weißen Schleier kaum zu sehen. Nur undeutlich erkannte Etta das Schild des Fotogeschäfts, in dem die Familie einmal Bilder hatte machen lassen, um sie an ihren Vater nach Jerusalem zu schicken. Der Fotograf und seine Frau waren freundlich gewesen. Der Mann hatte die Kinder zum Lächeln gebracht. Wie lange das jetzt her zu sein schien. Etta war froh, daß ihr Vater diese Fotos hatte, um sich an sie zu erinnern.

Der lange, elegante Dienstwagen eines Nazi-Offiziers rollte auf den Umschlagplatz. Die Wachen nahmen Haltung an, als ein schwarz uniformierter SS-Oberst ausstieg. Einige der Gefangenen versteiften sich ebenfalls, fast so, als ob sie spürten, daß hier ein Mann war, der Respekt verlangte.

Aaron erwachte, als eine barsche deutsche Stimme aus dem Lautsprecher knatterte. »Achtung! Die Gefangenen werden sich jetzt erheben und zwei Dreierreihen bilden, um zu den Zügen zu marschieren. Gespräche sind nicht erlaubt. Alle Anweisungen sind sofort zu befolgen. Ungehorsam führt zu ...«

Etta schüttelte sanft ihre Söhne. Der kleine Samuel wurde nicht wach. Aaron nahm ihn in die Arme, als ob er ihn nach oben ins Bett bringen wollte. Das Kind schien gar nicht zu merken, was vor sich ging. David stand langsam auf und starrte einen deutschen Soldaten an, der an ihnen vorbeirauschte und brüllend Ruhe befahl. Rachel reichte Etta das Baby. Dann sah sie auf ihre Stiefelspitzen hinab und steckte die Hände in die Hosentaschen, wie die anderen es ihr beigebracht hatten. Sie nahmen ihre Plätze im hinteren Bereich der Kolonne ein.

Der Offizier blieb unbeweglich neben seinem Dienstwagen stehen. Er beobachtete die Szene mit Abscheu. Er hielt die Arme verschränkt, und der Mund war zu einer harten Linie zusammengekniffen. Das Kinn trug er leicht erhoben, so daß er buchstäblich über seine Nase hinab die Parade musterte. Zwei Polen in Zivil, eskortiert von einem der Wachsoldaten, näherten sich dem Offizier. Im ersten Augenblick erkannte Etta den Mann und die Frau nicht. Sie lächelten, nickten, redeten heiter. Der Mann hatte eine große Kamera in der Hand, während die Frau einen großen Weidenkorb über dem Arm und das Fotostativ wie ein Gewehr über der Schulter trug. Sie waren so freundlich zu dem Offizier, wie sie es zur Familie Lubetkin gewesen waren. Ein professionelles Lächeln. Der Offizier lächelte zurück. Er winkte mit der Hand und nickte zustimmend zu ihrer Bitte. Sie waren gekommen, um den Abtransport der kriminellen Juden zu dokumentieren. Vielleicht konnten sie ja die Fotos an die Zeitungen verkaufen?

Ein Blitzlicht flammte auf, als der Fotograf eine Aufnahme von dem Offizier machte und sich dann zu den Gefangenen unter dem Bahnsteigdach des Umschlagplatzes umdrehte. Rasch ging der Fotograf von der Spitze der Kolonne zum Ende und machte Fotos, wechselte Filme und ersetzte verbrauchte Blitzlichtbirnen aus einer Tasche mit neuen. Immer noch lächelnd. Wie konnte er immer noch lächeln?

Etta stieß Aaron an, der ihrem Blick zu dem Paar hin folgte. Er schüttelte den Kopf und sah wieder weg. Er mußte an Geier denken. Die beiden kamen näher. Etta hörte die Stimme des Wachsoldaten, der sie begleitete.

»In Deutschland gibt es jetzt schon ganze Städte, die judenrein sind. Hier in Warschau werden Sie das auch erleben ...«

Der Fotograf lächelte und nickte und machte ein weiteres Bild von zwei bärtigen Juden, die ihn finster anstarrten. Dann ließ er seine Kamera sinken und sah Etta direkt an. Das glatte Lächeln wich nicht von seinem Gesicht. Er sah genauso aus wie damals, als er sie in seinem Atelier begrüßt hatte: professionell und sehr erfreut, sie zu sehen.

Seine Frau, eine dickliche Frau mit rosigen Wangen, ging auf Aaron zu. Sie legt einen Finger an die Lippen und zwinkerte David zu.

Sie stellte ihren Korb nahe bei Etta auf den Boden und drehte sich zu ihrem Mann und dem jungen Soldaten um. »Diese Gruppe hier?«

»Ideal«, flötete der Fotograf. Er nahm den Soldaten am Arm. »Würden Sie mir ein wenig mit dem Stativ helfen?« Der Soldat machte sich eifrig an die Arbeit, das Stativ aufzustellen, während der Fotograf ihn in ein Gespräch verwickelte.

Etta blickte hinab. Die Frau hatte sich vor ihr aufgepflanzt und schirmte sie von den Blicken ab.

»Der Priester hat uns benachrichtigt«, zischte die Frau durch zusammengebissene Zähne. »Froi Lubetkin ... das Baby ... schnell.«

Ettas Puls pochte in ihren Ohren. Sie konnte nichts hören und sah nichts mehr außer dem offenen Korb zwischen ihr und dem breiten Rücken und dem langen Rock der Frau. Sie hatte das Gefühl, als hätte ihr jemand in den Bauch getreten.

Der alte Alptraum war Wirklichkeit! Sie bückte sich und legte ihr Baby in den Weidenkorb. Keine Zeit, es auch nur ein letztes Mal zu streicheln. Sie durfte ihren Kummer nicht zeigen.

Rachel riß den Mund auf und schluckte Worte der Verzweiflung herunter. Ein warnender Blick von Aaron brachte sie zum Schweigen.

Der Korb wurde emporgehoben. Das Kind war mit einer roten Wolldecke bedeckt. Die Frau trat rasch von ihnen weg.

»Sehr gut!« lobte der Fotograf den Soldaten. »Sie verstehen etwas vom Fotografieren, das sehe ich!«

Der Soldat war zufrieden mit sich. Er erzählte von der in Deutschland hergestellten Kamera, die er seit dem Beginn des Krieges überall hin mitnahm. Er redete und redete, während das Foto von Etta und Aaron und den Jungen gemacht wurde und der lächelnde, nickende Fotograf weiter die Reihe hinabging.

Das Baby fing an zu weinen. Etta stöhnte, schloß ihre Augen und preßte ihr Gesicht fest gegen Aarons Arm.

Rachel blickte sich um und flüsterte. »Sie spricht mit dem Soldaten. Sie nimmt Yacov mit zurück ins Geschäft.«

Und so geschah es. Der SS-Wachmann hatte nie gefragt, was in dem Korb sei. Nun nahm er an, die Frau hätte ein Baby aus dem Laden mitgebracht und nähme dasselbe Baby jetzt wieder mit zurück.

Plötzlich begann Etta, die Leere in ihren Armen zu spüren. Die Kolonne setzte sich langsam in Bewegung. Sie wagte es nicht, sich nach dem Laden umzusehen, damit nicht irgendein SS-Soldat ihr Gesicht sah und die Wahrheit erkannte. Ihre Augen waren trocken. Ihr Gesicht war wie Stein. Ein Gebet, schmerzlicher als ihr eigener Tod, war erhört worden. Ihr Baby war fort.

* * *

Es war später Abend, als André seine Berichterstattung in Vignolles beendet hatte und nach Paris zurückkehrte. Seine Stimmung war düster, als er vor seinem Haus sein Gepäck aus dem Wagen entlud. Er steckte sich Clemmie Churchills Puppe unter den Arm, stieg langsam die Stufen empor und blickte zurück auf die zugefrorene Seine. Der dünne blaue Lichtkegel der Scheinwerfer des Dienstwagens erleuchtete kaum das Pflaster des *Quai d'Anjou*, als das Fahrzeug die Brücke überquerte. Paris wirkte heute nacht wie ein trostloser Ort.

Erst jetzt erlaubte er sich, an Elaine zu denken. Sie war fort, und daran war nichts mehr zu ändern. Die Stadt der Lichter hatte ihr in den Zeitungen Tribut gezollt. Während des ganzen Tages konnte man über *Radio Paris* ihre Stimme und ihre Lieder hören. Es war beinahe zuviel für ihn gewesen, als er in Vignolles in den Aufenthaltsraum für Mitarbeiter kam und sie singen hörte.

Zum Glück wußte André, daß schon morgen die Stadt sich wieder anderen Dingen zuwenden würde. Schon bald würde Elaine Snow vergessen sein. Bestenfalls würde sie noch eine Fußnote der Geschichte sein, an die sich höchstens noch ein paar Juden in Palästina erinnern würden als »die Frau, die mir eines Abends in Konstanz meinen Paß gegeben hat ...« Aber mehr konnte es nicht sein. Der menschliche Geist nahm die Nachricht vom Tod eines anderen mit einer Art surrealem Gleichmut auf, als ob der Gestorbene niemals gelebt hätte. Die Gesichter der Toten wurden wie jener dünne blaue Lichtstrahl – sie konnten kaum die Erinnerung erleuchten.

Er trat in die Diele des großen Hauses. Alles war dunkel und still. Ihm fiel plötzlich ein, daß Elaine nur ein einziges Mal hier gewesen war. Dieser Umstand machte ihm die Erinnerung noch schwerer. Keine Flut von Bildern war zu ordnen. Keine Vergangenheit. Nur die eine, gegenwärtige, unveränderliche Vision, wie sie dort gestanden hatte ...

Sie trägt das kobaltblaue seidene Abendkleid. Ihr Haar schimmert golden im Licht. Ihre Augen sind klar und noch blauer als das Kleid. Sie wendet ihr Gesicht der Tür zu, als ich ihren Namen nenne. Ihre Augen ruhen auf mir ...

Zu wirklich! Zu nah! Bis zu diesem Augenblick hatte er es geschafft, sich den Gedanken an die Endgültigkeit ihres Todes vom Leib zu halten. Nun, als sich die Realität auf ihn herabsenkte, brauchte er Gesellschaft.

Er spähte die Treppe hinunter und sah, daß die Lampe in Lewinskis Werkstatt schon aus war. Dann stieg er die geschwungene Treppe empor und schaute bei Paul hinein, der fest schlief und schnarchte. Einen Augenblick lang dachte André daran, seinen Bruder zu wecken, aber er tat es nicht. Paul würde reden wollen, ihn trösten, aber heute nacht konnte es für ihn keinen Trost geben.

Er zog die Verdunkelungsvorhänge im Arbeitszimmer zu, schaltete das Licht ein und warf seine Reisetasche in die Ecke. Nachdem er Clemmies Puppe auf das Bücherregal gesetzt hatte, schenkte er sich einen Schwenker Cognac ein und ließ sich schwer in den Ledersessel vor dem riesigen Walnußschreibtisch fallen. Genau in diesem Sessel hatte er an dem Tag, als die Nachricht vom Tod seiner Eltern kam, seinem Großvater gegenübergesessen. Der alte Mann hatte ihn und Paul düster angestarrt. Der herabhängende weiße Schnurrbart hatte ihn noch grimmiger aussehen lassen. Nur an diesen Schnurrbart konnte sich André jetzt erinnern, nicht an Tränen oder zitternde Hände. Nur an die weiße Linie, die sich über seinen Lippen herabschwang. Wie sie zitterte, wenn er sprach! All diese Jahre hatte André sich eingebildet, der alte Mann sei wütend auf ihn gewesen.

»Ihr müßt jetzt tapfer sein. Euer Vater und eure Mutter sind gestern in Louvemont von den Deutschen ermordet worden.«

André starrte den weißen Schnurrbart an, der nun in einem blauen Dunst seiner Erinnerung vor ihm schwebte.

»Du mußt jetzt tapfer sein. Elaine ist gestern nacht in München von den Deutschen ermordet worden.«

André nippte an seinem Cognac, als die Tür aufging. Paul trat blinzelnd ins Zimmer.

»Ich dachte, ich habe jemanden gehört.« Paul zog seinen burgunderroten Morgenmantel über und setzte sich unaufgefordert hin.

»Nur mich.« André hob grüßend den Schwenker. »Möchtest du mir Gesellschaft leisten?«

»Das tue ich bereits«, gähnte Paul.

Einen langen Moment sagte keiner der beiden Brüder etwas. Die Uhr auf dem Kaminsims zählte in gemessenem Schritt die Sekunden.

Paul holte tief Luft. »Ich nehme an, du hast die Nachricht gehört. Elaine.«

Beherrscht und kühl erwiderte André: »Jeder in Paris hat davon gehört. Im Radio war den ganzen Tag von nichts anderem die Rede.«

»Ja.« Paul musterte André mit hartem Blick. »Ist das alles, was du darüber sagen möchtest?«

»Es tut mir leid. Natürlich.« Die Emotion schnürte ihm den Hals zu. Er wollte seine Wut herausschreien, aber er blieb ruhig.

»Du bist dem alten Mann sehr ähnlich, André.« Ein halbes Lächeln zuckte in Pauls Mundwinkeln.

»Wie meinst du das?« Es war gewiß eine Beleidigung, dachte André. Paul hatte seit der Affäre mit Elaine und dem Kind allen Respekt vor ihm verloren.

»Erinnerst du dich nicht mehr, wie er an dem Tag, als Mutter und Vater starben, dort saß und uns anstarrte?«

André gab nicht zu, daß er gerade daran gedacht hatte. »Undeutlich.«

»Er teilte uns mit, daß sein Sohn tot war und seine Frau mit ihm. Was für ein Kummer! Was er dabei empfunden haben muß! In so einem Augenblick zu uns von Mut zu sprechen ... er sprach die Worte, und indem er sie sprach, wurden sie für ihn wahr. Erinnerst du dich?«

Seid tapfer. Ihr dürft nicht weinen!

Natürlich erinnerte sich André. Er schloß die Augen und dachte an Elaines Tochter. Was sollte aus ihr werden? Was mußte er tun? Er rieb sich die Stirn und warf einen Blick zu der gleichmütig dreinblickenden Puppe auf dem Bücherregal. Als ob er sie zu dem Kind sagen würde, dachte er die Worte:

»Sei tapfer ... deine Mutter ... Elaine ist tot ...«

In seiner Brust brannte es.

Paul grinste und fuhr sich mit der Hand durchs Haar. Er schüttelte den Kopf, als könne er es immer noch nicht glauben. »Er war so kühl, dieser böse alte Mann. Ich bin in dem Glauben aufgewachsen, es wäre ihm ganz egal gewesen, daß Vater und Mutter gestorben waren, und wir wären ganz allein.«

»Was sagst du da?«

»Er war an jenem Tag gar nicht wirklich wütend auf uns, weißt du. Was ich brauchte, war nicht Tapferkeit. Ich wollte nur, daß jemand mich festhält.« Er zuckte die Achseln. »Du solltest zumindest versuchen, deine Tochter zu sehen. Juliette. Ein schöner Name. Elaine hat sie nach der Julia aus der Tragödie so genannt, glaube ich.«

»Was hättest du an meiner Stelle getan? So, wie der alte Mann war ...«

»Ich hätte sie geheiratet.« Paul zupfte an dem obersten Knopf seiner Pyjamajacke. »Ich habe es versucht, weißt du. Später. Ich bin zu ihr gefahren und habe sie gefragt. Aber sie wollte mich nicht haben.«

»Ich wußte gar nicht, daß du sie geliebt hast.«

»Natürlich nicht. Wie hättest du es auch wissen können?« Seine Augen waren zum Überlaufen voll mit Emotionen. »Mein großer Bruder.«

Paul wies mit einer Rundum-Geste auf das Zimmer. »Nun, du hast ja alles. Alles war dir mehr wert als Elaine.« Er beugte sich vor und legte seinen Arm auf den Schreibtisch. Seine Faust war geballt. »Für dich ist das Leben eine Bibliothek voller Erstausgaben von Klassikern. In Leder gebunden. Mit Goldschnitt. Von den Autoren signiert. Nur bist du zu beschäftigt, das Buch aufzuschlagen und die Geschichte zu lesen. Sie sehen hübsch aus, aber sie haben keine Bedeutung.«

»Ich habe dich nicht gebeten, dich einzumischen.« André sah ihn finster an und hob den Schwenker an die Lippen.

»Nein. Das hast du nicht.« Paul stand auf und hob das Kinn. »Aber du bist wie Großvater – du hast den entscheidenden Punkt übersehen, André. Du gibst ein kleines bißchen nach und denkst, es spielt keine Rolle. Aber es spielt eine Rolle! Rechne all die Male zusammen, an denen du ein Stück von deiner Seele verkauft hast, und all die Male, an denen jeder andere kleine Mensch auf dieser Erde die seine verkauft, und schon bald gehört die ganze Welt der Hölle. So denke ich über das, was du mit Elaine gemacht hast.«

»Die Hölle hat die Erde besessen, lange bevor ich mich verkauft habe.«

»Aber der Himmel erlöst die Erde Seele für Seele, André.«

»Es ist jetzt zu spät, das in Ordnung zu bringen.«

»Wenn du das wirklich glaubst, dann tust du mir leid.« Damit ließ Paul seinen Bruder allein.

Teil II

»Es kämpft sich so schön auf der Karte,
Der Feind ist im Nu besiegt.
Man kommt nicht leicht ran an den Kerl;
Die Neutralen sind so im Weg ...«

A. P. Herbert
Punch Magazine, April 1940

30

An einem stillen Winternachmittag mitten in der neutralen Nation Belgien war das friedliche Leben des Bauern Leopold Dumas im Begriff, durch den Krieg unterbrochen zu werden.

Der belgische Bauer schaufelte Getreide aus dem Jutesack in den leinenen Futterbeutel. Ein riesiges Zugpferd steckte seinen großen, zottigen Kopf über die Boxentür hinaus und wieherte erwartungsvoll. Plötzlich spitzten sich die Ohren des Pferdes, und es wandte seinen Kopf der offenen Stalltür zu, die ein Rechteck aus grauem Winterlicht umrahmte.

Einen Moment später bemerkte es der Bauer ebenfalls – ein in Abständen auftretendes Summen, als ob ein Moskito sein hohes Surren an- und abschaltete. Leopold richtete sich auf und lauschte, wobei er nachdenklich ein Ende seines buschigen silbernen Schnurrbarts zwirbelte. »Was mag das wohl sein, hm?« fragte er das Pferd. »Was hat ein Flugzeug hier zu suchen, und auch noch bei so einem Wetter?«

Die Neugier des Pferdes bezüglich des fremdartigen Geräusches nahm ein Ende, und es wieherte wieder nach seinem Abendessen. Leopold zuckte die Achseln und füllte den Futterbeutel auf, während sich das Summen entfernte.

Der Bauer streifte gerade dem Tier den Lederriemen über die Ohren, als das summende Geräusch plötzlich zurückkehrte und rasch lauter wurde. Es schien aus großer Höhe zu kommen, zuerst schwach, dann immer lauter, bis sich das stotternde Summen direkt über dem Dach des Stalles befand.

Ein Windstoß, der die Hühner erschreckte und den Staub aufwirbelte, fegte durch die offene Tür herein. Einen Augenblick später kam ein scharfes Krachen, als ob ein gefrorener Ast abgebrochen wäre, gefolgt von weiteren knackenden Geräuschen und dem Klirren zerbrechenden Glases.

Leopold nahm eilig seinen schweren Mantel von dem Holzhaken neben der Tür und stülpte sich die Mütze mit den langen Ohrschützern über den Kopf. Zuerst sah er nichts Ungewöhnliches, als er den Blick über die schneebedeckten Felder seines Hofes wandern ließ, doch dann kam am anderen Ende der Weide ein Mann in Sicht, der strauchelnd aus dem Entwässerungsgraben kletterte. Leopold setzte sich in Bewegung und ging ihm entgegen.

Als er ein wenig näher kam, erkannte Leopold die verbeulten Umrisse eines kleinen Flugzeuges. Es lag quer über dem Graben, mit der Nase auf der einen und dem Schwanz auf der anderen Seite, doch in der Mitte war es eingedrückt, als ob die Mücke, an die Leopold zuvor gedacht hatte, zertreten worden wäre. Den Markierungen nach zu urteilen, war es eine Nazi-Mücke.

Ein zweiter Mann in Uniform kletterte aus dem Graben und folgte seinem Kameraden. Offenbar hielten sie eine hastige Besprechung ab, in der es um eine Ledermappe ging, mit der der erste Offizier aufgeregt wedelte. Beide Männer klopften sich auf den Uniformtaschen herum, als ob sie etwas suchten.

Als Leopold sich näherte, drehten sie sich herum, und der Mann mit der Mappe fragte: »Sprechen Sie Deutsch?«

»Ich spreche Deutsch«, bestätigte Leopold. »So, Ihr Flugzeug ist kaputt, ja? Sind Sie verletzt?«

»Nein, nein, wir sind zum Glück unverletzt. Ich bin Major Kurt Hulse, und dies ist Major Reinberger. Wie ist Ihr Name?«

Nachdem die Vorstellung vorüber war, äußerte Hulse eine seltsame Bitte. »Haben Sie Streichhölzer, Herr Leopold?«

Daher also die Suche in den Taschen. »Ja«, bestätigte Leopold, »warum?«

»Wir müssen ... das heißt ... es ist so kalt. Wir müssen ein Feuer machen, Herr Leopold.«

»Kommen Sie doch mit ins Haus«, entgegnete der Bauer. »Es ist gleich hinter dem Stall dort.«

»Ach, nein, wir ... wir dürfen uns nicht von dem Flugzeug entfernen, wissen Sie ... wir müssen es bewachen.«

»Gegen was?« fragte Leopold und sah sich auf den leeren Feldern um. Ein kleines Auto bog um die gegenüberliegende Ecke der heckenumsäumten Weide.

»Bitte«, flehte Hulse. »Wir haben Befehle, verstehen Sie. Könnten wir nicht hier ein Feuer machen, um uns warmzuhalten?«

Zögernd holte Leopold zwei Streichhölzer aus seiner Jacke und reichte sie Hulse. Reinberger stürzte die Mappe um und schüttete einen Haufen Papiere auf den gefrorenen Boden.

Ein leichter Schneefall setzte ein, und das erste Streichholz flackerte auf und erlosch, ohne den Haufen maschinenbeschriebener Seiten zu entzünden. Das Auto fuhr an die Hecke, die dem Flugzeug am nächsten war, heran und kam rutschend auf dem vereisten Weg zum Stehen. Ein Gendarm sprang heraus.

»Schneller«, murmelte Hulse.

Das zweite Streichholz flammte auf, und Reinberger schützte es mit der Hand gegen den Wind und hielt es an die Ecke eines Blattes. Das feuchte Papier schien sich dem Feuer einen Moment lang zu widersetzen, doch dann sprang eine hellgelbe Flamme empor, als der Gendarm gerade mit gezogener Pistole über den Graben sprang.

Hulse drehte sich zu dem Polizisten um und versperrte ihm den Blick, während Reinberger es sich plötzlich anders überlegte, die winzige Flamme austrat und die Papiere eilig zurück in die Mappe stopfte.

»Leopold«, rief der Gendarm, ein Mann namens Albert. »Das ist doch ein deutsches Flugzeug.«

»Das weiß ich«, gab Leopold irritiert zurück. »Es hat sich ausgerechnet meinen Acker zum Abstürzen ausgesucht.«

Albert winkte den beiden Nazi-Offizieren mit der Pistole zu. »Gehen Sie von dem Flugzeug weg«, befahl er. »Leopold, wenn Sie einverstanden sind, werden wir in Ihrem Haus auf meine Vorgesetzten warten. Wir haben gesehen, wie dieses Flugzeug offensichtlich in Schwierigkeiten über dem Dorf kreiste. Es werden mir gleich noch weitere Männer folgen.«

Reinberger und Hulse tauschten einen Blick aus, gehorchten dann dem Polizisten und setzten sich über den Schnee hinweg in Richtung Bauernhaus in Bewegung. Reinberger trug die Mappe unter dem Arm.

* * *

Die Nachricht vom Absturz eines deutschen Flugzeuges in Belgien und von der versuchten Vernichtung streng geheimer Nazi-Dokumente erreichte den französischen militärischen Geheimdienst zwei Tage nach dem Ereignis. Bis dahin hatten bereits die Belgier, die Holländer und die Vertreter des winzigen Luxemburg die Gelegenheit genutzt, die beiden deutschen Flieger zu verhören. Die verdächtigen Papiere waren ein Dutzend mal untersucht worden und machten den Regierungen der neutralen Länder große Sorgen. Die Erschütterung, die durch die Offenlegung der deutschen Pläne hervorgerufen wurde, war irgendwie bis in die Dörfer an der Grenze durchgesickert, in denen man nun jedem Fremden auf der Durchreise mit unverhohlenem Argwohn begegnete.

André Chardon als Verbindungsoffizier des französischen militärischen Geheimdienstes war der geeignetste Mann, um nach Belgien zu reisen, als die Neutralen zu dem Schluß kamen, es sei ratsam, Frankreich in das Geheimnis einzuweihen. Trotz des frostigen Wetters beschloß er, mit dem Wagen durch die Ardennen von Paris nach Brüssel zu fahren. Der Umweg war beabsichtigt: Er wollte einem wachsenden Verdacht bezüglich der deutschen Ziele nachgehen. Richard Lewinski gab sich widerstrebend mit Gustave Bertrand als vorübergehendem Bewacher zufrieden.

Nach einer langen, ereignislosen Fahrt und einer Übernachtung in Luxemburg-Stadt brach André früh am nächsten Morgen in Richtung Brüssel auf. Ein feiner Regen mischte sich mit Nebelfetzen. Die Fahrt hinauf durch das rauhe Gelände der Ardennen war lang und feucht und gab ihm reichlich Zeit, über die unwahrscheinliche Möglichkeit einer deutschen Invasion auf dieser Route nachzudenken.

Ohne Schwierigkeiten kam er durch die Grenzkontrollen nach Belgien, doch als er die Ortschaft Arlon erreichte, stellte er fest, daß die Andeutung eines Angriffs der Wehrmacht eine Welle der Panik unter der belgischen Bevölkerung ausgelöst hatte.

Die Straßen von Arlon hatten keine Wegweiser. Barrikaden aus Baumstämmen lagen quer über sämtlichen wichtigen Durchgangsstraßen. Diese Hindernisse, dachte André, waren armselige Versuche der Bürger, eine deutsche Invasion in ihrer Stadt abzuwehren. Selbst das schwerste ihrer Hindernisse hätte von einem deutschen Panzer einfach beiseite geschoben oder unter seinen Ketten zermalmt werden können. Das einzige Ergebnis der Barrikaden, das André erkennen konnte, waren verrückte Verkehrsstaus an Kreuzungen, die selbst zu den besten Zeiten kaum passierbar waren. Von einem Ende Arlons zum anderen zu fahren, war etwa so, als müßte er seinen Weg aus einem Labyrinth im Schloßgarten von Versailles finden. Falls die Deutschen tatsächlich beschließen würden, Arlon zu überrennen, würden die armseligen Befestigungen der Stadt nur das Vorrücken der eigenen Truppen und der Artillerie behindern, die der Bedrohung der Nazis entgegengesandt werden würden.

Als er endlich die Stadtmitte erreichte, fand André weitere Hinweise auf die Panik. Alle Männer, die an den äußeren Blockaden hätten in Stellung gehen können, standen statt dessen auf dem Marktplatz und hörten sich eine aufrüttelnde Rede des Bürgermeisters an. Selbst hier wurde die Parole ausgegeben: *Die Deutschen werden nicht durchkommen!*

Wie es schien, wollten die Bewohner auch sonst niemanden durchkommen lassen, nicht einmal einen französischen Offizier, der dienstlich in Brüssel zu tun hatte. André wurde an den Straßenrand gewunken. Die Militärpolizei kam auf Bitten der Kriminalpolizei, die von der Verkehrspolizei herbeigerufen worden war. Jede davon untersuchte Andrés Papiere bis hin zu seinem Führerschein. War er ein Spion in französischer Militäruniform? War er ein Saboteur, der Bilder von der kleinen Stadt Arlon machen und an andere Saboteure weitergeben wollte? André wurde zwei Stunden lang festgehalten und verhört.

Als man ihn endlich ziehen ließ, schlug er eine Nebenstraße nach Norden in Richtung Dinant ein und überquerte die Maas. Dort wurde er von einem heiteren Hauptmann der belgischen Militärpolizei angehalten, der sofort die Verärgerung in Andrés Gesicht bemerkte.

»Was ist los, Herr Oberst?«

»Ich wäre in Arlon beinahe als Hexe verbrannt worden. Da sind alle verrückt geworden.«

»Das ist dieses Gerücht, Herr Oberst. Niemand weiß, wo es angefangen hat, aber es geht herum, daß die Deutschen bald über Belgien und Holland angreifen werden.«

André wußte, daß die Quelle dieses Gerüchts nur die Dokumente aus dem deutschen Flugzeug sein konnten. Was er jedoch nicht wußte, war, wie die

Information aus den Mauern des belgischen militärischen Geheimdienstes hatte nach außen dringen und die Intelligenz einfacher Bürger in Arlon in Mitleidenschaft ziehen können!

»Falls es einen Spion in Arlon gibt, sind zweifellos seine Papiere in Ordnung, und er trägt dem Stadtrat die Aktentasche.«

Der Hauptmann lachte und reichte André die Papiere durchs Fenster zurück. »Ja, und wenn es einen deutschen Spion in Arlon gäbe, wäre er zweifellos der erste gewesen, der herbeigelaufen wäre und Ihre Papiere kontrolliert hätte, Herr Oberst.«

»Diese Hysterie ist ein schlechtes Zeichen. Raserei und Selbstsicherheit passen nicht zusammen.«

»Das ist wahr. Aber das arme kleine Arlon. Die kriegen dort eine Invasion immer als erste ab. Aber sonst herrscht nicht viel Hysterie in Belgien. Ich zum Beispiel glaube nicht, daß uns die Deutschen heute angreifen werden. Aber wer kann das sagen?« Er winkte zur anderen Seite des Flusses hin. »Wenn sie es doch tun, werden wir sie auch ohne die Hilfe französischer oder englischer Truppen in Stücke schneiden. Sehen Sie diese Brücke? Kein deutscher Panzer wird darüber rollen, solange noch einer von uns am Leben ist. Wir Belgier schaffen das schon alleine.«

André wollte nicht mit dem belgischen Hauptmann diskutieren, aber er dachte an die Straßensperren an den Hauptstraßen von Frankreich nach Belgien. Ihn schauderte bei dem Gedanken daran, wie schwer sie den französischen und englischen Truppen das Leben machen würden, falls Belgien und Holland sie doch noch um Hilfe bitten sollten.

* * *

Die Ardennen. André dachte über die wogende Waldlandschaft nach, während er auf Brüssel zufuhr.

Das französische Oberkommando hatte die Berge der Ardennen lediglich durch die trüben Augen von Generälen betrachtet, die im letzten großen Krieg gekämpft hatten. Die Schlußfolgerungen, die sie gezogen hatten, waren logisch, solange man von einer Taktik wie im Grabenkrieg von 1918 ausging. Nicht, daß die Ardennen für Truppen unpassierbar gewesen wären, aber ihre schmalen, gewundenen Straßen stellten ein unüberwindliches Hindernis für schwere Belagerungsgeschütze dar. Die alten französischen Generäle konnten sich nicht vorstellen, daß die deutsche Infanterie vorgeschoben werden könnte, ohne daß ihr zuvor durch einen Artilleriebeschuß der Weg geebnet würde. Deshalb würde die deutsche Offensive gegen Frankreich nicht durch die Ardennen kommen. Das war noch nie geschehen und würde niemals geschehen. Dieses Gelände war in sich wie eine Art Maginotlinie. Dessen waren sich die Franzosen und die Engländer gewiß.

Wer war Oberst André Chardon, daß er Generäle wie Gamelin und Georges oder den britischen General Lord Gort in Frage stellte? Und doch mußte er immer wieder durch seine schlammbespritzte Windschutzscheibe nach oben blicken und an Stuka-Bomber denken. Eine neue Form der Artillerie. Die schmalen Straßen der Ardennen kosteten die Luftwaffe ein Lächeln. Der Gedanke machte ihn nervös.

André fand keinen Trost in den sichtbaren Abwehrvorbereitungen der Belgier. In den schönen Hügeln des kleinen Landes waren, wie er wußte, 700 000 Mann in Stellung. An den Feuerschneisen, die von der Hauptstraße abzweigten, befanden sich rote Schilder, die verkündeten, daß dieses Gebiet für alle zivilen Fahrzeuge gesperrt sei. Stählerne Tore und bewaffnete Wachen blockierten die Brückenzufahrten. Ein massiver roter Stahlzaun verlief entlang der gesamten Länge des Landes über Hügel und durch Täler in der Hoffnung, verirrte deutsche Panzer aufzufangen. Nur für den Fall …

Ein paar Kilometer hinter Dinant verwandelte sich der Nieselregen in einen ernsthaften Wolkenbruch. Zwielicht und dann Dunkelheit senkten sich herab wie ein Vorhang. André fuhr langsam die Nebenstraßen entlang. Brigade für Brigade rückten die belgischen Truppen vor. Die Truppentransporter hinterließen roten Lehm auf dem Straßenpflaster, bis es so glatt war wie Eis. André spähte vorsichtig durch die Windschutzscheibe und verfluchte die wachsamen Bürger von Arlon, die ihn gefährlich lange auf seiner Reise aufgehalten hatten.

An der Straße von Arlon nach Brüssel waren in Kilometerabständen Sprengfallen gelegt. Die erst kürzlich plazierten Landminen waren dazu bestimmt, die Straße zu zerstören und das Vorrücken des Feindes zum Stillstand zu bringen. André bemerkte Gräben, die von der Mitte der Straße bis zur Böschung gezogen und dann wieder aufgefüllt worden waren, als hätte jemand eine Rohrleitung bis zur Hälfte über die Straße gelegt. Neben jedem dieser Gräben stand ein vom Regen durchnäßter Soldat mit einem Gewehr, der André mit Handbewegungen aufforderte, seine ohnehin schon niedrige Geschwindigkeit zu reduzieren.

Er kam an eine Kreuzung, an der die Erde in dem Graben zu dickem, klebrigem Schlamm aufgewühlt war. Es gab irgendein Problem. Militärfahrzeuge hatten auf der Kreuzung gehalten. Ein wütender Offizier stand im Regen und versuchte herauszufinden, in welchem Winkel man am besten Zugmaschinen, Versorgungslastwagen und eine riesige 155-Millimeter-Kanone um die Landmine herumführte.

»Wer hat diese Mine so nahe an unsere Abzweigung gelegt? So was Dämliches!« schimpfte er. »Graben Sie das Ding aus.«

Der Wachsoldat beäugte die Falle mit Respekt. Wovor fürchtete er sich mehr: vor dem kleinen Graben oder vor dem Offizier?

»Ich kann die Mine nicht ausgraben, Herr Oberleutnant. Ich weiß nicht, wo das Ding ist. Ich habe Angst, die Schnur zu berühren.«

Die Schnur war ein dünnes, schwaches Stück Zwirn zwischen zwei kleinen Stäbchen. Sie stand unter leichter Spannung und hielt den Auslöser der Landmine zurück; eine sehr gefährliche Sache für Fahrzeuge auf einer Straße.

Der Offizier wurde mit der Schwierigkeit fertig. Er ließ eine Zugmaschine über das Unterholz am Straßenrand hin und her fahren, bis eine alternative Route für alle seine Fahrzeuge niedergewalzt war. Minuten später hatte sich der Stau aufgelöst.

André beobachtete die Szene mit grimmigem Gesicht. Wenn die Belgier so leicht an ihren eigenen Fallen vorbeikommen, könnte dann nicht das deutsche Panzerkorps auf dieselbe Lösung kommen?

André fuhr hinter den Militärmaschinen her durch Schlamm, der beinahe bis zur Achse reichte. Er versuchte, nicht zu der kleinen Schnur hinzusehen, und zwang sich, an etwas anderes zu denken als an die Leichtigkeit, mit der die Falle umgangen worden war.

Nachdem er den ganzen Weg hinter Militärlastwagen her gefahren war, erreichte er Brüssel gegen Mitternacht. Er verbrachte eine ruhelose Nacht in seinem Hotel.

* * *

Paul Chardon sah von dem Treppenabsatz vor der Eingangshalle hinaus. Die Bremsen des Armeelasters quietschten, als das Fahrzeug auf dem glatten Kopfsteinpflaster vor den Stufen hielt.

Amüsiert beobachtete Paul, wie seine drei Kadettenkapitäne von der anderen Seite des Platzes aus ebenfalls die Ankunft beobachteten. Ihre Haltung, die Arme vor den makellosen Uniformen verschränkt und das Gewicht nach hinten auf die Absätze ihrer polierten Stiefel gelegt, verriet Mißtrauen und Verachtung. Es war offensichtlich, daß der Gedanke, die *École de Cavalerie* in ein Krankenhaus zu verwandeln, und auch noch in ein englisches Krankenhaus, ihnen ein Greuel war.

Die Fahrertür ging auf, und ein hochgewachsener, sehr britisch aussehender Arzt stieg aus. »Sie sind Hauptmann Chardon«, sagte er in sehr schlechtem Französisch. »Ich bin Stabsarzt Roberts.«

Paul nickte zur Begrüßung. Roberts und seine Mitarbeiter sollten den jetzt leerstehenden Flügel der Juniorenschule übernehmen und in ein Lazarett für die BEF verwandeln.

»Und dies ist Oberschwester Abigail Mitchell«, sagte Roberts, als seine Beifahrerin über die Sitzbank des Lastwagens rutschte und ausstieg, um zu der imposanten Backsteinfassade der Schule aufzublicken.

Schwester Mitchell war groß, fast so groß wie Paul, und hatte dunkelbraune Haare und Augen. Ihrer Gesichtshaut war anzusehen, daß sie sich viel im Freien aufhielt, und sie hatte die schlanke, muskulöse Figur einer Reiterin. »Eindrucksvoll« war das Adjektiv, das Paul als erstes einfiel. So eindrucksvoll sogar, daß er es sich im stillen wiederholte, so daß eine peinliche Pause entstand, als er nicht prompt auf Miss Mitchells Begrüßung reagierte.

»Sie sind sehr willkommen«, sagte er, »ich meine, ich freue mich ebenfalls, Sie zu sehen.«

Paul warf einen Blick zu den drei Schülern hinüber, die ihn aufmerksam beobachteten. War seine unbeholfene Schüchternheit gegenüber Frauen so leicht zu bemerken, selbst aus fünfzig Metern Entfernung? Er forderte Gaston, Sepp und Raymond durch eine Geste auf, herüberzukommen und sich vorzustellen.

»Ich möchte Ihnen die hochrangigen Schüleroffiziere vorstellen«, sagte er und wünschte sich im stillen, sie würden schneller gehen. Durch Augenkontakt machte er jedem der Jungen unmißverständlich klar, daß er ihr bestes Benehmen von ihnen erwartete.

Als die drei vorgestellt wurden, trat jeder von ihnen vor, verbeugte sich steif und trat dann wieder zurück in ihre geschlossene Reihe der Mißbilligung.

»Schön, dann überlasse ich das Weitere Ihnen, Hauptmann Chardon«, sagte Roberts. »Miss Mitchell wird die Räumlichkeiten inspizieren, und dann können Sie beide sich über die notwendigen Umbauten unterhalten.«

Paul sah, wie die drei Jungen wieder angewiderte Blicke austauschten. Die Schule umbauen, einer britischen Krankenschwester zuliebe? Undenkbar!

* * *

Abigail Mitchell legte Wert darauf, mit »Schwester Mitchell« angeredet zu werden. Mit großem Stolz trug sie den begehrten scharlachroten Umhang des »*Queen Alexandra's Imperial Military Nursing Service*«, kurz QAIMNS.

Paul Chardon lernte sie schon früh als respekteinflößende Frau kennen. Am Tag der Kriegserklärung war sie achtundzwanzig geworden. Zuvor hatte sie zuerst in Kalkutta in Indien und dann in Kairo gearbeitet. Erst zwei Wochen vor dem Einmarsch der Nazis in Polen war sie nach England zurückgekehrt, und jetzt war sie unter den ersten Krankenschwestern, die mit der *British Expeditionary Force* den Kanal überquerten.

Wäre sie ein Mann gewesen, ein Franzose, so hätte sie General sein müssen, dachte Paul, als sie durch die Korridore der Juniorenschule marschierte und Anweisungen erteilte.

Alle Matratzen in den Schlafsälen waren zu reinigen, zu lüften und zu sterilisieren. Jedes Fenster, jede Wand und jeder Fußboden waren Zoll für Zoll zu desinfizieren. Kleine Schuljungen trugen Keime in sich, sagte sie, und es wäre doch ein Jammer, wenn ein tapferer britischer Soldat von seinen Kampfverletzungen geheilt würde, nur um dann an irgendeiner lauernden Maserninfektion zu sterben. Und so ging es weiter.

Die Küche der Juniorenschule wurde wegen ihrer gekachelten Tresen und Edelstahlspülbecken zum Operationssaal umfunktioniert. Schattenlose Lampen wurden installiert, ebenso ein Notstromgenerator.

Wegen der Jahre, die sie in den warmen Gegenden des britischen Weltreiches verbracht hatte, besaß sie einen krankhaften Abscheu vor kaltem Wetter. Auf ihre Anweisung hin wurde tonnenweise Kohle eingelagert, genug, um die ganze Maginotlinie für ein Jahr oder länger zu beheizen, dachte Paul.

Das Lazarett in Lys war als Durchgangsstation eingerichtet, in die die Verwundeten von den Feldlazaretten und Sanitätseinheiten eingeliefert wurden. Nur die dringendsten Operationen würden direkt auf dem Feld ausgeführt werden. Alle anderen Fälle würden hierher gebracht, versorgt und dann gepflegt werden, bis sie in der Lage waren, auf die Lazarettschiffe verlegt zu werden, die nur ein paar Kilometer weit entfernt in den Kanalhäfen wie Dünkirchen oder Calais vor Anker lagen.

Bisher war noch kaum ein Schuß abgefeuert worden, doch Schwester Mitchell schien von der Annahme auszugehen, daß die *École* schon bald von einer Flutwelle verwundeter Männer überrollt werden würde. Ohne Rücksicht auf Verluste rekrutierte sie die Schulkadetten, um für sie zu schuften. Es gab Beschwerden.

Der große, muskulöse Gaston meldete sich mit rußverschmiertem Gesicht und empört herabgezogenen Mundwinkeln, die Uniform und die hohen Reitstiefel völlig verdreckt, bei Paul: »Hauptmann Chardon, ich muß gegen das arrogante Verhalten dieser arroganten Engländerin protestieren! Kein Wunder, daß unsere Länder so oft Krieg gegeneinander geführt haben! Die englischen Frauen sind noch viel schlimmer als die Männer, glaube ich! Wahrscheinlich, weil sie so lange von einer Königin regiert wurden! Heute kamen Sepp und ich gerade von den Ställen, um für die Analysis-Prüfung zu lernen, als sie uns vom Fenster des ehemaligen Schlafsaals der siebenjährigen Jungen aus rief. Sie wissen ja, daß die kleinen Jungen noch manchmal ins Bett machen! Herr Hauptmann! Was für eine Plackerei! Sepp und ich mußten für sie die Matratzen hinunterschleppen und auf dem Acker verbrennen! Sehen Sie sich meine Stiefel an! Meine Uniform! Ich bin ein Kadettenoffizier, kein Hausmeister!«

Paul musterte den muskulösen jungen Mann mit mißbilligendem Blick. »Ich habe Schwester Mitchell gesagt, daß jeder der jungen Offiziere in der

École ein Gentleman sei und daß wir alle gern bereit seien zu helfen, welche Aufgabe auch immer sie uns überträgt.« Das war zwar nicht die Wahrheit, aber Gaston schämte sich, daß er sich beschwert hatte. Er entschuldigte sich und zog davon, um Analysis zu lernen, ohne ein weiteres Wort über die Angelegenheit zu verlieren. Von diesem Tag an machte er immer einen weiten Bogen um die Juniorenschule, wenn er zu den Ställen ging.

Paul nahm sich vor, mit Schwester Mitchell darüber zu reden, daß die Kadetten nicht von ihrem Unterricht und ihren Pflichten abgehalten werden dürften, doch als er ihr gegenüberstand, wickelte sie ihn ein, indem sie ihm dankte, daß er seine »kleinen Jungs« vorbeigeschickt hätte, um bei dieser Riesenarbeit auszuhelfen.

Was konnte er dazu sagen? »Danke, Mam'selle ... pardon, ich wollte sagen ... also ... merci, Schwester Mitchell.«

André wäre besser damit fertig geworden, dachte Paul. Unter dem Vorwand, sich um wichtige Dinge kümmern zu müssen, flüchtete sich Paul in die Ställe. Dort konnte er sich mit Fragen befassen, von denen er etwas verstand. Gezerrte Sehnen und das schwierige Temperament rossender Stuten wurden mit Oberleutnant Rappollo, dem Stabstierarzt, erörtert. Auch Rappollo war, wie Paul erfuhr, am Tag zuvor von Schwester Mitchell »angeheuert« worden, um die Decke des Aufnahmeraumes zu streichen. Ebenso hatten drei Kadetten eine Chemiearbeit versäumt und einen Tadel erhalten, weil die Boxen ihrer Pferde nicht ausgemistet worden waren.

Alle militärische Ordnung war von dieser Frau gestört worden. Alle waren wütend, und dabei befanden sich erst drei Patienten im Lazarett. Ein Bursche hatte sich bei einem Motorradunfall das Bein gebrochen. Ein anderer hatte einen schwer entzündeten Blinddarm. Der dritte hatte sich irgendwo anders die Masern eingefangen und befand sich in Quarantäne.

Paul hatte sein Ersuchen um Versetzung in den aktiven Dienst eingereicht, gestand er Rappollo. Dieser Antrag hatte nichts mit Schwester Mitchell zu tun. Er hatte ihn schon einmal eingereicht. Doch nun, da er der furchterregenden Engländerin Auge in Auge gegenübergestanden hatte, hoffte er, sich bald der deutschen Wehrmacht stellen zu können.

* * *

Aufrecht in seinem Schützenpanzer stehend, überblickte Horst von Böckmann das Feldlager seines neuen Kommandos. Als befehlshabender Offizier eines Erkundungs-Bataillons in der Siebenten Panzerdivision war Horst für über hundert Fahrzeuge und deren Insassen verantwortlich.

Ein mit einem Wald von Funkantennen bestückter Panzerwagen hielt neben Horst. General Erwin Rommel, der Kommandant der Siebenten, stieg aus und ging zu Horst hinüber, der sofort Haltung annahm. »Rühren, Major«, befahl der General. »Dies ist keine offizielle Inspektion. Jedenfalls noch nicht. Ich möchte, daß Sie Ihre Männer hart in rascher Verteilung in bewaldetem Gelände drillen. Soldaten, die die Stärke eines Feindes auf dem Schlachtfeld erkunden sollen, müssen in der Lage sein, einzudringen, Informationen zu sammeln und lebendig zurückzukehren.«

»Jawohl, Herr General«, bestätigte Horst. »Wir werden sofort beginnen.«

»Der redet wie ein Lehrbuch«, bemerkte Feldwebel Fiske, nachdem Rommel weitergefahren war. »Wo war er, als wir uns über die Weichsel gekämpft haben?«

»Das reicht, Fiske«, befahl Horst. »Keine Kritik an unserem befehlshabenden Offizier, wenn ich bitten darf.«

Trotzdem war Rommel auch für Horst in gewisser Hinsicht eine unbekannte Größe. Er war während der Invasion in Polen der Kommandeur der persönlichen Garde Adolf Hitlers gewesen und hatte bisher keine Erfahrung im Panzerkrieg. Doch das, was er in Polen beobachtete, hatte Rommel davon überzeugt, daß die Alliierten unter dem Ansturm gepanzerter Einheiten in die Hände Deutschlands fallen würden, und er wollte dort sein, wo am meisten Ruhm zu gewinnen war.

Horst glaubte zu wissen, was bevorstand. Die Siebente lagerte nahe der Ortschaft Kalenborn an der Ahr; von hier aus waren es nur knapp achtzig Kilometer bis zur belgischen Grenze. Wenn man die Landkarten dieser Gegend studierte, sprang einem sofort der belgische Ardennenwald in die Augen. Horst wußte jetzt, daß sein Schwager Kurt recht gehabt hatte. Es würde keinen Frontalangriff gegen die Befestigungen der Maginotlinie geben. Wenn es soweit war, würde der Angriff durch Belgien und Luxemburg erfolgen, mochten sie nun neutral sein oder nicht.

Das bewaldete Gebiet der Ardennen war nicht befestigt, weil man es lange für unbegehbar für größere Truppenbewegungen mit schwerem Gerät gehalten hatte. In den Tagen, als die Artilleriegeschütze noch von Pferden gezogen wurden und Fußsoldaten sich nur mit quälender Langsamkeit verteilten, mochte das auch so gewesen sein, aber nicht mehr in der mechanisierten Zeit von 1939.

»Herr Feldwebel, kontaktieren Sie die Kompaniechefs. Richten Sie ihnen meine Empfehlung aus und sagen Sie ihnen, daß ich sie in einer Stunde sprechen möchte.«

Die Langeweile, die unter den Soldaten auf der französischen Seite der Linie so verbreitet war, war in den Reihen der Wehrmacht nicht zu finden. Die Deutschen hielten sich für die besten Soldaten der Welt und waren begierig, es zu beweisen, selbst wenn das ständige Übungen und Drill erforderte.

Horst teilte sein Kommando in Erkundungspatrouillen ein. Jede Einheit verfügte über drei Panzerwagen und eine Eskorte von Kradmeldern. »Die morgige Übung besteht darin, das Gebiet zwischen hier und Staffel abzudecken«, sagte er zu seinen Hauptleuten. »Jede Gruppe bekommt eine Route und ein Ziel zugewiesen, die vom Schwierigkeitsgrad her etwa gleichwertig sind. Die Einheiten sollen eine Überquerung des Flusses erreichen; aber nicht auf der Straße, meine Herren! Feldwebel Fiske wird Sie in Staffel mit den Päckchen erwarten, die die Informationen darstellen, die Sie beschaffen und zu mir zurückbringen sollen. Fragen?«

Hauptmann Gruhn hob seine Hand. »Und was für einen Preis gibt es für die Siegergruppe?«

Horst grinste. »Habe ich das nicht erklärt? Die Einheit, die als erste ohne Fehler zurückkehrt, bekommt fünf Tage Weihnachtsurlaub!«

Am folgenden Tag kreuzte Horst in seinem Schützenpanzer über die Feldwege des Übungsgeländes. Er schien überall gleichzeitig zu sein, um Fehler zu korrigieren und Mogeleien zu verhindern.

»Nein, Oberleutnant Gelb«, stutzte er einen Truppführer zurecht. »Gehen Sie zurück und fangen Sie von vorn an. Sie haben Ihre Motorräder nicht in die Landstraße dort hinten geschickt. Wenn nun eine feindliche Panzerschwadron dort gewartet hätte, um unsere Truppen von der Seite anzugreifen? Sie sind die Augen der gesamten Division; Sie können es sich nicht leisten, auf einem Auge blind zu sein!«

Horst schaffte es, seine Zurechtweisungen in leichtem Tonfall vorzubringen, obwohl es in der Übung um ein todernstes Fach ging. Im Hinterkopf hatte er die Hoffnung, daß all diese Übungen niemals Wirklichkeit werden würden. Vielleicht würden schon der Einsatz und die Fähigkeiten, die sie zeigten, die Alliierten überzeugen, daß ihre einzige Hoffnung darin lag, sich an den Verhandlungstisch zu setzen und das Schlachtfeld zu meiden.

»Nein, Schultz! Sie können Ihren Artilleriebeobachter doch nicht als Wache zurücklassen. Sehen Sie nicht das feindliche Maschinengewehr da oben zwischen den Bäumen? Es hat die ganze Vorstoßroute im Visier. Denken Sie nach, Schultz, denken Sie nach! Sie brauchen diesen Beobachter, um Deckungsfeuer herbeizubeordern, und Sie brauchen ihn jetzt!«

Am Ende war es die Einheit des eifrigen Hauptmann Gruhn, die den Sieg davontrug. Als die Soldaten, etwas hinter dem Zeitplan, an einen Zufluß der Ahr zurückkehrten, stellten sie fest, daß die schmale Brücke durch einen liegengebliebenen Truppentransporter blockiert war. Statt aufzugeben, erkundete Gruhn das Gelände flußaufwärts und stieß auf eine Erdausbuchtung, die weit in den Fluß hineinragte. Der Hauptmann entzückte seinen Kommandanten, indem er mit seiner 500er *BMW* zehn Meter weit bis ans andere Ufer sprang.

»Bravo, Gruhn«, applaudierte Horst. »Sie und Ihre Männer sind die Sieger. Sie haben den Urlaub gewonnen.«

»Danke, Herr Major«, sagte Gruhn. »Wie ist es mit Ihnen? Fahren Sie über Weihnachten nach Hause?«

Ein abwesender Ausdruck trat in Horsts Augen, als ob ihn Gruhns Frage an etwas erinnert hätte. Er schüttelte den Kopf, wie um in die Gegenwart zurückzukehren, bevor er antwortete. »Nein, das heißt ja, ich werde für ein paar Tage weg sein. Ich muß mich um eine Angelegenheit kümmern.« Dann versuchte er, zu der vorherigen angenehmen Stimmung zurückzukehren und fügte hinzu: »Übrigens, Sie können Ihren Männern sagen, daß sie diesen Sieg ganz besonders verdient haben.«

»Warum das, Herr Major?«

»Weil ich es war, der dafür gesorgt hat, daß der Laster auf der Brücke ›liegenblieb‹, um die Sache interessanter zu machen.«

31

Pünktlich wie die Uhr trafen jede Woche drei Francs von Papa für Jerôme und Marie ein. Madame Hilaire war stets an Bord der *Knoblauch*, um den Brief vom Postboten entgegenzunehmen. Sie öffnete ihn, gackerte wie ein Huhn, das gerade ein Ei gelegt hat, und hielt dann freudestrahlend die drei Francs empor.

»Ein guter Mann, euer Papa!« rief sie so laut, daß jeder Kopf am *Quai de Conti* sich nach ihr umdrehte. »Wir werden heute abend gut essen!«

Tatsächlich kochte die alte Schreckschraube an jedem Zahltag eine reichliche Mahlzeit. Frische Baguettes. Berge von Bratkartoffeln. Ein Stück Kabeljau. Dann hob sie ihr Weinglas und brachte mit kreischender Stimme einen Toast aus:

»Auf die Gesundheit unseres lieben Onkel Jambonneau, wo immer sie auch abgeblieben sein mag!«

Gleich darauf folgte der nächste Toast: »Auf euren tapferen Papa, der in der ruhmreichen Armee Frankreichs dient. Möge sein Sold erhöht und seine Grogration verdoppelt werden!«

Es gab noch zahlreiche weitere Toasts. Einige wurden der Ratte zugetrunken, von der Madame Hilaire behauptete, sie sei ein Cousin des Präsidenten der Republik Frankreich. Wenn der Inhalt des Kruges allmählich seinem Ende entgegenging, begannen ihre Tränen reichlich zu fließen, und sie hob ihr Glas auf verschiedene alte Zirkusartisten, die Jerôme nicht kannte. Zu guter Letzt trank Madame Hilaire die letzten Tropfen ihrer Gallone und legte ihren Kopf auf den Tisch, um friedlich inmitten des Geschirrs zu schlafen.

Doch wenn der Morgen danach kam, erwachten Jerôme und Marie von dem leisen Klatschen der Wellen gegen das Boot, und Madame Hilaire war nicht mehr da. Der Ablauf war immer derselbe. Jerôme machte es nichts aus, daß die Frau für sechs Tage verschwand und dann wieder auftauchte, um sich das Geld zu holen und eine Mahlzeit pro Woche zu kochen. Schon an dem Tag, als Papa sich zur Armee gemeldet hatte, hatte Jerôme beschlossen, lieber mit einer donnernden Kanone zusammenzuleben als mit der kreischenden Stimme ihrer Hüterin Madame Hilaire. Fort mit Schaden. Wäre sie nicht gegangen, so hätte Jerôme sie vielleicht selbst vertrieben.

Freilich blieb es so während sechs Tagen in der Woche Jerôme überlassen, für Marie zu sorgen. An manchen Tagen war es schwieriger als an anderen. Heute morgen würde es nicht schwierig sein.

Jerôme stand vor Tagesanbruch auf, stopfte sich den kleinen Papillon in sein Hemd und machte sich auf den Weg zur *Rue de Buci*. Der Regen und das bitterkalte Wetter hatten vorübergehend aufgehört, und das bedeutete, daß die Händler ihre Buden auf der Straße aufstellen würden. In der ersten Dämmerung, ohne Straßenlaternen, war dieser Markt ein gefundenes Fressen für einen geschickten Dieb wie Jerôme. Er hob voller Freude die Hände und pries die Verdunkelungsvorschriften.

Auf dem *Buci*-Markt roch die Luft nach frisch gebackenem Brot und Blumen. Die Blumen waren aus den Treibhäusern im warmen Süden Frankreichs angeliefert worden, als gäbe es überhaupt keinen Krieg.

Jerôme kam an dem Stand eines Zitrusfrüchtehändlers vorbei. Er schnappte sich eine Orange, die er in seine Leinentasche fallen ließ. Was könnte einfacher sein? Würde der Händler eine fehlende Orange überhaupt bemerken? Genausogut könnte sie einfach vom Tisch gefallen und in die Gosse gerollt sein, in der Jerôme sie hätte finden können!

Die Frau des Bäckers mit ihrem lauten Mundwerk brüllte ihrem unglücklichen kleinen Ehemann Anweisungen zu. Warum bewegte er sich nicht schneller? Gleich würde die Sonne aufgehen, und dann würden die Hausfrauen kommen! Wollte er nicht endlich das Faß mit den Baguettes abdecken, falls es zu regnen begänne?

Als der Bäcker einwandte, der Himmel sei klar und es sei keine Wolke zu sehen, deutete sie nach oben und brüllte: »Woher willst du wissen, was der Tag bringen wird? Es hat die ganze Woche über geregnet! Jetzt decke die Baguettes ab!«

Der Bäcker bückte sich unter den Tisch, um zwischen den Kisten nach etwas Geeignetem zu suchen, um die langen Brotlaibe abzudecken, die aufrecht wie Bleistifte in einem Bleistiftbecher gepackt waren. Im gleichen Augenblick wandte die Bäckersfrau Jerôme ihren breiten Rücken zu. Das war seine Chance! Er streckte die Hand aus, ergriff einen der Laibe, zog ihn heraus und brach ihn in zwei Stücke. Er stopfte die beiden Hälften in seine Leinentasche und lief weiter.

Fürs Frühstück war gesorgt. Und nun zum Abendessen.

Sehnsüchtig blickte er zu den Fleischerhaken in der Metzgerei hinauf. Dutzende von Salamis hingen rechts von dem offenen Fenster. An den Haken auf der linken Seite hingen gehäutete Kaninchen und dünne Hühner. Rindfleisch gab es nur selten, denn die französische Armee bekam jetzt das beste Fleisch. Jerômes Augen verengten sich zu Schlitzen, als er darüber nachdachte, auf welche Weise er sich eine Salami schnappen könnte. Eine Salami wäre der absolute Hauptgewinn. Er brauchte sie nicht zu kochen, und sie würde tagelang reichen. Aber sie hingen so hoch, daß er sie nicht erreichen konnte. Ein Jammer.

Eine dicke Amerikanerin, die ein Waisenhaus leitete, zog ihren kleinen Handwagen vor das Fenster des Metzgers. Sie war früh unterwegs. Jerôme hatte sie schon oft auf dem *Buci*-Markt gesehen, wo sie ihre Wagenladung mit Lebensmitteln von Stand zu Stand zog und über die Preise stritt wie eine waschechte Pariserin. Vielleicht, wenn sie den Metzger lange genug ablenkte ...

»Bonjour, Monsieur Turenne«, rief sie mit lauter Stimme, der der breite amerikanische Akzent kaum noch anzumerken war.

Der stämmige Metzger begrüßte sie fröhlich. Sie war eine regelmäßige Kundin, und eine gute dazu. »Ah, Madame Rose!« rief er. »Wie hübsch Sie heute aussehen, Madame!«

»Bei der Dunkelheit können Sie gar nicht sehen, wie ich aussehe, Monsieur Turenne«, lachte sie. »Darum komme ich ja so früh. Ich mag Ihre Komplimente.«

»Sie sind das Licht des *Buci*-Marktes.«

»Wenn Sie damit die Seele meinen, hoffe ich, daß es stimmt, Monsieur.«

»Ah, Madame.« Der Metzger, ein einsamer Witwer, wie jedermann wußte, senkte seine Stimme. »Unvorstellbar, daß eine solche Pflaume wie Sie ungepflückt bleibt.«

»Pflaume?« Sie lachte. »Kokosnuß käme der Sache wohl näher. Hart und zäh.«

»Aber innen süß.«

Abgelenkt war er jedenfalls, wenn Jerôme auch dachte, er müsse so blind wie Onkel Jambonneau sein, wenn er tatsächlich ernst meinte, was er da sagte. In der Dunkelheit hätte Madame Rose für eine stattliche Rinderhälfte durchgehen können. Aber vielleicht war das genau die Art Figur, für die Metzger schwärmten.

»Genug, Monsieur!«

Jerôme schob sich näher an die Salamis heran.

»Was kann ich heute morgen für Sie tun, Madame Rose?«

Jerôme stand an ihrer Seite und streckte seine Hand zum Haken hinauf.

»Ich brauche heute Hühner für meine Kinder!«

»Hühner, Madame! Geflügel ist sehr teuer heutzutage. Bei Kaninchen bekommen Sie mehr für Ihr Geld.«

»Nein. Hühner. Bei uns liegen dreizehn Kinder mit Bronchitis im Bett. Schwester Betsy geht es auch nicht gut. Hühnerbrühe ist da genau das Richtige. Vier Hühner, bitte. Das sollte reichen für zweiunddreißig Kleine und zwei alte Damen.«

»Alt! Madame! Sie sind im besten Alter!«

Jerôme frage sich, zu wem der Metzger das wohl sagte. Madame Rose war grauhaarig unter ihrem Kopftuch.

»Immer schmeicheln Sie mir, und nachdem wir über den Preis für die Hühner gestritten haben, hassen Sie mich. Aber ich komme immer wieder zurück.«

Jerôme berührte das runde Ende der untersten Salami. Seine Finger konnten gerade den Zipfel fassen, aber er bekam sie nicht fest genug in den Griff, um zu ziehen! Er sprang, packte zu und riß die Salami vom Haken.

Der Metzger schrie auf. Madame Rose wirbelte herum, viel schneller, als Jerôme es einer so stämmigen Frau zugetraut hatte. Sie griff ihm in die Haare, riß ihn mitten im Schritt zurück und hielt ihn mit eisernem Griff fest.

Um sie zu erschrecken, griff sich Jerôme ins Hemd und hielt ihr Papillon vors Gesicht. Die Ratte blinzelte sie mit ihren rosa Augen an und zuckte neugierig mit den Schnurrhaaren.

Madame Rose war nicht beeindruckt. »Du hast eine Ratte«, sagte sie. »Steck sie weg, sonst schneidet sie der Metzger noch in Stücke und mischt sie in seine Wurst.«

Sofort gehorchte Jerôme ihrer Warnung. Sie ließ seine Haare immer noch nicht los.

Die massige, schwerfällige Gestalt des Metzgers hastete aus der Tür seines Ladens heraus.

»Ja, ja, ja! So, so, so! Madame Rose!« rief er. »Sie haben den kleinen Bettler Jardin geschnappt!« Er riß Jerôme die Wurst aus der Hand und hielt sie triumphierend empor. »Ich schulde Ihnen großen Dank.«

»Dankbarkeit ist schön und gut, aber ich hätte lieber zehn Centimes Preisnachlaß für jedes Huhn.«

Der Metzger verzog das Gesicht. »Das ist Diebstahl, Madame. Aber – abgemacht. Und jetzt werde ich die Gendarmen rufen, damit sie diese kleine Ratte abschleppen.«

Die stämmige Frau beugte sich herab und musterte Jerôme mit einem Auge. Sie stocherte ihm in die Rippen. Sie zwickte ihn in die Wangen. »Er wiegt kaum mehr als diese Wurst, Monsieur. Wenn er ein Fisch wäre, würde ich ihn zurück in die Seine werfen. Nicht der Mühe wert, ihn zu braten.«

»Er ist ein Dieb.«

»Ich habe ihn schon öfter hier in der *Buci* gesehen. Vielleicht wollte er Sie nur fragen, ob er sich die Wurst für eine Weile ausleihen kann?«

Jerôme taten die Haarwurzeln weh. Trotzig blickte er zu der dicken Frau auf. »Ausleihen?« schnaubte der Junge. »Ich wollte sie ganz aufessen. Der Herr Metzger hat genug, um etwas abzugeben. Er ist fett wie ein Schwein. U n d ... er hat zu Hause zwei große Hunde, denen er die Reste vorwirft. Meine Schwester und ich wären froh, wenn wir diese Reste hätten. Sind wir denn nicht besser als Hunde?«

Der Metzger begann, unzusammenhängende, wütende Laute von sich zu geben, nachdem das Wort »Schwein« gefallen war. Er hielt die Wurst wie ein Schwert in der Hand, als wolle er Jerôme damit erstechen. Madame Rose schwang sich zwischen Metzger und Jungen und tänzelte hin und her, während der Metzger versuchte, mit der Wurst um sie herum zu stoßen. Jerôme winselte, als er an den Haaren hin und her geschwungen wurde. Ein Schlag auf den Kopf mit der Wurst hätte weniger weh getan als Madame Roses Finger in seinen Haaren.

»Monsieur Turenne, Sie müssen sofort aufhören!« rief sie. »Ich ... ich möchte diese Wurst ebenfalls kaufen!«

»Das können Sie gern tun, Madame!« schnaufte er. »Sobald ich diesen Bengel damit verdroschen habe!«

»Nein!« rief sie, hob ihre freie Hand und schob den Metzger zurück. »Ich protestiere. Kinder betteln nur, wenn sie hungrig sind.«

Trotzig gab Jerôme zurück: »Ich bettle nicht von diesem kapitalistischen Schwein, Madame!«

»Er stiehlt!« bellte der Metzger.

»Nicht, wenn ich die Salami für ihn kaufe.«

Der Metzger trat zurück und ließ seine Waffe sinken. »Wenn Sie mich nicht die Gendarmen rufen lassen, Madame, dann muß ich Ihnen den vollen Preis für Ihre Hühner und für die Salami berechnen!«

Jerôme spähte hinter dem Rock der Amerikanerin hervor. Jetzt hatte der Metzger sie festgenagelt.

»Wie Sie wünschen, Monsieur Turenne, aber galant ist das nicht von Ihnen.«

Er zuckte die Achseln und ging wieder hinein, um die Hühner einzupacken. Madame Rose ließ Jerômes Haare los.

Sie beugte sich tief hinab, bis ihre Nase fast die seine berührte. Ihr Gesicht sah sehr wild aus, und ihr Mund war breit und schnurgerade wie der eines Ochsenfrosches. »Rühr dich nicht von der Stelle«, warnte sie ihn; dann wandte sie ihre Aufmerksamkeit der Bezahlung ihrer Rechnung zu.

Jerôme rührte sich nicht. Er blieb hinter ihrem Rücken stehen und streichelte Papillon durch die Öffnung in seinem Hemd hindurch, wo ihm ein paar Knöpfe fehlten. Die Sonne kam zum Vorschein. Die Blumensträuße in den Eimern des Blumenstandes leuchteten hell und hübsch. Von jetzt an würde es zu hell zum Stehlen sein, aber wenigstens mußte er nicht ins Gefängnis.

Nun wandte sich Madame Rose an ihn. »Wie heißt du?« Sie packte ihn am Arm und zerrte ihn mit derselben Entschlossenheit hinter sich her, wie sie es mit dem Wagen tat.

»Jerôme Jardin.«

»Und was soll ich jetzt mit dir machen? Ich mußte den vollen Preis für die Hühner bezahlen, und ich habe eine Salami, die ich nicht brauche.«

»Es tut mir leid, Madame.« Jerôme kam sich mies vor. Die dicke Amerikanerin war schließlich eine nette Frau. Alle sagten das, außer Papa, der meinte, Madame Rose und ihre Schwester Betsy wären nur freundlich, weil sie etwas dafür bekämen. Jerôme konnte sich nicht vorstellen, was für einen

Gewinn Madame Rose aus diesem Akt der Freundlichkeit gezogen haben mochte. Ihm kam der Handel nicht besonders günstig für sie vor.

»Du mußt nicht stehlen, weißt du.« Sie zog den Handwagen einer Schar von Hausfrauen aus dem Weg und bückte sich, bis sie Jerôme direkt in die Augen schauen konnte. »Du hättest doch fragen können, wenn du Hunger hast.«

»Ich bin kein Bettler.«

»Ich weiß nicht, was ich mit dieser Salami machen soll.« Sie hielt sie ihm hin. Sie war in weißes Wachspapier gepackt, aber er konnte sie durch die Verpackung hindurch riechen. Sein Magen knurrte. Er blickte weg.

»Es tut mir leid«, sagte er wieder.

»Möchtest du sie haben, Jerôme?«

»Sie sind eine religiöse Person«, sagte er in der hochtrabenden Art, die Papa ihm beigebracht hatte. »Gefährlich.«

Sie lachte. Dann lachte sie noch lauter, als hätte sie schon lange nicht mehr etwas so Komisches gehört.

»Nun ja, ich schätze, das ist eine Frage des Standpunktes.«

»Sie sind eine Spinne der Kirche. Papa sagt, man soll nie Almosen von der Kirche annehmen. Almosen sind das Netz, mit dem sie ihre Beute fängt …«

Diesmal zuckte ihr Mund nur, als ob sie gleich lachen würde, aber sie tat es nicht. »So. Du bist ein Ehrenmann, wie ich sehe«, sagte sie ernsthaft. Doch ihre Augen lachten immer noch. »Nun, ich werde dich nicht mit diesem Geschenk verlocken.« Sie legte die Salami zurück auf einen Haufen von Kohlköpfen in ihrem Wagen. »Aber ich schätze, wenn ich mich umdrehe und wegschaue, könnte jemand kommen, der mir die Salami einfach vom Wagen schnappt.« Während sie sprach, drehte sie sich langsam von ihm weg und blickte hinüber zu den Gemüseständen auf der anderen Straßenseite. »Wenn jetzt jemand meine Salami stehlen würde, würde ich es überhaupt nicht mitkriegen.«

Jerôme starrte sie mit offenem Mund an. Sie war eine riesige Silhouette vor der Sonne. Sie sah nicht her. Dort lag die Salami. Er nahm sie. Dann nahm er noch einen Kohlkopf und schob ihn in seine Tasche.

»Aber laß die Hühner liegen, Jerôme«, warnte sie. »Wenn du und deine Schwester hungrig seid, könnt ihr kommen und bei uns essen. Unsere Kirche sieht nicht aus wie eine Kirche, Junge. Sie ist in unseren Herzen. Jetzt lauf.«

Madame Rose verwirrte ihn. Ihre Kirche war eine Kirche, aber sie sah nicht aus wie eine Kirche? Nun, darüber konnte er jetzt nicht nachdenken. Bestimmt strömte schon das Sonnenlicht durch die Bullaugen der *Knoblauch*. Marie würde bald aufwachen. Sie nannte Jerôme immer ihren Helden, wenn das Frühstück schon wartete, wenn sie aufwachte. Fröhlich schoß Jerôme im Zickzack durch die dahinstapfenden Marktkunden, dem Fluß entgegen. An dieser Wurst würden sie jeden Abend genug zu essen haben, bis Madame Hilaire Ende der Woche wieder auftauchte!

* * *

Das Dachzimmer, das sie über sieben lange Treppenfluchten erreichte, war ideal für Josephine. Das ganze Stockwerk war ein ehemaliger Dachbodenspeicher, den sie allein bewohnte. Die beiden großen Dachfenster unter dem Dachüberhang des *Foyer International* blickten hinaus über Dächer aus Schiefer und grünem Kupfer und die laublosen Bäume des *Jardin du Luxembourg*. Zur Linken markierte die goldene Kuppel des *Invalidendoms* die letzte Ruhestätte Napoleons. Über dem Gewirr der Schornsteine erhoben sich in der Mitte der *Cité* die großen, eckigen Türme der *Nôtre Dame*. Zur Rechten krönte die *Sacré-Cœur* den fernen Hügel des *Montmartre*.

Während ihrer gemeinsamen Zeit in Paris waren Josie und Daniel ein Dutzend mal auf den Nordturm der *Nôtre Dame* gestiegen, um über die Stadt hinwegzublicken. Sie hatten mit frischem, ofenwarmem Brot und sahnigem Brie gepicknickt und es mit Rotwein hinuntergespült, während sie auf das Läuten der Glocken warteten. Zweifellos waren ihre Blicke auch auf diese Fenster gefallen, und doch hatten sie sich nie träumen lassen, daß Josie hier eines Tages allein stehen und auf das Läuten derselben Glocken warten würde.

Es war am besten, dachte sie, die Glocken jetzt aus der Ferne zu hören, ihr Gesicht dem Nordturm zuzuwenden und sich vorzustellen, daß Danny immer noch dort stand und in ihre Richtung blickte.

Das Zimmer war klein. Ein einzelnes Bett mit eisernem Rahmen stand an der einen Wand unter der Dachschräge. Madame Watson hatte einen Tisch und einen Stuhl zur Verfügung gestellt, damit Josie schreiben konnte. Eine große Schubladenkommode war unter großen Mühen von zwei schwitzenden Speditionsarbeitern, die ihre besten Jahre schon hinter sich hatten, die Treppen hinaufgeschleppt worden. Ein blauer Läufer mit Blumenmuster, den Josie eine Woche nach ihrer Ankunft auf dem Flohmarkt erstanden hatte, bedeckte die kahlen Holzdielen.

Alma war zwei Stockwerke tiefer einquartiert, am anderen Ende desselben Flurs wie Irene und Hélène. Zweifellos war Josies Isolation von Madame Watson geplant, um die anderen Bewohnerinnen vor dem Klappern einer *Olivetti*-Schreibmaschine zu jeder Tages- und Nachtzeit zu bewahren. Was immer der Grund war, es war die sieben Treppen wert, daß ihr die ständige Borgerei und das endlose Geschnatter in den unteren Stockwerken, die Josie an einen College-Schlafsaal erinnerten, erspart blieben. Wenn jemand sie sprechen wollte, oder ein Telefonanruf kam, wurde die Nachricht durch Klopfen an die Heizungsrohre weitergegeben, die sich zu ihrem Wohnraum emporwanden. Niemand, der keuchend vier oder fünf Stockwerke erklommen hatte, wollte auch noch den Rest des Weges zurücklegen, nur um Josephine Marlow zu besuchen. Josie war dankbar für die Zurückgezogenheit und für die Aussicht.

Als Ausländerin mußte sie sich in der Polizeistation gleich um die Ecke im *Quartier Latin* melden und ihre Fingerabdrücke hinterlassen. Doch sie fühlte sich nicht wie eine Ausländerin. Ihr Lieblingscafé, das *Deux Magots*, war nur einen kurzen Fußweg entfernt. Trotz der Kälte boten immer noch die *Bouquinistes* – die Buchhändler – ihre Ware in Kisten auf dem Bürgersteig feil. Heutzutage gab es weniger Studenten, die die Kisten durchwühlten, doch die alte Wohngegend am linken Ufer hatte immer noch das Aussehen und die Atmosphäre wie vor dem Krieg. Es tat gut, wieder zu Hause zu sein.

Dennoch beschlich Josie ein Unbehagen, wenn sie den Gesprächen der Taxifahrer und Kellner und Verkäuferinnen lauschte. Sie aß mit französischen Regierungsbeamten, Vertretern der neutralen Länder und Journalisten-Kollegen im *Crillon* und im *Ritz* zu Mittag, und jedes dieser Treffen verließ sie mit einem schweren Kloß der Vorahnung in der Brust. Es war nicht die bittere Kälte des Winters, die sie in ihrem Dachzimmer zittern ließ, sondern etwas anderes. Frankreich wollte nichts davon hören, daß das, was in Polen geschehen war, auch in Frankreich passieren konnte.

Sie hatte dem kleinen Priester der Sankt Johannes-Kathedrale versprochen, aller Welt zu sagen, was sich dort ereignet hatte, doch niemand wollte sich an den Krieg erinnern lassen. Alle wollten nur über Politik reden.

Als sie im Café *Deux Magots* unter den grinsenden hölzernen Bildnissen zweier chinesischer Mandarinfürsten saß, drehte sich das Gespräch nur um Politik.

Delfina, Hélène, Alma, Irene und Josie nippten an ihrem Kaffee und diskutierten mit einem alten Kellner, den man aus dem Ruhestand zurückgeholt hatte, nachdem all die jungen Kellner an die Front eingezogen worden waren.

Der alte Mann zwinkerte den jungen Frauen zu und schickte sich an, sie über »das große Problem Frankreichs« aufzuklären. »Rußland hat einen starken Mann. Italien hat einen starken Mann. Deutschland hat einen starken Mann. Wenn nur Frankreich einen starken Mann hätte, könnten wir sie alle schlagen.« Er zuckte die Achseln. »Aber wir haben Daladier, der die Tschechoslowakei an den starken Mann von Deutschland verschenkt hat. Und England hat Chamberlain, der dasselbe getan hat.«

Delfina, die gebürtige Russin und überzeugte Anti-Bolschewistin war, fuhr sofort empört auf. »Wenn Frankreich und England von Diktatoren beherrscht würden, was würde sie dann noch von Rußland, Deutschland oder Italien unterscheiden, Monsieur?«

»Wenn wir einen Diktator hätten«, sagte der Kellner ein wenig traurig, »dann wäre er wenigstens unser starker Mann ... ein Franzose.«

Der Kellner mochte im geheimen ein Faschist, ein Sozialist oder ein Kommunist gewesen sein, oder auch einfach ein verwirrter Demokrat, doch was er da ausdrückte, war die Sehnsucht fast aller Pariser Bürger nach einer starken Nationalregierung, die in der Lage wäre, so etwas wie Nationalstolz zu inspirieren. Abgesehen davon sollte die Regierung den gewöhnlichen Mann seiner Wege gehen lassen.

Diesen Wunsch, unbehelligt nach seinen eigenen Überzeugungen leben zu können, hatten alle politischen Richtungen in Frankreich gemeinsam. Ein starker Führer war der einzige Gedanke, der alle Parteien vereinte. Nur konnte sich niemand in Frankreich darauf einigen, wessen Anschauung dieser starke Mann Frankreichs repräsentieren sollte. Jede politische Fraktion glaubte, alle anderen Lager in Übereinstimmung mit dem eigenen bringen zu sollen.

Verwirrung!

Hélène, die als Näherin bei *Redfern* arbeitete, zuckte nur die Achseln. »*Mais que voulez-vous?* Wir Franzosen mögen unsere eigenen politischen Ansichten, aber wir verabscheuen die von allen anderen, die nicht mit uns übereinstimmen. Es ist nicht immer leicht, aber wir kommen zurecht ...«

»*Oui*«, schloß sich Irene an. »Wenn die Situation es erfordert, werden wir unsere Differenzen beiseite legen und in einem geeigneteren Augenblick wieder aufgreifen. In der Zwischenzeit werden wir alle Seite an Seite unser geliebtes Frankreich verteidigen.«

Josie schwieg zu all diesen Äußerungen. Ihre Freundinnen wußten nicht, konnten sich nicht vorstellen, wogegen sie ihr geliebtes Frankreich zu verteidigen hatten ...

Wäre es die einzige Voraussetzung für ein akzeptables Dasein gewesen, daß man am Leben und relativ unbehelligt blieb, was für einen Unterschied machte es dann für die Franzosen, ob ihre Regierung faschistisch, kommunistisch, sozialistisch oder verwirrt demokratisch war?

Das eine war so gut wie das andere, oder nicht? *Laissez faire*. Solange der Einzelne unbehelligt in den Tag hinein leben konnte, war eine Ideologie so gut wie die andere, oder nicht? Wenn nur der starke Mann am Ruder der französischen Regierung ein Franzose war, ließ sich sogar Faschismus erdulden.

Josephine war zu still geblieben. Alle Gesichter wandten sich ihr zu.

»Nun, Josephine?« bohrte Hélène.

Alma fügte mit einem Lachen hinzu: »In England konnte sie gar nicht damit aufhören, von Politik zu reden. Was ist los? Sind dir die Meinungen ausgegangen?«

Josie lehnte sich zurück und holte tief Luft. »Seid ihr sicher, daß ihr meine Ansichten hören wollt?«

»Wir sind hier in Frankreich«, bemerkte Delfina scharf. »Jeder hat eine Meinung ...«

»Und jede ist anders«, unterbrach Josie. »Also schön. Im Gegensatz zu Frankreich gibt es in ganz Nazi-Deutschland nur eine Meinung, und die lautet: Krieg ist den Männern so heilig wie Mutterschaft den Frauen.«

Einen Moment lang herrschte Stille rund um den Tisch, dann ertönte ein nervöses Kichern.

»Ist das alles, Josephine?« fragte Hélène lachend.

Josie zuckte die Achseln. »Darüber sind sie sich alle einig. Oder wenn sie nicht damit übereinstimmen, dürfen sie nichts dagegen sagen. Die Deutschen unterhalten sich nicht mehr auf dem *Kudamm* in Berlin über Politik. Sie reden über Krieg.«

»Nun, haben wir nicht dasselbe getan?« zwitscherte Irene.

»Nein!« gab Delfina hitzig zurück. »Politik und Krieg sind nicht dasselbe. Der Krieg ist es, der letzten Endes über die Politik entscheidet, und über die Religion, und darüber, wie unser Leben Tag für Tag aussehen wird! Nicht umgekehrt. Recht und Unrecht überleben jede Schlacht. Aber nur der Sieger hat das Vorrecht, zwischen beidem zu wählen. Die Nazis haben das von Anfang an gewußt. Hitler ... Stalin ... sie sind alle aus demselben Holz. Sie versklaven ihre eigenen Völker, indem sie ihnen etwas geben, das Politik und Religion ihnen nicht mehr verschaffen können. Sie geben ihnen den Glauben an einen Sinn ihrer Existenz über das unmittelbarste Eigeninteresse hinaus. Sie geben ihnen einen heiligen Krieg, in dem sie kämpfen können! Einen Grund, sich aufzuopfern! Was für eine Einigkeit hinter einer blutigen Sache! Der eigentliche Verfall beginnt dann, wenn die Leute merken, daß sie mit dem Teufel im Bund sind. Aber der Teufel ist ihnen lieber als die Leere eines Lebens, dem eine höhere Bedeutung fehlt. Die Sache wird zu ihrem Gott. Recht oder Unrecht? Was bedeutet das schon? Die Sache ist alles.«

Josie sah ihre Freundin mitfühlend an. Delfinas Familie war während der bolschewistischen Revolution von Rußland nach Frankreich geflüchtet. Ihre *Carte d'Identité* war immer noch der Nansen-Paß, der nach dem letzten Krieg vertriebenen Personen ausgestellt worden war. Sie hatte genug erlitten, um zu wissen, wovon sie redete.

Die anderen saßen angesichts von Delfinas Ausbruch sprachlos da. Ein unbehagliches Schweigen senkte sich über sie, als sie fortfuhr: »Frankreich wartet auf seinen französischen Hitler. Die Kirchen sind leer. Die Leben sind leer. Was ist der Sinn und Zweck eures Lebens? Nur, zu existieren. Zu atmen und zu essen und ... das alles macht mir große Angst.«

»Krieg so heilig wie Mutterschaft?« lachte Alma. »Fragt mal irgendeinen französischen Soldaten an der Maginotlinie, wie er dazu steht! Der wird euch sagen, daß es ihm viel lieber wäre, eine heilige Mutter aus irgendeiner Frau zu machen als Krieg zu führen! Das ist der Unterschied zwischen Deutschland und Frankreich!«

Hélène schüttelte entsetzt den Kopf. »Diese erbärmlichen kleinen Nazis! Wenn man sich das vorstellt: Männer, die lieber kämpfen als lieben!« Sie tippte sich mit dem Finger gegen die Schläfe. »*Vive la France!* Diesmal heißt es die oder wir, ihr Lieben!«

* * *

Drei Tage Urlaub in Paris! Noch aufregender hätte diese Aussicht nur sein können, wenn es London gewesen wäre oder wenn Annie es irgendwie geschafft hätte, ebenfalls in Paris zu sein. Hewitt neckte David, als er das sagte. »Der letzte Ort, an dem du deine feste Freundin bei dir haben willst, ist Paris, Blechmann!«

Der Zug fuhr um Mittag in Rouvres los; die Fahrt würde nur ein paar Stunden dauern. David war noch nie zuvor in Paris gewesen. Er schwor sich im stillen, alle Anblicke und Geräusche zu speichern, um später Annie davon zu erzählen. Auch sie war noch nie in der Stadt der Lichter gewesen. Eines Tages würde er sie herbringen und für sie den Reiseführer in der romantischsten Stadt der Welt spielen.

Die ostfranzösische Landschaft rollte vorbei. Hewitt und Simpson schliefen, als der Zug den Bahnhof in *Chalons-sur-Marne* verließ. David lehnte sich gegen das Fenster im Korridor vor dem Abteil und blickte auf die Marne hinaus. Er verglich die Zwillingstürme der Kirche *Nôtre Dame de Vaux* mit ihrer Beschreibung im Reiseführer. Romanisches Kirchenschiff, las er, Chorraum und Gewölbe gotisch.

»Was sehe ich denn da?« krächzte eine rauhe Stimme. »Versuchst du was zu lernen, Attentäter?«

Eine schrille, hohe Stimme stimmte zu: »Na klar, Mister Arthur. Genau das ist es.«

Es waren Cross, der Dachs, und sein stiefelleckender Freund Dinky Mertz. An der Schwerzüngigkeit der beiden war leicht zu erkennen, daß sie getrunken hatten. David wollte sie am liebsten ignorieren und hoffte, sie würden einfach weitergehen. Das Letzte, was er gebrauchen konnte, war eine Auseinandersetzung mit Cross, die womöglich dazu führen würde, daß er aus dem Zug verwiesen wurde.

Der Dachs riß David das Buch aus den Händen. »Zu vornehm für unsereinen, was, Blechnapf? Zu beschäftigt, um dich mit einem alten Bekannten zu unterhalten?«

»Gib mir das Buch zurück, Cross«, sagte David, als der Dachs es an Dinky weiterreichte. »Ich will keinen Ärger mit dir.«

»Er will keinen Ärger mit mir? Ist das nicht traurig, Dinky? Ist das eine Art, mit einem Waffenkameraden zu sprechen?«

»Nein, das ist ganz und gar nicht höflich«, hickste Mertz.

David versuchte, an dem Dachs vorbeizugreifen und sich das Buch zurückzunehmen, doch Cross schlug seinen Arm zur Seite und hauchte David mit seiner Bierfahne an. »Wußtest du schon, daß ich deinetwegen meinen netten Ausbilderjob verloren habe, Teetasse? Irgend jemand hat mich angeschwärzt wegen der kleinen Rauferei, die wir damals in der Kneipe hatten ... warst du das, Blechbüchse, Butternapf ... wie immer noch gleich dein Name war ... warst du das?«

»Ich war es nicht. Und jetzt verschwinde, Dachs. Ich will mich nicht noch einmal mit dir schlagen.«

»Tja, sollen wir dann sagen, vergangen ist vergangen?«

David betrachtete die fleischige, ausgestreckte Hand mit Argwohn. »Klar«, sagte er schließlich. »Sobald du mir mein Buch zurückgegeben hast.«

»Wie gedankenlos von mir. Dinky, das Buch.« Der Dachs griff mit der rechten Hand über die Schulter nach hinten, wie um den Reiseführer von Mertz entgegenzunehmen. Doch als seine Faust Schulterhöhe erreichte, schleuderte er sie geradeaus nach vorn auf Davids Nase zu.

David hatte etwas derartiges erwartet, und sein instinktiver Argwohn, verbunden mit den vom Alkohol gebremsten Reflexen des Dachses, reichten aus, damit David seine Nase in Sicherheit bringen konnte. Dennoch traf ihn der Schlag am Ohr und schleuderte ihn seitlich gegen das Fenster, so daß die Scheibe herausflog.

Im Fallen streckte er das Bein aus und hakte seinen Fuß in die Kniekehle des Dachses. Der schwere Mann taumelte ebenfalls gegen das Fenster, erwischte Dinky mit seinem rudernden Unterarm und schickte ihn ebenfalls zu Boden.

David sprang rasch wieder auf und sagte. »Okay, wir haben also immer noch eine Rechnung offen. Aber nicht hier, du Idiot! Willst du aus dem Zug geschmissen werden?«

»Ha! Hast du das gehört, Dinky? Der Yankee hat nicht nur kein Herz, sondern auch kein Rückgrat. Er ist ein Feigling.«

»Klar ist er das, Mister Arthur«, nickte Mertz und wischte sich mit dem Ärmel über die blutende Lippe. »Aber kommen Sie. Er hat recht. Wir wollen nicht rausgeschmissen werden.«

»Du kleiner Verräter. Dann müssen wir die Sache eben schnell erledigen.«

Der Dachs senkte den Kopf und stürmte vor, eher wie ein Stier als wie ein Dachs. David erwischte ihn mit einem Arm um den Hals und versetzte ihm einen Aufwärtshaken genau auf den Mund. Die Wucht des Ansturms ließ beide den Gang entlang taumeln, bis sie gegen die Wand am anderen Ende prallten, wobei eine weitere Glasscheibe zu Bruch ging.

Die hundertdreißig Kilo Lebendgewicht des Dachses hinter der Schulter in der Mitte von Davids Brustkorb nahmen dem Amerikaner den Atem. Der Dachs warf den Kopf zurück und riß beide Hände gleichzeitig unter Davids Kinn hoch. »Dich erwürge ich, Blechfolie«, sagte er und drückte David die Kehle zu. Breitbeinig stemmte er sich gegen das Schwanken des Zuges.

Eine Mademoiselle trat vom anderen Ende her in den Gang. Als sie die beiden Streithähne sah, schrie sie auf und rannte zurück durch die Tür. »Beeilen Sie sich, Mister Arthur«, drängte Mertz, »bevor die Gendarmen kommen!«

Obwohl David schwindelig wurde, hatten ihn seine früh erworbenen schmutzigen Kampftechniken nicht verlassen. Abrupt riß er das rechte Knie hoch und dem Dachs zwischen die Beine.

Ein verzerrter, fast irrer Ausdruck machte sich auf Cross' Gesicht breit. Er grunzte einmal und ließ seine Hände sinken. David hob seine Rechte und schlug zu, traf den Dachs am Auge und schleuderte ihn rückwärts dem gerade eingetroffenen Zugschaffner in die Arme.

Der Würdenträger ging zu Boden, wobei seine Brille und seine goldene Uhr zu Bruch gingen. Doch die Schreie der französischen »Madame« hatten Verstärkung herbeigelockt: Zwei Stewards aus dem Speisewagen und ein Polizist außer Dienst waren ebenfalls zur Stelle.

Dinky Mertz verschwand.

Der Richter in Epernay war ein verständnisvoller Mann. Er war bereit, die beiden Raufbolde laufen zu lassen, sagte er, vorausgesetzt, sie bezahlten für die Schäden im Zug, die Brille, die Uhr und die verbeulte Nase des Zugschaffners. Fünfhundert Francs müßten genügen.

Das war mehr, als beide zusammen aufbringen konnten.

»Trois jours«, sagte er. »Drei Tage Gefängnis.«

32

Luxemburg-Stadt. Die Stadt war ein einziger Anachronismus; eine wild zusammengewürfelte Mischung verschiedener Stile und Epochen der Architektur, die es irgendwie schafften, in Harmonie zusammenzuleben. Es war die Stadt, in der Elaine gelebt hatte. Es war die Stadt, in der Andrés Tochter nun bei ihrem Großvater, dem Stahlindustriellen Abraham Snow, in einem großen gotischen Haus am Ufer der Petrusse wohnte.

Andrés Reise nach Belgien war Grund genug, einen Abstecher nach Luxemburg zu machen. Er verbrachte die Nacht im Hotel *Brasseur*, im selben Zimmer, in dem er sich oft mit Elaine getroffen hatte. Die Angestellten erkannten ihn sofort. Henri, der Besitzer, und seine Frau Agnes begrüßten ihn ernst. Spürten sie, daß er auf einer Art Pilgerfahrt für Elaine in ihr Haus zurückgekehrt war? Sie erwähnten ihren Namen nicht. Henri reichte André nur den Schlüssel. Agnes, die strickend im Schatten neben dem Aufzug saß, blickte einen Moment lang mitleidig zu ihm auf, als er vorbeiging. Ihre Nadeln klapperten wie die von Madame Defarge, während sie zusah, wie die Verurteilten zur Guillotine auf das Schafott stiegen.

Ihre Augen schienen zu fragen: Setzt du dich dieser Prüfung freiwillig aus? Armer Narr.

Sein Abendessen, *Rôti de veau et asperge,* hatte er allein in seinem Zimmer eingenommen. Er hatte kaum schlucken können. Das wenige, das er aß, spülte er mit einer ganzen Flasche *Châteauneuf-du-Pape* hinunter. Es war ein mittelmäßiger Jahrgang, aber er trank ihn bis zum letzten Tropfen. Doch der Wein half ihm nicht beim Einschlafen, wie er gehofft hatte. Er legte sich aufs Bett, schloß die Augen und sah Elaine.

Das blaue Seidenneglige. Die dünnen Träger glitten von den Schultern. Ihre Lippen öffneten sich zu einem erwartungsvollen Lächeln. Er streckte die Arme nach ihr aus, doch sie war fort ...

Er hatte kaum geschlafen, und wenn, dann hatte er von ihr geträumt. Solange sie noch am Leben war, hatte er immer noch eine leise Hoffnung gehegt, daß sie eines Tages wieder zusammen sein würden. Doch nun blieb ihm nur noch die schmerzhafte Sehnsucht.

Endlich wandten sich seine Gedanken dem Kind zu – Juliette. Sie wohnte nur zehn Minuten zu Fuß vom Hotel entfernt. Zehn Minuten von hier, und doch hatte André sie noch niemals zu Gesicht bekommen. Und so stand er morgens auf, entschlossen, das Kind zu sehen, das er und Elaine gezeugt hatten.

Es regnete. Um acht Uhr aß André ein Croissant und trank eine Tasse Kaffee in dem kleinen Speisezimmer des Hotels. Er ließ seinen Wagen in der Garage und lieh sich von Henri einen Schirm für den kurzen Weg zum *Boulevard de la Petrusse*.

Er überquerte die Straße und ging am Kai entlang. Mit dem Fluß im Rücken starrte er hinauf zu der verwitterten Steinfassade des großen Hauses. Sechs rauchende Schornsteine ragten aus dem steilen Schieferdach empor. Der Hausherr war zu Hause, und doch waren die Jalousien geschlossen, als hätte das ganze Haus vor Kummer die Augen geschlossen. Eine schwarze Trauerbinde hing über der massiven Tür. Würde Juliette herauskommen und in die Schule gehen? Oder sollte André kühn die Stufen hinaufsteigen, an die Tür klopfen und darum bitten, das Kind sehen zu dürfen? Sollte er das Risiko eingehen, von Abraham Snow, der guten Grund hatte, ihn zu hassen, abgewiesen zu werden? Das konnte zu einer Szene vor Juliettes Augen führen. Hatte sie nicht schon genug durchgemacht?

Er brachte es nicht über sich, auf das Haus zuzugehen.

Der Regen trommelte hart auf seinen Schirm wie ungeduldige Finger auf eine Tischplatte. Er spritzte von den Steinen empor, bis die Aufschläge seiner Hosen feucht waren. Wie lange wartete er schon? Ein einsamer Mann unter einem Schirm am Flußufer. Er mußte einen kuriosen Anblick abgeben. Er glaubte zu sehen, wie sich hinter einem Fenster im Obergeschoß ein Vorhang etwas bewegte und dann wieder zurückfiel. Beobachtete ihn etwa jemand dabei, wie er das Haus beobachtete? Vielleicht stand die kleine Juliette hinter dem Fenster.

Er wünschte, jemand würde die Jalousien öffnen; konnte er nicht wenigstens einen Blick auf Elaines Kind, sein Kind, erhaschen? Doch niemand erschien an den Fenstern. Niemand verließ das Haus.

Es war fast elf, als er ins Hotel *Brasseur* zurückkehrte. Der Besitzer und seine Frau blickten beide flüchtig auf, als André den Schirm auf den marmornen Tresen der Rezeption legte.

»War Ihr Treffen erfolgreich, Monsieur Chardon?« fragte Henri.

»Es war sehr feucht.« André verriet ihm nicht, daß er mehrere Stunden lang im Regen gestanden hatte.

»Ihre Hosen sind naß, Monsieur Chardon«, bemerkte Agnes und ließ ihre Strickarbeit sinken. »Möchten Sie, daß ich sie Ihnen trocknen und bügeln lasse?«

Er schüttelte den Kopf, ohne ihr in die Augen zu sehen. »Ich habe heute noch weit zu fahren. Das wird warten müssen.«

Er kam sich vor wie ein Narr, als er Luxemburg verließ. Was hatte er erreicht, außer, daß er nun noch unglücklicher war als zuvor? Er spürte die Einsamkeit seines Lebens stärker, als er je eine Emotion verspürt hatte, aber was machte das am Ende für einen Unterschied?

* * *

Andrés Mission in Belgien hinterließ bei ihm eine sorgenvolle Vorahnung bezüglich der Verteidigungsstrategien seiner eigenen Generäle. Inzwischen hatte die gemeinsame Zeit mit Lewinski bei Bertrand zu Mißstimmung und Verwirrung geführt.

Auf dem ganzen Weg zum Büro des Ministerpräsidenten im Palais Bourbon saß André schweigend neben Bertrand.

Sie betraten das Gebäude und gingen direkt in die Suite des Ministerpräsidenten Daladier. Dort wurde ihre Ankunft bereits von Daladier, dem Obersten Befehlshaber der Streitkräfte, Gamelin, und dessen Adjutanten Oberst Pucelle erwartet.

Daladier, ein Mann von kleiner Gestalt, straffte seine ohnehin schon straffen Schultern und forderte André auf, zu beginnen. »Alle Anwesenden sind bereits über Ihre Mission unterrichtet, Herr Oberst, und alle kennen ihre Bedeutung. Bitte beginnen Sie.«

André öffnete seine Aktentasche und zog einen zerknitterten Stapel Papiere hervor. Diese breitete er auf dem Tisch aus, wobei er sorgfältig zwei Blätter zur Seite legte, die etwas angekohlt waren. »Sie sollten wissen, meine Herren, daß dies nicht der gesamte Inhalt der Mappe des deutschen Majors ist«, erklärte er. »Mein belgischer Gesprächspartner hat den Rest, doch uns wurden diese Originale zur Verfügung gestellt, damit wir ihre Bedeutung und Authentizität besser beurteilen können.«

»Können Sie uns eine Zusammenfassung geben, worum es sich dabei handelt?« fragte Daladier.

»Diese Papiere stellen sich als die Luftflotteneinsatzbefehle für die in Köln stationierte Luftwaffendivision dar.«

Soviel von dem Geheimnis der Papiere war den Männern am Tisch bereits bekannt, nicht aber das, was als nächstes kam.

»Und wie lauten die Befehle?«

André holte tief Luft. »Sie geben die Ziele für Luftangriffe im Zusammenhang mit einer deutschen Invasion in Holland und Belgien an.«

»Exakt!« sagte General Gamelin. »Das bestätigt, was wir immer gesagt haben. Es wäre eine Torheit von den Deutschen, einen frontalen Angriff gegen die Maginotlinie zu versuchen. Darum muß der Angriff, wenn er kommt, durch die Niederlande und Belgien erfolgen.«

André runzelte die Stirn, sagte jedoch nichts, bis ihn Daladier erneut befragte. »Sie sagten, die Papiere ›stellen sich dar‹. Bestehen Zweifel an der Authentizität der Papiere?«

In einem Tonfall, der verriet, wie begierig er war, sich die Gunst seines Vorgesetzten zu erwerben, kam Oberst Pucelle Andrés Antwort zuvor. »Verzeihen Sie, Herr Ministerpräsident, aber was für einen Zweifel kann es da geben? Der deutsche Offizier, der diese Befehle bei sich trug, versuchte sie zu vernichten, wie wir an den verbrannten Blättern erkennen. Wie wir hören, hat er es sogar zweimal versucht.«

»Trifft das zu, Oberst Chardon?«

André bestätigte Pucelles Aussage. Der Gendarm, der die beiden Deutschen festgenommen hat, hat den ersten Versuch, die Papiere zu verbrennen, nicht beobachtet. Später, als sie auf die Ankunft des Chefinspektors warteten, versuchte Major Reinberger ein zweites Mal, sie zu vernichten, diesmal im Ofen des Bauernhauses.«

»Doch dank der Geistesgegenwart des Gendarmen ist es ihm nicht gelungen«, ergänzte Pucelle triumphierend. »Damit dürfte bewiesen sein, daß die Papiere echt sind. Wenn es den Deutschen darum gegangen wäre, uns falsche Informationen zuzuspielen, warum hätten sie sich dann soviel Mühe gegeben, zu vernichten, was sie in unsere Hände bringen wollten?«

General Gamelin und Ministerpräsident Daladier murmelten zustimmend zu dieser Argumentation. André saß immer noch schweigend mit gerunzelter Stirn da.

»Oberst Chardon, Sie sind immer noch nicht überzeugt«, sagte Daladier ermunternd. »Sagen Sie uns, was wir übersehen haben.«

André räusperte sich, bevor er antwortete. »Es steht in direktem Widerspruch zu den Gepflogenheiten des deutschen Oberkommandos, jemals streng geheime Dokumente durch die Luft zu transportieren, da man bemüht ist, genau das zu vermeiden, was sich hier ereignet hat. Zweitens haben die deutschen Majore ausgesagt, sie wären abgestürzt, weil sie sich verirrt hätten und ihnen der Treibstoff ausgegangen wäre; doch als man die *Me108* untersuchte, fand man noch genügend Treibstoff in den Tanks, um den Flug fortzusetzen.«

»Ein Versagen der Instrumente, oder eine vereiste Benzinleitung«, unterbrach Pucelle.

»Bitte fahren Sie fort, Oberst Chardon«, drängte Daladier.

André nickte und sprach weiter. »Drittens erscheinen die beiden Versuche, die Dokumente zu verbrennen, verdächtig, mir jedenfalls.« Er sah Pucelle direkt an, als er fortfuhr. »Wir haben es hier mit Luftwaffenoffizieren zu tun – nicht mit Idioten –, die gegen direkten Befehl höchst heikle Papiere bei sich trugen. Wie viele Versuche braucht man, um etwas so Belastendes zu verbrennen?«

»Pah«, schnaubte Pucelle. »Oberst Chardon versucht hier, ein Geheimnis zu entschleiern, wo keines ist. General Gamelin hat bereits 1937 deutlich gemacht, daß jegliche zukünftige Bedrohung unserer Grenzen durch die Nazis durch Holland und Belgien kommen müßte und exakt dem deutschen Schlieffen-Plan folgen würde. Nach derselben Strategie, die sie auch im großen Krieg angewendet haben, erfolglos, wie ich hinzufügen möchte.«

Rings um den Tisch schien allgemeine Zustimmung zu herrschen, die nur André und Bertrand nicht teilten. Der Fairneß halber gab Daladier André noch eine weitere Gelegenheit zu sprechen. »Wenn das eine ausgeklügelte Finte ist, Herr Oberst, welche Absicht könnte dahinter stehen?«

André räusperte sich nervös. »Ich glaube nicht, daß es eine Finte ist. Dennoch glaube ich, daß die deutschen Offiziere Hulse und Reinberger absichtlich zugelassen haben, daß diese Dokumente in die Hände der Neutralen gelangten.«

Ein überraschtes Murmeln breitete sich um den Tisch aus. Daladier beugte sich vor und trommelte mit seinen Fingern auf die Dokumente. »Dann meinen Sie also, daß diese Deutschen wünschten, daß wir die vollständigen Einzelheiten der Luftwaffeneinsatzpläne kennen? Mit anderen Worten, daß sie Verräter sind?«

»Sie haben sich geweigert, mit mir zu sprechen, Herr Ministerpräsident, weil ich Franzose und damit Feind ihres Reiches bin. Doch ich konnte durch ein Spiegelfenster ein Gespräch zwischen dem Deutschen Kurt Hulse und einem belgischen Kriminalbeamten beobachten, der sich mit ihm angefreundet hat.«

»Mit den Neutralen ist dieser Hulse also bereit zu sprechen.«

»Ich glaube, sein Plan war es, sie zu warnen. Aber da ist noch etwas.« André holte langsam Luft. Was er nun sagen würde, lief allem gegenwärtigen militärischen Denken zuwider. »Auf mein Drängen hin fragte der Belgier diesen Hulse, ob er von irgendwelchen Plänen im Zusammenhang mit den Ardennen wisse ...«

Pucelle schnaubte. »Die kann es nicht geben. Unpassierbar für Artillerie ...«

Trotz der vorherrschenden spöttischen Atmosphäre fuhr André fort. »Hulses Antwort war, daß es für einen Stuka-Bomber nicht schwieriger sei, über die Ardennen zu fliegen als über ebenes Gelände.«

»Ein Sturzbomber könnte nicht genug Sprengkörper mitführen, um auch nur eine Kerbe in ...« fing Pucelle an, doch nun schaltete sich Bertrand in die Auseinandersetzung ein.

»Sie vergessen Warschau, Herr Oberst! Sie vergessen Barcelona!«

»Städte!« gab Pucelle zurück. »Angreifbar für Bombardement aus der Luft. Aber gegen die gesamte französische Front könnten sie nichts ausrichten!«

»Ich sage Ihnen«, sagte André leise, »Hulse und Reinberger wollten die Neutralen warnen. Aber wir Franzosen sollten auch bezüglich der Ardennen gewarnt sein.«

Gamelin schüttelte den Kopf und schob allein bei dem Gedanken verächtlich die Unterlippe vor. »Eine Vermutung reicht nicht aus, Oberst Chardon. Ich werde nicht aufgrund einer unbewiesenen Vermutung ganze Divisionen bewegen, damit sie tatenlos vor einer undurchdringlichen Linie sitzen.« Er schlug mit der flachen Hand auf die deutschen Dokumente. »An das hier werden wir uns halten. Wenn diese Dokumente authentisch sind, und darin stimmen Sie ja mit uns überein …«

»Aber unvollständig …« begann André.

»Welche anderen Informationen haben wir denn? Zeigen Sie mir Beweise, dann ziehe ich die Ardennen vielleicht in Betracht. Doch für den Augenblick verschwenden Sie nur unsere Zeit mit Ihren Spekulationen!« Der General erhob sich, und die Besprechung war zu Ende. André wurde entlassen wie ein auf Abwege geratener Schuljunge. Er würde die Ardennen nicht wieder erwähnen, bevor er Beweise dafür hatte, daß seine Theorie stimmte.

Auf dem Weg hinaus zu dem wartenden Citroën zog Bertrand André zur Seite. »Ich weiß, Sie sind enttäuscht, daß Sie sie nicht überzeugen konnten«, sagte er. »Aber denken Sie daran, daß diese Leute bisher noch nichts von dem Projekt wissen, das in Ihrem Keller im Gang ist. Vielleicht ist unser Freund Lewinski inzwischen auf etwas Definitives gestoßen.«

André sah Bertrand trübe an. »Wollen Sie die Wahrheit wissen, Gustave? Ich weiß nicht einmal, worauf er aus ist.«

* * *

Der Dezember im Südatlantik war heißer als irgendein Sommer, den Trevor je zu Hause erlebt hatte. Einmal am Tag wurde den Gefangenen ein zehnminütiger Gang auf dem Deck der *Altmark* gestattet. Es war eine erstaunliche Erleichterung, auch wenn die Temperatur dabei nur auf vierzig Grad Celsius zurücksank, gegenüber den drückenden fünfundfünfzig Grad im Frachtraum.

Trevor begriff, daß die Nazis ihnen diese kurze Bewegungszeit nicht aus Weichherzigkeit zugestanden. Wie Kapitän Thun die Gefangenen so großspurig informiert hatte, sollten sie zurück nach Deutschland gebracht und dort zur Schau gestellt werden. Großbritanniens vielgerühmte Seemacht wurde gedemütigt, und die Parade der britischen Seeleute war der Beweis. Darum mußten die Geiseln der deutschen Propaganda lebendig ausgeliefert werden, wenn auch nur gerade so.

Der Tod von Frankie Thomas hatte ein seltsames Nachspiel gehabt. Als zusätzlicher Beweis, daß es den Deutschen immer noch weit mehr um die Disziplin als um das Wohlergehen der Gefangenen zu tun war, hatte man eine offizielle Bekanntmachung im Frachtraum aufgehängt:

»An die Gefangenen. Aufgrund des heutigen Verhaltens der Gefangenen werden sie morgen nur Brot und Wasser erhalten. Außerdem habe ich

Befehl gegeben, daß der Arzt nach diesem Vorfall keine regelmäßige Visite mehr machen wird. Fälle von schweren Erkrankungen müssen jeweils bei der Essensausgabe gemeldet werden.«

Doch wenn sich auch an der eisernen Durchsetzung der deutschen Autorität nichts geändert hatte, etwas in Trevors Beziehungen zu den anderen Gefangenen war anders geworden. Nachdem Frankies Leiche ohne Zeremoniell über die Reling geworfen worden war, hatte jeder der Briten sich die Zeit genommen, Trevor aus Anerkennung für seinen Versuch, sich einzuschalten, die Hand zu drücken. Als Dykes sich über die gestrichenen Rationen beklagte, hatte Nob ihn zur Seite genommen. In leisem und doch unverkennbar drohendem Ton war Dykes informiert worden, wenn er nicht den Mund halte, würde er der nächste sein, der über die Reling geworfen würde.

Als der Kalender allmählich auf Weihnachten zukroch, kam schließlich der Tag, als die *Altmark* erneut neben der *Graf Spee* festmachte, um weitere Gefangene aufzunehmen. Als die neu eingetroffenen Gefangenen zu den anderen in den Frachtraum gebracht wurden, quetschte man jeden von ihnen nach Neuigkeiten von der Außenwelt und nach den Aussichten auf Befreiung aus. Trevor hielt sich an einen Maschinenmaat namens Dooley, der auf dem Frachter *Huntsman* gewesen war.

»Die sind wegen irgend etwas ganz aus dem Häuschen«, berichtete Dooley. »Ich habe gehört, wie zwei Schiffsjungen davon redeten, daß bald eine große Schlacht kommt. Ist vielleicht nichts dran, aber jedenfalls haben sie ziemlich plötzlich eine Kursänderung gemacht.«

Noch bevor Dooley zu Ende gesprochen hatte, erschollen oben Befehle, und die Leinen, die das Kriegsschiff mit ihrem kleineren Begleiter verbanden, wurden gelöst. Sirenen gellten auf dem Kriegsschiff, und die Dampfpfeife des Gefängnisschiffes ließ ihren schrillen Abschiedsgruß ertönen. In der Hektik des plötzlichen Aufbruchs war niemandem der Befehl erteilt worden, die Luke über dem Frachtraum zu verschließen. Wer unaufgefordert aus der Zelle kam, mußte damit rechnen, erschossen zu werden, aber Trevor riskierte es, sich auf die Leiter zu stellen und einen Blick über das Deck hinweg hinaus auf die See zu erhaschen.

Zuerst konnte er nichts sehen außer der riesigen Stahlwand der *Graf Spee*. Doch langsam entfernte sich der Kreuzer von der *Altmark*, und dann konnte Trevor sehen, was die Ursache für den plötzlichen Aufbruch gewesen war: Zwei Rauchsäulen am Horizont bewegten sich mit hoher Geschwindigkeit auf die deutschen Schiffe zu. Als Trevor hinspähte, tauchte ein dritter Streifen aus dunklem Rauch kurz hinter den ersten beiden auf.

Die Geschütze der *Spee* brüllten auf. Sie war mit drei Sätzen riesiger Elf-Zoll-Kanonen bewaffnet, die in der Lage waren, riesige Projektile meilenweit über den Ozean zu schleudern. Das Krachen der Kanonen hallte in dem stickigen Frachtraum wider, als wäre die *Altmark* selbst unter Beschuß.

»Was ist los? Was passiert da?« kamen die drängenden Rufe von unten.

Trevor hatte ganz vergessen, daß er Berichterstatter und nicht nur Beobachter sein sollte. »Ich kann die Rümpfe noch nicht erkennen«, rief Trevor zurück. »Aber bei der Geschwindigkeit, mit der sie näherkommen, müssen es mindestens Schlachtkreuzer sein. Vielleicht die *Exeter.*«

»Weiter, Mann«, drängte Dooley, »erzählen Sie alles!«

»Die Spee hat die größere Schußweite«, sagte er. »Die Kreuzer feuern, aber die Geschosse tragen nicht weit genug. Jedesmal, wenn eines von diesen Elfzöllern einschlägt, spritzt das Wasser fünfzig Meter hoch in die Luft. Jetzt sehe ich ...« Trevor stockte.

»Was, Mann, was?« flehte Dooley. »Ich meine, Sir. Hören Sie nicht auf!«

»Einer von den Kreuzern hat einen Treffer abbekommen«, berichtete Trevor. »Es war ein greller Lichtblitz zu sehen, und jetzt fällt er zurück.«

Ein Stöhnen ging durch die Reihen der Gefangenen. »Was ist mit den anderen beiden?« fragte Nob.

»Sie kreuzen im Zickzack und machen einen Rauchschleier«, gab Trevor nach unten.

»Um ihren Rückzug zu decken, die jämmerlichen Feiglinge«, murmelte Dykes.

Die Altmark entfernte sich in nordöstlicher Richtung von dem Schauplatz der Schlacht, während die *Spee* in Richtung Südwesten hielt. Es war klar, daß es heute nicht zu einer Befreiung kommen würde; die ganze Aufmerksamkeit der britischen Kriegsschiffe richtete sich auf den deutschen Kreuzer.

Die versehentlich offen gelassene Luke wurde entdeckt, und Trevor wurde barsch befohlen, nach unten zu verschwinden, falls er nicht auf weitere Stockhiebe aus sei. Unmittelbar bevor er gehorchte, hievte er sich auf den Händen hoch und spähte über die Wasserfläche hinweg ein letztes Mal zu der Schlacht hinüber. Seine Waghalsigkeit brachte ihm einen Hieb aufs Ohr ein, und man stieß ihn rückwärts zurück in den Frachtraum.

»Warum haben Sie das gemacht?« murmelte Dykes. »Wollen Sie, daß wir wieder auf Wasser und Brot gesetzt werden?«

Trevor rappelte sich auf und hielt sich die Kopfseite, aber er lächelte. »Denken Sie, was Sie wollen, Dykes«, sagte er. »Aber es hat sich gelohnt. Die Kreuzer ziehen sich nicht zurück. Sie schießen aus diesem Rauchvorhang hervor und wieder zurück wie Hunde, die einen Löwen hetzen. Einer von ihnen kam bis auf Kernschußweite heran, bevor er in die Deckung zurückging.«

»Und? Weiter, Mann, erzählen Sie zu Ende!«

»Ich habe gesehen, wie die *Graf Spee* einen Treffer an der Brücke abbekommen hat.«

Ein Jubelgeschrei erhob sich in dem engen Raum im Schiffsrumpf, das nicht größer hätte sein können, wenn die Befreiung da gewesen wäre. Dieses Verhalten trug ihnen tatsächlich einen weiteren Tag mit reduzierten Rationen ein, aber niemand, nicht einmal Dykes, beklagte sich darüber.

* * *

Um sieben Uhr morgens stiegen Mac und Murphy in Nancy in den Zug nach Paris.

Im Abteil saß bereits ein Mann, der fest schlummerte. Sein Gesicht war von einem Exemplar der *New York Times* bedeckt. Er schnarchte leise unter den fetten Schlagzeilen, die den Sieg der britischen Kriegsmarine über das deutsche Westentaschen-Panzerschiff *Graf Spee* im Hafen von Montevideo in Südamerika verkündeten.

Mac und Murphy beugten sich gleichzeitig vor, um die zitternde Zeitung zu studieren. Es war Wochen her, seit sie eine amerikanische Publikation zu Gesicht bekommen hatten. Wegen der Aufbringung der *Graf Spee* wedelte ganz England mit dem *Union Jack*, als ob der Krieg schon gewonnen wäre.

Fotos zeigten das stolze deutsche Schiff vor seiner Niederlage und dann den zerschmetterten Rumpf, wie er langsam an der Mündung des Rio de la Plata versank. Als ruhmreicher Sieg der britischen Flotte publiziert, war die Versenkung gleichzeitig auch ein Sieg der alliierten Öffentlichkeitsarbeit. Die Seeschlacht, die einen Ozean weit von Frankreich entfernt ausgefochten worden war, war die aufregendste Nachricht in dem ganzen Konflikt seit mehreren Monaten.

Die *New York Times* hob und senkte sich mit dem gleichmäßigen Atem des schlafenden Mannes.

Unter dem Foto des Kapitäns des Schlachtschiffes war ein deutsches Kommuniqué wiedergegeben:

»Der Kommandant der Graf Spee, *Kapitän Hans Langsdorff, wollte die Versenkung seines Schiffes nicht überleben. Getreu den alten Traditionen und im Geiste des Offizierskorps, dem er dreißig Jahre lang angehörte, traf er seine Entscheidung. Nachdem er seine Mannschaft in Sicherheit gebracht hatte, betrachtete er seine Pflicht als erfüllt und folgte seinem Schiff nach. Die Marine versteht und lobt diesen Schritt. Kapitän Langsdorff hat auf diese Weise als Kämpfer und Held die Erwartungen seines Führers, des deutschen Volkes und der Marine erfüllt.«*

Mac las die Zeilen und stieß einen leisen Pfiff aus. »Allerhand. Der Bursche ist mit seinem Schiff untergegangen.«

Unter der Zeitung bellte eine vertraute französische Stimme: »Unsinn, Monsieur! Langsdorff wurde von Hitler befohlen, sich zu erschießen. Was er in einem Hotelzimmer in Buenos Aires tat.« Die Gestalt setzte sich auf und reichte Mac die Zeitung. Es war der frühere französische Botschafter in Polen, Noël, der gerade von einer Reise nach Washington, wo er Präsident Roosevelt persönlich über die Ereignisse in Polen unterrichtet hatte, nach Paris zurückkehrte. Eine Rolle Filmaufnahmen von Mac hatte er als Beweismaterial mitgenommen. »Bonjour, McGrath. So trifft man sich wieder. Nur, daß diesmal niemand auf uns schießt, was?« Er fuhr sich mit der Hand durch das schüttere Haar. »Ihre Filmaufnahmen waren ein großer Erfolg drüben in den Staaten. Den Präsidenten und Madame Eleanor hielt es kaum auf ihren Sitzen vor Spannung. Ich nehme an, so aufregende Aufnahmen haben Sie nicht wieder machen können, seit wir in Polen vor den *Messerschmitts* geflohen sind?«

Während der nächsten Stunde erwies sich Noël als vorzügliche Quelle echter Neuigkeiten. Da er gerade aus den Staaten zurückkehrte, sprudelte er über vor Informationen für die beiden Journalisten, die bisher auf die gefilterten, einseitigen Versionen angewiesen gewesen waren, die die Zensoren durchgelassen hatten. Sie saßen da wie ausgehungerte Welpen, die auf den nächsten Bissen warteten.

»Und außerdem hat die Königliche Marine zwar die *Graf Spee* erwischt, aber erst, nachdem mehrere Hundert britische Kriegsgefangene auf einen deutschen Frachter namens *Altmark* verlegt worden waren. Die britische Admiralität druckt auch nicht alles.« Er gähnte. »Ach, übrigens. Haben Sie schon gehört, daß die Russen vor einer Stunde mit Hitlers Segen Finnland angegriffen haben? Meiner Meinung nach möchte Hitler, daß sein Freund Stalin im Laufe dieses Winters seine Armeen in den Schneestürmen von Skandinavien verschleißt. Danach wird Hitler Stalin angreifen.«

Das arme Finnland schien sehr weit entfernt. Würden England und Frankreich Truppen zu seiner Unterstützung senden? Oder würden sie sich damit zufrieden geben, sich aufzuplustern und zu bellen und die Finnen ihren eigenen Krieg kämpfen zu lassen? Noël, der die Engländer genausowenig mochte wie seine eigene Regierung, glaubte, daß Finnland dasselbe Schicksal erleiden würde wie Polen. Genug gesagt.

Danach wandte sich das Gespräch den Neuigkeiten aus der Heimat zu. Clark Gable hatte als Rhett Butler in »Vom Winde verweht« einen gewaltigen Erfolg errungen. Die Botschafter aus Deutschland, Frankreich und Großbritannien waren alle bei der Premiere des Films in Washington zugegen gewesen. Das hatte die Spannung während der Brandszene in Atlanta noch erhöht. Noël hatte es gefallen.

Die New Yorker Weltausstellung war trotz des kalten Wetters immer noch von Besuchern überlaufen. Die Ausstellungen der Deutschen, Briten und Franzosen zogen alle möglichen zwielichtigen Figuren an, die alle am selben Hotdog-Stand aßen. Noël selbst hatte unter den wachsamen Augen zweier Gestapo-Männer ein Münchner Bier genossen. Sie waren sogar so kühn gewesen, mit ihm ein Gespräch über seine Flucht aus Polen anzufangen. Er hatte ihnen gesagt, daß ihre Piloten sehr gute Schützen seien. Er war ganz sicher, daß er auf Schritt und Tritt verfolgt worden war, so als ob er irgend etwas entscheidend Wichtiges wüßte, das die Nazis gerne herausfinden wollten. Aber das hatte ihm nichts ausgemacht, meinte er. Er hatte die ganze Sache amüsant gefunden.

Kurz, die meisten Leute in Amerika, einschließlich der ansässigen Deutschen, Franzosen und Briten, gingen mit dem Krieg um, als wäre er nichts als ein Austausch böser Blicke über eine Betonmauer hinweg mit ein paar eingestreuten Drohgebärden, um die Sache interessanter zu machen.

Noël traf eine Voraussage: »Wie lange kann das noch dauern? Wenn einem deutschen Kapitän befohlen wird, sich zu erschießen, um der ganzen Sache ein würdiges Ende aufzupfropfen? Krieg ohne Edelmut wird bald ermüdend. Wir können nur hoffen, daß irgendein desillusionierter Deutscher Hitler bis zum Frühjahr erschießt und alles wieder normal wird.«

33

Sie sehen mich so seltsam an.« Richard Lewinski klopfte mit einem Löffel auf die Spitze seines weichgekochten Eis. André starrte ihn über den Frühstückstisch hinweg an. »Sie klopfen Morsezeichen auf Ihr Ei, Richard. Sie haben *D O N N E Z-M O I D U S E L* gemorst.«

»Das ist richtig. Und? Reichen Sie mir das Salz.«

André tat es irritiert und wandte seine Aufmerksamkeit wieder der Zeitung zu. Das Klopfen ging weiter, diesmal gegen den Eierbecher.

»D A N K E« und »G U T E N M O R G E N«.

André ließ die Zeitung sinken und verengte seine Augen zu Schlitzen, während Richard fortfuhr.

»W A R U M S I N D S I E V E R Ä R G E R T?«

»Ich werde Ihnen sagen, warum, Richard. Weil ich eine lange und schwierige Woche hinter mir habe. Meine Vorgesetzten in Vignolles halten Sie für einen Verrückten, der nichts Gutes im Schilde führt. Darum halten sie auch mich für einen Verrückten, weil ich Sie weiterhin unterstütze. Sie sagen mir buchstäblich nichts darüber, was Sie eigentlich den ganzen Tag über in meinem Keller machen. Darum stehe ich auch vor meinen Vorgesetzten mit leeren Händen da.

Lewinski lächelte und hob seinen Löffel wie ein Dirigent seinen Taktstock. »Sagen Sie ihnen … ich baue einen Leierkasten. Ich habe vor, ein Naziäffchen an die Kette zu legen und als Leierkastenmann nach Genf zu gehen.«

»Sie sind verrückt.«

»Ja«, nickte Lewinski. »Aber es steckt Methode dahinter.« Er lehnte sich mit den Ellbogen auf den Tisch und sah André eindringlich an. »Sagen Sie denen …« Er lächelte. »Sagen sie denen, daß das hier alles nur ein Kinderspiel ist.«

»Einen feindlichen Code zu dechiffrieren ist kein Kinderspiel, Richard.«

»Doch, ist es.« Er tupfte sich den Mund ab und strich seine Serviette auf dem Tisch glatt. »Wissen Sie noch, als wir Kinder waren? Erinnern Sie sich an den Code?«

»Nein.«

»Doch, André! Sie müssen sich erinnern. Wir haben eine Liste aufgestellt. Jeder Buchstabe des Alphabets wurde durch einen anderen Buchstaben ersetzt.« Er begann, auf die Serviette zu schreiben.

H=T, I=Q, L=Y, F=N und E=B. HILFE=TQYNB.

»Ja. Ein Kinderspiel. Das gestehe ich Ihnen zu. Allerdings lassen wir ein ganzes Team daran arbeiten, den deutschen Code zu dechiffrieren.«

»Zu einfach. E ist der häufigste Buchstabe. Von dort geht man aus. Das haben wir von Sherlock Holmes gelernt. Erinnern Sie sich, André? Der Fall der tanzenden Männer.«

André war der Appetit vergangen. Bisher hatte er nichts gehört, das er nicht schon wußte. »Richard, das Problem ist, daß wir die deutschen Codes zu spät dechiffrieren. Es dauert Monate. Und sie verändern ihre Chiffrierung jeden Tag.«

»Genau. Hier kommt die *Enigma* ins Spiel. Die ursprünglich vermarktete Maschine hat drei Räder, von denen jedes Verbindungen für die sechsundzwanzig Buchstaben des Alphabets enthält.«

André nickte in der Hoffnung, daß Lewinskis Vortrag zu irgend etwas führen würde. »Diese Maschine war, wie wir wissen, seit der Zeit nach dem letzten Krieg als Chiffriergerät für geschäftliche Zwecke auf dem freien Markt erhältlich.«

»Die Maschine ist kein Geheimnis. Wenn der Anwender den Buchstaben A eingibt, ändert das erste Rad ihn vielleicht in ein R. Das zweite macht aus dem R ein Y, und das dritte ändert das Y in ein H. Womit wir wieder beim ersten Buchstaben des Wortes HILFE sind.«

»Richard, der Geheimdienst ist sich des Problems bewußt. Was ist die Lösung?«

»Jemand, der weiß, wie er die Räder einstellen muß, könnte die Botschaft entziffern, indem er das H durch die Maschine zurück bis zum Buchstaben A verfolgt.«

André starrte finster auf das Wort HILFE auf der Serviette. »Wenn man eines der Räder ändert, ändert sich das Ergebnis. Wenn man alle drei Räder verändert, ändert sich das Ergebnis um Millionen möglicher Kombinationen. Und die Nazis verändern die Einstellung jeden Tag.«

Lewinski fügte fröhlich hinzu: »Es ist noch viel schlimmer, André. Ich habe entdeckt ... daß die Nazis zwei zusätzliche austauschbare Räder in ihre *Enigma*-Maschinen eingebaut haben. Damit sind es Milliarden möglicher Kombinationen.«

André war sprachlos. Wenn das stimmte, dann war es – rein menschlich gesehen – unmöglich, den Code zu brechen.

»Sie sehen, warum die Nazis keine Angst davor haben, Tausende von diesen Maschinen an die Frontlinien zu schicken. Warum sie auf jedem Schiff und in jedem Kommandowagen sind. Sie sind sich völlig gewiß, daß all Ihre Mühe zu gering ist und zu spät kommt. Und so ist es auch. Ihre Dechiffrierungsexperten sind Ameisen im Kampf mit einem Elefantenbullen.«

André runzelte die Stirn, als ihm die Implikationen klar wurden. Die korrekte Kodierung und Dekodierung einer Botschaft hing von drei Dingen ab.

Man mußte die richtigen drei Räder benutzen, sie in der richtigen Reihenfolge in die *Enigma*-Maschine einbauen und alle drei Räder auf die richtige Startposition einstellen.

»Ist es das, was ich Bertrand in Vignolles melden soll? Daß Lewinski sagt, es sei hoffnungslos?«

»Ganz und gar nicht, André. Was wir brauchen, ist eine weitere Maschine, die die Impulse der *Enigma*-Übermittlungen duplizieren und elektronisch auswerten kann.«

»Und wo finden wir dieses Wunderwerk?«

»In Ihrem Keller.« Lewinski schlug auf seine Eierschale ein, als hätten sie sich gerade über das Wetter unterhalten.

»Richard ... ist das möglich?«

»Ein Kinderspiel. Millionenfach multipliziert, aber immer noch ein Kinderspiel.«

»Wann wird es einsatzbereit sein?«

»Wenn es fertig ist.« Er salzte sein Frühstücksei, und das Gespräch war beendet.

* * *

Seit ihrer Rückkehr war Josie so etwas wie eine Berühmtheit geworden. Männer aus dem Pressekorps, die sie zuvor nur als »Danny Marlows Witwe« gekannt hatten, begegneten ihr seit Warschau mit neuem Respekt. Dann gab es wieder andere, die verkündeten, eine Frau habe im Krieg nichts zu suchen.

»Halten Sie sich an menschlich bewegende Geschichten!« wies Frank Blake sie in der *AP* an, als sie den Wunsch ausdrückte, den französischen Ministerpräsidenten Daladier zu interviewen. Es war Daladier gewesen, der gemeinsam mit dem britischen Premier Chamberlain die Tschechoslowakei an Hitler ausgeliefert hatte, im Austausch für das Versprechen von »Frieden in unserer Zeit«. Josie wollte lediglich den kleinwüchsigen französischen Politiker fragen, wie er nach dem Fall Polens über diese Frage dachte.

Der Pariser *AP*-Chef ließ keinen Zweifel daran, daß solche Fragen die Domäne der männlichen Journalisten seien. Als Anerkennung für das, was sie durchgemacht hatte, erhielt Josie jedoch eine Gehaltserhöhung von fünf Dollar pro Woche und wurde losgeschickt, um Schneider über die Knappheit an französischer Seide zu interviewen. Josie führte die Geschichte noch etwas weiter, indem sie die Veräußerung französischer Seide ins neutrale Belgien verfolgte. Von dort wurde sie wiederum nach Nazi-Deutschland verkauft, wo man Fallschirme daraus machte. War es möglich, daß das deutsche Reich beabsichtigte, die Seide eines Tages nach Frankreich zurückzubringen?

Die Frage und die Antwort wurden aus dem Bericht gestrichen. Die Schlußfolgerung war, daß in der französischen Textilindustrie die Geschäfte wie üblich liefen.

An diesem Morgen beendete Josie ihre Arbeit in dem düsteren *AP*-Büro. Die meisten männlichen Mitarbeiter hatten sich in ihre neu geschneiderten militärischen Presseuniformen geworfen und waren zu einer Führung entlang der Maginotlinie aufgebrochen. Alma Dodge bediente die Telefonzentrale und rollte den Papierstreifen aus dem Telegrafen auf. Josephine saß gerade an den letzten Zeilen eines Berichts über die Versorgung und Ernährung der Millionen von Soldaten. Getreu dem Klischee hatte die französische Armee als erstes Bäcker und Konditoren eingezogen. Diese Armee von Bäckern, ausgerüstet mit mobilen Steinbacköfen, erfüllte die Schützengräben täglich mit dem Duft frisch gebackenen französischen Brotes. Es gab nichts Köstlicheres. Josie hatte heute morgen eine Runde bei den mobilen Küchen gemacht und war heißhungrig zurückgekehrt. Zweifellos war dies eine neue Art der psychologischen Kriegführung gegen die deutschen Truppen. Die Wehrmacht stand inzwischen vor der Gefahr einer Massendesertation, falls die deutschen Bäcker nicht herausfanden, wie man französische Baguettes machte …

Da jede Armee nur so gut sein konnte wie ihre Lebensmittelversorgung, vermutete Josie, daß dies als Hinweis auf die überlegene Qualität der französischen Divisionen zu gelten habe. Auf jeden Fall war es, wie Frank Blake sie erinnerte, eine menschlich bewegende Geschichte. Ein solcher Bericht würde es nicht schwer haben, durch die Reihen der offiziellen französischen Zensoren zu kommen, die ein ganzes Stockwerk im *Hôtel Continental* an der *Rue de Castiglione* übernommen hatten.

»Ich bringe das hier ins *Continental*«, rief Josie Alma zu, während sie ihren Mantel und ihre Handtasche vom Haken nahm. »Wollen wir uns irgendwo zum Mittagessen treffen?«

Alma sah auf die Uhr. »Im Café *Deux Magots*? Um eins?« Dann weiteten sich ihre Augen, als die Tür zum *AP*-Büro aufschwang und ein hochgewachsener, gutaussehender Mann eintrat.

Es war der Oberst aus dem Zug. Heute in Zivil in einem teuren braunen Zweireiher, hielt er einen braunen Filzhut in der Hand, als er sich an den Tresen lehnte und Josephine anlächelte.

»Madame Marlow?« begann er. »Sie erinnern sich wahrscheinlich nicht mehr an mich. Wir sind uns vor einiger Zeit kurz im Zug von Boulogne nach Paris begegnet. Oberst André Chardon.«

Natürlich erinnerte sich Josie an den namenlosen Oberst. Das unbeholfene Gespräch in dem dunklen Abteil. Die Puppe. Das »Verlorene Paradies«.

»Oui«, erwiderte sie. »Ich habe noch etwas von Ihnen. Einen Milton-Band. Ich wußte nicht, wie Sie heißen, sonst hätte ich …«

Er schnippte mit den Fingern. »Ich hatte gehofft, daß ihn jemand gefunden hätte. Er gehörte meiner Mutter.«

»Dann sind die Notizen also von ihr.«

»Oui.«

»Sie muß eine ganz besondere Frau gewesen sein.«

»Ja. Das war sie, Madame Marlow. Eine gute Freundin von ihr hat mir den Band geschenkt. Ich hatte noch keine Gelegenheit, um ...«

»Es stehen sehr gute Gedanken darin.« Josie spürte, wie sie rot wurde. Es war nur natürlich, daß sie das Buch durchgeblättert hatte, aber irgendwie kam sie sich wie eine Schnüfflerin vor. »Sie muß Milton sehr verehrt haben.«

»Vielleicht.« Er sah auf seine Uhr, offensichtlich in Eile. »Haben Sie den Band hier, Madame Marlow? Ich bin Ihnen dankbar.«

»Ich muß meinen Bericht von den Zensoren im *Hôtel Continental* begutachten lassen, und Ihr Buch ist leider in meiner Unterkunft. Wenn Sie vielleicht morgen vorbeikommen wollen ...« Es würde nett sein, ihn wiederzusehen. Sich bei einer Tasse Kaffe über Miltons »Verlorenes Paradies« auszutauschen.

»Sie wohnen im *Hôtel Continental*?«

Alma lachte. Josie zuckte die Achseln. »Ganz so vornehm residiere ich leider nicht. Im *Foyer International*.«

»*Foyer International*. Am St. Michel.« Er notierte sich die Adresse mit einem schlanken goldenen Füller. »Darf ich heute abend einen Boten vorbeischicken, um es abzuholen?« An Kaffee und Paradies hatte der gutaussehende Franzose also offenbar nicht gedacht.

»Ich bin heute abend nicht da.«

Alma mischte sich ein. »Du kannst das Buch bei mir lassen, Josie. Ich werde dafür sorgen, daß er es bekommt. Sagen Sie ihm, er soll nach Alma Dodge fragen.«

Er notierte sich den Namen und klappte das Notizbuch zu. »Wird gemacht. Meinen aufrichtigsten Dank an Sie beide.« Der Oberst schien sehr zufrieden zu sein. Er zog eine Fünfzig-Franc-Note aus der Tasche und legte sie auf den Tresen. »Das Buch ist für mich von großem Wert. Eine kleine Belohnung, Madame. Bitte. Für Ihre Mühe.«

»Das kommt nicht in Frage!« protestierte Josie.

Er ließ das Geld liegen, trat einen Schritt zurück und sagte heiter zu Alma: »Gehen Sie auf meine Kosten essen.« Damit verbeugte er sich leicht und verließ das *AP*-Büro, ohne sich noch einmal umzuschauen.

Schweigend sahen die beiden Frauen ihm nach, wie er in einen eleganten neuen Citroën stieg und sich in den Verkehr einfädelte.

»Ich hätte lieber mit ihm gegessen.« Alma nahm den Fünfzig-Franc-Schein vom Tresen.

»Wie kannst du das nur annehmen?«

»Natürlich ist ein Mittagessen auf seine Kosten auch nicht zu verachten.« Sie steckte den Schein in ihre Tasche.

»Er ist doch gar nicht dein Typ.«

»Offenbar sind wir auch nicht sein Typ. Ich dachte immer, diese Franzosen interessieren sich für amerikanische Frauen. Keine Spur.«

»Wir haben gerade einen Mann getroffen, der seine Mutter liebt.« Josie raffte ihre Papiere zusammen.

»Wir werden eben mit dem Mittagessen vorlieb nehmen müssen. *Deux Magots*? Ein Uhr.«

* * *

Den französischen Zensoren waren im *Hôtel Continental* reichlich Flure und Zimmer zugewiesen worden. Trotzdem waren auch sie überfüllt mit Nachwuchsmitarbeitern der Presseagenturen, die von ihren Frontkorrespondenten in Nancy telegrafierte Berichte einreichten. Ehemalige Gästezimmer mit feinen Blumenmustern auf den Tapeten bildeten die Kulisse für die Auseinandersetzungen zwischen den Zensoren und den Angehörigen der Presse. Josephine stand am hinteren Ende der Schlange.

Aus einer Suite weiter oben auf dem Flur drang ein hitziger Streit. Josie erkannte an der Stimme Mac McGrath als einen der Gegner.

»Was soll das heißen … das wird nicht gehen?«

»Einfach, daß es nicht gehen wird, Monsieur. Um der Truppenmoral willen …«

»Truppenmoral! Diese Jungs sind da oben im Kampf für Frankreich gefallen! Na ja … jedenfalls sind sie gefallen. Haben sie es nicht verdient …«

»Die Entscheidung liegt beim Komitee, Monsieur McGrath. Das Filmmaterial wurde beschlagnahmt.«

»Ich bin den ganzen Weg von Nancy hierher gefahren, um diese Bilder herzubringen …«

»Sie befanden sich ohne Begleitung eines Presseoffiziers in einem Frontbereich, in dem sie nichts zu suchen hatten.«

»Das war es dann also?«

»Oui! Wie Sie sagen. Das war es.«

Josie blickte sich nach einem Versteck um. Der Wäscheschrank war verschlossen. Sie versuchte, sich in das nächste Zimmer zu zwängen, doch die wütenden Blicke einer Schar männlicher Kollegen, die seit Stunden davor warteten, schreckten sie davon ab.

Zu spät. Mac verließ seinen Unterdrücker mit einer Kette unzensierter amerikanischer Schimpfwörter und stürmte rotgesichtig und verschwitzt nur ein paar Meter von Josie entfernt auf den Korridor hinaus.

Einen Augenblick lang dachte sie schon, er würde an ihr vorbeirasen, ohne sie zu sehen. Doch sie hatte kein Glück. Einen langen Augenblick stand er da, unrasiert und zerzaust. Er war direkt von der Front zu den Zensurbüros im Hotel gekommen, ohne sich vorher die Zeit zu nehmen, sich in Form zu bringen.

Er sah in ihre Richtung, stutzte und fuhr sich mit der Hand durchs Haar. Er sah aus wie ein kleiner Junge, der mit der Hand in der Keksdose erwischt worden war.

»Hallo, Mac.«

»Hallo, Jo.« Sein Gesichtsausdruck zeigte deutlich, daß es ihm auch nicht recht war, ihr ausgerechnet jetzt über den Weg zu laufen.

»Ganz schön was los hier.«

Er zuckte die Achseln und wechselte das Thema. »Dann hast du es also geschafft, zurück nach Paris zu kommen.«

»Du hattest recht. Es hat sich viel verändert, seit der Krieg begonnen hat.«

»Diese lausigen Zensoren. Mit Herrn Joseph Goebbels in Naziland ist leichter fertigzuwerden als mit diesen zu Beamten erhobenen französischen Dichtern und Literaturkritikern. Kaum gibt man ihnen ein wenig Macht, schon …«

»Als ich sagte, daß sich viel verändert hat, dachte ich eigentlich an andere Dinge.«

»Ja. Ich habe seit zwei Tagen nicht mehr geschlafen.«

»Ich meinte die Restaurants. Die Kaffeetassen werden nur noch halb voll geschenkt, und auf den Tischen steht keine Butter mehr.«

»Der Krieg ist die Hölle. Ich bin froh, daß du keine schlimmeren Schwierigkeiten gehabt hast.« Er lachte bitter auf. »Wo wohnst du? Ich habe gehört, euer Wohnblock ist für die französische Armee requiriert worden.«

»Im *Foyer International.*«

»Ja?« grinste er. »Bei Mama Watson? Da geht es zu wie in einer Mädchenschule, nicht wahr?« Er stieß seufzend den Atem aus, als seine Spannung nachließ. »Na ja. Für mich gibt es hier nichts zu tun.« Er lachte und wischte sich die Hände an seinem schlammverkrusteten Mantel ab. »Außer ein Bad nehmen und eine Woche schlafen. Und ich habe Hunger. Hast du schon gegessen?«

»Ich bin mit …«

»Schon gut«, unterbrach er sie scharf. »Ich sehe aus wie irgend etwas, das die Katze hereingeschleppt hat. Ich weiß.«

»Ein Bad könntest du schon gebrauchen. Aber ich wollte sagen, daß ich mit Alma Dodge im *Deux Magots* verabredet bin, falls du zu uns stoßen möchtest. Wenn du erst nach oben gehen und baden möchtest, können wir uns dort treffen.«

Josie platzte mit der Einladung heraus, ohne nachzudenken. Was könnte peinlicher sein, als Mac gegenüberzusitzen und so zu tun, als wäre nichts zwischen ihnen vorgefallen? Seine Nähe würde nur ihre Einsamkeit noch schmerzhafter und ihre Nächte noch länger machen. Keine Journalisten mehr! Warum hatte sie ihre große Klappe nicht halten können?

Er sah einen Augenblick lang auf seine Stiefelspitzen hinab und trat dann näher zu ihr heran. »Ich wollte dich gern allein sehen, Josie. Heute abend?«

»Heute abend … da ist doch diese polnische Sache im *Ritz*«, sagte sie mit zu unbeschwerter Stimme.

»Richtig. Diese polnische Sache.« Mac ergriff ihren Arm und schob sein Gesicht nahe an ihres heran. Er senkte seine Stimme, als ob er Schmerzen hätte. »Sieh mal, ich packe das nicht, weißt du? Auf einem überfüllten Flur an dir vorbeizugehen und dir dann am Ende mit einer Teetasse in der Hand gegenüberzusitzen. Ich hasse Tee. Ich weiß nicht, was mich geritten hat, daß ich gerade das Essen erwähnt habe. Du weißt, was ich will, wenn ich mit dir zusammen bin, und das ist kein Schinkenbrötchen. Als wir das letzte Mal im Langham zusammen waren, habe ich mir geschworen, daß ich dich nie wieder darum bitte. So ist es besser für mich, glaube ich. Tut mir leid.« Er fuhr sich mit der Hand über die Wange. »Schätze, ich muß mich rasieren. Wir sehen uns.«

* * *

Dunkelheit senkte sich wie ein schwarzer Vorhang auf Paris herab.

Im Inneren des Hotels *Ritz* an der *Place Vendôme* war es so strahlend hell wie eh und je. Das Foyer des *Ritz* war ein einziger Glanz aus Weihnachtslichtern, die von den massiven vergoldeten Spiegeln tausendfach reflektiert wurden. Ein Streichquartett spielte Mozart, während vornehme Herren in Dinnerjacketts und Galauniformen Frauen in Satin und Geschmeide begleiteten. Die Gäste bewegten sich vertraut durch die Flure und Aufenthaltsräume, die mit Stühlen und Tischen aus der Zeit Ludwigs XIV ausstaffiert waren. Eine lange Passage mit Geschäften lockte Kunden mit Diamanten und Designermoden an. Im *Ritz* schien der Krieg nicht stattzufinden, obwohl es gerade der Krieg war, der heute abend eine so illustre Gästeschar angelockt hatte.

Die Gesellschaft der Freunde Polens hatte bei ihrem Empfang für den früheren amerikanischen Botschafter in Polen, Anthony Biddle, keine Kosten gescheut. Die Tische bogen sich unter einem Büfett, das unter der persönlichen Aufsicht des Küchenchefs des *Ritz* stand. In der Mitte des Büfetts erhob sich eine Skulptur des Eiffelturms aus Eis; die Vorspeisen waren zu einer Replik der Warschauer *Sankt Johannes*-Kathedrale modelliert. Polnische Flaggen schmückten die Wände, und ein quer durch den Raum gespanntes Transparent verkündete auf Französisch: VERGESST POLEN NICHT!

Trotz des Gefühlsüberschwangs war den Nichtpolen unter den Gästen viel eher danach, Polen so schnell wie möglich zu vergessen. Einladungen waren an alle Botschafter im diplomatischen Viertel ergangen. Von all den Spitzendiplomaten war lediglich William Bullit, der amerikanische Botschafter in Frankreich, erschienen. Die Mehrzahl der Botschafter aus den neutralen Ländern hatte es für politisch ratsamer gehalten, ihre Stellvertreter zu schicken. Wie würde man es schließlich in Berlin auffassen, wenn der oberste Repräsentant einer neutralen Nation unter einem Transparent, das ihn beschwor, das soeben dem deutschen Reich einverleibte Polen nicht zu vergessen, Kaviar aß und Champagner schlürfte?

Selbst die anwesenden Journalisten betrachteten den Anlaß als einen sehr aufwendigen Wirbel um eine sehr kalte Leiche. Aber das Essen war vorzüglich, und hier bot sich eine Gelegenheit, gut zu essen und reichlich zu trinken.

»Erinnert mich ans *Alamo*«, sagte Mac McGrath, als er sein Champagnerglas hob, den Inhalt in einem Zug leerte und dann ein weiteres vom Tablett eines vorbeigehenden Kellners nahm.

»Eine erstklassige Werbung für eine drittklassige Sache«, sagte Frank Blake, der untersetzte Tyrann der Pariser *AP* mit dem schwindenden Haar.

John Murphy beäugte ihn mißbilligend. »Zyniker. Ich hätte an der Maginotlinie bleiben sollen. Dort glaubt man wenigstens noch, daß es Dinge gibt, für die es sich zu kämpfen lohnt.«

»Richtig, Murphy. Der gute alte Murphy mit dem blutenden Herzen!« kommentierte Blake, während er sich einen weiteren Vorspeisehappen vom Turm der Kathedrale pflückte, die ein zunehmend ominöses, ausgebombtes Aussehen annahm. »Ich sage Ihnen, wofür sie kämpfen. Die Engländer kämpfen für Tee, Hefeplätzchen und ihre Mutter. Die Franzosen kämpfen für Sex, einen guten Tisch im Restaurant und einen Pensionsanspruch. Vernünftige Leute, die Franzosen. Glauben Sie mir. Ich bin schon lange genug hier, um Bescheid zu wissen. Beim ersten ›Krauter‹, den die Franzmänner über die Maas hüpfen sehen, werden sie den Schwanz einkneifen und abhauen.«

Murphy hatte genug von Frank Blake. Viel brauchte es dazu ohnehin nicht. Er grinste wütend, schlug Mac zum Abschied auf den Rücken, drehte sich um und verschwand in der Menge, so daß Mac alleine zurückblieb, um sich mit Blake auseinanderzusetzen. Blake war bereits halb betrunken; dabei hatte der Abend erst begonnen.

»Ich habe heute Josephine Marlow im *Hôtel Continental* gesehen«, versuchte Mac das Gespräch auf etwas für ihn Interessanteres zu lenken. Er konnte nicht aufhören, an sie zu denken. »Wie kommt sie zurecht?«

»Mit dieser Dame rede ich nicht über Politik! Ich lasse sie über die Hungerschlangen vor den Pariser Suppenküchen berichten. Das ist sicherer, wenn Sie verstehen, was ich meine.« Blake schnaubte und leerte ein weiteres Glas Champagner. »Eine Idealistin ist sie. Sie kriegt richtig Schaum vor den Mund, wenn es um Polen und die Nazis geht. Sie war ein Lämmchen, bevor sie letzten August Paris verließ. Ein süßer, kleiner, politischer Kretin war sie. Aber jetzt ist sie Winston Churchill und Jeanne d'Arc in einer Person. Total verrückt. Schade. Durch die ganze Sache ist ein sehr nettes Mädchen verdorben worden, wenn Sie mich fragen. Aber schreiben kann sie. Sie macht ihre Arbeit gut. In dieser Hinsicht ist sie so gut, wie der alte Danny war.«

»Ist sie hier?« Mac hatte nach ihr Ausschau gehalten, seit er vor einer halben Stunde eingetroffen war. Er wollte noch einmal seine Chance suchen, bevor er nach Nancy zurückkehrte. Er mußte noch einmal mit ihr reden.

»Josephine Marlow? Denken Sie, die würde sich das hier entgehen lassen? Der blutet doch das Herz für Polen.« Blake deutete mit dem Daumen auf das schrumpfende Gebäude der Kathedrale und dann auf einen Tisch am anderen Ende des Raumes. »Was halten Sie davon, wenn wir dort hinüber gehen? Da haben sie den *Belvedere*-Palast aus Räucherlachs aufgebaut.«

»Gehen Sie schon vor. Ich komme nach.« Mac sah ihm nach, wie er sich durch das Gedränge der polnischen Uniformen, der Bankiers und Ölmagnaten im Smoking auf die Nachbildung des *Belvedere*-Palastes zuschob. Ohne auf die Platten mit Lachs und Melba-Toast, die die Skulptur umgaben, zu achten, stach Blake mit seiner Gabel in die Kuppel und hob das Dach aus Toast und Lachsscheiben auf seinen Teller. Ein kleiner Hitler, sinnierte Mac. Wie Josie mit ihm in einem Büro zusammenarbeiten konnte, war ihm ein Rätsel.

Wie er Josie kannte, würde dies ein perfektes Gesprächsthema sein. Im Geist formulierte er den Einstieg für seinen ersten Absatz. »Hi, Josie. Frank Blake ist ein richtiger Mistkerl, nicht wahr? Gerade hat er die Hälfte des Kaviars von der *Sankt Johannes*-Kathedrale gegessen, und jetzt fällt er über den *Belvedere*-Palast her. Wie hältst du es aus, für diesen Kerl zu arbeiten? Was meinst du, sollen wir hier verschwinden? Laß uns irgendwo bei einem Kaffee in Ruhe über alles reden …«

Mac machte sich auf den Weg durch die Menge, um nach ihr zu suchen.

* * *

Der Empfang im *Ritz* war ein naheliegender Ort für Federov, um seine Suche nach Richard Lewinski fortzusetzen. Fast jeder, der irgend etwas mit seiner Flucht aus Polen zu tun hatte, war anwesend.

Dessen war Federov sicher, denn als Mitglied des Komitees der Freunde Polens hatte er mitgeholfen, die Gästeliste zusammenzustellen. Seine Firma hatte den Champagner zur Verfügung gestellt. Die Rechnung würde ebenso wie seine übrigen Spesen an die Gestapo weitergeleitet werden.

Seine Nichte begleitete ihn auf seiner Runde durch die Schar der Gäste und verschwand dann irgendwohin, während der Wochenschaufilm mit den dramatischen Aufnahmen von der Flucht des amerikanischen Botschafters gezeigt wurde.

Federov achtete darauf, daß er während der Vorführung neben Mac McGrath stand. McGrath war nicht mehr ganz nüchtern. Er wirkte abgelenkt und desinteressiert an der ganzen Angelegenheit.

»Großartiges Material, Mr. McGrath.« Federov sprach ihn auf englisch an, damit es kein Mißverständnis gab. »Das war eine aufregende Reise, was?«

»Der letzte anständige Film von diesem Krieg.«

Der Film näherte sich seinem Höhepunkt, und Lewinski erschien mit seiner Gasmaske in Nahaufnahme. Er schob die Maske hoch und wischte sich den Schweiß von der Stirn.

»Der Bursche sieht aber seltsam aus«, bohrte Federov und achtete darauf, daß McGrath die Heiterkeit in seiner Stimme nicht entging. »Wer ist das?«

»Irgendein Kerl, der einen Platz in unserem Wagen abbekommen hat.« Der Kameramann sah sich über die Schulter zur Tür hin um, als ob er nach jemandem suchte.

»Er muß wohl schon mehr als irgendein Kerl sein, wenn er mit dem Botschafter geflohen ist.«

»Vermutlich. Für mich war er nur eins von vielen hübschen Gesichtern. Fragen Sie Biddle.« Damit entschuldigte sich der Amerikaner und ging zum Eingang des Speisesaals. Er blickte sich nach rechts und links um und verschwand dann, als der Applaus des dankbaren Publikums anschwoll.

Federov hatte den Eindruck daß Mac McGrath mehr wußte, als er sagen wollte. Natürlich war es völlig unmöglich, Botschafter Biddle nach Lewinski zu fragen. Biddle wußte mit Sicherheit über alles Bescheid, sonst hätte er den Juden nicht mit außer Landes genommen. Darum würde Biddle nichts über seine Identität und noch weniger über seinen Verbleib zu sagen haben.

Was den Kameramann anging, so würde Federov seine Gestapo-Kontaktleute auf ihn ansetzen. Es gab Wege, herauszufinden, was McGrath wirklich über Lewinski wußte.

»Diese Amerikaner«, seufzte Federov, als das Licht anging. Er überdachte sein Problem. Es schien offensichtlich, daß die neutralen Amerikaner in dieser Sache die Fäden in der Hand hielten. Wahrscheinlich hatten sie auch Lewinski in der Hand. Oder hatten sie diesen Film absichtlich durch die Zensur gelassen, um die Gestapo auf eine falsche Fährte zu locken? Wer sonst war noch in demselben Wagen wie Lewinski von Warschau nach Rumänien gefahren? Diese Frage würde McGrath unter einem bißchen geschickt eingesetztem Druck beantworten.

Es gab nur einen Weg, um seinen Verdacht zu erhärten. Ein aktiver Zweig der Freunde Polens war gerade jetzt in Washington dabei, die Anliegen der Gesellschaft zu vertreten. Zweifellos gab es Freunde von Lewinski, die in der Organisation aktiv waren.

34

Es war die Farbe des Kleides, die André zuerst ins Auge sprang. Es war aus kobaltblauer Seide, im Rücken tief ausgeschnitten und wurde von einer hochgewachsenen Frau mit anmutigem Nacken getragen, die ihr dichtes, kastanienbraunes Haar geflochten und hochgesteckt trug. Wäre die Haarfarbe blond gewesen, so hätte André sie von hinten mit Elaine verwechseln können. Er konnte nicht anders; er starrte sie an und wünschte, sie würde sich umdrehen.

So attraktiv sie von hinten war, so sehenswert war sie offenbar auch von vorn. Vier männliche Gäste umstanden sie im Halbkreis wie verliebte Schuljungen. André erkannte Johnson, der dem amerikanischen Botschafter in Polen als Assistent gedient hatte; zu ihrer Rechten stand der polnische Graf Radziwill, ernst und eindringlich; sowie Clive Blackwell, der Londoner Journalist, der sich vor dem Krieg für Chamberlains pazifistische Politik stark gemacht hatte. Schließlich trat an ihrer linken Seite auch Federov hinzu, der weißrussische Weinhändler, dessen Hauptinteresse im Leben nicht der Handel, sondern gesellschaftliche Anlässe und schöne Frauen waren.

Und dann drehte sich das blaue Kleid weit genug herum, daß André das Gesicht im Profil sehen konnte.

Madame Josephine Marlow. Es war das erste Mal, daß er sie ohne diese khakifarbene Presseuniform zu Gesicht bekam. Er war beeindruckt. Im Gegensatz zu den anderen Frauen in der Menge trug sie weder Juwelen noch Pelz und hatte auch keine perlenbesetzte Handtasche bei sich. Sie war einfach nur sie selbst in dem blauen Seidenkleid. Ihr Gesicht war so frisch wie das eines Mädchens vom Land. Die Nase gerade. Die Stirn hoch. Klassisch. Und sie war schön.

Das war André schon vorher an Daniel Marlows Witwe aufgefallen, aber er hatte nicht viel über sie nachgedacht. Vielleicht war es der Anblick des Russen Federov, der nach ihr gierte, wie der Kurator eines drittklassigen Museums nach der Mona Lisa giert. Wie ein seltenes Kunstobjekt hatte diese Frau etwas an sich, das nicht zu greifen war.

André entschuldigte sich von der geistlosen Konversation in der Runde, in der er gerade stand, und ging auf sie zu.

»Marlow«, sagte der Londoner Journalist gerade. »Marlow? Sind Sie mit Daniel Marlow verwandt?«

»Er war mein Mann.«

»Ich war 1934 ein Jahr lang in Paris mit ihm zusammen, bevor ich nach Ottawa ging, und ich hatte keine Ahnung, daß Marlow verheiratet war. Wie lange waren Sie verheiratet?«

»Sechs Jahre.«

Blackwell zählte an den Fingern ab. »Sie meinen, er war damals schon verheiratet ...?« In der Bemerkung lag ein Vorwurf gegen den verstorbenen Daniel Marlow. Jeder kannte den Ruf des amerikanischen Journalisten. Er hatte sich nie wie ein verheirateter Mann verhalten. Aber warum das jetzt zur Sprache bringen? Blackwell war von jedem Taktgefühl völlig unberührt.

André schlenderte heran und klopfte dem Journalisten auf den Rücken. »Hallo, Blackwell, schön, Sie wieder in Paris zu sehen. Sind Sie gerade angekommen?«

»Ja.«

»Hat die frische Luft in Kanada Ihnen gut getan?«

»Es ist die beste Luft der Welt, Oberst Chardon.«

»Dann nehme ich an, daß Ihre Tuberkulose sich gebessert hat. Sehr erfreulich.«

Der Journalist starrte André mit offenem Mund an. Was sollte er dazu sagen? »Aber ich hatte doch gar keine Tuberkulose.«

»Was immer es war ... schreckliche Sache. Wir dachten alle, Ihr letztes Stündlein hätte geschlagen. Wie auch immer, meinen Glückwunsch, daß Sie das Sanatorium verlassen konnten, Monsieur.« Damit drängte sich André neben den sprachlosen Kanadier und küßte Josephine die Hand. »Madame Marlow. So bald begegnen wir uns wieder. Es ist mir ein Vergnügen.«

Die anderen in der Gruppe warfen besorgte Blicke auf den Londoner Journalisten, verabschiedeten sich von Madame Marlow und entfernten sich in weniger ansteckende Gegenden des Raumes.

André nahm ihren Arm und führte sie von dem verblüfften Blackwell fort.

»Das war ein geschicktes Stück Arbeit«, lächelte sie, als sie unter einer polnischen Flagge stehenblieben. »Kein Wunder, daß Sie Oberst sind.«

»Er ist lächerlich, dieser britische Journalist. Ungalant.«

»Es ist schon gut, Herr Oberst. Blackwell kann mich nicht schockieren. Ich kannte den Ruf meines Mannes bereits.«

»Es ist schwer, sich vorzustellen, daß Monsieur Marlow so etwas wie einen Ruf hatte, wenn man Sie ansieht.«

»Wir waren lange Zeit voneinander getrennt.«

»Auch das ist schwer vorzustellen. Freiwillig von Ihnen getrennt zu sein?« Seine Augen wanderten über ihren Hals, ihr Haar, ihren Mund. »Sehr schwer.«

»Als ich vor zwei Jahren herkam, hatte ich vor, mich von ihm scheiden zu lassen.«

»Und als er Sie wiedersah, wollte er Sie nicht gehen lassen? Das kann ich glauben. Manchmal braucht ein Mann einen zweiten Blick, um zu merken, daß er zuerst von der Sonne geblendet war.«

Sie hatte die Wand im Rücken. »Warum habe ich plötzlich das Gefühl, aus der Bratpfanne ins Feuer gesprungen zu sein?«

»Aus der Bratpfanne?«

»Eine alte amerikanische Redensart. Es bedeutet, daß Sie … ein geschickter Unterhalter sind, Herr Oberst.« Sie bedachte ihn mit einem skeptisch amüsierten Blick.

»Einfach André, Madame.«

»Nun, dann eben einfach André.« Sie deutete auf sich selbst. »Dann bin ich einfach Josephine.«

»Nein. Josephine, die Einfache? Wohl eher Josephine, die Anmutige. Oder die Schöne.«

Sie lachte lauthals, wie die amerikanischen Studentinnen am linken Ufer lachten, wenn sie zuviel Wein getrunken hatten. Er wurde verlegen.

Das Gelächter verebbte, und sie tätschelte ihm die Wange, wie es eine Schwester bei ihrem kleinen Bruder tut. »Sie sind einfach zu gut darin, das ist alles! Und dabei habe ich Sie beim ersten Mal für einen so trübsinnigen Zeitgenossen gehalten. Dann heute im Büro hätte ich genausogut eine Tüte über dem Kopf tragen können. Und jetzt das!«

* * *

War das nicht ein Anblick?! Mac beobachtete sie aus der Ferne: Josie in ihrem blauen Kleid, den Rücken gegen die Wand gepreßt; der französische Oberst in Galauniform mit hohen Stiefeln … die eine Hand in der Tasche, mit der anderen berührte er ihre Hand. Der Oberst stand dicht vor ihr wie ein Student, der mit einer Kommilitonin flirtete.

Sie lachte über irgend etwas, das er gesagt hatte. Ein solches Lachen ließ einen Mann sich so clever fühlen wie William Powell bei Myrna Loy.

Mac wollte dem Franzosen sein gutaussehendes Gesicht zertrümmern. Er wollte ihm gegen die Brust springen wie Tarzan und diesem Clown einen vergoldeten Louis-XIV-Stuhl über den Kopf schlagen. Er wollte Josephine in seine Höhle abschleppen und …

»Was ist mit Ihnen los?« John Murphy schlug ihm auf den Rücken.

»Was meinen Sie?« knurrte Mac und riß seinen Blick von der allzu trauten Szene los.

Murphy entdeckte Josephine und den Oberst und musterte dann Mac. »Aha. Ich kapiere.«

»Sie kapieren was?« Mühsam beherrschte Mac den Drang, Murphy die Visage zu polieren, weil er so neugierig war und zuviel wußte, bevor Mac auch nur ein Wort darüber gesagt hatte.

»Sie sollten sie heiraten«, sagte Murphy beiläufig, so als ob er sagen würde: »He, Mac, Sie sollten sich ein neues Hemd besorgen«, oder »Mensch, Mac, schöner Tag heute, nicht?«

»So einfach ist das nicht, also kümmern Sie sich um Ihre eigenen Angelegenheiten, Murphy.«

»Was ist daran schwierig? Heiraten Sie sie einfach. Sie lieben sie doch.«

»Dazu braucht es zwei.«

»Ja. Das hat sich der Oberst auch ausgerechnet. Sie ist so reif zum Pflükken wie ein Pfirsich im Juni.« Murphy mimte, wie er die saftige Josephine Marlow vom Baum pflückte.

»Schauen Sie sie an. Sie ist ganz hin und weg über die Uniform. Frauen! Die stehen auf das ganze Zeug.« Macs Blick fiel auf sein eigenes Spiegelbild. Sein Tweedanzug war zerknittert. Seine rote Krawatte, die er seit seiner Studienzeit besaß, war ungefähr so gebunden wie ein roter Lappen um den Hals eines großen Hundes. Einen Haarschnitt hatte er auch nötig.

»Ja. Die stehen darauf«, stimmte Murphy zu. »Nur gut, daß ich Elisa geheiratet habe, bevor alle Journalisten sich Uniformen anmessen ließen. Freilich, wenn es jetzt wäre, würde ich selbst zu Mussolinis Schneider rennen, wenn ich der Meinung wäre, daß ich Elisa damit dazu bringen könnte, mich anzusehen. Mann, sie ist wirklich klasse.« Murphy bekam den abwesenden Blick eines hungrigen Mannes, der von reifen Pfirsichen träumt.

»Ja«, sagte Mac unglücklich, als Josie mit dem Oberst aufbrach. »Das ist sie.«

André Chardon führte Josie ins *Casino de Paris* und ergatterte mittels eines Schmiergeldes von fünfzig Francs an den Oberkellner einen Tisch auf dem ersten Balkon. Sodann bestellte er Champagner zu einem Preis, der höher war als ihr ganzes Wochengehalt. Es war offensichtlich für sie, daß er noch andere Mittel zur Verfügung hatte als das Gehalt eines Armeeobersten.

Zu Hause in Amerika war Josie damit zufrieden gewesen, sich wie alle anderen ins Kino zu drängen, um einen Blick auf Maurice Chevalier in Schwarzweiß zu erhaschen. Hier nun hatte sie ihn in Fleisch und Blut vor sich.

Allein der Krieg hatte Chevalier aus Hollywood nach Hause bringen können. Die Wangen rosig und die Lippen rot im Scheinwerferlicht sang er mit über ein Auge herabgezogenem Strohhut das populärste Lied Frankreichs. Es hieß *Dans la Maginot* und wurde zur Melodie der *Marseillaise* gesungen. Es bot ein umfassendes Bild der demokratischen Armee Frankreichs:

»Der Oberst war ein Finanzier,
Der Major ein Industrieller,
Der Hauptmann war Versicherungsvertreter,
Der Leutnant Lebensmittelhändler.
Der Adjutant war Türsteher in der Bank von Frankreich.
Der Feldwebel war Konditor,
Der Unteroffizier ein Dummkopf,
Und alle Gemeinen lebten vom Gemeinwohl ...«

Josie lächelte André über den kleinen runden Tisch hinweg an. Er nippte an seinem Champagner.

»Jeder in der Armee war vor dem Krieg etwas anderes«, sagte sie. »Was haben Sie getan?«

»Ich habe mich mit Pferden und Wein beschäftigt.« Er hob sein Glas in ihre Richtung. »Und mit schönen Frauen.«

»Bei uns zu Hause würden wir das ein Patentrezept für Armut nennen.«

Er lachte. »Ganz so schlimm ist es nicht, Madame Marlow … Josephine. Als junger Mann wurde ich in Saumur zum Kavallerieoffizier ausgebildet. Daher die Pferde. Mein Bruder Paul setzt die Tradition fort.«

»Und der Wein?«

»Meine Familie besaß Weinberge in Bordeaux, die Paul und ich geerbt haben.«

Sie lächelte und dachte: daher das Geld.

Sein Blick wanderte über ihren Hals, ihr Ohr, ihre Wange und blieb dann an ihrem Mund hängen. »Und die schönen Frauen? Ich schätze, die sind auch eine Familientradition … eine, die ich mit Ihrer Hilfe vielleicht trotz des Kriegs fortsetzen kann.«

Was sollte sie dazu sagen? Sehr geschickt, Oberst Chardon? Erstklassig, Oberst Chardon?

Chevalier sang seine Melodie, während rings um ihn Ballettmädchen ihre Paillettenkostüme zur Schau trugen.

»… D'excellent Français!
D'excellent soldats …
Und all das macht sie zu vorzüglichen Franzosen,
vorzüglichen Soldaten …«

Josie sah André nicht an. »Ich nehme an, Sie sind sehr geschickt in all diesen Dingen.«

»Ich komme zurecht. In manchen Dingen bin ich aus der Übung.« Sein Blick erwärmte sie. »In Pferdedingen zum Beispiel. Und ich merke, daß mein Gaumen nicht mehr so fein ist wie früher. Was das andere anbelangt?« Er deutete auf den Entertainer, als ob die Worte des Liedes die Antwort für seine letzte Beschäftigung enthielten.

»Qui marchent au pas;
Sie marschieren im Gleichschritt;
Ils n'en avaient plus habitude;
Sie sind es nicht mehr gewohnt, aber
Mais tout comm' la bicyclett' …
Wie das Radfahren verlernt man das nie!«

Josie kam der Gedanke, daß sie in den Augen des Obersten das Fahrrad war. Das war eine interessante Vorstellung, die ihr aber auch Angst machte. Soldaten waren genauso schlimm wie Kriegskorrespondenten. Glänzende Medaillen und Messingknöpfe zogen Kugeln an. Davon hatte sie für ihr ganzes Leben genug.

»Ich bin nicht sicher, ob ich Sie kennenlernen möchte, Oberst Chardon.«

»Nennen Sie mich André, bitte.« Er schien durch ihre Offenheit nicht eingeschüchtert zu sein. »Und dann sagen Sie mir, warum Sie so empfinden, wo wir uns doch schon so gut kennen.«

»Nicht besonders gut.«

»Immerhin haben wir im Zug Seite an Seite geschlafen. Sie wissen, daß ich nicht schnarche. Normalerweise finden Frauen solche Dinge erst heraus, wenn es zu spät ist. Selbst wenn ein Ehemann schnarcht, ist es in Frankreich schwierig, sich von ihm scheiden zu lassen. Da gibt es Gesetze. Also. Ich schnarche nicht. Ich bin reich. Ich reite gut. Was wollen Sie mehr?«

Sie lachte. »Irgendwelche Fehler müssen Sie doch haben.«

Die Heiterkeit in seinen Augen verblaßte. Da war wieder dieser Blick, den sie im Zug gesehen hatte. Der Blick eines einsamen Mannes.

Er nickte knapp. »Viele.« Er wandte sich um und starrte auf die Bühne. Das Lied endete unter donnerndem Applaus. Das Spiel war vorbei. Was hatte sie gesagt, das ihn so abrupt von seinem Flirt abgebracht hatte?

»Ich sollte Sie jetzt lieber nach Hause bringen.« Er winkte dem Kellner und bat um die Rechnung.

Josie mußte an die Puppe denken. Sie platzte heraus: »Hat ihr die Puppe gefallen?«

Er sah sie an, als ob sie einen kleinen Teil seiner Gedanken gelesen hätte. »Woher wissen Sie …?«

»Ich habe sie im Zug gesehen. Ich habe angenommen, daß Sie sie jemandem mitbringen wollten.«

Er holte tief Luft. »Ich habe eine Tochter.«

»Und hat sie ihr gefallen? Es war eine hübsche Puppe.«

»Sie hat sie noch nicht gesehen. Sie ist auch mir noch nie begegnet.« Er zuckte die Achseln, als wären ihm die Worte unbeabsichtigt herausgerutscht. »Mein größter Fehler.« Ein verlegenes Lächeln. Er zählte die Scheine für die Rechnung ab und mußte sie noch einmal zählen.

Josie empfand plötzlich ein zartes Gefühl für ihn. »Ich mag Sie viel lieber, wenn Sie sich nicht soviel Mühe geben.«

»Ich schätze, ich bin bei den schönen Frauen ebenfalls aus der Übung. Es ist lange her, daß ich eine andere Frau anschauen konnte.« Seine Worte verebbten.

»Eine andere Frau?«

»Als die Mutter des Kindes. Sie ist jetzt tot. Es war hoffnungslos, lange bevor sie starb. Und doch habe ich gehofft. Sie sind mir heute abend aufgefallen. Schön. Zurückhaltend. Intelligent. Aber ... ich habe vergessen, wie das Spiel gespielt wird.«

»Keineswegs. Nur ist mir Ehrlichkeit lieber als das Spiel. Ich habe bisher zuviel von dem einen und nicht genug von dem anderen bekommen.«

Er biß sich auf die Lippe und beugte sich vor, wie ein Mann, der einen geheimen Plan mitteilen wollte. »Sie ist erst fünf, mein kleines Mädchen. Sie wohnt bei ihrem Großvater in Luxemburg.«

»Ein hübscher, kleiner Ort.«

»Ein trostloses Leben. Er ist ein verbissener, bitterer alter Mann.«

»Und? Haben Sie daran gedacht, sie nach Paris zu bringen?«

»Ich verstehe nicht das geringste von kleinen Mädchen. Oder von Kindern überhaupt.«

Was war das in seinem Gesicht? Eine flehentliche Bitte um Hilfe? Josie spürte, daß sie sich einer gefährlichen Situation näherte. Hier war ein Mann, der sein Kind zu sich nach Hause nehmen wollte, aber wie sollte er das schaffen? Betrachtete er Josie als eine Art potentielles Kindermädchen? Danke, nein danke.

»Sie sind fast so wie junge Hunde. Füttern Sie sie, lieben Sie sie, bringen Sie ihnen Manieren bei, dann werden sie im allgemeinen zu ganz anständigen Leuten aufwachsen.«

»Mit jungen Hunden habe ich auch keine Erfahrung.«

»Sie haben viel verpaßt.«

Der Funke kehrte zurück. »Kennen Sie sich mit solchen Mysterien aus?«

»Junge Hunde. Kätzchen. Fohlen. Sechs Brüder und Schwestern. Was immer Sie wollen.«

»Würden Sie mir mit Ihrem Rat zur Seite stehen? Wenn ich vielleicht das Kind besuchen fahren würde?«

Sie dachte für einen langen Moment über seine Bitte nach. »Ist das der Grund, warum Sie mich eingeladen haben?«

Er zupfte sich am Kinn. »Wollen Sie eine ehrliche Antwort?«

»Ich habe Ihnen schon gesagt, was ich von Ehrlichkeit halte.«

»Also dann ... nein. Ehrlich. Sie haben ein schönes Gesicht. Ihre Augen sind mir aufgefallen, selbst als Sie Ihre Presseuniform anhatten. Aber dieses Blau steht Ihnen besser. Jetzt stelle ich fest, daß unter dem Khaki vieles steckte, das ich noch nicht bemerkt hatte. Er nahm ihre Hand und hob ihre Finger an seine Lippen. »Unter Ihrer Bluse steckte, wie ich jetzt sehe, eine Quelle mütterlicher Instinkte, die nur darauf wartete, entdeckt zu werden.«

Unter seinem bewundernden Blick hätte sie am liebsten nach ihrem Mantel gegriffen und sich zugeknöpft. Auf der anderen Seite war es lange her, daß ein Mann sie so angesehen hatte. Sie genoß es, aber sie verschaffte ihm nicht die Befriedigung zu wissen, wie sehr es ihr gefiel.

»Lassen wir die Instinkte mal beiseite, André ... hier ist gesunder Menschenverstand vonnöten.«

Er lehnte sich zurück und trommelte mit den Fingern auf den Tisch. »Sie haben natürlich recht. Was schlagen Sie vor?«

»Wenn ich Sie wäre, würde ich diese hübsche Puppe als Weihnachtsgeschenk einpacken und einen Ausflug nach Luxemburg machen.«

»Daran habe ich auch schon gedacht.« Er betrachtete stirnrunzelnd seine Hände und sah ihr dann wieder in die Augen. »Danke, daß Sie es mir sagen. Würden Sie mich begleiten? Ich könnte vielleicht eine Freundin gebrauchen, die mir die Hand hält.«

* * *

Mac spürte die Gefahr, noch bevor er die undeutlichen Schatten der beiden Männer sah, die ihm folgten. Es war nur ein kurzer Weg durch die Dunkelheit vom *Ritz* zum *Hôtel Continental*, aber in Paris brannte nicht eine einzige Straßenlaterne. Raubüberfälle waren in der Stadt der Lichter wieder ebenso häufig, wie sie es in den dunklen Zeiten Charles Dickens' gewesen waren. Jede Gasse, jeder Zwischenraum zwischen den dicht an dicht stehenden Häusern konnte ein Schlupfloch für Ganoven sein. Nicht einmal die blau uniformierten Gendarmen waren davor gefeit, ausgeraubt zu werden; sie waren jetzt nur noch zu zweit unterwegs.

Wer mochte sich wohl an Macs Fersen geheftet haben? Er lauschte auf Stimmen, hörte aber nur die schweren Schritte der beiden Männer. Sie wurden langsamer, wenn er langsamer wurde, und beschleunigten, wenn er anfing, schneller zu gehen.

Andere schattenhafte Gestalten glitten in der Dunkelheit an ihm vorbei. Das trunkene Gelächter einer Gruppe von Feiernden hallte über den Platz und verklang unter einem Säulengang.

Die Schritte verschwanden nicht, als Mac in die *Rue de Castiglione* einbog und seinen Schritt in Richtung seines eigenen Hotels, das drei Häuserblocks entfernt lag, beschleunigte. Ein kalter Wind fegte von den *Tuileries* herauf und brachte den dumpfen Geruch der Seine und der Abwasserkanäle mit, die sich bei Nacht in den Fluß ergossen.

Er schlug den Kragen seines Mantels hoch bis über die Ohren und umklammerte seine Schlüssel, so daß sie wie Stacheln aus seiner Faust herausragten. Er hatte nur zehn Francs bei sich, für die es sich kaum zu sterben lohnte. Aber seine mühsam ergatterten Aufenthaltspapiere waren auf dem Schwarzmarkt ein Vermögen wert. Für jemanden, der sich für den Kauf und Verkauf falscher Identitäten interessierte, waren die Papiere eines Amerikaners zweifellos einen Mord wert. Jede Woche wurde eine Anzahl unidentifizierter Leichen aus dem Fluß gefischt. Sie wurden im Leichenschauhaus aufgebahrt, bis jemand sie erkannte. Ihre Papiere hatten sie niemals bei sich.

Mac wünschte, er hätte einen Revolver. Etliche Männer im Pressekorps trugen Handfeuerwaffen gerade für solche Gelegenheiten. Benny Morris konnte jedem jede Waffe verschaffen, die er haben wollte. Es war dumm von Mac gewesen, das Angebot abzulehnen. Er hatte Benny gesagt, er hätte mit der *DeVry*-Kamera genug zu schießen. Doch jetzt wäre Mac froh gewesen, wenn er nur die *DeVry* bei sich gehabt hätte, um sie einem dieser Burschen über den Kopf zu schlagen. Doch dafür war es jetzt zu spät.

Ein Wagen röhrte auf der Straße vorbei, zu schnell in der Dunkelheit. Blaues Licht schimmerte schwächlich durch die Schlitze vor den Scheinwerfern. Mac versuchte, einen Blick auf die Gesichter der Männer zu erhaschen, von denen er sicher war, daß sie ihn angreifen würden. Schwarze, massige Silhouetten hoben sich für einen Augenblick vor der weißen Hauswand ab, doch die Gesichter konnte er nicht erkennen.

Die *Rue de Castiglione* lag verlassen da. Die Stimmen der Betrunkenen verklangen hinter ihm. Bis zur Ecke der *Rue de Rivoli* war es noch ein ganzer Häuserblock; er erinnerte sich, daß irgendwo an diesem Block der Seiteneingang des *Continental* lag. Aber wo? Er tastete nach der Tür wie ein Blinder in einer unvertrauten Umgebung.

Die Schritte beschleunigten sich und schlossen zu ihm auf. Mac blieb stehen und preßte seinen Rücken an die harte Hauswand. So konnte er ihnen wenigstens entgegensehen, wenn sie ihn ansprangen. Niemand würde ihn von hinten niederschlagen und bewußtlos in den Fluß werfen!

»He!« rief er. »Ich warte auf euch!«

Die Schritte hielten abrupt. Stille. Richtig. Es waren zwei Männer, gebaut wie Preisboxer.

Mac forderte sie noch einmal heraus. »Ich habe zehn Francs, Jungs. Wenn ihr meint, daß das einen Versuch wert ist, dann kommt her.«

»Was Sie nicht sagen?« Der Akzent war amerikanisch. »Sind Sie das, Mac?«

Es waren John Murphy und Botschafter Biddle.

Mac wünschte, es wäre nicht so hell im Innern des *Hôtel Continental*. Biddle und Murphy meinten, sein Gesicht sei so rot wie eine Ampel. Er leuchtete sogar im Dunkeln. Es gab kein Entrinnen vor der Frotzelei. Zumindest lenkte ihn das für eine Weile von Josie und dem französischen Oberst ab.

Da die Aufzüge im *Continental* außer Betrieb waren, schleppte er sich müde hinauf zu seinem Zimmer. Er steckte den Schlüssel ins Schloß, drehte ihn herum und trat ein.

Einen Augenblick lang stand er schwankend in der Dunkelheit und vergewisserte sich, daß die Verdunkelungsvorhänge zugezogen waren. Sie waren es nicht. Das Gefühl, daß etwas nicht stimmte, stürmte wieder auf ihn ein. Oder war er wirklich paranoid geworden, wie Murphy angedeutet hatte?

Das Fenster zur Feuerleiter war offen. Kälte Luft wehte herein. Mac durchquerte den dunklen Raum und trat auf etwas Knirschendes.

Nachdem er die Vorhänge zugezogen hatte, machte er das Licht an und starrte auf das Bild, das sich ihm bot. Die Matratze und die Kissen waren aufgeschlitzt worden. Sämtliche Kleidungsstücke lagen auf dem Boden verstreut. Die Zahnpasta war aus der Tube gequetscht worden ... die Seife zerbröckelt ... der Rasierapparat auseinandergenommen und die Klingen lagen verstreut wie Blätter auf dem Schreibtisch herum.

Mit all dem konnte er leben. Nur eine Sache spielte eine Rolle. Der Rucksack mit seinem Film war verschwunden. Und seine *DeVry*-Kamera war zerschmettert. Sie lag in tausend Stücken auf dem Boden.

35

Die Kälte brach über Nordfrankreich mit solcher Gewalt herein, daß alle tapferen Soldaten auf beiden Seiten der Linie sich in ihren Bunkern eingruben. Abgesehen von dem täglichen Ritual der Artilleriesalven an der Maginotlinie war in diesem Krieg wirklich nicht viel los.

Es gab keine verwundeten Soldaten im Lazarett in der *École de Cavalerie*. Dafür gab es allerdings ungefähr hundert Patienten mit Bronchitis oder Lungenentzündung. Der ganze Flügel roch nach Leinsamen, entzündungshemmenden Umschlägen und Kampferdampfinhalationen, die in den Kleidern und an der Haut der Schwestern hingen.

Einschließlich Schwester Abigail Mitchell.

Paul roch sie, bevor er sie sah. Wie es seine Gewohnheit war, machte er nach dem Essen einen Gang durch die Ställe, nicht so sehr, um nach den Pferden zu sehen, sondern weil ihm der warme, erdige Duft der Pferde und die Stille dieses Ortes während der Lernstunde gut taten.

Heute abend machte er sich Gedanken um das, was zwischen ihm und André in Paris vorgefallen war. Er hatte das Gefühl, im Recht zu sein, aber vielleicht hatte er zu offen gesprochen. Das war einer seiner Fehler; zu offen zu sprechen. Derselbe Fehler hatte ihm das Mißfallen General Gamelins eingetragen, als er für de Gaulles militärische Strategie eingetreten war.

So war er nun Leiter einer Kavallerieschule, und hier würde er vermutlich bleiben, bis der Krieg so oder so vorüber war. Er streichelte einer Zuchtstute die weiche Nase und bemitleidete sich selbst.

Plötzlich stieg ihm der Duft von Kampfer in die Nase. Er drehte sich zu spät um, um der lächelnden Begrüßung von Schwester Mitchell zu entgehen. Sie war recht hübsch, wenn sie auch die Persönlichkeit einer Amazone hatte, dachte Paul.

»Bonjour, Hauptmann Chardon!«

Das hieß »guten Tag«, dabei war es Abend. Ihr Französisch war wie immer sehr schlecht. Paul beschloß, Englisch zu sprechen, was er recht gut beherrschte.

»Guten Abend, Schwester.«

»Sie sprechen sehr gut Englisch.«

»Meine Mutter war Engländerin«, erklärte er, und plötzlich sah sie ihn an, als ob sie ihm vergeben hätte, was immer es war, das er getan hatte.

»Ich hatte schon immer das Gefühl, daß irgend etwas an Ihnen anders ist.« Sie hüllte sich enger in ihren Mantel und lehnte sich gegen die Boxentür.

»Anders?«

»Höflicher. Wie ein Engländer. Ein Gentleman. Nicht wie der Rest dieser …« Sie stockte. »Oh. Ich meinte das nicht so …«

»Was meinten Sie denn?«

»Nun, genau die Sache, die ich gerne mit Ihnen besprechen wollte. Offenbar hat sich einer Ihrer Offiziere mit einer meiner jüngeren Schwestern getroffen.«

»Ja?« nickte Paul und überlegte, wer wohl die beiden Turteltauben sein mochten. Wahrscheinlich Jules Sully, der Chemielehrer, und dieses süße kleine Ding aus Jersey. Die Frauen von den Kanalinseln waren für ihre Schönheit berühmt und sprachen überdies recht ordentlich Französisch.

»Es handelt sich um diesen Chemielehrer und Miss Bremmer aus Jersey.«

»Ein sehr hübsches Pärchen.«

»Nein! Ich verbiete es! Er hat tatsächlich vor, sie zu heiraten, und das darf einfach nicht … wir müssen dem einen Riegel vorschieben.«

»Mam'selle.« Paul hatte genug gehört. »Ich bin nur ein halber Engländer. Nicht einmal das gebe ich oft zu, und in Herzensangelegenheiten bin ich ganz und gar Franzose, das versichere ich Ihnen. Wie übrigens auch meine Mutter, die, obwohl sie in England aufgewachsen war, durch und durch Französin war. Eine Frau von großer Leidenschaft und tiefem Verständnis, wenn es um die Dinge des Herzens ging. Darum erwarten Sie nicht – auch wenn Sie selbst nichts von Liebe verstehen –, ich würde zulassen, daß Sie bezüglich eines Mannes und einer Frau, die heiraten möchten, dem Himmel ins Handwerk pfuschen. So kaltherzig bin ich nicht.«

Ihr Unterkiefer sackte herab. Sie blinzelte ihn verblüfft an. »Das können Sie nicht ernst meinen.«

»Mam'selle. Schwester … was auch immer. Sie können Ihr Lazarett leiten. Sie können Ihr kleines Leben wegschrubben und sich um Ihre Kampferumschläge kümmern, aber das Leben ist mehr als das. Ich werde meine Erlaubnis geben, wenn ich darum gebeten werde. Ich rate Ihnen, dasselbe zu tun, wenn Sie sich nicht die Verachtung jedes Bürgers von Lys und jedes mitfühlenden Herzens in der *École de Cavalerie* einhandeln wollen.«

»Also!«

»Also gut.« Er verbeugte sich leicht. »Kein Wunder, daß Sie soviel Kohle brauchen, um sich zu wärmen. Wenn Sie mich jetzt entschuldigen wollen. Der Geruch von Kampfer hat mir den Kopf klarer gemacht, als ich es mir vorgestellt hätte. Ich wünsche Ihnen einen guten Abend, Mam'selle Schwester Abigail Mitchell.«

* * *

Die *École de Cavalerie* war von allen Schülern verlassen, als Paul Chardon nach Paris aufbrach, um Weihnachten zusammen mit André zu verbringen. Es war eine eigenartige Heimkehr. André war noch reizbarer als sonst.

Richard Lewinskis Haar schimmerte wie Kupfer unter der Lampe, die in seiner Kellerwerkstatt von der Decke hing. Vertieft in sein Gewirr von Drähten und Zahnrädern blickte er kaum auf, als André und Paul die steilen Stufen hinabstiegen.

»Bonjour, Richard«, rief André. »Paul ist wieder in Paris, mein Freund.«

»Frohe Weihnachten, Richard«, rief Paul fröhlich.

Lewinski antwortete mit einem Grunzen, ohne seine Arbeit zu unterbrechen. Einige Zeit später, vermutete André, würde sein geistesabwesender Gast fragen, wo Paul gewesen sei und für wie lange. Natürlich mußte André auch mit der Möglichkeit rechnen, daß Richard Lewinski Pauls Abwesenheit überhaupt nicht bemerkt hatte.

»Er ist mir nicht lästig, wirklich«, bemerkte André mit einem Achselzucken. »Obwohl er noch unzugänglicher ist als in den alten Tagen, glaube ich. Kein Wort der Konversation. Vorgestern abend haben wir eine Runde Schach gespielt, und er war sogar am Gewinnen. Plötzlich stand er auf und rannte hinunter in den Keller. Seltsam. Ich sehe ihn niemals essen, aber die Köchin bringt ihm seine Mahlzeiten, und wenn sie später wieder hingeht, sind sie weg.« Er lachte.

»Was macht er überhaupt hier?« erkundigte sich Paul.

»Der verrückte Wissenschaftler«, wich André der Frage aus. »Du weißt doch, daß Richard sich noch nie wohl gefühlt hat, wenn er nicht an irgend etwas basteln konnte.«

»Ich hatte fast den Eindruck, es sei irgend etwas aus einem Roman von Jules Verne – eine Zeitmaschine vielleicht. Vielleicht verschwindet er eines Tages und taucht mit Napoleon an seiner Seite wieder auf.«

»Ein vorzüglicher Gedanke.« André schlug seinem Bruder auf den Rükken, als sie ins Arbeitszimmer traten. »Frankreich könnte gerade jetzt einen neuen Napoleon gebrauchen.«

Paul lachte. »Einige von unseren Generälen sind so alt, daß ich schwören könnte, sie kannten ihn noch persönlich.«

Eine Porzellanpuppe in einem weißen Spitzenkleid saß auf einem Bücherschrank mit Erstausgaben, in rotes Leder gebunden, signiert von ihrem Autor Jules Verne, und einer anderen Sammlung, die von Victor Hugo signiert war. Beide waren in früheren Zeiten in diesem Haus zu Gast gewesen.

Andrés jüngerer Bruder wärmte sich die Hände am Feuer.

»Wirst du versuchen, deine Tochter zu sehen, wenn du mit deiner hübschen amerikanischen Freundin nach Luxemburg fährst?«

»Ich dachte, ich könnte Mutters Puppe mitnehmen und sie ihr geben. Als Weihnachtsgeschenk.«

»Hast du daran gedacht, sie nach Paris zu bringen?«

»Ja, ich habe daran gedacht.« Ihm wurde unbehaglich unter Pauls unverblümten Fragen.

»Du solltest Lewinski von dem Kind fernhalten. Er würde ihr bestimmt Angst machen. So wie er durch seine Gasmaske lugt und zu jeder Tages- und Nachtzeit durchs Haus schleicht.«

André seufzte und schüttelte den Kopf. »Das ist verrückt. Ich bezweifle, daß ihr Großvater auch nur zulassen wird, daß ich sie sehe. Und wenn er es täte? Wie sollte ich zurechtkommen, jetzt, wo wir Krieg haben?«

»Hast du als Gentleman denn eine Wahl, Bruder? Unter den Umständen bleibt dir eigentlich gar nichts anderes übrig. Elaine hat das Kind in deinen Händen zurückgelassen. Ihr letztes Vermächtnis. Und damit hatte sie recht, glaube ich.«

André gestand Paul keine Meinung über seine persönlichen Angelegenheiten zu. Die Bemerkung irritierte ihn. Was verstand Paul schon davon? André schwieg und tat so, als beschäftige er sich mit der ungeöffneten Post.

Endlich durchbrach Paul die Stille. »Nun, wie steht es um die politische Seite des Krieges?«

»Die Briten sind ganz aus dem Häuschen über die Vernichtung des deutschen Schlachtschiffs *Graf Spee*. Sie klopfen sich unaufhörlich selbst auf die Schultern, so als hätte die britische Marine den Krieg gewonnen. Winston Churchill als Erster Lord der Admiralität ist der Held des Tages. Uns allen wäre besser gedient, wenn er der englischen Regierung vorstünde, glaube ich. Hitler haßt ihn. Das ist ein gutes Zeichen.«

»Es wird nicht so sein wie im letzten Krieg«, entgegnete Paul grimmig.

André nickte zustimmend. »Ich habe gestern abend Charles de Gaulle auf einer Party gesehen. Dieser herumstolzierende Riese … arrogant und vorlaut wie immer, aber er hat recht. Panzer, sagt er. Panzer und Flugzeuge. Mobilität. Aber unsere Generäle stammen aus einem anderen Jahrhundert, Paul.« Er lächelte und wandte sich halb seinem Bruder zu, der immer noch die Uniform eines Kavallerieoffiziers trug. »Wir haben immer noch die besten Pferde der Welt.«

Paul verbeugte sich leicht. »Pferde und französische Tapferkeit werden die Deutschen besiegen. Meine Kadetten sind davon überzeugt. Hätte nur jeder Soldat den Mut meiner Jungs … sie sind sicher, daß die Deutschen angesichts unserer Kühnheit vor Angst zerfließen werden.«

»Das muß auch die Ansicht der Führer unserer Republik gewesen sein. Warum sonst wären sie wohl mit den Engländern nach München gezogen, um Hitler die Tschechoslowakei und die *Skoda*-Rüstungswerke zum Geschenk zu machen?« Er lachte bitter. »Wie ich höre, setzen die Panzerdivisionen jetzt in der Tschechoslowakei hergestellte Panzer französischer Bauart ein.«

»Aber es ist unsere Aufgabe, unsere achtzigjährigen Generäle zu inspirieren, oder nicht? General Pétain, der Held von Verdun. Er starrt mich im Speisesaal der *École de Cavalerie* von der Wand herab an und wirft mir vor, ich sei zu modern für einen Kavallerieoffizier. Pétain, gute Pferde und Tapferkeit. Gegen eine solche Kombination können die Nazis nichts ausrichten.«

Die Brüder schwiegen. Das Feuer knisterte. André sah die Puppe auf seinem Bücherregal an.

»Die Engländer haben ihre Kinder aus London evakuiert. Ich habe daran gedacht, Juliettes Großvater vorzuschlagen, sie nach England zu schicken. Vielleicht wäre es am besten, wenn sie nicht in Paris bliebe.«

»Ach so. Sie ist also der Grund für all dieses Kriegsgerede.« Paul lachte. »Es fällt dir leichter, über Massenvernichtung nachzudenken als über Vaterschaft.«

»Das ist nicht der Punkt.«

»Es bleiben noch ein paar Monate, bis die Offensive beginnt. Darin darfst du einem Pferdesoldaten vertrauen. Hitler wird warten, bis die Straßen ausgetrocknet sind. Versuch, sie herzubringen, damit sie bis dahin hier bei dir sein kann. Sie braucht jemanden.«

André nickte. »Ich dachte nur, es wäre vielleicht besser, wenn sie keine … Bindung zu mir entwickelt.« Er fuhr sich mit der Hand übers Gesicht und murmelte: »Soll ich ihr die Puppe gleich geben? Soll ich allein zu dem Haus gehen, um sie zu besuchen? Oder wäre es besser, eine Frau dabei zu haben? Josephine scheint Kinder gern zu mögen.«

»Wie schaffst du es, nach so kurzer Zeit solche Einzelheiten über eine Frau zu wissen? Für mich sind sie unergründlich, selbst wenn ich mich monatelang mit ihnen unterhalten habe. Du erstaunst mich, Bruder.« Paul schüttelte amüsiert den Kopf und wandte sich dem Feuer zu.

Eine elegante schwarze Limousine rollte über die *Pont Marie* und erreichte die Insel. Am *Quai d'Anjou* bog der Wagen nach links ab, verlangsamte und hielt vor dem Haus Nummer neunzehn.

»Josephine Marlow ist hier, Paul«, verkündete André leise.

»Gehen wir?« Paul drehte sich um, wippte auf den Stiefelspitzen auf und ab und fügte voller Sarkasmus hinzu: »Papa?« Nervös zupfte er an seiner Kavallerie-Uniformjacke. Er sah an André vorbei, als Josephine Marlow aus dem Wagen stieg. »Sehr hübsch. Nur eines enttäuscht mich.«

André runzelte die Stirn. »Ja? Was denn?«

»Daß ich ihr nicht zuerst begegnet bin.«

* * *

Der alte Brezinski hockte auf der Boxenwand und sah zu, wie das spindelbeinige Fohlen den Kopf senkte, um unter dem Bauch seiner Mutter nach seiner Nahrungsquelle zu suchen.

»Er ist ein Prachtkerl«, sagte Katrina von Böckmann leise, während sie sich neben dem polnischen Juden auf die Einfassung schwang.

»Bis er ein Jährling ist, wird er so schwarz wie ein Krähenflügel werden«, bemerkte Brezinski zufrieden. »Sein Vater Othello war genauso in diesem Alter, und sehen Sie, was aus ihm geworden ist: schwarz wie die Nacht, und der großartigste Hengst in ganz Polen.«

»Und unter Graf Gratz in der Schlacht um Krakau weggeschossen.« Katrina strich sich ungeduldig die Haare zurück. Was nützte es, von dem zu reden, was früher gewesen war? Das war jetzt alles dahin.

»Der Hengst war für die Schlacht gezüchtet, Katrina. Vielleicht ist es nicht falsch, daß er sein Leben auf diese Weise beendete.«

»Eine Verschwendung.«

»So scheint es immer, nur daß die Tapferkeit in der Schlacht ... von Männern und Pferden ... der Stoff ist, aus dem Legenden gemacht werden.«

»Legenden. Wir hätten mehr davon, wenn Othello jetzt im Gestüt wäre und seine legendären Eigenschaften an seine Nachkommen weitergeben würde.«

Das Fohlen fand das Gesäuge und hängte sich mit solchem Enthusiasmus daran, daß die Stute dreimal mit dem Hinterhuf aufstampfte.

»Sternenlicht hat sich mit der Mutterschaft angefreundet«, sagte der alte Mann. »Sie war so ein übermütiges Ding. Das hier bringt sie immer zur Vernunft.« Er sah Katrina nicht an, während er sprach. »Horst wird sich freuen, wenn er Sie und das Fohlen sieht. Es wird ihn aufmuntern.«

»Er kommt an Weihnachten nicht nach Hause.« Sie hob stolz das Kinn, als ob sie Widerspruch erwartete.

»Das ist schade. Ich hätte ihm gern das Fohlen gezeigt.«

»Sie sind zu freundlich, wenn man bedenkt ...«

»Wenn man bedenkt?«

»An was er beteiligt ist.«

Brezinski schob sich die Mütze in den Nacken. »Horst ist wie Othello, Katrina. Ist Ihnen das noch nicht aufgefallen?«

»Doch, ich habe es gemerkt. Ich habe ihn aufgefordert, mich zu verlassen, davonzugaloppieren und seinen Krieg zu führen, selbst wenn er nicht weiß, wofür er kämpft.«

Brezinski dachte eine Weile lang schweigend über ihre Bitterkeit nach. »Er kämpft, weil er kämpfen muß.«

»Für die Nazis?«

»Vielleicht auch für uns?«

»Sie sind Jude. Wie können Sie so etwas sagen?«

Er machte eine weiträumige Handbewegung und richtete den Blick hinauf zu dem Geräusch von Kinderschritten. »Ihr Mann ist ein Held der Wehrmacht, Katrina. Seine Loyalität ist unbezweifelt. Auch wenn den Nazis sein Herz nicht gehört, so gehört ihnen doch sein Soldateneid. Und solange er weiterhin gut für das Vaterland kämpft, sind wir vielleicht einigermaßen sicher. Wenn es für einen Juden in Deutschland so etwas wie Sicherheit gibt, dann nur deshalb, weil er sich im Dienst eines deutschen Helden nützlich macht.«

Sie blinzelte ihn erstaunt an. »Aber Brezinski ...«

Er sah sie an. »Und Ihr Schwager? Kurt Hulse? Dessen Flugzeug in Belgien abgestürzt ist? Der Glückspilz. Ihre Schwester und Ihre Eltern sind in der Schweiz. Meinen Sie etwa, die Gestapo würde Sie nicht in diesem Augenblick beobachten?«

»Woher wissen Sie das?«

»Das weiß hier jeder, von der Küche bis zum Stall. Die kleinen Mädchen flüstern darüber. Die Nonnen beten. Wollen Sie auch das Reich verlassen?«

Sie blickte stirnrunzelnd auf den Rücken des Fohlen hinab. »Ich hatte nicht vor zu gehen.«

»Warum nicht?«

»Wegen des Gestüts ... und wegen Ihnen allen, die Sie hier leben.«

»Dann kämpfen also auch Sie auf Ihre Art, anstatt davonzulaufen. Sie wissen, wenn Sie uns verlassen, dann werden sie uns abholen kommen.«

»Ja.«

»Und wenn Horst nun seinen Eid brechen würde?«

Ihre Augen zogen sich zusammen. »Er kämpft nicht für uns. Er kämpft, weil er den Kampf liebt.«

»Nicht jeder Mann in der Wehrmacht ist böse, Katrina. Sie kennen die Gesetze der Nazis. Wenn ein Familienmitglied ein Verbrechen begeht, werden alle bestraft.« Er ergriff ihre Hand. Sie war eiskalt. »So sitzen nun die letzten ehrlichen Menschen in Deutschland in den Konzentrationslagern. Es sind heilige Orte, diese Gefängnisse. Voller Heiliger und Märtyrer. Und die anderen? Entweder Geiseln oder wahre Fanatiker oder verängstigte Lügner ... oder Narren, die gegen einen Sturm wüten, der sie davonblasen wird.«

»Es ist alles so kompliziert geworden. Ich blicke nicht mehr durch.«

»Für mich ist es einfach, weil ich Jude bin. Hitler hat mir die Entscheidung abgenommen. Aber was ist mit Ihnen? Und Horst?«

Sie dachte mit finsterem Gesicht über die Worte des alten Mannes nach. »Wir hätten schon vor dem Krieg hier weggehen sollen.«

»Und was wäre dann aus uns geworden? Aus meiner Familie ... und den anderen, die Sie hier verstecken?«

»Ich kann auch so nicht für Ihre Sicherheit garantieren.«

»Genausowenig wie für Ihre eigene. Aber immerhin atmen wir noch.«

»Warum haben Sie Europa nicht verlassen?«

»Ich wollte nach Amerika gehen. Für kurze Zeit habe ich dort mit den *Kellogg*-Arabern gearbeitet. Aber ich habe keine Visa für meine Familie bekommen, und darum bin ich zurückgekehrt, obwohl dieser Krieg schon absehbar war. Verstehen Sie? Um meiner Familie willen.«

»Das ist etwas anderes.«

»Ist es das? Horst liebt Sie, Katrina. Liebe erfordert manchmal eine seltsame Art von Pflichtbewußtsein.« Er verlagerte sein Gewicht auf der schmalen Reling und rieb sich das Kinn. »Ich habe viel darüber nachgedacht, als ich jung war. Als meine Frau Tanya noch lebte und die Pogrome gegen Juden in Polen einen Höhepunkt erreichten, stellte ich mir folgende Frage: Ein Mann kommt auf der Straße auf mich zu und hält meiner Frau eine Pistole an den Kopf. Er sagt, er wird ihr das Gehirn herausblasen, wenn ich nicht in das Haus meines Nachbarn einbreche und sein Gold stehle. Was werde ich tun?« Er zuckte die Achseln. Die Entscheidung lag auf der Hand. »Um ihr Leben zu retten, werde ich zum Dieb werden.« Er blickte weg, als irgendein schreckliches Bild vor seinem inneren Auge auftauchte. »In Polen haben die Nazis jetzt Juden zu Polizisten gemacht, die ihre Mitjuden verhaften sollen. Gute Männer werden zu Verrätern an ihren eigenen Freunden gemacht. Ihre Frauen und Kinder sind Geiseln. Diesen Trick hat die Gestapo in Deutschland gelernt, nicht wahr?«

»Was kann ich denn tun?«

»Sie tun schon alles, was Sie können. Sie haben sich selbst für uns alle in Gefahr gebracht. Seien Sie also auf der Hut. Aber Sie müssen auch mit Ihrem Mann barmherzig sein. Man hält Ihnen eine Pistole an den Kopf, und er liebt Sie.«

* * *

Es war eine zufällige Begegnung mit einem Major aus einem Artillerieregiment der Wehrmacht, die Horsts Interesse wieder zurück nach Polen lenkte.

»Weihnachtsurlaub?« Der Major schwenkte sein Glas Whiskey mit Soda wie ein Engländer. »Ich bringe meinen Sold zurück nach Polen. Warum sollten diese SS-Schweine den ganzen Profit machen, während wir, die wir kämpfen und den Krieg gewinnen, am Ende in Deutschland polnische Waren zum doppelten Preis kaufen? Ich sage Ihnen, von Böckmann, in Polen kann man mit allem von Spitzendeckchen bis Pferdefleisch einen Gewinn machen. Man bekommt die besten Waren für praktisch nichts!«

Der Reichtum Polens fand seinen Weg nach Deutschland. Kohle und Getreide flossen nach Westen, zusammen mit antiken Möbeln, Wandteppichen und Kunstgegenständen. Edelsteine, Pelze, Porzellan, Silber und

Gold, die während der bolschewistischen Revolution aus Rußland herausgeschmuggelt worden waren, befanden sich nun in den Tresoren des Reiches oder wurden vor Weihnachten zu Schleuderpreisen verkauft.

Die Züge fuhren ungehindert über ehemals polnisches Gebiet hinweg nach Danzig und Ostpreußen und in die nun gedemütigten, zerschlagenen Städte Lublin, Krakau und Warschau.

Geschäftstüchtige Händler reisten mit Erlaubnis der Besatzungsmacht nach Osten, um die Möglichkeit zu erkunden, Fabriken einzurichten, die mit den neuen, preiswerten Sklaven betrieben werden könnten.

Major Horst von Böckmann trug seinen Antrag, das besetzte Gebiet betreten zu dürfen, einem unteren Chargen in der Berliner Handelskammer vor.

»Ja, Major von Böckmann. Sie sagen, Sie möchten gerne Viehbestände in Polen begutachten und aus dem Besatzungsgebiet exportieren?«

»Das ist richtig.«

»Welchen Zweck verfolgen Sie damit.«

»Im zivilen Leben besitzen meine Frau und ich ein Pferdegestüt. Araber. Wie ich höre, sind immer noch viele dieser Tiere in Polen zu haben. Die Polen schlachten Pferde und verkaufen das Fleisch auf dem Schwarzmarkt. Das ist eine unvorstellbare Verschwendung.«

Horst war auf den Gedanken gekommen, daß irgendwo in den entsetzlichen Schlachthöfen Polens die feinsten Araberpferde darauf warteten, geschlachtet und in einer Metzgerei an Fleischhaken gehängt zu werden. Wenn er ein Dutzend der besten erwerben und vor Weihnachten nach Hause auf das Gut bringen konnte, würde Katrina wieder mit ihm reden müssen.

»Wieviel Bargeld wollen Sie in das Besatzungsgebiet einführen?«

»Fünftausend Reichsmark.«

»Eine beträchtliche Summe.«

»Wir haben eine Anzahl polnischer Pferde von Reichsmarschall Göring erworben. Die Summe erscheint mir bescheiden für die Qualität von Tieren, die ich ins Reich zurückzubringen gedenke.«

Bei der Erwähnung von Görings gewichtigem Namen hoben sich die Augenbrauen des Beamten respektvoll. Der Stempel mit dem Adler und dem Hakenkreuz sauste auf Horsts Reiseerlaubnis herab.

36

André hatte die Puppe ungeschickt in rotes Geschenkpapier gewickelt und mit einem Band verknotet. Seine Bemühungen, das Geschenk für seine Tochter einzupacken, brachten ihn nicht minder in Verlegenheit als seine Vaterschaft. Er kam sich unbeholfen vor, als er mit Josephine von Paris aus nach Norden fuhr, auf dem *Chemin des Dâmes*, der Straße, die nach den Töchtern Ludwigs XV benannt war.

Josephine, der es nicht gelungen war, Passierscheine für die Gefechtszonen zu erhalten, staunte, daß seine Papiere ihn ungehindert durch die Betonschikanen kommen ließen, mit denen die Straßen in Richtung der luxemburgischen Grenze versperrt waren. Wachsoldaten salutierten vor ihm, wünschten ihm einen guten Tag und ließen ihn passieren.

Er sprach wenig, obwohl es vieles gab, das er der schönen Frau an seiner Seite gerne mitgeteilt hätte. Sie spürte sein Unbehagen und füllte die Stille mit Unterhaltung, indem sie seine Fragen nach ihrem Leben in Amerika beantwortete.

Geboren in Fort Smith, Arkansas, war sie mit ihrer Familie nach Kalifornien gezogen, als 1930 Trockenheit und Wirtschaftsdepression ihre Welt in den Niedergang führten.

»Wir wohnten in einem Zelt an einem Fluß, bis mein Vater Arbeit auf den Ölfeldern fand«, vertraute sie ihm an. »Ich war sechzehn, schlaksig und furchtbar verklemmt. Die anderen Mädchen machten sich wegen meines südstaatlichen Akzents über mich lustig. Genauso, wie jetzt auch die aus dem Elsaß evakuierten Kinder hier in Paris gehänselt werden; es ist genau dasselbe. In Kalifornien wurde es immer schlimmer, je mehr von uns nach Westen kamen. Die Barmherzigkeit der Leute wurde etwas überstrapaziert.«

André wünschte, er hätte sie damals kennen dürfen. Er warf ihr einen Blick zu. Das dichte, kastanienbraune Haar war geflochten und aufgesteckt. Eine Strähne ringelte sich an der Rundung ihrer Wange. Ihr Gesicht war rein und sah aus wie frisch abgerieben. Ihre Augen hatten die gleiche Farbe wie ihr Haar. Ihr Blick verriet, daß sie für ihre jungen Jahre schon zuviel Leid gesehen hatte. War diese Tiefe durch die Entbehrungen ihrer Kindheit gekommen? Oder war es ein Kummer aus jüngerer Zeit, der sich so in ihre Seele eingeprägt hatte. Da war etwas in ihrem Gesicht, das in ihm den Wunsch weckte, sie in die Arme zu nehmen, ihr Gesicht zu streicheln und sie festzuhalten. »Aber Sie waren doch schön. Die jungen Männer waren zweifellos alle in Sie verliebt.« Er verlangsamte hinter einem Truppentransporter, bis der Weg zum Überholen frei war, und beschleunigte dann wieder.

Sie lachte ihn mit echter Heiterkeit an, wie sie an jenem ersten Abend gelacht hatte. »Glatte braune Haare … braune Augen … alltägliches Gesicht … zu groß. Jetzt bin ich froh darüber, aber damals? Ich habe mich in der Bibliothek versteckt und gelesen, bis ich schielte. In Französisch war ich sehr gut. Wenn ich Französisch sprach, fiel niemandem mein Südstaatenakzent auf, wissen Sie? Das konnte ich so gut wie die anderen Mädchen in der Klasse oder noch besser. Im Sommer arbeitete ich in den Weinbergen in der Nähe einer kleinen Barackenvorstadt namens Arvin. Sehen Sie, wieviel wir gemeinsam haben, André? Sie besitzen Weinberge in Bordeaux, und ich habe früher in Kern County, Kalifornien, Weintrauben gepflückt.« Sie lachte wieder. »Aber in der Schule war ich gut. Ich bekam ein Stipendium für die UCLA.«

»Und Ihr Mann?«

»Wir lernten uns in einem Literaturseminar kennen. Danny war der erste Mann, den ich je geliebt habe. Der einzige Mann bis dahin. Ich dachte, wenn zwei Leute sich liebten, dann heirateten sie, bekämen Kinder, arbeiteten und gingen sonntags in die Kirche. Danny hat mich überrascht. Er heiratete mich, nahm einen Job bei der *AP* an und sauste ab nach Europa.«

»Und Sie folgten ihm.«

»Erst nach fünf Jahren. Bis dahin unterrichtete ich in einer kleinen Schule mit einem Klassenzimmer in den Bergen oberhalb von Bakersfield. Als ich nach Paris kam, dachte ich, es wäre zu Ende. Aber ich verliebte mich ganz von neuem in meinen Mann … und dann verlor ich ihn.«

Reihen laubloser Pappeln glitten an ihnen vorbei wie ein Lattenzaun, der sich an den schneebedeckten Feldern entlangzog.

Es gab so vieles, das André über sie wissen wollte. Sie war anders als alle anderen Frauen, denen er je begegnet war. Trotz einer Kindheit in Armut verfügte sie über einen geistigen Adel und eine von Bitterkeit ungetrübte innere Kraft. Sie war alles andere als gewöhnlich, und doch nahm sie seine Komplimente nur mit Heiterkeit entgegen, als hätte sie noch nie bewußt in einen Spiegel geschaut; als wären seine Aufmerksamkeiten lediglich belanglose Versuche, ihr zu schmeicheln.

»Haben Sie noch andere Männer geliebt?«

»Einen.« Sie wischte das beschlagene Seitenfenster frei und blickte hinaus in die Landschaft.

Ihre Einsilbigkeit ließ André überlegen, ob sie diesen anderen immer noch liebte. »Wo ist er jetzt?«

Sie lächelte. »Wahrscheinlich ist er irgendwo hier draußen auf der Jagd nach einer Story über den Krieg und wünscht sich, er könnte sich mit einem französischen Oberst anfreunden, der ihn so leicht durch die Straßensperren bringen könnte wie Sie! Er ist Reporter; Kameramann. Nachdem ich Danny verloren hatte, habe ich mir geschworen, mich nie wieder mit einem Journalisten einzulassen. Tja. Die Vernunft siegt über die Liebe, und er ist weg.«

»Aber Sie sind doch selbst Journalistin.«

»Danny glaubte nicht an Lebensversicherungen. Ich muß mich ernähren. Ich liebe Paris. Hier stört es niemanden, daß ich in Arkansas geboren bin. In Frankreich weiß kein Mensch auch nur, wo Arkansas liegt. Amerika ist nur ein einziges großes Traumland für die Leute hier. Für die *AP* zu schreiben ist besser, als im Weinberg von Oberst André Chardon Trauben zu ernten.«

Er sah sie überrascht an. Ihm war nie der Gedanke gekommen, daß sie tatsächlich arbeitete, weil sie mußte. Sie lächelte, aber ihre Worte klangen wie ein Tadel. Er fuhr auf den Parkplatz einer kleinen Gaststätte, machte den Motor aus und zog die Handbremse. Schneeregen setzte ein, als er sich zu ihr umdrehte. Er ergriff ihre Hände und führte sie vor sein Gesicht. Zum ersten Mal fielen ihm die Reste von Schwielen auf ihren Handflächen auf.

Sie zog ihre Hände behutsam aus seinem Griff und ballte die Fäuste, plötzlich verlegen. »Jeder in Frankreich hat vor dem Krieg irgend etwas anderes gemacht, André. Wie ging noch das Lied? Der Oberst hatte einen Weinberg. Die Korrespondentin erntete Trauben … Oder so ähnlich. Wie das Radfahren verlernt man das nie …«

Er zog sie an sich und berührte ihre Wange. »Ich würde es Sie vergessen lassen, wenn Sie mich ließen.« Dann küßte er sie, während der Schneeregen auf das Dach des Wagens prasselte.

* * *

Die Straße nach Luxemburg-Stadt stieg aus einer Schlucht empor und verlief über eine schmale Brücke. Seit römischer Zeit war dies der Hauptzufahrtsweg zu den Höhen des alten Luxemburg gewesen.

Wie ein abgebrochener Zahn hob sich vor dem Himmel die Ruine eines Turms ab, der zu den ursprünglichen Befestigungen der Stadt gehörte. Legenden über den Gründer Luxemburgs berichteten, Graf Sigefroi habe seine Seele an den Teufel verkauft, der ihm dafür die Festung in einer einzigen Nacht erbaut habe.

Als der Abendnebel von der Alzette und der Petrusse aufstieg, um durch die steilen, mittelalterlichen Straßen zu ziehen, fiel es Josie nicht schwer, sich vorzustellen, daß die Legende stimmte. Hier, in diesem winzigen neutralen Land, wurden noch ganz andere Händel mit dem Teufel abgeschlossen. Die Stadt sei voller Gestapo-Agenten, war ihr gesagt worden. Geschäfte wurden gemacht, und militärische Informationen wurden ebenso beiläufig gekauft und verkauft wie Gemüse an einem Markttag.

André hatte sich an der Grenze in Zivil umgezogen. Militärische Uniformen machten die Bürger von Luxemburg nervös. Was den Krieg anging, war es ihnen lieber, nichts zu sehen, nichts zu hören und nichts zu sagen. Im Vertrauen auf ihre Politik der strikten Neutralität kreuzten sie ihre Finger und verschlossen die Augen vor der Tatsache, daß sie weich zwischen die Grenzen Frankreichs und Deutschlands eingebettet waren.

Was den Zustand ihrer eigenen Armee anging, so unterhielt Luxemburg eine Truppe von dreihundertfünfzig Mann. Wer würde schon das Großherzogtum überrennen wollen, argumentierten sie, wo es doch ein so nützlicher Treffpunkt für die Spione beider Seiten war?

André kannte sich in der Stadt gut aus. Diese Tatsache überraschte Josie, da er ja seine kleine Tochter nie besucht hatte, seit sie hier lebte. Mit der Zielsicherheit einer Brieftaube fand er seinen Weg an der gotischen Kathedrale *Nôtre-Dame de Luxembourg*, dem großherzoglichen Palais und dem Nationalmuseum vorbei und hielt schließlich vor dem Hotel *Brasseur.*

Das Haus strahlte die verblaßte Herrlichkeit des vergangenen Jahrhunderts aus. Der Gesellschaftsraum war in einem tiefen Rot drapiert. Ein Porträt der Großherzogin Charlotte hing über dem Sims eines großen, offenen Kamins, in dem die Scheite anheimelnd flackerten. In den Stein des Kaminsimses war das Nationalmotto von Luxemburg eingemeißelt:

»*Mir woelle bleiwe was mir sin.*«

War dieses Motto nur Wunschdenken?

In der Ecke hinter einem schweren, kantigen Flügel stand ein großer Weihnachtsbaum. Ein schmalgesichtiger Mann in altmodischem Frack spielte Mozart. Der Gesellschaftsraum war fast ausschließlich von grimmig dreinblickenden Männern mittleren Alters bevölkert, deren Blicke zwischen ihren Zeitungen und anderen grimmig dreinblickenden Männern hin und her huschten. Mit der Stimmung, die das Piano erzeugte, erinnerte die Szene Josie an einen alten Stummfilm über Mata Hari, den sie einmal gesehen hatte.

André kannte den Besitzer des *Brasseur,* der Josie interessiert musterte, als André die Meldekarten für zwei Zimmer ausfüllte.

»Nebeneinander, Monsieur Chardon?« Er stellte die Frage diskret, aber dennoch drehten sich Köpfe nach ihnen um. War André schon mit anderen Frauen hier gewesen? Vielleicht mit der Mutter seines Kindes?

Gegen ihren Willen stieg Röte in Josies Gesicht auf.

»Nein, danke, Henri«, erwiderte André. »Mein übliches Zimmer für mich. Eine Suite für Madame Marlow.«

Ein Page war nicht nötig. Josie hatte nur eine kleine Reisetasche mit einer weiteren Garnitur Kleidung und dem blauen Kleid dabei. André trug die in rotes Papier gewickelte Puppe und einen kleinen, teuren Lederkoffer.

Ihre Suite war im zweiten Stock in der Nähe der Treppe. Seine befand sich im dritten Stock am Ende des Flures.

»Reicht dir eine Stunde?« fragte er. »Dann laß uns um acht Uhr dreißig essen. Im kleinen Speisesaal. Ich komme bei dir vorbei, dann können wir gemeinsam hinuntergehen.«

»Ich komme dir entgegen«, sagte sie, da sie es nicht riskieren wollte, ihn in ihr Zimmer zu bitten. Er beugte sich herab, um sie auf den Mund zu küssen. Sie wandte das Gesicht ab, und seine Lippen streiften über ihre Wange. »Bitte nicht«, flüsterte sie. »Nicht jetzt. Nicht ... heute abend. Ich bin ... zu leicht angreifbar.«

Er trat einen Schritt zurück und neigte seinen Kopf zu einer leichten Verbeugung, wie ein junger Offizier, der ohne Gemütsregung einen Befehl entgegennimmt.

Sie schloß ihre Zimmertür hinter sich und drehte, ohne nachzudenken, den Schlüssel herum. Wollte sie ihn aussperren oder sich einsperren? Das letzte, was sie gebrauchen konnte, war, sich mit einem französischen Oberst einzulassen. Im Augenblick wäre es ihr am liebsten gewesen, wenn sie beide in verschiedenen Hotels abgestiegen wären. So, wie es ihr im Moment ging, wären vielleicht sogar verschiedene Städte der einzig sichere Abstand.

* * *

Es war bitterkalt in Warschau. Mit Erleichterung bemerkte Horst von Böckmann, daß der Schnee manche Narben der Schlacht überdeckte. Einige Straßenbahnen waren wieder in Betrieb, und die Schienen vom Umschlagplatz zum Hotel waren bereits repariert. Auf den Straßen transportierten offene Lastwagen Gefangene hin und her, die Schnee schaufeln oder Straßenarbeiten verrichten mußten. Horst sah nicht in ihre trübsinnigen Gesichter, wenn sie vorbeikamen.

Am späten Nachmittag ging Horst auf demselben Weg wie damals zum Fluß hinab. Nichts deutete mehr darauf hin, was sich an dieser Stelle vor einigen Monaten ereignet hatte. Die Weichsel war abschnittweise zugefroren, doch schwarzes Wasser schwappte um die Pfeiler der Brücke, die die Stadtteile am linken und rechten Ufer des Flusses verband. Er stellte sich vor, daß die Leiche der Frau namens Sophia immer noch hier im Wasser lag. Oder war sie im Tode aus Polen entkommen und war hinab ins Meer getrieben? Jener Abend schien jetzt so lange her zu sein. Warum konnte er ihr Gesicht nicht vergessen? Warum hörte er jeden Abend, wenn er schlafen ging, immer wieder ihre Stimme, wie sie den Namen ihres Kindes rief?

»Jules! Ach, armer Jules.«

Er dachte an das Kind der toten Frau. Wieder lief der Vorfall vor seinem inneren Auge ab, und er fragte sich, ob er sich irgendwie anders hätte verhalten können. Hätte die SS ihn verhaftet, wenn er nicht zur Seite getreten wäre? Hätten sie die Frau trotzdem erschossen? Und wenn Katrina hier bei ihm gewesen wäre, hätte ihr Mut dann zu einem anderen Ende der Tragödie geführt?

Katrina. Sie hatte eine Art, durch ihren schieren Willen die Welt zu verändern. Vielleicht glaubte sie darum, daß ihr Wille auch ihn jetzt verändern würde. Wie er sich nach ihrer Anerkennung und ihrer Liebe sehnte, wenn ihn auch ihre Selbstgerechtigkeit manchmal wütend machte. Sie hatte gewußt, daß er ein Soldat war, als sie ihn geheiratet hatte. Warum hatte sie beschlossen, ihn jetzt zurückzuweisen, wo er sie mehr brauchte als je zuvor?

»Herr Major!« Ein abgerissener Junge von etwa elf Jahren tauchte hinter einem Trümmerhaufen auf und kam auf ihn zu. Sein Mantel war dünn. Dunkle Ringe lagen um seine Augen. Die Unterernährung war ihm anzusehen. Sein Deutsch war mit Mühe zu verstehen.

»Es ist fast Sperrstunde, Junge. Du solltest nach Hause gehen.«

»Sie sehen einsam aus, Herr Major. Ich habe eine hübsche Schwester, mit der Sie Zeit verbringen könnten.« Er kam vorsichtig einen Schritt näher.

»Kleiner Bettler«, sagte Horst verächtlich, während er sich noch wunderte, daß man ihm seine Einsamkeit so deutlich ansah. »Ich glaube kaum, daß ich Lust hätte, mit einer Schwester von dir Zeit zu verbringen.«

»Oh nein, Herr Major!« platzte der Junge eifrig heraus. »Sie ist nicht wie ich! Eine Schönheit, das versichere ich Ihnen!«

»Ich interessiere mich nicht für polnische Frauen oder Jüdinnen, Junge.«

»Wir sind keine Juden!« rief das Kind empört. »Sie ist ganz und gar arisch. Blond. Blaue Augen. Jung. Hübsch. Besser als die Huren in Berlin.« Er zeichnete mit den Händen die Form einer Sanduhr nach. »Und sie kann einen Major für wenig Geld sehr zufrieden machen! Kommen Sie und schauen Sie sie an! Anschauen kann nicht schaden. Wir haben auch ein Grammophon für Musik. Wodka zum Trinken. Eine angenehme Art, einen einsamen Abend zu verbringen. Wenn sie Ihnen nicht gefällt, gehen Sie einfach wieder. Aber sie wird Ihnen gefallen, das verspreche ich!«

Vergessen. Das schien heute abend Horsts größtes Anliegen zu sein. Er brauchte eine Ablenkung, sagte er sich. Und was konnte es schaden, nur einen Blick auf die Ware zu werfen, die der Junge feilbot?

Der Himmel war stahlgrau, als ein dichter Nebel sich über die Stadt legte. Horst folgte dem Jungen, wobei er nicht vergaß, daß es schon vorgekommen war, daß deutsche Soldaten mit dem Versprechen, nur ein paar Schritte entfernt warte eine schöne Frau auf sie, in einen Hinterhalt gelockt worden waren.

»Ich werde diskret sein, Herr Major. Es darf nicht so aussehen, als ob Sie mir nachgehen.«

Der Junge ging fröhlich ein paar Schritte vor Horst her wie ein Reiseführer. Auf den verlassenen Straßen deutete er auf die Fenster von Geschäften und Wohnungen, die mit Blei und Kitt aus Glasscherben zusammengeflickt waren. Die Fenster, die zu groß waren, um repariert zu werden, wurden einfach mit Brettern zugenagelt, erklärte der Junge. Bis zum Sommer, wenn es heiß wurde, würde es nichts ausmachen. Vielleicht würde bis dahin wieder alles seinen normalen Gang gehen. Vielleicht würde bis dahin der Krieg vorbei sein, und die Deutschen würden einsehen, daß die Polen in Wirklichkeit ihre Freunde seien. Dann würde es wieder ganze Glasscheiben in den Fenstern von Warschau geben.

Sie überquerten eine von Bombenkratern übersäte Straße und kamen an einem kleinen Grüppchen von einem halben Dutzend finster dreinblickenden Polen vorbei, die bei Horsts Anblick auseinandergingen und sich in die dunklen Hauseingänge zurückzogen, als ob sie sich nicht kannten.

Im Dämmerlicht betraten sie ein Gebäude, das von den Bomben nur mäßig beschädigt worden war. Das Mauerwerk des fünfstöckigen Hauses war von Granatsplittern zernarbt. Das Kranzgesims war zerbrochen, und die Fenster waren mehr zugenagelt als geflickt.

Die Tür, die ins Foyer führte, war früher aus Glas gewesen. Jetzt war sie vollständig mit unebenen Holzstücken bedeckt. Das Innere des Eingangs schien völlig ohne Licht zu sein. Der Junge hielt die Tür weit auf, spähte an Horst vorbei in den Nebel und zischte: »Kommen Sie, Herr Major. Niemand wird Sie sehen.«

Horst öffnete die Lederklappe seiner Pistolentasche und legte die Hand auf den Griff seiner *Luger*. Einen Augenblick lang zögerte er; dann trat er hinter dem Jungen ins Haus. Die Tür fiel ins Schloß, während das Kind die schmale Treppe emporsprang. Ein schwacher Lichtschimmer aus einer einzigen Glühbirne beleuchtete die Spirale der Treppe und jeden der leeren Treppenabsätze. Davon abgesehen herrschte eine bedrückende Finsternis. Horst lauschte, ob irgendwelche Schritte außer seinen eigenen zu hören waren. An jeder Tür, an der sie vorbeikamen, rechnete er unwillkürlich mit einem Hinterhalt.

»Vor dem Krieg war es eine sehr hübsche Wohnung, Herr Major«, zwitscherte der Junge, als sie den Treppenabsatz des zweiten Stockwerks hinter sich ließen. »Vielleicht nächstes Jahr ...«

Als sie den dritten Stock erreichten, schwitzte Horst. Der Aufstieg war ohne Zwischenfall verlaufen, doch er verspürte immer noch ein Gefühl der Gefahr, als der Junge leise klopfte und rief: »Smyka?«

Es entstand eine lange Pause; dann drangen die Klänge eines Schubert-Walzers durch das Holz der Tür.

»Sie kommt gleich.« Der Junge drehte sich entschuldigend um. »Sie wissen ja ... diese Frauen.«

Horst ließ eine Hand auf der *Luger* liegen. Wie dumm es wäre, die Schlacht überlebt zu haben und dann in einer finsteren Nebenstraße in Warschau ermordet zu werden. »Natürlich.«

Der Türknauf klickte, die Angeln ächzten leise, und die Tür ging auf. Licht drang durch die Öffnung und fiel auf Horst und den Jungen. Vor dem

Licht zeichnete sich die Silhouette eines Mädchens mit schulterlangen blonden Haaren ab. Gefärbt, schätzte Horst, um sich für die deutschen Kunden, die auf alles Arische fixiert waren, attraktiver zu machen. Die Augen in ihrem ovalen Gesicht waren groß und blau und verrieten ihre Nervosität. Oder war es Furcht? Viel älter als achtzehn konnte sie nicht sein, wenn überhaupt schon so alt. Ein fadenscheiniger Morgenmantel aus hellblauer Baumwolle hüllte ihre kleine, dünne Gestalt ein. Ganz so ausgehungert wie ihr Bruder sah sie nicht aus. Dennoch war auch in ihren Augen das Gespenst des Hungers zu sehen.

»Ich habe jemanden mitgebracht, Smyka«, sagte der Junge in drängendem Ton, als ob er sie warnen wollte, sich an ihre Seite einer Abmachung zu halten.

Sie lächelte nicht und blickte nicht auf, als sie zur Seite trat. »Guten Abend«, sagte sie schüchtern.

Horst trat an ihr vorbei in das kleine, dumpf riechende Zimmer. Die Fenster hier waren vernagelt. Frische Luft wäre eine Erleichterung gewesen. In der Ecke stand ein ordentlich gemachtes Bett. An der gegenüberliegenden Wand ein kleiner Kerosinherd. Hinter einem Vorhang lag möglicherweise ein zweites Zimmer, aber das war alles.

»Er ist ein Major, Smyka«, sagte der Junge. »Ich habe ihm gesagt, daß du sehr nett bist. Und daß du Musik und auch Wodka hast.«

Der Blick des Mädchens fuhr zu ihm empor. »Der Wodka ist mir ausgegangen, Herr Major. Aber wenn Sie möchten, kann mein Bruder welchen holen.«

Horst nickte und sah zu dem Vorhang hinüber.

»Ach, das«, sagte der Junge fröhlich. »Da ist nichts. Nur Kleider und so.« Er streckte die Hand aus und sagte: »Wenn Sie Wodka möchten, müssen Sie im voraus bezahlen, Herr Major.«

Horst holte eine Handvoll Kleingeld aus der Tasche. »Ja. Ich hätte gern etwas zu trinken.«

Bruder und Schwester tauschten einen Blick aus. Das Mädchen beugte sich zu dem Jungen hin und murmelte ihm auf polnisch eine Anweisung zu. Dann war der Bengel zur Tür hinaus und rannte die Treppe hinunter. Das Grammophon spielte immer noch Schubert, sprang und kratzte durch einen Walzer und begann den nächsten.

»Sie werden sicher Ihre Waffe und Ihre Jacke ablegen wollen, Herr Major.«

Das Mädchen sah zum Bett hinüber und begann, den Morgenmantel auszuziehen.

»Warte, bis dein Bruder wiederkommt. Ich möchte erst etwas trinken.«

Sie brachte ein schwaches, verlegenes Lächeln auf und verknotete den Gürtel wieder. War sie erleichtert? »Wie Sie wünschen, Herr Major. Möchten Sie lieber tanzen?«

Der Vorhang bewegte sich. Irgend jemand war dahinter. Horst spürte, wie die Luft in seinem Nacken prickelte. Er trat von ihr weg, als sie gerade die Arme um ihn legen wollte.

»Wer ist da?« fragte er hitzig.

»Da ist nichts, Herr Major. Gar nichts!«

Er schob sie grob von sich und zog seine *Luger*, als wollte er durch den Stoff schießen. Das Mädchen schrie auf, stolperte vor und warf sich zwischen den Lauf der Pistole und den Vorhang.

»Nein! Da ist nichts, Herr Major! Nicht schießen! Bitte! Ich flehe Sie an!«

Horst schleuderte sie zur Seite und riß den Vorhang auf. Zum Vorschein kam kein Feind im Hinterhalt, sondern ein kleiner Laufstall mit einem etwa zwölf Monate alten Kind, das sich stehend an die Stäbe klammerte.

Das Mädchen weinte und klammerte sich an Horsts Stiefeln fest. »Bitte! Ich habe es Ihnen doch gesagt, sehen Sie? Nur ein Baby, Herr Major! Sie dürfen ihm nichts tun!«

Eine Welle des Grauens hüllte Horst ein. Wenn er nun gefeuert hätte?

Das Baby begann zu weinen.

»Warum hast du ihn versteckt?« schrie Horst sie an. »Ich hätte ihn umbringen können!«

»Ich dachte … dann würden Sie … mich nicht wollen! Ich brauche das Geld, Herr Major! Bitte! Verlassen Sie mich nicht! Ich tue alles, was Sie wollen!«

Horst ließ die Luft aus den Lungen strömen. »Ist das dein Kind, Mädchen?«

»Mein kleiner Bruder.«

»Wie alt bist du?« Er packte sie am Arm und zog sie unsanft auf die Beine. »Lüg mich nicht an. Wie alt?«

»Sechzehn.« Sie weinte. »Bitte … ich muß ganz allein für sie sorgen! Für meine Brüder! Gehen Sie noch nicht! Es gibt keinen anderen Weg! Sie sehen es doch! Kein Kerosin. Nichts mehr zu essen! Bitte bleiben Sie! Ich werde es wiedergutmachen, Herr Major!« Sie sank auf die Knie und bedeckte ihr Gesicht mit den Händen. »Gott, hilf mir! Gott, hilf uns!«

Die Platte ging knackend zu Ende. Die Nadel tickte im Takt mit ihrem Schluchzen gegen das Etikett. Horst schob die *Luger* zurück in die Pistolentasche. Er griff in die Tasche, zog einen Hundert-Reichsmark-Schein hervor und drückte ihn dem Baby in die Hand.

Dann flüchtete er aus dem Zimmer und aus dem Haus hinaus in die nebligen Straßen von Warschau.

37

Heißes Wasser. Josie streckte sich in der Wanne aus und ließ sich in köstlichen Wellen davon umspülen. Fast bedauerte sie ihre Zusage, in einer Stunde fertig zu sein. Wie wunderbar wäre es, einfach ihr Nachthemd überzustreifen, sich zwischen den kühlen Bettüchern abzukühlen und eine Weile zu schlafen!

Das Telefon klingelte. Sie hüllte sich in ein Handtuch und nahm nach dem fünften Klingeln ab. Andrés Tonfall war aufgesetzt heiter. »Chérie! Ich habe ein paar alte Freunde getroffen, die ebenfalls hier wohnen. Ich hoffe, es macht dir nichts aus. Wir sind eingeladen, uns mit an ihren Tisch zu setzen. Ich konnte nicht ablehnen, ohne dich dem Klatsch auszusetzen.«

Sie unterdrückte ihr vages Gefühl der Enttäuschung mit dem Wissen, daß es sich in einer größeren Runde ungefährlicher lebte. So, wie sie im Moment empfand, konnte ein Abendessen mit André bei Kerzenlicht verheerende Folgen haben. »Natürlich, André!« War ihr Tonfall auch so aufgesetzt heiter wie seiner?

In ihrem kobaltblauen Abendkleid trat Josie in das Foyer des Hotels. André hatte sie bereits in dem Kleid gesehen, und sie kam sich vor, als wäre sie eine Raupe unter all den Schmetterlingen, mit denen er in Paris zusammenkommen mußte.

»Phantastisch!« stieß André hervor, als ob er sie zum ersten Mal sähe.

Während er sie zum Speisesaal eskortierte, erklärte er ihr, daß eine Anzahl Ausländer heute abend mit am Tisch sitzen würden, darunter ein amerikanischer Öl-Industrieller und ein polnischer Oberst im Exil.

»Alles Männer, fürchte ich. Aber die meisten sprechen Englisch.« Er beugte sich nah zu ihr heran, als sie den kleinen Speisesaal betraten. Sie spürte seinen Atem an ihrer Schulter, und seine Nähe erwärmte sie. »Du sagtest, du seist heute abend zu angreifbar. Ich habe dich beim Wort genommen und für eine, wie ich hoffe, unterhaltsame Ablenkung gesorgt, aber ich kann dir nicht versprechen, daß ich immer ein solcher Gentleman sein werde.«

Sein unverblümter Blick ließ sie wieder rot werden. Plötzlich hellwach, spürte sie, wie die Farbe ihr vom Hals ins Gesicht stieg. Er lächelte darüber, und sie stellte sich vor, daß er solche Dinge mit Absicht sagte. Es lag eine Art Macht in einem Mann, der eine Frau mit einem Blick erwärmen konnte. War das eine erlernte Fähigkeit, fragte sie sich, oder nur eine angeborene Fähigkeit der Franzosen? Sie zwang sich, an das faltige Gesicht des alten Fahrscheinverkäufers in Boulogne zu denken. Was hatte er noch über die französischen Stiere gesagt?

»Darf ich offen sprechen?«

»Aber natürlich.«

»Erinnerst du dich noch an unsere erste Begegnung im Zug nach Paris? Ich bin erleichtert, daß du den größten Teil des Weges von Boulogne die Augen geschlossen und den Mund offen hattest. Sonst würde ich dich vielleicht für einen sehr gefährlichen Mann halten.«

»Oh, aber das bin ich! Das wirst du sehen, wenn du mich besser kennenlernst.« Er lachte, aber Josie hatte das deutliche Gefühl, daß er jetzt nicht mehr scherzte.

Der große runde Tisch war vor einem Kamin am anderen Ende des Salons gedeckt. Vier Männer erhoben sich gleichzeitig, als sie sich näherten.

André stellte Josie vor. »In dieser Runde wird nur von Politik und vom Krieg die Rede sein. Das Essen ist das beste in Luxemburg, und dies hier war im letzten Krieg der persönliche Tisch des deutschen Kaisers.« Er zog ihren Stuhl zurück. »Und dies war der Stuhl des Kaisers.«

Die Vorstellung ging im Uhrzeigersinn rund um den Tisch: der amerikanische Öl-Industrielle, Hardy, untersetzt und sonnengebräunt, mit Südstaatenakzent; der polnische Oberst, Wolinska, feingliedrig, ernst, mit verkniffenen Augen, als ob er an das Weihnachtselend in Warschau dachte; ein kanadischer Journalist, Tibbets, der zu spät auf dem Kontinent eingetroffen war, um Weihnachten bei seinen Kollegen an der Westfront zu verbringen; und Medard, ein ältlicher französischer Staatssekretär im Handelsministerium, der wie ein Bibliothekar aussah.

Der Kanadier blinzelte Josie neugierig an. »Marlow. Marlow? Ich kannte einen Marlow. Ziemlicher Frauenheld. Hat uns allen was vorgemacht. Danny Marlow. Ein Verwandter?«

Da war es wieder. Von Anfang an. »Mein Mann.«

Der Kanadier schluckte schwer. Er kratzte sich am Kinn und nippte an seinem Wein. »Ich wußte gar nicht, daß Danny verheiratet war.«

André sah sie an und lächelte dieses undurchdringliche Lächeln. Genoß er die Tatsache, daß sie schon wieder rot wurde? Zum Glück zog das Gespräch an ihr und dem Umstand, daß Daniel vergessen hatte, irgend jemandem zu erzählen, daß er eine Frau zu Hause in den Staaten hatte, vorbei. Der Kanadier murmelte ein paar Beileidsworte, und dann wandte sich das Gespräch der Offensive, der Verteidigung, den Deutschen, den Engländern, der Politik und dem Krieg zu.

»Neutralität«, sagte der polnische Oberst verächtlich. »Die Amerikaner nennen sich neutral, sicher auf der anderen Seite des Atlantik. Ich sage, die Amerikaner sind eine Rasse von Feiglingen.«

Das Gesicht des Ölmagnaten wurde angesichts dieses Affronts noch roter. »Ich bin in Europa, um französische Tanker unter den Schutz unserer Flagge zu stellen. Frankreich wird die amerikanische Neutralität noch nötig haben, wenn sich diese Sache länger hinzieht.«

»Der letzte Krieg war lang«, sagte der französische Staatssekretär, »und wir haben ihn gewonnen. Darum wird auch dies wahrscheinlich ein langer Krieg, und wir werden ihn gewinnen.«

»Die Geschichte wiederholt sich«, stimmte der kanadische Journalist zu. »Die Zeit hat den Krieg für die Alliierten gewonnen. 1914 waren die Alliierten schlecht organisiert und unvorbereitet. Doch die Zeit arbeitete für uns und sorgte für unseren Sieg.«

André Chardon blieb still und gleichgültig, als ob das Thema ihn langweilte.

Der französische Staatssekretär fuhr fort. Es war offensichtlich, daß er ein sehr belesener Mann war. Er zitierte jede regierungstreue Zeitung und Zeitschrift und kam so zu seiner Version der Wahrheit über den unvermeidlichen Ausgang dieses Krieges. »Eine unüberwindliche Verteidigung kann nicht eingenommen werden. Die Maginotlinie stellte eine unüberwindliche Verteidigung dar. Die Belgier haben ihre eigene Maginotlinie zwischen sich und Deutschland. Belgien liegt an unserer Grenze und ist undurchdringlich. Und Luxemburg! Ein Labyrinth aus Bergen und Tälern. Unpassierbar für die Artillerie. Darum kann Frankreich nicht eingenommen werden. Wir sitzen die Sache aus. Und wenn Frankreich nicht eingenommen werden kann, ist Deutschland geschlagen.«

»Das mag stimmen«, bemerkte der Amerikaner. »Aber nehmen wir an, Hitler hat eine Geheimwaffe? Im Hinblick darauf habe ich meine Familie nach Hause geschickt.«

Der Staatssekretär schnaubte verächtlich. »Er hat nichts außer den Panzern und Sturzbombern, die er gegen Polen eingesetzt hat, eine sehr schwache und unvorbereitete Nation.«

Der polnische Oberst empörte sich. »Sie irren! Es waren nicht die Panzer oder Sturzbomber, auf die wir unvorbereitet waren. Es war die Art und Weise, wie die Deutschen sie eingesetzt haben. Es war nicht die Geschichte, die sich wiederholte, sondern etwas Neues und Schreckliches. Ein Krieg der Bewegung!«

Der Staatssekretär schüttelte den Kopf über die Naivität des Polen. »Natürlich konnten sie sich über das polnische Flachland bewegen. Aber über die Maginotlinie? Niemals. Durch Panzersperren und Stacheldraht? Durch die Ardennen und holländische Überschwemmungen und die belgischen Verteidigungslinien? Angesichts unserer Luftwaffe? C'est ridicule, Monsieur! Frankreich ist uneinnehmbar. Und wenn wir nicht geschlagen werden können, dann ist Hitler geschlagen.«

Einen Moment lang sah es so aus, als ob es am Tisch zu Handgreiflichkeiten kommen könnte. Josie blickte von einem der Debattierenden zum nächsten, als ob sie ein Tennismatch beobachtete. André Chardon sagte überhaupt nichts. Josie fand sein stilles Benehmen beunruhigend. Hatte

André eine Meinung? Berührte ihn das schreckliche Schicksal Polens überhaupt nicht? Zum ersten Mal sah sie ihn als kalt und unnahbar. Sie kochte innerlich, während sie dem leeren Geschwafel zuhörte, das nichts an dem ändern konnte, was sie in Warschau durchlebt hatte.

Der polnische Oberst, ein Kavallerieoffizier, war der einzige Mann in der Runde, der schon Schlachtluft geatmet hatte. Jetzt fand er sich aus seiner Sicht inmitten einer Gruppe ignoranter Sandkastengeneräle wieder. Sein Blick wurde immer finsterer, als die Minuten verstrichen.

Das Essen wurde bestellt. Oberst Wolinska berichtete dem unbeeindruckten französischen Staatssekretär, der ständig nur von der Notwendigkeit faselte, die französische Wirtschaft in Gang zu halten, von grauenhaften Geschehnissen. Der Ölmagnat stimmte zu, daß der Handel geschützt werden müsse.

»Während Frankreich zögert, kommerzielle Fabriken in Rüstungseinrichtungen umzufunktionieren, aus Angst, der Friedensindustrie zu schaden, setzt die deutsche Nation all ihre Anstrengungen in die Kriegsvorbereitungen«, sagte der polnische Oberst. Er kniff angewidert die Augen zusammen. »Sie reden hier von Politik. Es gibt einen Unterschied zwischen Politik und Krieg. Die Nazis wissen das. Die Alliierten nicht. Frankreich redet und redet, während die Deutschen marschieren und töten. Das ist die Schwäche Frankreichs, die dazu führt, daß Frankreich unvorbereitet bleibt.«

Der Kanadier erwiderte in herablassendem Ton: »Unvorbereitet? Die französischen Befestigungen sind besser als alles, was die Welt bisher gesehen hat, mein lieber Herr Oberst.«

»Die einzig wirksame Verteidigung für Frankreich wäre es, zuerst anzugreifen. Aber dafür kann es jetzt schon zu spät sein. Polen ist vernichtet. Die Deutschen bewegen ihre Armeen wieder. Diesmal sammeln sie sich an Ihrer kostbaren, unüberwindlichen Maginotlinie.« Der erste Gang wurde serviert.

Der Oberst beruhigte sich für einen Moment. Er hatte die selbstzufriedenen Alliierten an der Tafel verärgert und so in seinen eigenen verbitterten Augen einen kleinen Sieg errungen.

»Defätist!« empörte sich der französische Staatssekretär.

Es war offensichtlich, daß man gehofft hatte, daß Josie irgendwie die potentielle »Entflammbarkeit« der Tischgäste dämpfen würde. Immerhin hatten der polnische Oberst und der französische Staatssekretär sich noch nicht die Gänseleberpastete an die Köpfe geworfen. Aber Josie konnte die Erwartungen nicht erfüllen. Das Gespräch wandte sich Giftgas zu, mit dem ganz Paris auf humane Weise im Schlaf getötet werden oder auch vielleicht der ganzen Bevölkerung bei lebendigem Leibe die Haut abgeschält werden könnte wie reifen Bananen.

Dann erhob sich die unvermeidliche Frage. Worum ging es bei der ganzen Sache überhaupt? Es ging nicht mehr um Polen. Polen war dahin.

Warum also die Seeblockade gegen Deutschland? Warum das Aufplustern auf beiden Seiten?

»Was denken Sie denn, Oberst Chardon?« fragte der Amerikaner. »Ist dies ein gerechter Krieg?«

André wandte seinen Blick erst dem kanadischen Journalisten und dann Josie zu. »Irgendein Dichter hat es zum Ausdruck gebracht. Daß Jungen und Mädchen und Frauen, die aufstöhnen, wenn sie sehen, wie ein Kind einem Insekt ein Bein ausreißt, alle gern über den Krieg lesen. Er ist die beste Unterhaltung beim Frühstück. Solange wir nicht selbst dem Tod ins Auge sehen, solange er nicht jemanden trifft, den wir lieben, ist der Tod von Fremden nur ein kurzweiliger Genuß in den Zeitungen. Die Söhne anderer Leute. Die Brüder, Ehemänner und Väter anderer Leute. Hitler behauptet, daß es im Krieg um die Ehre geht – darum, mutig zu sterben. Ich glaube, es geht eher darum, die Langeweile des gewöhnlichen Lebens zu durchbrechen … ein schreckliches Schachspiel zwischen Hitler und allen anderen Regierungen in Europa, und wir alle sind auf dem Spielbrett gefangen.«

Empört warf der polnische Oberst seine Serviette auf den Tisch. »Nicht für mich, Monsieur Chardon! Für mich geht es um mein Heimatland! Die nationale Ehre Polens! Das ist Grund genug, um dafür zu sterben!«

André legte grüßend die Finger an die Stirn. »Und doch schoß Polen, als Hitler in die Tschechoslowakei einmarschierte, wie ein hungriger kleiner Hund über die Grenze, um sich die tschechische Provinz Teschen zu schnappen! Und Hitler ließ es zu, Herr Oberst, weil er damals schon wußte, daß er sie wieder einnehmen würde. Schach und Schachmatt. Wo waren all Ihre hohen Ideale, als Österreich unterging und die Tschechoslowakei überrannt wurde? Sind Ideale nur dann gültig, wenn das gestohlen wird, was uns kostbar ist? Ich für mein Teil hoffe immer noch, wie General Gamelin sagt, daß Frankreich nicht noch einmal ausgeblutet wird. Nicht für irgendeine Sache oder Nation außerhalb unserer eigenen Grenzen.«

»Würden Sie denn mit Hitler verhandeln, nach allem, was geschehen ist?«

»Ich würde mit dem Teufel verhandeln, wenn die Chance bestünde, all dem ein Ende zu machen.«

»Aber Polen!« stotterte der Oberst voller Empörung.

»Wer auch immer gewinnt, ich fürchte, Ihre Nation wird verloren sein. Eine Beute, die unter den Siegern aufgeteilt wird. Ein Tauschobjekt auf dem Verhandlungstisch. In diesem Krieg geht es nicht mehr um Polen.«

Mit hochrotem Gesicht sprang der polnische Oberst auf und verharrte einen Moment, als ob er kurz davor wäre, André zu erwürgen. Dann stürmte er aus dem Speisesaal.

Josie, die ein ähnliches Gesicht machte wie der Pole, starrte André nur für einen langen Augenblick wütend an, als könne sie nicht glauben, was sie gehört hatte. Er lächelte sie an, aber sie wandte ihren Blick ab. Während die anderen sich leicht von dem Zorn des polnischen Obersten erholten, beendete Josie ihre Mahlzeit in eisigem Schweigen. Alle Wärme, die sie für André empfunden hatte, war völlig verschwunden, als der Kaffee serviert wurde.

* * *

Horst blieb am verschneiten Ufer der Weichsel, bis schon fast der Morgen dämmerte; dann verließ er den Fluß und ging durch die verlassenen Straßen zurück, bis er die Sankt Johannes-Kathedrale erreichte. Der eingestürzte Turm zeichnete sich vor dem heller werdenden Himmel ab. Durch eine Seitentür, die nur noch an einer Angel hing, trat er ein. Der Ort wirkte wie ausgestorben. In der Decke klafften immer noch Löcher. Durch die steinerne Kuppel schienen die Sterne herein. Vor dem Altar, wo eine Kolonie roter Kerzen unter einem Kruzifix das ansonsten düstere Innere erleuchtete, war der Schutt weggeräumt worden. Er nahm seine Mütze ab und bekreuzigte sich, mehr aus Gewohnheit als aus Überzeugung. Vor einigen Jahren hatte er dieses großartige Warschauer Gebäude mit seinem roten *Baedeker*-Reiseführer in der Hand besucht. Nun war nicht mehr viel übrig, das er wiedererkannte.

Als er sich zum Gehen wandte, rief ihn ein Mann aus dem Schatten heraus auf deutsch an.

»Wir sind ein wenig behindert, aber fürs erste immer noch im Geschäft.« Eine gewisse Schärfe lag in seiner Stimme. »Sie war fünf Jahrhunderte alt, diese Kathedrale.«

»Ja«, erwiderte Horst. »Meine Frau und ich waren schon einmal hier … sehr alt. Ich erinnere mich.«

»Dieses Gebäude haben Sie zerstört, aber die Wahrheit nicht – die können Sie nicht zerstören.«

»Ihr Polen habt eine Wahrheit. Wir Deutschen eine andere. Und? Was ist Wahrheit?«

Die Stimme kam näher. »Die Ausgangssperre ist nicht aufgehoben, Herr Offizier. Ich wußte, daß Sie nur ein deutscher Offizier sein können. Ihre Freunde erschießen Polen und Juden, die nur Holz suchen wollen, um ihre Familien warmzuhalten, weil sie nach der Sperrstunde noch draußen sind; sie erschießen sie, wie Kinder Spatzen im Obstgarten abschießen und im Schnee liegenlassen.« Während er sprach, war deutlich das Knallen eines Gewehrs zu hören. Der Priester bekreuzigte sich. »Was habe ich Ihnen gesagt?«

Horst konnte nichts darauf antworten. Er schloß kurz seine Augen und sah die junge Mutter vor sich, wie sie in die Weichsel geschleudert wurde und verschwand. Plötzlich schämte er sich, daß er hierhergekommen war.

»Ich wollte hier nicht eindringen, Pater. Verzeihen Sie mir.« Horst neigte seinen Kopf, als der Priester ein Streichholz anriß und wenige Meter von ihm entfernt eine weitere Kerze anzündete. Es war ein winziger, dunkeläugiger Mann.

»Ihnen verzeihen?« Der Priester hielt die Kerze hoch, um Horsts Uniform zu mustern. »Nun, Sie sind kein SS-Mann.« Seine Stimme klang erleichtert. »Ich dachte … ich habe mit der SS gerechnet.«

»Nein, Pater. Major Horst von Böckmann. Siebente Panzerdivision.«

»Dann sind Sie bei der Wehrmacht. Ich dachte, Sie wären größtenteils abgezogen worden. Um uns den Geiern zu überlassen.«

»Ich bin zurückgekommen … geschäftlich.«

»Sind Sie Katholik?«

»Ich war es einmal. Aber ich wollte nur … ich habe etwas mitgebracht.« Horst zog einen Umschlag aus der Innentasche seines Mantels. Er gab ihn dem Priester und trat nervös von einem Fuß auf den anderen. »Ich habe gehört, daß Sie hier Essen für die Leute ausgeben.«

Der Priester faltete das Papier auseinander und betrachtete die nagelneuen Reichsmarkscheine. Sein Gesicht zeigte weder Überraschung noch Neugier, warum soviel Geld gespendet wurde, um die Hungrigen zu speisen.

»Es muß eine schwere Schuld auf Ihnen lasten, Herr Major.«

»Ja.« Horst erhob keine Einwände.

»Gott ist kein Richter, der ein Bußgeld für die Verbrechen der Menschen akzeptiert.«

»Ich wußte nicht, wohin ich mich sonst wenden sollte.«

»Der Zustand Ihrer Seele ist eine Sache zwischen Ihnen und dem Allmächtigen. Niemand sonst kann da vermitteln. Nicht die Kirche. Nicht ein Priester. Die einzige Hoffnung für jeden von uns ist, daß Gott allein gut und barmherzig ist. Es macht ihm Freude, uns reichlich zu vergeben. Selbst die Engel jubeln, wenn das Herz eines einzigen Sünders sich dem Himmel zuwendet. So sagt die Schrift. Doch dann müssen wir bereit sein, aus der Vergebung zu leben. Anderen Barmherzigkeit zeigen.«

»Wo sehen Sie Barmherzigkeit oder Güte in Warschau?«

Der Priester hielt den Umschlag hoch, als wäre er ein kleiner Beweis. »Der Allmächtige ist auch ein Pragmatiker, glaube ich. Hier steht mehr auf dem Spiel als nur Ihr Seelenfrieden, Herr Major. Sonne und Mond drehen sich nicht um Ihr schuldbeladenes Gewissen. Es gibt andere, noch hilflosere Lämmer in der Herde, die ebenfalls Barmherzigkeit brauchen. Dieses viele Geld wird viele hungrige Kinder satt machen. Unsere Vorräte waren fast aufgebraucht.«

* * *

André erwachte vor der Dämmerung und lag im Bett, ungeduldig die Stunden zählend, bis er im Haus von Abraham Snow anrufen konnte.

Er duschte und frühstückte zeitig, ohne Josie Bescheid zu sagen. Dann ging er zurück in sein Zimmer und wählte die Nummer von Elaines Vater. Am anderen Ende der Leitung entstand ein langes Schweigen, als André seinen Namen nannte.

Dann erwiderte die barsche Stimme von Abraham Snow: »Oberst Chardon, warum belästigen Sie mich? Meine Tochter ist ... Elaine ist tot. Daran ist nichts zu ändern. Lassen Sie uns mit unserer Trauer allein.«

»Ich möchte Juliette sehen.«

»Warum interessieren Sie sich plötzlich für sie? Es geht ihr so gut, wie es einem Kind nur gehen kann, das seine Mutter auf solche Weise verloren hat. Es würde sie nur durcheinanderbringen, wenn Sie plötzlich in ihrem Leben auftauchten. Sie hat nie einen Vater gekannt.«

André warf seinem eigenen Spiegelbild einen vorwurfsvollen Blick zu. Seine Augen wanderten zu dem roten Päckchen auf dem Sekretär.

»Sie haben recht mit dem, was Sie sagen, Monsieur Snow. Natürlich bedeute ich ihr nichts. Aber ich habe ihr ein Geschenk mitgebracht. Ein Weihnachtsgeschenk.«

»Ein Geschenk? Es wäre nur ein Geschenk von einem Fremden – ohne Bedeutung. Warum schicken Sie es nicht durch einen Boten, Herr Oberst? Was für einen Sinn hätte es, ihr zu begegnen? Wenn sie erfährt, daß Sie ihr Vater sind, kann ihr das nur schaden. Ich muß ablehnen.«

»Bitte legen Sie nicht auf. Ich möchte sie nur sehen. Ich würde ihr um keinen Preis weh tun, Monsieur Snow. Ich werde es ihr nicht sagen. Ich habe etwas, das meiner Mutter gehörte ... eine Puppe. Ich möchte sie ihr nur geben.«

Ein bitteres Lachen drang aus dem Hörer. »Ja, ich kenne diese Art von Geschenken. Sie bringen diese Puppe nicht um Juliettes willen mit, sondern um Ihrer selbst willen. Um Ihre Schuldgefühle zu lindern? Oder vielleicht Ihre Neugier zu befriedigen? Oder wollen Sie sehen, wie Elaine ausgesehen haben muß, als sie fünf war? Wer das Kind sieht, sieht die Mutter. Ist es das?«

Er hatte natürlich recht. André hatte das Geschenk mitgebracht, weil er dachte, wenn er das Kind sah, würde er ein leibhaftiges Stück von dem vor sich haben, das er verloren hatte, ein leibhaftiges Stück von Elaine. Seine Motive waren selbstsüchtig, und doch ...

»Ich bitte Sie nur um fünf Minuten. Sie werden dabei sein. Ich werde diskret sein. Ich werde ihr sagen, ich sei ein alter Freund ihrer Mutter, der zufällig in der Stadt sei. Ich beschwöre Sie.«

Abraham Snow dachte lange über die Bitte nach. »Also gut, bringen Sie Ihr Geschenk.« Es klickte hart in seinem Ohr, als der alte Mann den Hörer auf die Gabel knallte.

* * *

Josie war nicht in ihrem Zimmer. Die Tür stand offen, als André vorbeischaute. Das Zimmermädchen war bereits an der Arbeit und zog das Bett ab.

Juliettes Päckchen in der Hand, wartete er nicht auf den ächzenden Aufzug, sondern rannte die Treppen hinunter zum Foyer. Josie saß mit dem polnischen Oberst vor dem Kamin und trank Kaffee. Die beiden unterhielten sich leise und freundschaftlich. Der Pole blickte auf, sah André herankommen und versteifte sich. Er murmelte etwas, und Josie drehte sich um. Ihr Gesichtsausdruck war alles andere als freundlich. Offensichtlich hatte sie André noch nicht verziehen, daß er den polnischen Oberst mit der Wahrheit beleidigt hatte.

»Bonjour.« André ließ sich von den abweisenden Gesichtern nicht einschüchtern. Der Morgen war zu angefüllt mit Hoffnung, als daß er ihn sich hätte ruinieren lassen. »Ich freue mich, daß du angenehme Gesellschaft zum Frühstück gefunden hast, Josephine. Ich hatte einen Anruf zu erledigen.«

»Erfolgreich, wie ich vermute«, erwiderte sie.

Er hielt das Päckchen hoch zum Zeichen, daß er für eine Weile beschäftigt sein würde.

»Wir haben schon vor einiger Zeit gefrühstückt«, sagte Josie. Es war offensichtlich, daß sie seinen Diskussionsbeitrag vom Vorabend nicht guthieß. Nun saß sie hier im Gesellschaftsraum und unterhielt sich ausgerechnet mit dem Mann, den André beleidigt hatte. André war sicher, daß er das als eine Art unausgesprochener Strafpredigt verstehen sollte.

Doch im Moment war es ihm egal, ob sie mit ihm einverstanden war oder nicht. Es störte ihn nicht, wenn sie mit einem eitlen Pfau wie dem polnischen Oberst Kaffee trank. Nicht mehr, als es eine Ente stören würde, wenn man sie mit Wasser bespritzt, wie die Engländer sagen würden. André würde gleich fünf Minuten mit seiner Tochter verbringen! Er würde seinem Kind zum ersten Mal von Angesicht zu Angesicht begegnen! Es war nicht viel, aber es war etwas. Vielleicht ein Anfang.

»Laß dir ruhig Zeit, André.« Josie schien erfreut zu sein, daß er gleich gehen würde. Die Zurückhaltung in ihren Augen war unverkennbar. »Oberst Wolinska und ich gehen zur Kathedrale, um uns umzuschauen. Wie ganz normale Touristen. Macht es dir etwas aus?«

André sah auf seine Uhr. Es war neun.

»Ich hatte eigentlich vor, spätestens um elf Uhr heute vormittag nach Paris aufzubrechen.«

Es war nicht zu übersehen, daß sein Zeitplan nicht mit ihrem übereinstimmte. Sie war den ganzen langen Weg hergekommen, nur für ein sehr unerfreuliches Abendessen und noch nicht einmal einen ganzen Vormittag in Luxemburg-Stadt.

Ihr Lächeln wirkte gezwungen. »Du bist der Mann mit der Reiseerlaubnis.«

* * *

Heute morgen waren die Jalousien aufgezogen, und das Sonnenlicht schien durch die hohen Fenster des großen Hauses am *Boulevard de la Petrusse*. André blickte an der Fassade empor und sah für einen kurzen Moment eine kleine, rot gekleidete Gestalt von einem der oberen Fenster herabschauen.

»Juliette!«

Er nannte ihren Namen, und im selben Augenblick verschwand das Gesicht. Die breiten Portalstufen des Hauses waren von zwei steinernen Löwen bewacht, die von der Zeit und von dem allgegenwärtigen Kohlenrauch der Stadt geschwärzt waren.

André zögerte nur einen Moment, während ein Stich der Spannung durch seinen Magen fuhr. Er konnte nicht die Tür berühren oder die Schwelle übertreten, ohne sich bewußt zu machen, daß dies das Haus war, in dem Elaine gelebt hatte. Wie riesig und leer die Räume nun ohne sie wirken mußten.

Er schluckte schwer und betete, daß er das Richtige sagen würde; daß er ruhig bleiben konnte, obwohl er sich nichts sehnlicher wünschte, als seine Arme um Juliette zu schlingen und ihr alles zu sagen!

Er betätigte die Glocke und wartete. Hinter ihm schob sich eine Wolke vor die Sonne. Die Tür wurde von einem alten Diener in formeller Kleidung geöffnet. Der Mann trug das Kinn hoch erhoben, machte ein abweisendes Gesicht und trat nicht zur Seite, um André einzulassen.

»Monsieur Snow sagte mir, es würde ein Bote kommen.« Der Diener sah André überrascht an.

»Nein. Ich bin … Oberst Chardon. Monsieur Snow erwartet mich. Ich bin gekommen, um Monsieur Snow und seine Enkelin Juliette zu besuchen.«

Der Mann wich immer noch nicht zur Seite. Er sah André mitleidig an. Vielleicht wußte er genau, wer André war. Vielleicht wußte er so viel über Elaine Snow und ihr Kind wie niemand sonst.

»Ich bedaure, Herr Oberst, aber Monsieur Snow und sein Enkelkind sind soeben zu einer längeren Reise nach Belgien aufgebrochen.« Er hob majestätisch die Hand und deutete auf das Heck eines großen, schwarzen amerikanischen Buick, der sich gerade rasch über die weite Biegung des Boulevards entfernte.

»Aber ich habe doch gerade erst mit Monsieur Snow gesprochen! Vor zwanzig Minuten, von meinem Hotel aus. Er sagte mir, ich solle kommen.«

»Wie dem auch sei. Sie sind weg.«

André blickte zu den Fenstern empor. »Ich habe gerade oben im Fenster ein kleines Mädchen gesehen.«

»Sie irren sich, Monsieur. Das war die Tochter unserer Köchin.« Der Mann weigerte sich mit einem würdevollen Kopfschütteln, Andrés Protest anzuhören.

Das war es also. Selbst wenn sie im Haus waren, würde André nicht eingelassen werden. Er konnte nicht einfach an dem Diener vorbeistürmen. Er konnte auch keine Forderungen stellen. Abraham Snow hatte schlicht und einfach beschlossen, daß er und Juliette nicht zu Hause sein würden, wenn André kam. Daran war nichts zu ändern.

Die Schatten um ihn her wurden tiefer. Er blickte hinab auf das Geschenk in dem zerknitterten roten Papier.

»Es tut mir leid, Herr Oberst«, stieß der Diener plötzlich mit einer Stimme voller Mitleid hervor. »Soll ich Ihnen das abnehmen und an Mam'selle Juliette weitergeben?«

André nickte geschlagen. »Ich hatte gehofft, es ihr persönlich geben zu können. Ich habe keine Karte dazu geschrieben. Würden Sie sie wissen lassen, daß das Geschenk von mir ist?«

»Natürlich, Herr Oberst.« Er sah an André vorbei, als ob es ihn schmerzte, ihn so auf der Türschwelle stehen zu sehen. Wie ein verirrter Welpe im Regen.

André suchte in seiner Tasche nach einem Stift und einem kleinen Notizbuch. Was sollte er schreiben?

»Frohe Weihnachten, meine liebste Juliette.
Ich schicke Dir ein hübsches, kleines Mädchen auf der Suche
nach einem liebevollen Heim. Sorge gut für sie.
Liebe Grüße,
Oberst André Chardon.«

Er riß das Blatt heraus und drückte es dem Diener in die ausgestreckte Hand. André sah in das würdevolle Gesicht des Mannes, und plötzlich wurde ihm bewußt, daß dieser Diener Juliette sehr gut kannte.

»Wie sieht sie aus?«

Der Blick in den braunen Augen wurde noch weicher. »Sie ist sehr süß, Herr Oberst. Genauso schön, wie ihre Mutter in ihrem Alter war. Nur ...« Er lächelte beinahe. »Sie hat braune Augen. Eine ganz ähnliche Farbe wie Sie selbst. Und sie singt wie eine Lerche. Sie wären stolz auf sie.«

Er wußte es also.

André reichte ihm das Geschenk. »Dies hier gehörte meiner Mutter. Wenn sie jemals fragt, sagen Sie ihr, ich sei ... ein lieber Freund ihrer Mama gewesen.«

»Ja. Ich verspreche es Ihnen feierlich, Herr Oberst.«

38

Die Fluggruppe B des dreiundsiebzigsten Kampffluggeschwaders der *RAF* vollendete ihre frühmorgendliche Patrouille und begann den Landeanflug auf den Stützpunkt in Rouvres. Alle sechs Maschinen landeten sicher, und keiner war irgendeine Beschädigung anzusehen oder auch nur, daß sie in einer Schlacht gewesen wären.

Terry Simpson musterte die makellosen Umrisse jedes der zurückkehrenden Flugzeuge und seufzte schwer. »Also los, Jungs«, sagte er. »Wir sind dran, uns todesmutig ins Feld zu stürzen ... Tod den Hunnen.« Er ließ den Stummel seiner *Players*-Zigarette zu Boden fallen und zertrat sie mit dem Absatz.

»Wahrscheinlich werden wir wohl eher in der Luft herumtrödeln und wieder nichts vorzeigen können«, knurrte sein Flügelmann Hewitt. Ein verschlagener Ausdruck überflog Hewitts Gesicht, und die nächste Bemerkung warf er beiläufig wie eine unbekümmert fallengelassene Handgranate in die Runde der Männer der Fluggruppe A. »Falls wir nicht ein paar *Messerschmitts* abknallen wie unser Blechmann hier.«

David Meyer lief bis unter den Haaransatz rot an, so daß seine Sommersprossen leuchteten.

»Halt die Klappe, Hewitt«, befahl Simpson und paßte auf, ob einer der Männer Neigung zeigte, handgreiflich zu werden.

»Ach was, er weiß doch, daß ich ihn nur ein bißchen aufziehe. Stimmt's, Blechmann?«

David machte eine lässige Handbewegung, um zu zeigen, daß er nicht beleidigt war, doch als er auf seine wartende *Hurricane* zuging, brannten seine Ohren immer noch. Drei Tage vor ihrem gerade zu Ende gegangenen Urlaub hatte er, aus Frustration übereifrig, eine Formation vermeintlich deutscher Flugzeuge ausgemacht und angegriffen. Er hatte abrupt hochgezogen, als er merkte, daß es sich um französische *Morane*-Kampfflugzeuge handelte, aber erst, nachdem die französische Formation in alle Richtungen auseinandergespritzt war und ein erschrockener französischer Pilot eine Maschinengewehrsalve losgelassen hatte. Und eine Salve von Schimpfwörtern dazu, dachte David griesgrämig. Der Vorfall hatte eine lautstarke Beschwerde von den Offizieren des französischen Geschwaders und eine schwere Abkanzelung durch seinen eigenen Geschwaderleiter nach sich gezogen. David hatte während der Strafpredigt den Atem angehalten und schon gefürchtet, sie würden ihren Urlaub gestrichen bekommen, doch der Hauptmann hatte ihn mit einer Verwarnung davonkommen lassen.

David ließ sich mit einem Seufzen im Cockpit der *Hurricane* nieder und stellte seine Fallschirmriemen ein. Nachdem der Motor röhrend zum Leben erwacht war und David während des Anlaufens die Meßgeräte kontrolliert hatte, nahm er das Gas zurück und sah hinüber zu Simpson, der ihm zunickte und winkte. Er bedeutete seinem Bodenmann mit erhobenem Daumen, die Bremsklötze zu entfernen, und Augenblicke später raste die *Hurricane* auf das Ende der Startbahn zu und schwang sich empor in den klaren blauen Himmel über Frankreich.

Die Gruppe A kreiste in 7 600 Meter Höhe und »trödelte«, wie Hewitt prophezeit hatte, auf der Suche nach nichtexistenten Zielen herum. »Schön«, kam Simpsons Stimme dumpf durch Davids Kopfhörer. »Schauen wir uns mal in Richtung Südwesten um.«

Der neue Kurs führte die Gruppe über Verdun hinweg. David blickte hinab auf die schneebedeckten Hügel und dachte wieder einmal daran, wie fünf Meilen Höhe eine Menge tragischer Geschichte verhüllen konnten. Verdun war der Schauplatz der zehn blutigsten Monate des Großen Krieges gewesen. Fast eine Million Männer – Franzosen und Deutsche – waren dort getötet worden. Und nach fast einem Jahr der Attacken und Gegenattacken befanden sich die Schlachtlinien immer noch fast an der gleichen Stelle wie am Anfang.

David spähte über seinen rechten Flügel hinweg auf die winterstille Landschaft hinab und fuhr zusammen, als Simpsons Stimme in seinen Ohren knackte. »Meyer, was ist das für ein schwarzer Punkt, von dir aus auf neun Uhr tief?« Davids Kopf fuhr herum, und er verzog das Gesicht über seine Unaufmerksamkeit. Wenn er sich das einmal zu oft leistete, konnte es ihn das Leben kosten.

Abteilung Rot mit Simpson, Hewitt und Meyer trennte sich von den anderen drei Maschinen der Gruppe und tauchte nach Südosten ab, um nachzuschauen. Ein paar Augenblicke vergingen, und dann stieß Hewitt einen Jubelschrei aus. Die lange, pfeilschlanke Silhouette und die doppelten Schwanzflügel wiesen das Flugzeug als eine *Dornier Do 17* aus. Die zweimotorigen Maschinen dieses Typs wurden zwar auch als Bomber eingesetzt, vermutlich war diese jedoch nur nach einem Erkundungsflug auf dem Weg zurück nach Deutschland.

»Okay!« kam Simpsons Stimme scharf aus dem Kopfhörer. »Hinten zu einer Linie formieren … Wir greifen genau von achtern an. Ich führe, und wir drehen links, rechts, links ab. Auf geht's!«

Den Befehlen zufolge mußten sich die drei *Hurricanes* aus ihrer V-Formation zu einer Linie formieren, mit Simpson an der Spitze, Hewitt in der Mitte und David am Schluß. Sie würden die *Dornier* genau von hinten angreifen, da dieser Bereich des Bombers nicht durch Maschinengewehre gedeckt war.

Die Mannschaft des deutschen Flugzeugs entdeckte sie in demselben Augenblick, als die *Hurricanes* ihre Linie formierten, denn der obere Maschinengewehrturm eröffnete das Feuer. Ein Streifen aus Leuchtspurgeschossen zog sich durch die Luft auf Simpsons Maschine zu, und seine Geschütze antworteten, als ob die beiden Flugzeuge sich mit Bändern aus tödlichem Feuer aneinander fesseln wollten.

Simpson tauchte unter den Kegel des Abwehrfeuers und durchlöcherte den Rumpf der Dornier, bevor er daran vorbeischoß. Er brach abrupt nach links aus, bevor sein Flugzeug in Sicht der unteren Geschütze kam.

David beobachtete, wie Hewitt das Manöver wiederholte und einige Treffer am linken Motor der deutschen Maschine erzielte. Dann war David an der Reihe.

David brachte seine Maschine in eine Linie mit dem Bomber und folgte jeder Bewegung des deutschen Piloten. Die *Dornier* warf sich abrupt von einer Seite zur anderen wie ein Tier, das versucht, ein Raubtier abzuschütteln, das auf seinem Rücken gelandet ist. Aus zweihundertfünfzig Metern Entfernung beobachtete David, wie seine Zieloptik der Länge nach über den Rumpf der sich windenden *Dornier* glitt, während seine Kugeln die Hülle durchlöcherten.

Als die *Hurricanes* sich neu formierten, schlugen Flammen aus dem linken Motor der Dornier, ebenso aus dem mittleren Teil des Rumpfes, und eines der Seitenruder klappte unkontrolliert hin und her. Als die drei *RAF*-Piloten sich wieder an das Heck hefteten, beschrieb die *Dornier* eine träge halbe Rolle und begann, in einer vertikalen Spirale zu Boden zu gehen.

»Geben wir's denen nochmal?« erkundigte sich Hewitt.

»Nein«, kam Simpsons scharfe Entgegnung. »Die sind erledigt. Geben wir ihnen eine Chance, herauszukommen … den armen Schweinen.«

Während die Abteilung Rot oben kreiste, erschien ein Deutscher an der Luke des verlorenen Flugzeugs und stürzte sich hinaus. Die weiße Blüte des Fallschirms ging auf, und dann, nur einen Augenblick später, rammte sich das deutsche Flugzeug in die Landschaft wie ein schwarzer, flammender Meteor vor den weißen Hügeln.

* * *

Heute nachmittag trug Lewinski seine Gasmaske in einer leinenen Einkaufstasche bei sich. Er war zu dem Schluß gekommen, daß er ohne das Ding vor dem Gesicht weniger auffallen würde.

Es war Weihnachten. Da Lewinski noch keine Geschenke für André und Paul gekauft hatte, schlenderte er nun an den offenen Bücherständen am *Quai des Grands Augustins* vorbei, um noch in letzter Minute etwas zu erhaschen. Der Duft gerösteter Kastanien erfüllte die Luft. Lewinski kaufte sich eine Tüte voll und begann, sie zu schälen und zu essen. Während dessen durchblätterte er seltene Bände in der Hoffnung, etwas zu finden, das noch nicht auf den Regalen der Chardonschen Bibliothek stand.

Amerikanische Titel würden am besten passen. Herman Melville und *Moby Dick*? Washington Irving und *The Legend of Sleepy Hollow*? Während seiner Studienjahre in Amerika hatte Lewinski sämtliche Bände der Werke Mark Twains gelesen. *Roughing It* und *Huckleberry Finn* waren nicht unter Andrés Klassikern; ein bedauerlicher Mangel. André brauchte Hilfe. Jetzt, wo er so viel Zeit mit einer Amerikanerin verbrachte, brauchte er sicherlich eine gewisse Grundkenntnis der amerikanischen Literatur. Schließlich konnte er sich mit der Dame nicht den ganzen Tag über Wein und Pferde unterhalten, oder? Nun ja, André war das vielleicht sogar zuzutrauen. Lewinski hingegen war es noch nie gelungen, sich mit einer Frau über irgend etwas zu unterhalten, wenn er sich nicht im voraus gut vorbereitet hatte. Literatur und Kunst waren immer unverfängliche Gesprächsthemen. Wenn er über Physik oder Mathematik sprach, sah ihn außer Albert fast jeder an, als wäre er gerade vom Mond gefallen.

Albert. Lewinski wünschte, Einstein wäre hier, um das Enigma der *Enigma* mit ihm zu erörtern. Gemeinsam waren ihre Geister wie Feuerstein und Stahl. Die Funken würden fliegen, und das Rätsel würde im Nu gelöst sein!

Lewinski sehnte sich danach, seinem alten Mentor ein Telegramm zu schicken, aber André hatte es verboten.

»Frohe Feiertage, lieber Albert! Ich bin nicht tot! Ich bin Richard Lewinski!«

Er lachte laut über seinen eigenen Witz. Köpfe drehten sich nach ihm um, neugierig, was ihn so amüsierte. Sie hörten es nicht und konnten es darum nicht wissen.

Er klimperte mit seinem Kleingeld. Für *Roughing It* würde es reichen, aber nicht auch noch für ein Telegramm. Schade. Eine solche Nachricht würde den armen Albert aufheitern. Zweifellos war er ebenfalls deprimiert dort drüben in Amerika. So viele Geister wie er und Lewinski waren hier in Europa ausgelöscht worden.

Lewinski fand einen Twain-Band für André. Wieder griff er in die Tasche und hantierte mit seinem Kleingeld. Französisches Geld. Verwirrend.

»Kann ich Ihnen helfen, Monsieur?« fragte ihn eine junge Dame. Nach ihrer farblosen Kleidung und ihren abgetragenen Schuhen zu urteilen, war sie eine Studentin. Aber sie hatte ein hübsches, rundes Gesicht, braune Augen und dichtes schwarzes Haar unter ihrer blauen Baskenmütze. Er lächelte sie an.

»Mögen Sie den amerikanischen Schriftsteller Mark Twain, Mam'selle?«

Sie starrte zu ihm empor, als hätte sie die Frage nicht verstanden.

Hatte er die Frage laut gestellt, oder dachte er nur, er hätte sie ausgesprochen? »Ich sagte …« fing er noch einmal an.

»Sie sind doch …« Sie holte eine dicke Brille hervor und setzte sie auf. »Dr. Lewinski!« Sie sagte es sehr laut.

Richard griff nach seiner Gasmaske, als sich Köpfe nach ihm umdrehten. Zwei hart aussehende Burschen mit entschlossenen Gesichtern wirbelten gleichzeitig herum und starrten Lewinski an.

»Sie irren sich. Ich bin nicht Lewinski.«

»Pardon! Aber Sie sind Dr. Lewinski! Ich habe bei Ihnen Vorlesungen an der Universität von Berlin gehört. Vor vier Jahren. Einen Moment! Mein Freund ist da drüben! Er lehrt jetzt Mathematik an der Sorbonne! Er hat Ihre Vorlesungen jede Woche besucht … oh, Jan! Schau her! Es ist Dr. Lewinski!«

»Nein, das bin ich nicht.« Lewinski wich zurück, während Panik in ihm aufstieg.

Sie wandte sich einen Moment lang ab. »Aber ich erinnere mich doch genau …«

Lewinski warf das Geld für das Buch auf den Tisch und floh. Die junge Frau rief ihm nach. Die beiden harten Burschen steckten die Hände in die Manteltaschen, als ob sie Schußwaffen darin hätten.

Die Frau lächelte und winkte, während sie ihm quer über den Kai nachrief: »Frohe Weihnachten, Dr. Lewinski! Ich bin so froh, daß Sie nicht …«

»Tot sind«, beendete Richard den Satz für sie, während er über die *Pont Neuf* rannte und vergaß, in den Weg nach Hause abzubiegen.

* * *

Jerôme war verzweifelt. Er dachte an die beiden amerikanischen Schwestern. Madame Rose und Madame Betsy. Er erinnerte sich an die Salami und den Kohlkopf und stellte sich vor, wie die Hühnchen heute in einem riesigen Topf brodelten.

Etwas mußte geschehen.

»Ich sollte dich eigentlich in die Seine werfen und von den Fischen von Paris fressen lassen!« Jerôme schüttelte Marie drohend, während er sie die steinernen Stufen unter der Brücke, die den Fluß überspannte, hinaufzerrte. Die Ratte balancierte mit Mühe auf seiner Schulter. Verglichen mit dem Leben mit Jerôme war Papillons Leben mit Onkel Jambonneau zweifellos ein langweiliges Dasein gewesen.

»Nein! Jerôme! Bitte bring mich nicht um«, heulte Marie. Sie hatte schon den ganzen Vormittag wegen ihres leeren Magens geheult, und Jerôme war es leid. Sie guckte sich zuviel von den lärmenden Gewohnheiten von Madame Hilaire ab.

»Ich werde dich als Fischköder benutzen, wenn du nicht still bist! Ich werde mir mit deinen Zehen einen großen Fisch fangen. Und dann muß ich nur noch mich selbst durchfüttern!«

»Ich sterbe sowieso vor Hunger!«

»Undankbare Göre!« Er schüttelte sie noch einmal und war nahe daran, seine Drohung wahr zu machen und sie von den Stufen des *Quai de Conti* hinabzustoßen. Ein Mann, der mit seinem Fahrrad über die *Pont Neuf* radelte, sah mißbilligend von der Brücke herab, und Jerôme beherrschte seinen Zorn.

Jerôme hatte sich mit dem Frühstück alle Mühe gegeben. Früh am Morgen hatte es geregnet, als er den Kahn verließ, um auf den Markt zu gehen. Die Händler hatten ihre Karren nicht hinaus auf den Bürgersteig der *Rue de Mazarine* geschoben, damit ihre Baguettes nicht weich wurden und ihre Kohlköpfe nicht zu faulen begannen. Die Kapitalisten waren in ihren warmen Läden geblieben, in denen die Glocken zur Warnung klingelten, wann immer jemand eintrat oder hinausging. Es war schwer, ein Croissant zu stehlen, wenn alles Brot in der Bäckerei unter Bewachung war.

An diesem Morgen hatte in der Bäckerei die kleine Glocke geklingelt, und die übergewichtige Frau des Bäckers sah über ihre lange Nase hinab, daß es Jerôme war, der den Laden betreten hatte. Sie verkündete seine Ankunft lautstark dem Dutzend Kunden, die sich im Laden befanden. Sie hatten sich alle gleichzeitig umgedreht und starrten ihn an, als wäre er eine Küchenschabe in einem Teller Suppe, obwohl Jerôme die Ratte im Boot gelassen hatte.

»Schau her, Papa! Ist das ein streunender Kater, der da auf unseren sauberen Fußboden trieft? Was für traurige braune Augen! Durchnäßt bis auf die Haut! Ich wette, hungrig ist er auch!«

»Sieh doch genauer hin, Madame! Das ist keine Katze, sondern eine kleine, verwahrloste Flußratte und der Sohn einer Ratte! Mesdames und Messieurs, halten Sie bitte Ihre Börsen fest! Ich möchte Ihnen Jerôme Jardin vorstellen, den unglücklichen Nachwuchs jenes trunksüchtigen, kommunistischen Clochards, der lieber auf seinem verdreckten Schleppkahn unter der *Pont Neuf* sitzt und die Werke von Karl Marx liest, als auch nur einen ehrlichen Tag lang zu arbeiten! Aber natürlich! Der kleine Jerôme ist wieder einmal gekommen, um uns garstige Kapitalisten zu berauben! Willst du etwas essen, kleine Ratte? Dann geh zu den Suppenküchen! Wir bedienen hier nur ehrliche Bürger! Hinaus aus meinem Laden, wenn ich bitten darf!«

An Tagen, an denen der Straßenmarkt offen war, hatte der Bäcker keine Gelegenheit, Jerôme zu demütigen. Er war zu flink für den schwergewichtigen Mann. Es war eine Kleinigkeit, sich hinter den Körben des Blumenhändlers zu verstecken, zu warten, bis Madame und Monsieur beide mit einem Kunden beschäftigt waren, und dann … schoß er hervor, schnappte sich ein Baguette und war weg. Aber es war schon lange nicht mehr warm genug dafür gewesen.

Und nun war Madame Hilaire wieder einmal verschwunden ... irgendwohin. Erst in drei Tagen war es wieder soweit, daß Papas Brief ankommen und Madame Hilaire ein Abendessen machen würde. Doch darum machte sich Jerôme keine Sorgen, jedenfalls keine großen. Aber es war drei Tage her, daß Marie irgend etwas gegessen hatte außer harten Krusten, die Jerôme aus den Abfalltonnen hinter dem *Ritz* gesammelt hatte. Sie ging ihm allmählich auf die Nerven. Daß er sich die Hacken ablaufen mußte, um auch nur dieses Brot aus den Mülltonnen zu beschaffen, bedeutete ihr nichts. Sie waren nicht die einzigen in Paris, die heutzutage hungern mußten. Flüchtlinge drängten in die Stadt und machten es um so schwieriger, etwas zu organisieren.

»Wo bringst du mich hin?« schrie Marie schrill, als er sie in Richtung *Pont Neuf* und dem *Quai Augustins* führte, der entlang dem linken Seineufer verlief.

»Wir gehen essen«, sagte er fest und richtete seinen Blick auf die große Statue von Henri IV, die über der Mitte der Brücke aufragte. Der alte König war während der Revolution einmal eingeschmolzen und zu Kanonen für Napoleon gegossen worden. Später hatte irgend jemand die Statue Napoleons eingeschmolzen und einen neuen König Henri daraus gemacht. Nun stand er wieder auf der Brücke und blickte auf die *Ile de la Cité*.

Im letzten Sommer hatte der alte König Touristen angelockt, die auf den Geländern für Fotos posierten und oft achtlos mit ihren Portemonnaies und Handtaschen waren. Damals war Jerôme ein besserer Versorger gewesen. Kopf und Schultern des Königs Henri dienten auch als Rastplatz für Tauben. Tauben konnte Jerôme leichter fangen als Fische. Da sie stets von den Touristen gefüttert wurden, kam es den Tauben nicht in den Sinn, daß sie selbst gegessen werden könnten. Doch heute gurrten nicht einmal Tauben auf Henris Haupt.

Ein schneidender Wind schlug den beiden Kindern entgegen, als sie am Fluß entlangtrotteten. Maries spindeldürre Beine wurden blaßblau unter ihrem abgerissenen Mantel, und ihr Heulen sank zu einem Wimmern herab. Jerôme nahm Papillon von seiner Schulter und reichte ihn Marie.

»Steck ihn in dein Hemd. Ihm ist kalt.« Das sagte er nicht, weil die Kälte der Ratte etwas ausgemacht hätte, sondern weil Papillons zusätzliche Wärme an Maries Bauch ihr vielleicht ein wenig helfen würde.

»Dort wird es ihm warm werden.« Sie wiegte das Tier in den Armen. »Danke, Jerôme. Wo werden wir essen?«

»In der Suppenküche«, erwiderte er mit der ernsten Autorität eines jungen Mannes von zehn Jahren. Just in diesem Augenblick kamen jenseits des Flusses die Türme der *Nôtre Dame* hinter den Gebäuden der Polizeipräfektur in Sicht.

Marie fuhr zurück. »Nein! Nicht in die Kirche, Jerôme! Papa hat gesagt, dort werden die Leute vergiftet!«

»Er meinte, die Köpfe werden vergiftet, Marie.« Er tippte mit dem Finger gegen ihre Stirn und ließ sich von ihrem Schrecken ein wenig erweichen. Papa war oft festgenommen und in die »Festung« gebracht worden, die die Kathedrale flankierte. Manchmal dachte Jerôme, daß Marie den Unterschied zwischen der Kathedrale *Nôtre Dame* und dem Polizeihauptquartier nicht kannte. Papa haßte beide Orte mit gleicher Inbrunst. Er hatte sich immer gegen die Almosen der Suppenküchen ausgesprochen. Immer sprach er von den Priestern als von Spinnen, die nur darauf warteten, arglose Menschen im Netz der Religion zu fangen, indem sie leere Mägen füllten.

»Ich will aber nicht, daß mein Kopf vergiftet wird!«

»Wenn du nicht ißt, wirst du vor Hunger sterben, bevor Madame Hilaire mit Kartoffeln zurückkommt. Oder vielleicht bringe ich dich um, damit du still bist. Du wirst essen, wo ich es dir sage, oder ich werde dich an irgendeinem schrecklichen Ort zurücklassen und nicht mehr wiederkommen.«

»Papa sagt, die Kirche ist das ... das ... Dingsda des Volkes!«

»Opium.« Jerôme sah seine kleine Schwester voller Respekt an. Nicht schlecht für eine Sechsjährige. Marie hatte ihren marxistischen Katechismus gut gelernt. Papa hatte ihnen beiden Lesen und Rechnen beigebracht. Er hatte ihnen gesagt, daß die französischen Schulen korrupt seien. Es sei besser, zu Hause zu bleiben und die Wahrheit zu lernen, als in eine öffentliche Schule zu gehen und mit Lügen gefüttert zu werden.

»Was ist Opium?«

Jerôme fuhr sich frustriert mit der Hand übers Gesicht. Papa hatte ihnen zwar die Worte beigebracht, aber nicht immer die volle Bedeutung. Es mußte irgend etwas Schreckliches sein, das wußte er. Etwas, das schlimmer war als der Tod, sagte Papa.

»Das ist ... irgend etwas ... ich weiß nicht.«

»Sie werden uns in Zellen sperren, weil wir Marxisten sind. Und dann wird Papa uns wegen der Almosen-Suppenküche verhauen«, seufzte sie und schüttelte sich. Sie war wieder verwirrt. »Ich habe Angst.« Papillon kletterte an ihr hoch und steckte seinen Kopf aus ihrem Kragen, um sich umzuschauen.

»Was ist schlimmer, dein Hunger oder deine Angst?« Jerôme blieb resigniert an der *Pont St. Michel* stehen, der Brücke, die sie zur *Nôtre Dame* führen würde. Er lehnte sich gegen das Geländer und starrte zu den Zwillingstürmen der Kathedrale hinüber – dem großen Spinnennetz Frankreichs. Wie Papa die Türme haßte und die Glocken, die jeden Morgen und jeden Abend läuteten! Wie er die Priester verfluchte, wenn die Glocken erklangen! »Das Volk wird erst dann frei sein, wenn jeder Priester aufgehängt ist und aus der *Nôtre Dame* eine Turnhalle gemacht wurde.«

Oft spuckte er auf den Bürgersteig, wenn gerade ein Priester vorbeigegangen war. Er hatte Jerôme beigebracht, es ebenso zu machen. Es schien ihm sehr zu gefallen, wenn Jerôme als erster spuckte.

Marie hatte recht. Wenn Papa zurückkam, würde er sie schlagen, wenn er herausfand, wo sie gewesen waren. Und irgend jemand würde es ihm bestimmt sagen. Vielleicht sogar Madame Hilaire, die selbst oft dort aß, wenn die Zeiten schlecht waren. Die *Ile de la Cité* war ein kleines Fleckchen Erde. Zweifellos würde irgend jemand sehen, wie Marie und Jerôme in die Suppenküche gingen. Vielleicht würde sogar jemand sehen, wie Jerôme wegen der Suppe und des Brotes mit einem Priester oder mit einer Nonne redete. Wie konnte er auf den Fußboden der Leute spucken, die ihm zu essen gaben? Jeder wußte, wie sein Vater über die Kirche dachte.

Jerôme konnte die Schlange der Menschen, die darauf warteten, in die Suppenküche des Klosters zu gehen, nicht sehen, aber es gab sie – nur eben auf der anderen Seite der Kathedrale. Einmal am Tag um diese Zeit bildete sich eine Schlange von Leuten entlang der *Rue du Cloître*, die darauf warteten, in das Kloster zu gehen, in dem die langen Tische aufgestellt waren und die Nonnen ihnen Schüsseln mit heißer Suppe füllen würden.

Der Wind pfiff durch Jerômes dünne Baumwolljacke. Marie stützte sich schwer gegen die Steinmauer und legte den Kopf auf die Arme, vorsichtig, um Papillon nicht zu erdrücken.

»Also gut«, sagte sie unglücklich. »Also gut.«

In einer Aufwallung von Mitleid legte Jerôme ihr seine Hand auf die Schulter. Wenn Marie sich bereit erklärte, diesen Ort aufzusuchen, dann mußte sie wirklich hungrig sein. »Vielleicht gibt es noch eine andere Möglichkeit. Eine andere Küche, wo niemand weiß, daß wir die Kinder des Clochards sind. Wenn niemand uns kennt, wird er nichts davon erfahren. Wir können dort essen und ...«

»Aber wo, Jerôme?« Sie hob ihren Kopf etwas, versuchte aber nicht, ohne die Hilfe der Mauer zu stehen.

»Kannst du laufen, ma chérie?« Er stellte die Frage mit so freundlicher Stimme, daß er selbst überrascht war. Er hatte sie nicht gut behandelt. Das Beste hatte er immer selbst gegessen. Er hatte nicht für sie gesorgt, wie er es hätte tun sollen.

»Ist es sehr weit?«

»Am *Quai d'Orsay*.«

»So weit?«

Es war ein langer Weg für zwei kleine Beine, die einen hungrigen Bauch zu tragen hatten. »Nur vier Kilometer zurück am Fluß entlang. Da ist ein Haus ... dort geben sie Flüchtlingen und armen Leuten Brot. Neben einer *Université*. Es sind Amerikaner ...«

»Aber Papa haßt die Amerikaner.«

»Diese Leute können noch nicht einmal Französisch sprechen. Wie sollen sie ihm da sagen, daß wir dort waren?«

Ein Anflug von Hoffnung stieg in ihre Augen. »Ja? Und?«

»Dort ist ein Gebäude, das aussieht wie eine Kirche. Aber es ist keine. Wir werden in dieses Gebäude gehen, das keine Kirche ist, obwohl es von außen so aussieht. Du mußt also keine Angst haben. Und dort werden wir essen.«

Marie nickte, als er sie an der Hand nahm, behutsamer jetzt. Sie war noch nie in einer Kirche gewesen. Sie würde den Unterschied nicht bemerken, wenn er es ihr nicht sagte. Ihr Gesicht war entschlossen. Ihre kleinen Mundwinkel zogen sich ein wenig herab, und ihre dunklen Augen richteten sich auf die am weitesten entfernte Brücke, die sie entlang der Seine noch sehen konnte. Es war ein langer Weg.

»Je marche!« sagte sie feierlich, als sie sich in Bewegung setzten.

* * *

Wegen der Feiertage schlossen die Pariser Geschäfte früher. Der Verkehr wurde dünner, während Männer und Frauen sich beeilten, um sich für ihre Familienfeiern und die Mitternachtsmesse fertig zu machen. Fast schien es, als wäre ganz Frankreich wieder religiös geworden, seit der Krieg begonnen hatte. Jerôme hatte nicht daran gedacht, daß alles in der Stadt an Heiligabend geschlossen war. Vom großen *Louvre* bis zum bescheidensten Metzgerladen wurden überall die Schilder verhängt und die Türen verschlossen. Diese Tatsache beunruhigte Jerôme. Es schien, als ob er und Marie die einzigen in Paris wären, die nicht auf dem Weg nach Hause waren.

»Wie weit ist es noch? Ich bin müde, Jerôme.« Marie sah aus wie eine halb ertrunkene Katze. Das braune Haar hing ihr in schlaffen Strähnen ums Gesicht. Die Ohren ragten daraus hervor wie die offenen Türen eines Taxis. Ihre Kleider waren durchnäßt, was für sie ebenso unangenehm war wie für den armen Papillon. Die Schuhe, die ihr ohnehin zu groß waren, wurden mit jeder Pfütze größer. Ihre Füße schlurften über den Bürgersteig, und sie fiel immer weiter hinter ihren Bruder zurück.

Vor einer geschlossenen Bäckerei blieb Jerôme stehen. Er stemmte die Hände in die Hüften und versuchte, streng auszusehen, aber sie sah so erbärmlich aus, daß er es nicht konnte. »Du mußt schneller gehen, Marie.«

»Warum sind die Läden alle zu?« Sie biß sich auf die Lippen und betrachtete das ausgestellte Gebäck im unbeleuchteten Schaufenster. »Wo sind die Leute alle?«

»Du siehst doch, daß ganz Paris zumacht und nach Hause zum Gänsebraten geht. Es ist der Abend vor Weihnachten. Das Essen in der Suppenküche wird besser sein als an allen anderen Tagen. Wir müssen uns beeilen.«

Er blickte zu dem drohenden Himmel hinauf. Bald würde es anfangen zu schneien. Bestimmt würde es Nacht sein, bevor sie zurück zur *Knoblauch* kamen.

Marie lehnte sich einen Moment gegen die Steinfassade des Ladens. »Kann ich nicht hier auf dich warten? Du läufst voraus und bringst den Gänsebraten für mich und Papillon her.«

»Nein«, fuhr er sie an, packte sie am Arm und zerrte sie hinter sich her. »Ich habe nie gesagt, daß wir Gänsebraten bekommen. Andere Leute essen das an Weihnachten. Wir bekommen ... irgend etwas anderes. Ich weiß nicht, was. Aber du wirst froh sein, daß wir so weit gelaufen sind. Es wird dort warm sein, und das Essen wird gut sein. Du wirst schon sehen.«

Er redete jetzt nur, um sie auf den Beinen und in Bewegung zu halten. Sie antwortete nicht. Ihre Augen waren trübe. Es war zu kalt für sie, um ohne Mantel draußen zu ein. Auch ihr Pullover war durchnäßt.

Jerôme blickte auf und entdeckte den verzierten Turm der amerikanischen Kirche über den Dächern. »Da ist es, Marie!« rief er. »Es sieht nur aus wie eine Kirche, aber es ist keine«, log er.

Marie hob den Kopf und blinzelte gegen die Regentropfen an. Vielleicht spielte es jetzt gar keine Rolle mehr für Marie, was das für ein Ort war. Solange sie nur essen und sich wärmen konnte.

»Gut«, sagte sie, und endlich begannen sich ihre tauben Glieder etwas schneller zu bewegen.

Die letzten zwei Häuserblocks waren nicht mehr so schwierig. Marie bat nicht ein einziges Mal darum, anzuhalten und auszuruhen.

Hier gab es keine Schlange hungriger Menschen, die sich die Straße entlangzog wie vor dem Kloster der *Nôtre Dame*. »Sie sind alle schon drinnen und essen«, sagte er zu ihr.

Draußen waren keine Sandsäcke aufgehäuft. Jerôme erklärte ihr, das liege daran, daß die Amerikaner nicht im Krieg mit Hitler seien und darum ihr Gebäude nicht bombardiert werden würde.

Jerôme half Marie, die breiten Steinstufen zu erklimmen. Einen Moment lang standen sie vor den bronzenen Türen, unschlüssig, wo sie hineingehen sollten. Dann schob Jerôme fest gegen die größte Tür. Sie schwang leicht auf, und die beiden fielen auf den harten Steinfußboden des Foyers. Vor ihnen war die Kirche sanft in den weichen Farben der Buntglasfenster auf beiden Seiten erleuchtet.

Jerôme hatte sich schon einmal in eine Kirche geschlichen und wußte, daß genau so eine Kirche auszusehen hatte. Sehr alt. Eine hohe, gewölbte Decke. Steinerne Säulen. Ein großes Kreuz hinter einem breiten Tisch ganz vorne, auf dem Sachen standen, die unter einem roten Samttuch verborgen waren. Ein hellrotes Transparent hing von der Decke herab. Darauf standen in goldener Schrift englische Worte. Kerzen in goldenen Ständern standen vor unzähligen Reihen von Bänken mit roten Kissen auf den Sitzen. In einer Nische hinter der Kanzel befand sich ein großes Ölgemälde von einem freundlich aussehenden Mann. Es sah sehr heiter und schön aus. All das machte die Sache so gefährlich, sagte Papa. Heute war diese Kirche auch völlig menschenleer.

»Halte Papillon versteckt«, warnte er, als die Ratte zwischen zwei Knöpfen in Maries Kleid hervorlugte. »Suppenküchen sind sehr eigen, wenn es um Haustiere wie Papillon geht. Sie werden ihn für eine Ratte halten.«

Marie schauderte. »Wo sind denn die Leute? Und das Essen?« Ihre Stimme widerhallte hohl.

»Vielleicht im Keller.« Jerôme biß sich auf die Lippe. Er hoffte, daß er keinen Fehler gemacht hatte. Wo war der Keller? Er deutete auf die Stufen, die am andern Ende des Foyers hinabführten. »Dort.« Er nahm ihre Hand und führte sie die Treppe hinab.

»Es ist schön hier«, sagte Marie heiser.

»Warm«, stimmte er zu und hoffte, daß sie nicht zu spät zum Essen gekommen waren.

Am Fuß der Treppe befand sich ein langer Gang mit dunklen Holztüren zu beiden Seiten. Jerôme versuchte alle Klinken, doch die Türen waren verschlossen. Am anderen Ende des Ganges führte eine weitere Treppe wieder hinauf. Die beiden stiegen empor und fanden sich ganz vorn in dem großen Kirchenraum wieder. Es gab keine Suppenküche, keinen Gänsebraten; nur dieses große, friedliche, leere Gebäude.

Marie ließ sich auf die erste Bank sinken und begann ganz leise zu weinen. »Ich war zu langsam«, jammerte sie. Ihre Tränen mischten sich mit dem Wasser, das ihr aus den Haaren tropfte. Sie zitterte in ihren nassen Kleidern, obwohl es im Inneren des Gebäudes viel wärmer war als draußen. »Sie haben ohne uns gegessen.«

Jerôme setzte sich neben sie und starrte dumpf hinauf zu dem roten Transparent und den goldenen englischen Worten, die darauf geschrieben waren, und das rote Samttuch auf dem breiten Tisch vor ihnen. Er seufzte. »Es ist alles meine Schuld. Ich habe dich umsonst den ganzen Weg hierhergebracht.« Er starrte das Bildnis des freundlichen Mannes in der Nische an. Die Gestalt trug einen Bart und eine lange weiße Robe, die aussah wie ein Nachthemd. In einer Hand hielt er eine Laterne, und mit der anderen klopfte er an eine Tür, die ganz ähnlich aussah wie die verschlossenen Türen im Keller.

»Darum haßt Papa dich«, erhob er seine Stimme zu der Kuppeldecke empor, »und jetzt werde auch ich dich für immer hassen. Wir sind den ganzen Weg hergekommen, meine Schwester und ich und Onkel Jambonneaus Hund, und jetzt bist du gar nicht wirklich hier. Jetzt müssen wir kalt und mit leeren Mägen wieder fortgehen von diesem Ort, der aussieht wie eine Kirche und doch keine ist.«

»Es ist … eine Kirche …« Marie zitterte jetzt noch mehr. Ihre Zähne klapperten. Sie wurde nicht warm, obwohl sich Papillon unter ihrem Hemd an sie kuschelte. Sie hatte nichts im Bauch, das sie hätte wärmen können. Sie brauchte eine Decke. Zum ersten Mal kam Jerôme der Gedanke, daß sie vielleicht sterben würde, wenn sie sich nicht bald wärmen konnte und etwas zu essen bekam. Er bekam Angst.

»Es tut mir leid, daß ich dich hierhergebracht habe, Marie«, sagte er bitter. »Ja, es ist eine Kirche. Ich dachte, du würdest nicht mitkommen, wenn du es wüßtest. Es spielt keine Rolle. Jetzt siehst du, daß Papa recht hat.«

»Womit hat euer Papa recht?« fragte eine undeutliche Stimme von hinten.

Jerôme wirbelte herum und sah ein Geschöpf vor sich, so grauenerregend wie die Wasserspeier, deren häßliche Fratzen von der Fassade der *Nôtre Dame* herab gafften. Marie schrie auf und bedeckte ihr Gesicht mit den Händen. Das Ding sah etwa so aus wie der Kopf einer Heuschrecke auf dem Körper eines Mannes. Die Zipfel eines schweren, rot karierten Flanellhemdes ragten aus den ausgebeulten, an Hosenträgern hängenden Kordhosen heraus.

Jerôme sprang auf und ballte seine Fäuste, um sich gegen das wild dreinblickende Monster zu verteidigen. Dann erst merkte Jerôme, daß das Ding kein Ding, sondern ein Mann mit einer Gasmaske war.

Ungebändigtes rotes Haar ragte zwischen den Gummiriemen der Maske hervor. Mit einem seltsamen, saugenden Geräusch wie von Wasser, das durch einen halb verstopften Abfluß fließt, zog sich der Mann die Maske zurück auf den Kopf.

»Was macht ihr hier?« fragte er Jerôme.

»Wir sind nur gekommen, um etwas zu essen«, sagte Jerôme trotzig.

»Ja.« Der Mann sah sich in der Kirche um, als ob er etwas suchte. »Wo ist das Abendessen?«

»Aber es gibt nichts zu essen in Ihrer Kirche.«

»Das ist nicht meine Kirche. Ich bin Lewinski.« Er lachte in sich hinein, als ob sein Name alles erklärte. »Hier ist niemand. Ich hatte gehofft, hier telefonieren zu können, aber ich kann kein Telefon finden.« Er ging langsam auf Marie zu, die ihn entsetzt durch ihre Finger hindurch anstarrte. »Was stimmt nicht mit ihr?« fragte Lewinski mit einem Blick auf den Wecker, den er sich mit einem Stück Schnur um die Taille gebunden hatte.

»Sie ist hungrig und naß«, sagte Jerôme. »Lassen Sie sie in Ruhe.«

»Warum gibst du ihr nicht etwas zu essen und eine Decke?« Lewinski blickte sich über die Schulter um, während er die Worte sprach, so daß der seltsame Eindruck entstand, als unterhielte er sich mit jemandem, der hinter ihm stand. Dann sprang er die flachen Stufen zum Altar empor. Er blickte nach oben und legte die Finger an die Gasmaske auf seinem Kopf, als wolle er salutieren. »Du siehst ja wohl, daß das kleine Mädchen friert und Hunger hat.«

Wie ein Zauberer bei einer Vorführung in den *Tuilleries* zog er das rote Samttuch von dem Altar. Marie stieß hinter ihm einen kleinen Schrei aus.

»Jerôme, schau doch! Schau, was da für uns ist!«

Es war wie Zauberei. Marie applaudierte. Auf dem Marmortisch lagen drei geflochtene Laibe Brot auf einem großen Messingteller. Wunderschöne Brote waren es, mit goldbraunen Krusten, genau richtig gebacken. Hatte es schon jemals so schöne Brote gegeben?

»Wie haben Sie das gemacht?« rief Jerôme. Von Zauberern war er schon immer sehr beeindruckt gewesen.

»Tja, ich weiß es nicht.« Lewinski schien selbst verblüfft über seinen Trick zu sein. »Aber das Abendessen ist serviert.« Er warf Marie das rote Tuch zu. »Diese Farbe wird dir sehr gut stehen, Mam'selle. Und dich wärmen. Los, los! Leg es um dich!«

Jerôme starrte das Festmahl einen Augenblick lang an und sprang dann mit einem Jubelschrei auf Lewinski zu, der ihm eines der Brote zuwarf. Der Junge rannte zu Marie. »Steh auf! Wir müssen hier verschwinden, bevor er es sich anders überlegt!«

Marie hatte ein seltsames Lächeln auf dem Gesicht. So, als ob sie in ein wunderbares Geheimnis eingeweiht wäre. Sie erhob sich auf unsicheren Beinen. Ganz langsam hob sie den Blick zu Lewinski. »Danke, Monsieur«, flüsterte sie. Und dann: »Sind Sie … ein Priester?«

Lewinskis Gelächter hallte in dem Raum wider.

»Na dann … ein Engel?«

Lewinski heulte und brach zusammen vor Lachen über eine solche Frage. Tränen strömten aus seinen Augen. Dann hörte er plötzlich auf zu lachen und stand auf.

»Ich habe mich verirrt«, verkündete er in sehr ernstem Ton. »Ich bin einkaufen gegangen, und plötzlich merkte ich, daß ich woanders war.«

»Woanders als wo?« schniefte Jerôme und sah ihn argwöhnisch an. Er war sich fast sicher, daß dieser Bursche nur ein Verrückter sein konnte, der aus dem Irrenhaus geflohen war. Falls das stimmte, hatte er sich weit von seiner Bleibe entfernt.

»André wird mich schon suchen. Letztes Mal haben sie die Polizei angerufen. Oder die Polizei hat André angerufen. Es ist sehr gefährlich für mich, allein draußen unterwegs zu sein, wie man mir sagt. Aber ihr beide seht einigermaßen harmlos aus.« Er verbeugte sich vor Marie. »Und du siehst sehr hübsch aus in deiner roten Decke, Mam'selle. Außerdem krabbelt dir gerade eine Ratte aus dem Kragen.«

Sie kicherte, als Papillon herauskam und von ihrer Schulter aus auf Jerômes Arm sprang. Jerôme versetzte Marie einen Rippenstoß, damit sie still war.

Aha. Es war also doch das Irrenhaus. Jerôme nahm Marie mit festem Griff am Arm und trat zurück. »Wir müssen jetzt gehen.«

Lewinski runzelte die Stirn. »Wißt ihr vielleicht, wie ich zum *Quai d'Anjou* Nummer neunzehn komme?«

»Oui! On l'Ile!« Marie klatschte in die Hände, offensichtlich hingerissen von der clownesken Erscheinung des verrückten Lewinski. »Wir bringen Sie nach Hause.«

»Nein, Marie«, zischte Jerôme ihr zu.

»Doch, das werden wir!« Marie riß sich von Jerôme los und rannte an die Seite Lewinskis, der vor Erleichterung kicherte, auf seinen Wecker schaute und die Maske wieder aufsetzte.

»Marie! Du hast ihn doch gehört! Die Polizei!«

»Oui! Er ist ein Zauberer. Er hat mir eine Decke gegeben und das Brot herbeigezaubert.« Sie ergriff Lewinskis Hand, während er sich die Maske wieder zurechtrückte. Lewinski riß einen halben Laib Brot von seinem Vorrat ab und gab ihn seiner Führerin. Sie brach ein Stück für Lewinski ab, der jedoch wegen der Gummimaske nicht essen konnte. Zusammen marschierten sie durch den Mittelgang und hinaus auf die Straße, in sicherem Abstand gefolgt von Jerôme.

* * *

Es war ein sehr seltsames Gefolge, das da durch die Straßen von Paris defilierte. Jerôme folgte zehn Schritte hinter Lewinski und Marie. Sie war in einige Meter aus der Kirche gestohlenen hellroten Stoffes gehüllt. Die drahtigen roten Haarbüschel des Verrückten ragten durch die Riemen der dunkelgrünen Gummigasmaske, als ob Lewinskis Kopf ein blühendes Kraut wäre.

Jerôme dachte daran, um Hilfe zu rufen. Schließlich führte ihr Weg zum *Quai d'Anjou* direkt am *Palais de Justice* vorbei. Normalerweise standen alle Gendarmen der Welt unter den Markisen auf der *Ile de la Cité*, rauchten ihre *Gauloises* und unterhielten sich. Doch heute war wegen des Regens und des kalten, schneidenden Windes keine einzige der blau gekleideten Gestalten zu sehen.

Schwer seufzend dachte sich Jerôme, daß das vielleicht nur gut war. Er und das Gesetz standen sowieso nicht auf dem besten Fuß miteinander. Wie sollte er die Sache mit der Altardecke erklären? Jerômes Vater hatte ihm erklärt, daß die Polizei der Arm der Unterdrückungsmacht der privilegierten Klassen sei, was immer das bedeutete. Jedenfalls etwas, um das man einen Bogen machen sollte, kein Zweifel.

Aber wie sollte er Marie aus der Hand dieses offensichtlich Verrückten befreien? Da hielt sie sich an Lewinskis Hand fest und schnatterte vor sich hin wie eine Elster. Jerôme hätte sie erwürgen können.

Die Prozession folgte dem regenglatten Kopfsteinpflaster über die *Pont St. Louis*. Die rothaarige Gestalt schob die Gasmaske hoch auf die Stirn und teilte einen weiteren Brocken des Zauberbrotes mit Marie. Sie schienen ganz vergessen zu haben, daß Jerôme immer noch hinter ihnen war und sich händeringend Sorgen machte.

Endlich ging der *Quai de Bourbon* in den *Quai d'Anjou* über, und Lewinski deutete nach vorn auf die Straßenbiegung, als ob er die Stelle wiedererkannte. Was jetzt?

Lewinski und Marie gingen sehr vorsichtig und starrten auf die Pflastersteine hinab. Jerôme sah, daß sie aufpaßten, daß sie nicht auf eine der Spalten zwischen den Steinen traten. Daraufhin fing auch Jerôme an, zu schauen, wo er hintrat, bis sie die Straßenbiegung hinter sich hatten und er plötzlich aufblickte.

Da vor ihnen, keinen halben Häuserblock entfernt, stand ein Streifenwagen. Er parkte genau vor dem Haus, zu dem Lewinski Marie führte. Es war eine Falle!

»Lauf, Marie!« schrie Jerôme, rannte hinter seiner Schwester her und riß ihre Hand aus Lewinskis Griff los. »Lauf, sage ich! Er will uns an die Polizei ausliefern!«

Jerôme zerrte die stolpernde Marie von Lewinski weg und zurück die Straße hinab. Als sie an eine Seitengasse kamen, huschte er hinein und zog Marie hinter sich her.

Marie heulte schon wieder. »Ich konnte mich noch nicht einmal für das Brot bei ihm bedanken.«

39

André und Josie folgten dem Lauf der Maas. Wieder verschafften ihnen sein militärischer Passierschein und sein Rang leichtes Durchkommen durch die Barrikaden und Kontrollstellen entlang der Straße. Er sprach wenig, doch sein Gesicht erinnerte Josie an ihren ersten Eindruck von ihm im Nachtzug nach Paris. Eine Art tragischer Gestalt, hatte sie zu Alma gesagt. Was war geschehen, als er losgegangen war, um sein Kind zu besuchen? Er hatte nicht darüber gesprochen, und sie fragte ihn nicht. Aber sie war sicher, daß es nicht gut gegangen war.

Gestern abend und heute morgen war sie wütend auf ihn gewesen, doch ihr Zorn hatte sich abgekühlt, als sie den Schmerz in seinen Augen gesehen hatte. Jetzt war da etwas anderes. Es war, als hätte er ein Geheimnis, das er mit ihr teilen wollte.

Sie kamen durch das winzige, menschenleere Dorf Bras und verließen dann das Flußufer auf einer Straße, die kaum mehr war als ein Feldweg. Die Bäume waren noch jung, mit schlanken Stämmen und unvernarbter Rinde. Die Konturen der Hügel und Bergketten waren zerklüftet und rauh, als ob sich hier ein riesiger Spaten eingegraben, die Erde in riesigen Brocken gewendet und in nutzlosen Haufen aufgeschichtet hätte. Unter dem Gestrüpp sah Josie Grabenlinien und abgebrochene Stücke von Stacheldraht, die im Schlamm steckten.

»Wohin bringst du mich?« fragte sie, obwohl sie wußte, daß dies ein Schlachtfeld war.

Die Linie seines Mundes verhärtete sich bei ihrer Frage. Er antwortete nicht, sondern bog in eine kurvige, ausgefahrene Seitenstraße ein, die auf einen mit schlanken Birken bestandenen Hügel hinaufführte. Auf der Kuppe hielt er den Wagen an, lehnte sich zurück und starrte lange durch die Windschutzscheibe. Er deutete mit der Hand auf das Schild neben der Straße.

»Louvemont, village détruit.«

»Hier war ein Dorf, als ich noch ein kleines Kind war«, sagte er mit fast unhörbarer Stimme, als ob er gerade mitten während einer Messe in eine Kathedrale getreten wäre.

Außer dem Schild war nichts zu sehen, keine Häuser, keine Geschäfte, keine Kirche, kein gepflasterter Platz; nur die Erdhaufen und verstreuten Steine, die früher einmal eine Mauer oder ein Fundament gewesen sein mochten.

»Meine Mutter wurde hier geboren.« André räusperte sich, um die Kehle freizubekommen. »Meine Großeltern haben hier gelebt.« Er deutete auf den nächsten Bergkamm. »Es war ein hübscher Ort. Sie waren gute Leute. Sie gingen weg, als 1914 der Krieg begann. Meine Mutter kehrte zurück, um hier, nahe an der Front in Louvemont, meinen Vater zu besuchen, und so sind sie nun zusammen ein Teil des Staubes von Louvemont.«

»Du schuldest mir keine Erklärung.«

»Du hältst mich für einen Feigling.«

»Das tue ich nicht! Nein, André! Ich denke nur ...«

»Du denkst!« sagte er wild. »Aber du kannst nicht wissen, was Frankreich früher war. Du verhöhnst Gamelin, weil er sagt, daß er Frankreich nicht noch einmal ausbluten lassen will. Aber du kannst nicht wissen, wessen Blut diese Erde getränkt hat! Wie könntest du es auch wissen? Es sind zu viele, um sie zu zählen. Aber ich sehe die Gesichter von einigen genauso deutlich vor mir, wie ich mich erinnere, daß hier das Dorf Louvemont lag. Meine Mutter und mein Vater starben an einem Tag an diesem Ort.« Er schüttelte den Kopf.

»Es tut mir leid, André. Es war nicht meine Absicht, in deinem Leben herumzuschnüffeln.«

»Es ist nicht nur mein Leben. Josephine. Es gibt noch mehr für dich zu sehen, wenn du verstehen willst, was dieser Krieg für Frankreich bedeuten könnte.«

Er startete den Wagen wieder und fuhr langsam durch die Leere weiter, als ob es hier etwas zu sehen gäbe. Auf beiden Straßenseiten standen in kurzen Abständen Schilder: TERRAIN INTERDIT, Sperrgebiet.

»Die Wälder und Felder sind immer noch mit undetonierten Granaten und Giftgaskanistern übersät. Eine halbe Million Hektar oder mehr können hier weder bestellt noch als Weideland genutzt werden. Kein Liebespaar kann hier ein Picknick veranstalten oder sich lieben. Dies sind Gefilde des Todes für jeden, der hier entlanggeht, selbst heute noch.«

Er sah sie an, irgendwie befriedigt, daß sie bleich und betroffen über seine makabren Offenbarungen war. »Acht Monate lang ging es hier ruhig zu. Die Söhne Frankreichs warteten in ihren schlammigen Gräben und beteten, daß die Deutschen während des langen Winters erlahmen würden. Und die ganze Zeit über rüsteten sie auf. Die Zeit war nicht auf unserer Seite. Die Deutschen warteten auf den Frühling. Wie sie auch jetzt warten.«

Er war nicht aufzuhalten. Es war, als müsse er es ihr sagen, als müsse er ihr die Totenstille dieser Felder vor Augen halten und sie wissen lassen, welche Geister hier immer noch umgingen. »Mein Vater war ein Oberst. Mutter kam oft nach Louvemont, um bei ihm zu sein. Es war sein Geburtstag. Sie hatten einen Freund im Oberkommando, der ihr einen Passierschein verschaffte.« Er schluckte schwer. »Paul und mich wollte sie nicht mitnehmen. Vielleicht spürte sie, was geschehen würde ... genau wie ich sicher bin, daß die Hölle wieder über Frankreich hereinbrechen wird, Josephine.«

Seine Knöchel waren weiß, als er das Steuerrad umklammerte. »Sieh es dir an. An dem Tag, bevor 1916 die deutsche Offensive begann, lag Schnee auf den Wäldern ... auf den Feldern und den Dächern des Dorfes. Ich habe solche Tage als Kind gesehen ... es war schön ... friedlich. Gewiß sind die Leute eng umschlungen aufgewacht und lächelten, als sie eine Lerche vor dem Fenster hörten. Wer hätte sich vorstellen können, was gleich kommen würde? Gleich nach der Dämmerung ging es los. Die Artilleriegeschosse gingen hernieder wie ein Regenschauer. Die Kirche explodierte. Die Häuser explodierten. Überall auf den Feldern brachen Löcher auf wie Mondkrater. Bäume und Tiere und Scheunen und Menschen ... alle dahin. Die Hitze brachte den Schnee überall zum Schmelzen. Bis zum Mittag war das friedliche Louvemont verschwunden.«

»Und deine Mutter? Dein Vater?«

»Dahin. Sie wurden nie gefunden. Es war nicht genug übrig zum Begraben. Eine Million Menschen starben hier an dieser Stelle. Ein verliebter Mann ... wie ich. Eine Frau, schön und leidenschaftlich ... wie du. Hier! Schau dich um, Josephine, und erkenne, was Krieg ist ... was er für Frankreich bedeutet. Meine Mutter und mein Vater? Sie sind nur zwei von denen, die am ersten Tag starben. Eine Million Menschenleben wurden genau hier verschlungen. Nur 160 000 Leichen von dieser Million konnten identifiziert werden.«

Er verstummte wieder, als der Weg sich über einen langgestreckten Hang emporschlängelte, auf dem zwei Denkmäler aus Granit an der leeren Kreuzung standen und das Schlachtfeld überragten. Einen Moment lang wartete er, als ob er überlegte, ob er sie bis ganz ins Zentrum seines Wissens hinein mitnehmen sollte.

»Komm«, sagte er dann und hielt ihr die Wagentür auf.

Der Wind war schneidend, als sie ausstiegen und mitten auf dem Weg zwischen den beiden einander gegenüberstehenden Denkmälern standen. Das eine war ein Monument aus Granitblöcken, gekrönt von dem bronzenen Helm eines Ritters. Darauf war eingemeißelt:

»AUX MORTS DES CHARS D'ASSAUT 1916«

Das andere war ein schlichtes Kruzifix aus Stein mit der Inschrift:

»Ossements qu'animait unfier souffle naguère,
Membres épars, débris sans nom, humain chaos,
Pêle-mêle sacré d'un reliquaire,
Dieu vous reconnaître, poussière de héros!«

»Sag es auf englisch, Josephine, dann wirst du dich daran erinnern.«

Sie stand zitternd davor. Rings um sie her auf den Feldern schienen die Geister einer Million junger Männer zu erwachen, die kaum gelebt hatten, bevor sie starben; die vom klaffenden Maul des Krieges verschlungen worden waren, ohne auch nur etwas zum Begraben zu hinterlassen.

Sie begann zu lesen. Ihre Stimme wurde vom Wind davongetragen und drang an ihre Ohren wie eine andere Stimme von weit her.

»Knochenhaufen, einst bewegt vom stolzen Atem des Lebens, verstreute Glieder, namenloser Schutt, menschliches Chaos, heiliges Durcheinander eines gewaltigen Reliquienschreins, Staub der Helden, Gott wird euch erkennen!«

Stille. Der Wind. Die ferne Erinnerung an einen Tag wie Harmagedon. Das Donnern der Artillerie mischte sich in ihrem Geist mit den Schreien sterbender Männer.

Sie wandte sich zu André, der in ihren Augen forschte und dann seine Hand nach ihr ausstreckte.

»Die Zeit macht alle Menschen gleich. Die Guten wie die Bösen. Ein Jahrhundert wird vergehen wie ein Augenblick, und wer wird dann diese Staubkörner sortieren? Gott wird euch erkennen! Ich schaue jeden Morgen in den Spiegel und sage zu mir selbst: André, eines Tages wird alles, was du über dich zu wissen glaubst, auf den Prüfstand kommen. Dann wird Schluß sein mit dem leeren Gerede am Essenstisch. Ehre? Liebe? Glaube? Mut? Sie werden plötzlich zu greifbaren Wahrheiten werden, die vor dir stehen und von dir verlangen, eine Wahl zu treffen. Du wirst deine Wahrheit ausleben, selbst bis zum Tod, oder die Wahrheit wird in dir sterben, selbst wenn du überlebst. Verstehst du, was ich sagen will?«

»Vergib mir.« Sie sah ihn nicht an. Blattlose Äste reckten sich dem grauen Himmel entgegen. Sie schämte sich plötzlich wegen ihres leeren Geredes von Mut und Prinzipien. Angesichts der Wirklichkeit war solches Gerede nur Heuchelei. Sie hatte die Wirklichkeit in Warschau gesehen. Wie hatte sie das so schnell vergessen können? »Ich habe dies hier zu einer philosophischen Debatte gemacht.«

»Vielleicht fängt Mut mit der Debatte an. Es gibt keine gerechten Kriege. Es gibt nur bedauerlicherweise manchmal die Notwendigkeit zu kämpfen. Ich würde mit dem Teufel verhandeln, um aufzuhalten, was ich kommen sehe. Aber es gibt keine Worte mehr, um ihn aufzuhalten. Also werde ich zu Frankreich stehen und um meiner eigenen Seele willen gegen den Teufel kämpfen. Jetzt warten wir. Wenn das Warten im Frühling zu Ende ist, dann weiß ich, was der wirkliche Krieg bedeuten wird. Wenn er hierherkommt … nach Frankreich, zu uns … zu dir und mir.« Er zog sie an sich. »Ich habe schon so viele falsche Entscheidungen getroffen. So viele Menschen verletzt. Soviel weggeworfen. Alles Wichtige durch meine eigene Selbstsucht verschwendet. Und jetzt, wo mir das Leben endlich kostbar geworden ist, werde ich vielleicht mein Leben verlieren. Doch zum ersten Mal seit langer Zeit glaube ich, daß ich etwas … nein, jemanden gefunden habe, für den ich leben möchte.«

* * *

David steuerte das geliehene 1928er *Citroën*-Cabriolet auf das Dorf in der Nähe des schneebedeckten Feldes zu, auf dem die *Dornier* abgestürzt war. Von dort aus führte ein schmaler, vereister Weg hinaus in die Landschaft. Sie hielten den Wagen an, als sie einen einsamen Soldaten erblickten, der neben einer Öffnung in einer Hecke Wache stand. Dankbar schälten sich die drei Flieger aus dem verbeulten Auto mit seiner einzelnen schmalen Sitzbank und reckten die Glieder.

Als die drei sich dem zu kurz geratenen französischen Soldaten näherten, kam er ihnen von der Hecke her entgegen, schüttelte die Fäuste und wedelte mit dem Bajonett am Ende seines Gewehrs vor ihren Gesichtern herum. »Immer mit der Ruhe, Junge«, sagte Hewitt und deutete auf die *RAF*-Plakette an seiner Mütze. »Wir sind diejenigen, die den Deutschen abgeschossen haben.«

David spähte an dem Wachsoldaten vorbei durch die Lücke in der Hecke auf das ausgebrannte Wrack des deutschen Bombers. Was er sah, ließ ihn schlimmer frösteln als die Winterluft. »Halt den Mund, Hewitt«, drängte er. »Schau!«

Obwohl die wogenden Hügel meilenweit ringsum leer waren, war die *Dornier* auf das Dach eines Bauernhauses gestürzt. Die Nase hatte sich genau in der Mitte durchs Dach gebohrt und ein riesiges Loch durch das Gebäude getrieben. Dann waren die Maschine und das Bauernhaus zusammen verbrannt. Nur zwei gemauerte Wände standen noch um das ausgeweidete Innere.

Der französische Soldat drehte den Kopf in Richtung des Trümmerfeldes; als er sich wieder umdrehte, liefen ihm Tränen übers Gesicht. »La famille entière«, sagte er. »Toutes ensemble.«

»Was hat er gesagt?« flüsterte Hewitt.

»Er sagte, die ganze Familie«, murmelte Simpson zurück.

Außerhalb der verkohlten Reste des Hauses lag eine Reihe von Leichen. Sie waren alle in Planen gehüllt. Drei der Bündel waren sehr klein, nur halb so groß wie die anderen.

Hewitt mußte sich heftig übergeben, und David, dem selbst alles andere als wohl war, mußte ihn auf dem Weg zurück zur Straße stützen. Die drei Piloten zwängten sich in den *Citroën* und fuhren ohne ein Wort davon.

David und Simpson beschlossen, nach Nancy zu fahren, statt direkt nach Rouvres zurückzukehren. »Wenn wir zu schnell zur Basis zurückkommen, wollen sie nur alle wissen, was mit dem Absturz los war«, meinte David.

»Richtig«, stimmte Simpson zu. »Außerdem ist heute Heiligabend, und wir können eine Aufheiterung gebrauchen.«

Hewitt zitterte, doch er äußerte sich weder ablehnend noch zustimmend zu dem Plan; er saß nur mit benommenem Gesicht da und starrte in die französische Landschaft hinaus.

David trieb den protestierenden *Citroën* zur Höchstgeschwindigkeit an, denn er wollte Nancy erreichen, bevor die Dunkelheit und die Verdunkelungsvorschriften das Fahren schwieriger machen würden. Die vereisten Straßen waren verlassen, bis auf einen Bauern und einen Wagen, der von einem altersschwachen Zugpferd gezogen wurde. Das Auto kurvte über die mit schmiedeeisernen Zäunen eingefaßte *Place Stanislaus* und in die verwinkelte mittelalterliche Gasse namens *Grand Rue* hinein, als gerade die Sonne unterging.

»Da sind wir«, verkündete Simpson grandios, um die Stimmung zu heben. »Die *Brasserie Excelsior* – das beste Essen und die besten Weine im Umkreis von mindestens – fünf Kilometern.«

Hewitt schüttelte den Kopf, als ob er gerade aus einem langen und besonders unangenehmen Alptraum erwachte. Er sah sich die Menge der eindrucksvoll uniformierten Männer an, die im *Excelsior* ein und aus gingen, und sagte endlich etwas. »Ich weiß nicht«, meinte er zweifelnd, »hier ist eine Menge Betrieb. Könnten wir uns nicht etwas Ruhigeres suchen?«

»Unsinn«, beruhigte ihn Simpson. »Hier ist garantiert keiner von unseren Jungs, Hewitt. Die meisten sind nicht einmal Soldaten. Das sind entweder nordamerikanische Korrespondenten oder südamerikanische Diktatoren. So oder so haben wir nichts mit ihnen zu schaffen. Jetzt komm.«

Drei Flaschen des örtlichen Rotweins brachten die Gruppe auf andere Gedanken, und ihr wiederkehrender Appetit führte zum Verzehr einer Menge Kartoffelauflauf mit Kaninchenragout, von der auch doppelt so viele satt geworden wären.

David war erleichtert, als Hewitt sich auf seinem Stuhl zurücklehnte, auf seinen Bauch klopfte, rülpste und schon wieder ganz der Alte war. Er streckte sich ausgiebig, wobei eine seiner großen Hände abrupt mit dem Hinterkopf eines amerikanischen Korrespondenten zusammenstieß.

Als Hewitt sich entschuldigte, schob der Korrespondent seinen Stuhl an den Tisch der Piloten hinüber. »*RAF*«, bemerkte er. »Dachte ich mir. Zwei Engländer und ein Amerikaner? Kampfpiloten.«

»Richtig«, stimmte David zu.

»Wodurch haben wir uns verraten?« erkundigte sich Simpson. »Durch unsere scharfen Augen und tödlich ernsten Gesichter?«

Der Korrespondent lachte. Hewitts Augen sahen alles andere als scharf aus, und das alberne Grinsen auf seinem Gesicht war nicht im mindesten ernst. »Ja, genau das ist es. Jedenfalls seht ihr drei besser aus als die anderen Flieger, die mir heute über den Weg gelaufen sind.«

»Tatsächlich? Was war denn los mit denen?« fragte David.

»Es waren zwei deutsche Gefangene aus einer Maschine, die von ein paar von euren Jungs abgeschossen worden ist. Der eine ist ziemlich verbeult, und der andere hat Verbrennungen. Sie sind zur Behandlung hierhergebracht worden, bevor sie weiter nach Paris geschickt werden.«

David und Simpson waren auf einmal hellhörig, und Hewitt bemühte sich, hinterherzukommen. »Haben Sie gehört, was das für ein Flugzeug war? Das heißt, wo das passiert ist?«

»Eine *Dornier*. Abgeschossen zwischen hier und Verdun.«

»Schnell, Mann! Wo haben Sie die beiden gesehen?« fragte Simpson.

»Sie sind oben – unter Bewachung, obwohl sie sowieso nicht abhauen könnten …«

David warf ein paar Francs auf den Tisch und war schon auf halbem Weg zur Treppe, als der Reporter ihnen nachrief.

»He, warum die Eile?«

Hewitt kam taumelnd auf die Beine, blieb aber trotzdem nur ein paar Schritte hinter David und Simpson zurück. »Weil«, nuschelte er über die Schulter zurück, »wir die Jungs sind, die den Kerl ausbezahlt haben.«

David hatte keine Schwierigkeiten, an dem Wachmann vor der Tür am oberen Ende der Treppe vorbeizukommen. Offenbar hatte der Soldat ein Geschäft damit gemacht, daß er Eintritt von den vielen verlangte, die die Nazi-Flieger sehen wollten, wie der Hüter einer kleinen Menagerie gefährlicher Tiere.

Doch der erste Anblick der beiden Gefangenen verschaffte David kein Gefühl der Bedrohung. Er betrachtete sie mit einem unerwarteten und unwillkommenen Schuldgefühl. So, als hätte er unabsichtlich einen Gegner in einem Fußballspiel verletzt und müsse sich nun entschuldigen. Was konnte er sagen zu diesen beiden jungen Männern, seinen Feinden?

Der Kopf des ersten Deutschen war mit einem dichten Schopf dunkler Haare bedeckt. Sein schmales Gesicht sah jungenhaft und ängstlich aus. Von der Taille aufwärts trug er immer noch seinen zerrissenen Fliegeranzug, aber seine Beine steckten von den Knöcheln bis zu den Oberschenkeln in Gipsverbänden.

Der andere Mann trug einen Bademantel. Sein Kopf war vollkommen von Verbänden eingehüllt, aus denen nur ein paar starrende, blutunterlaufene Augen herausschauten. Auch seine Hände waren mit weißer Gaze bedeckt, und David kam der Gedanke, daß er wie eine völlig eingewickelte Mumie ausgesehen hätte, wären nicht die nackten Füße unter dem Bademantel zu sehen gewesen.

David, der ein paar deutsche Wörter kannte, wurde zum Sprecher der Gruppe. »Ich weiß nicht, ob Sie Englisch verstehen oder nicht«, fing er an, dann stellte er sich und die anderen in unbeholfenem Deutsch vor. »Wir sind die *Hurricane*-Piloten, die Ihre *Dornier* abgeschossen haben. Wir sind froh, daß Sie es geschafft haben, herauszukommen.«

»Ich spreche Englisch«, erwiderte der Mann mit den gebrochenen Beinen. Seine Englischkenntnisse waren erheblich besser als Davids Versuche, Deutsch zu sprechen. »Ich bin Unteroffizier Hammel. Das hier ist Klinger.« Er deutete auf seinen Kameraden. »Wir …« Er suchte nach den richtigen Worten. »Fallschirm … drei andere in unserer Mannschaft haben es nicht geschafft.«

»Wir … wir wissen …« Wieder stieg die Erinnerung an die zerstörte *Dornier* und den hartnäckigen Geruch in Davids Vorstellung auf, und sein Magen verkrampfte sich. »Wie kommt es, daß zwei von Ihnen überlebt haben? Wir haben nur einen Fallschirm gesehen.«

»Ja«, antwortete Hammel mit einem Achselzucken. »Ich habe Klinger getragen. Seine Hände, so verbrannt … wir zusammen gesprungen. Zuviel Gewicht, und meine Beine … wer denkt, daß Schnee so hart ist?« Tränen stiegen in seinen Augen auf. »Aber wir hätten nicht überlebt, wenn Sie … weitergeschossen hätten. Sie sagen uns, ihr Engländer schießt auf Fallschirme.«

»Das würden wir niemals tun!« rief Simpson entsetzt.

»Wir schon!« drang eine scharfe Stimme unter den Gazeschichten hervor. David hatte angenommen, daß der verbrannte Mann nicht Englisch sprach, doch nun zeigte sich, daß er es sehr gut beherrschte und eine Menge zu sagen hatte.

»Wir halten nichts davon, einen Feind entkommen zu lassen!« fügte Klinger giftig hinzu. »Wenn wir in einer *Messerschmitt* gesessen hätten, dann wäre die Sache ganz anders ausgegangen!«

»Sehen Sie das auch so?« fragte David Hammel.

»Ich … es ist schwer, zu …« Hammel fing einen wütenden Blick von Klinger auf und verstummte kläglich. »Krieg ist schrecklich«, schloß er lahm.

»Komm, Blechmann«, sagte Simpson, wandte sich zur Tür und schob Hewitt vor sich her. »Wir haben getan, wozu wir hergekommen sind.« Auf halbem Weg die Treppe hinab bemerkte er: »Unteroffizier Hammel hat vermutlich eine Familie daheim in Deutschland.«

* * *

Wie durch ein Wunder war die Orgel der *Sankt Johannes*-Kathedrale intakt. Horst beobachtete, wie ein alter Mann in der Robe eines Kirchenmusikers eine Leiter emporstieg, um sein Instrument zu erreichen, da die Treppe, die zur Orgelempore führte, zerstört war. Zwei Jungen, die die Blasebälge treten würden, folgten ihm. Die Blasebälge keuchten ein wenig, bevor sie erwachten, und dann erfüllte der freudevolle Klang des Bach-Chorals *»Nun danket alle Gott«* das Gebäude. Die Musik drang durch die zerschmetterten Fenster nach draußen und lockte noch mehr Gottesdienstbesucher von den Straßen an, bis die Kirche gedrängt voll war. Dennoch war zu beiden Seiten von Horst noch reichlich Platz.

Die Bachmelodie bildete einen scharfen Kontrast zu der ernsten Stimmung der Gemeinde. In dem ganzen riesigen Meer von Menschen konnte Horst nicht einen Fetzen Festtagsfarben in der Kleidung entdecken. Schwarze Kleider, Schals und Kopftücher schmückten alte und junge Frauen und Mädchen gleichermaßen. Alte Männer wie kleine Jungen trugen schwarze Mäntel und Pullover. Ihre Gesichtsfarbe war überall derselbe Grauton, nur die Helligkeitsstufe variierte.

Horst hob sich mit seiner graugrünen Uniform von allen anderen ab. Die Gegenwart eines deutschen Offiziers schien ebensowenig zu der herrschenden Stimmung zu passen wie die Musik von Bach. Er fing die furchtsamen Blicke der Polen auf, die hier anbeteten. Warum ging er nicht zu seinen eigenen Leuten, schienen ihre Augen zu fragen? War es nicht so, daß das deutsche Militär seine eigene Armee von Priestern und Pastoren hatte, die die Lehren des Reiches predigten und selbst an diesem heiligen Tag ihr Gift verbreiteten? Warum mußte dann dieser deutsche Major den kleinen Trost stören, den die Gläubigen an diesem heiligen Ort fanden?

Woher sollten sie auch wissen, daß nicht er es war, vor dem sie sich fürchten mußten? Horst wußte, daß er nicht der einzige Deutsche war, der an der Christmette in der Kathedrale teilnahm. Er konnte ohne Schwierigkeiten die Zivilkleidung der Gestapo-Agenten inmitten der Versammlung ausmachen. Während Männer und Frauen zum Gebet niederknieten, sahen die Gestapo-Leute voller Verachtung zu und notierten sich Stichworte und Ausdrücke aus der Predigt des Priesters in kleinen, schwarzen Notizbüchern. Nach dem Eifer dieser Agenten zu urteilen, war Horst sicher, daß die Tage des kleinen Priesters gezählt waren.

Und worin bestand das Verbrechen des Priesters? Heute hielt er die alte Predigt; dieselbe Geschichte, die Horst als Kind in Deutschland an jedem Heiligabend gehört hatte. Doch nun, hier in Polen, nahm die Geschichte von der Geburt eines jüdischen Babys in einer Krippe in den Augen der Schergen Hitlers eine neue, irritierende Bedeutung an. Horst kannte ihre Fragen:

Hatte es politische Gründe, daß der Priester sich so lange über die Eifersucht des Königs Herodes ausließ, der, um den angekündigten Messias zu vernichten, alle neugeborenen Jungen in Bethlehem ermorden ließ? Was meinte der Priester in Wirklichkeit, wenn er von der verzweifelten Flucht des Josef und der Maria vor dem Gemetzel sprach? Er benutzte das Wort Flüchtling. Zog er hier vielleicht eine Parallele? Warum erwähnte er den Tod des Tyrannen jener Zeit und verglich ihn mit dem Sieg des einen Lebens, das in der Niedrigkeit eines Stalles begonnen hatte? Wollte er die verräterische Hoffnung andeuten, daß der Führer untergehen würde? Und warum erwähnte er, daß das Kind ein Jude war, der von Abraham abstammte? Sicher kannte er doch die Edikte des Führers über die leidige Frage der jüdischen Herkunft Christi. Warum las er laut jene Verheißungen der alttestamentlichen Propheten vor, deren Schriften nun in allen Kirchen des Reiches verboten waren?

Horst sah Argwohn und Verurteilung in den Gesichtern der Gestapo-Leute, als die Menge die Kirche verließ. Der Priester hatte sich um Kopf und Kragen geredet, nicht, weil er auch nur ein Wort gesagt hätte, das anders gewesen wäre als die Weihnachtsgeschichte, wie sie in all den Jahren zuvor gelesen worden war, sondern weil die Geschichte selbst ein schlagendes Argument gegen alle Tyrannei war. Die uralte Geschichte konnte sich in diesem Augenblick in Warschau ereignen, war es nicht so? Man mußte nur die Nazis als die Übeltäter einsetzen, die entschlossen waren, jedes jüdische Kind in Polen zu töten.

Horst kam der Gedanke, daß er die Geschichte bisher vielleicht nie richtig verstanden hatte. Wie Hitlers Schergen, die sich heute unter die Gläubigen von Warschau gemischt hatten, hatte auch er mit ganz neuem Interesse zugehört.

In der Absicht, den Priester vor den feindlich gesonnenen Gottesdienstbesuchern zu warnen, blieb Horst zurück, als die Menge hinausging. Die dröhnende Orgel verstummte. Der Organist stieg direkt vor Horst von seiner Empore herab. Als er sich dem hohen Bogendurchgang zum Vestibül näherte, bemerkte er drei der Nazibeamten, die neben einer von Granatsplittern aufgerissenen massiven Säule miteinander konferierten. Horst sah rasch weg, um ihre Aufmerksamkeit nicht auf sich zu ziehen. Er verließ das Gebäude und beschloß, später zurückzukommen und den Priester über die Gefahr zu informieren.

* * *

Abends, als Horst von Böckmann im Vestibül der *Sankt Johannes*-Kathedrale auftauchte, stützte sich der alte Küster auf seinen Besen und starrte ängstlich das Häuflein Staub auf dem Boden an. Er bekreuzigte sich, als befände er sich in der Gegenwart eines großen Übels.

»Ich suche den Priester«, sagte Horst und stampfte den Schnee von seinen Stiefeln ab, bevor er über die frisch gekehrten Steinplatten ging. Der alte Mann räusperte sich nervös und bohrte sich mit seinem knochigen Finger im Ohr herum. Er reagierte nicht auf Horst.

»Ich muß dringend Ihren Priester sprechen, alter Mann.« Horst hatte keine Zeit für Ratespiele. »Es geht um seine Sicherheit.«

Das Kratzen des Besens auf den Steinplatten war die einzige Antwort. Der Küster schob den Schmutzhaufen auf den Ausgang zu, als wäre er allein.

»Sie müssen mir glauben, ich bin sein Freund«, versuchte Horst es noch einmal. Würden Sie ihm eine Nachricht bringen? Sagen Sie ihm, Major Horst von Böckmann sei gekommen, um sich zu verabschieden. Ich reise heute abend nach Berlin zurück. Sagen Sie ihm, ich müsse dringend mit ihm sprechen.«

Langsam hob sich das hagere Gesicht. Dunkle Augen unter buschigen Brauen funkelten vor unverhohlenem Haß und Mißtrauen. Der alte Mann lehnte seinen Besen gegen eine Steinsäule und stapfte ohne einen Blick zurück den langen Mittelgang hinunter, um in den Schatten des Auditoriums zu verschwinden. Horst hörte das Ächzen schwerer Türangeln und dann ein seltsames metallisches Rasseln wie von aufeinanderschlagenden Säbeln, bevor die unsichtbare Tür wieder ins Schloß fiel und das Geräusch aussperrte.

Das Gebäude war nicht beheizt, und Horsts Atem stieg in dampfenden Wolken auf. Er blies sich auf die Hände und stampfte mit den Füßen, um sich zu wärmen. Während er im Vestibül auf und ab ging, dachte er darüber nach, wie sinnlos dieser Besuch war. Was für einen Unterschied würde es ausmachen, wenn er dem Priester sagte, daß er beobachtet worden war; daß seine Worte in kleinen schwarzen Büchern notiert worden waren? Die Stimme des Priesters ließ ihn herumfahren.

»Frohe Weihnachten, Major von Böckmann.« Der Priester war allein. »Wir werden heute nacht keine Mitternachtsmesse halten. Die Ausgangssperre, Sie wissen ja.«

»Deswegen bin ich nicht gekommen, Pater. Ich wünschte, es wäre etwas so Einfaches.« Obwohl der Geistliche keinen Mantel anhatte, lächelte er, als ob er den kalten Wind, der durch seine Kirche blies, gar nicht bemerkte. »Ich war heute nachmittag in der Messe.«

»Ich habe Sie bemerkt. Sie waren nicht zu übersehen. Sie waren der einzige, der keine Trauerkleidung trug.« Der Priester zuckte die Achseln. »Ich habe mich gefreut, daß Sie gekommen sind.«

»Es waren auch drei Gestapo-Offiziere da.«

»Nur drei?« Er war weder überrascht noch erschrocken.

»Wahrscheinlich mehr. Aber drei habe ich selbst gesehen. Diese Leute sind nicht zu verkennen, obwohl sie versuchen, sich unerkannt in die Menge zu mischen.«

»Mit der Anwesenheit der Geheimpolizei muß man heutzutage rechnen, nicht wahr? Es ist kalt hier, seit wir die Fenster verloren haben. Wollen wir nicht an einen wärmeren Ort gehen?« Er nahm Horst am Arm und führte ihn durch die Kathedrale hindurch in das Labyrinth bogenförmiger Gänge im Kloster. Vor einer schweren Holztür blieb er stehen und blickte zu Horst auf.

Das seltsame, klirrende Geräusch drang durch das Holz. »Ich wußte, daß Sie heute abend kommen würden.«

»Woher?«

»Ich wußte es einfach.« Er drückte die Klinke hinab und öffnete die Tür. Der Korridor füllte sich mit Licht und Wärme und fröhlichen Stimmen, die über eine steile Treppe heraufdrangen. Der Priester ging nicht hinunter, sondern trat zur Seite, so daß Horst in den tiefen Lagerkeller hinuntersehen konnte, der nun als Speisesaal diente. An den langen Tischen, die zwischen den Säulen aufgestellt waren, drängten sich mehrere Hundert Kinder, die sich lachend über Blechteller voller dickem Eintopf unterhielten. Es war das Schlagen der Löffel gegen die Teller gewesen, das Horst an das Zusammenprallen von Schwertern erinnert hatte. Er entdeckte vier Nonnen, die mit Töpfen und Kellen herumgingen. Die Schwestern glitten hinter den Bänken entlang, um mit den Essenden zu scherzen und leere Schüsseln neu zu füllen. Der Lärm war ohrenbetäubend.

»Dreihundertsechsundzwanzig Kinder. Jedes davon hat Mutter und Vater verloren. Einige wurden zu uns gebracht, doch viele fanden ihren Weg hierher allein. Schauen Sie sie an, Horst. Schauen Sie in ihre Gesichter.«

Horst starrte hinab zu einem Tisch voller kleiner Jungen, die sich löffelschwenkend unterhielten und über irgendeinen Witz lachten, der Horst in dem allgemeinen Lärm entging.

»Ich bin froh, fröhliche Kinder an diesem Weihnachtsabend zu sehen. Es macht mir Mut ... auch das gute Werk, das Sie an ihnen tun.«

»Ja.« Die Stimme des Priesters war nicht ganz so freudevoll. »Ich möchte, daß Sie sich an sie erinnern. Denken Sie daran. Jedes von ihnen könnte das Kind eines der Männer sein, die Sie gekreuzigt gesehen haben, oder der Frau, die in der Weichsel versank.«

Horsts Freude verblaßte. »Warum sagen Sie so etwas zu mir?« Er fuhr von der Tür zurück, als hätte er einen Tritt bekommen.

Der Priester verschloß die Tür vor dem Schauspiel und zuckte die Achseln, als ob der Grund für seine grausame Äußerung auf der Hand läge. »Jedes von ihnen hat eine ganz ähnliche Geschichte hinter sich wie die, die Sie mir erzählt haben. Es sind nur Kinder, doch sie sind auf einem Weg voller Leid und Grausamkeit hierhergekommen. Sie sind nicht aus eigener Entscheidung hier. Andere haben diese Entscheidung für sie getroffen. Deutsche Soldaten.«

Horst fuhr ihn an: »Ich bin nicht hergekommen, um mir das anzuhören. Was kann ich tun, um das jetzt noch zu ändern? Es ist nicht meine Verantwortung ...« Er fing sich und begann noch einmal. »Ich habe ein Risiko auf mich genommen, um herzukommen und Sie zu warnen. Vor der Gestapo ... vor der SS.«

»Ich danke Ihnen. Ich bin gewarnt.«

Horst starrte trübe auf die schwarze Tür. »Ihnen ist es egal, ob Sie verhaftet werden … aber was ist mit den Kindern? Was wird aus ihnen werden?«

»Sie kennen die Antwort.«

Eine Vision der Zukunft explodierte in Horsts Geist, als ob sie bereits Vergangenheit wäre:

Der Priester wurde von der Gestapo gefoltert und aufgehängt. Die Schwestern eingesperrt. Sie starben an Hunger, Ruhr und Typhus. Jene kleinen Jungen, die an diesem Weihnachtsfest über ihren Blechschüsseln lachten und redeten, wurden in einen Raum getrieben und nackt ausgezogen. Sie wurden sortiert wie Tiere, die zum Markt gebracht werden sollten: Juden links, Heiden rechts. Bei den männlichen Kindern war das am leichtesten, wegen der Sitte der Beschneidung bei den Juden. Diejenigen, die sich als jüdisch herausstellten oder auch nur dessen verdächtigt wurden, liquidierte man. Die polnischen Kinder wurden in Straflager der Nazis gesteckt, wo man sie mißhandelte und hungern ließ und ihnen beibrachte, ein paar notwendige deutsche Befehle zu lesen, und ihnen die richtige Einstellung gegenüber dem Reich, dem Führer und ihren arischen Herren eintrichterte. Und die meisten von ihnen starben, bevor alles vorüber war …

Horst bedeckte sein Gesicht mit den Händen. »Was wollen Sie von mir? Ich kann nicht ändern, was geschehen ist!«

»Aber es steht in Ihrer Macht zu ändern, was morgen geschehen wird. Ich wußte, daß Sie herkommen würden.« Der Priester legte Horst seine Hand auf die Schulter. »Kommen Sie jetzt mit mir.«

Horst folgte ihm den dunklen Korridor entlang, obwohl er sich am liebsten umgedreht und in die andere Richtung davongelaufen wäre. Die Kinder im Kloster sangen jetzt. Weihnachtslieder. Die fröhlichen Stimmen folgten dem Priester und dem Major, bis sie um eine Ecke bogen und in einen warmen, stillen Raum traten, in dem ein Dutzend Babys in zehn Wiegen schlief. Christus, gekreuzigt, blickte von der Wand auf sie herab.

Eine alte Nonne saß auf einem Schaukelstuhl nahe dem Kohlenofen. Sie hatte einen kleinen Jungen im Arm und rollte sein dunkles Haar über ihren knorrigen Finger. Er saugte Milch aus einer Flasche und strampelte einen Fuß von der Decke los, wie im Takt zu dem Schlaflied der alten Frau. Sie berührte die winzigen Zehen und zog die Decke wieder über seinen Fuß. Das saugende Geräusch verstummte einen Moment lang, als das Baby mit vertrauensvollen blauen Augen zu der alten Frau aufblickte und mit einem fröhlichen Gurgeln auf ihr Summen antwortete.

Der Priester warf Horst einen scharfen Blick zu. War ihm das zukünftige Schicksal dieser Kleinen ebenso bewußt?

»Genug«, flüsterte Horst, taumelte zurück und lehnte sich gegen die Wand. Sein entsetztes Gesicht spiegelte sich im Glas eines Bildes von Christus mit den Kindern.

»Sie sind heute als ein Handlanger Gottes hier«, erwiderte der Priester leise. »Sie sind heute abend gekommen, weil es morgen schon zu spät sein kann.«

»Wie könnte ich eine Hilfe sein für diese …« Horst winkte mit der Hand durch den Raum, als wäre er schon leer.

»Sie können eines davon retten.«

»Retten?«

»Es liegt jetzt in Ihrer Hand, die Zukunft eines dieser Kinder zu verändern.«

»Wie kann ich …«

»Ich habe einen Plan.«

»Sie reden Unsinn. Pater.«

»Sie müssen genau das tun, was ich Ihnen sage. Es ist mir im Gebet deutlich geworden.«

»Wie könnte jemand eines aus all diesen Kindern auswählen? Es ist unmöglich, eines zu retten, während die anderen …«

Der Priester betrachtete das Bild des Christus im Kreis der Kinder. »Jesus sagte, wer immer ein kleines Kind in meinem Namen aufnimmt, nimmt mich auf … Begreifen Sie nicht, Horst? Wie Gott sie liebt! Ihre Engel stehen ständig vor seinem Thron. Einem Kind Barmherzigkeit zu zeigen … es gibt keine Tat, die heiliger wäre. Es ist, als ob sie das Christuskind auf den Armen tragen!«

Horst hob die Augen, als das Baby den Kopf gegen die Schulter der alten Frau legte. Die schweren Augenlider fielen zufrieden zu. Ein Tropfen Milch trat aus seinem Mundwinkel und blieb an dem schwarzen Stoff ihrer Tracht hängen.

Der Priester nahm ihr das Kind ab und legte es Horst in die Arme. »Heute ist Weihnachten, mein Kleiner. Das Schwert des Tyrannen schwebt wieder einmal über allen Kindern Israels … du mußt fort.« Und dann zu Horst, der den Säugling mit unbeholfener Sanftheit in den Armen wiegte. »Ein kleines Leben retten, Horst. Vielleicht kann eines Tages die Welt durch dieses Leben gerettet werden … sein Name ist Yacov Lubetkin.«

* * *

Horst trug Yacov Lubetkin in einem kleinen, geflochtenen Wäschekorb, vollgepackt mit Windeln, einer Babyflasche und zwei Büchsen Milch aus der *Sankt Johannes*-Kathedrale. Die alte Schwester warnte Horst, daß das sieben Monate alte Baby zahnte, und falls es schrie, sei das beste Mittel, ihm puren Roggenwhiskey auf die Kiefer zu schmieren.

Doch der kleine Yacov schrie nicht. Hellwach lächelte er zu Horst hinauf. Auf dem Warschauer Bahnhof quietschte er fröhlich, als ein SS-Oberst sich über den Korb beugte und ihn am Kinn kitzelte. Es war ungefähr so, wie wenn ein Lamm von einem Tiger abgeleckt würde, dachte Horst grimmig. Dann nahm das Kind den Finger des Obersten und steckte ihn sich in den Mund. Das gefiel dem SS-Oberst. Er brüllte vor Lachen.

»Er zahnt.« Horst sah unbehaglich weg.

»Ja. Ich spüre, wie unten zwei Zähne durchkommen.« Der SS-Oberst demonstrierte seine Geduld und Zuneigung zu arischen Kindern. »Ihr Kind, Herr Major?«

»Ein kräftiges Kind, kann ich mit Stolz sagen«, sagte Horst heiter. Er beherrschte den Abscheu, den er empfand, als er die Hand eines Mörders so nah am Gesicht des Babys sah. Wie viele jüdische Kinder hatte diese Hand niedergemetzelt?

»Ich sehe die Ähnlichkeit. Die Augen. Schöne blaue Augen, Herr Major. Wo ist die Mutter?«

»Ich bringe ihn nach Hause.«

»Ein Sohn?«

»Ich tue meine Pflicht für das Vaterland. Dieser Sohn ist die einzige Gabe, die ein ehrenhafter Soldat der Zukunft der Welt in einer so dunklen Zeit zu bieten hat.«

»Wahrhaftig! Das sagt der Führer auch. Wenn ein Soldat auch sein Leben für das Reich läßt, so hinterläßt er doch sein Vermächtnis in einem Kind. Und dieser Junge wird einer der besten sein, die aus Deutschland kommen, das ist nicht zu übersehen. Sehr intelligent. Ich entdecke einen zukünftigen General. Dieser Griff! Dieses Kind wird seine Zähne ins Leben graben!« Er lachte über seinen Witz und hielt seinen feuchten Finger hoch. »Wie heißt er?«

»Können Sie es erraten?« Horst schluckte, als ihm kein Name einfiel. »Benannt nach einem großen Führer, Herr Oberst.«

»Adolf! Gut gemacht! Ein wohlerzogener, kleiner Kerl. Ein hübscher, deutscher Sohn. Ich habe selbst vier Söhne in der Hitlerjugend. Söhne sind das Größte. Sie haben dem Vaterland einen guten Dienst getan.«

»Danke, Herr Oberst. Und nun geht es ab nach Berlin.«

Der SS-Oberst gab ihm noch einen Rat mit auf den Weg, wie er mit den Zahnungsproblemen fertigwerden könne – Whiskey auf die Kiefer. Mit einem freundschaftlichen Klaps auf Horsts Rücken schlenderte der Tiger davon, ohne die Wahrheit zu ahnen. Mit weichen Knien eilte Horst zum Zug, um sich mit Yacov in seinem Schlafabteil erster Klasse zu verstecken.

In dieser Nacht, der Nacht aller Nächte, war der Zug von Warschau nach Berlin fast leer. Außer einer Handvoll betrunkener Soldaten, die über die Feiertage nach Hause fuhren, waren alle schon dort, wo sie hinwollten.

Horst war dankbar dafür. Er konnte keine großmütterlichen Typen gebrauchen, die sich voller Entzücken über das Baby beugten. Sie waren schon eine Stunde von Warschau entfernt, als seine Hände endlich aufhörten zu zittern und er seine Gedanken von dem SS-Oberst zu dem Kind lenken konnte, das neben ihm in dem Korb schlief. Der Plan des Priesters für sein Entkommen schien zu phantastisch, doch er konnte vielleicht funktionieren.

»Nur gut, daß du noch zu klein bist, um zu wissen, was das alles soll, mein Kleiner. Du schläfst am Rande eines flammenden Abgrundes und machst dir doch keine Sorgen. Was für eine Stimme flüstert dich in den Schlaf?« Er blickte hinauf zum sternenübersäten Himmel. »Der Priester sagt, daß deine Engel ständig zum Thron Gottes hinauf- und wieder zu dir zurücksteigen. Wenn dir jetzt Engel folgen, Junge, dann steigen sie heute nacht in den Mittelpunkt der Hölle hinab.«

Horst zog die Decke um das Kinn des Babys zurecht. Sein Blick blieb auf den rosa Wangen und den langen Wimpern liegen. Ein Bild der Zufriedenheit: Yacovs winzige Faust war geballt, und der Daumen steckte im Mund. Horst berührte den samtweichen Kopf und dachte an die Geschichte von Etta und Aaron Lubetkin, die der Priester ihm erzählt hatte. Wo sie und ihre anderen Kinder jetzt sein mochten? Was für eine Welt war das, die Mütter und Väter dazu zwang, ihre Babys in die Hände von Fremden zu geben und sich für immer von ihnen abzuwenden?

»Ich kann euch nichts versprechen«, flüsterte Horst, als ob die Eltern seines Schützlings ihn irgendwie hören könnten. »Ich kann nicht einmal versprechen, daß er überleben wird. Aber bei meiner Soldatenehre und bei meinem Leben schwöre ich … daß ich alles tun werde, was ich kann, um euer Kind sicher nach Hause zu bringen.« Er schloß die Augen. »Es tut mir so leid … Gott? Höre mich.«

Er nahm Yacovs Hand, so klein und weich und vollkommen, in seine großen Finger. Das Kind regte sich und hauchte einen zitternden Seufzer.

Welcher Mann konnte auf den Gedanken kommen, solch ein süßes Atmen zum Stillstand zu bringen? Was für eine Regierung konnte die Kreuzigung solcher Unschuld fordern – durch solche Hände Nägel zu treiben? Was für Menschen konnten so etwas zulassen?

Hatte Horst schon immer gewußt, was da geschah? Wie bei jedem anderen in Deutschland hatte die Wahrheit über die Rassenlehre der Nazis wie ein dunkler Schatten in Horsts Hinterkopf gelauert. Doch heute abend hatte er Gewißheit, was Hitler meinte, wenn er mit der Vernichtung aller Juden in Europa im Falle eines Krieges drohte! Die Drohung war nicht nur rhetorisch gemeint!

Eine Vision der Zukunft stieg heute nacht vor Horst auf als ein Bild von Millionen namenloser Kinder. Seine Augen brannten vor Tränen der Wut und Scham. So viele! Wie viele sind es? Zu viele, um sie zu zählen! Und es fing gerade erst an! Das war es, was Katrina ihm klarzumachen versucht hatte. Darum hatte Kurt sich entschlossen, die Belgier zu warnen, daß ihre

Hoffnung auf Neutralität vergeblich war. Der Schatten durfte sich nicht über die Grenzen des Reiches hinaus ausdehnen!

»Ich muß das hier tun«, flüsterte Horst. »Aber ich kann nicht an die anderen denken. Zu viele … zuviel …«

Und so lief in den Gedanken von Horst von Böckmann alles im Leben nur eines einzigen Kindes zusammen. Für dieses eine Leben würde er alles riskieren! Erschöpfung überkam ihn. Die Finger sanft um die Hand des Babys geschlossen, lehnte er den Kopf zurück und schlief zum ersten Mal seit Monaten tief ein.

40

Rufe, Gelächter, laut und falsch gesungene Weihnachtslieder hallten durch den Mannschafts-Saal der Maginot-Festung. Mac mußte sich dicht an Murphys Ohr heranbeugen und schreien, um sich Gehör zu verschaffen. »Meinen Sie, diese Burschen würden es überhaupt merken, wenn sie angegriffen würden?«

»Höchstens, wenn sie einen Volltreffer abbekämen«, schrie Murphy zurück. »Im Moment machen sie mehr Lärm als eine Artilleriesalve.«

Die Szene im Innern der unterirdischen französischen Befestigung sprühte vor übermütigem Frohsinn. Während Mac und Murphy zuschauten, brach in einer Ecke des Raumes ein Wurfgefecht mit Brotstücken aus. Am anderen Ende der riesigen Betonkammer stiegen vier Soldaten auf einen Tisch und begannen, einen Can-Can zu improvisieren, begleitet von Pfiffen und schlüpfrigen Bemerkungen. »Wie lange wird das noch so gehen?« bellte Mac, während er den Can-Can-Tänzern zehn Sekunden Filmzeit widmete.

»Bis zur Morgendämmerung«, erwiderte Murphy, »bis auf eine kurze Unterbrechung für die Mitternachtsmesse.«

Mac trat einen Schritt zurück, um einen anderen Bildausschnitt im Sucher seiner neuen Kamera zu wählen, und stolperte über eine leere Weinflasche auf dem Fußboden.

Murphy erwischte ihn am Ellbogen und verhinderte, daß er stürzte. »Und bei dieser Messe sollten sie besser um ein Heilmittel gegen den Kater beten. Wenn die Deutschen morgen angreifen, werden diese Jungs sich beim Anblick einer Aspirinflasche ergeben.«

Auf eine Berührung an der Schulter hin drehte Mac sich um. Ein französischer Artillerie-Hauptmann versuchte, etwas zu den beiden Journalisten zu sagen, zuckte dann jedoch wegen des Lärms die Achseln und bedeutete ihnen, ihm zu folgen. Als die drei draußen im Gang waren und die Stahltür vor dem fröhlichen Treiben verschlossen hatten, versuchte es der Offizier noch einmal. »Der Oberst lädt Sie ein, am heutigen Heiligabend mit ihm zu speisen«, sagte er.

Es ging zwei Betontreppen hinauf und zwei lange Korridore entlang, in denen jeder ihrer Schritte widerhallte, bis sie den Speiseraum der Offiziere erreichten. Dort angekommen, wurden Mac und Murphy dem Kommandanten Oberst Benet vorgestellt.

Für Mac sah Benet aus wie ein französischer Marschall aus der Zeit Napoleons. Er war bereits ein älterer Mann, jedoch hochgewachsen und aufrecht; seine Haltung war wie die eines Spazierstocks. Der von der hohen

Stirn zurückgekämmte weiße Haarschopf wurde durch den schimmernden Bogen eines eleganten Schnurrbartes ergänzt. Unter den Medaillen und Bändern an seiner Uniform war auch das *Croix de Guerre.*

»Bitte setzen Sie sich, meine Herren«, drängte sie der Oberst. »Uns bleibt gerade noch Zeit für einen Aperitif vor dem Essen.«

Ein jüngerer Offizier klopfte gegen eine Verbindungstür, und ein nervös aussehender Soldat in weißer Schürze kam mit einem Servierwagen herein. »Ich muß mich für die armselige Qualität unserer Gastfreundschaft entschuldigen«, sagte der Oberst, »aber Sie wissen ja, wir befinden uns im Krieg.« Der Kellner-Soldat bot jedem der Offiziere Whiskey, Sherry, Portwein, Madeira, Armagnac und ein Dutzend anderer Spirituosen zur Auswahl an.

»Im zivilen Leben bin ich Bankier«, erklärte Oberst Benet während des ersten Ganges, der aus dampfenden Schüsseln mit *Vichyssoise* bestand. »Aber alte Soldaten sterben niemals, wie man sagt, und so habe ich meine Uniform aus dem Großen Krieg abgestaubt und bin in den aktiven Dienst zurückgekehrt.«

»Und rechnen Sie damit, den Großen Krieg noch einmal ausfechten zu müssen?« fragte Murphy.

»Die Deutschen haben keine Phantasie«, behauptete der Oberst, während er sorgfältig die Enden seines Schnurrbartes mit einer Leinenserviette abtupfte. Im Augenblick halten sie sich zurück, weil sie merken, was für einen Fehler sie gemacht haben, daß sie sich überhaupt auf einen Kampf mit uns eingelassen haben. Früher oder später wird Herr Hitler natürlich, um sein Gesicht zu wahren, einen Angriff starten müssen, und wenn der zurückgeschlagen ist, werden die Politiker das Weitere regeln.«

Mac nahm einen Teller mit Schweinebraten und Blumenkohl mit Käsesoße von dem Kellner entgegen und ließ den Oberst an seinem Wein nippen, bevor er eine weitere Frage stellte. »Und Ihre Männer sind darauf vorbereitet, sich dem deutschen Angriff zu stellen?«

Der Kommandant breitete die Arme aus und zuckte vielsagend die Achseln. »Aber natürlich! Sie haben doch selbst gesehen, in was für guter Stimmung sie sind. Hier stehen wir, auf unserem eigenen Boden, hinter den stärksten Befestigungen in der Weltgeschichte. Wie könnten wir noch besser vorbereitet sein?« Der Oberst musterte einen Moment lang seinen Teller mit Speisen und wechselte dann abrupt das Thema: »Unser Koch ist genau wie die Deutschen … völlig phantasielos!«

Als das Essen zu Ende ging, fragte Mac: »Gab es irgendwelche Aktivitäten der Deutschen in Ihrem Sektor? Könnten wir nicht zu einem Ihrer Aussichtsposten gehen und einen Blick über die Frontlinie werfen?«

Oberst Benet räusperte sich mißbilligend. »Ich wollte gerade vorschlagen, daß wir uns ins Auditorium begeben«, sagte er. »Die Soldaten haben eine musikalische Amateurvorführung geplant. Das dürfte sehr unterhaltsam werden.«

»Mit Ihrer Erlaubnis, Herr Oberst«, hakte Murphy nach, »nur einen kurzen Blick hinüber, was die andere Seite im Schilde führt.«

»Also schön«, brummte Benet, »aber Sie werden nichts zu sehen bekommen. Heute abend wird sich nichts tun, das kann ich Ihnen versichern.«

Die Aussichtsplattform des Forts befand sich vier Stockwerke über der Offiziers-Messe und unmittelbar oberhalb des 75-mm-Geschützes, mit dem der Außenposten ausgerüstet war. Der Soldat auf Einzelwache stampfte mit den Füßen gegen die Winterkälte, die durch die schmalen, offenen Schießscharten hereindrang. Er nahm Haltung an, als sein Kommandant sich näherte, und Mac fragte sich, für welches Verbrechen der Mann wohl bestraft wurde, daß er heute nacht Dienst schieben mußte.

»Irgendwelche Vorkommnisse?« fragte der Oberst.

»Nein, Herr Oberst«, antwortete der Wachmann, »nur daß es wieder geschneit hat.«

»Was ist das für ein Licht da drüben?« fragte Mac und deutete auf einen schwachen gelben Schimmer, der trübe einen knorrigen Hügel in einer halben Meile Entfernung beleuchtete.

»Ach das«, schnaubte Benet. »Das ist die Spichernhöhe. Bis vor kurzem gehörte er uns, aber eine Patrouille der Deutschen hat sich dahinter angeschlichen und ihn eingenommen.« Sein Tonfall klang, als sei er der Meinung, die Deutschen hätten etwas Unfaires getan. »Wir werden ihn zurückerobern, keine Sorge.«

»Mir scheint, da bewegt sich jetzt etwas«, bemerkte Murphy. »Ich bin sicher, das Licht ist jetzt heller als vorhin, als wir zum erstenmal hingesehen haben, und es scheint sich auf die Kuppe des Hügels zuzubewegen.«

»Soll ich die Batterie benachrichtigen und Befehl zum Feuern geben?« fragte der Wachsoldat und trat auf ein Telefon an der Wand zu.

»Auf keinen Fall!« wies ihn der Oberst mit vor Empörung zitterndem Schnurrbart zurecht. »Wie können Sie nur an ein so unzivilisiertes Verhalten denken? Da drüben genießen sie eine ruhige Weihnachtsfeier, genau wie wir. Warum sollten wir etwas so Feindseliges tun? Kommen Sie jetzt, wir haben genug gesehen. Gehen wir ins Auditorium. Ich bin sicher, das Singen hat bereits begonnen.«

* * *

Lautlos fiel der Schnee auf die Umrisse der Spichernhöhe herab. Gefreiter Geiger zog die Schultern hoch gegen die Kälte der Westfront. Es war ein Fehler; die Bewegung führte dazu, daß eine winzige Lawine sich von dem schwarzen Rand seines Stahlhelms löste und ihm in den Mantelkragen rieselte. Ein dünnes Rinnsal eiskalten Wassers rann an seinem Rücken hinab und vergrößerte sein Unbehagen.

Wachdienst im Sektor Saarbrücken war kein Vergnügen im Dezember 1939, am allerwenigsten an diesem kalten und feuchten Heiligabend. Die Baumstämme unterhalb der Kuppe, auf der der Bunker stand, hoben sich wie schwarze Skelette vor dem Schnee ab. Geiger hatte schon tote Männer gesehen, die so aussahen: polnische Soldaten, die von Maschinengewehrfeuer getötet und von ihren Kameraden über Zäunen hängend zum Verfaulen zurückgelassen worden waren.

An der ruhigen Westfront ging es ganz anders zu – sicher, aber in der dunklen Einsamkeit passierte es ihm leicht, all die Gespenster heraufzubeschwören, die ihn in seinen Träumen verfolgten. Selbst der Stolz, den der deutsche Soldat darüber empfand, an der Eroberung dieses winzigen Stückchens französischen Bodens beteiligt zu sein, war in einem Winkel seines Geistes eingefroren. Er konnte ihn hervorholen und anschauen, aber er verschaffte ihm keine Wärme und keinen Trost.

Statt dessen versuchte er die bedrückende Furcht abzuschütteln, indem er an sein Zuhause in München dachte. Seine Familie versammelte sich jetzt bestimmt zu einem Festmahl, und das Haus mußte voller Licht, gutem Essen und Wärme sein. Doch so sehr er sich auch bemühte, er sah immer wieder Phantome in der Dunkelheit lauern und spürte die vorwurfsvollen Blicke der toten Gesichter, an die er sich erinnerte. Er schüttelte stirnrunzelnd den Kopf und rief sich in Erinnerung, daß westlich von ihm, kaum einen dreiviertel Kilometer von ihm entfernt, ein lebendiger französischer Soldat ebenfalls Wache stand, zusammen mit zehntausend seiner Kameraden.

Die Frage, ob die Franzosen in dieser dunkelsten Nacht des Jahres eine Patrouille aussenden würden, ließ Geiger durch die wirbelnden Schneeflocken zu den französischen Linien hinüberspähen.

Nachdem er zehn Schritte bis zum Ende seines Wachbereichs abgezählt hatte, wandte er sich mit einer langsamen Drehung wieder dem Betonbunker zu, der den bedeutungslosen Flecken französischen Territoriums bewachte, der »Spichernhöhe« genannt wurde. Geiger schnaubte verächtlich über die französischen Verteidigungslinien. Dieser Geschützstand war einigermaßen beeindruckend in seiner Solidität, aber er hatte einen großen Fehler: Wie die gesamte Strategie der Maginotlinie waren seine Erbauer so überzeugt von seiner Unverwundbarkeit, daß seine Maschinengewehre nur in Richtung Deutschland zeigten. Es hatte keine Möglichkeit für Männer und Gerät gegeben, mit denen die Franzosen gegen die deutsche Infanteriepatrouille hätten vorgehen können, die einen Bogen durch die Wälder gemacht und die Spichernhöhe von hinten angegriffen hatte.

Doch dieser Triumph lag schon einige Zeit zurück, und nun herrschte längst wieder normaler Routinebetrieb an der Westfront. Noch eine Stunde, dann würde seine Ablösung kommen.

Es war schwierig, den Ablauf der Zeit auf diesem einsamen Wachgang abzuschätzen, und die Zeit schleppte sich um so langsamer hin, da Geiger immer wieder stehenblieb, um in die Nacht zu lauschen. Das Quietschen seiner Stiefel rief ein dünnes Echo hervor, das so klang, als ob noch jemand anderes marschierte, wenn er marschierte, und stehenblieb, wenn er stehenblieb.

Er machte fünf Runden um seinen Posten; dann begann Schläfrigkeit seine vorherige Furchtsamkeit zu verdrängen. Schließlich war es eine kalte, elend feuchte Nacht, nicht mehr. Wieder blieb Geiger stehen, um zu lauschen, doch er tat es mehr aus Gewohnheit als aus der Erwartung, etwas zu hören.

In diesem Augenblick hörte er die Schritte … echte Schritte, die weiterhin zu hören waren, obwohl er wie angewurzelt stand, und sein Herzschlag begann zu jagen, als die Angst ihn erneut überflutete. Er versuchte, einen Warnruf auszustoßen, doch seine Stimme war nur ein rauhes Krächzen, ein sinnloses Geräusch. Seine Finger fummelten mit dem Sicherungshebel seines Gewehrs herum, doch sie waren so steifgefroren, daß er nicht sagen konnte, ob er ihn umgelegt hatte oder nicht.

Geiger zwang sich, seine Waffe anzusehen und visuell festzustellen, was er mit dem Tastsinn nicht herausfinden konnte. Ja, der Haken war ab. Er hob das Gewehr an die Schulter und spähte am Lauf entlang … in ein schwaches, gelbliches Leuchten, das einen Augenblick zuvor noch nicht zu sehen gewesen war.

»Halt!« rief er, als er endlich Worte fand. »Wer da?«

Eine sich nähernde Masse, die sich schwarz vor dem verschneiten Hintergrund abhob, löste sich in einzelne Gestalten auf, die auf ihn zukamen. »Halt!« befahl er wieder, »oder ich …«

»Achtung, Gefreiter Geiger!« befahl die Stimme des Kompaniechefs. »Wir kommen, um den Posten zu inspizieren!«

Der Hauptmann und vier weitere Gestalten bewegten sich im Schein einer abgeschirmten Laterne, um sich zu dem Wachsoldaten auf dem Bergkamm zu gesellen. Ob es an seiner vorherigen Furcht lag oder an seiner Steifheit nach etlichen Stunden Wachdienst, es dauerte eine Weile, bis Geiger seine Waffe sinken ließ. Als er endlich den Lauf nach unten zeigen ließ, glitt er über die Gestalt eines kleinwüchsigen Mannes in einem schwarzen Ledermantel.

Ein leises Lachen drang an die Ohren des jungen Mannes. »Wollen Sie etwa Ihren Führer erschießen?« fragte eine vertraute, heisere Stimme.

Der Führer! Gefreiter Geiger nahm Haltung an, oder versuchte es zumindest, so gut er konnte, doch der Führer des Dritten Reiches achtete nicht weiter auf ihn. Statt dessen wandte sich Hitler an die Männer in seinem Gefolge. Ein Unterton selbstgefälliger Zufriedenheit schwang in seiner Stimme, als er sagte: »1918 habe ich geschworen, nie wieder auf französischen Boden zu treten, bis ich ihn dem Vaterland geben könnte! Heute nacht ist dieses Versprechen erfüllt! Sie und Ihre Männer, Herr Hauptmann, haben es möglich gemacht.«

Der Hauptmann entgegnete bescheiden, die Eroberung dieses Geschützstandes sei nur ein winzig kleiner Erfolg, gemessen an dem großen Ziel des Krieges, doch Hitler unterbrach ihn. »Ich bin Deutschland«, sagte der Führer, »und der Boden, auf dem ich stehe, ist ein Symbol für ganz Frankreich.« Seine Stimme wurde höher und zitterte vor Erregung. »Ja, für die ganze Welt! Ich strecke meine Hand gegen den Westen aus, so … und es ist so, als wäre er bereits eingenommen!« Der Führer schwenkte seinen Arm im Nazigruß über die Kuppe der Spichernhöhe; über die ganze verdunkelte Erde.

* * *

Hatte Katrina seine Nachricht erhalten?

Horst entdeckte sie, als der Zug langsam unter die Kuppel des Bahnhofs *Friedrichstraße* in Berlin rollte. Bekleidet mit einem grünen Lodenrock, Pullover und Baskenmütze, lehnte sie an einer eisernen Säule, die mit roten Hakenkreuzfahnen behängt war.

Das Baby war hellwach. Gefüttert, gewaschen und frisch gewickelt hockte der Junge auf Horsts Arm und beobachtete interessiert, wie die Welt an ihm vorbeizog. Beim letzten Schnaufen und Zittern des Zuges trat Horst aus dem Abteil hinaus auf den fast menschenleeren Bahnhof. Er trug nur seine Reisetasche und das Baby.

Das Gesicht des Führers starrte von riesigen Plakaten an allen Wänden herab. Katrina sah in Horsts Richtung, ohne ihn zu entdecken, und wandte sich dann wieder ab. Ihr Gesichtsausdruck veränderte sich, als sie erschrokken feststellte, daß der Mann, der auf sie zukam, tatsächlich Horst war und daß er nicht allein war. Sie sah wieder hin, beherrschte ihre Verblüffung und tat so, als ob sie fest mit dem fremden Kind auf Horsts Arm gerechnet hätte.

»Ihr habt es geschafft! Frohe Weihnachten, ihr Lieben!« Sie eilte auf sie zu.

Gut gemacht, Katrina! Wie wunderbar sie improvisieren konnte in einer Welt, in der der Ausdruck des Erstaunens zu einer behördlichen Untersuchung führen konnte.

Horst entdeckte die allgegenwärtigen Gestapo-Agenten, die in der menschenleeren Bahnhofshalle herumlungerten und Ausschau nach Reisenden hielten, deren Verhalten auch nur einen Anflug von Spannung verriet. Zwei Beamte in Zivil in der Nähe der Treppe. Ein weiterer stand neben dem Zeitungskiosk, während ein vierter so tat, als lese er die Zeitung.

»Da ist Mama!« sagte Horst laut und deutete auf Katrina. Es sah aus wie ein ganz normales Wiedersehen. Die Gestapo-Leute blickten kaum auf, als Katrina Horst küßte und ihm voller Freude das Kind vom Arm nahm.

Es gab eine andere Beute auszuschnüffeln. Ein kleiner, dunkelhaariger Mann mit gehetztem Gesicht ging zu rasch auf den Ausgang zu und blickte sich über die Schulter um, als ob er verfolgt würde. Zwei der Gestapo-Agenten tauschten wissende Blicke aus und schlenderten ihm nach.

Horst und Katrina setzten ihr Theaterspiel fort. »Sieh dich an! Wie ich dich vermißt habe!« Sie küßte das Baby und hielt es sich hoch über den Kopf. Yacov legte die Stirn in Falten, und einen Augenblick lang sah es so aus, als ob er anfangen würde zu weinen. »Nein, mein Engelchen! Was ist? Hast du Hunger? Horst, wo ist ihre Flasche?«

»Sie zahnt.« erwiderte Horst.

Das leichte Hin und Her ging weiter, und Katrina nannte Yacov weiterhin sie, bis sie endlich durch das Portal des schimmernden Marmorgebäudes des Bahnhofs *Friedrichstraße* nach draußen traten und sich ins Auto setzten, Horst hinters Steuerrad und Katrina mit Yacov auf dem Arm. Zwei Polizisten standen mit verschränkten Armen auf dem Bürgersteig und schienen sie gar nicht zu sehen.

Horst ließ den Motor an und ließ das Getriebe knirschen; das einzige Zeichen seiner Nervosität.

Katrina beäugte ihn kühl. »So. Hallo, Horst. Ich bin also Mutter geworden, ja?«

»Es ist ein Junge.«

Katrina warf ihm einen Blick zu. »Polnisch?«

»Aus Polen. Jüdisch.«

»Ein jüdischer Junge?« Katrina küßte Yacov auf die Wange und fuhr ihm mit den Fingern durchs Haar. Sie musterte ihn einen Moment lang, und er lächelte sie neugierig an und faßte an ihre Nase. »Sehr hübsch. Aber Horst, ein Junge? Er ist beschnitten.«

»Ja.« Horst rollte von der Bürgersteigkante und fuhr langsam die leere Straße entlang.

»Soso, mein Kleiner«, sagte sie. »Dann müssen wir zusehen, daß dir kein Nazi die Windeln wechselt.«

»Mit etwas Glück wird er nicht lange genug in Deutschland sein, um eine frische Windel zu brauchen.«

»Dazu ist es bereits zu spät. Hast du saubere Sachen dabei?«

»In der Reisetasche.«

Sie fummelte mit dem Verschluß herum und brachte eine Windel zum Vorschein. Während sie den Außenbezirken entgegenrollten und Katrina dem Baby auf ihrem Schoß die Windel wechselte, sagte sie mit einem erstaunten Unterton in der Stimme. »Du hättest mir davon erzählen können.«

»Ich habe selbst bis gestern abend nichts davon gewußt.«

»Die Gestapo-Leute hätten sehen können, wie überrascht ich war, und dann ...«

»Du bist eine gute Schauspielerin, Katrina. Darauf habe ich gezählt.«

Sie schwieg eine Weile, während sie an dem neuen Gebäude der Reichskanzlei vorbeifuhren. Die riesigen Naziflaggen hingen draußen und verrieten, daß sich Hitler im Haus befand. Katrina schauderte und drückte instinktiv das Baby enger an sich.

»Wohin geht die Reise, Horst?«

»Nach Hause.«

»Das habe ich nicht gemeint. Ich meine ... uns. Wie soll es mit dir und mir weitergehen? Was ist mit dir geschehen, seit du weggegangen bist? Warum hast du das hier getan? Daß du dieses Baby zu mir gebracht hast ... ist es, weil du dachtest, dadurch könnte sich meine Meinung über uns ändern? Um mich irgendwie zu beschwichtigen?«

Horst schlug mit der Hand wütend gegen das Steuerrad und fluchte. Das Baby begann zu weinen. »Wie kannst du so etwas Arrogantes sagen, Katrina!«

»Jetzt sieh doch. Du hast ihm Angst gemacht!« Sie streichelte Yacov und versuchte, ihn zu beruhigen. Dann suchte sie in der Tasche nach der Flasche.

Horst trat abrupt das Gaspedal durch und raste über die Spreebrücke. »Ich habe das getan, weil ... weil ich mußte! Das ist alles! Es hat nichts mit uns zu tun ... damit, wie wir zueinander stehen! Oder damit, ob ich Soldat bleibe oder meine Männer im Kampf im Stich lasse, weil ich nicht mit der Politik meines Landes übereinstimme.« Er fuhr sich mit den Fingern durchs Haar. »Was soll's? Das Kind wird ohnehin bald aus Deutschland heraus sein. In Sicherheit. Ich brauche deine Hilfe mit ihm für einen Tag oder so. Mehr nicht. Es hat nichts damit zu tun, ob dir noch etwas an mir liegt oder nicht. Es geht um sein Leben und meine Seele! Dieses eine Mal hat es nichts mit dir zu tun. Kannst du das verstehen?«

Katrina blickte starr geradeaus. Ihre Kiefermuskeln traten hervor. »Gut. Das wollte ich nur wissen. Denn ... ich wollte dir sagen ... daß du nichts zu tun brauchst, um dich mir zu beweisen. Aber das hier ... nun ja.« Sie wandte sich zu Horst und ließ ihre Finger an seinem Arm hinab bis zu seiner Hand gleiten. »Ich habe dich vermißt, Liebling.«

* * *

Er war wieder zu Hause. Wirklich zu Hause.

Horst und Katrina lagen zusammen unter der warmen Daunendecke, und alles war, wie es sein sollte. Er lag schläfrig und zufrieden neben ihr. Ihre Berührung schien ihn irgendwie geheilt zu haben; wieder in einem Stück, als ob sie sich nie gestritten und nie getrennt hätten. Sie küßte seinen Hals und fuhr mit den Fingerspitzen die Linie seiner Schulter entlang. Er stellte sich schlafend, aus Angst, sie würde aufhören, wenn er sich bewegte.

»Berühre mich«, murmelte sie ungeduldig und zog seine Hand an ihre Lippen.

Er wollte sie noch einmal. Er zog sie an sich, und sie gab mit der sanften, drängenden Begierde vertrauter Liebe nach.

»Ich wußte, daß du wach bist«, sagte sie lachend.

»Ich schlafe nie richtig, wenn ich bei dir bin.« Er küßte sie auf den Mund und spürte, wie ihr Puls sich mit dem seinen beschleunigte.

»Und wenn du nicht bei mir bist?« Ihre Stimme vibrierte, immer noch neckend.

»Dann schlafe ich nur, um von dir zu träumen.«

»Horst.« Ihr Atem duftete süß. Sie flüsterte ihm Worte ins Ohr, die ihn schwindelig machten. »Ich möchte, daß … wir ein Baby bekommen. Daß ein Teil von dir bei mir bleibt, wenn du weggehst.«

Eine Art Magie lag in ihrer Bitte. Sie durchdrang ihn und erfüllte ihn mit einer Zärtlichkeit für sie, wie er sie noch nie empfunden hatte. Er konnte nicht sprechen. Er wollte ihr Gesicht sehen, aber es war zu dunkel. Er wollte, daß sie in seine Augen sehen konnte … daß sie wußte, wie sehr er sie liebte.

Ihre Lippen bewegten sich an seinem Ohr, aber ihre Stimme ging in dem Trommeln seines eigenen Pulses unter.

Es spielte keine Rolle, was sie sagte. Er würde mit allem einverstanden sein, worum immer sie ihn bat. Er nickte, während sie mit ihren Fingern durch sein Haar fuhr und ihm dann rhythmisch auf den Rücken klopfte, als ob sie Musik hörte.

41

Diesmal hatte Madame Hilaire einen Mann im Schlepptau, als sie an Bord der *Knoblauch* zurückkehrte. Er hatte dunkle Augen und Bartstoppeln und wirkte irgendwie bedrohlich, wie er so durch die Kabine wanderte und alles in die Hand nahm wie auf einem Flohmarkt. Papillon, der auf Jerômes Kopf saß, sah er an, als wollte er ihn erschlagen.

»Wer sind Sie?« fragte Jerôme den Mann. Schließlich war dies hier Jerômes Zuhause, und was gab Madame Hilaire das Recht, einen Fremden mit auf die *Knoblauch* zu bringen, ohne zu fragen? Und was gab diesem abgerissenen Burschen das Recht, sich alles so genau anzuschauen?

»Wer ich bin?« Der Mann gebärdete sich, als wollte er Jerôme für diese Frage schlagen. Dann schrie er Madame Hilaire zu. »Er will wissen, wer ich bin!«

Sie schnaubte über die Unverschämtheit der Frage. Als Jerôme versuchte, eine Antwort von ihr zu bekommen, sah sie ihn nicht an. Sie roch nach saurem Wein. Ihr Haar war noch unordentlicher als sonst. Die Hände in die Hüften gestemmt, stand sie da und blickte voller Besitzerstolz an den Kindern vorbei auf das Bett, den Tisch, die Geschirrschränke und die Töpfe, die im Spülbecken gestapelt waren.

Der Mann öffnete die Luke und spähte in den Motorraum.

»Was machen die da, Jerôme?« fragte Marie. Sie war beunruhigt, ja verängstigt über das Eindringen.

Jerôme nahm seine Schwester mit die Leiter hinauf und auf Deck. Er wies sie an, sich auf die Taurolle zu setzen und Papillon festzuhalten. Die Sonne schien hell und schön auf die Gebäude der *Concierge*. Die steinernen Gesichter an der *Pont Neuf* starrten die beiden Kinder an. Jerôme setzte sich neben die offene Frachtluke und beugte sich hinab, um das Gespräch zu belauschen. Bei Madame Hilaires Geschrei war es nicht schwierig, die Absichten der beiden herauszubekommen.

»Na, Käpt'n, was denken Sie?« kreischte sie.

Er schrie zurück, jedes Wort sorgfältig aussprechend. »Der Name *Stinkender Knoblauch* paßt jedenfalls, Madame.«

»Aber was wollen Sie dafür bezahlen?«

Marie sprang auf. »Bezahlen? Meint sie kaufen? Die *Knoblauch* kaufen?«

»Bleib hier!« befahl Jerôme. Dann sprang er durch die Luke hinab. »Monsieur.« Keuchend stand er an der Seite des Mannes, der ihn ignorierte. »Mir ist egal, was Madame Hilaire Ihnen gesagt hat. Unser Schiff ist nicht zu verkaufen. Es gehört nicht ihr. Sie paßt nur auf uns auf.«

Er drehte sich um, warf den Kopf zurück und lachte mit weit aufgerissenem Mund, so daß man seine schwarzen Zähne sehen konnte.

»Sie paßt auf euch auf, Junge?«

Jerôme verschränkte die Hände hinter dem Rücken, damit der Mann nicht sah, wie er zitterte. Etwas Schreckliches war im Gange, und Jerôme wußte nicht, wie er es verhindern sollte.

»Sie soll nur auf meine Schwester und mich aufpassen, Monsieur. Die *Knoblauch* gehört uns. Sie gehört unserem Vater, der als Soldat an der Front ist.«

Wieder dieses Lachen. Madame Hilaire sah Jerôme an wie eine Fliege, die man erschlagen oder verjagen konnte. Sie zuckte die Achseln.

Jerôme wußte, daß seine Worte nichts ausrichteten. Die verschlagene alte Vettel führte etwas im Schilde.

»Sieh mal, Junge.« Der Mann schob ihn zurück. »Ich will dir etwas sagen. Madame Hilaire hat dieses Papier, verstehst du? Es ist von eurem Papa. Er gibt ihr die Vollmacht, sich um seine Angelegenheiten zu kümmern, während er weg ist. Verstehst du, Junge?«

»Aber Papa hat doch nicht gemeint ...«

»Sie hat das Papier. Er hat es unterschrieben. Madame Hilaire ist bevollmächtigt, diese Wanne zu verkaufen. Natürlich wird das Geld verwendet werden, um für dich und deine Schwester zu sorgen.«

Die Vettel nickte und grinste zustimmend zu dem, was sie zu hören geglaubt hatte, was immer das war.

Jerôme stürzte sich auf sie. Er packte ihre Arme und schob sie zurück gegen die Wand. »Diebin! Das können Sie uns nicht antun! Ich sage es Onkel Jambonneau! Ich schreibe an Papa, und der wird Sie ins Gefängnis werfen lassen!«

»Schaffen Sie mir diesen Abschaum vom Hals!« heulte sie.

Der Mann ergriff Jerôme am Schlafittchen und hob ihn hoch. Jerôme schwang seine Fäuste, doch er kam nicht an den Mann heran.

»Hör zu, Junge, dein Vater hatte Schulden. Dies ist die einzige Möglichkeit, seine Schulden zu bezahlen. Was soll er statt dessen machen? Seine Rechnungen mit fünfzig Centimes am Tag ausgleichen?«

Madame Hilaire klopfte sich empört die Kleidung ab. Dann krempelte sie die Ärmel hoch und watschelte auf Jerôme zu, der immer noch am Arm des Mannes baumelte. Sie spuckte auf den Kabinenboden und versetzte dann Jerôme eine schallende Ohrfeige. Schlimmer als der Schlag war die Art, wie sie ihre Stimme senkte und zum ersten Mal in einem unheimlichen Flüstern zu ihm sprach.

»Kleiner Bettler! Es gibt jede Menge Waisenhäuser für Abschaum wie dich und deine Schwester. Glaubst du, ich kann mich und euch mit dem bißchen durchbringen, das Jardin mir bezahlt? Jetzt verschwindet hier! Ich habe das Papier! Ich kann machen, was ich will! Ich verkaufe die *Knoblauch*, und dagegen könnt ihr nichts machen! Wenn der Krieg anfängt, wird euer Vater sowieso sterben. Die dummen Schafe stellen sie immer ganz vorne vor die Kanonen. Ein Waisenhaus ist alles, worauf ihr hoffen könnt.«

Vom Deck her hörte Jerôme Maries Schluchzen. Die Augen des Fremden wandten sich empor. »Eine traurige Sache ist das, Madame Hilaire. Tragisch. Daß ein Mann nicht einmal richtig für seine Kinder sorgt. Aber nun ja. So beginnen sie ihr Leben wenigstens mit einem reinen Tisch … ohne irgendwelche Klötze am Bein.«

* * *

Es war, als hätte jemand einen Wasserhahn in Maries Augen aufgedreht und Jerôme könnte ihn nicht wieder zudrehen. Sie heulte nicht und machte kein Geräusch, doch jedesmal, wenn Jerôme in ihr Gesicht sah, lief ein endloser Strom frischer Tränen über ihre Wangen. Ganz leise und beunruhigend. Das lautlose Leiden seiner Schwester ließ ihn sich noch elender fühlen. Es ging ihm ohnehin schon schlimm genug. Madame Hilaire wickelte ein paar Kleidungsstücke zu einem Bündel zusammen und warf sie von der *Knoblauch* auf den Kai. Sie hatte zu Jerôme und Marie gesagt, wenn sie zurückkämen, würde sie die Gendarmen rufen und sie ins Waisenhaus bringen lassen. Jerôme würde in ein Heim für Jungen gebracht werden, Marie in ein Heim für Mädchen, und sie würden einander nie wiedersehen!

»Hab keine Angst, Marie«, sagte Jerôme. »Wir gehen ins Krankenhaus. Wir werden Onkel Jambonneau benachrichtigen. Er wird wissen, was wir tun müssen.«

Marie nickte und schniefte. Sogar ihre Nase tropfte. Marie war wie ein Schwamm, dachte Jerôme, vollgesogen mit Flüssigkeit. Es war, als wäre Madame Hilaire auf die arme Marie getreten und nun käme all der Saft auf einmal aus ihr heraus. Wie kam soviel Feuchtigkeit in ein so kleines Mädchen? Es war ein erbärmlicher Anblick. Selbst Papillon war beunruhigt. Süße kleine Ratte Papillon; er hatte das freundliche Herz eines Hundes, auch wenn er eine Ratte war. Er saß auf Maries Schulter und tupfte mit der Pfote auf ihre salzigen Tränen. Dann leckte er seine Pfote ab, schmeckte ihren Kummer und zuckte mitleidig mit den Schnurrhaaren. Wenn Marie mit dem Weinen fertig war, würde sie dann ganz verschrumpelt und trocken sein wie eine Rosine?

Der Eingang zum *Hôpital de la Charité*, in dem Onkel Jambonneau jetzt lebte, befand sich in der *Rue Jacob* inmitten eines Labyrinths kleiner Läden und alter Häuser. Das Krankenhaus selbst war ein trostloser Ort. Die Steinfassade war schwarz von dem Kohlenrauch, dem sie Jahr um Jahr ausgesetzt war.

Marie stand auf den Stufen und legte den Kopf in den Nacken, um zu den verrußten Fenstern hinaufzusehen.

»Bleib hier«, befahl ihr Jerôme. Er versuchte, so zu klingen, als machte er sich keine Sorgen um sie. »Da drinnen sind Nonnen und Krankenschwestern. Sie würden Papillon für eine gewöhnliche Ratte halten. Sie wollen ihn nicht in ihrer feinen Gesellschaft, ma chérie. Du wirst also mit ihm hier draußen warten müssen.«

Sie nickte wortlos. Aus einem Impuls des Mitgefühls heraus, der ihn selbst überraschte, beugte sich Jerôme rasch hinab und küßte sie auf den Kopf. Papillon sprang hinauf und klammerte sich an seine Hemdbrust.

»Nein, Papillon, mein Hündchen. Du mußt hier bei Marie bleiben. Sie hat Angst vor den Nonnen, weißt du?« Er zog Papillon von seinem Hemd ab und steckte ihn wieder in Maries Tasche.

Marie würde auf Papillon aufpassen. Papillon würde auf Marie aufpassen.

Im Innern des Krankenhauses roch es nach Antiseptika und Schimmel. An der Decke löste sich der Putz ab. Die grünen Linoleumkacheln auf dem Fußboden waren angeschlagen. Auf zwei langen Bänken im Foyer saßen grimmig dreinblickende Männer und alte Frauen mit schlecht gelaunten Kindern auf dem Schoß. Über ihren Köpfen hing ein Kruzifix. An der gegenüberliegenden Wand befand sich eine große, eingerahmte Fotografie des Papstes. In einer Nische stand eine Statue von Maria und dem Christuskind. Jerôme kannte sich hier aus, denn seine Mutter war in diesem Haus gestorben. Er erinnerte sich noch, wie er auf der langen Bank gesessen und sich gefragt hatte, wann es endlich Zeit zum Essen wäre. Noch jetzt sah er das rote, verquollene Gesicht von Papa vor sich. Von jenem Tag an hatte Papa den Schwestern, den Priestern, den Ärzten und vor allem Gott die Schuld gegeben, daß Mama nicht mehr lebte. Jerôme wünschte sich sehr, Onkel Jambonneau wäre in einem anderen Krankenhaus als diesem.

Hinter einem sehr aufgeräumten Schreibtisch saß eine Nonne. Sie unterhielt sich am Telefon, als Jerôme auf sie zuging. Während sie mit jemandem anderes redete, lächelte sie ihn an. Sie zwinkerte ihm zu und hob einen Finger hoch, um ihn um Geduld zu bitten. Und dann …

»Ja, junger Mann? Wie kann ich dir helfen?« Sie sah seine Mütze an, wie um ihm zu sagen, daß er sie abnehmen sollte.

Er riß sich die Mütze vom Kopf und knetete sie in den Händen. »Ich suche meinen Onkel Jambonneau.«

»Der Name deines Onkels ist Jambonneau? Du nennst ihn Onkel Schweineknöchel?«

Jerôme kratzte sich an der Wange. Er erinnerte sich nicht an Onkel Jambonneaus richtigen Namen. Er war schon immer »Schweineknöchel« genannt worden. »Er hat denselben Nachnamen wie ich, Schwester. Jardin. Er ist ein alter Soldat aus dem *Invalidendom*, der Lungenentzündung hat. Er ist hier. Ich muß ihm etwas sagen.«

Die Nonne blätterte in ihrem Buch. »Jardin. Jardin … Oui. Jacob Alfred Jardin. Er ist hier, aber du kannst nicht zu ihm. Es geht ihm besser, aber er ist immer noch ein sehr kranker Mann. Kinder haben keinen Zutritt. Aber ich werde ihm ausrichten lassen, daß du vorbeigekommen bist.«

Jerôme drehte die Mütze in seinen Händen. Wie konnte er dieser Frau, die die schwarze Tracht des Feindes trug, sagen, daß er und seine Schwester keine Bleibe mehr hatten? Daß er Hilfe brauchte? Gewiß würde sie sich wie ein schrecklicher schwarzer Adler auf ihn stürzen und ihn und Marie in ein Zimmer sperren, bis sie in ein Haus für heimatlose Kinder gebracht werden könnten. Das würde Papa nicht gefallen. Und Marie würde vor Angst sterben.

»Madame«, sprach er sie leise und respektvoll an. »Bitte sagen Sie meinem Onkel Jambonneau Jardin, daß seine Nichte und sein Neffe, Marie und Jerôme, vorbeigekommen sind, um ihm Grüße und gute Wünsche zu bringen. Sagen Sie ihm auch, daß sein Hund Papillon wohlgenährt und fröhlich ist. Alles ist zum Besten, und er muß bald gesund werden, weil wir ihn alle sehr vermissen.«

Sie schrieb Jerômes Worte auf. »Ich werde ihm die Nachricht selbst bringen«, versprach sie.

»Onkel Jambonneau ist blind«, warnte Jerôme sie. »Sie müssen ihm die Nachricht auch laut vorlesen, sonst weiß er nicht, was auf dem Papier steht, Madame.«

Sie nickte, und er rannte mit schwindelndem Kopf zur Tür hinaus. Was konnte er Marie sagen? Was sollten sie jetzt tun?

* * *

Horst rief das Büro der *Associated Press* in Berlin um neun Uhr am Morgen des 27. Dezember an, wie der Priester ihm gesagt hatte. Eine deutsche Dame in der Vermittlung nahm den Anruf entgegen. Auf englisch fragte Horst nach Josephine Marlow.

»Marlow?« Die Telefonistin war verwirrt über die Frage. »Sie ist nicht hier im Büro.«

»Wann erwarten Sie sie?«

»Josie Marlow erwarten? Nun, das kann ich Ihnen nicht sagen. Sie arbeitet nicht hier in Berlin, wissen Sie. Vielleicht ist sie sogar nach Amerika zurückgegangen.«

Horst sah zu dem Baby hinüber, das fröhlich auf einer kleinen Fläche herumkrabbelte, die Katrina mit Möbeln eingegrenzt hatte. Der Priester hatte ihm nicht gesagt, was er tun sollte, falls die amerikanische Journalistin nicht da wäre!

Er bemühte sich weiterhin um einen geschäftsmäßigen Ton und bat darum, irgendeinen Mitarbeiter zu sprechen, der möglicherweise wußte, wie sie zu erreichen war. Einige Augenblicke vergingen; dann meldete sich ein Mann.

»Bill Cooper hier.«

Es war eine freundliche, amerikanische Männerstimme. Horst atmete erleichtert auf. »Sehen Sie, ich versuche Fräulein Josephine Marlow zu erreichen.«

»Josie Marlow? Tut mir leid. Die ist in der Redaktion in Paris.«

Paris. Dann gab es keine Hoffnung für Horst, sie persönlich zu sprechen. Es war immer noch möglich, über Holland oder Belgien Telegramme nach Paris zu schicken, aber die unterlagen der strengsten Überprüfung durch die Gestapo. Jeder Deutsche, der versuchte, jemanden im Ausland zu erreichen, konnte nach Belieben der Geheimpolizei verhaftet und als Verräter angeklagt werden.

Horst war sicher, daß selbst dieser Anruf von der Gestapo überwacht wurde. Wenn er jetzt mehr sagte, würde er Bill Cooper in Verdacht bringen und Josephine Marlow die Wiedereinreise ins Reich sehr erschweren, falls es dazu kam.

»Kann ich Ihnen irgendwie helfen?« fragte Cooper.

»Nein. Herr Cooper, richtig?« Horst notierte sich den Namen, bedankte sich bei dem Mann und legte rasch wieder auf.

Katrina sprach nicht Englisch, aber die Enttäuschung im Gesicht ihres Mannes war nicht zu übersehen.

»Die Frau ist nicht in Berlin?«

»In Paris.«

Sie zuckte die Achseln und sah lächelnd dem Kind zu, wie es mit winzigen, beharrlichen Fingern an den Schleifen ihrer schwarzen Schuhe herumzupfte. »Ich werde ihn hierbehalten«, sagte Katrina und nahm Yacov auf die Arme. »Er ist ein hübsches Baby. Und ich werde ihn einfach behalten.«

»Nein, Kati. Nicht einen Jungen. Was du hier hast, ist schon gefährlich genug. Wie viele kleine Mädchen sind es jetzt, die hier lernen, sich wie gute Katholiken zu benehmen? Wenn irgend möglich, muß ich um deiner und des Kindes Sicherheit willen das tun, was der Priester mir gesagt hat.«

»Aber wenn die Frau nicht in Berlin ist, ist sie nun einmal nicht in Berlin.«

»Wenn ich nur privat mit Herrn Cooper sprechen könnte. Er kennt sie. Er könnte ihr eine Nachricht zukommen lassen.«

»Horst! Du kannst es nicht wagen, in ein ausländisches Pressebüro zu gehen! Jede Tür wird von der Gestapo beobachtet. Das weißt du doch! Wenn das herauskommt, kannst du morgen schon in Sachsenhausen sitzen!«

»Ja. Aber vielleicht, wenn das Baby eine Weile hierbleiben kann … Ich muß am Silvesterabend zur Rede des Führers nach Berlin. Da ist die ausländische Presse immer gut vertreten. Wenn ich diesen Bill Cooper dort finde … Vielleicht gibt es doch eine Hoffnung, Kontakt mit Fräulein Marlow aufzunehmen.«

»Und wenn du sie kontaktierst, was für eine Nachricht wirst du ihr schicken? Es gibt keine Reisemöglichkeiten von Frankreich nach Deutschland. Wie soll sie hierherkommen?«

Er ließ sich auf den Schaukelstuhl fallen und hob das Baby empor. »Wie können wir dich nur auf den Weg nach Jerusalem bringen, kleiner Mann?«

»Ich behalte …«

»Nein, Katrina! Das kann ich nicht erlauben! Er hat einen Großvater, der zweifellos nichts davon halten würde, daß ein Major der Wehrmacht seinen Enkelsohn bei sich behält. Nun hilf mir nachdenken!«

Katrina ärgerte sich über den Befehlston, aber sie fing an nachzudenken. »Meine Tante Lottie wohnt in Trier. Das ist ganz in der Näher der luxemburgischen Grenze. Und Luxemburg ist neutral, also …«

Er schnippte mit den Fingern, als sei das die Lösung. »Sie ist Journalistin. Trier ist voll mit neutralen Journalisten. Das Hotel *Porta Nigra* wimmelt vor Journalisten.«

»Und Gestapo-Leuten?«

»Natürlich. Die Gestapo ist überall. Wie Flöhe. Trier ist keine Ausnahme. Aber es liegt direkt an der Grenze. Sie kann über die Wasserbilliger Brücke nach Deutschland kommen. Das ist es! Ich werde Kontakt zu diesem Bill Cooper aufnehmen, und er wird die Nachricht zu ihr weiterleiten. Wir müssen ihr natürlich Zeit lassen, die richtigen Papiere für ihn zu beschaffen. Amerikanische Papiere.«

»Kann sie das?«

»Wenn sie es nicht kann, dann werden wir einen Sohn haben.«

* * *

Jerôme hoffte, daß Marie ihm eine Weile lang keine Fragen stellen würde, denn er brauchte Zeit, um sich zuerst die Antworten auszudenken.

Sie trotteten schweigend am *Quai Voltaire* entlang zurück. Das Wasser der Seine schien heute sehr dunkel zu sein. Nicht mehr wie ein Zuhause.

Zwei dicke Frauen mit Kopftüchern gingen an ihnen vorbei. Sie stießen einander an und machten unfreundliche Bemerkungen über Papillon und darüber, daß Marie so dünn war und ihre Schuhe viel zu groß waren für ihre Füße.

Jerôme drehte sich um und starrte ihnen wütend nach. Er drehte ihnen eine Nase und murmelte zornig, daß Frauen, die so fett waren wie Schweine, nicht so unfreundlich über ein kleines Mädchen wie Marie reden sollten.

Marie ließ den Kopf hängen. Sie betrachtete ihre Schuhe. »Was machen wir jetzt, Jerôme?«

»Onkel Jambonneau hat gesagt ...« Er zögerte. »Was meinst du wohl, was er gesagt hat?«

Marie zuckte die Achseln. »Woher soll ich das wissen?«

»Rate mal.« Er versuchte, Zeit zu gewinnen.

»Sag es mir doch, Jerôme. Ich bin zu müde zum Raten.«

»Komm mit. Ich werde dich überraschen. Er hatte eine sehr gute Lösung. Du kennst ja Onkel Jambonneau. Er hat immer gute Ideen. Er hat mir gesagt, ich soll dich ... an einen bestimmten Ort bringen und dich überraschen.« Er hielt den Kopf hoch erhoben, als wüßte er, wohin er wollte. »Aber stell mir jetzt keine Fragen mehr, Marie. Und hör auf, soviel Tränen zu vergießen.«

Sie hörte auf zu weinen. Sie stellte auch keine Fragen mehr. Schließlich merkte Jerôme, daß sie wieder auf dem *Buci*-Markt waren. Er führte sie zwischen den Ständen mit Blumen, Gemüse und Gebäck hindurch und an dem offenen Laden des Metzgers vorbei. Erst dann kam ihm die Idee. Wie ein Blitz wurde es hell in seinem trüben Gehirn.

»Bleib hier stehen.« Sie hielten neben einem Korb mit blauen Blumen. »Jetzt kommt das, was Onkel Jambonneau mir gesagt hat, ma chérie.«

»Er hat dir gesagt, du sollst mich in die *Buci* bringen? Aber wir haben doch kein Geld, um etwas zu essen zu kaufen.«

»Hör zu.« Jerôme nahm ihr Papillon ab. »Onkel Jambonneau sagt, du sollst zum Schalter von Monsieur Turenne, dem Metzger, gehen. Du mußt ihn fragen, wo Madame Rose wohnt.«

»Wer ist Madame Rose?«

»Eine Freundin von Onkel Jambonneau.«

»Oh nein!« heulte sie. »Nicht noch so eine wie Madame Hilaire! Das wäre doch das Schlimmste, was uns passieren kann.«

»Nein! Nein, Marie, ma chérie. Hör zu! Madame Rose ist Amerikanerin. Nicht wie Madame Hilaire. Sie trinkt nicht.«

»Niemals?«

»Ich glaube nicht. Auf jeden Fall, geh hin und frag den Metzger, wo sie zu finden ist. Es ist wie eine Schatzsuche, hat Onkel Jambonneau gesagt. Wenn wir diese Madame Rose finden, finden wir unseren Schatz! Vielleicht sogar Hühnchen zu essen, wie in den alten Zeiten. Wie die Besuche im *Invalidendom*! Es wird alles gut, Marie!« Er stieß sie vorwärts, als die massige Form des Metzgers in seinem Verkaufs-Fenster erschien, eingerahmt von gerupftem Geflügel und Kaninchen und Wurstringen.

Jerôme duckte sich hinter einen Handkarren voller Blumen, während Marie vorsichtig hinüberging. Hinzusehen wagte er nicht, aber er spitzte die Ohren, um mitzuhören.

»Pardon, Monsieur Metzger. Mein Onkel Jambonneau sagt, ich muß Madame Rose finden. Die Amerikanerin.«

»Und woher soll ich wissen, wo eine solche Madame Rose ist?«

»Onkel Jambonneau sagt, Sie wüßten, wo sie ist. Wie bei einer Schatzsuche, Monsieur. Und darum hat er mich hergeschickt, um Sie zu fragen.«

»Und warum willst du das wissen?«

»Weil ich muß.«

Stille. »Du siehst so aus wie etwas, wofür sich Madame Rose interessieren würde. Wie etwas, das die Katze auf ihrer Schwelle liegenläßt.«

»Welche Katze, Monsieur?«

»Ach, nichts. Wenn ich dir ihre Adresse gebe, mußt du sagen, daß ich dich zu ihr geschickt habe. Das wird ihr gefallen, glaube ich. Sie wird gut von mir denken.«

»Oui, Monsieur Metzger.«

»Also schön. Sie wohnt mit ihrer Schwester und den Gören in der *Rue de la Huchette* Nummer fünf. Das ist ein großes Haus hinter einem schweren Holztor, durch das früher die Kutschen ein- und ausgefahren sind. Läute dort die Glocke, Kleine. Warte neben dem Tor, auch wenn es scheint, als wäre niemand zu Hause. Früher oder später wird jemand kommen und dich hereinlassen.«

Jerôme jubelte innerlich hinter seinen Petuniensträußen. Er küßte Papillon auf die Nase und gratulierte sich zu seiner brillanten Idee! Marie kam lächelnd zurück. Es war das erste Mal, daß sie lächelte, seit sie die *Knoblauch* verlassen hatten.

»Nummer fünf, *Rue de la Huchette*. Ich habe es gehört. Gut gemacht, Marie!«

»Und jetzt?«

»Jetzt gehen wir dorthin. Es ist alles ganz einfach. Onkel Jambonneau sagt, das sei die netteste von allen Damen im *Quartier Latin*. Sie ist ganz anders als Madame Hilaire. Sie ist eine große, schwere Frau mit einem Mund wie ein Ochsenfrosch, aber du darfst keine Angst vor ihr haben. Sie hat auch eine Schwester, die ganz mager ist. Die heißt Betsy. Und es sind noch viele andere Kinder dort. Manchmal bekommen sie Hühnchen zum Essen.«

Allmählich übertrug sich Jerômes Begeisterung auf Marie. Madame Rose mit einem Mund wie ein Ochsenfrosch! Schöne Rose! Der Schatz von Onkel Jambonneau! Hühnchen zum Essen!

Die *Rue de la Huchette*, einen Häuserblock von der Seine entfernt, war eine kurze, schmale Straße zwischen dem *Place St. Michel* im Westen und der *Rue St. Jacques* im Osten.

Es war eine dicht bebaute, schmale Gasse, mit Häusern, von denen Onkel Jambonneau sagte, sie seien mehrere hundert Jahre alt. In der Mitte des

Kopfsteinpflasters zog sich ein einzelner Rinnstein entlang. In der alten Zeit, als man die Nachttöpfe noch einfach aus dem Fenster entleerte, hatte er als Abflußkanal gedient. Heute jedoch war es in der *Huchette* viel sauberer, wenn es auch immer noch eine arme Gegend war. Napoleon selbst hatte in einem der Häuser gewohnt, als er noch arm war. Diesen Umstand hatte Papa immer zum Anlaß genommen, Jerôme daran zu erinnern, daß auch arme Jungen ihren Weg machen und am Ende so ein schönes Grab bekommen konnten wie das im *Invalidendom*, in dem Napoleon jetzt lag.

Die Nachbarschaft war ideal für Studentenrevolten, Rebellionen, Barrikaden und blutige Schlachten. Solche Dinge ereigneten sich alle paar Jahrzehnte am linken Ufer, und die *Huchette* war in solchen Zeiten eine sehr beliebte Straße. Unter den Gebäuden befanden sich tiefe Keller, in denen die unglücklichen Gefangenen des Schreckensregimes eingesperrt und gefoltert worden waren. In manchen dieser Keller waren die Foltergeräte heute noch zu sehen. Onkel Jambonneau hatte Marie fröhlich über diese historische Tatsache informiert, was sie zunächst zögern ließ, die *Rue de la Huchette* entlangzugehen.

Aber es würde bald Zeit zum Abendessen sein, und der Duft von gebratenem Essen wehte durch die Luft. Jerôme erzählte geschickt von Madame Rose und Hühnchen, und wie gern die Kinder dort lebten. Und überhaupt, Nummer fünf war nur ein paar Häuser weit von der Straßenecke entfernt. Jerôme erzählte seiner Schwester, es sei ein neueres Haus ohne Knochengerippe im Keller.

»Woher weißt du das, Jerôme?«

»Ich weiß es, weil das Haus keinen Keller hat.« Er log, weil das leichter war als zu diskutieren. Bis Marie herausfand, daß dies eines der ältesten Häuser war und auch einen Keller hatte, der tiefer war als alle anderen, würde es zu spät sein. »Nummer fünf. Da sind wir.«

Ein riesiges, hölzernes Bogentor trennte das Haus von der Straße. Die Steine rund um das Portal waren abgeschliffen und abgeschlagen aus der Zeit, als Wagen und Kutschen hier in den Hof eingefahren waren und mit ihren eisernen Naben an den Kanten entlanggekratzt hatten. Die schweren Holzplanken des Tores waren schwarz vom Alter und vernarbt von zehntausend kleinen Berührungen im Lauf von vierhundert Jahren. Es war ein ehrwürdiges Tor, an das schon Lateingelehrte, Pilger, Prostituierte, Musketiere und die wütenden Fäuste der Revolutionsmeute geklopft hatten, als sie nach Priestern oder verängstigten Aristokraten suchten, die sich drinnen versteckten.

Heute abend, als sich das Zwielicht über den schmalen Streifen des Himmels legte, fügte Jerôme der Geschichte des Tores das Pochen seiner kleinen Knöchel hinzu.

Geduldig wartete er ein paar Minuten. Niemand kam. Es war dunkel.

»Monsieur Metzger sagte, wir sollen die Glocke läuten«, meinte Marie, als der Geruch von Knoblauch und Bratkartoffeln ihr den Magen knurren ließ.

Jerôme sah keine Glocke. Ein ausgefranstes rotes Seil hing aus einem Lock im Holz heraus. Er zog kräftig daran, und im Innern des Hofes ertönte eine Glocke. Wieder warteten sie. Er zog noch einmal.

Die barsche Stimme einer Frau rief: »Nur Geduld! Ich komme ja!«

Ein schwerer Metallriegel klapperte, und das Tor wurde einen winzigen Spalt geöffnet. Der Duft von Essen drang heraus wie ein kräftiger Wasserstrom. Jerôme erkannte sofort Madame Roses Silhouette im Gegenlicht. Sie spähte auf die Straße hinaus, weit über die Köpfe von Jerôme und Marie hinweg.

»Ein Streich!« Sie spie aus und schlug das Tor wieder zu.

»Nein! Nein! Madame Rose!« Jerôme packte das Seil und zog heftig. Er hielt sich daran fest wie ein Ertrinkender an einem Rettungsseil.

Die Angeln ächzten wieder, und das große Gesicht von Madame Rose spähte nun auf seiner Höhe heraus. Die dünnen Lippen des breiten Froschmals verzogen sich zu einem Lächeln. »Wer ist denn da?«

»Ich bin es, Madame Rose. Jerôme Jardin ... Salami?« Er versuchte, ihrem Gedächtnis auf die Sprünge zu helfen, ohne Marie merken zu lassen, daß Madame Rose Onkel Jambonneau überhaupt nicht kannte.

Schweigen. Der Spalt wurde etwas breiter. »Salami?«

»Der Metzger hat uns gesagt, wo wir Sie finden, Madame Rose«, warf Marie eifrig ein. »Und Onkel Jambonneau sagt, daß Sie uns etwas zu essen geben, wenn wir hierherkommen.«

Das Tor war weit offen. Die beiden traten ein. Madame Rose musterte Jerôme im trüben Licht. »Aber natürlich! Jerôme Jardin! Hast du deine Ratte mitgebracht?« Sie schloß das Tor hinter ihnen.

»Und meine Schwester Marie auch.«

Marie kicherte. »Sie kennen Papillon auch!« Was für eine Erleichterung. Was für eine Freude. »Papa ist im Krieg. Onkel Jambonneau liegt im Krankenhaus. Madame Hilaire hat unsere *Knoblauch* verkauft, und jetzt haben wir keinen Platz mehr zum Schlafen. Aber Sie haben keine Foltergeräte im Keller, weil Sie gar keinen Keller haben. Darum habe ich keine Angst. Und Onkel Jambonneau sagt, Sie sind ein Schatz, und Monsieur Metzger sagt, Sie werden gut von ihm denken, weil er uns gesagt hat, wie wir Sie finden! Und bei Ihnen gibt es manchmal sogar Hühnchen zu essen.«

Jerôme brauchte kein Wort zu sagen. Marie übernahm alles Reden. Madame Rose wurde zwar nicht sonderlich schlau daraus, aber sie legte ihre große Hand auf Maries magere Schulter und nickte und machte zufriedene Geräusche, als ob sie sich für jede Einzelheit interessierte. Jerôme war erleichtert. Marie plapperte fröhlich weiter.

Das Haus war drei Stockwerke hoch, mit offenen Balkons, und es war in U-Form um einen mit Kopfsteinpflaster bedeckten Hof gebaut. Kleine Kinder starrten durch die Spalten in den Geländern auf sie herab und zwitscherten aufgeregt. Über ihren Köpfen flatterte Wäsche an Leinen im Wind wie bunte Fahnen. Blaue Hemden. Weiße Hemden. Rote Kleider. Baumwollkleider. Saubere, weiße Unterwäsche. Schlüpfer. Lange Unterhosen. Lange und kurze Socken in allen Größen tanzten über dem Hof auf Zehenspitzen durch die Luft.

Trotz des schwachen Lichtes konnte Jerôme sehen, daß die Wände sauber, weiß und wie neu waren. Zweifellos war das Gebäude sehr alt unter der Fassade, aber man sah ihm sein Alter nicht an. Die beiden Schwestern hatten es schön in Schuß gebracht! Jerôme erinnerte sich, daß vor ein paar Jahrhunderten irgendein französischer König einmal angeordnet hatte, daß alle Fachwerkhäuser außen verputzt wurden, nachdem ein großes, schreckliches Feuer die Stadt verwüstet hatte. Damals hatte die *Rue de la Huchette* Nummer fünf bestimmt schon gestanden. Doch heute abend wirkte das Haus ganz hell und heiter, trotz des uralten Verputzes aus Schlämmkreide. Es sah überhaupt nicht so aus, wie Jerôme sich ein Waisenhaus vorgestellt hatte. Auf dem Hof roch es nach Tünche und Frühlingsblumen. Und außerdem roch es natürlich nach Essen. Eine angenehme Mischung.

»Kommen wir nicht zu spät zum Abendessen?« blinzelte Marie zu Madame Rose hinauf.

Madame Rose gab ein lautes, ausgelassenes, amerikanisches Lachen von sich und rief nach ihrer Schwester. »Tu die Reste nicht weg, Betsy! Wir haben noch zwei Gäste zum Abendessen!«

42

Eine Rekordkälte erfaßte Berlin an diesem Silvesterabend. Die Kohlenknappheit trug zu der düsteren Kriegsstimmung des Festtages bei. Als ob die Stimmung unter den Berlinern noch nicht gereizt genug gewesen wäre, hatte Himmler auch noch die Erlaubnis an die Bars und Kneipen widerrufen, die ganze Nacht über geöffnet zu haben. Darüber hinaus warnte der Gestapochef vor übermäßigem Trinken und bat die Bürger Deutschlands, das Neue Jahr mit nüchterner Vernunft und Nachdenken über die bevorstehende Rede des Führers zu begrüßen. Trotzdem war der *Kurfürstendamm* voller Betrunkener, die unter den wachsamen Augen von Tausenden von Himmlers Geheimpolizisten ihre Sorgen ersäuften.

Über dem Gedränge auf dem *Kudamm* übertrugen in lächerlichem Kontrast dazu Lautsprecher die ernste Neujahrsfeier der Nazi-Partei, die gerade im großen Sportpalast ihren Lauf nahm. Dies war tatsächlich eine sehr nüchterne Angelegenheit.

Die Flutlichter rings um das Stadion sandten ihre grellweißen Lichtstrahlen aus, die sich mit tiefschwarzen Bändern abwechselten. Von der hohen Bühne aus sah die Menge aus wie ein dicht stehender Wald; Tausende von braununiformierten, menschlichen Bäumen wurden hell angestrahlt, und weitere Tausende blieben im Dunkel.

Die Menge war größtenteils still. Hier und da entstand ein wenig Gedränge, wo Leute ihre Hälse reckten, um zu sehen, was für privilegierte Berühmtheiten sich auf der Bühne versammelten. Wer eine Bemerkung machte, sprach in einem hastigen, ehrfürchtigen Flüstern. Die höchste Tribüne war unbesetzt, leer bis auf eine Reihe von Mikrofonen, die ein leeres Rednerpult umringten.

Auf ein unsichtbares Zeichen hin ertönte ein Trommelwirbel. Das Tempo war bedächtig und gemessen, doch die Lautstärke war so überwältigend, daß es schien, als würde sich die Luft selbst spalten. Hunderttausend Männer spürten, wie sie im Takt der Trommeln atmeten und ihr Puls dem Rhythmus folgte.

Als das Pulsieren der Trommeln die Leiber der Menge so durchdrang, daß sie den Klang nicht mehr hörten, sondern fühlten, genau in diesem Moment spielte eine Legion von Fanfaren auf, und ein Ring von Scheinwerferkegeln sprang vom Rand des Stadions aus in den Himmel empor, um über der Szene aufzuragen wie Säulen aus Eis.

Zwischen dem Himmel und der Versammlung entrollte sich eine Wolke rot-schwarzer Flaggen, die im Takt der Fanfarenstöße flatterten. Die Erwartung der Menge hatte sich zu einer fieberhaften Spannung gesteigert; genau jetzt war der richtige Augenblick für das Objekt ihrer Verehrung, die Bühne zu betreten.

Wie von einem einzigen Schalter betätigt war mit einem Schlag kein Licht mehr zu sehen und kein Laut mehr zu hören. Die Arena stürzte mit solcher Plötzlichkeit in absolute Schwärze und völlige Stille, daß Tausende glaubten, in jenem Augenblick taub und blind geworden zu sein.

Und dann ... stach aus dem Hintergrund des Stadions ein einzelner Scheinwerferkegel hervor und traf das höchste Podium. Am Rednerpult ragte nun wie durch Zauberei die gestrenge, grüblerische Gestalt Adolf Hitlers auf.

Hitler streckte seinen Arm aus und vollführte grüßend eine Drehung in Richtung der Menge. Sieg-Heil-Rufe brachen aus hunderttausend Kehlen hervor, wiederholten sich und hallten wider, bis sie genauso laut waren wie die nun schweigenden Trommeln und Fanfaren.

Endlich hob der Führer die Hand, und die ekstatische Verehrung verebbte. Dann begann er zu sprechen. Wütende Ausfälligkeiten gegen die demokratischen Staaten quollen in einem ungebremsten Strom aus dem Mund des Führers. Die 100 000 Parteimitglieder, die ihn hier persönlich sprechen hörten, wären noch im gleichen Moment gegen Westeuropa marschiert, wenn Hitler es befohlen hätte.

»Wir schicken uns an, in das entscheidendste Jahr der deutschen Geschichte einzutreten. 1940 möchte uns die jüdische kapitalistische Welt vernichten. Ich habe Frankreich und England wiederholt um Frieden gebeten. Doch die jüdischen reaktionären Kriegstreiber und ihre Marionetten wie Winston Churchill sind nicht bereit, ihre Pläne zur Vernichtung Deutschlands aufzugeben.«

Hitler hielt inne und betrachtete das Publikum streng, mit verschränkten Armen, wie ein Vater, der im Begriff ist, von seinem Kind zu dessen eigenem Besten etwas Unangenehmes zu verlangen. »Opfer werden notwendig sein ... ein Opfer an Bequemlichkeit ... ein Opfer an Wohlergehen ... ein Opfer an persönlicher Entscheidungsfreiheit zum Wohl des Reiches ... ja, auch ein Opfer an Blut ... aber wir werden von Sieg zu Sieg weitergehen ... unerschütterlich und unaufhaltsam ... um dem deutschen Volk seinen rechtmäßigen Platz zu sichern!«

Die Worte wurden mit donnerndem Applaus aufgenommen, als ob die Rede damit beendet wäre, doch Hitler hatte noch etwas hinzuzufügen. Er wartete geduldig, bis der Ausbruch patriotischen Geistes verebbte, bevor er weitersprach.

Nun fiel er in einen gemesseneren Ton, die Stimme eines Vaters, der vernarrt ist in seine Kinder. Er appellierte an ihre Loyalität gegenüber ihm persönlich, nicht an ihren Patriotismus oder ihre Hingabe an das Reich, sondern an ihn selbst als lebendige Verkörperung Deutschlands. »Sie sehen mich heute abend vor sich, uniformiert als Ihr Führer ... nicht in der schlichten Kleidung des Bürgers Hitler ... nicht in den Roben des Staates, wie sie der Kanzler Hitler tragen würde ... sondern als Ihr Oberster Kommandeur, der Sie immer weiter vorwärts führen wird, bis der Endsieg erreicht ist! Ich verspreche Ihnen dies: Sie werden mich nicht mehr anders als so zu Gesicht bekommen, bis unser Ziel erreicht ist – bis Deutschland überall triumphiert und all seine Feinde zertreten sind!«

Die Sieg-Heil-Rufe ließen das Stadion erzittern. Die Flut der Emotionen durchbrach die Stadionmauern und dröhnte aus den Lautsprechern durch die Straßen. Doch die Zecher hoben kaum ihre Köpfe, um Notiz von dem Getöse zu nehmen. Wie Leute, die nahe einer Bahnstrecke leben, hatten sie gelernt, den voraussehbaren Lärm zu überhören und fühlten sich sogar wohl dabei.

Nichts von der Lethargie des gemeinen Volkes gegenüber seiner Ansprache ahnend, nahm Hitler den Beifallstaumel mit demütig geneigtem Kopf entgegen, als sei er tief in Gedanken versunken, dann drehte er sich um und stieg von der hohen Bühne herab.

Doch wer näher hinsah, bemerkte, daß nicht jeder Arm im Sportpalast zum Lob des Führers erhoben war. Unter den Reihen der Würdenträger, die am Fuß der Bühne versammelt waren, befanden sich auch die uniformierten Generäle und Offiziere der Wehrmacht. Sie tauschten Blicke aus. Ihre Gesichter sprachen Bände, ohne daß ein Wort zwischen ihnen fiel. Sie hatten Hitler gewarnt, sich nicht zu sehr auf sein Glück zu verlassen. Polen war eine Sache. Frankreich eine ganz andere. Rußland hatte mit Hitlers Segen Finnland angegriffen und stöhnte nun unter der Kälte und den Schlägen der finnischen Armee. Die deutschen Kriegsmittel ließen sich nicht bis ins Unendliche strecken. Warum nicht aufhören, solange sie die Nase vorn hatten?

Das war die Hoffnung des deutschen Oberkommandos, als die Glocken das Jahr 1940 einläuteten.

* * *

Horst stand auf, als die Würdenträger der Nazipartei hinausmarschierten. Er bemerkte den kaum verhüllten Abscheu in den Gesichtern, als Himmler, Heydrich und Goebbels an den Offizieren des Oberkommandos vorbeimarschierten. Admiral Canaris, der Chef der militärischen Abwehr, war wohlbekannt für seine Mißbilligung der Gestapo- und SS-Methoden. Canaris, ein Mann von kleinem Wuchs, aber großem Herzen, hob für einen Moment seine Hand wie zum Hitlergruß, um sich dann statt dessen die Nase zu putzen.

Horst befand sich vier Reihen hinter der ausgewählten Gruppe der Generäle und er ließ sie nicht aus den Augen. Diese wenigen, wahrhaft tapferen Männer stellten für Horst alles dar, was ihm an seinem Vaterland noch etwas bedeutete: von Bock, von Brauchitsch, Canaris … für diese mutigen Männer würde Horst sogar durch das Feuer der Hölle gehen. Jeder von ihnen wurde von der Gestapo verdächtigt. Jeder wurde durch den inneren Kreis der Schwarzhemden in Hitlers Elitetruppe überwacht und bespitzelt. Und doch hörten sie sich heute abend die Rede an. Sie bereiteten ihre Truppen für die Schlacht vor. Sie lauschten schweigend den Tiraden des Wahnsinnigen. Sie nahmen Haltung an, wenn er und seine Schergen vorbeigingen. Und wenn der Befehl kam, »Opfer zu bringen«, würden sie tun, wie ihnen befohlen wurde. Doch ihre Gesichter sprachen Bände über ihre Verachtung für den Tyrannen, der jetzt über Deutschland herrschte. Hielten sie sich zurück, weil sie auf irgendeine Chance hofften, ihre Nation zurückzuerobern?

Diese entfernte Möglichkeit schien Horst heute abend nahezuliegen, als er ihr gedämpftes Verhalten beobachtete. Sie gingen in einer Gruppe hinaus und überließen es jüngeren Offizieren wie Horst, sich durch die riesige Menschenmenge zu den Ausgängen durchzukämpfen. Horst reckte den Hals und suchte nach der Schar der ausländischen Journalisten, die stets in einer reservierten Abteilung nahe der Bühne saßen.

Er entdeckte sie und kämpfte sich gegen den Strom zu ihnen durch. Es waren Dutzende Journalisten da, die ihre Presseabzeichen vom Propagandaministerium trugen, abgestempelt mit der Genehmigung des Nazireiches.

Der Gedanke ließ Horst für einen Moment stocken, als er sich der kleinen Gruppe näherte, deren amerikanischer Akzent durch das sich entfernende Stimmengewirr drang. Was, wenn nun Bill Cooper, der amerikanische *AP*-Reporter, ein Befürworter der Nazi-Politik war? Es gab solche politischen Verirrungen innerhalb der ausländischen Presse, wie Horst wußte. Viele waren tatsächlich für Hitlers Politik der Rassenunterdrückung und der Eroberungskriege. Wie um seine Befürchtung zu bestätigen, entdeckte Horst den Engländer William Joyce, der unter dem Namen Lord Haw-Haw deutsche Propaganda nach England sendete. Er unterhielt sich gerade lachend und angeregt mit einem jungen Mann, der die Plakette eines belgischen Journalisten trug.

Horst schob sich weiter voran.

»Ich suche einen Amerikaner«, sprach er einen dünnen Mann mit hängenden Schultern, schütterem Haar und dicken Brillengläsern an. »Bill Cooper.«

Der Mann blinzelte amüsiert beim Anblick von Horsts Uniform und deutete auf einen kleinen, rundlichen Mann in dunklem Anzug, der am Fuß des Podiums mit einem amerikanischen Fotografen redete.

Die Gänge lehrten sich allmählich. Der Lärm hatte sich gelegt.

Horst trat auf Bill Cooper zu, der gewisse Ähnlichkeit mit den rundlichen Mönchen auf Münchner Bierkrügen hatte. Die Männer verstummten, als Horst sich näherte, als ob seine Uniform ihnen den Humor vergehen ließ.

»Herr Cooper?« sprach Horst ihn an.

Cooper sah ihn an, ohne zu lächeln. Neugier blitzte in seinen Augen auf, jedoch gebremst durch Wachsamkeit.

»Ja. Ich bin Cooper.« Sein Deutsch war sehr gut, doch Horst fühlte sich unbehaglich dabei, hier seine Muttersprache zu benutzen.

»Mr. Cooper«, fing er noch einmal an, »wir sollten lieber Englisch sprechen.«

»Sicher«, meinte Cooper achselzuckend und verabschiedete sich mit einem Händedruck von dem Fotografen, der sagte, er hätte vor, sich heute nacht einen guten Rausch anzutrinken und wolle jetzt damit anfangen.

»Mr. Cooper«, sagte Horst mit leiser Stimme, ohne den Journalisten anzusehen. »Ich bin derjenige, der versucht hat, Josephine Marlow zu erreichen.«

Cooper erinnerte sich, und seine Neugier gewann die Oberhand über die Wachsamkeit. »Sie haben angerufen.« Er sagte es zu laut, und als er den erschrockenen Ausdruck auf Horsts Gesicht sah, senkte er seine Stimme. »Tut mir leid. Wie kann ich Ihnen helfen?«

»Ich habe etwas für Miss Marlow. Sie war in Warschau.«

»Richtig. Und dank der Effizienz Ihrer Armee hat sie es kaum geschafft, wieder herauszukommen.« Ein bitterer Unterton lag in der Bemerkung. Das war ein gutes Zeichen.

»Ich bin kürzlich in Warschau gewesen. Ich habe eine Nachricht für sie. Von dem Priester in der *Sankt Johannes*-Kathedrale .«

»Von ihrem Priester?« Das schien Cooper zu gefallen. »Sie hat von ihm erzählt. Ich dachte, der wäre bestimmt längst tot.«

Horst sah Cooper an. »Noch nicht. Aber es kann nicht mehr lange dauern. Bitte, Mr. Cooper. Können Sie Miss Marlow eine Nachricht zukommen lassen? Ich muß Ihnen vertrauen ...«

Cooper sah sich instinktiv über die Schulter um, als ob er die forschenden Blicke der Gestapo in seinem Rücken spürte. »Ich werde sie nächsten Monat in Paris treffen.«

»Erst in einem Monat?«

»Mehr kann ich nicht anbieten. Sie kennen die Regeln. Ich werde sie persönlich sehen, und das ist heutzutage die einzige Möglichkeit, eine Nachricht aus Deutschland herauszuschaffen.«

Horst nickte. Was für eine Wahl hatte er? Katrina würde schon noch eine Weile zurechtkommen. Eine andere Hoffnung gab es nicht.

Und so berichtete Horst im Schatten des Redepults des Führers, was er in der *Sankt Johannes*-Kathedrale gesehen hatte – die vom Tod bedrohten

Kinder und das eine Kind. Cooper hörte aufmerksam zu, während es im Stadion still wurde und die letzten Zuschauer hinaus auf die Straße drängten. Horst erklärte Cooper, was es mit Josephine Marlow und dem Plan des kleinen Priesters in Warschau auf sich hatte, während sie langsam die Arena verließen.

* * *

Madame Rose war eine freundliche Person. Ihr entging nichts. Wie zum Beispiel die Tatsache, daß Marie immer alles anblinzelte, ständig ihre Socken und Schuhe verlor und die Buchstaben auf der Tafel nicht lesen konnte.

Die Schwestern fädelten ein, daß Marie von einem Augenarzt untersucht wurde und eine kostenlose Brille bekam. Plötzlich konnte sie alles sehen! Grashalme und alle möglichen kleinen Dinge wurden zu staunenswerten Wundern! Manchmal schien es sogar fast, als ob sie intelligent sei. Das überraschte Jerôme sehr.

Die wundersame Wiederherstellung von Maries Sehfähigkeit wurde von einem reichen Amerikaner namens Dupont finanziert, der im Hotel *Ritz* wohnte. Mr. Dupont hatte Madame Rose zufällig kennengelernt, als er sich verlaufen hatte und nach *St. Chapelle* suchte. Sie führte ihn fröhlich zu der heiligen Kapelle des *St. Louis* und führte ihn persönlich durch das juwelenähnliche Gebäude. »Wir haben ein Kind in unserem Waisenhaus, das nichts sehen kann außer den Farben dieser wunderbaren Buntglasfenster«, sagte sie zu Mr. Dupont. »Und wir haben nicht die Mittel, eine Brille für sie zu beschaffen.«

Ihre Hilfe kostete Mr. Dupont am Ende eine Stange Geld, wie Madame Rose ihrer Schwester berichtete. Bis die Führung zu Ende war, hatte er sich bereit erklärt, nicht nur Maries Brille zu bezahlen, sondern auch eine Reihe weiterer Dinge. Nun konnten auch für alle neue Schuhe bestellt werden, was jetzt, wo so viele Kinder in der *Huchette* lebten, besonders notwendig war.

Hätte Madame Rose nicht auf der Seite des Himmels gestanden, dachte sich Jerôme, so hätte sie bestimmt eine vorzügliche *escroce* abgegeben – eine Schwindlerin.

Alle neuen Schuhe kamen in Schachteln an, die ein Lieferwagen brachte. Die Kinder stellten sich in einer Reihe auf, durften sie anprobieren und sich ein Paar aussuchen.

Dieser große Anlaß war es, der Jerôme zu dem Schluß führte, daß er, wenn es einen Gott gäbe, ihn sich etwa so wie Madame Rose wünschen würde …

In der *Huchette* gab es fünf Jungen, die in Rollstühlen saßen. Jerôme durfte immer Henris Stuhl schieben, wenn sie einen Ausflug machten. Deswegen hatte er sich mit Henri, der zehn Jahre alt und sehr helle war, angefreundet.

Am Tag, als der Wagen mit den Schuhen kam, hatte Henri schlechte Laune. Er blieb in seinem Zimmer und sagte zu Jerôme, er solle ihn in Ruhe lassen, denn das Geschenk von Monsieur Dupont sei nichts für Jungen, die nicht laufen könnten. Henri deutete auf seine braunen Lederschuhe. Sie hatten nicht einmal einen Kratzer, dabei hätte er sie schon lange, sagte Henri.

»Früher habe ich jede Menge Schuhe aufgetragen«, sagte er. »Meine Mutter sagte immer, sie hätte noch nie einen Jungen gesehen, der so schnell eine Sohle durchkriegt wie ich. Ich konnte schneller laufen als alle anderen Jungen in Toulouse, bevor ich krank wurde.«

Jerôme wußte nicht recht, was er darauf antworten sollte. Er konnte sich nicht vorstellen, wie es sein mußte, an einem Tag noch rennen zu können und dann plötzlich in einem Korbstuhl mit Rädern zu sitzen.

Madame Rose kam herein.

»Henri! Wir haben dich gesucht! Ist dein Reifen platt?«

»Nein, nicht mein Reifen.« Er ließ den Kopf sinken.

»Hast du kein Benzin mehr?«

»Nein.«

»Na, dann los! Du verpaßt die Party!«

»Die ist nicht für jemanden wie mich.« Er deutete auf das saubere, unbeschädigte Leder.

»Fiddlesticks!« sagte sie auf Englisch, was soviel hieß wie »Papperlapapp!« Sie streckte schmollend ihre Unterlippe vor und packte die Griffe des Rollstuhls. Sie brummte und röhrte, als sie einen imaginären Motor aufheulen ließ und dabei Henri bis fast auf den Boden nach hinten kippte, bevor sie mit ihm aus dem Haus raste.

Unter den Schachteln über Schachteln mit Sandalen und Turnschuhen und Lederschuhen waren sieben Schachteln, die größer waren als alle andern. Fünf für die Jungen in den Rollstühlen, und zwei für die Jungen, die an Krücken gingen.

»Reitstiefel.« Die alte Frau hob das Kinn und schnippte mit den Fingern, und die Tore der *Rue de la Huchette* öffneten sich.

Durch den Torbogen kam ein langbeiniges braunes Pferd. Auf seinem Rücken saß ein hochgewachsener, gutaussehender Franzose in der altmodischen Uniform eines Kavallerieoffiziers aus dem letzten Krieg. Seine Brust glitzerte vor Medaillen. Die eisernen Hufe des Pferdes schlugen Funken auf dem Kopfsteinpflaster. Der Reiter zügelte sein Tier vor der Reihe der Rollstühle.

Auf ein Zeichen hin vollführte das Pferd eine *Courbette* und verbeugte sich vor ihnen.

Die Kinder juchzten und applaudierten. Der Offizier zog seine Mütze. Da erkannte Jerôme den Mann. Erst am letzten Jahrestag des Waffenstillstands hatte Jerôme gesehen, wie er auf diesem Pferd die Parade angeführt hatte. Es war der große Held François Monceau, der im letzten Krieg im Kampf gegen die Deutschen beide Beine verloren hatte! Jerôme staunte.

Der Offizier salutierte und klopfte sich dann laut mit den Knöcheln auf die Holzbeine. Die kleinen Mädchen fuhren erschrocken zurück. »Meine Herren«, sagte Monceau, »Madame Rose hat mich gebeten, heute hierherzukommen und Ihnen ein paar Grundlagen des Reitens beizubringen. Die erste Regel ist, daß Sie stets geeignetes Schuhwerk anziehen müssen, bevor Sie reiten. Ah! Ja. Ich sehe, daß Sie gute Stiefel haben. Nun, dann sind Sie beinahe soweit. Die zweite Regel ist, daß Sie niemals Angst haben dürfen. Und die dritte Regel lautet, daß Sie, was auch immer Ihnen widerfahren mag, niemals, niemals aufgeben dürfen.«

Der Rest des Nachmittags verging damit, daß der Held Frankreichs die *Huchette* auf und ab ritt. Die Kinder ritten hinter ihm her – manchmal zwei oder drei gleichzeitig. Jerôme saß ganz hinten, fast auf dem Schwanz, und mochte es nicht besonders. Die zweite und dritte Regel brach er ständig. Am Ende der Gasse ließ er sich hinabgleiten und ging zu Fuß nach Hause.

Doch nicht so Henri und die anderen »Besonderen«, wie Madame Rose sie nannte. Sie trugen ihre neuen Reitstiefel und ritten direkt vor dem französischen Kavallerieoffizier her, der nicht einmal Beine hatte, geschweige denn sie gebrauchen konnte.

Das Erlebnis heiterte Henri sichtlich auf. Er begann zu glauben, daß die Regeln zwei und drei möglich waren, selbst für einen Jungen in einem Korbstuhl mit Rädern. Er polierte seine Stiefel jeden Tag und schmiedete Pläne, einmal ein eigenes Pferd zu haben, nachdem er etwas erfunden haben und damit reich geworden sein würde.

Nach diesem ersten Tag kam der Offizier mindestens einmal in der Woche vorbeigeritten, um sich bei den beiden Schwestern ein mysteriöses Paket abzuholen. Oft ließ er die Bewohner der *Huchette* mitreiten und seinem Hengst Alexander die Nase streicheln. Er sagte, es mache ihm Freude.

Die Frage kam auf: Wo hatte Madame Rose diesen berühmten Burschen kennengelernt?

Sie wusch seit Jahren seine Hemden!

43

Als Paul Chardon die Karte auf seinem Schreibtisch entrollte, fiel der Blick der drei Kadettenkapitäne auf eine detaillierte Karte des Lys, der *École de Cavalerie* und der unmittelbaren Umgebung der Schule. »Schon wieder Kriegsspiele, Herr Hauptmann?« fragte Gaston mit müder Stimme. »Mit Verlaub, Herr Hauptmann, mein Kommando ist schon völlig erschöpft davon, die Schularbeiten, die Pflege der Pferde und die Anforderungen von Miss Mitchell unter einen Hut zu bringen.«

»Gaston«, entgegnete Paul aufgebracht, »die militärische Ausbildung an einer Militärschule hört nicht auf, nur weil du dich müde, überarbeitet oder nicht ausreichend gewürdigt fühlst!«

Gaston tauschte fragende Blicke mit Sepp und Raymond aus. Die imaginäre Verteidigung der Schule und der Flußufer war jedes Jahr durchgespielt worden, seit die Jungen die Schule besuchten.

Es hieß, daß dieselbe Simulation jedes Jahr seit der Gründung der Schule durchgeführt worden sei, mit Ausnahme von 1918, in dem sie Wirklichkeit wurde. In jenem letzten Jahr des Großen Krieges hatten die Truppen des Kaisers versucht, zum Meer durchzustoßen. Eine herkulische Anstrengung der Alliierten hatte sie ganz nahe dieser Stelle aufgehalten, aber erst, nachdem die Kadetten evakuiert worden waren.

Allen drei Schüleroffizieren schoß gleichzeitig derselbe Gedanke durch den Kopf. Was, wenn die Geschichte sich wiederholte und die *École* wieder einmal den Deutschen im Weg war?

Paul las ihre Gedanken. »Ich sage nicht, daß es dazu kommen wird, aber es ist möglich. Gewiß würde eine eindringende Armee versuchen, die Kanalhäfen einzunehmen, und Lys liegt direkt an einer der naheliegenden Vorstoßlinien. Meine Absicht ist es, Pläne zur Verteidigung dieses Sektors vorzubereiten, so daß die reguläre Armee sie studieren kann, falls sich die Notwendigkeit ergibt.«

Gaston, dessen Interesse durch den Gedanken, der Krieg könnte bis zu ihm kommen, entfacht worden war, sackte in sich zusammen. »Wir üben den Widerstand ein, damit jemand anderes ihn leisten kann?«

Paul hätte beinahe eine zornige Antwort gegeben, zügelte sich jedoch und sprach in freundlichem Ton zu den drei Jungen. »Wir alle haben bei der Verteidigung Frankreichs eine Rolle zu spielen«, sagte er. »Was spielt es für eine Rolle, ob ihr die Schüsse tatsächlich abfeuert, solange die Strategie, die wir erarbeitet haben, erfolgreich ist?« Er sah nacheinander in ihre Gesichter. Von Raymond bekam er ein bereitwilliges Lächeln, von Sepp ein kurzes, verstehendes Nicken, von Gaston ein widerstrebendes Blinzeln.

»Jetzt schaut her«, sagte er und lenkte ihre Aufmerksamkeit zurück auf die Karte. »Ich habe bereits die Einheiten zugeteilt, und eure Aufgabe wird es sein, die detaillierten Pläne auszuarbeiten. Gaston, du übernimmst das Gebiet, das am unmittelbarsten gefährdet ist – den direkten Angriff auf die Stadt von der anderen Seite des Flusses aus. Du mußt die Verteidigung der Brücken und, falls Widerstand nicht mehr möglich ist, ihre Zerstörung planen.«

Die Tatsache, daß Gaston keine Bemerkung machte, überzeugte Paul, daß er ihm die Ernsthaftigkeit seiner Verantwortung deutlich gemacht hatte. Außerdem, erinnerte sich Paul, hatte noch nie in der Geschichte der Schule eine Kriegsübung die Zerstörung der Brücken vorgesehen; einen Rückzug hatte noch nie jemand in die Pläne eingebaut.

* * *

Das Artilleriefeuer an der Maginotlinie wurde die *Salute Matins* genannt, weil jeden Morgen, etwa um die Zeit der Morgengebete, der Wind das Gemurmel der schweren Kanonen herantrug.

Das Dröhnen klang fern und weich. Mac meinte, es seien vermutlich Haubitzen, nach dem dumpfen Widerhall zu urteilen. Mac und Murphy verspürten keinen Drang, aus dem Auto zu springen und in Deckung zu hechten.

Sonst gab es entlang der Front weder Geräusche noch sonstige Zeichen von Aktivität. Die Straße führte zwischen zwei grünen Wachtürmen auf dem Hügel hindurch, die Stützpunkte der Befestigungseinheiten markierten. Mac und Murphy fuhren auf eine schmale Hochebene über dem Moseltal. Von dort waren die schlammgelben Militärwege deutlich zu sehen, die in die Öffnungen der Maginottunnels abzweigten. An jedem der Eingänge befanden sich gelb-schwarz gestrichene Tore, die verkündeten, daß hier keine unbefugten Besucher Zutritt hatten. Ringsum lagen Haufen verrosteten Metalls und Halden verwitterten Betons, der vom Bau dieser neuen Chinesischen Mauer übrig geblieben war. Jenseits der Bastionen befand sich ein Dickicht aus Panzersperren. Auch »Spargelfelder« genannt, weil sie in Stielen emporsprossen, waren sie grün gestrichen, um mit der Landschaft zu verschmelzen. Aber es gab kein Lebenszeichen, keinen Hinweis, daß sich tatsächlich jemand in den Wachtürmen oder unterhalb der pilzförmigen Türme auf den Hügeln befand.

»Denen ist es zum Hinausgehen zu kalt«, sagte Murphy schaudernd. »Diesmal ist es viel besser als im letzten Krieg, als unsere Jungs draußen im Regen zittern mußten, stimmt's?«

Sie verließen das militärische Sperrgebiet und fuhren die Straße nach Thionville entlang. Als sie zu einer Kontrollstelle kamen, schaltete Mac herunter und steuerte den Wagen langsam durch eine Stacheldrahtschikane. Ein säuerlich dreinblickender französischer Oberleutnant mit einem Stoppelbärtchen nach Hitler-Art untersuchte ihre Papiere, als wären sie Spione.

Glücklicherweise war der Oberleutnant zu naß und durchgefroren, um zu streiten. Er winkte sie durch und ließ sie weiterfahren zu der schlammigen Barriere von Evrange, ihrer letzten Station vor der Grenze ins neutrale Luxemburg.

Der Regen fiel in Strömen. Die Straße zur Grenze endete vor einer einsamen Betonbarriere. Ein einziger Wachsoldat bemannte die mit Sandsäcken umschichtete Blockade. Schlampig gelegte Spiralen aus Stacheldraht zogen sich den Hang hinab.

Es war Mac, der als erster eine Bemerkung über die Nachlässigkeit dieses Außenpostens machte. Die Maginotlinie hörte irgendwo da hinten einfach auf. Es war, als ob niemand in der französischen Regierung sich vorstellen konnte, daß die Deutschen vielleicht auch durch das kleine Luxemburg kommen könnten, um die Grenze zu überschreiten.

»Ist das alles?« fragte Mac ungläubig.

Murphy nickte. »Und entlang der gesamten belgischen Grenze sieht es ziemlich genauso aus. Ich habe den Assistenten von Ministerpräsident Daladier gefragt, warum die Maginotlinie nur einen Teil der Grenze absichere. Er sagte mir, die Franzosen wollten die Belgier nicht vor den Kopf stoßen, sie wollten nicht, daß die Belgier dächten, die Franzosen würden ihnen nicht trauen. Die Nation der Belgier ist der Rest der französischen Verteidigungslinie. Kapieren Sie?«

Mac verdrehte die Augen und schüttelte frustriert den Kopf. Es war, als bestünden die Köpfe der französischen Politiker ebenfalls aus Beton.

Ein Mann in einem schweren Ölmantel trat aus der Tür der Zollbaracke und winkte mit dem Finger Mac und Murphy heran. Würden sie bitte ins Büro kommen? Und würden sie bitte ihr Gepäck mitbringen?

Dieser Außenposten war es, an dem Frankreich seine drei zähesten Beamten stationiert hatte. Vielleicht glaubte man, falls die deutsche Armee durch Belgien und Luxemburg käme, würden die französischen Zollbeamten sie an der Grenze aufhalten. Vielleicht stimmte das auch.

Diese drei Männer waren in blaue, mit silbernen Troddeln abgesetzte Serge-Uniformen gekleidet. Vor dem Krieg hatte diese Sorte den Touristen an jedem Grenzübergang von und nach Frankreich das Leben schwer gemacht. Jetzt, wo Krieg herrschte, taten sie ihre Pflicht mit einer doppelten Dosis Sorgfalt. Sie verfeinerten die Belästigung von Touristen zur hohen Kunst. Sie widmeten ihr Leben der Aufgabe, die inneren Qualen eines jeden Reisenden auf eine Ebene zu steigern, wie es auch die Beamten der Königin in »Alice im Wunderland« nicht besser vermocht hätten.

Verfärbte Schnurrbärte hingen über Zähnen, die vom Genuß des über Jahre hinweg konfiszierten Tabaks rauchvergilbt waren. Und dieses Trio wußte sehr gut, wie man einen Koffer bis aufs Innenfutter durchsuchte, um geschmuggelte Pralinen zu finden.

Als die Schatten des Nachmittags länger wurden, versorgten sie Mac und Murphy mit Formularen in dreifacher Ausfertigung. Privatleben, militärischer Status, Gründe für die Reise in ein neutrales Land; all das wurde peinlich genau erfragt. Die Erlaubnis, Frankreich zu verlassen, das Recht, ein Automobil zu führen und die Genehmigung, Benzin außer Landes zu bringen, wurden einer eingehenden Prüfung unterzogen.

Mit nach jahrelanger Suche nach illegalen Zigarren und deklarierungspflichtigen Spirituosen geschärftem Blick entdeckte der Älteste der Beamten einen Fehler in den Papieren von Mac und Murphy.

»Wie Sie sehen, heißt es in Ihren Papieren, daß Sie Frankreich über Sierck verlassen sollen. Dies hier ist der Grenzübergang Evrange. Das ist nicht in Ordnung.«

»In Sierck ist eine kleine Schlacht im Gang«, meinte Murphy.

Der Zollbeamte blickte erstaunt auf. »Tatsächlich? Und woher wissen Sie das, Monsieur?«

»Wir wurden in Sierck zurückgewiesen und konnten nicht weiterreisen«, erklärte Mac.

Die Beamten besprachen sich miteinander. »Das sind militärische Informationen, über die Sie gar nicht verfügen dürften, Messieurs. Dennoch erwarten Sie, daß wir Ihnen gestatten, Frankreich zu verlassen und in ein neutrales Land zu reisen, zu dem der Feind ebenfalls Zutritt hat?«

Die Königin aus »Alice« spukte in Macs Hinterkopf herum. Jeden Moment rechnete er damit, daß sie zu schreien beginnen würden: »Runter mit ihren Köpfen!« Er richtete sich auf und redete den Beamten als »Herr Inspektor« an, in der Hoffnung, das Blatt durch Schmeichelei wenden zu können. »Wenn die Franzosen in Sierck gegen die Deutschen kämpfen, dann werden die Deutschen doch wohl bereits davon wissen, so daß diese Information kein militärisches Geheimnis mehr ist.«

Das war logisch. Oder nicht?

Mac und Murphy wurden in ein kleines Vorzimmer gebracht, das von einem bauchigen Ofen beheizt wurde. Die Tür wurde geschlossen und der Schlüssel herumgedreht. Dort brieten sie langsam drei Stunden lang, während die Zollbeamten, jene Bastionen an den Toren Frankreichs, ihre Geschichte überprüften.

»Ich habe mit Paris telefoniert. Ihre Papiere sind jetzt in Ordnung.«

Endlich wurden sie mit einer halbherzigen Entschuldigung freigelassen. Sie mußten ihre Koffer wieder einpacken und die Innensohlen wieder in ihre Schuhe legen. Die Manschetten und Ärmel ihrer Mäntel waren sorgfältig aufgeschnitten worden. Man nannte ihnen den Namen eines Schneiders in Luxemburg.

Es war bereits dunkel, als sie in das Großherzogtum Luxemburg einreisten. Sie waren müde und fast überzeugt davon, daß die Deutschen am französischen Außenposten von Evrange vielleicht tatsächlich nicht durchkommen würden. Jedenfalls nicht ohne weiteres.

* * *

Vielleicht die beste Aussicht auf den Krieg hatte man in dem luxemburgischen Dorf Remich, von der Terrasse des *Hôtel Bellevue* aus. Das *Bellevue* gehörte einem früheren Varietékünstler namens Lucien Klopp. Nach dem letzten Krieg hatte Klopp sich von der Londoner Bühne zurückgezogen, um ein friedliches, ruhiges Leben zu führen. Das hübsch gelegene Haus, das er führte, befand sich im sogenannten Luxemburger Eck, an dem eine Spitze des Großherzogtums herausragte und die Grenzen Frankreichs und Deutschlands berührte.

Von Klopps Terrasse aus überblickte man ein Tal, das so malerisch war, daß es aus einem Märchen hätte stammen können. Ein altes Schloß mit Türmen, Wassergraben und Zugbrücke erhob sich auf einem Bergkamm zur Linken. Weingärten, in denen der süße Moselwein wuchs, bedeckten die bläulich schimmernden Hügel. Entlang dem Fluß scharten sich in beiden Richtungen kleine, weiße Dörfer und vollkommen weiße Kirchtürme, die sich dem Himmel mit seinen vereinzelten Schönwetterwolken entgegenreckten.

Der Fluß schlängelte sich sanft im Sonnenschein, ein glänzendes Band aus Licht, bevor er Luxemburg verließ und davonfloß. Jenseits der Grenze des neutralen Landes trennte die Mosel Frankreich und Deutschland voneinander. Von Klopps Veranda aus konnten die Touristen die Anfänge der purpurnen Masse der Maginotbefestigungen und gegenüber davon die Siegfriedlinie in Deutschland sehen.

Mit Hilfe eines Fernglases waren die Batterien auf beiden Seiten deutlich zu sehen: Stacheldraht, Erdhaufen und mit Maschinengewehren bestückte Bunker. Direkt vor ihnen, gut sichtbar von der friedlichen Promenade aus, befand sich »der Krieg«.

Mac und Murphy traten hinaus auf die Terrasse. »Sie haben eine Pause eingelegt«, sagte Larry Beavers von der *Post*.

Vier weitere Reporter lehnten an der gemauerten Einfassung und blickten hinaus ins Tal, wo die Schlengener Brücke den breiten, blauen Fluß überspannte.

Mac hörte von den Hügeln her Vögel zwitschern. Von Artilleriefeuer oder Rauch war nichts zu sehen. Der Friede im kleinen Remich war geradezu greifbar.

Bill Cooper, der stämmige, rundgesichtige *AP*-Korrespondent aus Berlin, richtete seinen Feldstecher zum Himmel empor. »Ihr habt was verpaßt, Jungs. Wir hatten vorhin fünf Flugzeuge da oben. Zwei von Hitlers und drei von Chamberlains Maschinen. Im Moment ist aber nichts los.«

Murphy lachte und klopfte Bill auf die Schulter. »Hallo, Bill! In Berlin wird es Ihnen wohl auch zu langweilig, was?«

»Tödlich langweilig. Der Führer ist ab nach Bayern mit seiner Truppe von Stiefelleckern. Wenn Sie mich fragen, würde ich sagen, daß alle kurz davor sind, diesen ganzen Krieg zu vergessen und einen Waffenstillstand zu unterzeichnen. Was meinen Sie?«

Einige machten Bemerkungen über den Mangel an verwertbaren Nachrichten. Jeder, der hier in Klopps Garten stand, war hergekommen, um wenigstens eine kleine Story aufzulesen. Das *Hôtel Bellevue* war ein Logenplatz, aber die Vorführung schien wegen schlechten Wetters abgesagt zu werden.

»Es ist zu kalt zum Kämpfen«, schauderte Murphy und schlug sich den Kragen seines Mantels hoch. »Und es ist zu kalt, um hier zu stehen und zu warten.« Er zog sich mißmutig in den zugigen Frühstücksraum des *Bellevue* zurück.

Mac erriet, daß John Murphy sich inzwischen danach sehnte, im guten, nebligen, alten London mit seiner Frau am Kamin zu sitzen. Der Krieg, die Trennung und die Evakuierung erwiesen sich als ein Riesenquatsch. Nicht eine Bombe war auf London gefallen, und dennoch hatte es Murphy auf sich genommen, seit Monaten von seiner Familie getrennt zu sein. Der sonst so phlegmatische Journalist begann Anzeichen zu zeigen, daß er die Belastung spürte. Und nun all der Ärger mit der Grenzüberschreitung von Frankreich nach Luxemburg, der vermutlich nichts einbrachte außer tagelangen, lahmen Gesprächen mit einem Häufchen triefäugiger Journalisten.

Bill Cooper legte den Kopf ein wenig schief und sah Mac interessiert an. »He, Mac! Waren Sie nicht … Sehen Sie Danny Marlows Witwe noch öfters?«

»Josie? Gelegentlich sehe ich sie.« Mac war die Frage unangenehm. Er hätte sagen können, daß er sich mehr wünschte, sie zu sehen, als irgend etwas anderes in seinem Leben, aber er hoffte nur, daß Cooper das Thema wechseln würde.

»Wo ist sie?« Cooper blickte um Macs Schulter herum, als ob er damit rechnete, daß Josephine Marlow gleich hinter ihm auf die Terrasse herauskommen würde.

»In Paris.« Mac fügte nicht hinzu, daß sie vermutlich gerade mit einem französischen Oberst frühstückte.

»Gehen Sie zurück nach Paris?«

»Warum nicht. Da hier ja sowieso kein Krieg stattfindet.«

Coopers rundes, rötliches Gesicht leuchtete auf. Er senkte seine Stimme. »Hören Sie, ich soll ihr eine wichtige Nachricht übermitteln, von einem deutschen Wehrmachtsoffizier, den ich in Berlin getroffen habe. Er hat etwas aus Polen für sie mitgebracht ... von diesem Priester, von dem sie so begeistert ist. Ich dachte, ich würde sowieso nach Paris kommen, um ihr die Geschichte persönlich zu erzählen, aber mein freundlicher kleiner Nazi-Presseoffizier meinte, wenn ich nach Frankreich ginge, dürfte ich vielleicht nicht wieder ins gute alte Deutschland einreisen. Und diese Sache läßt sich nicht in einem Brief mitteilen. Die französischen Behörden in der *Anastasie* würden sich darauf stürzen wie die Geier. Verstehen Sie?« Cooper schätzte den französischen Postdienst richtig ein. Die Zensoren waren nach der heiligen Anastasia benannt worden, der Frau, der auf Befehl des Kaisers Diokletian die Zunge herausgeschnitten worden war. Heutzutage wurde jedem Brief, der nach oder von Frankreich geschickt wurde, die Zunge herausgeschnitten, so daß der Leser rätselte, was in aller Welt wohl der Zweck des Originaldokuments gewesen sein mochte. Wichtige Angelegenheiten wie diese konnte man nicht dem Glück und der Post anvertrauen.

Cooper sah sich über die Schulter um, als ob selbst Klopps Terrasse ein Tummelplatz für Gestapo-Spitzel sein könnte. Seine Sorge war nicht unberechtigt. Luxemburg, Holland und Belgien waren zur Zeit voll mit deutschen »Touristen«, von denen viele lichtscheuere Gründe für ihre Reise hatten, als sich nur die Sehenswürdigkeiten anzuschauen.

Cooper nahm Mac am Arm und führte ihn zu einem Wanderweg, der sich am Steilhang hinab zum Fluß schlängelte. Außer Hörweite aller neugierigen Ohren berichtete er Mac von dem deutschen Major, dem katholischen Priester aus Warschau und einem alten Rabbi in Palästina. Schließlich öffnete er seine Brieftasche und zog ein Foto eines kleinen Babys hervor. Ein halbes Lächeln zuckte über sein Gesicht. »Dieses Jahr in Jerusalem«, sagte er.

* * *

Die Kriegsspiele an der *École de Cavalerie* waren wie eine aufwendigere Art von Geländespielen. Für diese Übung würden zwei Drittel der Kadetten die Rolle der deutschen Armee spielen. Das restliche Drittel würde unter dem Kommando von Paul Chardon die Schule und das Nordufer des Lys verteidigen, als Teil einer Prüfung in militärischer Strategie. Aber war es wirklich nur ein Spiel?

Die Ortschaft Lys, die sich knapp zwei Kilometer breit an dem gleichnamigen Fluß entlangzog, verjüngte sich zu einer Spitze, wo sie den Hügel nördlich des Flusses erklomm und an den Toren der Militärschule endete.

Auf einem Hügel oberhalb des Dorfes und des Flusses brütete Paul über einer Landkarte des Gebietes, auf der jeder Verteidigungspunkt der

Schlacht, die hier während des letzten Krieges stattgefunden hatte, eingetragen war. Kadettenoffizier Raymond war an seiner Seite.

»Unser Verantwortungsbereich«, sagte Paul, »erstreckt sich von der Brücke in Rozier stromabwärts bis zwei Kilometer stromaufwärts, wo die Ufer zu steil für Panzerfahrzeuge sind, um wieder aus dem Flußbett herauszukommen.«

Die Karte zeigte die Insel in der Mitte des Flusses, über die die Hauptstraße nach Lys verlief. Durch Brücken mit beiden Ufern verbunden, stellte diese Brücke die erste Verteidigungslinie gegen einen Angriff dar. »Gaston plant den Schutz der Insel«, sagte Paul, »und Sepp wird die Deckung für die Flußufer vor der Ortschaft ausarbeiten.«

»Und ich?« fragte Raymond, der wußte, daß es einen Grund haben mußte, daß seine Aufgabe bis zum Schluß offengeblieben war.

Paul überlegte einen Moment. »Dies hier ist nur eine Übung«, sagte er. »Dir ist klar, daß sie vermutlich nie benötigt werden wird und daß du ganz bestimmt bei einer wirklichen Verteidigung nicht dabei wärst.«

Raymond nickte.

Paul deutete mit dem Finger auf die Brücke über den Lys, die etwa acht Kilometer von der Schule entfernt flußabwärts lag. »Diese Brücke muß ebenfalls verteidigt werden«, sagte er. »Aber wenn dort ein Rückzug erforderlich sein sollte, wäre es ein langer Weg zurück. Aus diesem Grund möchte ich, daß du in deiner Planung die Pferde mit berücksichtigst. Unsere Fahrzeuge brauchen wir anderswo, aber ich möchte dich – den Verteidiger – nicht ohne Mittel zum Rückzug lassen.«

Raymond sah Paul in die Augen. Der junge Mann war der beste Reiter in der Schule. Die Aufgabe war eine Ehre. »Verstanden«, erwiderte der Kadett, und Paul machte sich auf, um die Stellungen von Sepp und Gaston zu inspizieren.

Auf halbem Weg den Hang hinab entdeckten Paul und Raymond Sepp mit vier jüngeren Kadetten aus seinem Kommando. Sie standen vor der Kirche *St. Sebastian* und waren in eine Diskussion mit Pater Perrin und dem Bürgermeister Jacques Fontain verwickelt.

»Aber Pater«, appellierte Sepp, »wir müssen auf den Glockenturm der Kirche klettern, um über den Fluß sehen zu können.«

»Ihr wollt nur Orientierungspunkte auf dem anderen Ufer suchen, um sie für die Entfernungsmessung zu benutzen«, beschwerte sich der Priester. »Ich verbiete es.«

»Auch ich verbiete es«, sagte der Bürgermeister, ein alter Mann, der mit seinem Stock vor Sepps Gesicht herumfuchtelte. »Ich lasse mir Lys nicht in ein Schlachtfeld verwandeln.« Dann entdeckte der gebrechliche, gebeugte Mann Paul und sagte wütend: »Sie stecken hinter alledem, Chardon.«

»Ich habe den Krieg nicht angefangen«, verteidigte sich Paul.

»Nein, aber Sie wollen ihn hierherbringen«, erwiderte der Bürgermeister.

»Es handelt sich nur um eine strategische Übung. Wie jedes Jahr«, beschwichtigte ihn Paul. »Eine Gelegenheit, die Kadetten auf zukünftige Situationen vorzubereiten.«

»Lys wünscht keine zukünftigen Situationen mit den Deutschen. Niemals«, erboste sich der Bürgermeister.

»Natürlich nicht. Gewiß. Nur für die militärische Theorie, verstehen Sie. Was sollen unsere Kadetten denn machen? Die Deutschen mit offenen Armen in Empfang nehmen? Sie einladen, all die Verwundeten im Lazarett als Gefangene zu nehmen?«

Das schien dem Bürgermeister zu denken zu geben. War dies wirklich nur ein Spiel der einigen Hundert Schüler der *École*? »Es ist ein britisches Lazarett«, sagte er. Selbst Pater Perrin schien über diese Aussage des Bürgermeisters schockiert zu sein.

Paul trat zwischen den Bürgermeister und die Kadetten. »Wir untersuchen lediglich, wie das Dorf verteidigt werden könnte, wenn es notwendig würde. Niemand von uns möchte – oder rechnet damit –, daß das passiert. Aber Sie erinnern sich doch noch an 1918, Jacques. Sollen wir unvorbereitet bleiben?«

Der Bürgermeister schwieg. »Nein«, sagte er schließlich. »Ich dachte, wir hätten den Deutschen eine Lektion erteilt, als sie vor zwanzig Jahren hier waren, aber vielleicht sind sie dumm und versuchen es noch einmal.«

Sepp und seine Gruppe durften den Kirchturm besteigen, und Paul und Raymond gingen weiter über die Steinbrücke auf die Insel. Gaston befehligte bellend wie ein Drill-Ausbilder ein Dutzend Untergebener, um die beiden Panzerabwehrkanonen der Schule in Stellung zu bringen. »Eine hierher, um die Brücke zu decken«, sagte er. »Die andere weiter hinten, um einzuspringen, falls die erste verloren geht.«

»Wie geht es voran?« fragte Paul leise.

Gaston zuckte zusammen, als er die Stimme seines Kommandanten hörte. »Ich habe Sie nicht kommen sehen.« Er schlug sich mit einer erleichterten Geste auf die Brust.

»Nur gut, daß wir keine Deutschen sind, Gaston«, neckte Raymond und duckte sich dann, als Gaston nach ihm schlug.

»Schön«, unterbrach Paul die Rangelei. »Deine Situation bitte, Gaston.«

»Wir haben kaum genug schwere Waffen. Besteht die Chance, Panzer oder Artillerie in diesen Plan miteinzuschließen?«

»Nichts, worauf wir zählen könnten.«

»Was ist mit der 75-mm-Kanone oben auf dem Schulhof?«

Raymond lachte. »Meinst du die, mit der Oberst Larousse nicht einmal einen Signalschuß abzugeben wagte, weil er Angst hatte, sie würde auseinanderfliegen?«

»Du machst gute Arbeit, Gaston«, ermutigte ihn Paul. »Weiter so. Mach dir reichlich Notizen. Falls der Feind bis hierher kommen sollte, könnte seine Überwindung von den Informationen abhängen, mit denen wir unsere Armee versorgen.«

»Hauptmann«, sagte Gaston, als Paul sich zum Gehen wandte. »Wie viele Verteidiger sind nach den Prinzipien moderner Kriegsführung notwendig, um ein Flußstück von dieser Länge zu decken?«

Paul überlegte einen Moment. »Fünfzehntausend«, sagte er, »vorausgesetzt, sie haben adäquate Artillerieunterstützung.«

»Und wie viele Kadetten sind noch in der Schule?«

»Neunhundert«, erwiderte Paul.

* * *

Die Lok, die John Murphy an die belgische Küste bringen würde, schnaufte ungeduldig unter der reich verzierten Bahnsteigüberdachung des Luxemburger Bahnhofs. Murphy wartete ebenso ungeduldig darauf, seine Rückreise nach London anzutreten.

Mac reichte ihm zum Abschied die Hand. »Grüßen Sie Elisa und die Kinder von mir.«

»In ihrem Telegramm hieß es, daß sie mich an der *Victoria Station* abholt.« Murphys Augen leuchteten vor Vorfreude. »Ich nehme mir vielleicht ein paar Tage frei. Es waren jetzt vier Monate.« Er sah auf seine Uhr, als ob ihm jetzt sogar die Minuten zu lang würden.

»Ich beneide Sie«, sagte Mac, und er meinte es ernst. »Es muß wunderbar sein, jemanden zu haben, zu dem man nach Hause kommen kann.«

»Worauf warten Sie? Machen Sie sich an die Arbeit. Ich habe Ihnen doch erzählt, was Trump gesagt hat. Er ist soweit, eine neue Abteilung zu eröffnen: *TENS Newsreel* in London. Er braucht einen guten Mann, um sie zu leiten. Warum nicht?«

»So ein Schreibtischjob ist nichts für mich. Außerdem ist Jo mit diesem französischen Oberst anderweitig beschäftigt, wenn die Gerüchte stimmen. Blake in Paris sagt, sie sei jeden Tag mit ihm zusammen.«

»Das könnte daran liegen, daß Sie nicht in der Nähe sind.«

»Vor fünf Monaten hätte ich das noch geglaubt … vor Warschau. Sie hätte vielleicht ja gesagt, wenn ich so klug gewesen wäre, an einem Ort zu bleiben und mir einen Job zu besorgen, wo ich das Material anderer Leute bearbeitet hätte. Aber ich habe es nicht getan. Und jetzt ist es zu spät.«

»Sie sind mir ein schöner Amerikaner, Mac!« Murphy lachte und schlug ihm auf die Schulter. »Sie wollen sich kampflos ergeben, was? Sich einfach flachlegen und toter Mann spielen?«

»In Wirklichkeit hatte ich gegen einen Mann zu kämpfen, der schon tot ist. Gegen den heiligen Danny konnte ich nicht gewinnen. Sie hatte die Erinnerung an ihn schon mit Bronze überzogen, als ich ihr begegnete. Was macht es da schon, wenn ihre Erinnerung nichts mit der Realität zu tun hat? Wissen Sie, Murphy, Marlow war mein Freund, aber er war ein richtiger Mistkerl, wenn es um Jo ging. Was ist nur mit diesen Frauen los? Immer wieder laufen sie Kerlen nach, die ungefähr so loyal sind wie ein einsamer Stier auf einer Weide voller Jersey-Kühe. Also läßt sie sich jetzt mit diesem Oberst ein, mit seiner schicken Galauniform und einer Liste weiblicher Eroberungen, die so lang ist wie mein Arm ... französischer Akzent ... glänzende Stiefel und goldene Tressen. Was soll man dagegen machen?«

Murphy zuckte die Achseln. »Beschaffen Sie sich eine Uniform und Stiefel und laden Sie sie zum Essen ein. Sie wissen ja, was man über Liebe und Krieg sagt.«

Mac wedelte sich mit der Hand vor dem Gesicht herum, als wäre der Gedanke eine Fliege, die er verscheuchen wolle. »Vergessen wir die Liebe. Die bringt mich sowieso nur um. Im Moment interessiert mich nur der Krieg. Der ist ungefährlicher. Könnten Sie bei Churchill ein gutes Wort für mich einlegen, wenn Sie wieder in London sind, Murphy? Sehen Sie doch mal, ob Sie mich und meine Kamera nicht auf ein Schiff der *Royal Navy* bringen können.«

* * *

Die beiden schwergewichtigen Männer, die in der Nähe des schmiedeeisernen Laternenmastes auf dem Bahnsteig standen, hatten weder in Aussehen noch im Verhalten etwas Bemerkenswertes an sich. Für jeden außer einem geschulten Beobachter wären die beiden in Regenmäntel gehüllten Gestalten, der eine in braun und der andere in Marineblau, nicht von Hunderten anderer Mittelklasse-Geschäftsleute zu unterscheiden gewesen.

Doch Mac war ein geschulter Beobachter. Das wachsame Auge der Kamera hätte niemals interessante Szenen einfangen können, wenn Mac sie nicht zuerst bemerkt hätte. Und diese beiden Männer, die beide ihre Filzhüte tief in die Stirn gezogen trugen, waren interessant. Mac war sicher, daß sie mit ihm und Murphy in der Straßenbahn zum Bahnhof gesessen hatten. Doch sie selbst waren nicht in einen Zug gestiegen, und nun, nachdem Murphys Schnellzug davongerollt war, standen sie immer noch in offensichtlich ziellosem Gespräch herum.

Die Verwüstung seines Hotelzimmers fiel ihm ein. Er konnte den Grund für den Vandalismus immer noch nicht begreifen, aber diese beiden verschafften ihm einen Schlüssel zur Identität der Verbrecher. Diesem Pärchen sah man die Zugehörigkeit zur Gestapo von weitem an. Mac spielte mit der

Idee, direkt auf die beiden zuzugehen und eine Entschädigung für seine zerstörte Kamera zu verlangen. Doch es war wohl besser, seinen Verdacht erst einmal zu überprüfen; selbst wenn es deutsche Agenten waren, hieß das noch nicht unbedingt, daß sie an ihm interessiert waren. Und wenn sie es nicht waren, wollte er es lieber dabei belassen.

Es gab nur einen Weg, das herauszufinden. Mac machte scharf kehrt und stieg in die wartende Straßenbahn, die gleich in die Stadtmitte zurückkehren würde. Und siehe da, als Mac sich setzte und aus dem Fenster schaute, sah er, daß das Gespräch zu einem abrupten Ende gekommen war und die beiden Männer auf die Bahn zueilten.

Gerade als der erste der beiden, ein dunkeläugiger Mann mit auffallend großer Nase, den Wagen bestieg, stand Mac auf und schob sich an ihm vorbei zurück auf den Bürgersteig. »Ich habe es mir anders überlegt«, sagte er zu dem Schaffner. »Tut mir leid.«

Mac wollte sehen, wie sie damit fertig wurden. Wenn beide gleich hinter ihm wieder ausgestiegen wären, wäre sogar ein Blinder argwöhnisch geworden. Beide Männer setzten sich. Derjenige, der am Fenster saß, hatte ein Gesicht, das er in alle Richtungen innerhalb der Straßenbahn drehte – zur Decke, zu den Wänden, zum Fußboden –, nur nicht durchs Fenster auf Mac. Die Straßenbahn rollte an.

Nun, da er wußte, daß er beide Gesichter wiedererkennen würde, wo immer er sie zu sehen bekam, brauchte Mac ein anderes Transportmittel zurück zu seinem Hotel. Ein Taxi war nirgendwo zu sehen, und als die nächste Straßenbahn kam, stieg Mac ein.

Es gab keine Haltestellen zwischen dem *Gare Centrale* und den alten Burgzinnen, die sich über der Petrusse erhoben. Die Straßenbahn fuhr langsamer, als sie über den Viadukt rollte, der sich auf spindeldürren, eisernen Beinen über die Schlucht zog. Die Kuppe der Felswand war von Nebel verhüllt, doch schließlich durchquerte die Bahn die Mauer der mittelalterlichen Befestigungen.

An der Haltestelle oberhalb der Felswand erkannte Mac seinen Fehler. Der Mann mit der vorstehenden Hakennase war aus dem anderen Zug ausgestiegen und stand wartend im Nieselregen. Das Letzte, das Mac wollte, war, diese Typen zu seinem Hotel zu führen und eine weitere Zerstörungsorgie zu riskieren; also versuchte er den Trick vom Bahnhof noch einmal. Mac wartete, bis der Mann mit der großen Nase sich gesetzt und die Wagentür sich geschlossen hatte, dann sprang er auf, sagte entschuldigend, er hätte beinahe seine Haltestelle verpaßt und müsse hier aussteigen.

Der Mann im Regenmantel stand ebenfalls auf und verlangte, hinausgelassen zu werden. An der nun menschenleeren Straßenbahnhaltestelle sah sich Mac seinem Verfolger von Angesicht zu Angesicht gegenüber.

»Ich weiß zwar nicht, was Sie von mir wollen«, sagte Mac, »aber Sie sind ein ganz schön häßlicher Vogel.«

»Was ist?« erwiderte der Mann, dessen breites Grinsen offenbarte, daß ihm die vorderen Schneidezähne fehlten, auf deutsch. »Kommen Sie, Mr. McGrath. Es ist nicht nötig, so unkooperativ zu sein. Wir möchten uns nur mit Ihnen über eine äußerst wichtige Angelegenheit unterhalten. Sie werden mich begleiten.« Der letze Satz wurde durch das plötzliche Auftauchen einer kleinen *Mauser*-Pistole aus der Tasche des Regenmantels unterstrichen.

Macs Protest blieb ihm im Halse stecken, und er hob die Hände. »Das ist nicht nötig.« Ein beiläufiges Abwinken mit der Pistole begleitete die Aufforderung. »Bitte gehen Sie langsam, immer einen Schritt vor mir her. Und versuchen Sie nicht davonzulaufen. Ein kaputtes Knie wäre sehr unangenehm für Sie, und auf diese Entfernung könnte ich kaum danebenschießen.«

»Was wollen Sie?«

»Alles zu seiner Zeit.«

Sie entfernten sich von der Straßenbahnlinie und gingen über die feuchten Steine des Gehweges, der am Rand der Klippen entlangführte. Schroffe Felswände fielen senkrecht in die Tiefe der engen Schlucht ab. Der schmale Pfad folgte dem Verlauf der alten Befestigungen, die ihrerseits aus dem massiven Felsen der Klippen gehauen waren.

Es war ein sehr einsames Fleckchen. Außer ihnen war an diesem feuchten, kalten Tag niemand hier draußen unterwegs, und sie hatten sich von den Geleisen ein gutes Stück entfernt, so daß ein Vorhang aus Büschen den Blick versperrte. »Das ist weit genug«, sagte der Mann.

»Hören Sie, was soll das alles? Ich weiß, Sie sind von der Gestapo, aber ich habe keine Ahnung, was Sie von mir wollen. Und warum haben Sie mein Zimmer in Paris auseinandergenommen?«

Der untersetzte Agent setzte wieder sein Zahnlückengrinsen auf, sagte aber nichts. Er winkte Mac, zurückzutreten, bis seine Beine an den regennassen Steinen der Brüstung lehnten.

»Machen Sie das nur aus Spaß? Dann will ich Ihnen etwas sagen, Mann. Ich bin ein amerikanischer Journalist. Meinem Land wird es nicht gefallen, wenn Sie gewaltsam gegen seine Bürger vorgehen. Ihren Chef wird das auch nicht freuen.«

»Genug geplaudert! Wo ist er?«

»Wo ist wer?«

Der deutsche Agent holte mit seiner Pistolenhand aus und schlug Mac mit dem Lauf übers Gesicht. Macs Kopf wurde zurückgeschleudert, und die Haut über dem Wangenknochen platzte auf. Mac ballte die Fäuste und krümmte sich zur Kampfhaltung. Doch eine weitere Bewegung mit der Pistole zwang ihn, sich zu entspannen und die Hände wieder sinken zu lassen. Ein blutiges Rinnsal lief an Macs Kieferknochen entlang und tropfte auf die Pflastersteine.

Der Deutsche beuge sich vor. Er hielt Mac die Mündung der *Mauser* unters Kinn und zwang ihn damit, sich auf die Zehenspitzen zu stellen. Mit übel nach Zwiebeln und Hering riechendem Atem sagte er: »Nicht so schüchtern, Herr McGrath. Wir wissen, daß Sie zusammen mit Lewinski aus Polen entkommen sind. Wo ist er jetzt?«

»Warten Sie mal. Lassen Sie mich nachdenken.« Macs Gedanken überschlugen sich. Wo hatte er den Namen schon gehört? Er wußte wirklich nicht, worauf dieser Schläger hinauswollte. Aber das konnte er nicht sagen. Die Bilder von der Flucht aus Warschau liefen vor seinem inneren Auge ab. Er sah Botschafter Biddle und die Leute vom Botschaftspersonal und eine seltsame Figur in einer Gasmaske. »Meinen Sie diesen komischen Vogel mit der Gasmaske und den roten Locken?«

»Natürlich! Das ist Lewinski!« Ein Rückhandschlag mit dem Pistolenlauf über Macs Mund riß ihm die Lippe auf und ließ ihn auf die Knie sacken. »Stellen Sie sich nicht so dumm! Wo ist er?«

Was jetzt? Mac konnte nicht sagen, daß er nicht wußte, wo dieser Lewinski sich aufhielt, auch wenn es die Wahrheit war. Man würde ihm niemals glauben. »Ja, sicher. Ich weiß, wo er ist. Er ist in … Paris«, nannte er die erste Stadt, die ihm in den Sinn kam.

Der Gestapo-Agent wog die Pistole in der Hand. »Ist das auch die Wahrheit? Es kann sehr schmerzhaft sein, uns zu belügen.«

»Und was machen wir jetzt? Hier warten, bis der andere Schläger hingerannt ist und meine Geschichte überprüft hat? Darf ich aufstehen?«

Die dunklen Augen starrten an der dicken Nase entlang in Macs blutendes Gesicht. Er steckte die Pistole zurück in seinen Mantel. »Natürlich«, sagte er und streckte die Hand aus, um Mac aufstehen zu helfen. Mac schlug die dargebotene Hand zur Seite und erhob sich unsicher auf die Beine. »Da ist nur ein Problem.«

»Ja? Und zwar?«

Plötzlich packte der bullige Mann Mac am Hals und am Gürtel. Er hievte den Kameramann auf die Mauer und drückte seinen Kopf über den Abgrund nach unten. »Das Problem ist, daß ich Ihnen nicht glaube. Sie würden nie ein so wichtiges Geheimnis wie die *Enigma* so leicht preisgeben. Wo ist er wirklich?«

Jetzt hatte Mac wirklich Angst. Das Blut aus der Platzwunde an seiner Wange lief ihm nun ins Auge. Und unter Macs Auge befand sich eine Nebelschwade, die einen sechzig Meter tiefen Abgrund verbarg. »Ich weiß es wirklich nicht. Meinen Sie nicht, daß ich es Ihnen sagen würde, wenn ich es wüßte?«

»Wahrscheinlich«, brummte der Agent und lockerte seinen Griff für einen Moment.

Das war die Chance, die Mac brauchte. Seine Hände, die unten an seiner Hüfte gelegen hatten, kamen hoch und rissen die Arme des anderen auseinander. Mac versetzte dem Mann einen Tritt in den Bauch, so daß er einen Schritt zurückgeschleudert wurde. Doch bevor Mac sich von der Mauer entfernen konnte, griff der Gestapo-Schläger wieder an, um Mac an die Kehle zu gehen.

Der feuchte Schuh des Agenten glitt auf einem lockeren Stein aus, und sein Sprung verwandelte sich unerwartet in einen Spagat. Mac glitt zu Boden. Im Fallen packte er die Revers des Regenmantels und riß sie nach oben, so hart er konnte.

Mit einem erschrockenen Ausruf, der sich in einen langgezogenen Schrei verwandelte, stürzte der Gestapo-Agent über den Rand der Klippe und hinab in die Schlucht. Der Schrei war nicht so laut wie die Sirenen der Stukas, die Mac in Polen gehört hatte, und brach abrupt ab.

Langsam rappelte sich Mac auf und wischte sich das Blut von der Wange und von den Lippen. Er widerstand dem Drang, nachzusehen, wo der Mann aufgeschlagen war. Statt dessen wandte er seine Gedanken einem dringenderen Problem zu: was er jetzt tun sollte.

Wenn er zu den Behörden ging, was sollte er sagen? Wie konnte er erklären, daß er gerade einen Gestapo-Agenten getötet hatte, der ihn wegen irgendeines Geheimnisses bedrohte, das Mac gar nicht besaß? Was sollte das ganze überhaupt? Und was war mit dem Partner des Kerls? Wo steckte der?

Am Ende schlich sich Mac durch einen Seiteneingang in sein Hotel und ließ sich sofort seine Rechnung geben, um nach Paris zurückzukehren. Ein mitleidiger Portier schlug die Hände über dem Kopf zusammen, als er sein Gesicht sah. »Ach ja, diese glitschigen Felsen können sehr gefährlich sein«, sagte er.

44

Josie hatte die Nacht in einem Luftschutzraum unter dem *Foyer International* verbracht, nachdem zwei deutsche Bomber träge über Paris hinweggeflogen waren, nur um einen Blick auf den Eiffelturm zu werfen. Kein Luftalarm ertönte, keine Bomben fielen, doch von eifrigen Geschützbatterien quer durch die Stadt war das rauhe Knattern des Flak-Feuers zu hören. Es war ein französisches Geschoß, das nahe der Metro in der Gegend des *Montmartre* niederging. Zwei Männer wurden getötet, und einer Frau mußte das Bein amputiert werden. Nachdem der Schaden geschehen war, ertönten kurz vor Mitternacht endlich die Luftalarmsirenen, aber es waren keine feindlichen Flugzeuge mehr da.

Die Morgenzeitungen enthielten keine Entschuldigung an die Familien der Toten und Verstümmelten vom *Montmartre* oder für den geraubten Nachtschlaf. Die Schlagzeilen gaben den Opfern selbst die Schuld an ihrem Pech und brachten in fetten Buchstaben auf der ersten Seite die folgende Warnung:

»Bürger von Paris!
Wenn Sie das Geräusch von Flak-Geschützen hören,
begeben Sie sich in den nächsten Luftschutzraum!«

Josie hatte den Vormittag im Hotel *Ritz* verbracht, in dem sie über eine Modenschau zugunsten der französischen Soldaten berichtete. Im Hotel gab es keine Diskussionen über die Ereignisse der letzten Nacht. Das Foyer des *Ritz* wimmelte von zu elegant gekleideten Damen, die die neuesten Kollektionen in den Schaufenstern begutachteten. Fast jede der Frauen trug ein Band in den Farben der Trikolore mit einer Papierrose am Revers. Dieses Abzeichen verriet, daß sie die Bestrebungen unterstützten, die Maginotlinie für die französischen Soldaten zu verschönern, indem man an der Front Rosenbüsche pflanzte. Die Explosion in der Nähe der Metro berührte sie nicht im geringsten. Schließlich gehörten sie sowieso alle nicht zu den Leuten, die mit der Metro fuhren. Limousinen waren eher ihr Stil, dachte Josie, als sie an zwei Frauen vorbeikam, die ihre bändergeschmückten Pekinesen spazierenführten. Etwas in ihrer Art gab Josie das Gefühl, daß diese großen Damen der Gesellschaft es sich einfach nicht vorstellen könnten, daß eine verirrte Granate die Unverschämtheit besitzen konnte, auch nur in der Nähe ihrer Domänen zu landen.

»Haben Sie es gehört? Sie ist direkt außerhalb der Metro-Station eingeschlagen, meine Liebe.«

»Aber natürlich. Wenigstens war sie so rücksichtsvoll, nicht auf das *Ritz* zu fallen! Können Sie sich vorstellen, was das für ein Skandal gewesen wäre. Was für ein Lärm das letzte Nacht war! Ich bin davon aufgewacht und konnte nicht wieder einschlafen.«

Josie steckte sich die Zeitung unter den Arm und schob sich durch die achtlose Menge. Sie nahm die Metro, um sich im Café *Voltaire* an der *Rue de l'Odéon* mit Mac McGrath zu treffen, und ihr fiel auf, daß die Gesichter der Passagiere in der U-Bahn heute nicht so sorglos lächelten wie sonst. Wer saß in diesem Zug, der nicht erst kürzlich die Stufen der Metro-Station am *Montmartre* emporgestiegen wäre? Fast alle an Bord waren irgendwann in letzter Zeit dort gewesen. Der Vorfall hatte eine ernüchternde Wirkung auf die gewöhnlichen Männer und Frauen, die sich leicht vorstellen konnten, daß sie selbst an diesem Ort gewesen sein könnten, als das verirrte Geschoß sein Ziel fand.

Als sie die Treppe zur Straße emporstieg, blickte Josie zu dem Viereck aus blauem Himmel empor und stellte sich vor, daß Flugzeuge und Artilleriegeschosse darüber hinwegzogen. Doch dann beruhigte sie sich mit der alten Regel, daß der Blitz nie zweimal hintereinander an derselben Stelle einschlägt.

Sie ging rasch zu dem Café, das mit einer Mischung aus Professoren und politisch Interessierten angefüllt war, die sich hier jeden Mittag versammelten, um ihre Theorien über den Krieg wiederzukäuen. Ein blauer Dunst aus Zigarettenrauch schwebte über dem lärmerfüllten Raum. Josie entdeckte Mac an einem kleinen Tisch in der hintersten Ecke. Er trug eine dunkle Brille und war wundersamerweise in die Uniform eines amerikanischen Korrespondenten gekleidet. Er sah sehr gut aus, fand Josie, trotz des kleinen Verbandes auf seiner Wange. Mac nippte an einem Glas Wein und blickte düster durchs Fenster hinaus auf das Gewimmel der Fußgänger auf dem Bürgersteig.

Sie hatte den Tisch erreicht, bevor er sie bemerkte. Er sah fast schuldbewußt aus, als er sie zur Begrüßung anlächelte, als wollte er sie nicht merken lassen, daß er über irgend etwas brütete.

»Du hast es geschafft«, sagte er und gewann sofort seine Freundlichkeit wieder. »Ich dachte schon, du würdest nicht kommen.«

»Ich habe dir doch gesagt, daß ich komme.« Sie lächelte ihr Spiegelbild in den dunklen Brillengläsern an. »Clark Gable mit Sonnenbrille.«

Er hob die Brille soweit, daß sie sehen konnte, daß sein rechtes Auge fast zugeschwollen war. »Gable wäre damit besser klargekommen. Ein Betrunkener in einem Bistro mochte keine Amerikaner. Ich habe ihm gezeigt, was für ein freundlicher Haufen wir sind.« Er ließ die Sonnenbrille wieder sinken.

»Trotzdem … du siehst … wirklich großartig aus, Mac.«

Er hob sein Revers mit dem Daumen an und ließ es wieder zurückfallen, beiläufig, als ob seine ordentliche Erscheinung ihm peinlich wäre. »Ach, das. Ich mußte nachgeben.«

»Was hast du mit deiner Tweedjacke und der roten Glücksbringer-Krawatte gemacht?«

»Ich habe sie immer noch. Der Krieg wird ja nicht ewig dauern, weißt du.«

Mac war immer noch der alte. Die Uniform war nur eine vorübergehende Verirrung.

»Es steht dir prima, auch wenn es nicht lange anhalten wird.«

»Ich habe eine Schiffsreise bei der britischen Marine gebucht. John Murphy hat bei Churchill ein gutes Wort für mich eingelegt. Sie sind alte Freunde, weißt du. Murphy und der Erste Lord der Admiralität. Aber ich müßte mir eine vorschriftsmäßige Uniform besorgen, sagte er. Sonst hätten die Briten mich nicht mitgenommen. Vielleicht kriege ich so endlich ein paar echte Aktionen vor die Kamera.« Dann wollte er also Frankreich verlassen. »Das Meer. Da findet der eigentliche Krieg statt. Diese ganze Maginot-Sache ist … na ja, du weißt ja, was da los ist. Der Sitzkrieg.«

»Ich bin froh, daß du angerufen hast, Mac.«

Er stellte sein Weinglas ab und ergriff ihre Hand. »Wirklich, Jo? Meinst du das ernst?« Er machte sich zu viele Hoffnungen.

»Ja, wirklich. Ich wollte über etwas mit dir reden.«

»Das klingt jetzt schon nicht gut. Warum fühle ich mich immer so, wenn ich mich mit dir treffe? Als ob ich fünfzehn wäre oder so?« Mac sah sie mit einem Gesicht an, das einem sorgenvollen Welpen ähnelte.

Er brauchte einen Haarschnitt. Er brauchte jemanden, der sich um ihn kümmerte wie eine Mutter. Die Marine war nichts für ihn. Hatte er ihr nicht erzählt, daß er seine erste, zweite und dritte Atlantiküberquerung mit dem Kopf im Eimer verbracht hatte?

»Du wirst schon klarkommen«, erwiderte sie, als hätte er bereits seine Sorge vor endlosen Wochen auf einem von Mr. Churchills großen Booten zum Ausdruck gebracht.

»Wir sind ständig am Lebewohlsagen, stimmt's, Jo?«

»Genau das ist das Problem. Hallo und auf Wiedersehen. Eigentlich sollte ich mich wohl geschmeichelt fühlen, daß du mich noch sehen willst, bevor du davonsegelst.«

Er grinste verlegen. »Das ist nicht der Grund, warum ich dich angerufen habe.«

»Ach, laß mir doch meine Illusionen.«

»Kann ich leider nicht. Ich habe in Luxemburg Bill Cooper getroffen. Erinnerst du dich an Coop?«

»Natürlich. Wie stehen die Dinge in Berlin?«

»So langweilig wie hier, falls man nicht auf der schwarzen Liste des Führers steht. Aber Coop hatte Kontakt zu einem Freund von einem Freund von dir – diesem Priester in Warschau.«

Josie durchfuhr ein solcher Energiestoß, daß sie Macs Weinglas umstieß und sich der rote Bordeaux über seine Jacke ergoß. »Oh nein! Mac! Deine neue Uniform!«

Er starrte auf die Bescherung hinab und tupfte mit seiner Serviette daran herum. »Macht nichts. Sie mußte sowieso noch eingeweiht werden.« Er schnippte mit den Fingern nach einem vorbeigehenden Kellner und bestellte sich Sodawasser für den Fleck und ein neues Glas Wein.

»Wo war ich gerade? Ach ja, Cooper. Der Priester hat durch einen deutschen Wehrmachtsoffizier eine Nachricht geschickt. Das heißt, eigentlich mehr als eine Nachricht.« Er tippte sich an die Stirn. »Ich habe sie hier oben drin mitgebracht, damit sie nicht von der Gestapo in Luxemburg oder der französischen *Anastasie* abgefangen wird. Hier habe ich dann alles für dich aufgeschrieben.« Er zog einen Umschlag aus seiner Jackentasche und steckte ihn zwischen Salz- und Pfefferstreuer. »Es geht um ein Kind. Ein jüdisches Kind. Ein Baby, um genau zu sein. Der polnische Priester hat es von diesem deutschen Major aus Warschau herausschmuggeln lassen. Coop sagt, er sei kein Nazi. Ein richtig netter Kerl, sagt Coop. Nun hat also der Major dieses Kind. Der Priester sagt, du sollst es abholen.«

»Abholen? Wo?«

»Im Reich. In Trier.«

»Mitten im Krieg?«

»Mit dem Krieg ist es nicht weit her, Jo, das mußt du zugeben. Wie auch immer, es steht alles in diesem Umschlag drin. Der Ort. Deine Anweisungen. Alles genau ausgetüftelt, bis auf das Datum. Das hängt von dir ab. Du wirst Papiere für das Kind besorgen müssen.«

»Papiere?«

»Reisedokumente.«

»Wo kann ich das arrangieren?«

»Das liegt außerhalb meiner Fachkenntnisse. Neutrale amerikanische Reporterin reist in Luxemburg über die Grenze. Schnappt sich ein Kind und läuft wieder zurück. So was passiert doch dauernd, oder?«

Sie nahm den Umschlag in die Hand und starrte ihn nachdenklich an. »Wenn der Priester sagt, daß es möglich ist, dann denke ich, es ist tatsächlich so einfach.«

Macs Gesicht wurde wieder trübsinnig. »Dein Franzose müßte doch in der Lage sein, dir bei den Papieren behilflich zu sein. Die sind großartig darin, bürokratische Hindernisse aus dem Weg zu räumen, diese Obersten.«

»Mein Franzose?«

»Tu nicht so ahnungslos, Jo. Ich weiß Bescheid, okay? Die Jungs im Presseraum im *Continental* schließen schon Wetten ab, ob du den Kerl heiraten wirst.«

»Und wie hast du gewettet, Mac?«

»Ich habe nicht gewettet.«

»Warum nicht?«

»Mein Daddy hat mir beigebracht, niemals zu wetten, wenn mein eigenes Pferd im Rennen ist.«

»Danke für dieses Juwel der Weisheit, Mac. Sicher wird mir die Bedeutung irgendwann mitten in der Nacht aufgehen.« Ihre Bouillabaisse wurde gebracht. Sie hatte keinen Hunger mehr.

Mac stocherte mit der Gabel in seinem Räucherlachs herum. »Wenn ich wetten würde, daß du ihn heiratest, und du tust es, dann gewinne ich und verliere trotzdem.«

»Was hat das mit deinem Pferd zu tun?«

»Vergiß es. Ich dachte, es ergäbe einen Sinn, als ich es sagte. Jedenfalls habe ich nicht gewettet, obwohl dies das sportliche Ereignis der Saison werden könnte.«

Sie kostete ihre Fischsuppe. »Warum hast du nicht dagegen gewettet?«

»Warum, darum. Du bist reif wie ein Pfirsich zur Erntezeit. Das hat Murphy gesagt.« Er mimte das Pflücken des Pfirsichs. »Und ich bin nicht der Glückspilz, der unter dem Baum steht. Ich bin der Typ, der außerhalb des Gartenzauns herumlungert. Das ist die Geschichte meines Lebens. Anschauen ja, aber nichts anfassen.«

Josie sah zu, wie ein Dampfer voller britischer Soldaten den Fluß hinauf tuckerte. »Ja.« Sie wandte den Kopf und sah ihn an. »Wie Danny. Immer der Beobachter. Sich nur nicht in etwas hineinziehen lassen. Ich habe auch so gelebt, Mac, und ich hasse es.«

»Wenn ich meine Zeit damit verbringen würde, Wunden zu verbinden, dann müßte ich meine Kamera an den Nagel hängen. Das ist etwas für Ärzte, Krankenschwestern und Missionare. Ich verdiene meinen Lebensunterhalt damit, daß ich über Sachen berichte, die anderen Leuten passieren. Jeden Morgen stehe ich auf und hoffe, daß ich mit jeder Menge Film zur Stelle bin, wenn der Himmel einstürzt. Aber du? Du bist immer noch die Sonntagsschullehrerin aus Fort Smith, nicht wahr? Du hast nie aufgehört, die Welt zu einem besseren Ort machen zu wollen.«

»Ich bin in diesen Job hineingeraten, als Danny starb. Aber das bin nicht ich, Mac. Ich kann mich einfach nicht mehr zurücklehnen und die Welt beobachten.«

»Ist es das, was du mir sagen wolltest?«

»Ja.«

»Es besteht die Möglichkeit, daß ich einen Job in London übernehme ... Murphy hat mir von einer freien Stelle bei TENS erzählt.« Er tastete mit der Hand nach der Wunde an seiner Wange. »Ich habe daran gedacht, von nun an ein etwas weniger rauhes Leben zu führen. Ich gebe es zu. Ich habe daran gedacht. Aber ich werde dir nicht im Weg sein und dir einen Schraubenschlüssel ins Getriebe werfen. Liebst du diesen Franzosen?«

»Ich ... vielleicht.«

»Liebst du mich?«

»Ich dachte, ich täte es. Ich bin dir nach Warschau gefolgt, um es dir zu sagen. Aber selbst, wenn du einen Job in London annehmen würdest ...« Sie zögerte. »Würde das etwas ändern? In bezug auf dich und mich? Wir sind so unterschiedlich, Mac.«

»Nun, denn. Ich werde nicht in Paris herumhängen und hoffen. Ich wollte sowieso nicht in Paris herumhängen. Wie es aussieht, gibt es bald einen Waffenstillstand, und ich will noch ein paar Aufnahmen vom Krieg machen, solange es ihn noch gibt.«

Sie aßen schweigend. Das Klappern des Geschirrs und das Gemurmel der anderen Gespräche bemerkten sie gar nicht.

»Wann wirst du zurück sein?«

»Ende Mai.« Er nahm die Brille ab. Sein Auge war böse geschwollen, und seine Oberlippe sah ebenfalls aufgedunsen aus. »Du hast dich entschieden. Ich glaube, du hast recht. Ich werde wohl immer außen am Gartenzaun stehen und hineinschauen.«

* * *

Der Speisesaal im Hotel *Adlon* in der Straße »Unter den Linden« Nummer eins in Berlin war angefüllt mit hochstehenden Wehrmachtsoffizieren und Nazi-Parteifunktionären. Obwohl sie ranghöher waren als irgend jemand sonst im Raum, saßen Heinrich Himmler und Reinhard Heydrich an einem unauffälligen Tisch in der Ecke.

Himmler nörgelte über seinem Teller Nudeln mit milder Sahnesoße herum, nahm kleine Bissen und blickte finster auf den Teller. »Da ist zuviel Knoblauch dran«, bemerkte er zu Heydrich.

Heydrich hatte seinen Teller mit würzig duftendem Eintopf schon zur Hälfte geleert. »Wie schade, Herr Reichsführer«, sagte er bedauernd. »Warum versuchen Sie nicht das, was ich habe. Es ist vorzüglich.«

Der schlanke, gutaussehende Heydrich reizte seinen Chef, und er tat es bewußt. Himmler hatte einen so empfindlichen Magen, daß er schon den Anblick des Blutes an einem nicht ganz durchgebratenen Steak nicht vertragen konnte. Es war ein gefährliches Spiel, das Heydrich da mit dem mausähnlichen kleinen Mann spielte, der der zweitmächtigste Mann im Reich war, aber es tat Heydrichs Ego gut. Für einen früheren Düngemittelvertreter zu arbeiten, war ein schwerer Schlag gegen Heydrichs Selbstwertgefühl.

Heydrich hörte auf zu essen, um zwei junge Frauen am anderen Ende des Raumes, die ihn mit unverhohlenem Interesse musterten, breit anzulächeln. Heydrichs ständige Schürzenjägerei war eine weitere Aktivität, die Himmler nicht sonderlich zu schätzen wußte.

»Was für Fortschritte haben Sie in der Lewinski-Angelegenheit gemacht?« fragte Himmler, der genau wußte, wie er die Selbstzufriedenheit seines Assistenten zum Platzen bringen konnte.

»Wir arbeiten daran, Herr Reichsführer«, beteuerte Heydrich und wandte seine Aufmerksamkeit wieder dem Essen zu. Als Chef des Reichssicherheits-Hauptamtes stand Heydrich unter dem Druck, Ergebnisse zu liefern, und das wußte er. »Wir verfolgen Kontakte an allen Universitäten, an denen Lewinski bekannte Verbindungen hat: Oxford, Princeton, Stanford, sogar an der Sorbonne in Paris, obwohl das höchst unwahrscheinlich ist.«

»Kommt es mir nur so vor, oder ist es so, daß diese Nachforschungen nur sehr langsam zu Ergebnissen führen?« fragte Himmler und straffte seine herabhängenden Schultern. Auch der Reichsführer der SS wußte, wie man einem Gegner einen Stich beibrachte.

»Ich versichere Ihnen, Herr Reichsführer, daß wir mit der äußersten Gründlichkeit vorgehen«, sagte Heydrich. »Wir lassen nichts außer acht.«

»Falls das Geheimnis der *Enigma* herauskommen sollte ...«

»Sie können beruhigt sein. Da die Kodierung jeden Tag verändert wird und die Methode zur Einrichtung der neuen Einstellungen völlig sicher ist, besteht allerhöchstens die Gefahr, daß ein Genie wie Lewinski den Code eines Tages herausbekommt ... aber mit Sicherheit zu langsam, um Schaden anrichten zu können.« Er machte eine beschwichtigende Handbewegung. »Aber lassen Sie mich sagen, Herr Reichsführer, damit Sie sich keinen Moment lang wegen dieser Angelegenheit den Schlaf rauben lassen, daß wir bereits dabei sind, den Flüchtigen einzukreisen, während wir uns hier unterhalten.«

Himmler hielt inne, um seine längst makellos saubere Brille zu putzen und wieder vor seinen verhärmten, eng zusammenstehenden Augen anzubringen, bevor er weitersprach. »Das ist sehr tröstlich«, sagte er. »Um Ihretwillen hoffe ich, daß Sie sehr bald Erfolg haben.«

* * *

Es war ein erstaunlicher Anblick, wenn Madame Rose ihre Augen gen Himmel verdrehte und sagte: »Bei Gott sind alle Dinge möglich.«

Jerôme entdeckte bald, daß Madame Rose damit nicht sagen wollte, daß sie still in der *Huchette* Nummer fünf sitzenbleiben und darauf warten würde, bis Gott irgend etwas Unmögliches vollbrachte. Im Gegenteil, es bedeutete, daß sie sich an die Arbeit an einer unmöglichen Aufgabe machte und schlicht und einfach erwartete, daß diese Aufgabe, weil sie auf so gutem Fuß mit dem Allmächtigen stand, möglich werden würde.

Und genauso kam es offenbar auch.

Waren dem Waisenhaus die Kartoffeln ausgegangen? Das Geld? Die Betten, als zwanzig neue Kinder eintrafen?

Madame Rose hatte für jede Notsituation eine biblische Verheißung parat. Diese Verheißungen wurden regelmäßig in Anspruch genommen und dem Himmel vorgehalten.

»Herr, du hast verheißen, für die Witwen und Waisen zu sorgen … darum brauchen wir Kartoffeln. Ein paar fette Hühnchen als Zugabe wären uns auch willkommen …«

Und dann machte sie sich auf zum *Buci*-Markt, um Kartoffeln und Hühnchen zu besorgen. Jedesmal bekam sie alles, was gebraucht wurde, und noch ein bißchen mehr dazu.

Sie rechnete täglich mit Wundern. Jerôme vermutete, daß die Wunder die Folge ihrer sehr starken Persönlichkeit waren. Als er etwas in dieser Richtung zu Madame Rose bemerkte, lachte sie und sagte, wenn es so wäre, dann sollte Jerôme Gott dafür danken, daß er ihr eine solche Persönlichkeit gegeben habe.

Mit ihr konnte man nicht diskutieren, ohne völlig verwirrt zu werden.

Genug davon, dachte Jerôme. Wenn Madame Rose glaubte, daß bei Gott alle Dinge möglich seien, dann mußte er sie bitten, Gott zu fragen, ob es auch möglich sei, daß Jerôme und Marie ins Krankenhaus gehen könnten, um Onkel Jambonneau zu besuchen.

Das erste Mal ging Madame Rose allein hin. Mit Papillon in einer Papiertüte marschierte sie eines Sonntagnachmittags zum Krankenhaus, um Onkel Jambonneau zu besuchen.

Sie kam in bester Stimmung zurück und brachte eine Nachricht mit, die der alte Mann ihr diktiert hatte.

»Mein lieber Neffe Jerôme und meine liebe Nichte Marie,
Madame Rose hat mir erzählt, was für eine schreckliche Tat Madame Hilaire begangen hat, indem sie Euch von der Knoblauch *gejagt und sie gestohlen hat. Doch ich, Euer lieber Onkel Jambonneau, bin sicher, daß Ihr beide es bei Madame Rose besser habt als bei Madame Hilaire, die eine Stimme wie eine Kanone hat und eine Persönlichkeit wie ein wildgewordener Ameisenbär …«*

Jerôme wußte, daß Onkel Jambonneau den Ameisenbären deshalb erwähnte, weil er das Tier im Zoo war, das Jerôme am wenigsten leiden konnte. Ständig saugte er hilflose Ameisen aus ihren Häusern heraus. Widerlich. Jerôme hatte schon Alpträume davon gehabt, daß Ameisenbären ihn durchs Bullauge aus der *Knoblauch* heraussaugten, so daß es ihm sehr passend erschien, Madame Hilaire mit einem Ameisenbären zu vergleichen.

Die Nachricht ging weiter:

»Bitte kümmert Euch um meinen kleinen Hund. Ich vermisse seine kleinen Schnurrhaare an meinem Ohr. Euch beide vermisse ich auch. Seid brave Kinder und gehorcht Madame Rose. Euer lieber Onkel Jambonneau.«

In der nächsten Woche folgten Jerôme und Marie Madame Rose zur Hintertür des Waisenhauses. Sie wartete, bis Rodrigo, der spanische Wäschereilieferant, mit seinem weißen Leinenkarren voller Handtücher erschien.

Madame Rose kannte jeden Wäscher am Linken Ufer, weil sie selbst schon so lange Wäsche zum Waschen annahm. Sie und ihre Schwester waren sehr gut mit Rodrigo befreundet. Sie erzählte ihm von Onkel Jambonneau und dann von Marie und Jerôme.

Rodrigo leerte den Leinenkarren, und Jerôme und Marie kletterten hinein. Auf ihren Köpfen wurden Handtücher aufgeschichtet. Madame Rose nannte Rodrigo eine Zimmernummer und sagte, sie würde ihn in fünf Minuten dort treffen.

Auf diese Weise wurde das Unmögliche möglich. Jerôme und Marie wurden mit dem Lastenaufzug nach oben befördert, bis zu dem Stockwerk, in dem Onkel Jambonneau mit zwölf anderen alten Männern auf einer Station lag. Madame Rose zog einen Vorhang um das Bett, und Marie und Jerôme hüpften aus den Handtüchern hervor wie Varietékünstler aus einer Riesentorte.

Rodrigo stand indessen Wache. Die anderen alten Männer sagten, sie hörten von irgendwoher Kinderstimmen. Madame Rose öffnete das Fenster, spähte hinaus und rief: »Aber gewiß doch! Frühling liegt in der Luft!«

Fünf Minuten nur. Es gab Umarmungen und Geflüster, und Jerôme erzählte Onkel Jambonneau von Henri und dem Pferd des französischen Helden mit den Holzbeinen. Marie ließ ihn ihre Brille befühlen, und er sagte, das sei eine wunderbare Sache, sehen zu können. Er freute sich sehr für sie.

Onkel Jambonneau meinte, Madame Rose sei eine Frau mit sehr guten Verbindungen. Sie kannte einige sehr wichtige Persönlichkeiten, die in der Lage waren, unmögliche und wunderbare Dinge zu vollbringen.

Ja, genau so sei es, stimmte Jerôme zu.

45

Als Kreuzfahrt ließ das Reisen auf der *Altmark* allerhand zu wünschen übrig. Unter anderen Umständen wäre diese Bemerkung bestenfalls ein schwacher Witz gewesen, doch den Gefangenen im Frachtraum der *Altmark* erschien sie zum Brüllen komisch.

Trevor Galway verbrachte den größten Teil jedes Tages damit, sich Wege einfallen zu lassen, um die Moral der Männer zu stärken. Über zwei Monate waren seit seiner Gefangennahme vergangen. Der stetige Nordkurs seit dem kurzen Blick auf die Seeschlacht mit der *Graf Spee* bedeutete, daß die Chancen für eine Befreiung sanken. Wenn das Gefängnisschiff nicht bald abgefangen wurde, würde es sich bald in geschützten deutschen Gewässern befinden und sein Ziel erreicht haben.

Seit zwei Wochen lebten die Gefangenen mit zunehmender Kälte. Nach den backofenähnlichen Bedingungen nach ihrer Gefangennahme in tropischen Gewässern litten nun viele der Männer entgegengesetzte Qualen in dem unbeheizten Frachtraum. Verrückterweise waren die Deutschen jetzt endlich zu dem Schluß gekommen, daß ihre Gefangenen mehr frische Luft brauchten und ließen die Luke einen Spaltbreit offen, gerade genug, um eine eiskalte Zugluft durchzulassen.

Nun erwiesen sich die beengten Verhältnisse, ohne die manche der Seeleute erfroren wären, als Segen. Der enge Raum, über den sie sich zuvor beschwert hatten, wurde nun nur noch durch die dichtgepackten Leiber erwärmt.

Trevor hatte sich eine spiralenförmige Bewegung ausgedacht. Die Aktivität hielt die Männer in Bewegung und ihre Durchblutung in Gang. Sie sorgte auch dafür, daß jeder einmal an die Reihe kam, sich in der Nähe der Mitte aufzuhalten, wo er von allen Seiten gewärmt wurde.

Doch selbst diese Bemühung hielt nur für eine gewisse Zeit vor. Schließlich waren sie zu müde, um irgend etwas zu tun außer zu schlafen, obwohl die Männer nichts außer ihren dünnen und abgerissenen Kleidern hatten, um sich damit zuzudecken. In den Stunden ihrer Erschöpfung setzten die Seeleute die Bewegung fast unbewußt fort, wie eine Herde Schafe in einem Schneesturm. Man schlängelte sich in die Mitte des Haufens schlafender Leiber, nur um sich später wieder zur Seite geschoben und gegen ein eiskaltes, stählernes Schott gedrängt vorzufinden.

Es war während einer dieser halbwachen Schlafperioden, daß die Vorwärtsbewegung des Tankers sich verlangsamte und dann ganz zum Stillstand kam. »Meint ihr, wir sind in Deutschland?« sagte Dooley. »Selbst ein nettes, warmes Kriegsgefangenenlager wäre besser als das hier.«

»Pst«, warnte Trevor. »Horcht!«

Es waren Rufe von längsseits der *Altmark* zu hören, dann antwortende Rufe von ihrem eigenen Deck. Trevor konnte den Wortwechsel kaum verstehen. »George«, zischte er. »Wachen Sie auf und übersetzen Sie.«

»Einer von denen spricht Norwegisch«, erwiderte Daly. »Warten Sie, jetzt hat er auf deutsch umgeschaltet. Er verlangt, zu einer Durchsuchung an Bord zu kommen ... irgend etwas wegen Neutralität.«

»Alles auf!« rief Trevor. »Macht soviel Lärm, wie ihr könnt! Es sind norwegische Offiziere längsseits. Das kann nur bedeuten, daß wir in deren Hoheitsgewässern sind. Trommelt gegen die Wände! Schreit euch die Lunge aus dem Leib! Laßt euch etwas einfallen, nur macht Lärm!«

Norwegen gehörte offiziell zu den neutralen Ländern. Als solches hatte es das Recht, sicherzustellen, daß die Schiffe der Kriegsbeteiligten, die durch ihr Hoheitsgebiet fuhren, keine Waffen oder anderen Kriegsmaterialien mitführten. Kriegsgefangene waren in dieses Verbot mit einbezogen. Wenn die Briten sich bemerkbar machen konnten, konnten die Norweger ihre Freilassung verlangen.

Die Männer stampften mit den Füßen, schlugen Blechdosen gegeneinander, schrien Schimpfworte und sangen sogar Liedfetzen. »Wie können die das überhören?« wunderte sich Dooley.

Von oben ertönte ein schrilles Heulen, gefolgt von dem dumpfen Schlagen einer Maschine, dann einem anderen Maschinengeräusch und einem langgezogenen Quietschen. Die Luft erfüllte sich mit einem Klang wie von tausend verstimmten Geigen, auf denen herumgekratzt und gesägt wurde. »Das sind die Lastwinden«, stöhnte Trevor. »Die haben alle Maschinen angeworfen, um uns zu übertönen.«

Die *Altmark* kam ruckend wieder in Bewegung und trug ihren dissonanten Lärm weg von den norwegischen Patrouillenbooten. Kurze Zeit später wurde die Luke geöffnet, und Kapitän Thun erschien mit mehreren bewaffneten Soldaten. Ein Klappern drang durch den dunklen Frachtraum, als die Blechbüchsen zu Boden fielen. »Ich bin zu nachsichtig gewesen«, sagte er. »Von nun an sind strengere Maßnahmen erforderlich. Sie, Mr. Galway, und Sie, und Sie.« Thun richtete seine Taschenlampe auf zwanzig Gefangene, die nahe bei Trevor standen oder noch mit Lärminstrumenten in der Hand erwischt wurden. »Alle mit herauskommen.«

»Was werden Sie mit uns machen?« fragte Trevor.

»Neue Unterkunft«, sagte Thun humorlos. »Ins Höllenloch.«

* * *

Es war eine typisch amerikanische Story. Zwei alte Amerikanerinnen in Paris, die eine Ladung Kinder und jede Menge Wäsche aufnahmen; menschlich bewegend. Gerade die richtige Geschichte, um während dieses Langweilerkrieges den Rückseiten amerikanischer Zeitungen ein wenig Würze zu geben. Die US-Bürger würden endlich wieder einen Grund haben, stolz auf sich zu sein …

»Lies mal das hier, Bertha. Wir Amerikaner sind gar nicht solche Isolationisten, wie es immer heißt. Amerika hat immer noch ein Herz, nicht? Das sind Amerikaner wie wir, die sich da drüben um die armen Waisenkinder kümmern! Solange sie nur nicht versuchen, die verdreckten kleinen Rangen hierherzubringen!«

Es war die Art Geschichte, die gute Aussichten hatte, im Kongreß zitiert zu werden. Senator Borah und der Rest der ausländerfeindlichen Meute setzten alles daran, die Einwanderung auf einem Minimum niederzuhalten.

»Das sind noble amerikanische Freiwillige da drüben in diesem Pariser Slum! Ein Beweis für die Größe des amerikanischen Geistes. Aber der gewöhnliche amerikanische Bürger will nicht, daß noch mehr Flüchtlinge in unsere große Nation kommen und ihre Slums mit in unser großartiges Land bringen. Wir haben genug Probleme!«

Frank Blake wies die Story Josie zu. Wem sonst? Niemand sonst in der Redaktion konnte es ertragen, solches Herz-Schmerz-Zeug zu schreiben. Zu deprimierend. Aber Josephine Marlow? Die konnte solche Sachen richtig nachfühlen, war bewegt davon! Jeden Tag saß sie mit gerunzelter Stirn vor dem leeren Blatt in ihrer *Olivetti* und raufte sich die Haare, was sie schreiben sollte, als wäre sie dieser Robert Frost oder diese Nervensäge Steinbeck. Sie dachte über immanente Fragen nach und quälte sich mit dem Inhalt:

Wird diese Geschichte etwas bewirken? Erfasse ich das Wesentliche? Das Herz der Menschen?

Frank Blake ließ dem literarischen Drama stets seinen Lauf. Er lächelte und dankte ihr, wenn sie ihren Artikel abgab, und sagte ihr dann, sie solle gehen und eine Pause machen. In weniger als einer Minute, von unten angefangen, kürzte er den Artikel auf die Hälfte und drahtete ihn in die Staaten. Das war guter, sauberer Journalismus: Herzchirurgie mit dem Rotstift als Skalpell. Aufschneiden. Heraus mit dem Herzen. Sie würde nie den Unterschied merken. Zweifellos würde der Artikel von jedem anderen Redakteur in der Kette noch einmal um die Hälfte gekürzt und geändert. Lassen wir dem Mädchen seine Illusionen. Schließlich war sie nur eine Literaturlehrerin.

Dies war das kalte, nüchterne Szenario, das Josie zum ersten Mal an die Tür der *Rue de la Huchette* Nummer fünf brachte.

Es war kalt, doch einige der Bücherstände am *Quai des Grands Augustins* waren geöffnet. Josie war früh dran für ihren Termin mit Betsy und Rose Smith, und so stöberte sie an den Ständen nach einem eigenen Exemplar von »Das verlorene Paradies«.

Es war heutzutage nicht einfach, am *Quai* englische Bücher zu finden. Englischsprachige Touristen gab es keine mehr, und der durchschnittliche britische Soldat, der auf Urlaub nach Paris kam, interessierte sich nicht fürs Lesen. Dafür gab es jede Menge kolorierter Postkarten vom Eiffelturm und der *Nôtre Dame* und Stiche von den Brücken über die Seine, vom *Pavillon de Flore* zur Kathedrale hin gesehen. Die Soldaten der *British Expeditionary Force* kauften solche Sachen und schickten sie säckeweise nach Hause.

»Hallo, Mama. Ich wünschte, du wärst hier!«

Natürlich waren sie in Wirklichkeit ganz zufrieden damit, daß ihre Mamas auf der anderen Seite des Kanals waren, damit sie sich hier ordentlich austoben konnten. Die deutschen Truppen wirkten nicht so jungenhaft wie die britischen, aber auch nicht so alt wie die französischen. Diese Tatsache war beunruhigend, wenn man darüber nachdachte.

An diesem Nachmittag stöberten ein halbes Dutzend junger BEF-Soldaten durch die Bücherstände. Sie blieben an dem Stand von Monsieur Lemoine stehen, der ein Veteran des letzten Krieges war und den leeren Ärmel seiner Jacke säuberlich an der Schulter festgesteckt hatte. Die Soldaten bemerkten den Buchhändler nicht. Sie konnten einen so verwitterten alten Mann nicht ansehen und sich vorstellen, daß er selbst einmal in einer Armee gewesen war.

Ohne auf den amüsierten Blick des Buchhändlers zu achten, zwinkerten sie Josie zu und sprachen sie in unbeholfenem Französisch an. »Parlez-vous l'anglais?« Die Worte kamen flach, ohne auch nur einen Versuch korrekter Aussprache; so, als würden sie direkt aus dem Sprachführer abgelesen. Englisch-Französisch. Französisch-Englisch. Kaum wiederzuerkennen.

Sie schüttelte höflich den Kopf, zuckte die Achseln und lächelte entschuldigend.

Sie stießen einander an und machten anzügliche Bemerkungen über sie in ihrer Muttersprache in der Meinung, sie spräche wirklich kein »Anglais«.

Sie kannte den alten Buchhändler gut und fragte ihn in deutlichem Amerikanisch: »Bonjour, Monsieur Lemoine. Bitte, ich suche nach einem bestimmten Band aus den Werken von Milton.«

»Oui! Madame Marlow!« Er hob den Zeigerfinger seiner einen Hand wie ein Ausrufezeichen. Er hatte genau das Richtige.

»Alle Wetter!« rief ein blonder Junge aus. »Sie ist eine Yankee!« Erst jetzt bemerkte er die Pressemarke an ihrem Mantel. »Eine Journalistin!«

»Was würde Ihre Mutter sagen, wenn sie wüßte, daß Sie so zu einer Dame sprechen?« fragte Josie mit majestätisch erhobenen Augenbrauen.

Die Jungen wurden rot. Männliche Briten waren normalerweise stumpf, wenn es um Frauen ging, es sei denn, sie glaubten, sie könnten mit etwas durchkommen. Und diese hier waren sehr jung. Wahrscheinlich war es das erste Mal, daß sie aus ihrem Dorf in Yorkshire herausgekommen waren. Sie tippten sich an ihre Uniformmützen und wanderten rasch in die entgegengesetzte Richtung ab.

»Gut gemacht, Madame«, rief der Buchhändler. »Man kann nur hoffen, daß diese Engländer etwas über Frauen lernen, während sie in Frankreich sind, aber sie wissen ja nicht einmal, wie man spricht. Hoffentlich wissen sie wenigstens, wie man gegen die Deutschen kämpft.«

»Hoffen wir, daß die ganze Sache zu Ende ist, bevor das eine Rolle spielt, Monsieur.«

»Oui, Madame.« Er nahm die fünfzig Centimes für das Buch entgegen, wickelte es dann mit seiner einen Hand geschickt in Zeitungspapier ein und schnürte es mit Bindfaden zu. Josie hielt ihren Finger in die Mitte des Knotens. »Arbeiten Sie heute, Madame?«

»Ich mache ein Interview mit den amerikanischen Schwestern in der *Rue de la Huchette.*«

»Madame Rose und Madame Betsy?«

»Sie kennen sie?«

»Aber natürlich! Jeder hier kennt sie.«

»Wie lange leben sie schon hier?«

Er zuckte die Achseln. »Sie waren schon hier, als ich aus Verdun zurückkam. Eine Zeitlang sorgten sie für den Sohn meiner lieben Schwester, die 1918 an Influenza starb. Der Junge ist jetzt an der Front. Ich hoffe, er kommt in einem Stück zurück.« Er schnippte mit den Fingern gegen den leeren Ärmel, mit einer Geste, die verriet, daß er viel vom Krieg wußte. »Nehmen Sie den Damen ein Geschenk von mir mit, Madame.« Er zählte ihr die fünfzig Centimes zurück in die Hand und fügte dann noch zwanzig hinzu. »Die Kirche ist reich genug. Bonjour, Madame! Merci! Guten Tag!« Damit wandte er sich einem Trio neuer Kunden zu.

* * *

Josie zog an dem Glockenstrang, um ihre Ankunft in der *Rue de la Huchette* Nummer fünf anzukündigen.

Ein kleines, dünnes Mädchen mit glattem, kurzgeschnittenem braunem Haar und dicken Brillengläsern öffnete das Tor und spähte neugierig heraus wie ein seltsamer kleiner Vogel. Sie trug einen groben, handgestrickten roten Pullover und ein gelbes Kleid mit Rollkragen. Ihre Schuhe waren abgestoßen. Einer der blauen Strümpfe war hochgezogen, der andere herabgerutscht, so daß man das spindeldürre Beinchen sehen konnte.

Hinter ihr versuchten ein paar Jungen, auf dem engen Hof Baseball zu spielen. Die Anfeuerungsrufe hallten verstärkt von den hohen, weißen Mauern des Gebäudes wider. Mit Kreide auf die Pflastersteine gemalte Rechtecke dienten als Basen. Neben jedem Mal stand ein Unparteiischer; ein

Junge in einem hohen, altmodischen Rollstuhl wurde von einem zweiten, viel kleineren Jungen geschoben. Eine mit Jute umwickelte und mit Bindfaden verschnürte Kugel diente als Ball. Als Schläger mußte ein Tennisschläger herhalten.

Das Mädchen am Eingang schraubte sein Gesicht zu Josie empor und rief: »Ich bin Marie Jardin. Gefällt Ihnen meine neue Brille? Ich kann jetzt alles sehr gut sehen, danke schön. Vorher wußte ich gar nicht, daß ich nicht richtig sehen konnte. Aber jetzt kann ich es. Verstehen Sie? Wer sind Sie? Sie haben ein nettes Gesicht.«

»Ich bin gekommen, um Mesdames Rose und Betsy zu besuchen.«

»Die spielen gerade Baseball.« Sie trat zur Seite und streckte den Arm aus, um auf zwei alte Damen mitten im Getümmel zu deuten. »Möchten Sie zuschauen? Madame Betsy wirft den Ball. Madame Rose ist mit Schlagen dran. Mein Bruder Jerôme muß den Baseball auffangen, der eine ganz normale eingewickelte Kartoffel ist. Jean Marlotte, der Junge in dem Stuhl mit den Rädern, ist der Schiedsrichter. Sehen Sie ihn da? Er hat Onkel Jambonneaus Hund, der eine Ratte ist. Papillon sitzt auf seiner Schulter.«

Josie entdeckte die Ratte auf der Schulter des grinsenden, rollstuhlfahrenden Kindes neben der ersten Basis. »Sehr interessant, Marie.« Josie beschloß, einen großen Bogen um das Kind mit der Ratte zu machen.

»Das Spiel steht unentschieden. Letztes Inning. Zwei Outs. Niemand auf der Basis und noch zwei Bälle auf Madame Rose.«

Josie trat um sie herum, gerade als die dürre Schwester Betsy ausholte und die eingewickelte Kartoffel losschnellen ließ. Rose zog den Schläger hart durch und traf. Die Schnur um die Jute riß, und der Ball zerplatzte in tausend Stücke. Ein Teil der Kartoffel traf Rose, während sie auf die erste Basis zurannte. Der Fänger, eine schmalgesichtige, männliche Ausgabe des kleinen Vogelmädchens, schnappte nach Stücken der Knolle und versuchte, genug von der Kartoffel einzusammeln, um sie auszuwerfen. Madame Betsy rief nach einer Auszeit und schüttelte ihrer lachenden Schwester ihren knochigen Finger entgegen. Dies erforderte eine Entscheidung der Schiedsrichter. Es war nicht fair, erklärte Betsy. Die Hälfte der Kartoffel hatte Rose berührt, und damit war Rose aus! Sie hatte den Ball zerbrochen, und sie war aus! Die Rollstühle wurden zusammengeschoben, damit die Schiedsrichter die Situation erörtern konnten. Die vier Jungen murmelten und nickten, während die Ratte ernsthaft zuschaute. Schließlich fiel die Entscheidung gegen die Schlägerin. Madame Rose war endgültig aus. Rose blieb auf der ersten Basis stehen und protestierte lauthals. Prompt wurde sie verwarnt, wenn sie nicht aufhörte zu widersprechen, würde ihrer Mannschaft ein Strafabzug aufgebrummt. Josie kam zu dem Schluß, daß in dieser französischen Version von Baseball die Regeln wohl sehr fließend und unberechenbar sein mußten, etwa so wie in der französischen Politik.

Sichtlich schmollend staubte sich Rose ab, als wäre sie Babe Ruth, und stapfte von der ersten Basis zurück zur Heimmarke.

So endeten das Inning und das Spiel mit einem Unentschieden. Einunddreißig zu einunddreißig. Beide Mannschaften, die Schiedsrichter und die Zuschauer drängten sich unter den Fahnen der Wäsche, die über dem Hof trocknete, zusammen, um einander zu gratulieren. Jerôme nahm die Ratte von der Schulter des Schiedsrichters und setzte sie sich auf den Kopf. Voller Freude tanzte er im Kreis herum und fütterte dann die Ratte mit einem Stück Kartoffel, das von dem Ball übrig geblieben war. Marie, die fröhlich durch ihre Brillengläser blinzelte, nahm Josie fest an der Hand und führte sie mitten ins Gedränge.

Madame Rose begrüßte Josie mit einem Händedruck, der dem von Babe Ruth tatsächlich in nichts nachstand. »Hallo, Hallo!« Auf ihren Wangen lagen leuchtend rote Flecken. »Sie sind Josephine Marlow. Wir haben hier keinen Platz für ein Fußballfeld, also spielen wir Baseball. Meine Mannschaft gewinnt normalerweise.«

Betsy schmollte. »Rose mogelt ... sie macht sich ihre eigenen Regeln!«

»Wie man so sagt, wenn du in Rom bist, tu, was die Römer tun, liebe Betsy!« gab Rose heiter zurück. »Du hast Papillon als Maskottchen, nicht, Jerôme? Damit ziehst du all die besten Spieler an. Wenn ich nicht ein bißchen mogeln würde, wie sollte ich dann je gewinnen?«

Alles war bester Stimmung, und die Hände der Kinder reckten sich empor, um ihren Trainerinnen zum Glückwunsch auf den Rücken zu klopfen. Es war ein gutes Spiel. Mit dem besten Ausgang: Niemand hatte verloren.

»Aber nicht, daß ihr uns hier zuviel Spaß habt! Ab an die Schularbeiten!« Rose klatschte in die Hände, und Betsy breitete ihre Arme aus wie eine Henne, die ihre Küken in den Stall trieb. Es gab ein hörbares Stöhnen. Die Schar der Kinder verteilte sich – nicht ohne einen neugierigen Blick auf Josie geworfen zu haben – auf die Außentreppen, die zu den oberen Stockwerken führten. Die vier Schiedsrichter in ihren Rollstühlen wurden von österreichischen Jungen in Lederhosen, die dabei brummten wie Rennmotoren und im Wettlauf über die rauhen Pflastersteine stürmten, auf eine breite Tür im Erdgeschoß zugeschoben. Der Fänger mit seiner Ratte war als erster oben auf dem Treppenabsatz, wo er sich auf die Brust trommelte und jodelte wie Tarzan.

»Wie viele Kinder sind es?« fragte Josie und sah ihnen nach, während sie von den Balkons in einem halben Dutzend Türen verschwanden.

»Zweiundsiebzig«, erwiderte Betsy. »Von ganz Kleinen bis zu zwölf Jahren. Mehr als doppelt so viele wie sonst.«

»Und die Ratte?« fragte Josie.

Betsy hielt den Finger an die Lippen und weihte sie in das Geheimnis ein. »Sie denken alle, sie wäre ein Hund mit einem langen, haarlosen Schwanz.

Er gehört Onkel Jambonneau, und Jerôme kümmert sich um ihn«, vertraute sie ihr an, als ob das eine Antwort wäre.

»Wie schaffen Sie das alles nur?«

»Wir stehen niemals ohne Hilfe da«, erklärte Rose. »Studenten von der Sorbonne kommen her und geben den Kindern Unterricht, im Austausch gegen Mahlzeiten. Großmütter kommen her, um uns beim Kochen zu helfen und sich um die Babys zu kümmern. Die älteren Kinder helfen den jüngeren. Und vor allem mit Gottes Hilfe ist es nicht schwer, Madame Marlow. Er tut jeden Tag kleine Wunder für uns.«

»Ich hole den Tee.« Betsy entschuldigte sich, als ein halbes Dutzend freiwilliger Köche ans Tor klopfte.

Josie fielen die siebzig Centimes ein, die ihr der Buchhändler mitgegeben hatte. Sie fischte in ihrer Tasche und reichte Rose die Münzen.

»Von Monsieur Lemoine, dem Buchhändler. Er sagt, Sie hätten vor Jahren für seinen Neffen gesorgt.«

»Sehen Sie, das ist der Grund, warum es nicht schwierig ist. Jeden Tag erinnert Gott unsere Freunde daran, daß wir noch hier sind. Wie zum Beispiel Monsieur Lemoine ... Sein Neffe Jacques ist jetzt schon erwachsen und alt genug, daß alles wieder von vorn beginnen kann. Dabei hat Frankreich noch genug leere Ärmel vom letzten Krieg.« Sie zuckte die Achseln, wischte sich den Schweiß von der Stirn und führte Josie in ein enges und mit Papieren übersätes Büro. An der Wand hingen eingerahmte, gestickte Bibelverse. »Alles nun, was ihr wollt, daß euch die Leute tun sollen ...« Sie befreite einen abgestoßenen Holzstuhl von einem Stapel Gesangbücher und winkte Josie, sich zu setzen. »Und nun, meine Liebe, wie können wir Ihnen helfen?«

In Josies Kopf begannen Glocken zu läuten und Schalmeien zu erklingen. Sie blieb gelassen und hoffte, daß Rose nicht die Funken bemerkte, die ihr aus den Ohren flogen. Konnte es sein, daß dies hier nicht nur eine Story war, sondern eine ganze Serie? Morgen würde sie einen interessanten, kleinen, menschlich bewegenden Artikel dem blutigen Messer von Frank Blake ausliefern. Und dann? Dann würde sie jede Woche etwas Neues, Wunderbares schreiben und es freiberuflich an *Harper's* oder das *Ladies' Home Journal* verkaufen!

Ruhig nahm Josie ihr Notizbuch zur Hand. »Wie wäre es, wenn wir ganz am Anfang beginnen?« Der Tee kam, und Betsy gesellte sich zu ihnen. »Wie sind Sie hierhergekommen?«

Die Schwestern tauschten einen Blick, der zu sagen schien, daß sie schon lange darauf gewartet hatten, daß jemand sie danach fragte.

»Sehen Sie, meine Liebe. Josephine ..., richtig?« begann Betsy. »Es begann alles mit einem Wunder, das sich im Jahre 1870 ereignete. Sonst wären wir nie hierhergekommen ...«

Roses Blick schien in weite Ferne zu schauen, als ob sie eine andere Stimme zu sich reden hörte. »Unser Vater, Kapitän William Smith, war ein Seemann …«

Irgendwann im Laufe der Wundererzählung kam Josie der Gedanke, daß Madame Rose genau die richtige Frau war, um bei der Bewerkstelligung eines anderen Wunders zu helfen.

Sie zog den Umschlag mit dem Foto des Babys aus Warschau hervor und schob das Bild der alten Frau über den Schreibtisch hin.

»Ich brauche Hilfe. Ich weiß gar nicht recht, wo ich anfangen soll. Dieses Kind befindet sich im Reich …«

Roses Augen leuchteten auf, als sie das Foto betrachtete. »Und Sie wollen es herausbringen?«

»Ja. Ich habe mich wegen offizieller Dokumente an die amerikanische Botschaft gewandt. Sie stellen sich quer. Die Wartezeit für eine Einwanderung in die Staaten beträgt Jahre. Deutsche dürfen nicht aus dem Reich ausreisen. Besonders keine Juden.«

»Natürlich. Es sei denn, er wäre Ihr Sohn. Ein hübscher kleiner Bursche.«

»Ist das zu machen?«

»Gewiß.« Sie grinste und öffnete einen prall gefüllten Aktenschrank, um die Formulare zu holen.

»Ist es schwierig?«

»Lieber Himmel, nein! Ich werde die Briefe selbst per Hand befördern. Wir werden vorgeben müssen, der Kleine sei hier aus Paris gekommen.« Sie zwinkerte. »Ein kleiner Diebstahl um eines Kindes willen. Gott stört das kein bißchen. Wir sind ein Waisenhaus, wissen Sie. Warten Sie nur zwei Monate, und Sie sind Mutter. Ich kenne einen vorzüglichen Buchbinder, der die Papiere für Sie verstecken kann, um die deutsche Grenze zu überqueren. Eine ganz einfache Sache. Wird heutzutage sehr häufig gemacht.«

* * *

Die dunkeläugige Schönheit mit den langen, schwarzen Haaren ließ ihre Wimpern spielen vor Professor Alan Turing von der Universität Oxford. Ihr Paß wies sie als gebürtige Portugiesin aus, und Portugal war, wie jeder wußte, ein neutrales Land, so daß ihre Anwesenheit in Oxford als Literaturstudentin keine Überraschung war.

Erstaunlich war nur ihr plötzliches Interesse für Mathematik. Sie hatte eine von Turings Vorlesungen über Spieltheorie besucht und war nach der Veranstaltung zurückgeblieben, um weitere Fragen zu stellen. »Stimmt es, daß der große Einstein hier gelehrt hat und daß seine Tafelnotizen immer noch aufbewahrt werden?«

Turing war so entzückt über ihren hauchenden Akzent und ihre Art, sich zu ihm zu beugen, wenn sie ihre Fragen stellte, daß er prompt vergaß, was sie gesagt hatte. Als er bemerkte, wie ansehnlich ihre Brüste ihre seidene Bluse ausfüllten, half das seiner Konzentration auch nicht auf die Sprünge. Turing errötete bis unter die Wurzeln seiner schütteren braunen Haare. »Entschuldigen Sie«, sagte er. »Was war das gleich?«

»Einstein«, wiederholte sie schlicht.

»Oh ja«, bestätigte Turing. »Er war hier … warten Sie … damals, 1931. Seine Notizen sind immer noch auf der Tafel im Keller-Hörsaal.«

»Könnten wir sie uns nicht anschauen?« fragte Miss Francesca Pereira.

Turing liebte es, wie sie »wir« sagte. »Es ist ein staubiger alter Raum«, sagte er. »Aber vielleicht kann ich es irgendwann arrangieren.«

»Warum nicht jetzt?« fragte sie und schob ihre Lippen zu einem Schmollmund vor, der vorzüglich zu ihrer enttäuscht gerunzelten Stirn paßte.

»Jetzt? Es ist schon nach Feierabend, und es ist niemand mehr hier«, sagte Turing und stöhnte innerlich auf, kaum daß er seinen Einwand vorgebracht hatte.

Miss Pereira ließ wieder ihre Wimpern flattern und beugte sich noch näher an den Mathematikprofessor heran. »Aber so könnten Sie mir eine private Erklärung geben, was es bedeutet«, gurrte sie.

Bereits kurze Zeit später war Turing schon unterwegs, rasch schritt er der geschwungenen Wand des *Sheldonian* Theaters entlang. Die mißbilligenden Blicke der dreizehn riesigen Steinköpfe, die die *Emperors* genannt wurden, verschafften ihm ein leichtes Unbehagen. Miss Pereira redete unausgesetzt und preßte sich geradezu gegen Turings Arm. »Und Sie kennen Professor Einstein persönlich?«

»Ja«, nickte Turing und fügte dann mit wachsender Kühnheit hinzu: »Und auch andere wichtige Denker.«

»Wirklich?« sagte Francesca. »Wen den noch? Sie kennen doch wohl nicht Lewinski, oder?«

»Richard Lewinski?« wiederholte Turing. »Natürlich.«

»Ooh«, sagte sie. »Ich bin völlig hingerissen von seinen Ideen über eine universelle Rechenmaschine … faszinierend, und so ultramodern.«

»Richard und ich haben uns oft über seine Theorie unterhalten. Wir haben sogar zusammen daran gearbeitet, als er noch hier in Oxford war.«

»Im Ernst?« Francescas Stimme hob sich voller Staunen. »Aber das ist fabelhaft … das wird die Grundlage einer ganz neuen Welt sein. Aber sagen Sie, wo ist Lewinski jetzt? Warum hat er seine Arbeiten nicht veröffentlicht?«

Turing legte die Stirn in Falten, als mache er sich Sorgen, durch ein Examen zu fallen, auf das er sich nicht richtig vorbereitet hatte. »Ich weiß nicht. Ich habe ihn aus den Augen verloren, nachdem er nach Warschau ging.« Turing spürte, daß Miss Pereira von dieser Antwort nicht erbaut war. »Aber ich weiß, wo er nicht ist«, fügte er hinzu. »Er ist nicht in Amerika, denn ein Kollege aus Princeton hat mir geschrieben und mir dieselbe Frage gestellt. Offenbar versuchte jemand aus Polen, ihn ausfindig zu machen, um ihm Geld zukommen zu lassen, das er noch zu bekommen hatte.«

»Aber Sie müssen sich doch Sorgen um ihn machen«, drängte Francesca. »Haben Sie keine Idee, wohin ein großer Denker wie er gehen könnte, um seine Arbeit fortzusetzen?«

Turing überlegte einen Moment. »Lewinski sagte immer, in Paris gefiele es ihm besser als irgendwo sonst auf der Erde. Ich könnte mir vorstellen, daß er dort untergetaucht ist.«

Francescas Augen weiteten sich. »Hat er denn Grund, vor irgend etwas Angst zu haben?«, fragte sie.

»Nein«, lachte Turing, der es allmählich leid war, so viel über Lewinski zu reden. »Er ist einfach so; einzelgängerisch und zurückgezogen. Jedenfalls würde ich auf Paris wetten, wenn ich versuchen müßte, ihn zu finden. Sollen wir jetzt in den Hörsaal gehen?«

Francesca sah auf die Uhr an ihrem zierlichen Handgelenk. »Ach du meine Güte«, sagte sie erschrocken. »Ich bin schon spät dran, aber können wir es uns ein anderes Mal ansehen, ja?« Sie hauchte einen flüchtigen Kuß auf Turings Wange und eilte davon.

»Ja«, rief er ihr nach. »Dann eben ein anderes Mal!« Turing sah auf seine eigene Uhr. Wie hatte er so unaufmerksam sein können?! Er war ebenfalls spät dran für seine geheime Arbeit in *Bletchly Park*, wo er die Bemühungen der MI 6 leitete, das deutsche Chiffriergerät namens *Enigma* zu entschlüsseln.

Trevor Galway bezweifelte, daß man ihm diese Tatsache zu Hause glauben würde. Ein junger Marinegeistlicher namens Gabriel Horne teilte den engen Raum der Männer in der »Hölle«.

Pastor Gabriel, ein winziger, dunkeläugiger Protestant aus County Tyrone, wirkte in seinem Aussehen und seiner Stimme eher wie ein Kobold als wie ein Erzengel. Freilich fiel auf, daß der kleine Mann von keinem dieser Wesen die übernatürliche Macht hatte.

Im »Höllenloch« der *Altmark* war es noch enger, als es im Tank gewesen war. Diejenigen, die dort gefangen waren, konnten nur aufrecht stehen. Trevor fand es erstaunlich, wieviel Menschen ertragen konnten, ohne aufzugeben; er und die anderen in der kleinen, würfelförmigen Zelle lehnten sich gegeneinander, um zu schlafen.

Das Höllenloch lag unterhalb der Wasserlinie. Als das Schiff durch die Wellen der Nordsee rollte, spülte eisiges, faules, öliges Wasser aus den Bilgen um die Beine der Gefangenen.

Wenn die Luke geschlossen war, preßte sich absolute Dunkelheit auf sie herab. Während es zwar buchstäblich so war, daß Trevor die Hand vor Augen nicht sehen konnte, war das bei weitem nicht das Schlimmste. Ohne einen Lichtstrahl, den die Sinne registrieren konnten, fing das Gehirn bald an, seine eigenen Bilder heraufzubeschwören, um den Mangel auszugleichen. Zuerst waren es ganz einfache Figuren wie plötzlich auftauchende Sonnen oder Feuerwerke. Doch mit der Zeit bildete sich Trevor ein, er könnte Blumen und Bäume sehen und Menschen unter freiem Himmel. Er begann sich zu fragen, ob er den Verstand verlor, aber allen anderen in dem Gefängnis ging es ebenso.

Pastor Gabriel, der kleiner war als die anderen, litt an Salzwasserschrunden an seinen Beinen. Und doch ertrug er sein Leiden ohne Fluchen oder Klagen.

Um mit den körperlichen Schmerzen und der nagenden Möglichkeit, den Verstand zu verlieren, fertig zu werden, ermutigte Pastor Gabriel die anderen, Geschichten zu erzählen. Jeder der Männer hier in den Eingeweiden des Schiffes erinnerte sich an mehr, als er glaubte: Szenen von Reisen in ferne Länder oder auch heimeligere Erinnerungen. Sie vereinbarten, nicht über echtes Essen oder Sex zu reden. Pastor Gabriel erklärte, wenn sie hier über Mutters Küche oder die Mädchen redeten, die sie zurückgelassen hätten, wäre das der sicherste Weg, sich gegenseitig in den Wahnsinn zu treiben. Sie sollten sich dieses erzwungene Fasten mit zwei Brotkrusten pro Tag als eine

Art spiritueller Reinigung denken. Dieser Gedanke wurde zunächst von den Jungs in der Hölle wütend ausgepfiffen. Doch als Dooley anfing, Bilder heraufzubeschwören von frischen Erdbeeren mit Schlagsahne und einer Kanne heißen Tees zum gemeinsamen Frühstück mit der nackten Greta Garbo, kämpfte der Pastor mit einer Mischung aus geistlichen Chorälen und Bibelversen gegen die Phantome an.

»Trachtet zuerst nach dem Reich Gottes und nach seiner Gerechtigkeit, so wird euch das alles zufallen.«

Dieser Gedanke erregte das Interesse aller Männer in dem Raum.

Dooley war zum Schweigen gebracht. Die Diskussion begann:

»Ich soll nach dem Reich Gottes trachten, und dann kriege ich Greta Garbo?«

Immerhin ein Anfang.

Pastor Gabriel erklärte seiner gefangenen Gemeinde nicht alles, aber aus den Erdbeeren und Greta Garbo ergab sich eine große Debatte über das Wesen des Himmels und den Glauben des Pastors, man könne die Macht des Himmels in Anspruch nehmen, und Wunder könnten geschehen, wo immer Menschen beteten und das Wort Gottes verkündeten.

»Auch hier in der ›Hölle‹?«

»Hatte es jemals jemand nötiger als wir?« fragte Pastor Gabriel zurück.

Und so beschlossen selbst die Zweifler, einen Versuch zu wagen. Nob, der nicht mehr laut zu seinem Schöpfer gesprochen hatte, seit er als Kind in Yorkshire darum gebetet hatte, seinen Lehrer möge der Blitz treffen, erkundigte sich, was genau man denn überhaupt zu Gott sagen könne.

»Halten Sie einfach ein kleines Schwätzchen. Das ist alles. Und dann hören Sie eine Weile zu.«

Und dann fingen die verzweifelten Männer an, stockende, kindliche Gebete zu sprechen. Hier wurde Gebet zur Realität; es war weder so wie die egoistischen Bittgebete der wohlhabenden Selbstgerechten noch wie die fieberhaften Gebete eines Ertrinkenden, sondern etwas ganz anderes. Die Männer im »Höllenloch« beteten füreinander.

»Herr, laß Nobs Husten morgen besser sein als heute.«

Dann war das Hören an der Reihe. »Suchet den Herrn, solange er zu finden ist; rufet ihn an, solange er nahe ist … Ich will dich nicht verlassen und nicht von dir weichen.«

»Jesus, mach, daß der Pastor keine Schmerzen mehr in den Beinen hat.«

»Vater, bewahre unsere Kinder davor, so etwas jemals durchmachen zu müssen.«

Und Gabriel rezitierte die Verheißungen dazu: »Und ob ich schon wanderte im finstern Tal, fürchte ich kein Unglück …«

Widerstand regte sich, als Pastor Gabriel vorschlug, für ihre Peiniger zu beten.

»Sie meinen, wir sollen beten, daß die da oben erwischt und in Stücke geschossen werden!« Der sonst freundliche Nob war für die Sache mit der Feindesliebe nicht zu gewinnen.

»Nob«, fragte der Pastor, »wo werden Sie in hundert Jahren sein?«

»Was reden Sie da für einen Unsinn? Tot werde ich sein!«

»Und wo werden unsere Wächter sein?«

»In hundert Jahren? Auch tot.«

»Kann für mich nicht schnell genug gehen«, brummte jemand in der Dunkelheit.

»Aber denken Sie doch nach«, erwiderte Gabriel. »Nehmen wir an, ihr könntet jetzt mit den Wächtern die Plätze tauschen, aber wenn ihr es tätet, müßtet ihr auch in hundert Jahren ihren Platz einnehmen.« Ernüchterung und Nachdenklichkeit breitete sich im »Höllenloch« aus. »Vor einem gerechten Gott zu stehen und Rechenschaft abzulegen? Ich bleibe lieber eine Weile hier in diesem stinkenden Loch, als daß ich an dem Tag in Kapitän Thuns Haut stecken möchte, vielen Dank!«

Das leuchtete den anderen ein.

Später, als Pastor Gabriel schlief, unterhielten sich die Jungs in der Hölle leise darüber, daß in hundert Jahren der Himmel bestimmt voller Frauen sein würde, die aussähen wie die Garbo, und daß es mehr Steaks und Erdbeeren geben würde, als ein Mann essen könnte. Das war ein großer Trost für alle.

* * *

Vor Macs Augen tauchte Norwegens zerklüftete Küstenlinie aus der dunkelgrauen See auf. Zwischen den schneebedeckten Felsvorsprüngen schien es nur winzige Flächen ebenen Strandes zu geben. Es sah aus, als zögen die norwegischen Fjords durch ein überschwemmtes Land, von dem nur die Bergspitzen aus dem Wasser ragten.

Eine glänzende Eisschicht bedeckte die vordere Takelung der HMS *Cossack*. Der Zerstörer war seit einigen Wochen Macs Heimat. Zusammen mit dem Rest der Flottengruppe patrouillierte sie in der Nordsee und stürzte sich auf deutsche Handelsschiffe und unvorsichtige U-Boote.

Im Augenblick entfaltete sich vor dem Hintergrund der norwegischen Küste die Art von Aktion, die Mac jetzt schon oft beobachtet hatte. Minuten zuvor hatte die *Cossack* einen kleinen Frachter abgefangen, der gerade außerhalb der norwegischen Hoheitsgewässer entlangglitt. Als dessen Kapitän den messerartigen Bug des Zerstörers durch die Wellen schneiden sah, riß er das Steuer hart herum und flüchtete in Richtung der norwegischen Küste.

Es war wie ein Spiel; deutsche Schiffe abzufangen war ein Teil des Krieges. Falls der Dampfer nicht bewaffnet war und keine militärische Fracht an Bord hatte, erlaubte ihm das internationale Recht, in neutralen Gewässern Zuflucht zu suchen. Interessanter wurde das Spiel durch die Täuschungsmanöver der deutschen Offiziere. Und unendlich komplexer wurde es durch die Fähigkeit Adolf Hitlers, die neutralen Länder einzuschüchtern.

Die *Cossack* beschleunigte auf über fünfundzwanzig Knoten und schloß rasch zu dem Handelsschiff auf. »Setzen Sie ihm einen vor den Bug, Mr. Longbow«, hörte Mac Kapitän Vian befehlen.

Der Geschützoffizier gab den Befehl weiter, und Augenblicke später dröhnte aus der vorderen Fünf-Zoll-Kanone des Zerstörers eine unmißverständliche Aufforderung zum Anhalten. Das Geschoß explodierte etwa hundert Meter vor dem Bug des Dampfers, der sich nun mächtig anstrengte, um auf acht Knoten zu kommen. Doch statt beizudrehen, steuerte das deutsche Schiff noch direkter auf die Sicherheit der norwegischen Hoheitsgewässer zu. Sein vibrierender Rumpf und der schwarze Rauch, der aus dem einen Schornstein strömte, verkündeten seine Weigerung, sich zu ergeben. Der Name auf dem trotzig der *Cossack* zugekehrten Heck wies sie als die »Schwartze Himmel« aus Hamburg aus.

»Setzen wir noch einen näher dran, Mr. Longbow«, befahl Vian gelassen. »Aber passen Sie auf, daß Ihre Crew nicht den Bug wegbläst wie bei dem Fischdampfer letzte Woche.«

»Übung macht den Meister, Sir«, gab Longbow mit einem Grinsen zurück.

Der nächste abgefeuerte Schuß landete genau vor der Nase des Frachters, der daraufhin abrupt verlangsamte und dem Kriegsschiff die Breitseite zukehrte. Dem Deutschen war ebenso klar wie Mac, daß das nächste Geschoß kein Warnschuß mehr sein würde.

»Bravo, Mr. Longbow. Beinahe hätten Sie ihm die Ankerkette abgeschossen! Mr. Perry, rufen Sie den Kapitän an.«

Doch der Herr der *Schwartze Himmel* meldete sich zuerst zu Wort. »Wir haben lediglich Lazarett- und Notversorgungsmaterialien an Bord«, rief er über das Megaphon. »Und wir befinden uns in norwegischen Gewässern. Lassen Sie uns weiterfahren, wenn ich bitten darf.«

»Sagen Sie ihm, sobald wir seine Fracht inspiziert haben«, sagte Vian.

Als dies der *Himmel* übermittelt wurde, kam keine weitere Antwort. Das Deck des Frachters war übersät mit Kabelspulen und Stapeln mit Planen abgedeckter Kisten. Mac hatte Schwierigkeiten, irgend etwas Kriegerisches an ihm zu entdecken.

Der Zerstörer setzte ein Boot ab, und der Erste Maat Perry führte die Inspektionsmannschaft an. Er und seine Männer würden das Prisenkommando bilden, das den Frachter nach England bringen würde, falls sich die Geschichte des deutschen Kapitäns als unwahr erwies.

Die Seeleute standen in Gruppen auf dem Deck des Dampfers und beobachteten das näherkommende Boot. Während Mac hinsah, lösten sich allmählich aus der scheinbar absichtslosen Masse zwei deutlich erkennbare Formationen heraus. Eine Gruppe stand in der Nähe des Kistenstapels am Bug, die andere in der Nähe eines mit Netzen verhüllten Haufens mittschiffs.

»Herr Kapitän«, murmelte Mac.

»Ich sehe sie auch, Mr. McGrath. Longbow, befehlen Sie diesen Seeleuten, sich an die gegenüberliegende Reling zurückzuziehen. Und sagen Sie ihnen, sie sollen ein bißchen plötzlich machen.«

Es war, als wäre der Befehl das Signal, auf das die Deutschen gewartet hatten. Statt sich zurückzuziehen, zogen die beiden Gruppen von Seeleuten die Planen von der angeblichen Fracht und brachten zwei Flak-Geschütze zum Vorschein. Im selben Moment brach eine schweflige Rauchwolke aus dem Schornstein der *Himmel* hervor, und sie kam ruckend wieder in Bewegung.

»Versenken«, befahl Vian. Und den Steuermann wies er an: »Bringen Sie uns zwischen das Beiboot und das Ziel.«

Eine der rasch feuernden deutschen Kanonen eröffnete das Feuer auf das kleine Boot. Ob damit die *Cossack* gezwungen werden sollte, ihre eigenen Leute zu retten, oder ob es einfach in mörderischer Absicht geschah, das Ergebnis war dasselbe. Das rasche, hämmernde Geräusch der Flak-Geschütze war noch nicht an Macs Ohren gedrungen, als das Beiboot schon zusammen mit den Männern darin zerbarst. Man sah drei Gestalten über die Reling ins eisige Wasser hechten, und dann mußte Mac sich ducken, als das andere Geschütz auf die Brücke des Zerstörers feuerte.

Die Fünf-Zoll-Kanone dröhnte wieder und brachte das Mittschiffs-Geschütz der *Himmel* zum Schweigen. Das Knattern der Maschinengewehre von beiden Schiffen verstärkte das plötzliche Lärmchaos. Noch vor ein paar Minuten war nur das Pfeifen des Windes und das Klatschen der Wellen zu hören gewesen, und nun brach das gewaltige Getöse des Krieges über Mac herein.

Ein Geschoß krachte gegen die Brücke und schleuderte den Steuermann vom Rad fort. Kapitän Vian trat an seine Stelle und richtete den Bug des Zerstörers direkt auf das fliehende deutsche Schiff. Die Zielgenauigkeit der Deutschen war der der *Royal Navy* weit unterlegen; zuerst verstummte die andere Geschützstellung, dann das Maschinengewehrfeuer. »Setzen Sie ein anderes Boot ab, um unsere Überlebenden aufzunehmen«, befahl Vian, »und dann werden wir diese Angelegenheit zu Ende bringen.«

Kurz darauf stürmte ein junger Offizier, den Mac als den Funker zu erkennen glaubte, in das blutige Chaos der Brücke. Er winkte mit einem gelben Telegrammformular. »Dringende Nachricht, Sir«, sagte er zu Vian, der innerlich stumm die Rettungsoperation zur Eile antrieb, während die *Himmel* langsam aus der Reichweite der Kanonen der *Cossack* geriet.

»Nicht jetzt!« schnaubte Vian. »Wir sind noch nicht mit dieser Schlacht hier fertig.«

»Aber Sir!« rief der Kommunikationsoffizier. »Es geht um die Altmark! Die Altmark ist gesichtet worden!«

Gegenüber dieser Nachricht spielte selbst der heimtückische Trick der *Schwartze Himmel* keine Rolle mehr. Sobald die Handvoll überlebender Seeleute aus dem eiskalten Meer geborgen war, drehte die *Cossack* nach Süden. Bald erinnerten nur noch ein paar dahintreibende Trümmerstücke und die Rauchfahne des Frachters am Horizont an die tödliche Begegnung.

* * *

Auf der Karte im Wachraum der *Cossack* sah der Jössing-Fjord wie der Kopf einer Kobra aus. An der Mündung nicht einmal eine Viertelmeile breit, erweiterte sich der Meeresarm gleich innerhalb der felsigen Öffnung und wurde dann wieder schmaler, bis er anderthalb Meilen landeinwärts spitz auslief.

Der Kapitän des Zerstörers *Intrepid* konferierte mit Kapitän Vian über die Situation, und Mac hörte zu. »Die Altmark wurde von einem Patrouillenflugzeug zwischen Island und den Färöer-Inseln ausgemacht. Ich habe sie etwa ein Dutzend Meilen vor der Küste gesichtet, aber sie konnte in den Fjord fliehen, bevor ich sie einholen konnte. Sie sehen, wo unsere norwegischen Freunde ihre Kanonenboote positioniert haben … daraufhin habe ich Sie kontaktiert.«

Durch die von Granaten zerstörten Fenster der Brücke konnte Mac die beiden norwegischen Patrouillenboote sehen. Ihre flache Bauart und ihre häßlichen, stumpfen Schnauzen verstärkten das Bild des Jössing-Fjordes als eines Vipernnestes. Eisschollen trieben auf den Wellen, doch eine freie Schneise in der Mitte des Kanals zeigte, daß vor kurzem etwas Größeres als ein Kanonenboot in die Bucht eingefahren war.

Kapitän Vian erläuterte Mac die hohe Bedeutung, die der *Altmark* zugemessen wurde. »Dieser Tanker hat die Graf Spee auf seiner Kaperfahrt im Südatlantik begleitet. Als die Spee umzingelt wurde, konnte sich die Altmark der Enterung entziehen, mit möglicherweise bis zu zweihundert britischen Seeleuten an Bord.«

»Dann ist sie unbehelligt weitergefahren, seit die Spee aufgebracht wurde? Seit neun Wochen?« fragte Mac.

Vian blickte verdrossen. »Nicht, daß wir uns keine Mühe gegeben hätten. Sie ist die ganze Zeit über intensiv gesucht worden. Wir hatten geglaubt, daß sie versuchen würde, die Gefangenen wegen ihres Propagandawertes zurück nach Deutschland zu bringen. Und wie Sie an ihrer Position hier sehen, hat sie das auch fast geschafft.«

»Was für eine Rolle spielen die Norweger dabei?«

»Kommandant Riks, der ranghöchste Offizier auf den Kanonenbooten, kommt gerade, um uns diese Frage zu beantworten«, sagt Vian und deutete auf ein kleines Boot, das sich ihnen näherte.

Der norwegische Kapitän war ein untersetzter Mann mit sandblondem Haar und blaßgrünen Augen. Ihm war sichtlich unbehaglich, als er die *Cossack* mit einem Salut vor der britischen Flagge betrat.

»Kapitän Vian«, begann Riks. »Ich muß Sie bitten, Ihre Kriegsschiffe sofort aus den norwegischen Hoheitsgewässern zurückzuziehen.«

»Wir haben Grund zu der Annahme, daß das deutsche Schiff, das sich in diese Bucht geflüchtet hat, britische Kriegsgefangene an Bord hat. Damit ist es eindeutig kriegsbeteiligt und hat Ihre Neutralität verletzt.«

Riks starrte zu Boden. Als er wieder sprach, kamen die Worte langsam, als würden sie ihm gegen seinen Willen herausgezerrt. »Wir haben das fragliche Schiff bereits durchsucht.«, sagte er. »Es befinden sich keine britischen Staatsangehörigen an Bord, und das Schiff ist auch nicht bewaffnet. Es hat um Asyl in unseren Gewässern gebeten, und es ist ihm gewährt worden.«

»Asyl!« explodierte Vian. »Das können Sie nicht ernst meinen! Glauben Sie etwa, wir würden zulassen, daß das Schiff unsere Leute nach Deutschland bringt? Ich werde es entern und selbst nachsehen!«

»Bedauerlicherweise«, sagte Riks leise, »kann ich das nicht gestatten. Wie Sie sehen, decken die Torpedorohre meiner Kanonenboote die Einfahrt zum Fjord ab. Ich bin angewiesen worden, sie gegen jeden unbefugten Versuch, in den Fjord einzufahren, einzusetzen.«

Vian machte ein angewidertes Gesicht, als hätte er in einen Apfel gebissen und Riks darin gefunden. »Sie haben Ihre Botschaft ausgerichtet und können auf Ihr Schiff zurückkehren, Kommandant«, sagte er knapp, »während ich mich mit meinen Vorgesetzten bespreche.«

Als der Norweger das Schiff verlassen hatte, hielt Mac Vian auf dem Weg zum Funkraum an. »Entmutigt Sie diese Entwicklung, Kapitän?« fragte er.

»Nicht im geringsten, Mr. McGrath«, sagte Vian. »Der Erste Lord Churchill wird persönlich auf die Situation reagieren.«

* * *

Wie immer war das Warten das Schwierigste. Die Torpedorohre der Kanonenboote starrten der *Cossack* entgegen, ebenso wie die Läufe der hochkalibrigen Kanonen. Mac vermutete, daß die Norweger nicht gerade erpicht darauf waren, auf die Briten zu schießen; er wußte, daß sie Hitler und alles, wofür die Nazis standen, verabscheuten. Doch noch wichtiger war, daß sie die Absichten des Führers in bezug auf ihr schmales, schlecht gesichertes Küstenland fürchteten. Die zerbrechliche Neutralität hing davon ab, den Herrn des Dritten Reiches nicht zu verärgern und ihm keinen Vorwand zum Einmarsch zu liefern.

Außerdem waren bereits über 200 000 Tonnen vermeintlich neutralen skandinavischen Schiffsmaterials durch U-Boote und Minen versenkt worden. »Tut uns schrecklich leid«, erwiderte die Kriegsmarine. »Halten Sie Ihre Schiffe lieber von den Seewegen fern, die von den Alliierten benutzt werden. Lassen Sie sie nur mit dem Reich Handel treiben, dann kann Ihnen nichts passieren.« Man hatte sich keine besondere Mühe gegeben, diese Erpressung zu kaschieren.

Mac stellte sich die Diskussionen, die jetzt in der Londoner Admiralität stattfanden, und die Reaktion aus der *Downing Street* Nummer zehn vor. Es war wieder die gleiche Situation wie bei der Tschechoslowakei und Polen, nur diesmal in einer Dimension, in der alles auf einmal auf dem Spiel stand. Mac war sicher, daß Churchills Antwort kriegerisch ausfallen würde: »Zeigen wir den Norwegern, daß wir es ernst meinen, dann werden sie zur Seite treten … zeigen wir den Deutschen, daß die Meere immer noch in britischer Hand sind und daß wir ihre Freiheit verteidigen werden.«

Doch ebenso sicher war Mac, daß Chamberlains Reaktion in Zauderei und Gejammer bestehen würde. »Was werden die Norweger tun? Was wird die Welt über uns sagen, wenn wir uns gegen neutrale Schiffe mit Gewalt durchsetzen, die ihr eigenes Territorium verteidigen? Was ist, wenn die Altmark ihre Gefangenen bereits von Bord gebracht hat?«

Und was war mit diesen Gefangenen? Mac wußte, daß manche der Gefangenen, die die *Graf Spee* gemacht hatte, sich bereits an die neun Monate in Haft befanden. Hatten sie die Hoffnung schon aufgegeben, jemals befreit zu werden? Waren sie überhaupt noch am Leben?«

Die Zeiger der Uhr maßen schweigend die politischen Auseinandersetzungen ab, die jetzt in London stattfanden. Der Minutenzeiger umrundete das Zifferblatt mehrere Male, bis es endlich sechzehn Uhr war und die Antwort der Admiralität eintraf. »Der gute alte Winston!« strahlte Kapitän Vian und wedelte mit dem Telegramm. »Er sagt, wir sollen den Kapitän der Altmark fragen, was er mit den Gefangenen gemacht hat!«

Mac begleitete Vian, als er Kommandant Riks auf dem Kanonenboot *Kjell* aufsuchte. »Sind Sie bereit, sich von unserem Territorium zurückzuziehen, Kapitän?« fragte Riks.

»Nicht ganz. Meine Regierung hat mich angewiesen, Ihnen zwei Vorschläge zu unterbreiten, von denen jeder uns zufriedenstellen würde. Der erste ist, daß wir gemeinsam die Altmark in den Hafen von Bergen eskortieren, in dem eine internationale Untersuchung stattfinden wird.«

Riks schüttelte schon den Kopf, bevor Vian geendet hatte. »Sie wissen, daß ich darauf nicht eingehen kann«, sagte er. »Es würde effektiv bedeuten, daß ich ein unbewaffnetes Schiff in Ihre Hand gebe. Wie lautet der andere Vorschlag?«

»Die zweite Möglichkeit besteht darin, daß Sie und ich das Schiff aufsuchen und es gemeinsam inspizieren. Nur für den Fall, daß bei Ihrem vorherigen Besuch ... etwas übersehen wurde.«

Mac spürte die Mühe, mit der Vian sein Temperament zügelte. Doch wenn die Warnzeichen auch sichtbar waren, achtete Riks nicht auf sie. »Es tut mir leid, Kapitän«, erwiderte er. »Auch diesem Vorschlag zuzustimmen liegt nicht in meiner Macht.«

»In diesem Fall, Sir«, sagte Vian kalt, »sind wir angewiesen, ohne Ihre Kooperation zu handeln.«

Riks deutete auf den aufgedeckten Sprengkopf eines schußbereiten Torpedos. »Wir werden gezwungen sein, einem solchen Versuch Widerstand zu leisten«, sagte er.

»Dann möge Gott Ihnen gnädig sein.« Damit kehrten der britische Kapitän und seine Eskorte zu ihrem Zerstörer zurück.

* * *

Als die rollende Bewegung der *Altmark* endlich wieder zum Stillstand kam, begannen die im Höllenloch eingesperrten Männer, gegen die Wände zu trommeln und zu schreien. Trevor klopfte Morsesignale gegen ein Rohr über ihren Köpfen. Die allgemeine Meinung war, daß sie, wenn auch die Bemühung, jemanden auf ihre Situation aufmerksam zu machen, zwar nichts nützen mochte, dennoch auch für den Versuch nicht noch schlimmer behandelt werden könnten.

Ein seltsames Knirschen von der Außenseite der Hülle des Tankers trat an die Stelle der Vibrationen von der Maschine her. Es klang wie Metall, das mit Drahtbürsten gescheuert wird, oder wie das Kreischen von Fingernägeln auf einer Schiefertafel.

»Klingt, als ob der Boden unter uns herausgerissen würde«, sagte Trevor.

Dooley kicherte. »Sie waren wohl noch nie auf der Nordsee unterwegs, was, Commander? Das sind Eisschollen, die sich an der Hülle reiben. Wir müssen wohl in einen Fjord eingelaufen sein, um uns zu verstecken oder so.«

Die Phantasie der Männer überschlug sich. Eine Flucht in einen von Norwegens eisigen Wasserwegen bedeutete zwei Dinge, die entgegengesetzte Emotionen weckten. Das erste war die niederschmetternde Erkenntnis, daß ihre unfreiwillige Reise nach Deutschland fast am Ziel war. Wenn die *Altmark* den Skagerrak durchquerte, die Passage zwischen Dänemark und Norwegen, war alle Hoffnung auf Befreiung dahin.

Auf der anderen Seite konnte dieser Aufenthalt in einem Fjord, so nahe an ihrem Zielort, nur bedeuten, daß die *Altmark* einen Verfolger auf den Fersen hatte.

Niemand reagierte auf den Lärm, den die Gefangenen machten, und auch die Maschinen kamen nicht wieder in Gang. Das Eis ächzte und schrammte weiterhin gegen die Hülle, wie es Coleridge in seinem *Ancient Mariner* geschildert hatte.

Plötzlich machte sich eine neue Angst im Höllenloch breit.

»Was ist, wenn die Nazis sich aus dem Staub gemacht haben?«

»Was ist, wenn dieser Kahn im Eis feststeckt und uns niemand findet, bevor wir erfrieren?«

Tatsächlich wurde es merklich kälter. Da nur ein paar Zentimeter Metallhülle die verwahrlosten Männer und die eisbedeckte See voneinander trennten, sank die Temperatur ebenso rasch wie der Mut der Gefangenen. Die letzte Mahlzeit lag schon lange zurück, obwohl es in diesem Kerker keine Möglichkeit gab, den Ablauf der Stunden zu messen. Doch das nagende Gefühl in Trevors Magen verriet ihm, daß mindestens eine Rationsausgabe ausgelassen worden war.

»Das war es also«, äußerte Dooley schließlich die Verzweiflung, die alle empfanden. »Sie haben uns hier zurückgelassen, damit wir verfaulen.«

»Geben Sie die Hoffnung nicht auf«, sagte Pastor Gabriel eindringlich. »Vielleicht bedeutet all das nur, daß die Befreiung nah ist.«

»Sicher, Padre«, sagte Dooley. »Nur möchte ich nicht erst befreit werden, wenn ich schon tot bin.«

Ein Zittern lief durch das Rückgrat der *Altmark*. »Was war das?« fragte Trevor.

»Was war was? Ich habe nichts gehört.«

»Nicht gehört, gespürt.«

»Ich habe auch nichts gespürt. Allerdings kann ich meine Zehen sowieso schon seit drei Stunden nicht mehr spüren.«

»Da ist es wieder«, sagte Trevor, als das Zittern wieder durch den Tanker lief.

»Jetzt habe ich es auch bemerkt«, stimmte Nob zu.

»Ihr träumt beide«, meinte einer. »Da draußen staut sich nur mehr Eis auf. Wahrscheinlich finden Sie uns in hundert Jahren oder so, eingeschlossen in einen Eisberg.«

Das Bilgenwasser in dem Tank begann hin und her zu schwappen. »Sie haben die Maschinen angeworfen!« jubelte Nob. »Wir sind also doch nicht allein.«

Der Tanker erzitterte, als seine Maschine wieder zum Leben erwachte, aber er setzte sich nicht sofort in Bewegung. »Was machen die da?« fragte sich Dooley laut.

Die Sinne der Gefangenen im Höllenloch waren so sehr darauf ausgerichtet, das Rumpeln des Schiffes zu spüren, daß sie gar nicht bemerkten, wie die Luke geöffnet wurde, bis die Klappe zurückgeworfen wurde.

»Achtung, ihr Tommys«, ertönte Thuns kehlige Stimme. »Wir werden gleich von einem britischen Kriegsschiff angegriffen.«

Diese Worte wurden mit lautem Jubel begrüßt, doch Trevor wurde sofort argwöhnisch. Warum erzählte der deutsche Kapitän ihnen das? Die Antwort ließ nicht lange auf sich warten.

»Schreit nur, solange ihr noch Stimmen habt«, sagte der Nazi-Offizier. »Hier ist etwas für euch, damit ihr nicht so allein seid.« Damit ließ er ein in Öltuch eingewickeltes Paket in den Tank fallen, das der Pastor auffing. »Wenn wir davonkommen, nehme ich es euch wieder ab, ansonsten dürft ihr es behalten.«

»Was ist das?« fragte Pastor Gabriel.

»Ich werde die Altmark eher hier im Fjord versenken, als daß ich sie kapern lasse«, sagte Thun. »Diese Zeitbombe wird das erledigen. Sie geht hoch, wenn ihr versucht, sie auszupacken, oder in dreißig Minuten, falls wir nicht herauskommen.« Die Lukenklappe schlug wieder zu und schnitt die entsetzten Proteste der Männer im Höllenloch ab.

»Schreien nützt nichts, Jungs«, sagte Gabriel, »aber Gott kann unsere Gebete hören.«

* * *

Selbst nach all der Zeit, die Mac nun schon an Bord der *Cossack* in den hohen Breiten der Nordsee verbracht hatte, war er immer noch überrascht, wie plötzlich und wie früh die Sonne unterging. Es war kaum später Nachmittag, und schon zog sich ein schwarzer Vorhang vor den grauen Schleier des Tageshimmels.

Der Zerstörer bereitete sich auf die Einfahrt in den Jössing-Fjord vor. Die Geschützmannschaften standen an ihren Waffen. Sie hatten die Befehle, die man ihnen gegeben hatte, verstanden, aber das machte es ihnen nicht leichter, sie zu akzeptieren: Sie sollten nicht feuern, solange nicht auf sie gefeuert wurde. »Alle Wetter!« platzte der Lader eines der schweren Maschinengewehre heraus. »Die Deppen, die sich das ausgedacht haben, sollen lieber mal hier runterkommen und in die Torpedorohre gucken!«

Die *Intrepid,* das Schwesterschiff der *Cossack*, sollte sich im Hintergrund halten und bei der Überwältigung der Kanonenboote Unterstützung leisten, falls es zu einem Gefecht kam. Darüber hinaus war vereinbart, daß sie die Mission der *Cossack* fortsetzen sollte, falls der führende Zerstörer aus dem Wasser gesprengt würde.

Kapitän Vian befahl, die riesigen, weißglühenden Suchscheinwerfer einzuschalten. Die Millionen von Kerzenstärken hellen Strahlen durchbohrten die Dunkelheit über dem Wasser. »Wie 'ne Schiene für die Torpedos, damit sie uns besser finden«, murmelte der Lader und handelte sich damit einen Knuff aufs Ohr von seinem Mannschaftsführer ein. Vian wollte die Norweger nicht im unklaren über seine Absichten lassen. Die *Cossack* würde auf direktem Weg die Mündung des Fjords anlaufen und das Feuer der Kanonenboote herausfordern. So lautete Churchills präzise Anweisung.

Die grellen Lichtstrahlen nagelten die Kanonenboote gegen die schneebedeckten Wände der schmalen Durchfahrt. Ihre tödlichen, schwarzen Formen zeichneten sich deutlich vor der vereisten Küste ab. Sie lagen da wie die leblosen, steinernen Wächter eines antiken Tempels, doch Mac wußte, daß sie jederzeit mit der tödlichen Schnelligkeit einer zusammengerollten Schlange zum Leben erwachen konnten.

Näher und näher kam die *Cossack* dem Eingang der Bucht. Aus dieser Entfernung würde es kein Entkommen geben, falls die Torpedos abgefeuert würden; kein Raum zum Wenden zwischen den schmal zusammenlaufenden Klippen auf beiden Seiten. Mac sah, wie an der Hand des Steuermanns, die das Rad umklammerte, die Knöchel weiß hervortraten. Mit seiner eigenen Hand, mit der er sich an einem Spantenring festhielt, war es nicht anders. Nur Vian schien über die Gefahr nicht beunruhigt zu sein. Mit ruhiger, leiser Stimme murmelte er dem Steuermann Anweisungen zu.

Es war ein gegenseitiges Anstarren um die Wette aus kürzester Entfernung. Die Reglosigkeit der Kanonenboote war so bedrohlich, so voller Heimtücke, daß Mac sich geradezu danach sehnte, daß Schüsse den Bann durchbrechen würden.

Und dann waren sie plötzlich durch die Mündung des Fjords hindurch und hatten die breiter werdende Bucht dahinter erreicht. Die norwegischen Kriegsschiffe lagen hinter der *Cossack*; sie hatten sich immer noch nicht gerührt. Ein Chor begeisterter Ausrufe hallte von den sich hoch auftürmenden Wänden der Schlucht wider.

Doch wenn die Gefahr Kapitän Vian nicht berührt hatte, so ließ ihn auch ihr Ende nicht an Wachsamkeit nachlassen. »Unterlassen Sie diesen Lärm«, befahl er streng, »diese Mission ist bei weitem noch nicht zu Ende.«

Die schimmernden Scheiben des Packeises schlossen sich um die *Cossack*, während ihre Scheinwerfer die Winkel der Bucht erforschten. Mit langsamer Geschwindigkeit glitt sie fast lautlos durch die Windungen des Fjordes, ständig nach ihrem Ziel ausspähend.

»Da ist sie«, sagte Vian endlich.

Mac konnte die *Altmark* nicht sofort ausmachen. Er sah ein helles, zweistöckiges Gebäude, das auf einem schwarzen Felsvorsprung stand; dann erkannte er, daß er den Überbau des Tankers auf der dunklen Masse seiner

Hülle vor sich sah. Die bohrenden Lichtstrahlen suchten das Deck des deutschen Dampfers ab, doch von den Lastkränen mittschiffs bis zu dem Haufen von Netzen am Bug war keine Bewegung zu entdecken.

»Sieht aus wie verlassen«, bemerkte Geschützoffizier Longbow.

»Um so mehr Grund für uns, genau hinzuschauen«, entgegnete Vian. »Steuermann, gehen Sie längsseits.« Das britische Schiff glitt durchs Wasser auf sein Ziel zu, als ob es an den Strahlen der Suchscheinwerfer gezogen würde.

Der Bug der *Cossack*, der direkt auf die Mitte des Tankers ausgerichtet war, schwenkte nach backbord ab, als der Zerstörer neben der *Altmark* in Position glitt.

Als die Flanke des Kriegsschiffes vor dem Bug des Tankers lag, zerriß eine gellende Sirene von dem deutschen Schiff her die Nacht. Die *Altmark* erwachte zum Leben, und ihr Bug schwenkte auf die Seite der *Cossack* zu. »Volle Kraft voraus«, befahl Vian gelassen. »Sie versuchen, uns zu rammen. Mr. Longbow, geben Sie Feuerbefehl.«

Der schwere Bug des Tankers schwenkte mit einer bedächtigen, aber unaufhaltsamen Bewegung auf den Zerstörer zu. Es war so, als würde man voll auf einen Eisberg zulaufen; die Geschwindigkeit war nicht der Rede wert, aber jede Kollision mit einem so massiven Objekt würde verheerende Folgen haben. Selbst die Linien der Leuchtspurgeschosse aus den Maschinengewehren der *Cossack* wirkten nur wie ein schwächlicher Versuch, einen so niederschmetternden Zusammenstoß abzuwehren.

Die Steuerbordseite der *Altmark* schwenkte über die Breite des Fjordes, um die *Cossack* wie ein Insekt zu erschlagen. In letzter Sekunde vor dem Aufprall lief das Heck des Tankers am Ufer des Meeresarmes auf Grund. Seine Bewegung kam plötzlich mit einem kratzenden Geräusch und einem Zittern zum Stillstand.

»Jetzt, Steuermann, hart nach steuerbord!« kommandierte Vian.« Mr. Longbow, beschießen Sie das Deck. Entermannschaft!« Vians Stimme erhob sich, um einen Befehl zu rufen, der sich seit tausend Jahren nicht verändert hatte: »Klar zum Entern!«

Im nächsten Augenblick waren die beiden Schiffe mit Haken und Stahlkabeln aneinandergekettet. Mit dem Ruf »Auf geht's, Jungs!« stürmte der Zweite Offizier Beard, die Pistole schwingend, über die Reling.

Aus Bullaugen im Aufbau des Schiffes wurden Schüsse aufs Deck gefeuert. Ein schweres Maschinengewehr schwenkte nach oben, um eine ganze Reihe der Öffnungen zu zerschmettern, und das Schießen endete so rasch, wie es begonnen hatte.

Mac sah eine Gruppe deutscher Soldaten mittschiffs aus einer Luke hervorbrechen und auf die mit Netzen abgedeckten Aufbauten auf dem Deck zustürmen. Doch die vorherige Erfahrung der *Cossack* mit abgedeckten

Waffen zahlte sich jetzt aus; nicht eine der Gestalten erreichte das Geschütz. Alle wurden vorher regelrecht niedergenmäht.

Mac rannte von der Brücke hinunter und war über die Reling und an Deck der *Altmark*, bevor er auch nur merkte, was er tat. Die Erregung dieser Befreiungsaktion hatte ihn ebenso gepackt wie alle anderen in der Mannschaft der *Cossack*.

Mac sprintete auf die Treppe zu, die nach unten führte. Das Knattern der Maschinengewehre hielt die Deutschen unten, während die britischen Teerjacken über das Deck schwärmten. Auf halbem Weg zu der Treppe stolperte Mac über eine Seilschlinge und schlug lang hin. Als er fiel, schlugen drei Schüsse gegen die Metallwand des Aufbaus der *Altmark* und ließen Späne rostiger Farbe auf ihn herabregnen. Die Einschußstelle war genau da, wo seine Brust gewesen wäre.

Jeder Schuß war eine grell aufstrahlende Blüte in der Dunkelheit. Die gleißenden Suchscheinwerfer tasteten die Oberfläche des Dampfers ab und fingen immer wieder Grüppchen bewaffneter Deutscher ein. Die rasch feuernden schweren Waffen des Zerstörers folgten dem Pfad der Scheinwerfer, so daß es fast wirkte, als brächten die Lichtstrahlen selbst den Tod. Das ganze Deck war wie eine Bühne, auf der das Chaos ausgebrochen war: hier gleißende Helligkeit, dort tiefe Schwärze, Knallgeräusche und Schreie und schnelle, hastige Bewegungen, gefolgt von schleichender Stille.

Weitere deutsche Seeleute kamen aus dem Kabelgatt am gegenüberliegenden Bugende des Tankers. Im Bestreben, die Briten von hinten anzugreifen, kamen sie aus ihrem Versteck und übersäten den Tanker mit MG-34-Waffen aus der Hüfte mit einem Kugelhagel. Zwei Engländer gingen zu Boden, und der Rest ging auf die Knie, um die neue Bedrohung ins Ziel zu nehmen.

Einer der Deutschen richtete sich auf, um eine Granate zu werfen. Mitten in der Bewegung erfaßte ihn ein Scheinwerfer, und ein einzelner Schuß ertönte von der Brücke der *Cossack*. Der Deutsche preßte sich die Hand an die Seite und verpatzte den Wurf. Klappernd fiel der Sprengkörper auf das Metall des Decks und hüpfte zwischen die aufschreienden Männer. Im Augenblick der Explosion wandte Mac den Blick ab. Auf das Krachen der Granate folgte erneut ein vielstimmiges, gequältes Stöhnen.

Mac sah, wie eine Handvoll überlebender Nazis sich über die Reling des Schiffes warf, doch ob sie ins Wasser sprangen oder ans Ufer, konnte er nicht sehen. Er hatte die Treppe nach unten erreicht und wurde von einem Strom von britischen Seeleuten mitgerissen, die hinabeilten, um ihre Landsleute zu befreien.

Im Innern der *Altmark* herrschte absolute Schwärze, und obwohl einige der Männer Taschenlampen bei sich hatten, wagten sie es nicht, sie zu benutzen, um keine Schüsse auf sich zu lenken. Der Ansturm verlangsamte sich abrupt, als sich die Angst vor einem Hinterhalt breitmachte.

Gedämpfte Rufe und ein wildes Klappern und Klopfen drang an die Ohren des Rettungstrupps. »Das ist die Schießerei an Deck«, rief jemand.

»Nein, das ist gurgelndes Wasser im Tank!« schrie ein anderer auf. »Die Deutschen versenken das Schiff!«

»Seid still und horcht!« befahl der Zweite Maat Beard.

In der Stille, die auf seinen Befehl folgte, setzte sich der Lärm von gegeneinanderschlagenden Metallgegenständen fort, doch daneben waren Stimmen zu hören, die brüllten: »Helft uns! Holt uns hier raus!«

»Los, Männer!« rief Beard. »Hier entlang!«

Sie begegneten keinen weiteren Deutschen auf ihrem Abstieg in die *Altmark*. Die Luke des ersten Tanks, den sie erreichten, war von außen verklammert; dennoch öffnete Beard sie vorsichtig, mit schußbereiter Maschinenpistole. Die Luke war ein schwach sichtbarer Umriß, der aus der Dunkelheit in noch tiefere Schwärze führte. Kein Laut war aus dem Innern zu hören. »Irgendwelche Engländer hier?« rief Beard nach unten.

Einen Moment lang herrschte Stille, und Mac hielt den Atem an; dann hörte er: »Ja, Leute, holt uns hier raus!«

»Also«, erklärte Beard, »die *Royal Navy* ist da!«

Eine Luke nach der anderen wurde geöffnet, und unter jeder kamen Dutzende von britischen Gefangenen zum Vorschein, die in unbeleuchtete, schlecht belüftete Eisenkäfige gesperrt waren. Aus jedem Tank kamen Seeleute, die seit Monaten gefangen gewesen waren. Unter einer improvisierten Beleuchtung aus Handscheinwerfern und Taschenlampen schoß Mac Bilder von den bewegenden Szenen. Völlig Fremde fielen ihren Befreiern um den Hals, händeschüttelnd und einander umarmend, und konnten sich nicht oft genug bedanken. Übel verquollene Augen blinzelten in der ungewohnten Helligkeit, und zitternde Hände umklammerten bärtige Gesichter in der quälenden Furcht, die Befreiung könnte eine Täuschung sein.

Mac zog sich an ein Schott zurück, um eine andere Einstellung zu wählen, als eine kleine, quadratische Luke unter seinen Füßen unter wiederholten Schlägen vibrierte.

»Das ist das ›Höllenloch‹!« schrie einer der Befreiten heiser. »Holt die Jungs da raus!«

Das »Höllenloch« war ein nicht verwendeter Treibstofftank. Es stank nach Bilgenwasser, Dieselöl und menschlichen Ausscheidungen. Als der Deckel angehoben wurde, wurden die gedämpften Rufe »Schnell, schnell!« lauter, anstatt zu verstummen. Anstatt daß Männer hinaus in die Freiheit kletterten, wurde zuerst ein kleines, in Öltuch gewickeltes Paket hinaufgereicht. »Schnell!« sagte jemand, als der Gegenstand Mac in die Hände gedrückt wurde. »Es ist eine Zeitbombe! Über Bord damit!«

Wie bei einem Kinderspiel mit katastrophalen Folgen für den Verlierer wurde die Bombe hastig von Hand zu Hand weitergegeben, hinaus aus dem

Frachtdeck und hinauf an die Reling. »Es ist eine Bombe! Hinaus damit!« Der Sprengkörper wurde über die Reling der *Altmark* geworfen und versank in der Tiefe des Fjordes, und niemand erfuhr je, ob sie explodiert wäre oder nicht.

Der fünf mal fünf Meter große Stahlwürfel gab zwanzig Männer frei. Ihre ölverschmierten, wächsernen Gesichter und abgemagerten Gestalten ließen Mac an Jona denken, wie er halb verdaut aus dem Bauch des Wales herausgekommen war. Er half dabei, sie aus dem Loch herauszuhieven.

»Wie lange waren Sie gefangen?« fragte er einen jungen Mann, nicht älter als fünfundzwanzig Jahre alt, der dennoch aussah wie ein Siebzigjähriger.

»Ich weiß nicht, was heute für ein Tag ist.«

»Wir haben Mitte Februar.«

Die abgemagerte Gestalt wurde von einem Hustenanfall geschüttelt. Als der Krampf nachließ, antwortete er: »Zwei Monate.«

»Weiß Ihre Familie überhaupt, daß Sie noch am Leben sind?«

Das Gesicht zog sich nachdenklich zusammen. »Ich weiß nicht … ich bezweifle es. Wie könnte sie?«

»Wie heißen Sie?«

»Trevor«, erwiderte der Mann. »Trevor Galway.«

* * *

Adolf Hitler befand sich in seinem Büro in der Reichskanzlei, als er die Nachricht vom Schicksal der *Altmark* erhielt. »Und wie viele britische Zerstörer wurden bei diesem Einsatz versenkt?« fragte er.

Der Offizier der Kriegsmarine schluckte schwer. »Keiner, mein Führer.«

»Keiner!« donnerte Hitler, und ein Speicheltropfen traf den Marineoffizier im Gesicht. »Kein Widerstand? Kein Mut?«

»Fünf Seeleute starben, mein Führer, und fünf weitere …«

Aber Hitler hörte nicht einmal zu. »Den ganzen Weg zurück vom Südatlantik. Zwei Monate verdeckter Bewegungen. Fast heimgekehrt mit all den Gefangenen, und jetzt das! Sich ohne Kampf zu ergeben! Eine Schande! Abscheulich!«

Der Offizier war klug genug, nicht zu widersprechen. »Die Norweger sind schuld, mein Führer. Sie haben dem britischen Zerstörer erlaubt, in ihre Gewässer einzufahren und das Schiff anzugreifen, nachdem sie der Altmark ihren Schutz zugesichert hatten.« Er salutierte schneidig und verließ das Büro. Hitler nahm seinen Abgang kaum zur Kenntnis.

»Holen Sie mir von Brauchitsch her«, bellte er in die Sprechanlage. Er würde sich sofort mit dem Oberkommandierenden der Wehrmacht besprechen müssen.

Heinrich von Brauchitsch war ein stiller, intelligenter Soldat, dessen Fähigkeiten allgemein respektiert wurden. Doch sein Wille vermochte nichts gegen den Hitlers, und er hatte es schon seit langem aufgegeben, zu versuchen, den Wünschen des Führers zu widersprechen.

»Haben Sie von dieser Schande in Norwegen gehört?« fragte Hitler ohne Vorrede, als der General eintrat. Von Brauchitsch fand kaum Zeit zum Nicken, bevor Hitler seine Befehle gab. »Wir werden mit dem Angriff auf Norwegen nicht warten. Die Offensive gegen die Franzosen wird stattfinden wie geplant, aber ich wünsche, daß der Einmarsch in Norwegen um einen Monat vorverlegt wird. Einen ganzen Monat, haben Sie gehört? Durch die Mauschelei mit den Norwegern können die Briten die Nordseehäfen gegen uns verwenden. Das werden wir nicht zulassen!«